中国教育统计年鉴

EDUCATIONAL STATISTICS YEARBOOK OF CHINA

2020

中华人民共和国
教育部发展规划司

DEPARTMENT OF DEVELOPMENT & PLANNING
MINISTRY OF EDUCATION
THE PEOPLE'S REPUBLIC OF CHINA

图书在版编目（CIP）数据

中国教育统计年鉴. 2020 = Educational Statistics Yearbook of China 2020：汉英对照 / 中华人民共和国教育部发展规划司编. —北京：中国统计出版社，2021. 12
ISBN 978-7-5037-9704-0

Ⅰ. ①中… Ⅱ. ①中… Ⅲ. ①教育统计-统计资料-中国-2020-年鉴-汉、英 Ⅳ. ①G526. 6-54

中国版本图书馆 CIP 数据核字（2021）第 221433 号

中国教育统计年鉴 2020

作　　者/ 中华人民共和国教育部发展规划司
责任编辑/ 罗浩
封面设计/ 黄晨
出版发行/ 中国统计出版社有限公司
地　　址/ 北京市丰台区西三环南路甲 6 号　邮政编码/100073
电　　话/ 邮购（010）63376909　书店（010）68783171
网　　址/ http：//www.zgtjcbs.com
印　　刷/ 河北鑫兆源印刷有限公司
经　　销/ 新华书店
开　　本/ 787mm×1092mm　1/16
字　　数/ 1150 千字
印　　张/ 39.75
版　　别/ 2021 年 12 月第 1 版
版　　次/ 2021 年 12 月第 1 次印刷
定　　价/ 268.00 元

如有印装错误，本社发行部负责调换。

《中国教育统计年鉴2020》
编辑委员会名单

说　明

《中国教育统计年鉴》（2020）是一本反映我国教育事业发展情况的统计资料，是由教育部发展规划司根据全国各省、自治区、直辖市教育厅（教委）上报的学校基层统计调查表数据整理汇编而成。教育部教育管理信息中心承担了数据的计算机处理汇总工作。

本年鉴包括以下部分：综合部分、高等教育、中等教育、初等教育、特殊教育、学前教育、各级各类学校的分布情况、办学条件、科学研究等。

本年鉴是各有关部门研究教育改革和发展的资料工具书，是教育界各机关、学校指导部门制定教育规划、推动教育改革必不可少的依据。

本年鉴所涉及的全国性统计数据，均未包括香港、澳门特别行政区和台湾地区数据。根据中华人民共和国“香港特别行政区基本法”和“澳门特别行政区基本法”的有关原则，香港、澳门与内地是相对独立的统计区域，依据各自不同的统计制度和法律规定，独立进行统计工作；技工学校数据来源人力资源和社会保障部；凡未注明年份的均为2020年数据。

符号使用说明：年鉴各表中的“—”表示该项统计指标数据不详或无该项数据；“*”或“①”表示本表下有注解。

Notes from the Compiler

The Educational Statistics Yearbook of China (2020) is an informational yearbook comprehensively reflecting the development of the educational undertaking of the People' s Republic of China, and it was compiled by the Department of Development and Planning of Chinese Ministry of Education, based on the synthetic statistical returns relating to schools of various types and levels completed by the Provincial Education Department (or the Educational Commissions) of the provincial governments and the governments of various autonomous regions and municipalities directly under the State Council. All data were processed and calculated using Computers by the Educational Management Information Center of Ministry of Education.

This yearbook is composed of following parts: summary tables, higher education, secondary education, primary education, special education, preprimary education, geographical distribution of schools by type and level, Physical Facilities, Scientific Research Activities, etc.

The yearbook is a requisite reference for all departments concerned with the study of educational reform and development, and provides indispensable factual information to the educational community (circles), the state organs, and all supervisory bodies of education (schools) engaged in curricular development and the guidance of educational reform.

The national statistics covered in this yearbook do not include data from the Hong Kong Special Administrative Region, the Macao Special Administrative Region, and Taiwan Region. In accordance with the principles set down in the Basic Law of Hong Kong Special Administrative Region, and the Basic Law of Macao Special Administrative Region, statistically Hong Kong, Macao and the mainland of China are three mutually independent regions, each following its own and different statistical systems and legal provisions in conducting statistical operations independently. The data of Skilled Workers Schools is provided by the Ministry of Human Resources and Social Security of the People' s Republic of China . All data, without specific notes, were collected in 2020.

Symbol instruction : "—" indicates that the data of this statistical indicator are unknown or are not available; " * " or "①" indicates that there is an annotation below the table.

备　注

2011年，我部对教育事业统计报表进行了全面改革，贯彻实施了国家统计局首次颁布的《统计用城乡划分代码》。新的城乡划分标准，将原来的城市、县镇、农村的三个分类调整为三大类七小类，即城区（含主城区、城乡结合部）、镇区（含镇中心区、镇乡结合区、特殊区域）、乡村（含乡中心区、村庄）。

2020年全国教育事业发展统计公报[1]

2020年，面对严峻复杂的国内外环境特别是新冠肺炎疫情严重冲击，教育系统坚持以习近平新时代中国特色社会主义思想为指导，认真贯彻落实党中央、国务院各项决策部署，积极推进教育事业改革发展，各项工作取得了新的突破性进展，各级各类教育均取得较大成就，如期实现教育“十三五”规划确定的各项主要目标。

一、综　　合

全国共有各级各类学校53.71万所，比上年增加0.70万所，增长1.33%；各级各类学历教育在校生2.89亿人，比上年增加674.48万人，增长2.39%；专任教师1792.97万人，比上年增加60.94万人，增长3.52%。

图1　“十三五”时期人力资源开发主要指标

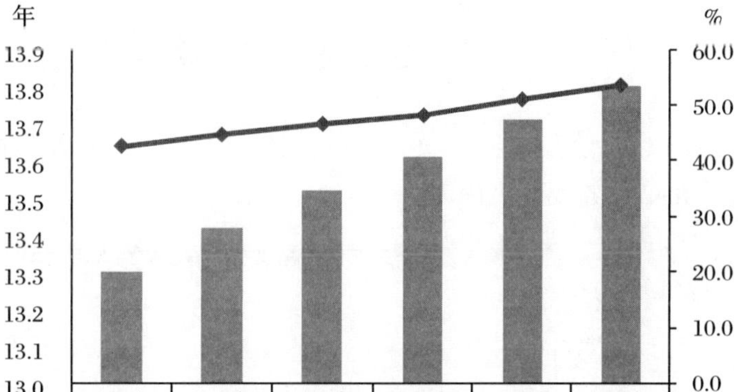

	2015年	2016年	2017年	2018年	2019年	2020年
新增劳动力平均受教育年限	13.3	13.4	13.5	13.6	13.7	13.8
受过高等教育的比例	42.5	44.7	46.4	48.2	50.9	53.5

全国新增劳动力平均受教育年限13.8年，比上年提高0.1年，其中，受过高等教育比例达到53.5%，比上年提高2.6个百分点。

二、学 前 教 育

全国共有幼儿园29.17万所，比上年增加1.05万所，增长3.75%。其中，普惠性幼儿园23.41万所，比上年增加3.12万所，增长15.40%，占全国幼儿园的比例80.24%。

学前教育入园幼儿[2] 1791.40 万人；在园幼儿[3] 4818.26 万人，比上年增加 104.38 万人，增长 2.21%。其中，普惠性幼儿园在园幼儿 4082.83 万人，比上年增加 499.88 万人，增长 13.95%，占全国在园幼儿的比例 84.74%。

学前教育毛入园率[4] 达到 85.2%，比上年提高 1.8 个百分点。

图 2　“十三五”时期学前教育在园幼儿和毛入园率

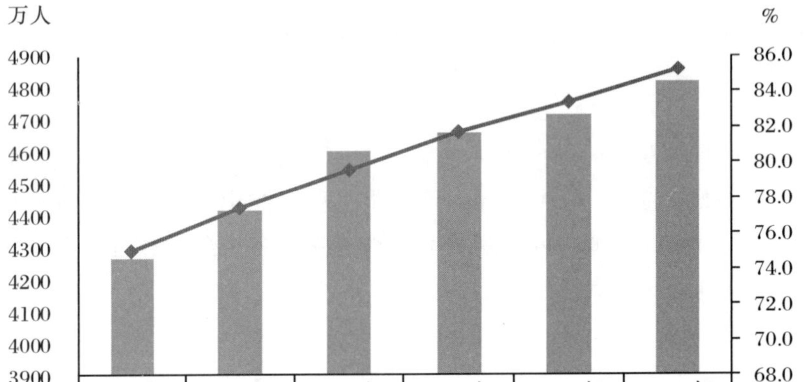

	2015年	2016年	2017年	2018年	2019年	2020年
在园幼儿	4265	4414	4600	4656	4714	4818
毛入园率	75.0	77.4	79.6	81.7	83.4	85.2

幼儿园教职工 519.82 万人，比上年增加 28.24 万人，增长 5.75%；专任教师 291.34 万人，比上年增加 15.03 万人，增长 5.44%。

三、义务教育

全国共有义务教育阶段学校 21.08 万所，招生 3440.19 万人，在校生 1.56 亿人，专任教师 1029.49 万人，九年义务教育巩固率[5] 95.2%。

图 3　“十三五”时期义务教育在校生和巩固率

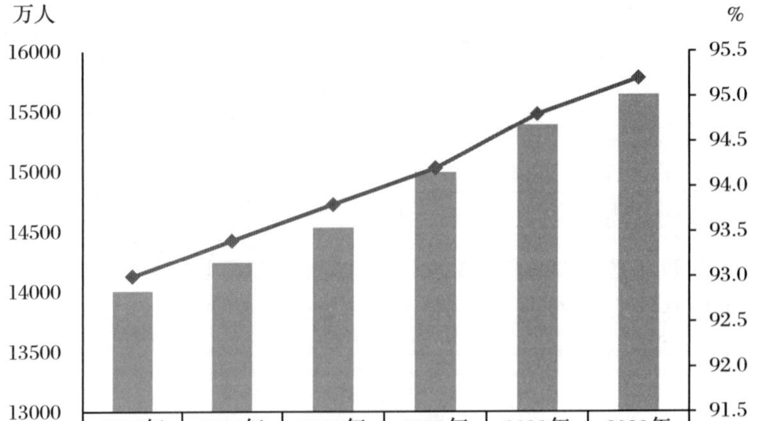

	2015年	2016年	2017年	2018年	2019年	2020年
在校生	14004	14242	14536	14992	15388	15639
巩固率	93.0	93.4	93.8	94.2	94.8	95.2

1. 小学阶段教育

全国共有普通小学15.80万所，比上年减少2169所，下降1.35%。另有小学教学点9.03万个，比上年减少0.62万个。招生1808.09万人，比上年减少60.95万人，下降3.26%；在校生10725.35万人，比上年增加164.12万人，增长1.55%；毕业生1640.32万人，比上年减少7.58万人，下降0.46%。小学学龄儿童净入学率[6] 99.96%。

小学教职工[7] 596.63万人，比上年增加11.37万人，增长1.94%；专任教师[8] 643.42万人，比上年增加16.51万人，增长2.63%。专任教师学历合格率[9] 99.98%，生师比16.67 :1。

表1 小学学校数、教职工、专任教师情况

	学校数（所）	教职工数（人）	专任教师数（人）
普通小学	**157979**	**5966300**	**6434178**
其中：小学	157979	5590333	5233888
九年一贯制学校	—	—	742110
十二年一贯制学校	—	—	99964
小学教学点（不计校数）	（90295）	375967	358216

普通小学（含教学点）校舍建筑面积84577.25万平方米，比上年增加2990.92万平方米。设施设备配备达标[10] 的学校比例情况分别为：体育运动场（馆）面积达标学校92.04%，体育器械配备达标学校96.67%，音乐器材配备达标学校96.39%，美术器材配备达标学校96.27%，数学自然实验仪器达标学校95.96%，各项比例比上年均有提高。

小学总班数286.05万个，比上年增加5.26万个。其中，56~65人的大班3.21万个，比上年减少7.01万个，占总班数的比例1.12%，比上年下降2.52个百分点；66人以上的超大班923个，比上年减少5462个，占总班数的比例0.03%，比上年下降0.20个百分点。

2. 初中阶段教育

全国共有初中5.28万所（含职业初中10所），比上年增加390所，增长0.74%。招生1632.10万人，比上年减少6.75万人，下降0.41%；在校生4914.09万人，比上年增加86.95万人，增长1.80%；毕业生1535.29万人，比上年增加81.20万人，增长5.58%。初中阶段毛入学率[4] 102.5%。

初中教职工450.31万人，比上年增加15.27万人，增长3.51%；专任教师[11] 386.07万人，比上年增加11.33万人，增长3.02%。初中专任教师学历合格率99.89%，生师比12.73 :1。

表2 初中学校数、教职工、专任教师情况

	学校数（所）	教职工数（人）	专任教师数（人）
初　中	**52805**	**4503084**	**3860741**
其中：初级中学	34895	2858998	2632799
九年一贯制学校	17900	1643718	685350
十二年一贯制学校	—	—	112093
完全中学	—	—	430186
职业初中	10	368	313

初中校舍建筑面积71842.61万平方米，比上年增加3879.80万平方米。设施设备配备达标的学校比例情况分别为：体育运动场（馆）面积达标学校94.85%，体育器械配备达标学校

97.55%，音乐器材配备达标学校 97.28%，美术器材配备达标学校 97.14%，理科实验仪器达标学校 97.13%，各项比例较上年均有提高。

初中总班数 107.34 万个，比上年增加 2.93 万个。其中，56~65 人的大班 1.25 万个，比上年减少 2.97 万个，占总班数的比例 1.16%，比上年下降 2.87 个百分点；66 人以上的超大班 225 个，比上年减少 2500 个，占总班数的比例 0.02%，比上年下降 0.24 个百分点。

3. 进城务工人员随迁子女[12]

义务教育阶段在校生中进城务工人员随迁子女 1429.73 万人。其中，在小学就读 1034.86 万人，在初中就读 394.88 万人。

四、特 殊 教 育

全国共有特殊教育学校 2244 所，比上年增加 52 所，增长 2.37%；特殊教育学校共有专任教师 6.62 万人，比上年增加 0.38 万人，增长 6.11%。

招收各种形式[13] 的特殊教育学生 14.90 万人，比上年增加 0.48 万人，增长 3.35%；在校生 88.08 万人，比上年增加 8.62 万人，增长 10.85%。其中，附设特教班在校生 4211 人，占特殊教育在校生的比例 0.48%；随班就读在校生 43.58 万人，占特殊教育在校生的比例 49.47%；送教上门[14] 在校生 20.26 万人，占特殊教育在校生 23.00%。。

五、高中阶段教育[15]

全国共有高中阶段教育学校 2.45 万所，比上年增加 82 所，增长 0.34%；招生 1521.10 万人，比上年增加 81.24 万人，增长 5.64%；在校生 4163.02 万人，比上年增加 168.12 万人，增长 4.21%。高中阶段毛入学率 91.2%，比上年提高 1.7 个百分点。

图 4 “十三五”时期高中阶段教育在校生和毛入学率

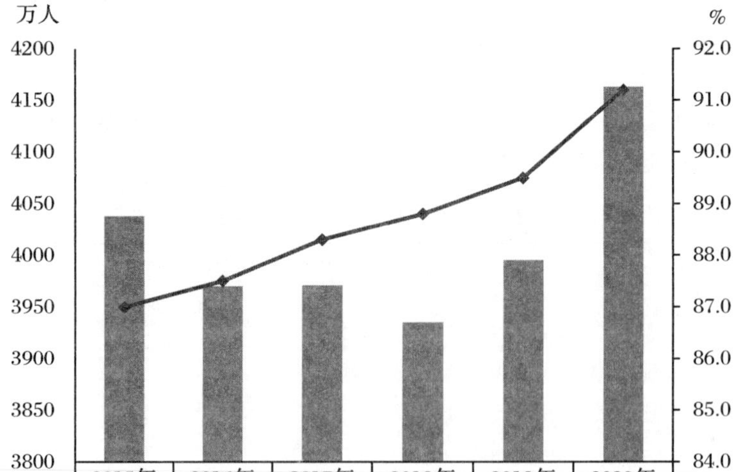

	2015年	2016年	2017年	2018年	2019年	2020年
在校生	4038	3970	3971	3935	3995	4163
毛入学率	87.0	87.5	88.3	88.8	89.5	91.2

1. 普通高中教育

全国共有普通高中 1.42 万所，比上年增加 271 所；招生 876.44 万人，比上年增加 36.95 万人，增长 4.40%；在校生 2494.45 万人，比上年增加 80.15 万人，增长 3.32%；毕业生 786.53 万人，比上年减少 2.72 万人，下降 0.34%。

普通高中教职工 294.87 万人，比上年增加 11.50 万人，增长 4.06%；专任教师 193.32 万人，比上年增加 7.40 万人，增长 3.98%。生师比 12.90 :1；专任教师学历合格率 98.79%，比上年提高 0.17 个百分点。

表 3　普通高中学校数、教职工、专任教师情况

	学校数（所）	教职工数（人）	专任教师数（人）
普通高中	**14235**	**2948694**	**1933228**
其中：完全中学	5353	1112287	566062
高级中学	7202	1422998	1268407
十二年一贯制学校	1680	413409	98759

普通高中校舍建筑面积 60050.11 万平方米，比上年增加 3261.55 万平方米。普通高中设施设备配备达标的学校比例情况分别为：体育运动场（馆）面积达标学校 93.05%，体育器械配备达标学校 95.10%，音乐器材配备达标学校 94.31%，美术器材配备达标学校 94.41%，理科实验仪器达标学校 94.91%。

2. 成人高中

全国共有成人高中 326 所，比上年减少 7 所。在校生 5.20 万人，毕业生 3.95 万人。成人高中教职工 2361 人，专任教师 1769 人。

3. 中等职业教育[16]

全国共有中等职业教育学校 9896 所，比上年减少 182 所。招生 644.66 万人，比上年增加 44.30 万人，增长 7.38%，占高中阶段教育招生总数的 42.38%。在校生 1663.37 万人，比上年增加 86.90 万人，增长 5.51%，占高中阶段教育在校生总数的 39.96%。毕业生 484.87 万人，比上年减少 8.60 万人，下降 1.74%。

中等职业学校教职工 108.30 万人，比上年增加 0.98 万人，增长 0.91%。专任教师 85.74 万人，比上年增加 1.45 万人，增长 1.72%。生师比[17] 19.54 :1；专任教师本科及以上学历比例 92.92%，比上年提高 0.31 个百分点；“双师型”教师比例占 30.87%，比上年提高 0.29 个百分点。

六、高 等 教 育

全国共有普通高校 2738 所，比上年增加 50 所。其中，本科院校 1270 所（含本科层次职业学校 21 所），比上年增加 5 所；高职（专科）院校 1468 所，比上年增加 45 所。成人高等学校 265 所，比上年减少 3 所；研究生培养机构 827 个，其中，普通高等学校 594 个，科研机构 233 个。

全国各类高等教育在学总规模[18] 4183 万人，比上年增加 181 万人。高等教育毛入学率 54.4%，比上年增加 2.8 个百分点。普通高等学校校均规模[19] 11982 人，其中，本科院校 15749 人，高职（专科）院校 8723 人。

图 5 “十三五”时期高等教育在学总规模和毛入学率

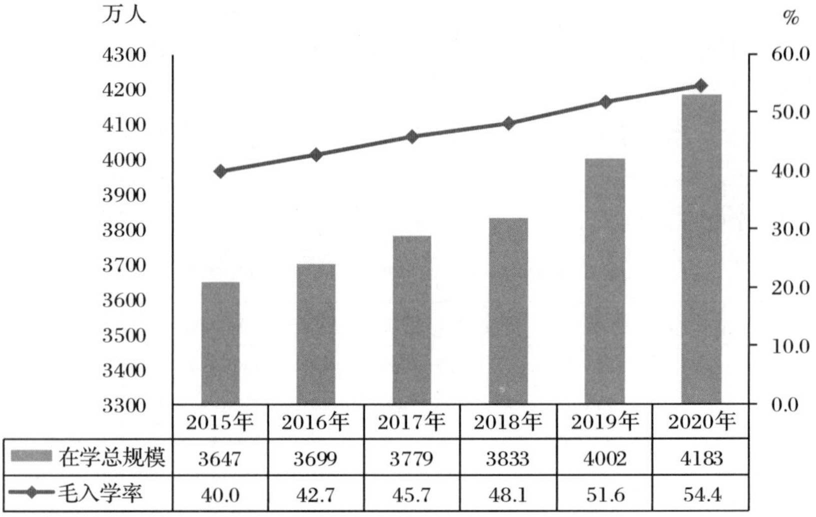

研究生招生[20] 110.66 万人，比上年增加 19.00 万人，增长 20.74%。其中，博士生 11.60 万人，硕士生 99.05 万人。在学研究生 313.96 万人，比上年增加 27.59 万人，增长 9.63%。其中，博士生 46.65 万人，在学硕士生 267.30 万人。毕业研究生 72.86 万人，其中，毕业博士生 6.62 万人，毕业硕士生 66.25 万人。

普通本专科招生 967.45 万人，比上年增加 52.55 万人，增长 5.74%；在校生 3285.29 万人，比上年增加 253.77 万人，增长 8.37%；毕业生 797.20 万人，比上年增加 38.67 万人，增长 5.10%。另有五年制高职转入专科招生 46.28 万人；专科起点本科招生 61.79 万人。

表 5 普通本专科学生情况

	毕业生数（人）	招生数（人）	在校生数（人）
普通本专科	**7971991**	**9674518**	**32852948**
其中：本科	4205097	4431154	18257460
专科	3766894	5243364	14595488

成人本专科招生 363.76 万人，比上年增加 61.55 万人，增长 20.37%；在校生 777.29 万人，比上年增加 108.73 万人，增长 16.26%；毕业生 246.96 万人，比上年增加 33.82 万人，增长 15.87%。

网络本专科招生 277.91 万人，比上年减少 10.63 万人，下降 3.69%；在校生 846.45 万人，比上年减少 11.39 万人，下降 1.33%；毕业生 272.25 万人，比上年增加 39.94 万人，增长 17.19%。

普通高等学校教职工 266.87 万人，比上年增加 10.20 万人，增长 3.97%；专任教师 183.30 万人，比上年增加 9.28 万人，增长 5.34%。普通高校生师比[21] 为 18.37 :1，其中，本科院校 17.51 :1，高职（专科）院校 20.28 :1。成人高等学校教职工 3.25 万人，比上年减少 3613 人；专任教师 1.90 万人，比上年减少 1690 人。

普通高等学校校舍建筑面积 92034.13 万平方米，比上年增加 2785.40 万平方米，增长 3.12%。另有由学校独立使用的非学校产权建筑面积 13260.79 万平方米。普通高校生均占地面积 58.32 平方米，生均校舍建筑面积 28.77 平方米，生均教学科研仪器设备值为 16522.36 元。

七、民 办 教 育

全国共有各级各类民办学校 18.67 万所，比上年减少 4820 所，占全国比重 34.76%；招生 1730.47 万人，比上年减少 43.87 万人，下降 2.47%；在校生 5564.45 万人，比上年减少 52.16 万人，下降 0.93%。其中：

民办幼儿园 16.80 万所，比上年减少 5280 所，下降 3.05%；入园儿童 819.32 万人，比上年减少 85.36 万人，下降 9.44%；在园幼儿 2378.55 万人，比上年减少 270.89 万人，下降 10.22%。

民办普通小学 6187 所，比上年减少 41 所，下降 0.66%；招生 145.20 万人，比上年减少 13.85 万人，下降 8.71%；在校生 966.03 万人，比上年增加 21.13 万人，增长 2.24%。

民办初中 6041 所，比上年增加 248 所，增长 4.28%；招生 243.67 万人，比上年增加 0.57 万人，增长 0.23%；在校生 718.96 万人，比上年增加 31.56 万人，增长 4.59%。

民办普通高中 3694 所，比上年增加 267 所，增长 7.79%；招生 153.39 万人，比上年增加 17.53 万人，增长 12.91%；在校生 401.29 万人，比上年增加 41.61 万人，增长 11.57%。

民办中等职业学校[22] 1953 所，比上年减少 32 所，下降 1.61%；招生 101.46 万人，比上年增加 11.46 万人，增长 12.74%；在校生 249.40 万人，比上年增加 25.04 万人，增长 11.16%。

民办普通高校 771 所（含独立学院 241 所），比上年增加 15 所。普通本专科招生 236.07 万人，比上年增加 16.38 万人，增长 7.46%；在校生 791.34 万人，比上年增加 82.51 万人，增长 11.64%。硕士研究生招生 1260 人，在学 2556 人。

图 6　民办教育在校生规模结构

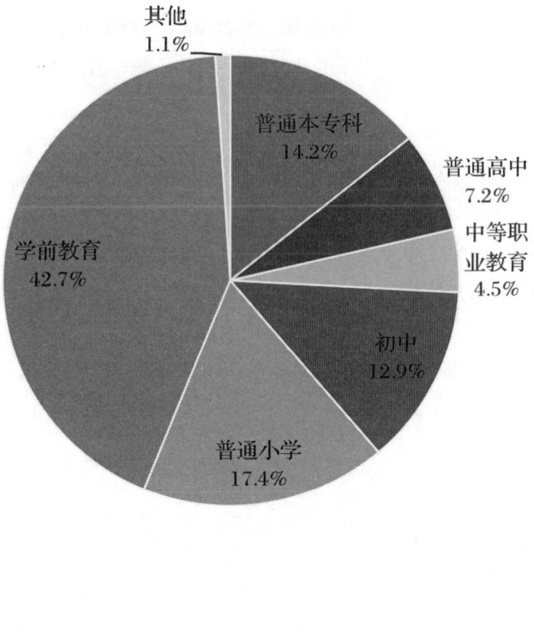

注释：

［1］各项统计数据均未包括香港特别行政区、澳门特别行政区和台湾省。部分数据因四舍五入的原因，存在着与分项合计不等的情况。

［2］含独立设置的幼儿园和附设幼儿班幼儿。

［3］含独立设置的幼儿园和附设幼儿班幼儿。

［4］毛入学率，是指某一级教育不分年龄的在校学生总数占该级教育国家规定年龄组人口数的百分比。由于包含非正规年龄组（低龄或超龄）学生，毛入学率可能会超过100%。

［5］九年义务教育巩固率，是指初中毕业班学生数占该年级入小学一年级时学生数的百分比。

［6］小学学龄儿童净入学率，是指小学教育在校学龄人口数占小学教育国家规定年龄组人口总数的百分比，是按各地不同入学年龄和学制分别计算的。

［7］因九年一贯制学校的教职工数计入初中阶段教育，完全中学、十二年一贯制学校的教职工数计入高中阶段教育，而专任教师是按照教育层次进行归类，存在小学教职工数据小于专任教师数据的情况。

［8］含九年一贯制学校和十二年一贯制学校小学段专任教师。

［9］专任教师学历合格率，是指某一级教育具有国家规定的最低学历要求的专任教师数占该级教育专任教师总数的百分比。各级教育教师的最低学历要求，参照《中华人民共和国教师法》中的相关规定：取得小学教师资格，应当具备中等师范学校毕业及其以上学历；取得初级中学教师、初级职业学校文化、专业课教师资格，应当具备高等师范专科学校或者其他大学专科毕业及其以上学历；取得高级中学教师资格和中等专业学校、技工学校、职业高中文化课、专业课教师资格，应当具备高等师范院校本科或者其他大学本科毕业及其以上学历。

［10］设施设备配备达标的学校，是指体育运动场（馆）面积、体育器械配备达到《教育部卫生部财政部关于印发国家学校体育卫生条件试行基本标准的通知》（教体艺〔2008〕5号）的相关标准；音乐器材配备、美术器材配备、数学自然实验仪器、理科实验仪器等达到各省、自治区、直辖市规定的仪器配备相关标准。含普通小学、初中和普通高中。

［11］含九年一贯制学校、十二年一贯制学校和完全中学初中段专任教师。

［12］进城务工人员随迁子女，是指户籍登记在外省（区、市）、本省外县（区）的乡村，随务工父母到输入地的城区、镇区（同住）并接受义务教育的适龄儿童少年。

［13］含特殊教育学校、附设特教班、随班就读和送教上门学生。

［14］含特殊教育学校、普通小学、初中送教上门学生。

［15］高中阶段包括普通高中、成人高中、中等职业学校。

［16］中等职业教育包括普通中等专业学校、职业高中、技工学校和成人中等专业学校。

［17］中等职业教育生师比、本科及以上学历比例、“双师型”教师比例，均不含技工学校数据。

［18］包括研究生、普通本专科、成人本专科、网络本专科、高等教育自学考试本专科等各种形式的高等教育在学人数。

［19］普通高等学校校均规模，仅含普通本专科在校生，不含分校点数据。

［20］根据教育部办公厅《关于统筹全日制和非全日制研究生管理工作的通知》（教研厅［2016］2号）有关要求，2017年起研究生招生、在校生指标内涵发生变化，增加了非全日制研究生数据。

［21］普通高等学校生师比，不含分校点数据，学生总数为折合学生数。

［22］民办中等职业教育未含技工学校数据。

资料来源：

技工学校数据来自人力资源和社会保障部；其他数据均来自教育部。

目　　录

第一部分　教育事业发展

一、综合部分

二、高等教育

三、中 等 教 育

(一)高中阶段教育

(二)初中阶段教育

四、初等教育(小学)

五、工 读 学 校

六、特 殊 教 育

七、学 前 教 育

八、各级各类学校分布情况

第二部分　办学条件

一、教 育 经 费

二、教育基本建设投资

第三部分　科学研究活动及其他

一、自然科学与技术

二、社 会 科 学

附 表

CONTENTS

Part Ⅰ

THE DEVELOPMENT OF THE EDUCATIONAL UNDERTAKING

Summary Tables

Higher Education

Secondary Education

Senior Secondary Education

Junior Secondary Education

Primary Education (Primary Schools)

Correctional Work-study Schools

Special Education

Pre-primary Education

Geographical Distribution of Schools by Type and Level

Part Ⅱ

PHYSICAL FACILITIES

Public Expenditure on Education

Capital Construction Investment in the Educational Sector

Part Ⅲ

SCIENTIFIC RESEARCH ACTIVITIES & OTHER

Natural Science and Technology

Social Science

Appendixes

第一部分
Part I

教育事业发展
THE DEVELOPMENT OF THE EDUCATIONAL UNDERTAKING

一、综合部分
Summary Tables

各级各类学校校数、教职工、专任教师情况
Number of Schools, Educational Personnel and Full-time Teachers by Type and Level

	学校数(所) Schools	教职工数(人) Educational Personnel	专任教师数(人) Full-time Teachers
一、高等教育 Higher Education			
(一)研究生培养机构(不计校数) Institutions Providing Postgraduate Programs	(827)	—	—
1. 普通高校 Regular HEIs	(594)	—	—
2. 科研机构 Research Institutes	(233)	—	—
(二)普通高等学校 Regular HEIs	2738	2668708	1832982
1. 本科院校 HEIs Offering Degree Programs	1270	1923487	1276101
其中:独立学院 of Which: Independent Institutions	241	151993	117154
2. 高职(专科)院校 Higher Vocational Colleges	1468	744478	556424
3. 其他普通高教机构(不计校数) Other Institutions	(21)	743	457
(三)成人高等学校 Adult HEIs	265	32475	18951
(四)民办的其他高等教育机构 Other Non-government HEIs	(788)	17911	8116
二、中等教育 Secondary Education	**77455**	**8538842**	**6654481**
(一)高中阶段教育 Senior Secondary Education	24457	4034097	2792398
1. 高中 Senior Secondary Schools	14561	2951055	1934997
普通高中 Regular Senior Secondary Schools	14235	2948694	1933228
完全中学 Combined Secondary Schools	5353	1112287	566062
高级中学 Regular High Schools	7202	1422998	1268407
十二年一贯制学校 12-Year Schools	1680	413409	98759
成人高中 Adult High Schools	326	2361	1769
2. 中等职业教育 Secondary Vocational Education	9896	1083042	857401
普通中专 Regular Specialized Secondary Schools	3266	402102	316091
成人中专 Adult Specialized Secondary Schools	991	47053	36273
职业高中 Vocational High Schools	3216	341223	286344
技工学校 Skilled Workers Schools	2423	279290	208683
其他中职机构(不计校数) Other Secondary Vocational Education Institutions	(348)	13374	10010
(二)初中阶段教育 Junior Secondary Education	52998	4504745	3862083
1. 初中 Junior Secondary Schools	52805	4503084	3860741
初级中学 Regular Junior Secondary Schools	34895	2858998	2632799
九年一贯制学校 9-Year Schools	17900	1643718	685350
十二年一贯制学校 12-Year Schools	—	—	112093
完全中学 Combined Secondary Schools	—	—	430186
职业初中 Vocational Junior Secondary Schools	10	368	313
2. 成人初中 Adult Junior Secondary Schools	193	1661	1342
三、初等教育 Primary Education	**162601**	**5979329**	**6441585**
(一)普通小学 Regular Primary Schools	157979	5966300	6434178
小学 Primary Schools	157979	5590333	5233888
九年一贯制学校 9-Year Schools	—	—	742110
十二年一贯制学校 12-Year Schools	—	—	99964
小学教学点(不计校数) ExternalTeaching Sites	(90295)	375967	358216
(二)成人小学 Adult Primary Schools	4622	13029	7407
其中:扫盲班 of Which: Literacy Classes	2754	10143	5901
四、工读学校 Correctional Work-Study Schools	**95**	**2901**	**2139**
五、特殊教育 Special Education Schools			
特殊教育学校 Schools for Special Edu.	2244	76415	66169
六、学前教育 Pre-school Education Institutions			
幼儿园 Kindergarten	291715	5198165	2913426

注:1. 九年一贯制学校的校数和教职工数计入初中阶段教育,十二年一贯制学校的校数和教职工数计入高中阶段教育,完全中学的学校数和教职工数计入高中阶段教育,其中,专任教师是按照教育层次进行归类;

2. "( )"内数据为不计校数。

Note: 1. 9-year schools and their educational personnel are calculated into junior secondary education, 12-year schools and their educational personnel are calculated into senior secondary education . Combined secondary schools and their educational personnel are calculated into senior secondary education. Full-time teachers are classified by education levels;

2. The data within "( )" are not calculated as the number of schools.

各级各类学历教育学生情况

Number of Students of Formal Education by Type and Level

单位:人
unit: person

	毕业生数 Graduates	招生数 Entrants	在校生数 Enrolment
一、高等教育 Higher Education			
(一)研究生 Postgraduates	728627	1106551	3139598
博　士 Doctor's Degree	66176	116047	466549
硕　士 Master's Degree	662451	990504	2673049
(二)普通本专科 Undergraduate in Regular HEIs	7971991	9674518	32852948
本　科 Normal Courses	4205097	4431154	18257460
专　科 Short-cycle Courses	3766894	5243364	14595488
(三)成人本专科 Undergraduate in Adult HEIs	2469562	3637630	7772942
本　科 Normal Courses	1226385	1896292	4051025
专　科 Short-cycle Courses	1243177	1741338	3721917
(四)网络本专科生 Web-based Undergraduates	2722497	2779128	8464464
本　科 Normal Courses	866120	1072248	3111899
专　科 Short-cycle Courses	1856377	1706880	5352565
二、中等教育 Secondary Education	**28159684**	**31532006**	**90820113**
(一)高中阶段教育 Senior Secondary Education	12753535	15211042	41630230
1. 高中 Senior Secondary Schools	7904823	8764435	24996545
普通高中 Regular Senior Secondary Schools	7865315	8764435	24944529
完全中学 Combined Secondary Schools	2402204	2653613	7583547
高级中学 Regular High Schools	5095039	5590528	16012155
十二年一贯制学校 12-Year Schools	368072	520294	1348827
成人高中 Adult High Schools	39508	—	52016
2. 中等职业教育 Secondary Vocational Education	4848712	6446607	16633685
普通中专 Regular Specialized Secondary Schools	2162310	2726906	7354168
成人中专 Adult Specialized Secondary Schools	430267	535320	1126747
职业高中 Vocational High Schools	1242065	1583830	4197464
技工学校 Skilled Workers Schools	1014070	1600551	3955306
(二)初中阶段教育 Junior Secondary Education	15406149	16320964	49189883
1. 初中 Junior Secondary Schools	15352918	16320964	49140893
初级中学 Regular Junior Secondary Schools	10630682	10892448	33196223
九年一贯制学校 9-Year Schools	2417894	2875328	8385205
十二年一贯制学校 12-Year Schools	456211	541731	1583723
完全中学 Combined Secondary Schools	1847224	2010847	5973572
职业初中 Vocational Junior Secondary Schools	907	610	2170
2. 成人初中 Adult Junior Secondary Schools	53231	—	48990
三、初等教育 Primary Education	**16653674**	**18080902**	**107508746**
(一)普通小学 Regular Primary Schools	16403201	18080902	107253532
小学 Primary Schools	13899664	14948277	89633285
九年一贯制学校 9-Year Schools	1955019	2083092	12554065
十二年一贯制学校 12-Year Schools	257463	259976	1589249
小学教学点(不计校数) ExternalTeaching Sites	291055	789557	3476933
(二)成人小学 Adult Primary Schools	250473	—	255214
其中:扫盲班 of Which: Literacy Classes	122869	—	134545
四、工读学校 Correctional Work-Study Schools	**4031**	**3036**	**6012**
五、特殊教育 Special Education Schools	**121411**	**149046**	**880800**
其中:特殊教育学校 of Which: Special Education Schools	40158	48564	320775
六、学前教育 Pre-school Education Institutions	**17794338**	**17914049**	**48182634**
其中:幼儿园 of Which: Kindergartens	16087404	16445629	45158985

注:1. 九年一贯制学校、十二年一贯制学校和完全中学的学生数按教育层次分别计入对应教育阶段的学生数中;
2. 特殊教育涵盖特殊教育学校、附设特教班、随班就读和送教上门等各类形式;
3. 2017 年起,研究生招生、在校生指标内涵发生变化。招生包含全日制和非全日制研究生;在校生、授予学位数包含全日制、非全日制研究生和在职人员攻读硕士学位学生。下同。

Note: 1. Numbers of students in 9-year schools, 12-year schools , combined secondary schools are classified by educational levels;
2. Special education covers various forms including special education schools, attached special education classes, regular classes and 'home delivery' teaching;
3. From 2017, the indicators meaning of entrants and enrollment of postgraduate students have changed. The number of entrants includes full-time and part-time postgraduate students. The number of Master's and Doctor's Degree awarded includes full-time, part-time postgraduate students and on-the-job students. Same as below.

各级各类民办学校校数、教职工、专任教师情况

Number of Non-government Schools, Educational Personnel and Full-time Teachers by Type and Level

	学校数（所）Schools	教职工数（人）Educational Personnel	专任教师数（人）Full-time Teachers
一、高等教育 Higher Education			
（一）研究生培养机构（不计校数）Institutions Providing Postgraduate Programs	(5)	—	—
1. 普通高校 Regular HEIs	(5)	—	—
2. 科研机构 Research Institutes	—	—	—
（二）普通高等学校 Regular HEIs	771	493062	368925
1. 本科院校 HEIs Offering Degree Programs	434	355662	267689
其中：独立学院 of Which: Independent Institutions	241	151993	117154
2. 高职（专科）院校 Higher Vocational Colleges	337	137154	101048
3. 其他普通高教机构（不计校数）Other Institutions	(15)	246	188
（三）成人高等学校 Adult HEIs	2	38	14
（四）民办的其他高等教育机构 Other Non-government HEIs	(786)	17888	8106
二、中等教育 Secondary Education	—	—	—
（一）高中阶段教育 Senior Secondary Education	—	—	—
1. 高中 Senior Secondary Schools	—	—	—
普通高中 Regular Senior Secondary Schools	3694	676743	266041
完全中学 Combined Secondary Schools	1038	201201	82163
高级中学 Regular High Schools	1314	132298	105903
十二年一贯制学校 12-Year Schools	1342	343244	77975
成人高中 Adult High Schools	—	—	—
2. 中等职业教育 Secondary Vocational Education	—	—	—
普通中专 Regular Specialized Secondary Schools	841	62019	44933
成人中专 Adult Specialized Secondary Schools	99	7913	5319
职业高中 Vocational High Schools	1013	56128	38248
技工学校 Skilled Workers Schools	—	—	—
其他中职机构（不计校数）Other Secondary Vocational Education Institutions	(110)	2844	2021
（二）初中阶段教育 Junior Secondary Education	—	—	—
1. 初中 Junior Secondary Schools	6041	683053	462908
初级中学 Regular Junior Secondary Schools	1296	137760	110755
九年一贯制学校 9-Year Schools	4743	545258	185555
十二年一贯制学校 12-Year Schools	—	—	89306
完全中学 Combined Secondary Schools	—	—	77283
职业初中 Vocational Junior Secondary Schools	2	35	9
2. 成人初中 Adult Junior Secondary Schools	—	—	—
三、初等教育 Primary Education	—	—	—
（一）普通小学 Regular Primary Schools	6187	312144	539655
小学 Primary Schools	6187	312144	236314
九年一贯制学校 9-Year Schools	—	—	222503
十二年一贯制学校 12-Year Schools	—	—	80838
（二）成人小学 Adult Primary Schools	—	—	—
其中：扫盲班 of Which: Literacy Classes	—	—	—
四、工读学校 Correctional Work-Study Schools	**3**	**83**	**52**
五、特殊教育 Special Education Schools			
特殊教育学校 Schools for Special Edu.	83	2478	1654
六、学前教育 Pre-school Education Institutions			
幼儿园 Kindergarten	167956	3076033	1618786
另有：民办培训机构（不计校数）Other Vocational-technical Training Institutions	(39516)	375526	233936

注：1. 九年一贯制学校的校数和教职工数计入初中阶段教育，十二年一贯制学校的校数和教职工数计入高中阶段教育，完全中学的学校数和教职工数计入高中阶段教育，其中，专任教师是按照教育层次进行归类；
2. “（）”内数据为不计校数。

Note: 1. 9-year schools and their educational personnel are calculated into junior secondary education, 12-year schools and their educational personnel are calculated into senior secondary education . Combined secondary schools and their educational personnel are calculated into senior secondary education. Full-time teachers are classified by education levels;
2. The data within “( )” are not calculated as the number of schools.

各级各类民办教育学生情况

Number of Students of Non-government Education by Type and Level

单位:人

unit: person

	毕业生数 Graduates	招生数 Entrants	在校生数 Enrolment
一、高等教育 Higher Education			
(一)研究生 Postgraduates	560	1260	2556
博 士 Doctor's Degree	—	—	—
硕 士 Master's Degree	560	1260	2556
(二)普通本专科 Undergraduate in Regular HEIs	1780293	2360724	7913376
本 科 Normal Courses	1038403	1119515	4681871
专 科 Short-cycle Courses	741890	1241209	3231505
(三)成人本专科 Undergraduate in Adult HEIs	135941	308514	565385
本 科 Normal Courses	19249	58259	101134
专 科 Short-cycle Courses	116692	250255	464251
(四)另有其他学生 Other Students	—	—	—
1. 民办高校 Non-government HEIs	—	—	27071
2. 民办的其他高等教育机构 Other Non-government HEIs	—	—	75528
二、中等教育 Secondary Education	—	—	—
(一)高中阶段教育 Senior Secondary Education	—	—	—
1. 高中 Senior Secondary Schools	—	—	—
普通高中 Regular Senior Secondary Schools	1085292	1533930	4012899
完全中学 Combined Secondary Schools	378684	468172	1292294
高级中学 Regular High Schools	411896	628376	1602022
十二年一贯制学校 12-Year Schools	294712	437382	1118583
成人高中 Adult High Schools	—	—	—
2. 中等职业教育 Secondary Vocational Education	—	—	—
普通中专 Regular Specialized Secondary Schools	362744	591644	1493192
成人中专 Adult Specialized Secondary Schools	70101	109152	194912
职业高中 Vocational High Schools	223952	313785	805938
技工学校 Skilled Workers Schools	—	—	—
(二)初中阶段教育 Junior Secondary Education	—	—	—
1. 初中 Junior Secondary Schools	2079337	2436736	7189580
初级中学 Regular Junior Secondary Schools	530825	574333	1757905
九年一贯制学校 9-Year Schools	775773	1007677	2849739
十二年一贯制学校 12-Year Schools	383734	449490	1326913
完全中学 Combined Secondary Schools	388971	405224	1254961
职业初中 Vocational Junior Secondary Schools	34	12	62
2. 成人初中 Adult Junior Secondary Schools	—	—	—
三、初等教育 Primary Education	—	—	—
(一)普通小学 Regular Primary Schools	1565518	1451975	9660348
小学 Primary Schools	684821	673348	4371338
九年一贯制学校 9-Year Schools	666366	586365	4034097
十二年一贯制学校 12-Year Schools	214331	192262	1254913
(二)成人小学 Adult Primary Schools	—	—	—
其中:扫盲班 of Which: Literacy Classes	—	—	—
四、工读学校 Correctional Work-Study Schools	**170**	**94**	**636**
五、特殊教育 Special Education Schools	**2378**	**3633**	**20211**
其中:特殊教育学校 of Which: Special Education Schools	**1079**	**1917**	**10044**
六、学前教育 Pre-school Education Institutions	**9237780**	**8193205**	**23785506**
其中:幼儿园 of Which: Kindergartens	9113100	8128959	23600977
另有:民办培训机构(不计校数)Other Vocational-technical Training Institutions	—	—	9896564

注:1. 九年一贯制学校、十二年一贯制学校、完全中学的学生数按教育层次分别计入对应教育阶段的学生数中;2. 特殊教育涵盖特殊教育学校、附设特教班、随班就读和送教上门等各类形式;3. “另有:民办培训机构”包括自考助学班学生、预科生学生数。

Note: 1. Numbers of students in 9-year schools, 12-year schools, combined secondary schools are classified by educational levels;

2. Special education covers various forms including special education schools, attached special education classes, regular classes and 'home delivery' teaching; 3. Number of the other Students Followed in the Classes Run by Non-government HEIs for Students Preparing for Self-Taught Examinations Leaners, College-preparatory Classes.

各级各类学校女学生数

Number of Female Students of Schools by Type and Level

单位：人
unit: person

	总计 Total	男 Male	女学生 Female Students	
			人数 Number	占学生总数的比重(%) Percentage
一、高等教育 Higher Education				
(一)研究生 Postgraduates	3139598	1540151	1599447	50.94
博　士 Doctor's Degree	466549	271188	195361	41.87
硕　士 Master's Degree	2673049	1268963	1404086	52.53
(二)普通本专科 Undergraduate in Regular HEIs	32852948	16111224	16741724	50.96
本　科 Normal Courses	18257460	8452819	9804641	53.70
专　科 Short-cycle Courses	14595488	7658405	6937083	47.53
(三)成人本专科 Undergraduate in Adult HEIs	7772942	3266496	4506446	57.98
本　科 Normal Courses	4051025	1595467	2455558	60.62
专　科 Short-cycle Courses	3721917	1671029	2050888	55.10
(四)网络本专科生 Web-based Undergraduates	8464464	4748979	3715485	43.90
本　科 Normal Courses	3111899	1636406	1475493	47.41
专　科 Short-cycle Courses	5352565	3112573	2239992	41.85
二、中等教育 Secondary Education	**90820113**	**48478179**	**42341934**	**46.62**
(一)高中阶段教育 Senior Secondary Education	41630230	22126093	19504137	46.85
1. 高中 Senior Secondary Schools	24996545	12392004	12604541	50.43
普通高中 Regular Senior Secondary Schools	24944529	12369437	12575092	50.41
完全中学 Combined Secondary Schools	7583547	3781464	3802083	50.14
高级中学 Regular High Schools	16012155	7832832	8179323	51.08
十二年一贯制学校 12-Year Schools	1348827	755141	593686	44.01
成人高中 Adult High Schools	52016	22567	29449	56.62
2. 中等职业教育 Secondary Vocational Education	16633685	9734089	6899596	41.48
普通中专 Regular Specialized Secondary Schools	7354168	3976938	3377230	45.92
成人中专 Adult Specialized Secondary Schools	1126747	640225	486522	43.18
职业高中 Vocational High Schools	4197464	2436099	1761365	41.96
技工学校 Skilled Workers Schools	3955306	2680827	1274479	32.22
(二)初中阶段教育 Junior Secondary Education	49189883	26352086	22837797	46.43
1. 初中 Junior Secondary Schools	49140893	26326103	22814790	46.43
初级中学 Regular Junior Secondary Schools	33196223	17621463	15574760	46.92
九年一贯制学校 9-Year Schools	8385205	4617244	3767961	44.94
十二年一贯制学校 12-Year Schools	1583723	915391	668332	42.20
完全中学 Combined Secondary Schools	5973572	3170753	2802819	46.92
职业初中 Vocational Junior Secondary Schools	2170	1252	918	42.30
2. 成人初中 Adult Junior Secondary Schools	48990	25983	23007	46.96
三、初等教育 Primary Education	**107508746**	**57329318**	**50179428**	**46.67**
(一)普通小学 Regular Primary Schools	107253532	57216012	50037520	46.65
小学 Primary Schools	93110218	49436372	43673846	46.91
九年一贯制学校 9-Year Schools	12554065	6863528	5690537	45.33
十二年一贯制学校 12-Year Schools	1589249	916112	673137	42.36
(二)成人小学 Adult Primary Schools	255214	113306	141908	55.60
其中:扫盲班 of Which: Literacy Classes	134545	51521	83024	61.71
四、工读学校 Correctional Work-Study Schools	**6012**	**4922**	**1090**	**18.13**
五、特殊教育 Special Education Schools	**880800**	**556583**	**324217**	**36.81**
六、学前教育 Pre-school Education Institutions	**48182634**	**25461606**	**22721028**	**47.16**

注:1. 九年一贯制学校、十二年一贯制学校、完全中学的学生数按教育层次分别计入对应教育阶段的学生数中;
2. 特殊教育涵盖特殊教育学校、附设特教班、随班就读和送教上门等各类形式;

Note: 1. Numbers of students in 9-year schools, 12-year schools , combined secondary schools are classified by educational levels;
2. Special education covers various forms including special education schools, attached special education classes, regular classes and 'home delivery' teaching;

各级各类学校女教师、女教职工数

Number of Female Educational Personnel and Full-time Teachers of Schools by Type and Level

单位：人
unit: person

	教职工数 Educational Personnel	其中：女教职工 of Which: Female Educational Personnel		专任教师数 Full-time Teachers	其中：女专任教师 of Which: Female Full-time Teachers	
		人数 Number	占教职工总数的比重(%) Percentage		人数 Number	占专任教师总数的比重(%) Percentage
一、高等教育 Higher Education						
(一)研究生培养机构(不计校数) Institutions Providing Postgraduate Programs	—	—	—	—	—	—
1. 普通高校 Regular HEIs	—	—	—	—	—	—
2. 科研机构 Research Institutes	—	—	—	—	—	—
(二)普通高等学校 Regular HEIs	2668708	1345940	50.43	1832982	938789	51.22
1. 本科院校 HEIs Offering Degree Programs	1923487	943957	49.08	1276101	624236	48.92
其中：独立学院 of Which: Independent Institutions	151993	83325	54.82	117154	64790	55.30
2. 高职(专科)院校 Higher Vocational Colleges	744478	401549	53.94	556424	314287	56.48
3. 其他普通高教机构(不计校数) Other Institutions	743	434	58.41	457	266	58.21
(三)成人高等学校 Adult HEIs	32475	17539	54.01	18951	11045	58.28
(四)民办的其他高等教育机构 Other Non-government HEIs	17911	9536	53.24	8116	4238	52.22
二、中等教育 Secondary Education	**8538842**	**4931007**	**57.75**	**6654481**	—	—
(一)高中阶段教育 Senior Secondary Education	4034097	2253798	55.87	2792398	—	—
1. 高中 Senior Secondary Schools	2951055	1693745	57.39	1934997	1076361	55.63
普通高中 Regular Senior Secondary Schools	2948694	1692792	57.41	1933228	1075617	55.64
完全中学 Combined Secondary Schools	1112287	638347	57.39	566062	311233	54.98
高级中学 Regular High Schools	1422998	773012	54.32	1268407	707829	55.80
十二年一贯制学校 12-Year Schools	413409	281433	68.08	98759	56555	57.27
成人高中 Adult High Schools	2361	953	40.36	1769	744	42.06
2. 中等职业教育 Secondary Vocational Education	1083042	560053	51.71	857401	—	—
普通中专 Regular Specialized Secondary Schools	402102	209440	52.09	316091	173602	54.92
成人中专 Adult Specialized Secondary Schools	47053	23948	50.90	36273	19889	54.83
职业高中 Vocational High Schools	341223	184338	54.02	286344	162382	56.71
技工学校 Skilled Workers Schools	279290	135541	48.53	208683	—	—
其他中职机构(不计校数) Other Secondary Vocational Education Institutions	13374	6786	50.74	10010	5465	54.60
(二)初中阶段教育 Junior Secondary Education	4504745	2677209	59.43	3862083	2271224	58.81
1. 初中 Junior Secondary Schools	4503084	2676155	59.43	3860741	2270332	58.81
初级中学 Regular Junior Secondary Schools	2858998	1603872	56.10	2632799	1516309	57.59
九年一贯制学校 9-Year Schools	1643718	1072109	65.22	685350	407534	59.46
十二年一贯制学校 12-Year Schools	—	—	—	112093	76113	67.90
完全中学 Combined Secondary Schools	—	—	—	430186	270207	62.81
职业初中 Vocational Junior Secondary Schools	368	174	47.28	313	169	53.99
2. 成人初中 Adult Junior Secondary Schools	1661	1054	63.46	1342	892	66.47
三、初等教育 Primary Education	**5979329**	**4127845**	**69.04**	**6441585**	**4582448**	**71.14**
(一)普通小学 Regular Primary Schools	5966300	4122227	69.09	6434178	4578915	71.17
小学 Primary Schools	5966300	4122227	69.09	5592104	3947558	70.59
九年一贯制学校 9-Year Schools	—	—	—	742110	549152	74.00
十二年一贯制学校 12-Year Schools	—	—	—	99964	82205	82.23
(二)成人小学 Adult Primary Schools	13029	5618	43.12	7407	3533	47.70
其中：扫盲班 of Which: Literacy Classes	10143	4175	41.16	5901	2656	45.01
四、工读学校 Correctional Work-Study Schools	**2901**	**1199**	**41.33**	**2139**	**943**	**44.09**
五、特殊教育 Special Education Schools	**76415**	**54866**	**71.80**	**66169**	**49373**	**74.62**
六、学前教育 Pre-school Education Institutions	**5198165**	**4802529**	**92.39**	**2913426**	**2848609**	**97.78**

注：九年一贯制学校的校数和教职工数计入初中阶段教育，十二年一贯制学校的校数和教职工数计入高中阶段教育，完全中学的学校数和教职工数计入高中阶段教育，其中，专任教师是按照教育层次进行归类。

Note: 9-year schools and their educational personnel are calculated into junior secondary education, 12-year schools and their educational personnel are alculated into senior secondary education . Combined secondary schools and their educational personnel are calculated into senior secondary education. Full-time teachers are classified by education levels.

各级各类学校少数民族学生数
Number of Minority Students of Schools by Type and Level

单位：人
unit：person

	总计 Total	少数民族学生 Minority Students	
		人数 Number	占学生总数的比重(%) Percentage
一、高等教育 Higher Education			
(一)研究生 Postgraduates	3139598	175001	5.57
博　士 Doctor's Degree	466549	28218	6.05
硕　士 Master's Degree	2673049	146783	5.49
(二)普通本专科 Undergraduate in Regular HEIs	32852948	3289489	10.01
本　科 Normal Courses	18257460	1768698	9.69
专　科 Short-cycle Courses	14595488	1520791	10.42
(三)成人本专科 Undergraduate in Adult HEIs	7772942	607246	7.81
本　科 Normal Courses	4051025	326329	8.06
专　科 Short-cycle Courses	3721917	280917	7.55
(四)网络本专科生 Web-based Undergraduates	8464464	594068	7.02
本　科 Normal Courses	3111899	194234	6.24
专　科 Short-cycle Courses	5352565	399834	7.47
二、中等教育 Secondary Education	—	—	—
(一)高中阶段教育 Senior Secondary Education	—	—	—
1. 高中 Senior Secondary Schools	—	—	—
普通高中 Regular Senior Secondary Schools	24944529	2747532	11.01
完全中学 Combined Secondary Schools	7583547	760148	10.02
高级中学 Regular High Schools	16012155	1904550	11.89
十二年一贯制学校 12-Year Schools	1348827	82834	6.14
成人高中 Adult High Schools	101006	1121	1.11
2. 中等职业教育 Secondary Vocational Education	—	—	—
普通中专 Regular Specialized Secondary Schools	7354168	797542	10.84
成人中专 Adult Specialized Secondary Schools	1126747	169095	15.01
职业高中 Vocational High Schools	4197464	430976	10.27
技工学校 Skilled Workers Schools	—	—	—
(二)初中阶段教育 Junior Secondary Education	—	—	—
1. 初中 Junior Secondary Schools	49140893	5707737	11.62
初级中学 Regular Junior Secondary Schools	33196223	4268618	12.86
九年一贯制学校 9-Year Schools	8385205	749335	8.94
十二年一贯制学校 12-Year Schools	1583723	92092	5.81
完全中学 Combined Secondary Schools	5973572	596343	9.98
职业初中 Vocational Junior Secondary Schools	2170	1349	62.17
2. 成人初中 Adult Junior Secondary Schools	—	—	—
三、初等教育 Primary Education	—	—	—
(一)普通小学 Regular Primary Schools	107253532	13305407	12.41
小学 Primary Schools	93110218	12067886	12.96
九年一贯制学校 9-Year Schools	12554065	1137197	9.06
十二年一贯制学校 12-Year Schools	1589249	100324	6.31
(二)成人小学 Adult Primary Schools	255214	28537	11.18
其中：扫盲班 of Which：Literacy Classes	—	—	—
四、工读学校 Correctional Work-Study Schools	—	—	—
五、特殊教育 Special Education Schools	**880800**	**124817**	**14.17**
六、学前教育 Pre-school Education Institutions	**48182634**	**5301102**	**11.00**

注：少数民族成人高中数据包括成人初中数据。

Note：Data on Minority Students of Adult Junior Secondary Schools are included in the data of Adult High Schools.

各级各类学校少数民族教师、教职工数

Number of Minority Educational Personnel and Full-time Teachers of Schools by Type and Level

单位:人

unit: Person

	教职工数 Educational Personnel	少数民族教职工 Minority Educational Personnel		专任教师数 Full-time Teachers	少数民族专任教师 Minority Full-time Teachers	
		人数 Number	占教职工总数的比重(%) Percentage		人数 Number	占专任教师总数的比重(%) Percentage
一、高等教育 Higher Education						
(一)研究生培养机构(不计校数) Institutions Providing Postgraduate Programs	—	—	—	—	—	—
1. 普通高校 Regular HEIs	—	—	—	—	—	—
2. 科研机构 Research Institutes	—	—	—	—	—	—
(二)普通高等学校 Regular HEIs	2668708	161014	6.03	1832982	109192	5.96
1. 本科院校 HEIs Offering Degree Programs	1923487	115317	6.00	1276101	75697	5.93
其中:独立学院 of Which:Independent Institutions	151993	7725	5.08	117154	5601	4.78
2. 高职(专科)院校 Higher Vocational Colleges	744478	45639	6.13	556424	33472	6.02
3. 其他普通高教机构(不计校数) Other Institutions	743	58	7.81	457	23	5.03
(三)成人高等学校 Adult HEIs	32475	1556	4.79	18951	971	5.12
(四)民办的其他高等教育机构 Other Non-government HEIs	17911	145	0.81	8116	70	0.86
二、中等教育 Secondary Education	—	—	—	—	—	—
(一)高中阶段教育 Senior Secondary Education	—	—	—	—	—	—
1. 高中 Senior Secondary Schools	2952716	241700	8.19	1936339	168521	8.70
普通高中 Regular Senior Secondary Schools	2948694	241688	8.20	1933228	168509	8.72
完全中学 Combined Secondary Schools	1112287	87507	7.87	566062	44163	7.80
高级中学 Regular High Schools	1422998	134366	9.44	1268407	118983	9.38
十二年一贯制学校 12-Year Schools	413409	19815	4.79	98759	5363	5.43
成人高中 Adult High Schools	4022	12	0.30	3111	12	0.39
2. 中等职业教育 Secondary Vocational Education	—	—	—	—	—	—
普通中专 Regular Specialized Secondary Schools	402102	26001	6.47	316091	20731	6.56
成人中专 Adult Specialized Secondary Schools	47053	2658	5.65	36273	2073	5.71
职业高中 Vocational High Schools	341223	23043	6.75	286344	18993	6.63
技工学校 Skilled Workers Schools	—	—	—	—	—	—
其他中职机构(不计校数) Other Secondary Vocational Education Institutions	13374	233	1.74	10010	171	1.71
(二)初中阶段教育 Junior Secondary Education	—	—	—	—	—	—
1. 初中 Junior Secondary Schools	4503084	408699	9.08	3860741	353301	9.15
初级中学 Regular Junior Secondary Schools	2858998	294793	10.31	2632799	266453	10.12
九年一贯制学校 9-Year Schools	1643718	113796	6.92	685350	47848	6.98
十二年一贯制学校 12-Year Schools	—	—	—	112093	5687	5.07
完全中学 Combined Secondary Schools	—	—	—	430186	33207	7.72
职业初中 Vocational Junior Secondary Schools	368	110	29.89	313	106	33.87
2. 成人初中 Adult Junior Secondary Schools	—	—	—	—	—	—
三、初等教育 Primary Education	—	—	—	—	—	—
(一)普通小学 Regular Primary Schools	5966300	653024	10.95	6434178	653422	10.16
小学 Primary Schools	5966300	653024	10.95	5592104	595571	10.65
九年一贯制学校 9-Year Schools	—	—	—	742110	52723	7.10
十二年一贯制学校 12-Year Schools	—	—	—	99964	5128	5.13
(二)成人小学 Adult Primary Schools	13029	2541	19.50	7407	1981	26.74
其中:扫盲班 of Which: Literacy Classes	—	—	—	—	—	—
四、工读学校 Correctional Work-Study Schools	—	—	—	—	—	—
五、特殊教育 Special Education Schools	**76415**	**7147**	**9.35**	**66169**	**6201**	**9.37**
六、学前教育 Pre-school Education Institutions	**5198165**	**387040**	**7.45**	**2913426**	**232256**	**7.97**

注:1. 九年一贯制学校的校数和教职工数计入初中阶段教育,十二年一贯制学校的校数和教职工数计入高中阶段教育,完全中学的学校数和教职工数计入高中阶段教育,其中,专任教师是按照教育层次进行归类;

2. 成人高中少数民族教职工数和专任教师数包括成人初中少数民族教职工数和专任教师数。

Note: 1. 9-year schools and their educational personnel are calculated into junior secondary education, 12-year schools and their educational personnel are calculated into senior secondary education . Combined secondary schools and their educational personnel are calculated into senior secondary education. Full-time teachers are classified by education levels;

2. The number of Minority Educational Personnel and Full-time teachers employed by Adult Junior High Schools is included in that employed by Adult High Schools.

各级各类
Number of Schools by

	2011	2012	2013
一、高等教育 Higher Education			
（一）研究生培养机构（不计校数） Institutions Providing Postgraduate Programs	755	811	830
1. 普通高校 Regular HEIs	481	534	548
2. 科研机构 Research Institutes	274	277	282
（二）普通高等学校 Regular HEIs	2409	2442	2491
1. 本科院校 HEIs Offering Degree Programs	1129	1145	1170
2. 高职（专科）院校 Higher Vocational Colleges	309	1297	1321
3. 其他普通高教机构（不计校数） Other Institutions	47	36	33
（三）成人高等学校 Adult HEIs	353	348	297
（四）民办的其他高等教育机构 Other Non-government HEIs	830	823	802
二、中等教育 Secondary Education	**83810**	**81662**	**80797**
（一）高中阶段教育 Senior Secondary Education	27638	26868	26225
1. 高中 Senior Secondary Schools	14545	14205	13963
普通高中 Regular Senior Secondary Schools	13688	13509	13352
成人高中 Adult High Schools	857	696	611
2. 中等职业教育 Secondary Vocational Education	13093	12663	12262
普通中专 Regular Specialized Secondary Schools	3753	3681	3577
成人中专 Adult Specialized Secondary Schools	1614	1564	1536
职业高中 Vocational High Schools	4802	4517	4267
技工学校 Skilled Workers Schools	2924	2901	2882
其他中职机构（不计校数） Other Secondary Vocational Education Institutions	642	509	451
（二）初中阶段教育 Junior Secondary Education	56172	54794	54572
1. 普通初中 Regular Junior Secondary Schools	54063	53167	52764
2. 职业初中 Vocational Junior Secondary Schools	54	49	40
3. 成人初中 Adult Junior Secondary Schools	2055	1578	1768
三、初等教育 Primary Education	**271804**	**255400**	**235369**
（一）普通小学 Regular Primary Schools	241249	228585	213529
（二）成人小学 Adult Primary Schools	30555	26815	21840
其中：扫盲班 of Which: Literacy Classes	20179	18092	15104
四、工读学校 Correctional Work-Study Schools	**76**	**79**	**78**
五、特殊教育 Special Education Schools	**1767**	**1853**	**1933**
六、学前教育 Pre-school Education Institutions	**166750**	**181251**	**198553**

学校校数
Type and Level

单位：所
unit：institution

2014	2015	2016	2017	2018	2019	2020
788	792	793	815	815	828	827
571	575	576	578	580	593	594
217	217	217	237	235	235	233
2529	2560	2596	2631	2663	2688	2738
1202	1219	1237	1243	1245	1265	1270
1327	1341	1359	1388	1418	1423	1468
31	28	25	24	22	21	21
295	292	284	282	277	268	265
799	813	813	800	786	784	788
79670	**78421**	**77398**	**77018**	**76746**	**77270**	**77455**
25677	24945	24711	24618	24320	24375	24457
13799	13743	13818	13947	14091	14297	14561
13253	13240	13383	13555	13737	13964	14235
546	503	435	392	354	333	326
11878	11202	10893	10671	10229	10078	9896
3536	3456	3398	3346	3322	3339	3266
1457	1294	1243	1218	1097	1032	991
4067	3907	3726	3617	3431	3315	3216
2818	2545	2526	2490	2379	2392	2423
402	486	342	312	285	286	348
53993	53476	52687	52400	52426	52895	52998
52597	52383	52102	51879	51971	52404	52795
26	22	16	15	11	11	10
1370	1071	569	506	444	480	193
219632	**205283**	**189435**	**176718**	**170209**	**166389**	**162601**
201377	190525	177633	167009	161811	160148	157979
18255	14758	11802	9709	8398	6241	4622
12861	10747	8289	6587	5211	3828	2754
79	**86**	**89**	**93**	**92**	**94**	**95**
2000	**2053**	**2080**	**2107**	**2152**	**2192**	**2244**
209881	**223683**	**239812**	**254950**	**266677**	**281174**	**291715**

	2011	2012	2013
一、高等教育 Higher Education			
(一)研究生(人) Postgraduates (person)	1645845	1719818	1793953
(二)普通本专科 Undergraduate in Regular HEIs	2308.51	2391.32	2468.07
(三)成人本专科 Undergraduate in Adult HEIs	547.50	583.11	626.41
(四)其他各类高等学历教育 Students Enrolled in Other Formal Programs			
1. 在职人员攻读硕士学位 Master's Degree Programs for On-the-job Personnel	46.17	48.99	55.87
2. 网络本专科生 Web-based Undergraduates	492.48	570.41	614.64
二、中等教育 Secondary Education	**9807.85**	**9421.42**	**8858.28**
(一)高中阶段教育 Senior Secondary Education	4686.60	4595.28	4369.92
1. 高中 Senior Secondary Schools	2481.28	2481.59	2446.95
普通高中 Regular Senior Secondary Schools	2454.82	2467.17	2435.88
成人高中 Adult High Schools	26.45	14.42	11.07
2. 中等职业教育 Secondary Vocational Education	2205.33	2113.69	1922.97
普通中专 Regular Specialized Secondary Schools	855.21	812.56	772.18
成人中专 Adult Specialized Secondary Schools	238.73	254.27	229.98
职业高中 Vocational High Schools	680.97	623.05	534.22
技工学校 Skilled Workers Schools	430.42	423.81	386.59
(二)初中阶段教育 Junior Secondary Education	5121.25	4826.14	4488.35
1. 普通初中 Regular Junior Secondary Schools	5064.21	4761.18	4439.07
2. 职业初中 Vocational Junior Secondary Schools	2.60	1.88	1.05
3. 成人初中 Adult Junior Secondary Schools	54.45	63.08	48.23
三、初等教育 Primary Education	**10094.28**	**9860.23**	**9484.81**
(一)普通小学 Regular Primary Schools	9926.37	9695.90	9360.55
(二)成人小学 Adult Primary Schools	167.92	164.33	124.26
其中:扫盲班 of Which: Literacy Classes	74.89	68.91	61.92
四、工读学校 Correctional Work-Study Schools	**0.90**	**1.06**	**0.93**
五、特殊教育 Special Education Schools	**39.87**	**37.88**	**36.81**
六、学前教育 Pre-school Education Institutions	**3424.45**	**3685.76**	**3894.69**

教育学生数

Education by Type and Level

单位：万人

unit: 10 thousand persons

2014	2015	2016	2017	2018	2019	2020
1847689	1911406	1981051	2639561	2731257	2863712	3139598
2547.70	2625.30	2695.84	2753.59	2831.03	3031.53	3285.29
653.12	635.94	584.39	544.14	590.99	668.56	777.29
59.61	58.75	58.18	—	—	—	—
631.45	628.47	644.93	735.93	825.66	857.83	846.45
8601.54	**8383.34**	**8327.44**	**8425.75**	**8602.71**	**8832.34**	**9082.01**
4170.65	4037.69	3970.06	3970.99	3934.67	3994.90	4163.02
2415.37	2380.99	2371.05	2378.49	2379.41	2418.43	2499.65
2400.47	2374.40	2366.65	2374.55	2375.37	2414.31	2494.45
14.90	6.59	4.40	3.94	4.03	4.12	5.20
1755.28	1656.70	1599.01	1592.50	1555.26	1576.47	1663.37
749.14	732.71	718.12	712.99	699.42	703.59	735.42
194.36	162.67	141.17	127.24	113.13	106.85	112.67
472.82	439.86	416.57	414.06	401.08	405.73	419.75
338.97	321.46	323.15	338.21	341.64	360.31	395.53
4430.89	4345.65	4357.38	4454.76	4668.04	4837.44	4918.99
4383.86	4311.44	4329.00	4441.79	4652.38	4826.69	4913.87
0.77	0.51	0.37	0.27	0.21	0.44	0.22
46.26	33.70	28.01	12.70	15.46	10.30	4.90
9567.49	**9787.00**	**9996.28**	**10169.12**	**10412.50**	**10603.47**	**10750.87**
9451.07	9692.18	9913.01	10093.70	10339.25	10561.24	10725.35
116.43	94.82	83.27	75.42	73.25	42.23	25.52
45.55	47.48	33.42	30.40	22.91	16.86	13.45
0.85	**0.79**	**0.72**	**0.60**	**0.68**	**0.65**	**0.60**
39.49	**44.22**	**49.17**	**57.88**	**66.59**	**79.46**	**88.08**
4050.71	**4264.83**	**4413.86**	**4600.14**	**4656.42**	**4713.88**	**4818.26**

	2011	2012	2013
一、高等教育 Higher Education			
(一)研究生(人) Postgraduates (person)	560168	589673	611381
(二)普通本专科 Undergraduate in Regular HEIs	681.50	688.83	699.83
(三)成人本专科 Undergraduate in Adult HEIs	218.51	243.96	256.49
(四)其他各类高等学历教育 Students Enrolled in Other Formal Programs			
1. 在职人员攻读硕士学位 Master's Degree Programs for On-the-job Personnel	13.41	14.06	16.76
2. 网络本专科生 Web-based Undergraduates	187.15	196.45	220.07
二、中等教育 Secondary Education	**3299.38**	**3169.51**	**2993.54**
(一)高中阶段教育 Senior Secondary Education	1664.65	1598.74	1497.45
1. 高中 Senior Secondary Schools	850.78	844.61	822.70
普通高中 Regular Senior Secondary Schools	850.78	844.61	822.70
成人高中 Adult High Schools	—	—	—
2. 中等职业教育 Secondary Vocational Education	813.87	754.13	674.76
普通中专 Regular Specialized Secondary Schools	299.57	277.36	271.47
成人中专 Adult Specialized Secondary Schools	103.96	105.81	86.26
职业高中 Vocational High Schools	246.43	213.90	183.53
技工学校 Skilled Workers Schools	163.90	157.06	133.50
(二)初中阶段教育 Junior Secondary Education	1634.73	1570.77	1496.09
1. 普通初中 Regular Junior Secondary Schools	1634.01	1570.24	1495.73
2. 职业初中 Vocational Junior Secondary Schools	0.72	0.53	0.35
3. 成人初中 Adult Junior Secondary Schools	—	—	—
三、初等教育 Primary Education	**1736.80**	**1714.66**	**1695.36**
(一)普通小学 Regular Primary Schools	1736.80	1714.66	1695.36
(二)成人小学 Adult Primary Schools	—	—	—
其中:扫盲班 of Which: Literacy Classes	—	—	—
四、工读学校 Correctional Work-Study Schools	**0.57**	**0.45**	**0.39**
五、特殊教育 Special Education Schools	**6.41**	**6.57**	**6.60**
六、学前教育 Pre-school Education Institutions	**1827.31**	**1911.92**	**1970.03**

注:2017年起,硕士研究生在校生数含有在职人员攻读硕士学位学生。

Note: From 2017, The number of On-the-job Personnel of Master's degree Programs are included in the Number of enrolment of Master's degree.

教育招生数
Education by Type and Level

单位:万人
unit: 10 thousand persons

2014	2015	2016	2017	2018	2019	2020
621323	645055	667064	806103	857966	916503	1106551
721.40	737.85	748.61	761.49	790.99	914.90	967.45
265.60	236.75	211.23	217.53	273.31	302.21	363.76
16.24	12.79	12.94	—	—	—	—
206.19	203.40	229.61	286.11	320.91	288.55	277.91
2864.18	**2808.88**	**2883.43**	**2929.71**	**2952.35**	**3078.71**	**3153.20**
1416.36	1397.86	1396.26	1382.49	1349.76	1439.86	1521.10
796.60	796.61	802.92	800.05	792.71	839.49	876.44
796.60	796.61	802.92	800.05	792.71	839.49	876.44
—	—	—	—	—	—	—
619.76	601.25	593.34	582.43	557.05	600.37	644.66
259.66	259.95	255.18	246.25	241.93	255.50	272.69
74.16	64.68	59.53	56.88	46.25	49.73	53.53
161.54	155.20	151.43	148.40	140.32	152.18	158.38
124.41	121.43	127.20	130.91	128.55	142.95	160.06
1447.82	1411.02	1487.17	1547.22	1602.59	1638.85	1632.10
1447.58	1410.85	1487.03	1547.13	1602.53	1638.76	1632.04
0.24	0.18	0.14	0.10	0.06	0.08	0.06
—	—	—	—	—	—	—
1658.42	**1729.04**	**1752.47**	**1766.55**	**1867.30**	**1869.04**	**1808.09**
1658.42	1729.04	1752.47	1766.55	1867.30	1869.04	1808.09
—	—	—	—	—	—	—
—	—	—	—	—	—	—
0.35	**0.38**	**0.33**	**0.32**	**0.32**	**0.38**	**0.30**
7.07	**8.33**	**9.15**	**11.08**	**12.35**	**14.42**	**14.90**
1987.78	**2008.85**	**1922.09**	**1937.95**	**1863.91**	**1688.23**	**1791.40**

各级各类学校
Number of Educational Personnel of

	2011	2012	2013
一、高等教育 Higher Education			
(一)研究生培养机构(不计校数) Institutions Providing Postgraduate Programs	—	—	—
1. 普通高校 Regular HEIs	—	—	—
2. 科研机构 Research Institutes	—	—	—
(二)普通高等学校 Regular HEIs	220.48	225.44	229.63
1. 本科院校 HEIs Offering Degree Programs	158.57	162.76	165.75
2. 高职(专科)院校 Higher Vocational Colleges	61.47	62.24	63.00
3. 其他普通高教机构(不计校数) Other Institutions	0.44	0.43	0.87
(三)成人高等学校 Adult HEIs	6.90	6.56	5.64
(四)民办的其他高等教育机构 Other Non-government HEIs	3.48	3.19	2.84
二、中等教育 Secondary Education	**759.89**	**760.79**	**756.91**
(一)高中阶段教育 Senior Secondary Education	364.57	365.93	363.31
1. 高中 Senior Secondary Schools	243.45	246.99	247.97
普通高中 Regular Senior Secondary Schools	242.74	246.26	247.36
成人高中 Adult High Schools	0.71	0.73	0.61
2. 中等职业教育 Secondary Vocational Education	121.12	118.94	115.34
普通中专 Regular Specialized Secondary Schools	43.50	43.06	41.93
成人中专 Adult Specialized Secondary Schools	8.13	7.75	7.27
职业高中 Vocational High Schools	40.67	39.43	37.54
技工学校 Skilled Workers Schools	26.61	26.81	26.94
其他中职机构(不计校数) Other Secondary Vocational Education Institutions	2.20	1.89	1.66
(二)初中阶段教育 Junior Secondary Education	395.32	394.86	393.60
1. 普通初中 Regular Junior Secondary Schools	394.25	393.74	392.77
2. 职业初中 Vocational Junior Secondary Schools	0.17	0.17	0.11
3. 成人初中 Adult Junior Secondary Schools	0.90	0.95	0.73
三、初等教育 Primary Education	**565.04**	**559.58**	**553.85**
(一)普通小学 Regular Primary Schools	558.49	553.85	549.49
(二)成人小学 Adult Primary Schools	6.55	5.73	4.36
其中:扫盲班 of Which: Literacy Classes	4.95	3.83	3.27
四、工读学校 Correctional Work-Study Schools	**0.26**	**0.27**	**0.27**
五、特殊教育 Special Education Schools	**5.12**	**5.36**	**5.51**
六、学前教育 Pre-school Education Institutions	**220.44**	**249.00**	**282.68**

教职工数
School by Type and Level

单位:万人
unit: 10 thousand persons

2014	2015	2016	2017	2018	2019	2020
—	—	—	—	—	—	—
—	—	—	—	—	—	—
—	—	—	—	—	—	—
233.57	236.93	240.48	244.30	248.75	256.67	266.87
170.31	172.76	175.06	177.23	180.10	186.66	192.35
62.50	63.93	65.26	66.95	68.53	69.94	74.45
0.76	0.25	0.16	0.11	0.13	0.07	0.07
5.29	5.13	4.31	4.14	3.80	3.61	3.25
2.63	2.44	2.25	2.09	1.97	1.88	1.79
761.55	**763.01**	**768.16**	**782.78**	**800.80**	**826.19**	**853.88**
365.11	364.94	368.14	374.80	381.15	390.95	403.41
251.90	254.76	259.53	266.82	274.52	283.62	295.11
250.94	254.32	259.19	266.51	274.25	283.37	294.87
0.96	0.43	0.33	0.32	0.26	0.25	0.24
113.21	110.18	108.61	107.97	106.63	107.33	108.30
41.81	40.88	40.14	39.68	39.75	39.86	40.21
7.34	6.60	6.36	5.97	5.19	5.00	4.71
36.09	35.28	34.46	34.38	33.95	33.98	34.12
26.52	26.03	26.51	26.86	26.67	27.18	27.93
1.45	1.40	1.13	1.08	1.07	1.30	1.34
396.45	398.07	400.03	407.98	419.65	435.24	450.47
395.49	397.57	399.70	407.76	419.34	435.00	450.27
0.08	0.06	0.05	0.05	0.03	0.04	0.04
0.87	0.44	0.28	0.18	0.27	0.20	0.17
552.94	**551.94**	**556.05**	**566.47**	**575.15**	**586.89**	**597.93**
548.89	548.94	553.73	564.53	573.25	585.26	596.63
4.05	2.99	2.32	1.93	1.90	1.63	1.30
2.61	2.22	1.57	1.44	1.26	1.23	1.01
0.28	**0.30**	**0.29**	**0.29**	**0.29**	**0.28**	**0.29**
5.74	**5.95**	**6.25**	**6.51**	**6.81**	**7.21**	**7.64**
314.22	**349.58**	**381.78**	**419.29**	**453.15**	**491.57**	**519.82**

	2011	2012	2013
一、高等教育 Higher Education			
(一)研究生培养机构(不计校数) Institutions Providing Postgraduate Programs	—	—	—
1. 普通高校 Regular HEIs	—	—	—
2. 科研机构 Research Institutes	—	—	—
(二)普通高等学校 Regular HEIs	139.27	144.03	149.69
1. 本科院校 HEIs Offering Degree Programs	97.69	101.40	105.50
2. 高职(专科)院校 Higher Vocational Colleges	41.26	42.34	43.66
3. 其他普通高教机构(不计校数) Other Institutions	0.31	0.30	0.53
(三)成人高等学校 Adult HEIs	4.09	3.94	3.36
(四)民办的其他高等教育机构 Other Non-government HEIs	1.61	1.49	1.34
二、中等教育 Secondary Education	**597.60**	**599.38**	**598.84**
(一)高中阶段教育 Senior Secondary Education	244.45	248.18	250.16
1. 高中 Senior Secondary Schools	156.26	160.08	163.36
普通高中 Regular Senior Secondary Schools	155.68	159.50	162.90
成人高中 Adult High Schools	0.58	0.58	0.46
2. 中等职业教育 Secondary Vocational Education	88.19	88.10	86.79
普通中专 Regular Specialized Secondary Schools	30.39	30.56	30.36
成人中专 Adult Specialized Secondary Schools	5.52	5.42	5.20
职业高中 Vocational High Schools	31.55	31.17	30.14
技工学校 Skilled Workers Schools	19.26	19.69	19.92
其他中职机构(不计校数) Other Secondary Vocational Education Institutions	1.48	1.26	1.17
(二)初中阶段教育 Junior Secondary Education	353.15	351.20	348.68
1. 普通初中 Regular Junior Secondary Schools	352.30	350.28	348.00
2. 职业初中 Vocational Junior Secondary Schools	0.15	0.15	0.10
3. 成人初中 Adult Junior Secondary Schools	0.70	0.76	0.58
三、初等教育 Primary Education	**563.86**	**561.58**	**560.73**
(一)普通小学 Regular Primary Schools	560.49	558.55	558.46
(二)成人小学 Adult Primary Schools	3.37	3.03	2.26
其中:扫盲班 of Which: Literacy Classes	2.32	1.78	1.54
四、工读学校 Correctional Work-Study Schools	**0.18**	**0.18**	**0.19**
五、特殊教育 Special Education Schools	**4.13**	**4.37**	**4.57**
六、学前教育 Pre-school Education Institutions	**131.56**	**147.92**	**166.35**

专任教师数
Schools by Type and Level

单位：万人
unit：10 thousand persons

2014	2015	2016	2017	2018	2019	2020
—	—	—	—	—	—	—
—	—	—	—	—	—	—
—	—	—	—	—	—	—
153.45	157.26	160.20	163.32	167.28	174.01	183.30
109.17	111.64	113.40	115.05	117.43	122.53	127.61
43.83	45.46	46.69	48.21	49.77	51.44	55.64
0.46	0.16	0.10	0.07	0.07	0.04	0.05
3.15	3.02	2.52	2.40	2.19	2.06	1.90
1.21	1.11	1.03	0.96	0.91	0.86	0.81
602.51	**602.22**	**606.56**	**616.56**	**628.94**	**645.33**	**665.45**
252.91	254.28	257.56	261.56	264.82	270.41	279.24
167.07	169.88	173.60	177.64	181.47	186.12	193.50
166.27	169.54	173.35	177.40	181.26	185.92	193.32
0.80	0.34	0.25	0.24	0.21	0.19	0.18
85.84	84.41	83.96	83.92	83.35	84.29	85.74
30.69	30.43	30.27	30.16	30.50	30.95	31.61
5.31	4.82	4.72	4.48	3.95	3.80	3.63
29.33	29.00	28.51	28.61	28.30	28.48	28.63
19.46	19.16	19.64	19.88	19.81	20.07	20.87
1.04	0.99	0.82	0.80	0.80	0.99	1.00
349.60	347.93	349.00	355.01	364.12	374.92	386.21
348.77	347.51	348.73	354.82	363.87	374.71	386.04
0.08	0.06	0.05	0.04	0.03	0.04	0.03
0.76	0.37	0.22	0.14	0.22	0.18	0.13
565.56	**570.08**	**580.15**	**595.57**	**610.23**	**627.86**	**644.16**
563.39	568.51	578.91	594.49	609.19	626.91	643.42
2.17	1.57	1.24	1.08	1.04	0.95	0.74
1.08	1.07	0.74	0.75	0.64	0.73	0.59
0.19	**0.21**	**0.21**	**0.22**	**0.21**	**0.22**	**0.21**
4.81	**5.03**	**5.32**	**5.60**	**5.87**	**6.24**	**6.62**
184.41	**205.10**	**223.21**	**243.21**	**258.14**	**276.31**	**291.34**

高中阶段学生数构成
Composition of Students in Senior Secondary Schools

	合计 Total	普通高中 Regular Senior Secondary Schools	成人高中 Adult High Schools	中等职业教育 Secondary Vocational Education				
				小计 Subtotal	普通中专 Regular Specialized Secondary Schools	成人中专 Adult Specialized Secondary Schools	职业高中 Vocational High Schools	技工学校 Skilled Worker Schools
学生数(万人) No. of Students (10 thousand persons)								
2011	4685.6	2454.8	26.5	2204.3	855.2	238.7	681.0	429.4
2012	4594.3	2467.2	14.4	2112.7	812.6	254.3	623.0	422.8
2013	4369.9	2435.9	11.1	1923.0	772.2	230.0	534.2	386.6
2014	4170.7	2400.5	14.9	1755.3	749.1	194.4	472.8	339.0
2015	4037.7	2374.4	6.6	1656.7	732.7	162.7	439.9	321.5
2016	3970.1	2366.6	4.4	1599.0	718.1	141.2	416.6	323.2
2017	3971.0	2374.6	3.9	1592.5	713.0	127.2	414.1	338.2
2018	3934.7	2375.4	4.0	1555.3	699.4	113.1	401.1	341.6
2019	3994.9	2414.3	4.1	1576.5	703.6	106.8	405.7	360.3
2020	4163.0	2494.5	5.2	1663.4	735.4	112.7	419.7	395.5
比重(%) Percentage								
2011	100	52.4	0.6	47.0	18.3	5.1	14.5	9.2
2012	100	53.7	0.3	46.0	17.7	5.5	13.6	9.2
2013	100	55.7	0.3	44.0	17.7	5.3	12.2	8.8
2014	100	57.6	0.4	42.1	18.0	4.7	11.3	8.1
2015	100	58.8	0.2	41.0	18.1	4.0	10.9	8.0
2016	100	59.6	0.1	40.3	18.1	3.6	10.5	8.1
2017	100	59.8	0.1	40.1	18.0	3.2	10.4	8.5
2018	100	60.4	0.1	39.5	17.8	2.9	10.2	8.7
2019	100	60.4	0.1	39.5	17.6	2.7	10.2	9.0
2020	100	59.9	0.1	40.0	17.7	2.7	10.1	9.5

教育规模
Size of Education

单位:万人
unit: 10 thousand person

年份 Year	学校数(万所) Schools (10 Thousand)	在校生数 Enrolment	教职工数 Educational Personnel	教育人口 Educational Population	教育人口比重(%) Propotion of Education Population
2011	52.70	32755.42	1781.52	34536.93	25.63
2012	52.30	32142.44	1809.89	33952.34	25.07
2013	51.95	31813.11	1837.32	33650.43	25.10
2014	51.42	31734.68	1874.02	33608.70	24.70
2015	51.24	31907.15	1915.29	33822.43	25.22
2016	51.17	32294.45	1959.57	34254.02	25.55
2017	51.38	32986.70	2025.87	35012.57	26.11
2018	51.88	30116.98	2090.71	32207.69	24.02
2019	53.01	30940.28	2174.31	33114.59	24.70
2020	53.71	31628.29	2251.47	33879.77	25.27

小学学龄儿童净入学率
Net Enrolment Ratio of School-age Children in Primary Schools

单位：%
unit：%

年份 Year	学龄儿童入学率 Net Enrollment Ratio of School-age Children		
	全国学龄儿童数(万人) No. of School-age Children (10,000 persons)	已入学学龄儿童数(万人) No. of School-age Children Enrolled (10,000 persons)	净入学率 Net Enrolment Ratio
2011	9522.4	9502.5	99.79
2012	9296.8	9282.7	99.85
2013	8962.1	8935.7	99.71
2014	9107.1	9090.1	99.81
2015	9368.2	9356.7	99.88
2016	9583.6	9575.9	99.92
2017	9779.2	9770.2	99.91
2018	10021.8	10016.8	99.95
2019	10255.4	10248.8	99.94
2020	10426.9	10422.9	99.96

各级教育毛入学率
Gross Enrolment Ratio of Education by Level

单位：%
unit：%

年份 Year	学前教育 Pre-school Education Institutions 3-5 周岁 the Age of 3-5	小学 Primary Education 按各地相应学龄计算 According to Provincial Entrant Age Primary Schools Years	初中阶段 Junior Secondary Education 12-14 周岁 the Age of 12-14	高中阶段 Senior Secondary Education 15-17 周岁 the Age of 15-17	高等教育 Higher Education 18-22 周岁 the Age of 18-22
2011	62.3	104.2	100.1	84.0	26.9
2012	64.5	104.3	102.1	85.0	30.0
2013	67.5	104.4	104.1	86.0	34.5
2014	70.5	103.8	103.5	86.5	37.5
2015	75.0	103.5	104.0	87.0	40.0
2016	77.4	104.4	104.0	87.5	42.7
2017	79.6	104.8	103.5	88.3	45.7
2018	81.7	103.2	100.9	88.8	48.1
2019	83.4	103.0	102.6	89.5	51.6
2020	85.2	102.9	102.5	91.2	54.4

各级普通学校毕业生升学率
Promotion Ratio of Graduates of Regular School by Level

单位:%
unit: %

年份 Year	小学升初中 Promotion Ratio of Primary Schools Graduates	初中升高中阶段 Promotion Ratio of Junior Secondary Schools Graduates
2011	98.7	88.6
2012	98.3	88.4
2013	98.3	91.2
2014	98.3	95.1
2015	98.0	94.1
2016	98.2	93.7
2017	98.7	94.9
2018	98.8	95.2
2019	99.1	94.5
2020	99.5	94.6

每十万人口各级学校平均在校生数
Number of Enrolment of Per 100,000 Inhabitants by Level

单位:人
unit: person

年份 Year	普通高校 Higher Educations	高中阶段 Senior Secondary Education	初中阶段 Junior Secondary Education	小学 Primary Education	学前教育 Pre-primary Education
2011	2253	3495	3779	7403	2554
2012	2335	3411	3535	7196	2736
2013	2418	3227	3279	6913	2876
2014	2488	3100	3222	6946	2977
2015	2524	2965	3152	7086	3118
2016	2530	2887	3150	7211	3211
2017	2576	2872	3213	7300	3327
2018	2658	2828	3347	7438	3350
2019	2857	2850	3459	7569	3378
2020	3126	2948	3510	7661	3441

各级普通学校生师比
Pupil-Teacher Ratio of RegularSchools by Level

年份 Year	普通小学 Regular Primary Schools	初中 Junior Secondary Schools	普通高中 Regular Senior Secondary Schools	中等职业学校 Secondary Vacational Schools	普通高校 Regular HEIs		
					全国 Total	本科院校 HEIs Offering Degree Programs	专科院校 Higher Vocational Colleges
2011	17.71	14.38	15.77	24.97	17.42	17.48	17.28
2012	17.36	13.59	15.47	24.19	17.52	17.65	17.23
2013	16.76	12.76	14.95	22.64	17.53	17.71	17.11
2014	16.78	12.57	14.44	21.34	17.68	17.73	17.57
2015	17.05	12.41	14.01	20.47	17.73	17.69	17.77
2016	17.12	12.41	13.65	19.68	17.07	16.78	17.73
2017	16.98	12.52	13.39	19.59	17.52	17.42	17.74
2018	16.97	12.79	13.10	19.10	17.56	17.42	17.89
2019	16.85	12.88	12.99	18.94	17.95	17.39	19.24
2020	16.67	12.73	12.90	19.54	18.37	17.51	20.28

普通高等学校普通本专科学生校均规模
Average Size of Undergraduates in Regular HEIs

单位:人
unit: person

	2011	2012	2013	2014	2015	2016	2017	2018	2019	2020
全国 Total	9446	9675	9814	9995	10197	10342	10430	10605	11260	11982
本科院校 HEIs Offering Degree Programs	13564	13999	14261	14342	14444	14532	14639	14896	15179	15749
高职(专科)院校 Higher Vocational Colleges	5813	5858	5876	6057	6336	6528	6662	6837	7776	8723

注:校均规模为在校生数除以对应校数。

Note: Average size is the ratio of total number of enrolment to the total number of schools.

各级自学考试基本情况

Basic Statistics of State-administered Examination for Self-learners by Level

	2015		2016		2017		2018		2019		2020	
	上半年 First Half Year	下半年 Second Half Year	上半年 First Half Year	下半年 Second Half Year	上半年 First Half Year	下半年 Second Half Year	上半年 First Half Year	下半年 Second Half Year	上半年 First Half Year	下半年 Second Half Year	上半年 First Half Year	下半年 Second Half Year
毕业生人数 Graduates	345090	394201	347140	330577	274725	277962	237208	250022	238303	251509	105236	318571
本科 Normal Courses	256910	295187	254879	263075	210970	221055	185994	190569	183143	185955	88157	231679
专科 Short-cycle Courses	88180	99014	92261	67502	63755	56907	51214	59453	55160	65554	17079	86892
单科合格科次数 Passed Main-Courses	3253778	2689573	2855921	2513098	2682435	2504247	2942559	2673901	3378552	3127968	2949289	2859475
本科 Normal Courses	2625944	2205620	2347555	2067903	2171782	2009382	2325451	2085794	2570222	2204138	2056033	2006692
专科 Short-cycle Courses	627834	483953	508366	445195	510653	494865	617108	588107	808330	923830	893256	852783
报考人数 Applicants	3151436	2664256	2750218	2290815	2412888	2296550	2828854	2618068	3136597	2827120	2821222	2695270
本科 Normal Courses	2407814	2046837	2146408	1807546	1917029	1788173	2216480	1994549	2389190	2018302	2024522	1909221
专科 Short-cycle Courses	743622	617419	603810	483269	495859	508377	612374	623519	747407	808818	796700	786049
首次报考人数 First Time	617209	300789	554570	294099	535775	439351	711340	521915	732818	538544	642620	395483
本科 Normal Courses	511236	236177	456637	220421	434544	316074	549708	369288	505585	330539	454347	263501
专科 Short-cycle Courses	105973	64612	97933	73678	101231	123277	161632	152627	227233	208005	188273	131982
报考科次 Main-Courses be Examined	7697525	6623765	6786402	5745116	5972349	5926499	7092517	6927957	7948634	7392526	7186579	6759263
本科 Normal Courses	5927125	5102587	5309048	4586816	4773788	4630705	5526888	5212612	6007860	5186586	5125554	4768994
专科 Short-cycle Courses	1770400	1521178	1477354	1158300	1198561	1295794	1565629	1715345	1940774	2205940	2061025	1990269
实考人数 Actual Examined	2505340	2093774	2189452	1789483	2021450	1860619	2283251	2048059	2599638	2296669	2175821	2183416
本科 Normal Courses	1976240	1667211	1764552	1430793	1612102	1451171	1806075	1581334	1992093	1634902	1552515	1536954
专科 Short-cycle Courses	529100	426563	424900	358690	409348	409448	477176	466725	607545	661767	623306	646462
实考科次 Actual Main-Courses Examined	5740461	4845721	5025861	4221829	4752930	4560068	5335682	4984108	6165532	5609084	5201476	5142102
本科 Normal Courses	4613569	3930469	4107894	3427073	3819337	3572982	4206232	3816564	4693912	3914919	3692705	3605172
专科 Short-cycle Courses	1126892	915252	917967	794756	933593	987086	1129450	1167544	1471620	1694165	1508771	1536930
在档考生人数 Exmainees with Study Record	35685514	35592102	35799532	35763054	35954775	36116164	36590296	36862189	37356704	37643739	37461843	37538755
本科 Normal Courses	14757195	14698185	14899943	14857289	15010292	15105311	15469025	15647744	15970186	16114770	16169382	16201204
专科 Short-cycle Courses	20790190	20755788	20761460	20767636	20806354	20872724	20983142	21076316	21248389	21390840	21154332	21199422
其中：新生数 of Which: Current Session	617209	300789	554570	294099	535775	439351	711340	521915	732818	538544	642620	395483
本科 Normal Courses	511236	236177	456637	220421	434544	316074	549708	369288	505585	330539	454347	263501
专科 Short-cycle Courses	105973	64612	97933	73678	101231	123277	161632	152627	227233	208005	188273	131982

二、高等教育
Higher Education

高等教育学校(机构)数
Number of Higher Education Institutions

单位:所
unit: institution

	合计 Total	中央 HEIs under Central Ministries & Agencies			地方 HEIs under Local Auth.					
		小计 Subtotal	教育部 Under MOE	其他部门 Under Other Central Agencies	小计 Subtotal	教育部门 HEIs under MOE	其他部门 Run by Non-ed. Dept.	地方企业 Run by Local Enterprises	民办 Non-government	具有独立法人资格的中外合作办 Sino-foreign Cooperation Institution with Independent Legal Personality
(一)研究生培养机构(不计校数) Institutions Providing Postgraduate Programs	827	301	76	225	526	455	64	1	5	1
1. 普通高校 Regular HEIs	594	111	76	35	483	455	23	0	5	0
2. 科研机构 Research Institutes	233	190	0	190	43	0	41	1	0	1
(二)普通高等学校 Regular HEIs	2738	118	76	42	2620	1205	585	47	771	12
1. 本科院校 HEIs Offering Degree Programs	1270	114	76	38	1156	640	73	0	434	9
其中:独立学院 of Which: Independent Institutions	241	0	0	0	241	0	0	0	241	0
职业教育试点学校 of Which: Pilot Vocational Education schools	21	0	0	0	21	1	0	0	20	0
2. 高职(专科)院校 Higher Vocational Colleges	1468	4	0	4	1464	565	512	47	337	3
(三)成人高等学校 Adult HEIs	265	13	1	12	252	87	124	39	2	0
(四)民办的其他高等教育机构 Other Non-government HEIs	788	0	0	0	788	0	0	0	786	2

普通高等学校校数

Number of Regular Higher Educational Institutions

单位：所
unit: institution

	合计 Total	本科院校 HEIs Offering Degree Programs	高职(专科)学校 Higher Vocational Colleges	
			小计 Subtotal	其中：高等职业学校 of Which: Tertiary Vocational-technical Colleges
总　计 Total	**2738**	**1270**	**1468**	**1316**
综合大学 Comprehensive University	657	309	348	346
理工院校 Polytechnic	968	376	592	581
农业院校 Agriculture	84	40	44	44
林业院校 Forestry	19	6	13	13
医药院校 Medicine & Pharmacy	216	106	110	68
师范院校 Normal School	249	157	92	6
语文院校 Language & Literature	53	33	20	19
财经院校 Finance & Economics	273	131	142	136
政法院校 Political Science & Law	70	36	34	31
体育院校 Physical Culture	37	16	21	20
艺术院校 Art	94	46	48	48
民族院校 Ethnic Nationality	18	14	4	4

普通高等学校在校生规模

Size of Enrolment of Regular Higher Educational Institutions

单位：所
unit: institution

	学校数 Institutions	300人及以下 300 and under	301-500人 301 to 500	501-1000人 501 to 1000	1001-1500人 1001 to 1500	1501-2000人 1501 to 2000	2001-3000人 2001 to 3000	3001-4000人 3001 to 4000	4001-5000人 4001 to 5000	5001-10000人 5001 to 10000	10001-20000人 10001 to 20000	20001-30000人 20001 to 30000	30001人及以上 30001 and Over
总　计 Total	**2738**	**62**	**23**	**42**	**36**	**32**	**86**	**100**	**133**	**701**	**1146**	**303**	**74**
综合大学 Comprehensive University	657	14	3	7	9	7	21	17	19	144	296	90	30
理工院校 Polytechnic	968	24	8	14	8	12	28	31	41	239	436	100	27
农业院校 Agriculture	84	2	1	0	0	0	1	3	3	16	38	13	7
林业院校 Forestry	19	0	0	0	0	1	1	0	0	4	10	3	0
医药院校 Medicine & Pharmacy	216	2	2	4	4	0	1	7	12	78	93	13	0
师范院校 Normal School	249	2	4	4	1	3	1	8	15	59	108	39	5
语文院校 Language & Literature	53	3	0	1	2	1	1	1	2	19	20	3	0
财经院校 Finance & Economics	273	9	2	1	3	2	6	12	9	72	116	36	5
政法院校 Political Science & Law	70	2	0	1	4	1	8	8	11	29	6	0	0
体育院校 Physical Culture	37	2	1	7	0	0	5	1	6	14	1	0	0
艺术院校 Art	94	2	2	3	5	5	13	12	14	23	15	0	0
民族院校 Ethnic Nationality	18	0	0	0	0	0	0	0	1	4	7	6	0

高等教育学校(机构)学生数

Number of Students in Higher Education Institutions

单位:人
unit:person

	毕(结)业生数 Graduates	授予学位数 Degrees Awarded	招生数 Entrants				在校生数 Enrolment	预计毕业生数 Estimated Graduates for Next Year
			合计 Total	其中 of Which				
				应届生 Fall Admissions	春季招生 Spring Admissions	预科生转入 Preparatory Students Enrolled		
研究生 Postgraduates	728627	767984	1106551	647917	—	—	3139598	1019619
博士 Doctor's Degrees	66176	65585	116047	63158	—	—	466549	189744
硕士 Master's Degrees	662451	702399	990504	584759	—	—	2673049	829875
普通本专科 Undergraduates in Regular HEIs	7971991	4169808	9674518	7923859	161371	42035	32852948	8540006
本科 Normal Courses	4205097	4169808	4431154	3722299	2254	41191	18257460	4442318
专科 Short-cycle Courses	3766894	—	5243364	4201560	159117	844	14595488	4097688
成人本专科 Undergraduates in Adult HEIs	2469562	153360	3637630	—	—	—	7772942	3030307
本科 Normal Courses	1226385	153360	1896292	—	—	—	4051025	1488592
专科 Short-cycle Courses	1243177	—	1741338	—	—	—	3721917	1541715
网络本专科生 Web-based Undergraduates	2722497	61239	2779128	—	1216210	—	8464464	—
本科 Normal Courses	866120	61239	1072248	—	502226	—	3111899	—
专科 Short-cycle Courses	1856377	—	1706880	—	713984	—	5352565	—
自考助学班 Class Run by Non-government HEIs for Students Preparing for Self-Taught Higher Education Examinations	87804	—	—	—	—	—	199078	—
普通预科生 College-preparatory Classes	—	—	—	—	—	—	43047	—
进修及培训 In-service Training	19390811	—	—	—	—	—	—	—
留学生 Foreign Students	101884	33136	89751	—	8367	—	273792	—

分举办者研究生数(总计)

Number of Enrolment for Master's Degree Programs by Providers (Total)

单位:人

unit: person

	学校(机构)数(所) (Institutes)	毕业生数 Graduates			招生数 Entrants			在校生数 Enrolment			预计毕业生数 Estimated Graduates for Next Year		
		合计 Total	博士 Doctor's Degrees	硕士 Master's Degrees	合计 Total	博士 Doctor's Degrees	硕士 Master's Degrees	合计 Total	博士 Doctor's Degrees	硕士 Master's Degrees	合计 Total	博士 Doctor's Degrees	硕士 Master's Degrees
总 计 Total	**827**	**728627**	**66176**	**662451**	**1106551**	**116047**	**990504**	**3139598**	**466549**	**2673049**	**1019619**	**189744**	**829875**
一、中央 HEIs under Central Ministries & Agencies	301	348201	51174	297027	488575	86406	402169	1553075	356571	1196504	525368	140663	384705
1. 教育部 Under MOE	76	282315	37997	244318	387667	65470	322197	1255342	272421	982921	427293	107148	320145
2. 其他部门 Under Other Central Agencies	225	65886	13177	52709	100908	20936	79972	297733	84150	213583	98075	33515	64560
二、地方 HEIs under Local Auth.	526	380426	15002	365424	617976	29641	588335	1586523	109978	1476545	494251	49081	445170
1. 教育部门 Run by Edu. Dept.	455	372798	14854	357944	603146	29325	573821	1551961	108843	1443118	484005	48676	435329
2. 其他部门 Run by Non-ed. Dept.	64	6983	148	6835	13481	316	13165	31651	1135	30516	9218	405	8813
3. 地方企业 Run by Local Enterprises	1	4	0	4	0	0	0	3	0	3	3	0	3
4. 民办 Non-government	5	560	0	560	1260	0	1260	2556	0	2556	763	0	763
5. 具有独立法人资格的中外合作办 Sino-foreign Cooperation Institution with Independent Legal Personality	1	81	0	81	89	0	89	352	0	352	262	0	262

注:2017年起,研究生招生、在校生指标内涵发生变化。招生包含全日制和非全日制研究生;在校生、授予学位数包含全日制、非全日制研究生和在职人员攻读硕士学位学生。下同。

Note: From 2017, the indicators meaning of entrants and enrollment of postgraduate students have changed. The number of entrants includes full-time and part-time postgraduate students. The number of Master's and Doctor's Degree awarded includes full-time, part-time postgraduate students and on-the-job students. Same as below.

分举办者研究生数(普通高校)

Number of Enrolment for Master's Degree Programs by Providers (Regular HEIs)

单位:人

unit: person

	学校(机构)数(所) (Institutes)	毕业生数 Graduates			招生数 Entrants			在校生数 Enrolment			预计毕业生数 Estimated Graduates for Next Year		
		合计 Total	博士 Doctor's Degrees	硕士 Master's Degrees	合计 Total	博士 Doctor's Degrees	硕士 Master's Degrees	合计 Total	博士 Doctor's Degrees	硕士 Master's Degrees	合计 Total	博士 Doctor's Degrees	硕士 Master's Degrees
总 计 Total	**594**	**720799**	**64860**	**655939**	**1096124**	**114195**	**981929**	**3108935**	**458832**	**2650103**	**1008334**	**185861**	**822473**
一、中央 HEIs under Central Ministries & Agencies	111	341788	49903	291885	480249	84616	395633	1527975	349102	1178873	515906	136904	379002
1. 教育部 Under MOE	76	282315	37997	244318	387667	65470	322197	1255342	272421	982921	427293	107148	320145
2. 其他部门 Under Other Central Agencies	35	59473	11906	47567	92582	19146	73436	272633	76681	195952	88613	29756	58857
二、地方 HEIs under Local Auth.	483	379011	14957	364054	615875	29579	586296	1580960	109730	1471230	492428	48957	443471
1. 教育部门 Run by Edu. Dept.	455	372798	14854	357944	603146	29325	573821	1551961	108843	1443118	484005	48676	435329
2. 其他部门 Run by Non-ed. Dept.	23	5653	103	5550	11469	254	11215	26443	887	25556	7660	281	7379
3. 地方企业 Run by Local Enterprises	0	0	0	0	0	0	0	0	0	0	0	0	0
4. 民办 Non-government	5	560	0	560	1260	0	1260	2556	0	2556	763	0	763
5. 具有独立法人资格的中外合作办 Sino-foreign Cooperation Institution with Independent Legal Personality	0	0	0	0	0	0	0	0	0	0	0	0	0

分举办者

Number of Eenrolment for Master's Degree

	学校（机构）数（所）(Institutes)	毕业生数 Graduates			招生数 Entrants		
		合计 Total	博士 Doctor's Degrees	硕士 Master's Degrees	合计 Total	博士 Doctor's Degrees	硕士 Master's Degrees
总　计 Total	**233**	**7828**	**1316**	**6512**	**10427**	**1852**	**8575**
一、中央 HEIs under Central Ministries & Agencies	190	6413	1271	5142	8326	1790	6536
1. 教育部 Under MOE	0	0	0	0	0	0	0
2. 其他部门 Under Other Central Agencies	190	6413	1271	5142	8326	1790	6536
二、地方 HEIs under Local Auth.	43	1415	45	1370	2101	62	2039
1. 教育部门 Run by Edu. Dept.	0	0	0	0	0	0	0
2. 其他部门 Run by Non-ed. Dept.	41	1330	45	1285	2012	62	1950
3. 地方企业 Run by Local Enterprises	1	4	0	4	0	0	0
4. 民办 Non-government	0	0	0	0	0	0	0
5. 具有独立法人资格的中外合作办 Sino-foreign Cooperation Institution with Independent Legal Personality	1	81	0	81	89	0	89

分学科

Number of Postgraduate Students

	毕业生数 Graduates			招生数 Entrants		
	合计 Total	博士 Doctor's Degrees	硕士 Master's Degrees	合计 Total	博士 Doctor's Degrees	硕士 Master's Degrees
总　计 Total	**728627**	**66176**	**662451**	**1106551**	**116047**	**990504**
其中：女 of Which: Female	392730	27444	365286	580484	49593	530891
学术学位 Academic Degree	356502	63510	292992	490337	102328	388009
专业学位 Professional Degree	372125	2666	369459	616214	13719	602495
哲　学 Philosophy	3955	729	3226	4560	1005	3555
经济学 Economics	33901	2193	31708	47990	3311	44679
法　学 Law	49523	3134	46389	67253	5620	61633
教育学 Education	52120	1199	50921	77950	2750	75200
文　学 Literature	35676	2149	33527	45669	3122	42547
历史学 History	5614	775	4839	7565	1260	6305
理　学 Science	58399	13975	44424	89211	21517	67694
工　学 Engineering	250282	24084	226198	393734	47898	345836
农　学 Agriculture	29977	3147	26830	55974	4993	50981
医　学 Medicine	80405	10634	69771	130740	17948	112792
军事学 Military Science	75	24	51	38	8	30
管理学 Management	104769	3467	101302	150146	5343	144803
艺术学 Art	23931	666	23265	35721	1272	34449

注：2017 年起，研究生招生、在校生指标内涵发生变化。招生包含全日制和非全日制研究生；在校生、授予学位数包含全日制、非全日制研究生和在职人员攻读硕士学位学生。下同。

Note: From 2017, the indicators meaning of entrants and enrollment of postgraduate students have changed. The number of entrants includes full-time and part-time postgraduate students. The number of Master's and Doctor's Degree awarded includes full-time, part-time postgraduate students and on-the-job students. Same as below.

研究生数(科研机构)

Programs by Providers (Research Institutes)

单位:人
unit: person

在校生数 Enrolment			预计毕业生数 Estimated Graduates for Next Year		
合计 Total	博士 Doctor's Degrees	硕士 Master's Degrees	合计 Total	博士 Doctor's Degrees	硕士 Master's Degrees
30663	**7717**	**22946**	**11285**	**3883**	**7402**
25100	7469	17631	9462	3759	5703
0	0	0	0	0	0
25100	7469	17631	9462	3759	5703
5563	248	5315	1823	124	1699
0	0	0	0	0	0
5208	248	4960	1558	124	1434
3	0	3	3	0	3
0	0	0	0	0	0
352	0	352	262	0	262

研究生数(总计)

by Academic Field (Total)

单位:人
unit: person

在校生数 Enrolment			预计毕业生数 Estimated Graduates for Next Year		
合计 Total	博士 Doctor's Degrees	硕士 Master's Degrees	合计 Total	博士 Doctor's Degrees	硕士 Master's Degrees
3139598	**466549**	**2673049**	**1019619**	**189744**	**829875**
1599447	195361	1404086	522612	77957	444655
1470149	431884	1038265	503050	182151	320899
1669449	34665	1634784	516569	7593	508976
15233	4808	10425	5978	2338	3640
115998	16200	99798	42231	7938	34293
183018	24241	158777	63176	11599	51577
217103	10530	206573	80642	4438	76204
118887	14505	104382	43447	7459	35988
22820	6027	16793	8647	3157	5490
260470	84632	175838	84161	32397	51764
1176528	195850	980678	339608	74912	264696
149685	19662	130023	45454	8548	36906
336215	57501	278714	101427	20641	80786
204	76	128	123	51	72
447898	27880	420018	174786	14383	160403
95539	4637	90902	29939	1883	28056

分学科
Number of Postgraduate Students by

	毕业生数 Graduates			招生数 Entrants		
	合计 Total	博士 Doctor's Degrees	硕士 Master's Degrees	合计 Total	博士 Doctor's Degrees	硕士 Master's Degrees
总　计 Total	**720799**	**64860**	**655939**	**1096124**	**114195**	**981929**
其中：女 of Which: Female	389202	26950	362252	575504	48791	526713
学术学位 Academic Degree	350516	62199	288317	482728	100556	382172
专业学位 Professional Degree	370283	2661	367622	613396	13639	599757
哲　学 Philosophy	3855	704	3151	4466	989	3477
经济学 Economics	33373	2120	31253	47235	3212	44023
法　学 Law	48840	3026	45814	66453	5536	60917
教育学 Education	52120	1199	50921	77950	2750	75200
文　学 Literature	35641	2149	33492	45595	3122	42473
历史学 History	5570	775	4795	7504	1260	6244
理　学 Science	57752	13781	43971	88264	21281	66983
工　学 Engineering	247542	23627	223915	390105	47237	342868
农　学 Agriculture	28845	2935	25910	54667	4689	49978
医　学 Medicine	79695	10506	69189	129391	17665	111726
军事学 Military Science	74	24	50	36	8	28
管理学 Management	103759	3411	100348	149077	5273	143804
艺术学 Art	23733	603	23130	35381	1173	34208

分学科
Number of Postgraduate Students by

	毕业生数 Graduates			招生数 Entrants		
	合计 Total	博士 Doctor's Degrees	硕士 Master's Degrees	合计 Total	博士 Doctor's Degrees	硕士 Master's Degrees
总　计 Total	**7828**	**1316**	**6512**	**10427**	**1852**	**8575**
其中：女 of Which: Female	3528	494	3034	4980	802	4178
学术学位 Academic Degree	5986	1311	4675	7609	1772	5837
专业学位 Professional Degree	1842	5	1837	2818	80	2738
哲　学 Philosophy	100	25	75	94	16	78
经济学 Economics	528	73	455	755	99	656
法　学 Law	683	108	575	800	84	716
教育学 Education	0	0	0	0	0	0
文　学 Literature	35	0	35	74	0	74
历史学 History	44	0	44	61	0	61
理　学 Science	647	194	453	947	236	711
工　学 Engineering	2740	457	2283	3629	661	2968
农　学 Agriculture	1132	212	920	1307	304	1003
医　学 Medicine	710	128	582	1349	283	1066
军事学 Military Science	1	0	1	2	0	2
管理学 Management	1010	56	954	1069	70	999
艺术学 Art	198	63	135	340	99	241

研究生数(普通高校)
Academic Field (Regular HEIs)

单位:人
unit: person

在校生数 Enrolment			预计毕业生数 Estimated Graduates for Next Year		
合计 Total	博士 Doctor's Degrees	硕士 Master's Degrees	合计 Total	博士 Doctor's Degrees	硕士 Master's Degrees
3108935	**458832**	**2650103**	**1008334**	**185861**	**822473**
1585494	192565	1392929	517739	76752	440987
1447173	424345	1022828	494506	178296	316210
1661762	34487	1627275	513828	7565	506263
14900	4715	10185	5834	2280	3554
113941	15643	98298	41291	7568	33723
180686	23831	156855	62295	11371	50924
217103	10530	206573	80642	4438	76204
118697	14505	104192	43405	7459	35946
22652	6027	16625	8593	3157	5436
257638	83563	174075	83039	31790	51249
1165841	192838	973003	335902	73400	262502
145457	18584	126873	43967	8058	35909
332925	56712	276213	100519	20384	80135
197	76	121	122	51	71
444395	27473	416922	173124	14136	158988
94503	4335	90168	29601	1769	27832

研究生数(科研机构)
Academic Field (Research Institutes)

单位:人
unit: person

在校生数 Enrolment			预计毕业生数 Estimated Graduates for Next Year		
合计 Total	博士 Doctor's Degrees	硕士 Master's Degrees	合计 Total	博士 Doctor's Degrees	硕士 Master's Degrees
30663	**7717**	**22946**	**11285**	**3883**	**7402**
13953	2796	11157	4873	1205	3668
22976	7539	15437	8544	3855	4689
7687	178	7509	2741	28	2713
333	93	240	144	58	86
2057	557	1500	940	370	570
2332	410	1922	881	228	653
0	0	0	0	0	0
190	0	190	42	0	42
168	0	168	54	0	54
2832	1069	1763	1122	607	515
10687	3012	7675	3706	1512	2194
4228	1078	3150	1487	490	997
3290	789	2501	908	257	651
7	0	7	1	0	1
3503	407	3096	1662	247	1415
1036	302	734	338	114	224

普通高等教育工科分大类本科学生数

Number of Engineering Students for Normal Courses of Regular HEIs by Subfield

单位:人

unit: person

	毕业生数(人) Graduates	招生数(人) Entrants	在校生数(人) Enrolment
总　计 Total	**1381245**	**1530004**	**6142436**
力学类 Mechanics	4412	5199	19194
机械类 Mechanical Engineering	205429	206377	847034
仪器类 Instrument	17509	13762	65240
材料类 Materials Science	67284	79294	299877
能源动力类 Thermal &Nuclear Energy	25252	27830	109765
电气类 Electric	91512	84910	372826
电子信息类 Electronic Information	173625	190268	752052
自动化类 Automation	51990	66687	255581
计算机类 Computer	290612	370407	1479720
土木类 Civil Engineering	122695	118462	498381
水利类 Hydraulics	13623	13161	55103
测绘类 Sruvey & Measure	11874	13815	52678
化工与制药类 Chemical Engineering &Pharmaceutics	52446	55898	214993
地质类 Geology	10010	10618	40670
矿业类 Mining Industry	11068	13435	48206
纺织类 Textile	8963	9253	36802
轻工类 Light Industry	7592	6950	28343
交通运输类 Transportation	31467	32380	138215
海洋工程类 Ocean Engineering	3025	3996	14699
航空航天类 Aeronautics & Astronautics	7596	13641	42183
农业工程类 Agriculture Engineering	6762	5883	24545
林业工程类 Forestry Engineering	2304	2498	9643
环境科学与工程类 Environmental Science & Engineering	37421	44670	166529
生物医学工程类 Biomedical Engineering	6193	7305	28477
食品科学与工程类 Food Science & Engineering	42337	44065	175284
建筑类 Architectural	35268	38676	174951
安全科学与工程类 Safety Science & Engineering	10002	11659	44436
生物工程类 Biological Engineering	19378	22039	84714
公安技术类 Public Security Technology	7946	11962	39785
其他 Other	5650	4904	22510

普通、成人本专科分举办者学生数

Number of Students for Regular and Adult Programs by Providers in HEIs

单位：人

unit: person

	毕业生数 Graduates			招生数 Entrants			在校生数 Enrolment			预计毕业生数 Estimated Graduates for Next Year		
	合计 Total	本科 Normal Courses	专科 Short-cycle Courses	合计 Total	本科 Normal Courses	专科 Short-cycle Courses	合计 Total	本科 Normal Courses	专科 Short-cycle Courses	合计 Total	本科 Normal Courses	专科 Short-cycle Courses
一、普通本专科 Undergraduate in Regular HEIs	**7971991**	**4205097**	**3766894**	**9674518**	**4431154**	**5243364**	**32852948**	**18257460**	**14595488**	**8540006**	**4442318**	**4097688**
1. 中央院校 HEIs Under Central Ministries&Agencies	444957	428880	16077	482457	467048	15409	1910168	1863140	47028	476004	459910	16094
其中：教育部院校 of Which: Under MOE	325535	323522	2013	348002	346904	1098	1398458	1394674	3784	345520	343930	1590
2. 地方学校 HEIs Under Local Auth.	7527034	3776217	3750817	9192061	3964106	5227955	30942780	16394320	14548460	8064002	3982408	4081594
其中：民办 of Which: Non-government	1780293	1038403	741890	2360724	1119515	1241209	7913376	4681871	3231505	1948458	1116287	832171
二、成人本专科 Undergraduate in Adult HEIs	**2469562**	**1226385**	**1243177**	**3637630**	**1896292**	**1741338**	**7772942**	**4051025**	**3721917**	**3030307**	**1488592**	**1541715**
1. 中央院校 HEIs Under Central Ministries&Agencies	173105	129654	43451	210210	173354	36856	489798	388382	101416	210103	154100	56003
其中：教育部院校 of Which: Under MOE	143779	111723	32056	179067	150328	28739	411008	332591	78417	177699	132870	44829
2. 地方学校 HEIs Under Local Auth.	2296457	1096731	1199726	3427420	1722938	1704482	7283144	3662643	3620501	2820204	1334492	1485712
其中：民办 of Which: Non-government	135941	19249	116692	308514	58259	250255	565385	101134	464251	210020	31206	178814

普通本、专科分
Number of Undergraduate Students by

	毕业生数 Graduates			招生数 Entrants		
	合计 Total	本科 Normal Courses	专科 Short-cycle Courses	合计 Total	本科 Normal Courses	专科 Short-cycle Courses
总　计 Total	**7971991**	**4205097**	**3766894**	**9674518**	**4431154**	**5243364**
其中：女 of Which：Female	4237474	2315776	1921698	5354602	2687723	2666879
一、普通高等学校 Regular HEIs	**7959155**	**4205097**	**3754058**	**9663759**	**4431154**	**5232605**
1. 按类型分 by Type						
本科院校 HEIs Offering Degree Programs	4785997	4202372	583625	4972978	4430929	542049
其中：独立学院 of Which：Independent Institutions	588479	558549	29930	581482	537813	43669
职业教育试点学校 of Which：Pilot Vocational Education schools	47355	0	47355	125998	38435	87563
高职（专科）院校 Higher Vocational Colleges	3169339	0	3169339	4688721	0	4688721
其他机构（点）（不计校数）Other Institutions	3819	2725	1094	2060	225	1835
2. 按性质类型分 by Type of School						
综合大学 Comprehensive Universities	2184626	1166199	1018427	2604375	1211115	1393260
理工院校 Polytechnic	2830943	1287883	1543060	3617056	1375107	2241949
农业院校 Agriculture	285883	177611	108272	356535	190232	166303
林业院校 Forestry	61086	30975	30111	73552	28204	45348
医药院校 Medicine & Pharmacy	524678	241190	283488	646104	265214	380890
师范院校 Normal School	825967	601189	224778	858465	615828	242637
语文院校 Language & Literature	116504	72944	43560	147726	80133	67593
财经院校 Finance & Economics	797083	427475	369608	964411	442943	521468
政法院校 Political Science & Law	103825	49364	54461	116204	56580	59624
体育院校 Physical Culture	38016	26548	11468	47764	27248	20516
艺术院校 Art	122302	64437	57865	157438	76319	81119
民族院校 Ethnic Nationality	68242	59282	8960	74129	62231	11898
二、成人高等学校 Adult HEIs	**12836**	**0**	**12836**	**10759**	**0**	**10759**

性质类别学生数
Type of Courses in Regular HEIs

单位：人
unit: person

在校生数 Enrolment			预计毕业生数 Estimated Graduates for Next Year		
合计 Total	本科 Normal Courses	专科 Short-cycle Courses	合计 Total	本科 Normal Courses	专科 Short-cycle Courses
32852948	**18257460**	**14595488**	**8540006**	**4442318**	**4097688**
16741724	9804641	6937083	4332389	2350728	1981661
32812387	**18257460**	**14554927**	**8526445**	**4442318**	**4084127**
20001149	18256557	1744592	5012580	4442147	570433
2505230	2380782	124448	623743	590580	33163
313083	73389	239694	65645	0	65645
12805181	0	12805181	3512271	0	3512271
6057	903	5154	1594	171	1423
8901057	5036668	3864389	2328070	1232252	1095818
11783173	5606908	6176265	3085504	1372675	1712829
1220268	762382	457886	302548	184456	118092
246764	119204	127560	64301	30932	33369
2239604	1179034	1060570	556429	257476	298953
3270853	2527357	743496	856477	621621	234856
502545	319477	183068	123635	76752	46883
3279209	1831579	1447630	852563	455579	396984
384994	213970	171024	104758	50538	54220
161468	110725	50743	40253	27702	12551
536487	298630	237857	139212	69570	69642
285965	251526	34439	72695	62765	9930
40561	**0**	**40561**	**13561**	**0**	**13561**

成人本、专科分
Number of Students for Adult Programs

	毕业生数 Graduates			招生数 Entrants		
	合计 Total	本科 Normal Courses	专科 Short-cycle Courses	合计 Total	本科 Normal Courses	专科 Short-cycle Courses
总　计 Total	**2469562**	**1226385**	**1243177**	**3637630**	**1896292**	**1741338**
其中:女 of Which:Female	1463672	760491	703181	2089902	1127643	962259
一、成人高等学校 Adult HEIs	**182919**	**15218**	**167701**	**343051**	**36593**	**306458**
其中:全脱产 of Which:Full-time	66781	3088	63693	81130	7867	73263
职工高等学校 Workers' Colleges	41850	87	41763	61594	1738	59856
农民高等学校 Peasants' Colleges	441	0	441	853	0	853
管理干部学院 Institutes for Administration	7240	582	6658	3857	271	3586
教育学院 Educational Colleges	27427	7293	20134	40461	10052	30409
独立函授学院 Independent Correspondence Colleges	0	0	0	0	0	0
广播电视大学 Radio/TV Universities	105961	7256	98705	236286	24532	211754
其他成人高教机构 Other Adult HEIs	0	0	0	0	0	0
二、普通高等学校 Regular HEIs	**2286643**	**1211167**	**1075476**	**3294579**	**1859699**	**1434880**
函授 Correspondence	1503312	785078	718234	2389493	1346121	1043372
业余 Spare time Schools	779027	424756	354271	905086	513578	391508
脱产 Full-time Courses for Adults	4304	1333	2971	0	0	0

普通本科分
Number of Regular Students for

	毕业生数 Graduates	招生数 Entrants
总　计 Total	**4205097**	**4431154**
其中: 女 of Which: Female	2315776	2687723
哲　学 Philosophy	2260	3347
经济学 Economics	249086	229074
法　学 Law	147207	158148
教育学 Education	171334	201733
文　学 Literature	409351	433333
其中:外语 of Which:Foreign Language	217225	225168
历史学 History	18659	24473
理　学 Science	274006	315938
工　学 Engineering	1381245	1530004
农　学 Agriculture	71265	77913
医　学 Medicine	288359	311015
管理学 Management	795289	658725
艺术学 Art	397036	449016
职业教育试点专业 Vocational Education Pilot Major	0	38435
总计中:师范生 of the Total: Normal University Students	423556	451687

性质类别学生数
by Type of Schools in HEIs

单位:人
unit: person

在校生数 Enrolment			预计毕业生数 Estimated Graduates for Next Year		
合计 Total	本科 Normal Courses	专科 Short-cycle Courses	合计 Total	本科 Normal Courses	专科 Short-cycle Courses
7772942	**4051025**	**3721917**	**3030307**	**1488592**	**1541715**
4506446	2455558	2050888	1688898	858491	830407
772202	**82075**	**690127**	**271962**	**27831**	**244131**
181031	15193	165838	85244	6342	78902
124226	2799	121427	55500	1050	54450
1109	0	1109	256	0	256
12252	1626	10626	8297	1350	6947
75616	20135	55481	28888	7871	21017
0	0	0	0	0	0
558999	57515	501484	179021	17560	161461
0	0	0	0	0	0
7000740	**3968950**	**3031790**	**2758345**	**1460761**	**1297584**
4732963	2648836	2084127	1842175	963885	878290
2263861	1318909	944952	912492	495909	416583
3916	1205	2711	3678	967	2711

学科学生数
Normal Courses in HEIs by Discipline

单位:人
unit: person

在校生数 Enrolment	预计毕业生数 Estimated Graduates for Next Year
18257460	**4442318**
9804641	2350728
11279	2586
984895	256939
639402	155209
808396	189684
1779927	431479
937921	228819
89397	19819
1225880	292566
6142436	1479834
303731	74087
1427328	308100
2994818	807473
1776582	424542
73389	0
1867540	445546

普通专科分专业大类学生数

Number of Regular Students for Short-cycle Courses in HEIs by Discipline

单位:人
unit: person

	毕业生数 Graduates	招生数 Entrants	在校生数 Enrolment	预计毕业生数 Estimated Graduates for Next Year
总　计 Total	**3766894**	**5243364**	**14595488**	**4097688**
其中:女 of Which: Female	1921698	2666879	6937083	1981661
农林牧渔大类 Agriculture, Forestry, Husbandry and Fishing	62797	103076	280815	69966
资源环境与安全大类 Resources Environment and Safety	42995	74891	198203	49477
能源动力与材料大类 Energy Power and Material	37414	49053	140711	40129
土木建筑大类 Civil Engineering and Architecture	274108	414306	1116618	292252
水利大类 Water Resources	13904	19065	53569	15142
装备制造大类 Equipment Manufacturing	422146	543913	1579418	453998
生物与化工大类 Biology and Chemical Engineering	29456	40866	111086	30078
轻工纺织大类 Light Industry and Textile	17696	25413	71513	19812
食品药品与粮食大类 Food, Medicine and Grain	60968	81895	226410	63167
交通运输大类 Transportation and Communication	244106	311967	910336	270865
电子信息大类 Electronic Information	467480	777384	2058099	550630
医药卫生大类 Medical and Health	509592	679658	1911947	546794
财经商贸大类 Finance, Economics and Business	727758	930125	2578281	730109
旅游大类 Tourism	118008	146402	438830	128803
文化艺术大类 Culture and Arts	168637	255284	711713	203269
新闻传播大类 Journalism and Communication	30857	43576	120959	35165
教育与体育大类 Education and Sport	455619	575913	1682539	505491
公安与司法大类 Public Security and Justice	47215	52867	150434	45998
公共管理与服务大类 Public Administration and Service	36138	117710	254007	46543
总计中:师范生 of the Total: Normal University Students	298079	338201	1035124	324285

成人本科分学科学生数

Number of Adult Students for Normal Courses in HEIs by Discipline

单位:人
unit: person

	毕业生数 Graduates	招生数 Entrants	在校生数 Enrolment	预计毕业生数 Estimated Graduates for Next Year
总　计 Total	**1226385**	**1896292**	**4051025**	**1488592**
其中: 女 of Which: Female	760491	1127643	2455558	858491
哲　学 Philosophy	9	232	370	37
经济学 Economics	23411	32389	75037	29528
法　学 Law	46274	75624	152394	58377
教育学 Education	115755	220851	405523	148305
文　学 Literature	87446	107909	224249	92043
其中:外语 of Which: Foreign Language	14507	20116	44545	18046
历史学 History	1195	1527	3146	1281
理　学 Science	18327	24233	49331	22024
工　学 Engineering	255284	442025	886142	316647
农　学 Agriculture	16746	22382	49759	20212
医　学 Medicine	336597	428393	1067999	400145
管理学 Management	312560	520686	1085522	383662
艺术学 Art	12781	20041	51553	16331
总计中:师范生 of the Total: Normal University Students	120384	172785	339819	136568

成人专科分专业大类学生数
Number of Adult Students for Short-cycle Courses in HEIs by Discipline

单位：人
unit: person

	毕业生数 Graduates	招生数 Entrants	在校生数 Enrolment	预计毕业生数 Estimated Graduates for Next Year
总　计 Total	**1243177**	**1741338**	**3721917**	**1541715**
其中：女 of Which: Female	703181	962259	2050888	830407
农林牧渔大类 Agriculture, Forestry, Husbandry and Fishing	18334	19420	46898	23195
资源环境与安全大类 Resources Environment and Safety	6783	8869	22773	11117
能源动力与材料大类 Energy Power and Material	5536	4255	10254	4994
土木建筑大类 Civil Engineering and Architecture	73470	179311	324862	115833
水利大类 Water Resources	2974	4206	8025	3337
装备制造大类 Equipment Manufacturing	124431	141966	310995	141194
生物与化工大类 Biology and Chemical Engineering	4419	8105	15520	6858
轻工纺织大类 Light Industry and Textile	1380	1046	2845	1452
食品药品与粮食大类 Food, Medicine and Grain	2440	3404	6856	2930
交通运输大类 Transportation and Communication	62337	55300	138024	57684
电子信息大类 Electronic Information	95803	139534	283450	116796
医药卫生大类 Medical and Health	146199	144511	402955	173170
财经商贸大类 Finance, Economics and Business	377183	598341	1209919	465342
旅游大类 Tourism	23853	23303	56965	28839
文化艺术大类 Culture and Arts	26116	27690	65046	30515
新闻传播大类 Journalism and Communication	1128	1293	3459	2079
教育与体育大类 Education and Sport	191308	249698	529397	235356
公安与司法大类 Public Security and Justice	19566	20945	50604	25016
公共管理与服务大类 Public Administration and Service	59917	110141	233070	96008
总计中：师范生 of the Total: Normal University Students	111367	143499	286376	125908

网络本科分学科学生数
Number of Web-based Students for Normal Courses in HEIs by Discipline

单位：人
unit: person

	毕业生数 Graduates	招生数 Entrants	在校生数 Enrolment
总　计 Total	**866120**	**1072248**	**3111899**
其中：女 of Which: Female	453015	485006	1475493
哲　学 Philosophy	0	0	0
经济学 Economics	30474	26695	91072
法　学 Law	68896	82830	251278
教育学 Education	52606	64396	178379
文　学 Literature	45527	51122	151547
其中：外语 of Which: Foreign Language	5610	6359	21469
历史学 History	423	514	1155
理　学 Science	8146	11269	26413
工　学 Engineering	216822	313093	809508
农　学 Agriculture	8848	11266	28253
医　学 Medicine	72946	76343	245087
管理学 Management	358190	429176	1313523
艺术学 Art	3242	5544	15684
总计中：师范生 of the Total: Normal University Students	26412	24687	67467

网络专科分专业大类学生数

Number of Web-based Students for Short-cycle Courses in HEIs by Discipline

单位：人
unit: person

	毕业生数 Graduates	招生数 Entrants	在校生数 Enrolment
总　计 Total	**1856377**	**1706880**	**5352565**
其中：女 of Which: Female	865175	714272	2239992
农林牧渔大类 Agriculture, Forestry, Husbandry and Fishing	24897	18393	67337
资源环境与安全大类 Resources Environment and Safety	16845	16490	54501
能源动力与材料大类 Energy Power and Material	16135	9195	24872
土木建筑大类 Civil Engineering and Architecture	158514	173386	479554
水利大类 Water Resources	8400	7648	24707
装备制造大类 Equipment Manufacturing	116683	102588	327884
生物与化工大类 Biology and Chemical Engineering	5483	10706	23600
轻工纺织大类 Light Industry and Textile	307	8	481
食品药品与粮食大类 Food, Medicine and Grain	3065	8280	20103
交通运输大类 Transportation and Communication	36412	48842	152335
电子信息大类 Electronic Information	122842	165235	425759
医药卫生大类 Medical and Health	78504	96415	243191
财经商贸大类 Finance, Economics and Business	600452	401888	1344135
旅游大类 Tourism	9889	15287	46821
文化艺术大类 Culture and Arts	6610	7815	30192
新闻传播大类 Journalism and Communication	666	1547	3970
教育与体育大类 Education and Sport	170552	151928	520740
公安与司法大类 Public Security and Justice	81578	63648	258428
公共管理与服务大类 Public Administration and Service	398543	407581	1303955
总计中：师范生 of the Total: Normal University Students	41078	17546	48186

高等教育学生
Changes in Enrolment of

	上学年初报表在校学生数 Enrolment at Beginning of Orevious Academic Year	增加学生数 Factors of Increase				
		合计 Total	招生 No. of Students Admitted	复学 Students Resuming Studies	转入 Transfers from Other Inst.	其他 Others
博士研究生 Doctor's Degrees	424182	120774	116047	2009	551	2167
硕士研究生 Master's Degrees	2208719	1001695	990504	6011	629	4551
普通本科生 Normal Courses	17508204	5144768	5049040	84535	1380	9813
普通专科生 Short-cycle Courses	12807058	5829587	5706124	65708	8318	49437
成人本科生 Normal Courses Provided by Adult HEIs	3413174	1928109	1896292	8927	444	22446
成人专科生 Short-cycle Courses Provided by Adult HEIs	3272429	1781602	1741338	7809	539	31916
网络本科生 Normal Courses Provided by Web-based Programs	2941610	1152855	1072248	7589	0	73018
网络专科生 Short-cycle Courses Provided by Web-based Programs	5636735	1806965	1706880	12654	0	87431

高等教育学生
Other Circumstances of Students

	共产党员 Member of C. P. A	共青团员 Member of C. Y. L
总　计 Total	**2683408**	**29904924**
研究生 Postgraduates	783827	1727508
博　士 Doctor's Degree	203708	143585
硕　士 Master's Degree	580119	1583923
普通本专科 Undergraduates in Regular HEIs	960434	25538840
本　科 Normal Courses	735779	15988316
专　科 Short-cycle Courses	224655	9550524
成人本专科 Undergraduates in Adult HEIs	325339	1548074
本　科 Normal Courses	224270	888369
专　科 Short-cycle Courses	101069	659705
网络本专科生 Web-based Undergraduates	613808	1090502
本　科 Normal Courses	288101	436808
专　科 Short-cycle Courses	325707	653694

数变动情况
Higher Educations

单位:人
unit: person

减少学生数 Factors of Decrease									本学年初报表在校学生数 Enrolment at Beginning of Current Academic Year
合计 Total	毕业 Graduates	结业 Completers of Courses without Formal awards	休学 Suspended	退学 Quitting	开除 Expelled	死亡 Death	转出 Transfers to Other Inst.	其他 Others	
78407	66176	3168	1674	4571	38	56	381	2343	466549
703072	662451	2956	5470	7314	58	184	2291	22348	2673049
4395512	4205097	58846	76315	33926	450	1721	1389	17768	18257460
4041157	3766894	56196	82482	86158	859	1174	4811	42583	14595488
1290258	1226385	5179	11084	28578	239	18	263	18512	4051025
1332114	1243177	7182	12932	45152	921	27	1293	21430	3721917
982566	866120	2800	5071	56301	803	0	0	51471	3111899
2091135	1856377	1215	6177	81162	233	4	0	145967	5352565

中其他情况
in Higher Education

单位:人
unit: person

华侨 Overseas Chinese	港澳台 From HK, Macao and Taiwan	少数民族 Minorities	残疾人 Disabled
3571	**41055**	**4665804**	**49565**
353	8587	175001	811
80	2697	28218	126
273	5890	146783	685
2960	29558	3289489	42943
2769	29138	1768698	20874
191	420	1520791	22069
258	1256	607246	1173
254	695	326329	345
4	561	280917	828
0	1654	594068	4638
0	460	194234	1924
0	1194	399834	2714

	毕(结)业生数 Graduates	授予学位数 Degrees Awarded	招生数 Entrants	
			合计 Total	其中:春季招生 of Which:Spring Admissions
总　计 Total	**101884**	**33136**	**89751**	**8367**
其中:女 of Which:Female	46416	13677	39984	4307
按学历分 by Level of Training	**40989**	**33136**	**50143**	**1914**
博士研究生 Doctor's Degrees	3190	2853	5446	85
硕士研究生 Master's Degrees	13075	12038	14123	391
本科生 Normal Courses	21348	18245	27535	1281
专科生 Short-cycle Courese	3376	—	3039	157
培训 In-service Training	**60895**	**—**	**39608**	**6453**
按大洲分 By Continent				
亚洲 Asia	60047	19905	53369	4451
非洲 Africa	17903	8624	16730	1224
欧洲 Europe	16764	3014	13388	1985
北美洲 North America	4531	976	3668	343
南美洲 South America	1429	408	1473	132
大洋洲 Australia	1210	209	1123	232
按经费来源分 By Sources of Support				
国际组织资助 Aided by IGOs	336	263	517	0
中国政府资助 Aided by Chinese Government	27568	13151	29220	915
本国政府资助 Aided by home Government	1559	202	905	140
学校间交换 Aided by Inter-institutional Exchanges	9832	850	5742	669
自费 Self-supporting	62589	18670	53367	6643

留学生情况
Students in HEIs

单位:人
unit: person

在校生数 Enrolment					
合计 Total	第一年 1st Year	第二年 2nd Year	第三年 3rd Year	第四年 4th Year	第五年及以上 5th Year and Over
273792	**88934**	**73917**	**51921**	**33023**	**25997**
112592	39722	29927	20278	12652	10013
221653	**48446**	**63394**	**51135**	**32767**	**25911**
24694	5337	5537	5455	4372	3993
46716	13701	16624	10796	4105	1490
138544	26496	36650	30837	24150	20411
11699	2912	4583	4047	140	17
52139	**40488**	**10523**	**786**	**256**	**86**
175484	52499	47304	34865	21753	19063
58412	16499	16640	11808	8344	5121
25698	13427	6387	3262	1702	920
8383	3859	2129	1176	654	565
3374	1547	893	476	302	156
2441	1103	564	334	268	172
1094	482	286	127	128	71
90141	28941	26703	19001	10933	4563
2050	946	356	418	179	151
9876	6047	2533	644	445	207
170631	52518	44039	31731	21338	21005

高等教育学校
Number of Educational

	合计 Total	校本部 Educational Personnel 小计 Subtotal	专任教师 小计 Subtotal	正高级 Senior	副高级 Sub-senior
总　计 Total	**2701183**	**2593379**	**1851933**	**244005**	**556711**
其中:女 of Which: Female	1363479	1311356	949834	77424	266824
普通高校 Regular HEIs	2668708	2561094	1832982	242951	550705
成人高校 Adult HEIs	32475	32285	18951	1054	6006

高等教育学校
Number of Educational

	合计 Total	校本部 Educational Personnel 小计 Subtotal	专任教师 小计 Subtotal	正高级 Senior	副高级 Sub-senior
总　计 Total	**2668708**	**2561094**	**1832982**	**242951**	**550705**
其中:女 of Which: Female	1345940	1293885	938789	76887	263449
按类型分:本科院校 by Type:HEIs Offening Degree Programs	1923487	1826175	1276101	216686	411106
其中:独立学院 of Which: Independent Institutions	151993	151768	117154	12776	31364
高职(专科)院校 Higher Vocational Colleges	744478	734176	556424	26241	139489
其他普通高校机构 Other Regular HEIs	743	743	457	24	110
按举办者分:1. 中央 by Providers:Central Ministries & Agencies	409164	355361	216699	67220	82811
教育部 Under MOE	312965	272825	164200	50723	64804
其他部门 Under Other Central Agencies	96199	82536	52499	16497	18007
2. 地方 Local Authorities	2259544	2205733	1616283	175731	467894
教育部门 Run by Ed. Dept.	1411432	1366480	994011	128031	308702
其他部门 Run by Non-Ed. Dept.	329257	322598	238078	14459	65309
地方企业 Run by Local Enterprises	18804	18663	12296	310	4304
民办 Non-government	493062	491253	368925	32535	88738
具有独立法人资格的中外合作办 Sino-foreign Cooperation Institution with Independent Legal Personality	6989	6739	2973	396	841

教职工情况(总计)
Personnel in HEIs (Total)

单位:人
unit: person

教职工数 Educational Personnel								
教职工 in Main Campus						科研机构人员 Personnel in Affiliated Research Org.	校办企业职工 Employees in School-run Factories & Farms	其他附设机构人员 Personnel in Others Subsidiary Units
Full-time Teachers			行政人员 Adm. Personnel	教辅人员 Supporting Staff	工勤人员 Workers			
中级 Middle	初级 Junior	未定职级 No-ranking						
706607	**193048**	**151562**	**382474**	**233146**	**125826**	**41288**	**21953**	**44563**
398256	117999	89331	191313	134667	35542	16426	7977	27720
698705	190277	150344	375728	228560	123824	41251	21860	44503
7902	2771	1218	6746	4586	2002	37	93	60

教职工情况(普通高校)
Personnel in HEIs (Regular HEIs)

单位:人
unit: person

教职工数 Educational Personnel								
教职工 in Main Campus						科研机构人员 Personnel in Affiliated Research Org.	校办企业职工 Employees in School-run Factories & Farms	其他附设机构人员 Personnel in Others Subsidiary Units
Full-time Teachers			行政人员 Adm. Personnel	教辅人员 Supporting Staff	工勤人员 Workers			
中级 Middle	初级 Junior	未定职级 No-ranking						
698705	**190277**	**150344**	**375728**	**228560**	**123824**	**41251**	**21860**	**44503**
393553	116271	88629	188129	131981	34986	16399	7954	27702
481817	89015	77477	283789	177575	88710	40439	18651	38222
46197	15530	11287	19683	7932	6999	20	99	106
216712	101203	72779	91832	50856	35064	812	3209	6281
176	59	88	107	129	50	0	0	0
56950	4369	5349	68176	49246	21240	26350	9018	18435
41717	2679	4277	53876	37598	17151	21878	8332	9930
15233	1690	1072	14300	11648	4089	4472	686	8505
641755	185908	144995	307552	179314	102584	14901	12842	26068
407988	85440	63850	193234	120375	58860	11302	10221	23429
96550	38772	22988	44488	25147	14885	2827	1756	2076
5389	1532	761	3360	1806	1201	11	106	24
130582	59791	57279	63844	31454	27030	534	743	532
1246	373	117	2626	532	608	227	16	7

	合计 Total	校本部 Educational Personnel			
		小计 Subtotal	专任教师		
			小计 Subtotal	正高级 Senior	副高级 Sub-senior
总　计 Total	**32475**	**32285**	**18951**	**1054**	**6006**
其中:女 of which: Female	17539	17471	11045	537	3375
按类型分:职工高等学校 by type: Workers' Colleges	12296	12224	7443	173	2315
农民高等学校 Peasants' College	91	88	69	0	13
管理干部学院 Institutes for Administration	3820	3759	2347	281	730
教育学院 Educational College	4296	4296	2929	187	1115
独立函授学院 Independent Correspondence Colleges	0	0	0	0	0
广播电视大学 Radio/Tv Universities	11869	11815	6111	412	1822
其他成人高教机构 Other Adult HEIs	103	103	52	1	11
按举办者分:1. 中央 by Providers: Central Ministries & Agencies	1244	1227	439	50	200
教育部 Under MOE	550	539	156	13	75
其他部门 Under Other Central Agencies	694	688	283	37	125
2. 地方 Local Authorities	31231	31058	18512	1004	5806
教育部门 Run by Ed. Dept.	16053	16008	9117	577	2895
其他部门 Run by Non-Ed. Dept.	12609	12481	7850	409	2385
地方企业 Run by Local Enterprises	2531	2531	1531	18	525
民办 Non-government	38	38	14	0	1
具有独立法人资格的中外合作办 Sino-foreign Cooperation Institution with Independent Legal Personality	0	0	0	0	0

教职工情况(成人高校)
Personnel in HEIs (Adult HEIs)

单位:人
unit: person

教职工数 Educational Personnel								
教职工 in Main Campus						科研机构人员 Personnel in Affiliated Research Org.	校办企业职工 Employees in School-run Factories & Farms	其他附设机构人员 Personnel in Others Subsidiary Units
Full-time Teachers			行政人员 Adm. Personnel	教辅人员 Supporting Staff	工勤人员 Workers			
中级 Middle	初级 Junior	未定职级 No-ranking						
7902	**2771**	**1218**	**6746**	**4586**	**2002**	**37**	**93**	**60**
4703	1728	702	3184	2686	556	27	23	18
3326	1169	460	2294	1452	1035	6	37	29
29	27	0	10	9	0	0	0	3
818	318	200	753	358	301	19	20	22
1205	370	52	705	476	186	0	0	0
0	0	0	0	0	0	0	0	0
2512	864	501	2943	2286	475	12	36	6
12	23	5	41	5	5	0	0	0
164	13	12	319	293	176	17	0	0
61	1	6	149	219	15	11	0	0
103	12	6	170	74	161	6	0	0
7738	2758	1206	6427	4293	1826	20	93	60
3895	1239	511	3638	2594	659	0	36	9
3158	1233	665	2330	1326	975	20	57	51
675	284	29	441	367	192	0	0	0
10	2	1	18	6	0	0	0	0
0	0	0	0	0	0	0	0	0

研究生指导
Number of Supervisors

	合计 Total	29岁及以下 29 and Under	30-34岁 30 to 34
总　计 Total	**500906**	**2228**	**37953**
其中:女 of Which: Female	163855	891	12752
按专业技术职务分:正高级 by Rank:Senior	230159	144	2287
副高级 Sub-senior	221369	551	16521
中级 Middle	49378	1533	19145
按指导关系分:博士导师 by Level of Programs Supervised:Supervisors of Doctoral Programs	19854	11	430
其中:女 of Which: Female	3621	3	92
硕士导师 Supervisors of Master's Degree Programs	374452	2104	33946
其中:女 of Which: Female	138099	850	11991
博士、硕士导师 Supervisors of Doc. & Mas. Degree Programs	106600	113	3577
其中:女 of Which: Female	22135	38	669

研究生指导
Number of Supervisors of

	合计 Total	29岁及以下 29 and Under	30-34岁 30 to 34
总　计 Total	**482838**	**2127**	**37466**
其中:女 of Which: Female	159827	872	12628
按专业技术职务分:正高级 by Rank:Senior	217734	64	2242
副高级 Sub-senior	215928	546	16169
中级 Middle	49176	1517	19055
分指导关系:博士导师 by Level of Programs Supervised:Supervisors of Doctoral Programs	18087	11	427
其中:女 of Which: Female	3337	3	92
硕士导师 Supervisors of Master's Degree Programs	360242	2003	33475
其中:女 of Which: Female	134679	831	11872
博士、硕士导师 Supervisors of Doc. & Mas. Degree Programs	104509	113	3564
其中:女 of Which: Female	21811	38	664

教师情况(总计)

of Postgraduate Programs (Total)

单位:人
unit: person

35-39 岁 35 to 39	40-44 岁 40 to 44	45-49 岁 45 to 49	50-54 岁 50 to 54	55-59 岁 55 to 59	60-64 岁 60 to 64	65 岁及以上 65 and Over
82831	**104429**	**92609**	**77763**	**79202**	**17007**	**6884**
28481	39247	34149	24992	19549	2863	931
13230	31638	45284	52479	63504	15234	6359
53536	65212	44263	24123	15061	1676	426
16065	7579	3062	1161	637	97	99
1591	2652	3087	3855	4855	1948	1425
331	563	721	808	730	236	137
68398	83568	70838	55422	50159	7781	2236
25768	34736	28369	19693	14640	1604	448
12842	18209	18684	18486	24188	7278	3223
2382	3948	5059	4491	4179	1023	346

教师情况(普通高校)

Postgraduate Programs (Regular HEIs)

单位:人
unit: person

35-39 岁 35 to 39	40-44 岁 40 to 44	45-49 岁 45 to 49	50-54 岁 50 to 54	55-59 岁 55 to 59	60-64 岁 60 to 64	65 岁及以上 65 and Over
80050	**100671**	**89099**	**74456**	**75777**	**16538**	**6654**
27755	38234	33234	24329	19069	2797	909
12358	29445	42697	49625	60368	14793	6142
51690	63662	43353	23674	14773	1648	413
16002	7564	3049	1157	636	97	99
1552	2507	2817	3366	4313	1794	1300
320	525	660	721	670	219	127
65807	80304	67997	53077	47864	7545	2170
25073	33813	27610	19197	14286	1560	437
12691	17860	18285	18013	23600	7199	3184
2362	3896	4964	4411	4113	1018	345

高等教育分学科专任教师数(总计)
Number of Full-time Teachers by Field of Study in HEIs (Total)

单位:人
unit: person

	合计 Total	正高级 Senior	副高级 Sub-Senior	中级 Middle	初级 Junior	未定职级 No-Ranking
总　计 Total	**1851933**	**244005**	**556711**	**706607**	**193048**	**151562**
其中:女 of Which: Female	949834	77424	266824	398256	117999	89331
哲学 Philosophy	45139	5768	12595	16491	5376	4909
经济学 Economics	91744	11501	27762	33994	10224	8263
法学 Law	94711	11567	26008	37121	10910	9105
教育学 Education	160733	12709	45016	62706	23212	17090
其中:体育 of which:Sport	70115	5190	22352	27834	8965	5774
文学 Literature	231527	19191	64487	105856	24567	17426
其中:外语 of which:Foreign Language	129010	7849	34615	65292	12865	8389
历史学 History	18346	3607	5898	6305	1255	1281
理学 Science	199008	38432	67499	67843	13003	12231
工学 Engineering	515216	75702	168789	192927	43064	34734
其中:计算机 of which:Computer	105496	9952	34351	43564	10063	7566
农学 Agriculture	44668	9051	14581	14608	3041	3387
其中:林学 of Which:Forestry	7448	1328	2438	2554	602	526
医学 Medicine	145717	28700	45965	47037	15072	8943
管理学 Management	167787	17601	46978	65202	21150	16856
艺术学 Art	137337	10176	31133	56517	22174	17337

高等教育分学科专任教师数(普通高校)
Number of Full-time Teachers by Field of Study in HEIs (Regular HEIs)

单位:人
unit: person

	合计 Total	正高级 Senior	副高级 Sub-Senior	中级 Middle	初级 Junior	未定职级 No-Ranking
总　计 Total	**1832982**	**242951**	**550705**	**698705**	**190277**	**150344**
其中:女 of Which: Female	938789	76887	263449	393553	116271	88629
哲学 Philosophy	44507	5725	12380	16253	5305	4844
经济学 Economics	90149	11348	27206	33358	10032	8205
法学 Law	93632	11462	25685	36684	10767	9034
教育学 Education	158516	12584	44282	61831	22861	16958
其中:体育 of which:Sport	69652	5177	22238	27630	8873	5734
文学 Literature	228723	19061	63550	104605	24203	17304
其中:外语 of which:Foreign Language	127833	7799	34235	64729	12712	8358
历史学 History	18118	3587	5814	6216	1233	1268
理学 Science	197171	38333	66830	67097	12763	12148
工学 Engineering	510460	75526	167340	190798	42354	34442
其中:计算机 of which:Computer	103652	9882	33804	42661	9806	7499
农学 Agriculture	44483	9037	14509	14541	3014	3382
其中:林学 of Which:Forestry	7403	1325	2427	2539	588	524
医学 Medicine	145140	28683	45780	46795	14996	8886
管理学 Management	165619	17449	46377	64363	20800	16630
艺术学 Art	136464	10156	30952	56164	21949	17243

高等教育分学科专任教师数(成人高校)
Number of Full-time Teachers by Field of Study in HEIs (Adult HEIs)

单位:人
unit: person

	合计 Total	正高级 Senior	副高级 Sub-Senior	中级 Middle	初级 Junior	未定职级 No-Ranking
总　计 Total	**18951**	**1054**	**6006**	**7902**	**2771**	**1218**
其中:女 of Which: Female	11045	537	3375	4703	1728	702
哲学 Philosophy	632	43	215	238	71	65
经济学 Economics	1595	153	556	636	192	58
法学 Law	1079	105	323	437	143	71
教育学 Education	2217	125	734	875	351	132
其中:体育 of which:Sport	463	13	114	204	92	40
文学 Literature	2804	130	937	1251	364	122
其中:外语 of which:Foreign Language	1177	50	380	563	153	31
历史学 History	228	20	84	89	22	13
理学 Science	1837	99	669	746	240	83
工学 Engineering	4756	176	1449	2129	710	292
其中:计算机 of which:Computer	1844	70	547	903	257	67
农学 Agriculture	185	14	72	67	27	5
其中:林学 of Which:Forestry	45	3	11	15	14	2
医学 Medicine	577	17	185	242	76	57
管理学 Management	2168	152	601	839	350	226
艺术学 Art	873	20	181	353	225	94

高等教育专任教师、聘请校外教师学历情况(总计)
Number of Academic Qualifications of Full-time and Part-time Teachers in HEIs (Total)

单位:人
unit: person

	合计 Total	博士 Doctor's Degrees	硕士 Master's Degrees	本科 University Diploma	专科及以下 Short-cycle Courses and Under
1. 专任教师 Full-time Teachers	**1851933**	**513874**	**687132**	**636608**	**14319**
其中:女 of Which: Female	949834	192734	422599	328945	5556
正高级 Senior	244005	147214	34413	61651	727
副高级 Sub-senior	556711	189103	144378	220824	2406
中　级 Middle	706607	154361	319805	227322	5119
初　级 Junior	193048	1554	108105	80542	2847
未定职级 No-ranking	151562	21642	80431	46269	3220
2. 聘请校外教师 Part-time Teachers	**593662**	**89661**	**184579**	**289247**	**30175**
其中:女 of Which: Female	238799	22182	84947	121818	9852
外籍教师 Foreign Teachers	17693	10383	4161	3072	77
其他高校教师 Other HEI Teachers	162353	41260	63403	55699	1991
正高级 Senior	96142	45220	21623	28539	760
副高级 Sub-senior	165705	26462	50519	85816	2908
中　级 Middle	181075	12724	65528	93229	9594
初　级 Junior	49604	530	17434	27674	3966
未定职级 No-ranking	101136	4725	29475	53989	12947

高等教育专任教师、聘请校外教师学历情况(普通高校)
Number of Academic Qualifications of Full-time and Part-time Teachers in HEIs (Regular HEIs)

单位:人
unit: person

	合计 Total	博士 Doctor's Degrees	硕士 Master's Degrees	本科 University Diploma	专科及以下 Short-cycle Courses and Under
1. 专任教师 Full-time Teachers	**1832982**	**513062**	**681535**	**624531**	**13854**
其中:女 of Which: Female	938789	192261	418924	322205	5399
正高级 Senior	242951	147038	34144	61042	727
副高级 Sub-senior	550705	188756	142932	216640	2377
中　级 Middle	698705	154089	317205	222519	4892
初　级 Junior	190277	1551	107173	78820	2733
未定职级 No-ranking	150344	21628	80081	45510	3125
2. 聘请校外教师 Part-time Teachers	**562252**	**89203**	**177544**	**266104**	**29401**
其中:女 of Which: Female	223139	21976	81319	110322	9522
外籍教师 Foreign Teachers	17686	10381	4161	3067	77
其他高校教师 Other HEI Teachers	154025	41004	60973	50213	1835
正高级 Senior	94955	45118	21176	27904	757
副高级 Sub-senior	156126	26218	48483	78556	2869
中　级 Middle	166795	12621	62163	82719	9292
初　级 Junior	45396	527	16639	24421	3809
未定职级 No-ranking	98980	4719	29083	52504	12674

高等教育专任教师、聘请校外教师学历情况(成人高校)
Number of Academic Qualifications of Full-time and Part-time Teachers in HEIs (Adult HEIs)

单位:人
unit: person

	合计 Total	博士 Doctor's Degrees	硕士 Master's Degrees	本科 University Diploma	专科及以下 Short-cycle Courses and Under
1. 专任教师 Full-time Teachers	**18951**	**812**	**5597**	**12077**	**465**
其中:女 of Which: Female	11045	473	3675	6740	157
正高级 Senior	1054	176	269	609	0
副高级 Sub-senior	6006	347	1446	4184	29
中　级 Middle	7902	272	2600	4803	227
初　级 Junior	2771	3	932	1722	114
未定职级 No-ranking	1218	14	350	759	95
2. 聘请校外教师 Part-time Teachers	**31410**	**458**	**7035**	**23143**	**774**
其中:女 of Which: Female	15660	206	3628	11496	330
外籍教师 Foreign Teachers	7	2	0	5	0
其他高校教师 Other HEI Teachers	8328	256	2430	5486	156
正高级 Senior	1187	102	447	635	3
副高级 Sub-senior	9579	244	2036	7260	39
中　级　Middle	14280	103	3365	10510	302
初　级 Junior	4208	3	795	3253	157
未定职级 No-ranking	2156	6	392	1485	273

高等教育专任教师年龄情况(总计)
Number of Full-time Teachers by Age in HEIs (Total)

单位:人
unit: person

	合计 Total	29岁及以下 29 and Under	30-34岁 30 to 34	35-39岁 35 to 39	40-44岁 40 to 44	45-49岁 45 to 49	50-54岁 50 to 54	55-59岁 55 to 59	60-64岁 60 to 64	65岁及以上 65 and Over
总　计 Total	**1851933**	**196892**	**331072**	**386801**	**329898**	**227734**	**176165**	**161847**	**28993**	**12531**
其中:女 of Which: Female	949834	128976	190320	215045	171278	105932	76358	51280	7668	2977
正高级 Senior	244005	96	2239	12790	32340	46176	54715	70417	17720	7512
副高级 Sub-senior	556711	1247	25357	106308	139984	111018	85876	72373	10132	4416
中级 Middle	706607	32583	189336	226686	144022	64040	31911	16670	867	492
初级 Junior	193048	79237	71089	26864	8510	3842	2190	1257	46	13
未定职级 No-ranking	151562	83729	43051	14153	5042	2658	1473	1130	228	98

高等教育专任教师年龄情况(普通高校)
Number of Full-time Teachers by Age in HEIs (Regular HEIs)

单位:人
unit: person

	合计 Total	29岁及以下 29 and Under	30-34岁 30 to 34	35-39岁 35 to 39	40-44岁 40 to 44	45-49岁 45 to 49	50-54岁 50 to 54	55-59岁 55 to 59	60-64岁 60 to 64	65岁及以上 65 and Over
总　计 Total	**1832982**	**195067**	**328120**	**383097**	**326682**	**224924**	**173726**	**159871**	**28966**	**12529**
其中:女 of Which: Female	938789	127773	188448	212682	169312	104355	74990	50592	7660	2977
正高级 Senior	242951	96	2238	12767	32213	45970	54421	70027	17708	7511
副高级 Sub-senior	550705	1246	25270	105534	138692	109597	84584	71248	10118	4416
中级 Middle	698705	32351	187687	224312	142516	63022	31167	16292	867	491
初级 Junior	190277	78238	70102	26464	8364	3728	2118	1205	45	13
未定职级 No-ranking	150344	83136	42823	14020	4897	2607	1436	1099	228	98

高等教育专任教师年龄情况(成人高校)
Number of Full-time Teachers by Age in HEIs (Adult HEIs)

单位:人
unit: person

	合计 Total	29岁及以下 29 and Under	30-34岁 30 to 34	35-39岁 35 to 39	40-44岁 40 to 44	45-49岁 45 to 49	50-54岁 50 to 54	55-59岁 55 to 59	60-64岁 60 to 64	65岁及以上 65 and Over
总　计 Total	**18951**	**1825**	**2952**	**3704**	**3216**	**2810**	**2439**	**1976**	**27**	**2**
其中:女 of Which: Female	11045	1203	1872	2363	1966	1577	1368	688	8	0
正高级 Senior	1054	0	1	23	127	206	294	390	12	1
副高级 Sub-senior	6006	1	87	774	1292	1421	1292	1125	14	0
中级 Middle	7902	232	1649	2374	1506	1018	744	378	0	1
初级 Junior	2771	999	987	400	146	114	72	52	1	0
未定职级 No-ranking	1218	593	228	133	145	51	37	31	0	0

	专任教师中按授课内容分 Full-time Teachers Classified by Teaching Content			
	合计 Total	公共课基础课 Common Required Course	专业课 Specialized Course 小计 Subtotal	其中:双师型 of Which: Double-teacher Type
总　计 Total	**1762121**	**413109**	**1349012**	**408967**
其中:女 of Which: Female	908879	234478	674401	212777
正高级 Senior	231210	34201	197009	52912
副高级 Sub-senior	534801	114834	419967	161861
中级 Middle	672240	170140	502100	194194
初级 Junior	184417	54884	129533	—
未定职级 No-ranking	139453	39050	100403	—
普通高校 Regular HEIs	**1744418**	**408255**	**1336163**	**405293**
其中:女 of Which: Female	898517	231562	666955	210672
正高级 Senior	230219	33959	196260	52668
副高级 Sub-senior	529265	113347	415918	160310
中级 Middle	664862	168086	496776	192315
初级 Junior	181815	54125	127690	—
未定职级 No-ranking	138257	38738	99519	—
成人高校 Adult HEIs	**17703**	**4854**	**12849**	**3674**
其中:女 of Which: Female	10362	2916	7446	2105
正高级 Senior	991	242	749	244
副高级 Sub-senior	5536	1487	4049	1551
中级 Middle	7378	2054	5324	1879
初级 Junior	2602	759	1843	—
未定职级 No-ranking	1196	312	884	—

校外教师岗位分类情况
Classified by Teaching Content in HEIs

单位：人
unit: person

聘请校外教师按授课内容分 Part-time Teachers Classified by Teaching Content				专任教师中不任课人数 Full-time Teachers by Non-teaching				
合计 Total	公共课基础课 Common Required Course	专业课 Specialized Course		合计 Total	进修 In-service	科研 Research	病休 Sick Leave	其他 Others
		小计 Subtotal	其中：双师型 of Which: Double-teacher Type					
593662	**98642**	**495020**	**107653**	**89812**	**21160**	**21483**	**2633**	**44536**
238799	44151	194648	46113	40955	10835	7116	1595	21409
96142	13176	82966	15461	12795	1428	6530	243	4594
165705	26600	139105	42138	21910	5910	5746	689	9565
181075	30493	150582	50054	34367	10239	7091	1186	15851
49604	10020	39584	—	8631	2103	543	358	5627
101136	18353	82783	—	12109	1480	1573	157	8899
562252	**88177**	**474075**	**102254**	**88564**	**21073**	**21090**	**2608**	**43793**
223139	39048	184091	43310	40272	10775	6895	1584	21018
94955	12802	82153	15213	12732	1427	6482	243	4580
156126	23166	132960	40071	21440	5888	5547	685	9320
166795	26092	140703	46970	33843	10184	6977	1173	15509
45396	8411	36985	—	8462	2094	514	351	5503
98980	17706	81274	—	12087	1480	1570	156	8881
31410	**10465**	**20945**	**5399**	**1248**	**87**	**393**	**25**	**743**
15660	5103	10557	2803	683	60	221	11	391
1187	374	813	248	63	1	48	0	14
9579	3434	6145	2067	470	22	199	4	245
14280	4401	9879	3084	524	55	114	13	342
4208	1609	2599	—	169	9	29	7	124
2156	647	1509	—	22	0	3	1	18

高等教育专任
Changes of Full-time

	上学年初报表专任教师数 Number of Full-time Teachers at Beginning of Previous Academic Year	增加专任 Factors of						
		合计 Total	录用毕业生 New Recruits from Current Year Graduates			调入 Teachers Recruited from Other	
			小计 Subtotal	其中:研究生 of Which:Completing Doc. & Mas. Deg.		小计 Subtotal	其中:外校 of Which: Graduated from Other Institutions
				小计 Subtotal	其中:本校毕业 of Which: Graduated from Their Own Institutions		
总　计 Total	**1760786**	**181289**	**73735**	**62547**	**4310**	**37919**	**20503**
其中:女 of Which: Female	894860	97330	42941	36476	1846	18272	9447
普通高校 Regular HEIs	**1740145**	**180082**	**73327**	**62286**	**4310**	**37650**	**20421**
其中:女 of Which: Female	883138	96562	42644	36287	1846	18107	9398
成人高校 Adult HEIs	**20641**	**1207**	**408**	**261**	**0**	**269**	**82**
其中:女 of Which: Female	11722	768	297	189	0	165	49

高等教育
Condition of Fixed Assets and Teaching

	占地面积(平方米) Areas Occupied (m^2)			图书(万册) Books&Magazines in Libraries (10,000 volumes)	
	合计 Total	其中:绿化用地面积 of Which: Green Areas	其中:运动场地面积 of Which: Sports Areas	合计 Total	其中:当年新增 of Which:New Added in Current Year
学校产权 Owned by HEIs	1882580534. 72	617873835. 61	140961153. 14	288008. 56	13754. 78
非学校产权中独立使用 Not Owned by HEIs	287514396. 03	62721965. 86	15512469. 13	5941. 89	537. 73
普通高校 Regular HEIs					
学校产权 Owned by HEIs	1868369782. 03	614346042. 01	139544192. 34	285607. 72	13606. 08
非学校产权中独立使用 Not Owned by HEIs	266230974. 65	57684188. 45	12683592. 88	2643. 05	408. 81
成人高校 Adult HEIs					
学校产权 Owned by HEIs	14210752. 69	3527793. 60	1416960. 80	2400. 84	148. 70
非学校产权中独立使用 Not Owned by HEIs	21283421. 38	5037777. 41	2828876. 25	3298. 84	128. 92

教师变动情况
Teachers in HEIs

单位：人
unit：person

教师数 Increase		减少专任教师数 Factors of Decrease						本学年初报表专任教师数 Number of Full-time Teachers at Beginning of Current Academic Year
校内变动 Change of Status in Their Own Institutions	其他 Others	合计 Total	自然减员 Retired from their Posts during Previous Academic Year	调出 Transferred from Teaching to Non-Teaching Posts	校内变动 Change of Status in Their Own Institutions	辞职 Resignation	其他 Others	
27025	**42610**	**90142**	**20528**	**9583**	**17076**	**31068**	**11887**	**1851933**
14098	22019	42356	9102	4335	8174	15380	5365	949834
26605	**42500**	**87245**	**19898**	**9052**	**16469**	**30986**	**10840**	**1832982**
13858	21953	40911	8795	4081	7826	15335	4874	938789
420	**110**	**2897**	**630**	**531**	**607**	**82**	**1047**	**18951**
240	66	1445	307	254	348	45	491	11045

资产情况
Resources in Higher Education

计算机数(台) PC (set)			教室(间) Classroom(room)		固定资产值(万元) Total Value of Fixed Assets (10,000 yuan)				
合计 Total	其中：教学用计算机 of Which: Computers Used for Instruction		合计 Total	其中：网络多媒体教室 of Which: Network Multimedia Classroom	合计 Total	其中：教学、科研仪器设备资产 of Which: Teaching Equipment & Instruments		其中：信息化设备资产值 of Which: Assets of Information Facilities	
	小计 Subtotal	其中：平板电脑 of Which: Tablet PC				小计 Subtotal	其中：当年新增 of Which: New Added in Current Year	小计 Subtotal	其中：软件 of Which: Software
13851314	10194370	178521	765524	449945	273748586.51	66648919.29	7457638.07	19562004.89	4763033.01
347746	280830	9334	131612	67251	18565893.78	1156316.88	245776.46	—	—
13680813	10068509	173095	751837	443713	271962313.44	66235330.63	7398634.70	19329292.22	4706649.82
105256	85132	2393	107235	53475	16697492.80	687038.83	176483.11	—	—
170501	125861	5426	13687	6232	1786273.07	413588.66	59003.37	232712.67	56383.19
242490	195698	6941	24377	13776	1868400.98	469278.05	69293.35	—	—

高等教育校舍情况(总计)

Condition of School Buildings in Higher Education (Total)

单位:平方米
unit:m^2

	学校产权校舍建筑面积 Floor Area of School Building Owned by HEIs				正在施工校舍建筑面积 Floor Area under Construction	非学校产权中独立使用校舍建筑面积 Floor Area of School Building not Owned by HEIs
	合计 Total	其中:危房 of Which: Floor Space of Dilapidated Buildings	其中:当年新增校舍 of Which: New Added in Current Year	其中:被外单位借用 of Which: Floor Space Hired by Other Schools or Units		
总　计 Total	**929256531.16**	**1158009.41**	**31907917.49**	**1731159.62**	**79004007.36**	**143549634.86**
一、教学及辅助用房 Buildings for Instruction and Ancillary Uses	**411630627.87**	**408937.67**	**15201361.00**	**654259.62**	**43378081.96**	**67175094.40**
教室 Classroom	137056289.86	120184.62	3811464.65	335656.93	9421538.49	25400021.74
图书馆 Library	48287803.83	34323.75	1289396.60	37151.17	4644043.24	6164770.32
实验室、实习场所 Lab. And Practice Facilities	162084692.27	231176.19	7129811.47	174808.97	17266251.69	27587884.47
专用科研用房 Office Special for Research	28284556.29	10032.30	1866196.37	87275.12	7314114.02	2650907.41
体育馆 Gymnasium	27206273.14	1816.00	811843.02	13873.53	3666379.07	3917875.85
会堂 Hall	8711012.48	11404.81	292648.89	5493.90	1065755.45	1453634.61
二、行政办公用房 Administrative	**53683795.89**	**55779.35**	**1621058.10**	**96293.66**	**2681590.23**	**7853940.53**
三、生活用房 Residential Buildings	**347671601.93**	**462349.87**	**12684591.38**	**601516.41**	**24148422.86**	**65274407.23**
学生宿舍(公寓) Students'Dormitories	258909889.21	253381.59	9509799.96	432556.72	17181147.68	51205002.44
学生食堂 Students'Dining Halls	35790049.29	23537.13	1156351.45	81824.84	2258952.55	6201280.19
教工宿舍(公寓) Dormitories for Teachers, Staff and Workers	24978811.81	119472.60	1040812.55	38222.61	3124745.45	4617974.33
教工食堂 Dining Halls for Teachers, Staff and Workers	2052653.67	375.00	57652.63	585.10	80777.35	337700.25
生活福利及附属用房 Residential, Welfare and Auxiliary Buildings	25940197.95	65583.55	919974.79	48327.14	1502799.83	2912450.02
四、教工住宅 Residential Quarters for Teachers &Workers	**87510226.82**	**145338.12**	**819909.99**	**18981.65**	**3269655.86**	**—**
五、其他用房 Other	**28760278.65**	**85604.40**	**1580997.02**	**360108.28**	**5526256.45**	**3246192.70**

高等教育校舍情况(普通高校)

Condition of School Buildings in Higher Education (Regional HEIs)

单位:平方米
unit: m^2

	学校产权校舍建筑面积 Floor Area of School Building Owned by HEIs				正在施工校舍建筑面积 Floor Area Under Construction	非学校产权中独立使用校舍建筑面积 Floor Area of School Building Not Owned by HEIs
	合计 Total	其中:危房 of Which: Floor Space of Dilapidated Buildings	其中:当年新增校舍 of Which: New Added in Current Year	其中:被外单位借用 of Which: Floor Space Hired by Other Schools or Units		
总　计 Total	**920341290.82**	**1144278.92**	**31823012.36**	**1714447.89**	**78470065.30**	**132607935.16**
一、教学及辅助用房 Buildings for Instruction and Ancillary Uses	**407813701.80**	**406378.67**	**15137877.62**	**653677.62**	**43090988.99**	**61072601.79**
教室 Classroom	135178916.16	117675.62	3808881.10	335074.93	9271693.49	22004478.04
图书馆 Library	47955939.04	34273.75	1288870.60	37151.17	4592213.24	5712301.58
实验室、实习场所 Lab. And Practice Facilities	160945048.55	231176.19	7070537.64	174808.97	17215210.12	25813133.80
专用科研用房 Office Special for Research	28264880.80	10032.30	1866196.37	87275.12	7311114.02	2624547.20
体育馆 Gymnasium	26885280.81	1816.00	811443.02	13873.53	3636760.07	3650468.93
会堂 Hall	8583636.44	11404.81	291948.89	5493.90	1063998.05	1267672.24
二、行政办公用房 Administrative	**52634907.36**	**53643.35**	**1614445.10**	**92448.43**	**2602257.63**	**6842852.86**
三、生活用房 Residential Buildings	**344894081.87**	**455645.39**	**12670900.06**	**589231.91**	**23985724.37**	**61715622.74**
学生宿舍(公寓) Students'Dormitories	257013238.63	248267.79	9497965.64	425536.22	17096371.90	48803380.55
学生食堂 Students'Dining Halls	35416666.98	23537.13	1156351.45	81824.84	2218616.31	5659177.48
教工宿舍(公寓) Dormitories for Teachers, Staff and Workers	24862913.42	119472.60	1040812.55	38222.61	3100650.65	4452289.85
教工食堂 Dining Halls for Teachers, Staff and Workers	1994391.22	375.00	56195.63	585.10	74122.48	240053.03
生活福利及附属用房 Residential, Welfare and Auxiliary Buildings	25606871.62	63992.87	919574.79	43063.14	1495963.03	2560721.83
四、教工住宅 Residential Quarters for Teachers &Workers	**86573178.07**	**143841.11**	**819909.99**	**18981.65**	**3269655.86**	—
五、其他用房 Other	**28425421.72**	**84770.40**	**1579879.59**	**360108.28**	**5521438.45**	**2976857.77**

高等教育校舍情况(成人高校)
Condition of School Buildings in Higher Education(Adult HEIs)

单位:平方米
unit: m^2

	学校产权校舍建筑面积 Floor Area of School Building Owned by HEIs				正在施工校舍建筑面积 Floor Area under Construction	非学校产权中独立使用校舍建筑面积 Floor Area of School Building not Owned by HEIs
	合计 Total	其中:危房 of Which: Floor Space of Dilapidated Buildings	其中:当年新增校舍 of Which: New Added in Current Year	其中:被外单位借用 of Which: Floor Space Hired by Other Schools or Units		
总　计 Total	**8915240.34**	**13730.49**	**84905.13**	**16711.73**	**533942.06**	**10941699.70**
一、教学及辅助用房 Buildings for Instruction and Ancillary Uses	**3816926.07**	**2559.00**	**63483.38**	**582.00**	**287092.97**	**6102492.61**
教室 Classroom	1877373.70	2509.00	2583.55	582.00	149845.00	3395543.70
图书馆 Library	331864.79	50.00	526.00	0.00	51830.00	452468.74
实验室、实习场所 Lab. And Practice Facilities	1139643.72	0.00	59273.83	0.00	51041.57	1774750.67
专用科研用房 Office Special for Research	19675.49	0.00	0.00	0.00	3000.00	26360.21
体育馆 Gymnasium	320992.33	0.00	400.00	0.00	29619.00	267406.92
会堂 Hall	127376.04	0.00	700.00	0.00	1757.40	185962.37
二、行政办公用房 Administrative	**1048888.53**	**2136.00**	**6613.00**	**3845.23**	**79332.60**	**1011087.67**
三、生活用房 Residential Buildings	**2777520.06**	**6704.48**	**13691.32**	**12284.50**	**162698.49**	**3558784.49**
学生宿舍(公寓) Students'Dormitories	1896650.58	5113.80	11834.32	7020.50	84775.78	2401621.89
学生食堂 Students'Dining Halls	373382.31	0.00	0.00	0.00	40336.24	542102.71
教工宿舍(公寓) Dormitories for Teachers, Staff and Workers	115898.39	0.00	0.00	0.00	24094.80	165684.48
教工食堂 Dining Halls for Teachers, Staff and Workers	58262.45	0.00	1457.00	0.00	6654.87	97647.22
生活福利及附属用房 Residential, Welfare and Auxiliary Buildings	333326.33	1590.68	400.00	5264.00	6836.80	351728.19
四、教工住宅 Residential Quarters for Teachers &Workers	**937048.75**	**1497.01**	**0.00**	**0.00**	**0.00**	—
五、其他用房 Other	**334856.93**	**834.00**	**1117.43**	**0.00**	**4818.00**	**269334.93**

三、中等教育
Secondary Education

(一)高中阶段教育
Senior Secondary Education

普通高中校数、班数

Number of Regular Senior Secondary Schools and Classes

	学校数(所) Schools				班数(个) Classes
	合计 Total	完全中学 Combined Secondary Schools	高级中学 Regular High Schools	十二年一贯制学校 12-Year Schools	
总　计 Total	**14235**	**5353**	**7202**	**1680**	**505851**
教育部门办 Run by Ed. Dept.	10404	4269	5833	302	417858
其他部门办 Run by Non-ed. Dept.	116	42	39	35	2112
地方企业办 Run by Local Enterprises	6	3	2	1	117
民办 Non-government	3694	1038	1314	1342	85477
具有独立法人资格的中外合作办 Sino-foreign Cooperation Institution with Independent Legal Personality	15	1	14	0	287
城区 Urban Area	7414	2809	3550	1055	256244
教育部门办 Run by Ed. Dept.	5170	2155	2803	212	207919
其他部门办 Run by Non-ed. Dept.	74	24	27	23	1512
地方企业办 Run by Local Enterprises	2	1	0	1	31
民办 Non-government	2156	628	709	819	46553
具有独立法人资格的中外合作办 Sino-foreign Cooperation Institution with Independent Legal Personality	12	1	11	0	229
镇区 Counties & Towns Area	6044	2253	3316	475	230705
教育部门办 Run by Ed. Dept.	4766	1894	2808	64	197048
其他部门办 Run by Non-ed. Dept.	36	15	11	10	499
地方企业办 Run by Local Enterprises	2	1	1	0	27
民办 Non-government	1237	343	493	401	33073
具有独立法人资格的中外合作办 Sino-foreign Cooperation Institution with Independent Legal Personality	3	0	3	0	58
乡村 Rural Area	777	291	336	150	18902
教育部门办 Run by Ed. Dept.	468	220	222	26	12891
其他部门办 Run by Non-ed. Dept.	6	3	1	2	101
地方企业办 Run by Local Enterprises	2	1	1	0	59
民办 Non-government	301	67	112	122	5851
具有独立法人资格的中外合作办 Sino-foreign Cooperation Institution with Independent Legal Personality	0	0	0	0	0
总计中:其他学校附设班 of the Total: Classes Attached to Others Schools	0	0	0	0	2016
独立设置少数民族学校 Inde. Sec. Schools for Minorities	411	206	172	33	12546

普通高中班额情况
Size of Class in Regular Senior Secondary Schools

单位：个
unit: class

	合计 Total	一年级 Grade 1	二年级 Grade 2	三年级 Grade 3
合　计 Total	**505851**	**177113**	**168365**	**160373**
城区：Urban Area				
25 人及以下 Under 25 Persons	5498	1549	1729	2220
26-35 人 Between 26-35	14696	3911	4968	5817
36-45 人 Between 36-45	55147	17468	17953	19726
46-55 人 Between 46-55	160750	61345	53145	46260
56-65 人 Between 56-65	16782	4296	6210	6276
66 人及以上 Over 66 Persons	3371	584	1396	1391
镇区：Counties&Towns Area				
25 人及以下 Under 25 Persons	1863	502	587	774
26-35 人 Between 26-35	6161	1706	1919	2536
36-45 人 Between 36-45	33313	10375	10590	12348
46-55 人 Between 46-55	162958	61602	54156	47200
56-65 人 Between 56-65	20837	5493	7320	8024
66 人及以上 Over 66 Persons	5573	1094	2174	2305
乡村：Rural Area				
25 人及以下 Under 25 Persons	406	183	110	113
26-35 人 Between 26-35	1009	286	341	382
36-45 人 Between 36-45	4122	1379	1371	1372
46-55 人 Between 46-55	12122	4980	3902	3240
56-65 人 Between 56-65	1067	288	440	339
66 人及以上 Over 66 Persons	176	72	54	50

普通高中
Number of Students in Regular

	毕业生数 Graduates	招生数 Entrants
总　计 Total	**7865315**	**8764435**
其中:女 of Which: Female	4020784	4392024
少数民族学生 Minority Students	869496	971139
十二年一贯制学校 12-year Schools	368072	520294
完全中学 Complete Schools	2402204	2653613
附设普通高中班 Regular Senior School Classes Attached	24424	34230
独立设置少数民族学校 Independent Schools for Minority	209658	212228
残疾人 Schools for Handicapped	10318	8413
随迁子女 Migrant Children	424331	584336
其中:外省迁入 of Which: from Other Province	137110	206862
本省外县迁入 From Other County	287221	377474
教育部门 Run by Ed. Dept.	6739191	7192080
其他部门 Run by Non-ed. Dept.	36102	32925
地方企业办 Run by Local Enterprises	1637	2163
民办 Non-government	1085292	1533930
具有独立法人资格的中外合作办 Sino-foreign Cooperation Institution with Independent Legal Personality	3093	3337
城区 Urban Area	3923937	4317496
教育部门办 Run by Ed. Dept.	3290027	3489191
其他部门办 Run by Non-ed. Dept.	24869	23946
地方企业办 Run by Local Enterprises	429	399
民办 Non-government	606260	800978
具有独立法人资格的中外合作办 Sino-foreign Cooperation Institution with Independent Legal Personality	2352	2982
镇区 Counties & Towns Area	3691914	4100569
教育部门办 Run by Ed. Dept.	3258468	3475291
其他部门办 Run by Non-ed. Dept.	9100	7894
地方企业办 Run by Local Enterprises	278	601
民办 Non-government	423327	616428
具有独立法人资格的中外合作办 Sino-foreign Cooperation Institution with Independent Legal Personality	741	355
乡村 Rural Area	249464	346370
教育部门办 Run by Ed. Dept.	190696	227598
其他部门办 Run by Non-ed. Dept.	2133	1085
地方企业办 Run by Local Enterprises	930	1163
民办 Non-government	55705	116524
具有独立法人资格的中外合作办 Sino-foreign Cooperation Institution with Independent Legal Personality	0	0

学生数
Senior Secondary Schools

单位：人
unit: person

在校生数 Enrolment					预计毕业生数 Estimated Graduates for Next Year
合计 Total	其中：女 of Which: Female	一年级 Grade 1	二年级 Grade 2	三年级 Grade 3	
24944529	**12575092**	**8767742**	**8344822**	**7831965**	**7831965**
12575092	—	4393512	4226607	3954973	3954973
2747532	1488625	971572	917751	858209	858210
1348827	593686	520647	449270	378910	378910
7583547	3802083	2654672	2546224	2382651	2382651
85306	40188	34245	27456	23605	23605
613639	341829	212362	203546	197731	197731
27583	11760	8439	8718	10426	10426
1635715	770095	584511	554050	497154	494333
566050	266229	207087	192871	166092	164865
1069665	503866	377424	361179	331062	329468
20816455	10732880	7194987	6969361	6652107	6652107
100008	51489	32947	33641	33420	33420
5448	2379	2163	1707	1578	1578
4012899	1784008	1534302	1336747	1141850	1141850
9719	4336	3343	3366	3010	3010
12322698	6178846	4319239	4126551	3876908	3876908
10105150	5189153	3490768	3380582	3233800	3233800
72800	37493	23968	24316	24516	24516
1196	587	399	444	353	353
2135135	947900	801116	718309	615710	615710
8417	3713	2988	2900	2529	2529
11716754	5951352	4101997	3918984	3695773	3695773
10079572	5217340	3476504	3377883	3225185	3225185
22745	11762	7894	7780	7071	7071
1210	561	601	291	318	318
1611925	721066	616643	532564	462718	462718
1302	623	355	466	481	481
905077	444894	346506	299287	259284	259284
631733	326387	227715	210896	193122	193122
4463	2234	1085	1545	1833	1833
3042	1231	1163	972	907	907
265839	115042	116543	85874	63422	63422
0	0	0	0	0	0

中学学校教职工数(初级中学、九年一贯制学校、
Number of Educational Personnel in

	教职工数 Educational Personnel	
	合计 Total	专任教师 Full-time Teachers
总　计 Total	**7451778**	**6636043**
其中:女 of Which: Female	4368947	3977306
少数民族 Minority	650387	579661
教育部门 Run by Ed. Dept.	6045086	5565276
其他部门 Run by Non-ed. Dept.	42926	35485
地方企业办 Run by Local Enterprises	2379	1945
民办 Non-government	1359796	1032290
具有独立法人资格的中外合作办 Sino-foreign Cooperation Institution with Independent Legal Personality	1591	1047
城区 Urban Area	3236645	2840482
教育部门办 Run by Ed. Dept.	2453250	2244276
其他部门办 Run by Non-ed. Dept.	17275	14184
地方企业办 Run by Local Enterprises	1246	1013
民办 Non-government	763779	580160
具有独立法人资格的中外合作办 Sino-foreign Cooperation Institution with Independent Legal Personality	1095	849
镇区 Counties & Towns Area	3350662	3021049
教育部门办 Run by Ed. Dept.	2855144	2639908
其他部门办 Run by Non-ed. Dept.	21108	17387
地方企业办 Run by Local Enterprises	477	413
民办 Non-government	473437	363143
具有独立法人资格的中外合作办 Sino-foreign Cooperation Institution with Independent Legal Personality	496	198
乡村 Rural Area	864471	774512
教育部门办 Run by Ed. Dept.	736692	681092
其他部门办 Run by Non-ed. Dept.	4543	3914
地方企业办 Run by Local Enterprises	656	519
民办 Non-government	122580	88987
具有独立法人资格的中外合作办 Sino-foreign Cooperation Institution with Independent Legal Personality	0	0

职业初中、完全中学、高级中学、十二年一贯制学校)
General Secondary Schools

单位:人
unit:person

行政人员 Adm. Personnel	教辅人员 Supporting Staff	工勤人员 Workers	校办企业职工 Employees in School-run Factories & Farms	代课教师 Substitute Teachers	兼任教师 Part-time Teachers
192025	**277270**	**344400**	**2040**	**63167**	**17882**
61436	152785	176367	1053	43604	10485
13154	28873	28621	78	3560	1878
129805	210704	138560	741	62304	9612
1955	1802	3626	58	317	63
98	62	274	0	6	0
59837	64580	201848	1241	540	8201
330	122	92	0	0	6
99942	137153	157848	1220	27736	8379
63295	95028	50295	356	27168	3955
1102	1009	963	17	113	23
67	26	140	0	6	0
35302	41043	106427	847	449	4396
176	47	23	0	0	5
69634	112487	146864	628	26945	7412
50037	93856	71002	341	26697	4219
732	666	2323	0	189	40
16	18	30	0	0	0
18695	17872	73440	287	59	3152
154	75	69	0	0	1
22449	27630	39688	192	8486	2091
16473	21820	17263	44	8439	1438
121	127	340	41	15	0
15	18	104	0	0	0
5840	5665	21981	107	32	653
0	0	0	0	0	0

普通高中分课程
Number of Full-time Teachers in Regular Senior Secondary

	合计 Total	其中:女 of Which: Female	思想品德(政治) Virtue Education	语文 Language & Literature	数学 Mathe-matics	外语 Foreign Languages 小计 Subtotal	英语 English	日语 Japanese	俄语 Russian	物理 Physics
总　计 Total	**1933228**	**1075617**	**120155**	**292549**	**290067**	**285329**	**281941**	**2107**	**845**	**164487**
其中:女 of Which:Female	1075617	—	71480	189433	133138	221776	219017	1755	689	56149
少数民族 Minorities	168509	97783	11490	26001	22860	22239	21831	322	46	13404
研究生毕业 Graduate	221734	154870	15478	32342	29105	37202	36302	540	242	16395
本科毕业 Under-graduate	1688101	912899	103316	257029	258016	245697	243237	1547	598	146302
专科毕业 Associate Bachelor	23101	7767	1354	3154	2920	2417	2389	20	5	1783
高中阶段毕业 High School Graduate	285	79	7	24	25	13	13	0	0	7
高中阶段以下毕业 Below High School Graduate	7	2	0	0	1	0	0	0	0	0
城区 Urban Area	998909	585034	60807	148961	149504	147811	145949	1191	383	86072
镇区 Counties & Towns Area	864626	452458	54928	133069	130245	127533	126112	830	448	72848
乡村 Rural Area	69693	38125	4420	10519	10318	9985	9880	86	14	5567

普通高中专任教师专业
Number of Full-time Teachers in Regular Senior

	合计 Total	其中:女 of Which: Female	24岁及以下 24 and Under	25-29岁 25 to 29	30-34岁 30 to 34
总　计 Total	**1933228**	**1075617**	**100941**	**261495**	**298504**
其中:女 of Which:Female	1075617	—	75341	188416	200498
少数民族 Minorities	168509	97783	11163	30482	32122
正高级 Senior	5670	1566	0	0	6
副高级 Sub-senior	525902	210780	9	74	1469
中级 Middle	695555	383812	496	15479	100779
助理级 Associate	458681	312032	18169	142159	159917
员级 Junior	20542	13351	3677	9491	4553
未定职级 No-ranking	226878	154076	78590	94292	31780
城区 Urban Area	998909	585034	44016	125678	148204
镇区 Counties & Towns Area	864626	452458	50211	121334	137697
乡村 Rural Area	69693	38125	6714	14483	12603

专任教师学历情况
Schools by Subject Taught & Academic Qualifications

单位:人
unit:person

化学 Chemistry	生物 Biology	地理 Geography	历史 History	信息技术 Infor Technology	通用技术 General Technology	体育与健康 Physical Training and Healthy	艺术 Art	音乐 Music	美术 Fine Arts	综合实践活动 Composite Practice	其他 Others	当年不任课 No Teaching Load in Current Year
160720	**132961**	**112279**	**115448**	**44566**	**13856**	**91966**	**3098**	**35037**	**37514**	**3304**	**13561**	**16331**
86262	83391	61097	63180	21733	5098	19121	1824	24467	19311	1478	8818	7861
13496	11562	9943	10315	3970	1116	8189	294	3443	3014	161	3162	3850
20454	21331	13144	16074	3705	994	5981	233	2522	3283	244	2434	813
138724	110578	97935	98239	40112	12498	83874	2737	31875	33504	2909	10436	14320
1534	1048	1194	1134	738	357	2066	126	635	718	140	639	1144
8	4	6	1	10	7	45	2	5	9	11	51	50
0	0	0	0	1	0	0	0	0	0	0	1	4
83490	68738	58247	58990	23191	7521	48445	1430	18004	19370	1783	7562	8983
71721	59384	49875	52155	19771	5726	40225	1524	15762	16696	1378	5134	6652
5509	4839	4157	4303	1604	609	3296	144	1271	1448	143	865	696

技术职务、年龄结构情况
Secondary Schools by Professional Rank and Age

单位:人
unit:person

35-39 岁 35 to 39	40-44 岁 40 to 44	45-49 岁 45 to 49	50-54 岁 50 to 54	55-59 岁 55 to 59	60 岁及以上 60 and Over
367080	**316875**	**247935**	**228214**	**108622**	**3562**
221874	167122	114809	92927	14121	509
28546	22907	19176	17033	6949	131
26	175	876	2123	2270	194
26498	86177	141010	176829	91457	2379
230733	195461	95897	43873	12401	436
96519	29789	7344	3488	1268	28
1760	526	236	184	96	19
11544	4747	2572	1717	1130	506
192653	170129	130430	123742	62052	2005
163194	137433	110697	98996	43771	1293
11233	9313	6808	5476	2799	264

普通高中专任
Changes of Full-time Teachers in

	上学年初报表专任教师数 Number of Full-time Teachers at Beginning of Previous Academic Year	增加教师 Factors of Increase						
		合计 Total	录用毕业生 New Recruits from Current Year Graduates		调入 Teachers Recruited from Other Units		校内变动 With Change of Status in Their Own Institutions	
			小计 Subtotal	其中:师范生 of Which: Normal University Students	小计 Subtotal	其中:外校 of Which: Graduated from other Institutions	小计 Subtotal	其中:学段调整 of Which: Adjusting Teaching Stage
总　计 Total	**1859242**	**191853**	**89291**	**59595**	**73944**	**48351**	**19315**	**8842**
其中:女 of Which: Female	1017816	121478	64268	43597	41676	27092	10112	5061
城区 Urban Area	967952	90335	38535	26333	36200	24231	10017	4794
其中:女 of Which: Female	560184	58498	28482	19741	21160	14012	5540	2934
镇区 Counties & Towns Area	829097	88289	44733	29727	32398	20840	8195	3502
其中:女 of Which: Female	424366	54790	31531	21315	17567	11234	4008	1809
乡村 Rural Area	62193	13229	6023	3535	5346	3280	1103	546
其中:女 of Which: Female	33266	8190	4255	2541	2949	1846	564	318

普通高中学生、专任
Supplementary Information on Students and Full-time

	在校学生中 of Total Students			
	共产党员 Member of C. P. C.	共青团员 Member of C. Y. L.	华侨 Overseas Chinese	港澳台 From H. K, Macao and Taiwan
总　计 Total	**837**	**11361886**	**1192**	**10983**
其中:女 of Which: Female	372	6115246	615	5284
城区 Urban Area	309	5654631	719	9165
其中:女 of Which: Female	146	3055307	369	4481
镇区 Counties & Towns Area	511	5355774	396	1225
其中:女 of Which: Female	219	2873939	199	547
乡村 Rural Area	17	351481	77	593
其中:女 of Which: Female	7	186000	47	256

教师变动情况
Regular Senior Secondary Schools

单位:人
unit:person

	减少教师 Factors of Decrease							本学年初报表专任教师数 Number of Full-time Teachers at Beginning of Current Academic Year
				校内变动 With Change of Status in Their Own Institutions				
其他 Others	合计 Total	自然减员 Retired from Their Posts during Previous Academic Year	调出 Transferred from Teaching to Non-Teaching Posts	小计 Subtotal	其中:学段调整 of Which: Adjusting Teaching Stage	辞职 Resignation	其他 Others	
9303	**117867**	**16587**	**48769**	**20607**	**9725**	**27663**	**4241**	**1933228**
5422	63677	8862	25818	10492	5421	16380	2125	1075617
5583	59378	10401	20298	10773	5332	15495	2411	998909
3316	33648	6015	11248	5834	3216	9300	1251	585034
2963	52760	5802	25812	8939	3815	10628	1579	864626
1684	26698	2633	12991	4164	1872	6191	719	452458
757	5729	384	2659	895	578	1540	251	69693
422	3331	214	1579	494	333	889	155	38125

教师政治面貌及其他
Teachers of Regular Senior Secondary Schools

单位:人
unit:person

专任教师中 of Total Full-time Teachers			
共产党员 Member of C. P. C.	共青团员 Member of C. Y. L.	民主党派 Member of Non-Communist Party	华侨 Overseas Chinese
627671	**111633**	**32993**	**77**
307090	81922	15279	38
365836	57343	27491	69
195903	42844	13215	32
242302	47318	4958	7
101797	34034	1832	5
19533	6972	544	1
9390	5044	232	1

普通高中

Condition of School Buildings in

	合计 Total	城区 Urban Area
总　计 Total	**600501072.53**	**324544301.98**
其中：危房 of Which：Floor Space of Dilapidated Buildings	1550996.38	787894.49
当年新增校舍 New Floor Space Added in Current Year	31055651.16	15346211.79
一、教学及辅助用房 Buildings for Instruction and Ancillary Uses	**219510289.64**	**122324793.97**
教室 Classroom	129246438.27	69712677.93
实验室 Laboratory	36852844.69	20329009.14
图书室 Library	19394579.44	10919108.88
微机室 PC-room	8646731.41	4700854.28
语音室 Linguistic	3260182.73	1752183.68
体育馆 Gymnasium	22109513.12	14910960.07
二、行政办公用房 Administrative	**46225046.71**	**26384535.78**
其中：教师办公室 of Which：for Teachers	26324975.23	14849874.02
三、生活用房 Residential and Welfare	**283910351.84**	**142381460.38**
教工宿舍 Apartments for Single	46458078.52	19820088.95
其中：教师周转宿舍 Accommodation for Circulation of Teachers	13585294.11	5477218.18
学生宿舍 Students'Dormitories	152812345.93	76174964.96
食堂 Dining Halls	49999460.80	25856619.85
厕所 Toilets	16496199.84	9480602.86
其他 Others	18144266.74	11049183.76
四、其他用房 Rooms for Other Purposes	**50855384.36**	**33453511.86**

普通高中

Condition of School Buildings in

	占地面积（平方米）Areas Occupied（m^2）			图书（册）Books & Magazines in Libraries（volume）	计算机数（台）PC（set）		
	合计 Total	其中 of Which：绿化用地面积 Green Areas	其中 of Which：运动场地面积 Sports Areas		合计 Total	其中：教学用计算机 No. of Computers Used for Instruction：小计 Subtotal	其中：平板电脑 of Which：Tablet PC
合　计 Total	**1120864514.37**	**295129817.58**	**271474422.51**	**1026636999**	**6155857**	**5117913**	**573718**
城区 Urban Area	552118461.25	152658265.52	137927162.02	562340117	3681072	3050865	410387
镇区 Counties & Towns Area	502049572.99	124464859.11	120202798.83	425263938	2233085	1865754	138101
乡村 Rural Area	66696480.13	18006692.95	13344461.66	39032944	241700	201294	25230

办学条件(一)
Regular Senior Secondary Schools (1)

单位:平方米
unit: m^2

镇区 Counties & Towns Area	乡村 Rural Area
244946630.59	**31010139.96**
732020.64	31081.25
13029867.29	2679572.08
87373458.14	**9812037.53**
53539087.90	5994672.44
14991651.26	1532184.30
7681225.97	794244.59
3586743.44	359133.69
1376949.26	131049.79
6197800.33	1000752.72
17840443.83	**2000067.10**
10424797.34	1050303.87
124736782.72	**16792108.74**
23241937.84	3396051.73
7078622.78	1029453.15
67891398.87	8745982.10
21414433.88	2728407.07
6155825.49	859771.49
6033186.64	1061896.34
14995945.90	**2405926.60**

办学条件(二)
Regular Senior Secondary Schools (2)

教室(间) Classroom(room)		教室中:普通教室(间) of Which: General Classroom(room)		固定资产总值(万元) Total Value of Fixed Asset (10,000 yuan)		
					其中:教学仪器设备资产值 of Which: Total Value of Equip & Instru.	
合计 Total	其中:网络多媒体教室 of Which: Network Multimedia Classroom	合计 Total	其中:网络多媒体教室 of Which: Network Multimedia Classroom	合计 Total	小计 Subtotal	其中:实验设备 of Which:for Experiments
1214820	**887779**	**910532**	**773185**	**109070966.09**	**11818234.46**	**3412826.75**
654996	498589	480501	422444	62235853.55	7527130.90	2001462.91
501926	349559	387161	316532	41122637.00	3837757.34	1274636.37
57898	39631	42870	34209	5712475.55	453346.22	136727.46

普通高中办学条件(三)
Condition of School Buildings in Regular Senior Secondary Schools (3)

单位:所
unit:school

	体育运动场(馆)面积达标校数 Schools No: Sports Areas Reached Standard	体育器械配备达标校数 Schools No: Sports Equip. Reached Standard	音乐器械配备达标校数 Schools No: Musical Instru. Reached Standard	美术器械配备达标校数 Schools No: Fine Arts Instru. Reached Standard	理科实验仪器达标校数 Schools No: Equip. of Natural Sci. Reached Standard	建立校园网校数 Schools No: Establishing Campus Network	接入互联网校数 Schools No: Access the Internet
合　计 Total	**13245**	**13538**	**13425**	**13439**	**13510**	**12425**	**14051**
城区 Urban Area	6867	7081	7032	7052	7071	6768	7304
镇区 Counties & Towns Area	5647	5732	5672	5666	5720	5016	5985
乡村 Rural Area	731	725	721	721	719	641	762

成人高中
Basic Statistics of Adult

	学校数(所) Schools	教学班(点)(个) External Teaching Sites	毕(结)业生数 Graduates	
			合计 Total	其中:女 of Which:Female
总　计 Total	**326**	**575**	**39508**	**26098**
职工高中 Senior Sec. Schools for Staff &workers	106	278	26356	19550
农民高中 Senior Sec. Schools for Peasants	220	297	13152	6548

中等职业学校(机构)数
Number of Secondary Vocational Schools(Institutions)

单位:所
unit:institution

	合计 Total	中央 Under Central Ministries & Agencies	地方 Under Local Authorities					
			小计 Subtotal	教育部门 Run by Ed. Dept.	其他部门 Run by other Dept.	地方企业 Run by Local Enterprises	民办 Non-government	具有法人资格的中外合作办 Sino-foreign Cooperation Institution with Independent Legal Personality
中等职业学校 Secondary Vocational Schools	**7473**	**21**	**7452**	**4460**	**972**	**66**	**1953**	**1**
其中:普通中专学校 of Which: Reg. Specialized Sec. Schools	3266	18	3248	1632	741	34	841	0
成人中专学校 Adults Specialized Sec. Schools	991	1	990	758	114	19	99	0
职业高中学校 Vocational High Schools	3216	2	3214	2070	117	13	1013	1
其他中等职业教育机构(不计校数) Other Secondary Vocational Education Institutions	348	1	347	159	73	5	110	0
附设中职班(不计校数) Secondary Vocational Classes Attached	1398	1	1397	681	351	19	346	0

注:未含技工学校数据(下同)。
Note:Data on skilled workers are not included(same as the followings).

基本情况
Senior Secondary Schools

单位:人
unit:person

注册学生数 Enrolment		教职工数 Educational Personnel		专任教师 Full-time Teacher		聘请校外教师 Part-time Teachers
合计 Total	其中:女 of Which:Female	合计 Total	其中:女 of Which:Female	合计 Total	其中:女 of Which:Female	
52016	**29449**	**2361**	**953**	**1769**	**744**	**2629**
32682	19861	895	360	686	305	533
19334	9588	1466	593	1083	439	2096

	合计 Total			中职全日制学生 Full-time Students of SVSs		
	毕业生数 Graduates	招生数 Entrants	在校学生数 Enrolment	毕业生数 Graduates	招生数 Entrants	在校学生数 Enrolment
总计 Total	**3834642**	**4846056**	**12678379**	**3457119**	**4367445**	**11702117**
其中:女 of Which: Female	1753331	2132819	5625117	1584758	1917474	5194158
分办学类型:普通中专学校 by Type:Reg. Specialized Sec. Schools	1940462	2425158	6384403	1736345	2169991	5819412
成人中专学校 Adults Specialized Sec. Schools	135133	144607	341477	66461	82446	224666
职业高中学校 Vocational High Schools	1373756	1817886	4723867	1279460	1704439	4489027
其他中等职业教育机构 Other Secondary Vocational Education Institutions	47529	74152	164863	38994	52704	140439
附设中职班 Secondary Vocational Classes Attached	337762	384253	1063769	335859	357865	1028573
分举办者:1. 中央 by Providers:Central Ministries & Agencies	1632	2178	6569	1632	2178	6569
2. 地方 Local Authorities	3833010	4843878	12671810	3455487	4365267	11695548
教育部门 Under Ed. Dept	2587895	3227680	8451103	2322223	2870688	7712220
其他部门 Run by Non-ed. Dept	565538	580356	1668343	503523	539478	1555824
地方企业 Run by Local Enterprises	22458	20950	57439	22214	20736	56177
民办 Non-government	656797	1014581	2494042	607205	934054	2370444
具有独立法人资格的中外合作办 Sino-foreign Cooperation Institutions with Independent Legal Entity	322	311	883	322	311	883

举办者的中职学生及教职工情况
Secondary Vocational Schools by Types and Providers

单位：人
unit：person

中职非全日制学生 Part-time Students of SVSs			教职工数 Educational Personnel							聘请校外教师 Part-time Teachers
毕业生数 Graduates	招生数 Entrants	在校学生数 Enrolment	合计 Total	其中：专任教师 of Which：Full-time Teachers						
				小计 Subtotal	正高级 Senior	副高级 Sub-senior	中级 Middle	初级 Junior	未定职级 No Rank	
377523	**478611**	**976262**	**803752**	**648718**	**3049**	**160019**	**244619**	**151408**	**89623**	**79098**
168573	215345	430959	424512	361338	1484	79510	135420	91255	53669	39857
204117	255167	564991	402102	316091	2009	76832	117706	73506	46038	40270
68672	62161	116811	47053	36273	238	11661	14870	5827	3677	12950
94296	113447	234840	341223	286344	695	69094	108413	69971	38171	24283
8535	21448	24424	13374	10010	107	2432	3630	2104	1737	1595
1903	26388	35196								
0	0	0	1271	815	22	264	355	127	47	38
377523	478611	976262	802481	647903	3027	159755	244264	151281	89576	79060
265672	356992	738883	562363	480598	1748	134460	194558	113067	36765	46593
62015	40878	112519	105935	73483	744	18705	28043	18096	7895	22699
244	214	1262	5240	3272	26	818	1247	843	338	511
49592	80527	123598	128904	90521	509	5772	20413	19269	44558	9252
0	0	0	39	29	0	0	3	6	20	5

中等职业学校(机构)

Number of Students in Secondary

	毕业生数 Graduates		招生数 Entrants		
	合计 Total	其中:获得职业资格证书 of Which: Reciptents of Vocational Qualifications	合计 Total	其中:应届毕业 of Which: Graduates of Current Year 小计 Subtotal	其中:初中毕业生 of Which: Junior Secondary School Graduates
一、中职学生总计 Students of SVSs Total	**3834642**	**2579124**	**4846056**	**4425726**	**4325103**
中职全日制学生 of Which: Full-time Students of SVSs	3457119	2344491	4367445	4227876	4170632
中职非全日制学生 Part-time Students of SVSs	377523	234633	478611	197850	154471
1. 普通中专学生 Students of Regular SSSs	2162310	1346978	2726906	2622324	2578662
2. 成人中专学生 Students of Adult SSSs	430267	269570	535320	248211	202909
3. 职业高中学生 Students of Vocational High Schools	1242065	962576	1583830	1555191	1543532
二、培训学生 Trainees	**5791157**	—	—	—	—
三、外国留学生 Foreign Students	**827**	—	—	—	—

注:SSSs=中等专业学校

Note:SSSs=Specialized Secondary Schools

中等职业学校(机构)

Number of Female Students in

	毕业生数 Graduates		招生数 Entrants		
	合计 Total	其中:获得职业资格证书 of Which: Reciptents of Vocational Qualifications	合计 Total	其中:应届毕业 of Which: Graduates of Current Year 小计 Subtotal	其中:初中毕业生 of Which: Junior Secondary School Graduates
一、中职学生总计 Students of SVSs Total	**1753331**	**1128904**	**2132819**	**1952469**	**1908745**
其中:中职全日制学生 of Which: Full-time Students of SVSs	1584758	1022981	1917474	1861347	1839866
中职非全日制学生 Part-time Students of SVSs	168573	105923	215345	91122	68879
1. 普通中专学生 Students of Regular SSSs	1040752	610684	1233482	1190343	1172753
2. 成人中专学生 Students of Adult SSSs	189604	120389	235738	109329	86715
3. 职业高中学生 Students of Vocational High Schools	522975	397831	663599	652797	649277
二、培训学生 Trainees	**2423487**	—	—	—	—
三、外国留学生 Foreign Students	**347**	—	—	—	—

注:SSSs=中等专业学校

Note:SSSs=Specialized Secondary Schools

各类学生数
Vocational Schools(Institutions)

单位:人
unit:person

其中:五年制高职中职段 of Which:5-year Secondary Vocational Education	在校学生数 Enrolment 合计 Total	一年级 Grade 1	二年级 Grade 2	三年级 Grade 3	四年级及以上 Over Grade 4	预计毕业生数 Estimated Graduates for Next Year 合计 Total	其中:五年制高职中职段 of Which: 5-year Secondary Vocational Education
642382	**12678379**	**4845876**	**4184754**	**3589796**	**57953**	**3851372**	**485606**
642382	11702117	4366872	3897298	3388050	49897	3442156	484612
0	976262	479004	287456	201746	8056	409216	994
536171	7354168	2725934	2432465	2152100	43669	2187726	419225
1983	1126747	535744	336811	245573	8619	459457	2237
104228	4197464	1584198	1415478	1192123	5665	1204189	64144
—	—	—	—	—	—	—	—
—	**2079**	—	—	—	—	—	—

各类女学生数
Secondary Vocational Schools(Institutions)

单位:人
unit:person

其中:五年制高职中职段 of Which:5-year Secondary Vocational Education	在校学生数 Enrolment 合计 Total	一年级 Grade 1	二年级 Grade 2	三年级 Grade 3	四年级及以上 Over Grade 4	预计毕业生数 Estimated Graduates for Next Year 合计 Total	其中:五年制高职中职段 of Which: 5-year Secondary Vocational Education
303414	**5625117**	**2132179**	**1854602**	**1606636**	**31700**	**1675121**	**239111**
303414	5194158	1917028	1727837	1520885	28408	1498585	239110
0	430959	215151	126765	85751	3292	176536	1
259052	3377230	1232878	1114195	1004545	25612	990814	212120
680	486522	235548	144328	103100	3546	194657	485
43682	1761365	663753	596079	498991	2542	489650	26506
—	—	—	—	—	—	—	—
—	**894**	—	—	—	—	—	—

中等职业学校(机构)学生分科类情况(总计)
Number of Students by Field of Education in Secondary Vocational Schools(Institutions)(Total)

单位:人
unit:person

	毕业生数 Graduates		招生数 Entrants			在校学生数 Enrolment	预计毕业生数 Estimated Graduates for Next Year
				其中:应届毕业 of Which: Graduates of Current Year			
	合计 Total	其中:获得职业资格证书 of Which: Recipients of Vocational Qualifications	合计 Total	小计 Subtotal	其中:初中毕业生 of Which: Junior Secondary School Graduates		
总　计 Total	**3834642**	**2579124**	**4846056**	**4425726**	**4325103**	**12678379**	**3851372**
其中:女 of Which: Female	1753331	1128904	2132819	1952469	1908745	5625117	1675121
农林牧渔类 Agriculture, Forestry, Husbandry &Fisheries	237001	138763	248112	182340	169908	664007	237108
资源环境类 Resources & Environment	11158	7524	18830	16867	15133	36262	14775
能源与新能源类 Energy Resources & New ER	9416	6067	11622	10920	10687	28363	7951
土木水利类 Civil Engineering & Water Conservancy	127238	87306	159860	149578	147189	412042	124199
加工制造类 Manufacturing	445185	346208	532483	493123	484379	1416948	422387
石油化工 Petroleum & Chemical Industries	13313	7996	17233	15605	15382	45277	13400
轻纺食品 Light, Textile & Food Industries	24234	16478	28826	27228	26208	81043	26928
交通运输类 Communication & Transport	438944	321130	509348	477173	469506	1373888	417308
信息技术类 Information Technology	668228	481791	943613	883243	869015	2415741	696516
医药卫生类 Medicine, Pharmaceuticals & Health Care	374518	169883	442354	416173	406801	1185131	355560
休闲保健类 Recreations Services & Make-up Artists	27548	18668	47279	43981	43285	115475	31006
财经商贸类 Finance, Economics, Commerce & Trade	442374	297144	576628	530493	524025	1499672	440639
旅游服务类 Tourist Services	227537	161436	297316	272272	267860	802128	238132
文化艺术类 Culture & Arts	221706	142590	326003	308586	298304	868933	240127
体育与健身 Sports & Body-building	40353	26646	70898	67134	64668	171292	42587
教育类 Education	436393	296113	446145	427161	415308	1215924	409936
司法服务类 Legal Services	16136	7913	19322	16991	16559	51170	16445
公共管理与服务类 Public Administration & Services	47186	31645	101055	54550	50730	196385	81957
其他 Others	26174	13823	49129	32308	30156	98698	34411

中等职业学校(机构)学生分科类情况(全日制学生)
Number of Students by Field of Education in Secondary Vocational Schools(Institutions)(Full-time Students)

单位:人
unit: person

	毕业生数 Graduates		招生数 Entrants			在校学生数 Enrolment	预计毕业生数 Estimated Graduates for Next Year
				其中:应届毕业 of Which: Graduates of Current Year			
	合计 Total	其中:获得职业资格证书 of Which: Recipients of Vocational Qualifications	合计 Total	小计 Subtotal	其中:初中毕业生 of Which: Junior Secondary School Graduates		
总　计 Total	**3457119**	**2344491**	**4367445**	**4227876**	**4170632**	**11702117**	**3442156**
其中:女 of Which: Female	1584758	1022981	1917474	1861347	1839866	5194158	1498585
农林牧渔类 Agriculture, Forestry, Husbandry &Fisheries	142043	95842	152220	145259	141057	421759	134344
资源环境类 Resources & Environment	5457	3319	10782	9897	9415	21786	5824
能源与新能源类 Energy Resources & New ER	8500	5447	10483	10176	10072	26096	7271
土木水利类 Civil Engineering & Water Conservancy	111923	76481	150417	145195	142993	394816	116234
加工制造类 Manufacturing	396055	312107	482568	471816	467255	1304551	384821
石油化工 Petroleum & Chemical Industries	11784	7799	15305	14994	14868	41036	11960
轻纺食品 Light, Textile & Food Industries	21778	14806	25368	24850	23862	73720	24582
交通运输类 Communication & Transport	414623	304373	480792	467701	461240	1308896	397563
信息技术类 Information Technology	600497	434884	862289	840519	833316	2244573	628751
医药卫生类 Medicine, Pharmaceuticals & Health Care	370318	169225	439954	414362	405172	1177710	352167
休闲保健类 Recreations Services & Make-up Artists	26139	17550	43654	42225	41969	108944	29008
财经商贸类 Finance, Economics, Commerce & Trade	414820	280753	534319	517714	512827	1412436	410440
旅游服务类 Tourist Services	213385	152552	272509	264290	261203	751917	222627
文化艺术类 Culture & Arts	210560	135810	306320	295979	289883	826980	229601
体育与健身 Sports & Body-building	39121	25690	69046	66610	64144	168340	41599
教育类 Education	403762	265811	409057	402989	400275	1168405	372413
司法服务类 Legal Services	15641	7497	18593	16925	16493	48338	15369
公共管理与服务类 Public Administration & Services	35389	23587	52593	49051	47524	126651	38859
其他 Others	15324	10958	31176	27324	27064	75163	18723

中等职业学校(机构)学生分科类情况(普通中专)

Number of Students by Field of Education in Secondary Vocational Schools(Regular SSSs)

单位:人
unit: person

	毕业生数 Graduates		招生数 Entrants			在校学生数 Enrolment	预计毕业生数 Estimated Graduates for Next Year
	合计 Total	其中:获得职业资格证书 of Which: Recipients of Vocational Qualifications	合计 Total	其中:应届毕业 of Which: Graduates of Current Year 小计 Subtotal	其中:初中毕业生 of Which: Junior Secondary School Graduates		
总　计 Total	**2162310**	**1346978**	**2726906**	**2622324**	**2578662**	**7354168**	**2187726**
其中:女 of Which: Female	1040752	610684	1233482	1190343	1172753	3377230	990814
农林牧渔类 Agriculture, Forestry, Husbandry & Fisheries	69597	43012	80111	76166	72562	218819	69564
资源环境类 Resources & Environment	3992	2180	7544	6978	6665	15675	4260
能源与新能源类 Energy Resources & New ER	7032	4543	8454	8232	8146	21031	5868
土木水利类 Civil Engineering & Water Conservancy	82492	52687	110050	105588	103502	288630	86606
加工制造类 Manufacturing	229588	171806	282872	275673	272272	768517	229703
石油化工 Petroleum & Chemical Industries	8249	4955	10838	10602	10504	28802	8317
轻纺食品 Light, Textile & Food Industries	12052	7345	13203	12860	11906	40694	14922
交通运输类 Communication & Transport	258609	182982	298637	289486	285218	814312	249015
信息技术类 Information Technology	308838	208315	476362	462069	458067	1230104	344062
医药卫生类 Medicine, Pharmaceuticals & Health Care	326645	138644	373383	349144	340601	1019720	309751
休闲保健类 Recreations Services & Make-up Artists	14580	8991	24987	23960	23862	63449	17103
财经商贸类 Finance, Economics, Commerce & Trade	259403	160262	338777	325046	321143	895411	262855
旅游服务类 Tourist Services	110814	75069	146212	140500	138009	404329	120925
文化艺术类 Culture & Arts	120213	71032	178208	170255	165202	483512	132763
体育与健身 Sports & Body-building	26026	15740	43706	41558	40209	111522	28075
教育类 Education	290682	179616	277425	273594	271646	813257	265603
司法服务类 Legal Services	6931	3544	9736	9000	8570	23369	6632
公共管理与服务类 Public Administration & Services	16874	9853	24264	22754	21926	60081	18759
其他 Others	9693	6402	22137	18859	18652	52934	12943

中等职业学校(机构)学生分科类情况(成人中专)
Number of Students by Field of Education in Secondary Vocational Schools(Adult SSSs)

单位:人
unit: person

	毕业生数 Graduates		招生数 Entrants			在校学生数 Enrolment	预计毕业生数 Estimated Graduates for Next Year
				其中:应届毕业 of Which: Graduates of Current Year			
	合计 Total	其中:获得职业资格证书 of Which: Recipients of Vocational Qualifications	合计 Total	小计 Subtotal	其中:初中毕业生 of Which: Junior Secondary School Graduates		
总　计 Total	**430267**	**269570**	**535320**	**248211**	**202909**	**1126747**	**459457**
其中:女 of Which: Female	189604	120389	235738	109329	86715	486522	194657
农林牧渔类 Agriculture, Forestry, Husbandry & Fisheries	99509	44084	96808	37371	29126	248794	106805
资源环境类 Resources & Environment	5739	4205	8376	7128	5788	15058	9099
能源与新能源类 Energy Resources & New ER	986	680	1257	862	733	2606	802
土木水利类 Civil Engineering & Water Conservancy	17808	12765	12084	6943	6716	24255	10278
加工制造类 Manufacturing	53215	36727	54521	25241	20926	123411	40935
石油化工 Petroleum & Chemical Industries	1529	197	1928	611	514	4241	1440
轻纺食品 Light, Textile & Food Industries	2550	1760	3536	2452	2420	7548	2416
交通运输类 Communication & Transport	29644	20794	33642	13897	12635	81819	26179
信息技术类 Information Technology	75098	52153	90271	50566	43218	192089	73766
医药卫生类 Medicine, Pharmaceuticals & Health Care	9690	4062	8312	7470	7189	23349	7884
休闲保健类 Recreations Services & Make-up Artists	1476	1176	3703	1829	1389	6730	2066
财经商贸类 Finance, Economics, Commerce & Trade	32698	20207	45629	16018	14407	98712	34876
旅游服务类 Tourist Services	17951	11716	27425	10564	9233	59679	18084
文化艺术类 Culture & Arts	13687	8641	21654	14487	10259	47711	12327
体育与健身 Sports & Body-building	5935	5152	13350	11881	10808	27294	6113
教育类 Education	36514	33199	42138	29207	20068	59534	41347
司法服务类 Legal Services	2766	418	1427	66	66	5599	3087
公共管理与服务类 Public Administration & Services	12494	8641	50952	6291	3998	74086	46063
其他 Others	10978	2993	18307	5327	3416	24232	15890

中等职业学校(机构)学生分科类情况(职业高中)
Number of Students by Field of Education in Secondary Vocational Schools(Vocational High Schools)

单位:人
unit:person

	毕业生数 Graduates		招生数 Entrants			在校学生数 Enrolment	预计毕业生数 Estimated Graduates for Next Year
	合计 Total	其中:获得职业资格证书 of Which: Recipients of Vocational Qualifications	合计 Total	其中:应届毕业 of Which: Graduates of Current Year 小计 Subtotal	其中:初中毕业生 of Which: Junior Secondary School Graduates		
总　计 Total	**1242065**	**962576**	**1583830**	**1555191**	**1543532**	**4197464**	**1204189**
其中:女 of Which: Female	522975	397831	663599	652797	649277	1761365	489650
农林牧渔类 Agriculture, Forestry, Husbandry &Fisheries	67895	51667	71193	68803	68220	196394	60739
资源环境类 Resources & Environment	1427	1139	2910	2761	2680	5529	1416
能源与新能源类 Energy Resources & New ER	1398	844	1911	1826	1808	4726	1281
土木水利类 Civil Engineering & Water Conservancy	26938	21854	37726	37047	36971	99157	27315
加工制造类 Manufacturing	162382	137675	195090	192209	191181	525020	151749
石油化工 Petroleum & Chemical Industries	3535	2844	4467	4392	4364	12234	3643
轻纺食品 Light, Textile & Food Industries	9632	7373	12087	11916	11882	32801	9590
交通运输类 Communication & Transport	150691	117354	177069	173790	171653	477757	142114
信息技术类 Information Technology	284292	221323	376980	370608	367730	993548	278688
医药卫生类 Medicine, Pharmaceuticals & Health Care	38183	27177	60659	59559	59011	142062	37925
休闲保健类 Recreations Services & Make-up Artists	11492	8501	18589	18192	18034	45296	11837
财经商贸类 Finance, Economics, Commerce & Trade	150273	116675	192222	189429	188475	505549	142908
旅游服务类 Tourist Services	98772	74651	123679	121208	120618	338120	99123
文化艺术类 Culture & Arts	87806	62917	126141	123844	122843	337710	95037
体育与健身 Sports & Body-building	8392	5754	13842	13695	13651	32476	8399
教育类 Education	109197	83298	126582	124360	123594	343133	102986
司法服务类 Legal Services	6439	3951	8159	7925	7923	22202	6726
公共管理与服务类 Public Administration & Services	17818	13151	25839	25505	24806	62218	17135
其他 Others	5503	4428	8685	8122	8088	21532	5578

中等职业学校(机构)分年龄学生数
Number of Students by Age in Secondary Vocational Schools(Institutions)

单位:人
unit: person

	合计 Total	14岁及以下 14 Years and Under	15岁 15 Years	16岁 16 Years	17岁 17 Years	18岁 18 Years	19岁 19 Years	20岁 20 Years	21岁 21 Years	22岁及以上 22 Years and Over
总 计 Total	**12678379**	**170070**	**2589480**	**3669698**	**3122061**	**1636307**	**512459**	**189891**	**111580**	**676833**
中职全日制学生 Full-time Students of SVSs	11702117	169163	2548943	3617798	3056930	1559105	436168	131423	60737	121850
中职非全日制学生 Part-time Students of SVSs	976262	907	40537	51900	65131	77202	76291	58468	50843	554983
1. 普通中专学生 Students of Regular SSSs	7354168	124403	1533954	2252116	1912847	1020766	292065	93380	40384	84253
2. 成人中专学生 Students of Adult SSSs	1126747	2732	69868	91925	101590	98435	84363	61560	52487	563787
3. 职业高中学生 Students of Vocational High Schools	4197464	42935	985658	1325657	1107624	517106	136031	34951	18709	28793

中等职业学校(机构)分年龄女学生数
Number of Female Students by Age in Secondary Vocational Schools(Institutions)

单位:人
unit: person

	合计 Total	14岁及以下 14 Years and Under	15岁 15 Years	16岁 16 Years	17岁 17 Years	18岁 18 Years	19岁 19 Years	20岁 20 Years	21岁 21 Years	22岁及以上 22 Years and Over
总 计 Total	**5625117**	**90109**	**1183203**	**1626448**	**1368833**	**699103**	**219457**	**83200**	**48448**	**306316**
中职全日制学生 Full-time Students of SVSs	5194158	89712	1164840	1604623	1340959	665540	186982	57783	26035	57684
中职非全日制学生 Part-time Students of SVSs	430959	397	18363	21825	27874	33563	32475	25417	22413	248632
1. 普通中专学生 Students of Regular SSSs	3377230	67389	726632	1034891	867747	450165	130139	43138	18050	39079
2. 成人中专学生 Students of Adult SSSs	486522	1270	29463	36629	41159	40783	34986	26476	22958	252798
3. 职业高中学生 Students of Vocational High Schools	1761365	21450	427108	554928	459927	208155	54332	13586	7440	14439

中等职业学校(机构)
Changes in Enrolment of Secondary

	上学年初报表在校学生数 Enrolment at Beginning of Previous Academic Year	增加学生数 Factors of Increase				
		合计 Total	招生 No. of Students Admitted	复学 Students Resuming Studies	转入 Transfers from Other Inst.	其他 Others
总　计 Total	**12161663**	**5146034**	**4846056**	**9354**	**265232**	**25392**
中职全日制学生 Full-time Students of SVSs	11242509	4641038	4367445	8812	243103	21678
中职非全日制学生 Part-time Students of SVSs	919154	504996	478611	542	22129	3714
1. 普通中专学生 Students of Regular SSSs	7035063	2925038	2726906	6276	175950	15906
2. 成人中专学生 Students of Adult SSSs	1075456	564910	535320	642	25234	3714
3. 职业高中学生 Students of Vocational High Schools	4051144	1656086	1583830	2436	64048	5772

中等职业学校(机构)
Changes in Female Enrolment of

	上学年初报表在校学生数 Enrolment at Beginning of Previous Academic Year	增加学生数 Factors of Increase				
		合计 Total	招生 No. of Students Admitted	复学 Students Resuming Studies	转入 Transfers from Other Inst.	其他 Others
总　计 Total	**5450252**	**2274064**	**2132819**	**3552**	**125512**	**12181**
中职全日制学生 Full-time Students of SVSs	5047012	2048132	1917474	3385	116874	10399
中职非全日制学生 Part-time Students of SVSs	403240	225932	215345	167	8638	1782
1. 普通中专学生 Students of Regular SSSs	3285849	1332421	1233482	2492	88341	8106
2. 成人中专学生 Students of Adult SSSs	462900	247367	235738	187	9660	1782
3. 职业高中学生 Students of Vocational High Schools	1701503	694276	663599	873	27511	2293

学生变动情况
Vocational Schools(Institutions)

单位:人
unit:person

减少学生数 Factors of Decrease									本学年初报表在校学生数 Total Enrolment at Beginning of Current Academic Year
合计 Total	毕业 Graduates	结业 Completers of Courses without Formal Awards	休学 Suspended	退学 Quitting	开除 Expelled	死亡 Dead	转出 Transfers to Other Inst.	其他 Others	
4629318	**3834642**	**44870**	**18175**	**361120**	**3876**	**567**	**339890**	**26178**	**12678379**
4181430	3457119	27819	16553	345651	3876	563	305317	24532	11702117
447888	377523	17051	1622	15469	0	4	34573	1646	976262
2605933	2162310	17808	11125	229918	2889	371	160072	21440	7354168
513619	430267	17448	2414	20080	194	11	41476	1729	1126747
1509766	1242065	9614	4636	111122	793	185	138342	3009	4197464

女学生变动情况
Secondary Vocational Schools(Institutions)

单位:人
unit:person

减少学生数 Factors of Decrease									本学年初报表在校学生数 Total Enrolment at Beginning of Current Academic Year
合计 Total	毕业 Graduates	结业 Completers of Courses without Formal Awards	休学 Suspended	退学 Quitting	开除 Expelled	死亡 Dead	转出 Transfers to Other Inst.	其他 Others	
2099199	**1753331**	**18843**	**7496**	**143587**	**1178**	**161**	**160696**	**13907**	**5625117**
1900986	1584758	12167	7011	138189	1178	161	144283	13239	5194158
198213	168573	6676	485	5398	0	0	16413	668	430959
1241040	1040752	7938	4985	93239	912	111	81469	11634	3377230
223745	189604	6754	583	6972	60	2	19043	727	486522
634414	522975	4151	1928	43376	206	48	60184	1546	1761365

中等职业学校(机构)其他学生情况
Supplementary Information on Students in Secondary Vocational Schools(Institutions)

单位:人
unit: person

	共产党员 Member of C. P. A	共青团员 Member of C. Y. L	华侨 Overseas Chinese	港澳台 From HK, Macao and Taiwan	少数民族 Minorities	残疾人 Disabled
总计 Total	**15112**	**2711709**	**254**	**2042**	**1397613**	**26597**
其中:女 of Which: Female	3464	1337856	97	840	590682	9573
中职全日制学生 Full-time Students of SVSs	2876	2596798	253	2037	1238345	26217
中职非全日制学生 Part-time Students of SVSs	12236	114911	1	5	159268	380
1. 普通中专学生 Students of Regular SSSs	1850	1598498	99	1525	797542	12499
2. 成人中专学生 Students of Adult SSSs	12420	153804	2	18	169095	787
3. 职业高中学生 Students of Vocational High Schools	842	959407	153	499	430976	13311

中等职业学校(机构)外国留学生情况
Number of Foreign Students in Secondary Vocational Schools(Institutions)

单位:人
unit: person

	结业生数 Graduates		注册学生数 Enrolment	
	合计 Total	其中:女 of Which: Female	合计 Total	其中:女 of Which: Female
总　计 Total	**827**	**347**	**2079**	**894**
按时间分:by Time				
一个月以内 1 Months Under	76	57	91	66
一个月至三个月以内 1 Months to 3 Months	3	2	102	80
三个月至半年以内 3 Months to 6 Months	19	12	20	12
半年至一年以内 6 Months to 1 Year	48	36	2	2
一年及以上 1 Year and Over	681	240	1864	734
按大洲分:by Continent				
亚洲 Asia	723	305	1920	811
非洲 Africa	27	3	14	6
欧洲 Europe	60	35	78	45
北美洲 North America	5	2	19	11
南美洲 South America	10	1	39	17
大洋洲 Oceania	2	1	9	4

中等职业学校
Number of Educational Personnel in

	教职工数 Educational		
	合计 Total	校本部 Educational Personnel	
		小计 Subtotal	专任教师 Full-time Teachers
总　计 Total	**803752**	**800986**	**648718**
其中:女 of Which: Female	424512	422913	361338
正高级 Senior	4322	4319	3049
副高级 Sub-senior	181971	181581	160019
中　级 Middle	272605	271975	244619
初　级 Junior	172694	172039	151408
未定职级 No-ranking	172160	171072	89623
总计中:聘任制 of the Total: Part-time	**180138**	**179584**	**137323**
其中:女 of Which: Female	97506	97064	77644
正高级 Senior	793	793	554
副高级 Sub-senior	24390	24382	21881
中　级 Middle	47370	47254	42810
初　级 Junior	38027	37797	33293
未定职级 No-ranking	69558	69358	38785

中等职业学校(机构)
Number of Educational Personnel in

	教职工数 Educational		
	合计 Total	校本部 Educational Personnel	
		小计 Subtotal	专任教师 Full-time Teachers
总　计 Total	**402102**	**400675**	**316091**
其中:女 of Which: Female	209440	208552	173602
正高级 Senior	2743	2741	2009
副高级 Sub-senior	86489	86377	76832
中　级 Middle	132584	132375	117706
初　级 Junior	86305	85916	73506
未定职级 No-ranking	93981	93266	46038
总计中:聘任制 of the Total: Part-time	89063	88618	66424
其中:女 of Which: Female	47421	47054	36796
正高级 Senior	399	399	298
副高级 Sub-senior	11566	11558	10436
中　级 Middle	22484	22368	20100
初　级 Junior	20013	19783	17056
未定职级 No-ranking	34601	34510	18534

(机构)教职工数(总计)
Secondary Vocational Schools (Institutions) (Total)

单位:人
unit:person

Personnel 教职工 in Main Campus 行政人员 Adm. Personnel	教辅人员 Supporting Staff	工勤人员 Workers	校办企业职工 Employees in School-run Factories & Farms	其他附设机构人员 Personnel in Others Subsidiary Units	聘请校外教师 Part-time Teachers
60705	**47339**	**44224**	**789**	**1977**	**79098**
23771	23623	14181	381	1218	39857
1127	137	6	0	3	1576
14815	6517	230	2	388	11836
13642	13087	627	14	616	20822
8835	11174	622	13	642	11772
22286	16424	42739	760	328	33092
15163	**13216**	**13882**	**152**	**402**	**—**
6937	6654	5829	89	353	—
214	25	0	0	0	—
1763	720	18	0	8	—
2515	1870	59	0	116	—
2139	2286	79	0	230	—
8532	8315	13726	152	48	—

教职工数(普通中专)
Secondary Vocational Schools (Regular SSSs)

单位:人
unit:person

Personnel 教职工 in Main Campus 行政人员 Adm. Personnel	教辅人员 Supporting Staff	工勤人员 Workers	校办企业职工 Employees in School-run Factories & Farms	其他附设机构人员 Personnel in Others Subsidiary Units	聘请校外教师 Part-time Teachers
35950	**23758**	**24876**	**526**	**901**	**40270**
15037	12232	7681	236	652	21487
640	89	3	0	2	674
6918	2495	132	2	110	5351
7911	6445	313	10	199	9489
6120	5924	366	10	379	6544
14361	8805	24062	504	211	18212
8096	**6721**	**7377**	**50**	**395**	**—**
3899	3421	2938	19	348	—
88	13	0	0	0	—
786	331	5	0	8	—
1236	1000	32	0	116	—
1431	1250	46	0	230	—
4555	4127	7294	50	41	—

中等职业学校(机构)

Number of Educational Personnel in Secondary

	教职工数 Educational		
	合计 Total	校本部 Educational Personnel	
		小计 Subtotal	专任教师 Full-time Teachers
总　计 Total	**47053**	**46932**	**36273**
其中:女 of Which: Female	23948	23864	19889
正高级 Senior	337	337	238
副高级 Sub-senior	13779	13765	11661
中　级 Middle	17099	17096	14870
初　级 Junior	7238	7235	5827
未定职级 No-ranking	8600	8499	3677
总计中:聘任制 of the Total: Part-time	**8328**	**8250**	**6026**
其中:女 of Which: Female	4551	4491	3494
正高级 Senior	46	46	32
副高级 Sub-senior	1215	1215	1102
中　级 Middle	2498	2498	2158
初　级 Junior	1595	1595	1328
未定职级 No-ranking	2974	2896	1406

中等职业学校(机构)

Number of Educational Personnel in Secondary

	教职工数 Educational		
	合计 Total	校本部 Educational Personnel	
		小计 Subtotal	专任教师 Full-time Teachers
总　计 Total	**341223**	**340046**	**286344**
其中:女 of Which: Female	184338	183733	162382
正高级 Senior	1083	1083	695
副高级 Sub-senior	78738	78491	69094
中　级 Middle	118650	118244	108413
初　级 Junior	76576	76316	69971
未定职级 No-ranking	66176	65912	38171
总计中:聘任制 of the Total: Part-time	**79544**	**79520**	**62494**
其中:女 of Which: Female	43885	43872	36069
正高级 Senior	341	341	219
副高级 Sub-senior	11195	11195	9953
中　级 Middle	21688	21688	19931
初　级 Junior	15843	15843	14410
未定职级 No-ranking	30477	30453	17981

教职工数(成人中专)
Vocational Schools (Adult SSSs)

单位:人
unit:person

Personnel					聘请校外教师 Part-time Teachers
教职工 in Main Campus			校办企业职工 Employees in School-run Factories & Farms	其他附设机构人员 Personnel in Others Subsidiary Units	
行政人员 Adm. Personnel	教辅人员 Supporting Staff	工勤人员 Workers			
4788	**3543**	**2328**	**78**	**43**	**12950**
1731	1591	653	60	24	4523
95	3	1	0	0	633
1525	558	21	0	14	3980
1148	1030	48	0	3	6620
564	800	44	0	3	1217
1456	1152	2214	78	23	500
884	**886**	**454**	**78**	**0**	**—**
383	402	212	60	0	—
14	0	0	0	0	—
92	20	1	0	0	—
192	147	1	0	0	—
109	151	7	0	0	—
477	568	445	78	0	—

教职工数(职业高中)
Vocational Schools (Vocational High Schools)

单位:人
unit:person

Personnel					聘请校外教师 Part-time Teachers
教职工 in Main Campus			校办企业职工 Employees in School-run Factories & Farms	其他附设机构人员 Personnel in Others Subsidiary Units	
行政人员 Adm. Personnel	教辅人员 Supporting Staff	工勤人员 Workers			
18480	**18950**	**16272**	**178**	**999**	**24283**
6409	9296	5646	83	522	13031
349	37	2	0	0	222
5999	3323	75	0	247	2147
4194	5380	257	4	402	4252
1930	4205	210	3	257	3803
6008	6005	15728	171	93	13859
5910	**5322**	**5794**	**17**	**7**	**—**
2534	2687	2582	8	5	—
112	10	0	0	0	—
867	363	12	0	0	—
1043	688	26	0	0	—
562	845	26	0	0	—
3326	3416	5730	17	7	—

中等职业学校(机构)教职

Number of Educational Personnel in Secondary Vocational

	教职工数 Educational		
	合计 Total	校本部 Educational Personnel	
		小计 Subtotal	专任教师 Full-time Teachers
总　计 Total	**13374**	**13333**	**10010**
其中:女 of Which: Female	6786	6764	5465
正高级 Senior	159	158	107
副高级 Sub-senior	2965	2948	2432
中　级 Middle	4272	4260	3630
初　级 Junior	2575	2572	2104
未定职级 No-ranking	3403	3395	1737
总计中:聘任制 of the Total:Part-time	**3203**	**3196**	**2379**
其中:女 of Which: Female	1649	1647	1285
正高级 Senior	7	7	5
副高级 Sub-senior	414	414	390
中　级 Middle	700	700	621
初　级 Junior	576	576	499
未定职级 No-ranking	1506	1499	864

工数(其他中等职业教育机构)

Schools (Other Secondary Vocational Education Institutions)

单位:人

unit:person

Personnel					聘请校外教师 Part-time Teachers
教　职　工 in Main Campus			校办企业职工 Employees in School-run Factories & Farms	其他附设机构人员 Personnel in Others Subsidiary Units	
行政人员 Adm. Personnel	教辅人员 Supporting Staff	工勤人员 Workers			
1487	**1088**	**748**	**7**	**34**	**1595**
594	504	201	2	20	816
43	8	0	0	1	47
373	141	2	0	17	358
389	232	9	0	12	461
221	245	2	0	3	208
461	462	735	7	1	521
273	**287**	**257**	**7**	**0**	**—**
121	144	97	2	0	—
0	2	0	0	0	—
18	6	0	0	0	—
44	35	0	0	0	—
37	40	0	0	0	—
174	204	257	7	0	—

中等职业学校(机构)分科专任教师数(总计)

Number of Full-time Teachers by Field of Education in Secondary Vocational Schools(Institutions)(Total)

单位:人
unit:person

	合计 Total	其中:女 of Which: Female	正高级 Senior	副高级 Sub-Senior	中级 Middle	初级 Junior	未定职级 No-ranking
总　计 Total	**648718**	**361338**	**3049**	**160019**	**244619**	**151408**	**89623**
其中:女 of Which: Female	361338	—	1484	79510	135420	91255	53669
文化基础课 General Required Subjects	**277335**	**163977**	**969**	**78805**	**106339**	**56199**	**35023**
专业课 Specialized Subjects	**348230**	**188312**	**2004**	**76800**	**129635**	**88897**	**50894**
农林牧渔类 Agriculture, Forestry, Animal Husbandry & Fisheries	16387	7678	160	5168	6447	3261	1351
资源环境类 Resources & Environment	1268	558	7	363	461	284	153
能源与新能源类 Energy Resources & New ER	1672	632	4	420	591	372	285
土木水利类 Civil Engineering & Water Conservancy	10215	4775	61	2413	3705	2793	1243
加工制造类 Manufacturing	44735	16640	299	11095	17083	11420	4838
石油化工类 Petroleum & Chemical Industries	2390	1174	31	808	885	458	208
轻纺食品类 Light, Textile & Food Industries	4119	2408	16	801	1391	1110	801
交通运输类 Communication & Transport	24714	8799	105	3820	7880	7539	5370
信息技术类 Information Technology	60098	31031	220	13119	24360	13972	8427
医药卫生类 Medicine, Pharmacy & Health Care	23493	16495	384	5356	8721	5714	3318
休闲保健类 Recreation Services & Make-up Artists	1921	1210	3	285	625	476	532
财经商贸类 Finance, Economics, Commerce & Trade	37775	26129	186	8999	14204	9466	4920
旅游服务类 Tourist Services	18913	12642	48	3790	6781	5171	3123
文化艺术类 Culture & Arts	36153	23932	226	5732	12877	10584	6734
体育与健身 Sports & Body-building	14965	4216	73	3123	5628	3931	2210
教育类 Education	34308	22163	117	8381	12828	8702	4280
司法服务类 Legal Services	1728	774	4	271	491	353	609
公共管理与服务类 Public Administration & Services	4912	2786	19	941	1690	1219	1043
其他 Others	8464	4270	41	1915	2987	2072	1449
实习指导课 Practice Guidance Lessons	**23153**	**9049**	**76**	**4414**	**8645**	**6312**	**3706**

中等职业学校(机构)分科专任教师数(普通中专)

Number of Full-time Teachers by Field of Education in Secondary Vocational Schools(Regular SSSs)

单位:人
unit:person

	合计 Total	其中:女 of Which: Female	正高级 Senior	副高级 Sub-Senior	中级 Middle	初级 Junior	未定职级 No-ranking
总　计 Total	**316091**	**173602**	**2009**	**76832**	**117706**	**73506**	**46038**
其中:女 of Which: Female	173602	—	1006	37879	64229	43307	27181
文化基础课 General Required Subjects	**117935**	**68873**	**507**	**32665**	**44933**	**23972**	**15858**
专业课 Specialized Subjects	**185946**	**100317**	**1447**	**42057**	**68284**	**46017**	**28141**
农林牧渔类 Agriculture, Forestry, Animal Husbandry & Fisheries	6571	2992	96	2298	2380	1117	680
资源环境类 Resources & Environment	810	389	6	256	305	161	82
能源与新能源类 Energy Resources & New ER	1114	394	3	299	391	218	203
土木水利类 Civil Engineering & Water Conservancy	6389	3093	47	1604	2394	1621	723
加工制造类 Manufacturing	24685	9394	220	6246	9419	6069	2731
石油化工类 Petroleum & Chemical Industries	1600	776	30	605	579	255	131
轻纺食品类 Light, Textile & Food Industries	2101	1236	7	416	660	516	502
交通运输类 Communication & Transport	12618	4459	74	1982	3975	3703	2884
信息技术类 Information Technology	29660	14890	152	6638	11968	6572	4330
医药卫生类 Medicine, Pharmacy & Health Care	18130	12824	343	4482	6884	4197	2224
休闲保健类 Recreation Services & Make-up Artists	933	576	2	129	288	211	303
财经商贸类 Finance, Economics, Commerce & Trade	21556	14706	131	5301	7998	5169	2957
旅游服务类 Tourist Services	8566	5500	30	1738	2942	2296	1560
文化艺术类 Culture & Arts	19677	12911	163	3112	6981	5673	3748
体育与健身 Sports & Body-building	8567	2381	71	2012	3198	2277	1009
教育类 Education	15524	10011	45	3403	5463	4164	2449
司法服务类 Legal Services	1064	476	3	176	302	203	380
公共管理与服务类 Public Administration & Services	2451	1377	12	470	817	586	566
其他 Others	3930	1932	12	890	1340	1009	679
实习指导课 Practice Guidance Lessons	**12210**	**4412**	**55**	**2110**	**4489**	**3517**	**2039**

中等职业学校(机构)分科专任教师数(成人中专)

Number of Full-time Teachers by Field of Education in Secondary Vocational Schools(Adult SSSs)

单位:人
unit:person

	合计 Total	其中:女 of Which: Female	正高级 Senior	副高级 Sub-Senior	中级 Middle	初级 Junior	未定职级 No-ranking
总　计 Total	**36273**	**19889**	**238**	**11661**	**14870**	**5827**	**3677**
其中:女 of Which: Female	19889	—	108	5964	8377	3382	2058
文化基础课 General Required Subjects	**20751**	**11924**	**149**	**7505**	**8597**	**2796**	**1704**
专业课 Specialized Subjects	**13190**	**6683**	**80**	**3255**	**5343**	**2734**	**1778**
农林牧渔类 Agriculture, Forestry, Animal Husbandry & Fisheries	3120	1360	28	647	1569	765	111
资源环境类 Resources & Environment	85	19	1	36	25	12	11
能源与新能源类 Energy Resources & New ER	81	22	0	26	29	17	9
土木水利类 Civil Engineering & Water Conservancy	235	113	3	60	60	58	54
加工制造类 Manufacturing	531	171	5	76	171	137	142
石油化工类 Petroleum & Chemical Industries	3	0	0	2	1	0	0
轻纺食品类 Light, Textile & Food Industries	75	15	0	7	32	23	13
交通运输类 Communication & Transport	765	356	3	63	250	248	201
信息技术类 Information Technology	873	409	2	140	373	214	144
医药卫生类 Medicine, Pharmacy & Health Care	687	494	4	141	249	132	161
休闲保健类 Recreation Services & Make-up Artists	49	17	0	3	10	14	22
财经商贸类 Finance, Economics, Commerce & Trade	580	401	7	121	173	115	164
旅游服务类 Tourist Services	275	167	2	42	66	74	91
文化艺术类 Culture & Arts	595	356	2	66	188	171	168
体育与健身 Sports & Body-building	488	99	0	22	87	90	289
教育类 Education	4016	2322	19	1604	1801	489	103
司法服务类 Legal Services	38	20	0	10	14	11	3
公共管理与服务类 Public Administration & Services	167	67	0	31	63	36	37
其他 Others	527	275	4	158	182	128	55
实习指导课 Practice Guidance Lessons	**2332**	**1282**	**9**	**901**	**930**	**297**	**195**

中等职业学校(机构)分科专任教师数(职业高中)

Number of Full-time Teachers by Field of Education in Secondary Vocational Schools(Vocational High Schools)

单位:人
unit:person

	合计 Total	其中:女 of Which: Female	正高级 Senior	副高级 Sub-Senior	中级 Middle	初级 Junior	未定职级 No-ranking
总　计 Total	**286344**	**162382**	**695**	**69094**	**108413**	**69971**	**38171**
其中:女 of Which: Female	162382	—	301	34447	60826	43379	23429
文化基础课 General Required Subjects	**133952**	**80473**	**266**	**37381**	**51092**	**28574**	**16639**
专业课 Specialized Subjects	**144330**	**78771**	**422**	**30387**	**54304**	**39067**	**20150**
农林牧渔类 Agriculture, Forestry, Animal Husbandry & Fisheries	6554	3257	34	2189	2460	1374	497
资源环境类 Resources & Environment	366	148	0	70	126	110	60
能源与新能源类 Energy Resources & New ER	465	213	1	93	167	133	71
土木水利类 Civil Engineering & Water Conservancy	3504	1527	10	735	1222	1082	455
加工制造类 Manufacturing	18970	6838	69	4599	7284	5113	1905
石油化工类 Petroleum & Chemical Industries	752	382	1	186	294	198	73
轻纺食品类 Light, Textile & Food Industries	1906	1128	9	375	688	552	282
交通运输类 Communication & Transport	11059	3894	28	1704	3584	3525	2218
信息技术类 Information Technology	28876	15373	63	6187	11766	7029	3831
医药卫生类 Medicine, Pharmacy & Health Care	4414	3001	29	678	1500	1306	901
休闲保健类 Recreation Services & Make-up Artists	939	617	1	153	327	251	207
财经商贸类 Finance, Economics, Commerce & Trade	15107	10661	43	3476	5838	4047	1703
旅游服务类 Tourist Services	9923	6866	16	1992	3724	2738	1453
文化艺术类 Culture & Arts	15490	10421	53	2480	5547	4645	2765
体育与健身 Sports & Body-building	5394	1580	0	962	2175	1435	822
教育类 Education	14046	9353	44	3181	5245	3919	1657
司法服务类 Legal Services	605	269	0	77	166	138	224
公共管理与服务类 Public Administration & Services	2113	1253	7	399	753	570	384
其他 Others	3847	1990	14	851	1438	902	642
实习指导课 Practice Guidance Lessons	**8062**	**3138**	**7**	**1326**	**3017**	**2330**	**1382**

中等职业学校(机构)分科专任教师数(其他中等职业教育机构)

Number of Full-time Teachers by Field of Education in Secondary Vocational Schools(Other Secondary Vocational Education Institutions)

单位:人
unit:person

	合计 Total	其中:女 of Which: Female	正高级 Senior	副高级 Sub-Senior	中级 Middle	初级 Junior	未定职级 No-ranking
总　计 Total	**10010**	**5465**	**107**	**2432**	**3630**	**2104**	**1737**
其中:女 of Which: Female	5465	—	69	1220	1988	1187	1001
文化基础课 General Required Subjects	**4697**	**2707**	**47**	**1254**	**1717**	**857**	**822**
专业课 Specialized Subjects	**4764**	**2541**	**55**	**1101**	**1704**	**1079**	**825**
农林牧渔类 Agriculture, Forestry, Animal Husbandry & Fisheries	142	69	2	34	38	5	63
资源环境类 Resources & Environment	7	2	0	1	5	1	0
能源与新能源类 Energy Resources & New ER	12	3	0	2	4	4	2
土木水利类 Civil Engineering & Water Conservancy	87	42	1	14	29	32	11
加工制造类 Manufacturing	549	237	5	174	209	101	60
石油化工类 Petroleum & Chemical Industries	35	16	0	15	11	5	4
轻纺食品类 Light, Textile & Food Industries	37	29	0	3	11	19	4
交通运输类 Communication & Transport	272	90	0	71	71	63	67
信息技术类 Information Technology	689	359	3	154	253	157	122
医药卫生类 Medicine, Pharmacy & Health Care	262	176	8	55	88	79	32
休闲保健类 Recreation Services & Make-up Artists	0	0	0	0	0	0	0
财经商贸类 Finance, Economics, Commerce & Trade	532	361	5	101	195	135	96
旅游服务类 Tourist Services	149	109	0	18	49	63	19
文化艺术类 Culture & Arts	391	244	8	74	161	95	53
体育与健身 Sports & Body-building	516	156	2	127	168	129	90
教育类 Education	722	477	9	193	319	130	71
司法服务类 Legal Services	21	9	1	8	9	1	2
公共管理与服务类 Public Administration & Services	181	89	0	41	57	27	56
其他 Others	160	73	11	16	27	33	73
实习指导课 Practice Guidance Lessons	**549**	**217**	**5**	**77**	**209**	**168**	**90**

中等职业学校(机构)专任教师、聘请校外教师学历情况(总计)

Number of Full-time and Part-time Teachers by Academic Qualifications in Secondary Vocational Schools(Institutions)(Total)

单位:人
unit:person

	合计 Total	博士研究生 Doctors	硕士研究生 Masters	本科 Normal Courses	专科 Short-cycle Courses	高中阶段及以下 Below High School Graduate
1. 专任教师 Full-time Teacher	**648718**	**431**	**54815**	**547527**	**44408**	**1537**
其中:女 of Which: Female	361338	228	37393	304257	19055	405
实习指导课教师 Practice Course Teacher	23153	5	953	18266	3684	245
正高级 Senior	3049	64	581	2333	60	11
副高级 Sub-senior	160019	179	12741	143051	3999	49
中级 Middle	244619	143	23180	207668	13312	316
初级 Junior	151408	14	11159	128268	11579	388
未定职级 No-ranking	89623	31	7154	66207	15458	773
2. 聘请校外教师 Part-time Teacher	**79098**	**305**	**6068**	**57800**	**13631**	**1294**
其中:女 of Which: Female	39857	111	3316	30535	5579	316
实习指导课教师 Practice Course Teacher	6044	16	382	4163	1288	195
外籍教师 Foreign Teachers Among Part-time Teachers	173	8	50	95	18	2
正高级 Senior	1576	65	350	1021	114	26
副高级 Sub-senior	11836	109	1459	9232	968	68
中级 Middle	20822	67	1783	15411	3410	151
初级 Junior	11772	20	748	8988	1941	75
未定职级 No-ranking	33092	44	1728	23148	7198	974

中等职业学校(机构)专任教师、聘请校外教师学历情况(普通中专)

Number of Full-time and Part-time Teachers by Academic Qualifications in Secondary Vocational Schools(Regular SSSs)

单位:人
unit: person

	合计 Total	博士研究生 Doctors	硕士研究生 Masters	本科 Normal Courses	专科 Short-cycle Courses	高中阶段及以下 Below High School Graduate
1. 专任教师 Full-time Teacher	**316091**	**336**	**34544**	**260606**	**19668**	**937**
其中:女 of Which: Female	173602	178	23574	141340	8274	236
实习指导课教师 Practice Course Teacher	12210	5	554	9374	2107	170
正高级 Senior	2009	49	381	1530	41	8
副高级 Sub-senior	76832	140	8339	66763	1550	40
中级 Middle	117706	117	14662	97102	5617	208
初级 Junior	73506	9	6895	61243	5119	240
未定职级 No-ranking	46038	21	4267	33968	7341	441
2. 聘请校外教师 Part-time Teacher	**40270**	**135**	**3823**	**29663**	**5870**	**779**
其中:女 of Which: Female	21487	49	2190	16549	2519	180
实习指导课教师 Practice Course Teacher	3323	7	214	2412	563	127
外籍教师 Foreign Teachers Among Part-time Teachers	128	7	42	68	10	1
正高级 Senior	674	22	157	427	51	17
副高级 Sub-senior	5351	51	783	4098	366	53
中级 Middle	9489	34	1127	7270	971	87
初级 Junior	6544	7	574	5163	762	38
未定职级 No-ranking	18212	21	1182	12705	3720	584

中等职业学校(机构)专任教师、聘请校外教师学历情况(成人中专)

Number of Full-time and Part-time Teachers by Academic Qualifications in Secondary Vocational Schools(Adult SSSs)

单位:人
unit: person

	合计 Total	博士研究生 Doctors	硕士研究生 Masters	本科 Normal Courses	专科 Short-cycle Courses	高中阶段及以下 Below High School Graduate
1. 专任教师 Full-time Teacher	**36273**	**18**	**1907**	**29255**	**5042**	**51**
其中:女 of Which: Female	19889	12	1155	16319	2390	13
实习指导课教师 Practice Course Teacher	2332	0	118	1860	344	10
正高级 Senior	238	3	47	184	3	1
副高级 Sub-senior	11661	6	573	10277	803	2
中级 Middle	14870	6	753	12097	1996	18
初级 Junior	5827	1	306	4284	1229	7
未定职级 No-ranking	3677	2	228	2413	1011	23
2. 聘请校外教师 Part-time Teacher	**12950**	**57**	**842**	**9183**	**2798**	**70**
其中:女 of Which: Female	4523	15	331	3184	963	30
实习指导课教师 Practice Course Teacher	737	0	99	445	180	13
外籍教师 Foreign Teachers Among Part-time Teachers	2	0	1	0	1	0
正高级 Senior	633	19	143	418	53	0
副高级 Sub-senior	3980	31	305	3209	434	1
中级 Middle	6620	3	286	4478	1820	33
初级 Junior	1217	2	76	793	323	23
未定职级 No-ranking	500	2	32	285	168	13

中等职业学校(机构)专任教师、聘请校外教师学历情况(职业高中)

Number of Full-time and Part-time Teachers by Academic Qualifications in Secondary Vocational Schools(Vocational High Schools)

单位:人
unit: person

	合计 Total	博士研究生 Doctors	硕士研究生 Masters	本科 Normal Courses	专科 Short-cycle Courses	高中阶段及以下 Below High School Graduate
1. 专任教师 Full-time Teacher	**286344**	**68**	**16990**	**249659**	**19102**	**525**
其中:女 of Which: Female	162382	35	11775	142301	8117	154
实习指导课教师 Practice Course Teacher	8062	0	259	6578	1164	61
正高级 Senior	695	10	129	538	16	2
副高级 Sub-senior	69094	30	3524	63938	1595	7
中　级 Middle	108413	17	7147	95648	5512	89
初　级 Junior	69971	4	3718	61066	5051	132
未定职级 No-ranking	38171	7	2472	28469	6928	295
2. 聘请校外教师 Part-time Teacher	**24283**	**101**	**1205**	**17752**	**4790**	**435**
其中:女 of Which: Female	13031	47	698	10181	2004	101
实习指导课教师 Practice Course Teacher	1855	9	63	1191	537	55
外籍教师	43	1	7	27	7	1
Foreign Teachers Among Part-time Teachers						
正高级 Senior	222	21	35	152	8	6
副高级 Sub-senior	2147	26	282	1677	149	13
中　级 Middle	4252	25	339	3276	585	27
初　级 Junior	3803	11	89	2876	813	14
未定职级 No-ranking	13859	18	460	9771	3235	375

中等职业学校(机构)专任教师、聘请校外教师学历情况(其他中等职业教育机构)

Number of Full-time and Part-time Teachers by Academic Qualifications in Secondary Vocational Schools (Other Secondary Vocational Education Institutions)

单位:人
unit: person

	合计 Total	博士研究生 Doctors	硕士研究生 Masters	本科 Normal Courses	专科 Short-cycle Courses	高中阶段及以下 Below High School Graduate
1. 专任教师 Full-time Teacher	**10010**	**9**	**1374**	**8007**	**596**	**24**
其中:女 of Which: Female	5465	3	889	4297	274	2
实习指导课教师 Practice Course Teacher	549	0	22	454	69	4
正高级 Senior	107	2	24	81	0	0
副高级 Sub-senior	2432	3	305	2073	51	0
中　级 Middlc	3630	3	618	2821	187	1
初　级 Junior	2104	0	240	1675	180	9
未定职级 No-ranking	1737	1	187	1357	178	14
2. 聘请校外教师 Part-time Teacher	**1595**	**12**	**198**	**1202**	**173**	**10**
其中:女 of Which: Female	816	0	97	621	93	5
实习指导课教师 Practice Course Teacher	129	0	6	115	8	0
外籍教师 Foreign Teachers Among Part-time Teachers	0	0	0	0	0	0
正高级 Senior	47	3	15	24	2	3
副高级 Sub-senior	358	1	89	248	19	1
中　级 Middle	461	5	31	387	34	4
初　级 Junior	208	0	9	156	43	0
未定职级 No-ranking	521	3	54	387	75	2

中等职业学校(机构)
Number of Full-time Teachers by Age in

	合计 Total	29岁及以下 29 and Under	30-34岁 30 to 34	35-39岁 35 to 39
总 计 Total	**648718**	**108685**	**101960**	**112456**
其中:女 of Which: Female	361338	71842	64090	68073
正高级 Senior	3049	0	1	32
副高级 Sub-senior	160019	7	622	9169
中 级 Middle	244619	5401	32685	64799
初 级 Junior	151408	45465	50414	31181
未定职级 No-ranking	89623	57812	18238	7275
普通中专学校 Regular SSSs	316091	54182	53173	57324
其中:女 of Which: Female	173602	35469	33354	34146
正高级 Senior	2009	0	1	17
副高级 Sub-senior	76832	5	331	5450
中 级 Middle	117706	2596	17846	33595
初 级 Junior	73506	22533	25213	14276
未定职级 No-ranking	46038	29048	9782	3986
成人中专学校 Adult SSSs	36273	4038	3794	4835
其中:女 of Which: Female	19889	2352	2068	2930
正高级 Senior	238	0	0	4
副高级 Sub-senior	11661	0	59	380
中 级 Middle	14870	403	1326	2642
初 级 Junior	5827	1487	1498	1481
未定职级 No-ranking	3677	2148	911	328
职业高中学校 Vocational High Schools	286344	48943	43418	48482
其中:女 of Which: Female	162382	33090	27696	29884
正高级 Senior	695	0	0	11
副高级 Sub-senior	69094	1	220	3247
中 级 Middle	108413	2328	13084	27503
初 级 Junior	69971	20955	22991	14922
未定职级 No-ranking	38171	25659	7123	2799
其他中等职业教育机构 Other Secondary Vocational Education Institutions	10010	1522	1575	1815
其中:女 of Which: Female	5465	931	972	1113
正高级 Senior	107	0	0	0
副高级 Sub-senior	2432	1	12	92
中 级 Middle	3630	74	429	1059
初 级 Junior	2104	490	712	502
未定职级 No-ranking	1737	957	422	162

专任教师分年龄情况
Secondary Vocational Schools(Institutions)

单位:人
unit:person

40-44 岁 40 to 44	45-49 岁 45 to 49	50-54 岁 50 to 54	55-59 岁 55 to 59	60 岁及以上 60 and over
97949	**98559**	**84376**	**43264**	**1469**
55974	51846	40277	8881	355
138	533	1108	1072	165
23376	43833	52230	30053	729
58689	44834	27411	10419	381
12718	7378	2908	1315	29
3028	1981	719	405	165
44445	44285	39822	22168	692
24556	22423	18532	4941	181
87	354	703	775	72
11292	19783	24404	15182	385
25631	19633	12930	5328	147
5860	3513	1417	678	16
1575	1002	368	205	72
6132	7046	6535	3841	52
3649	4234	3685	962	9
14	37	83	94	6
1199	3010	4051	2928	34
4065	3463	2219	740	12
707	452	146	56	0
147	84	36	23	0
45881	45789	36703	16473	655
26927	24437	17429	2774	145
37	127	278	167	75
10565	20402	22956	11428	275
28114	21132	11872	4174	206
5956	3288	1306	542	11
1209	840	291	162	88
1491	1439	1316	782	70
842	752	631	204	20
0	15	44	36	12
320	638	819	515	35
879	606	390	177	16
195	125	39	39	2
97	55	24	15	5

中等职业学校(机构)专任教师、

Number of Full-time and Part-time Teachers by Teaching

	本学年授课专任教师 Full-time Teacher by Teaching Content			
	合计 Total	文化基础课 General Required Subjects	专业课、实习指导课 Special Subject and Practice Course	
			小计 Subtotal	其中:双师型 of Which:Double-teacher Type
总　计 Total	**637696**	**272564**	**365132**	**200262**
其中:女 of Which: Female	355629	161392	194237	105349
正高级 Senior	2956	940	2016	1404
副高级 Sub-senior	156095	77062	79033	53624
中　级 Middle	240307	104451	135856	85647
初　级 Junior	149466	55416	94050	48204
未定职级 No-ranking	88872	34695	54177	11383
普通中专学校 Regular SSSs	311982	116353	195629	108940
其中:女 of Which: Female	171705	68088	103617	57195
正高级 Senior	1955	489	1466	1024
副高级 Sub-senior	75605	32099	43506	30608
中　级 Middle	116169	44360	71809	46655
初　级 Junior	72674	23702	48972	24638
未定职级 No-ranking	45579	15703	29876	6015
成人中专学校 Adult SSSs	33259	19594	13665	4466
其中:女 of Which: Female	17979	11151	6828	2176
正高级 Senior	220	146	74	36
副高级 Sub-senior	10330	7041	3289	1129
中　级 Middle	13537	8030	5507	1955
初　级 Junior	5525	2683	2842	982
未定职级 No-ranking	3647	1694	1953	364
职业高中学校 Vocational High Schools	282554	131989	150565	84616
其中:女 of Which: Female	160550	79480	81070	44830
正高级 Senior	676	259	417	311
副高级 Sub-senior	67752	36685	31067	21267
中　级 Middle	107005	50367	56638	36074
初　级 Junior	69202	28201	41001	22184
未定职级 No-ranking	37919	16477	21442	4780
其他中等职业教育机构 Other Secondary Vocational Education Institutions	9901	4628	5273	2240
其中:女 of Which: Female	5395	2673	2722	1148
正高级 Senior	105	46	59	33
副高级 Sub-senior	2408	1237	1171	620
中　级 Middle	3596	1694	1902	963
初　级 Junior	2065	830	1235	400
未定职级 No-ranking	1727	821	906	224

聘请校外教师岗位分类情况
Course in Secondary Vocational Schools(Institutions)

单位：人
unit：person

本学年授课聘请校外教师 Part-time Teacher by Teaching Content				本学年不授课专任教师 Full-time Teacher by Non-teaching			
合计 Total	文化基础课 General Required Subjects	专业课、实习指导课 Special Subject and Practice Course		合计 Total	进修 In-service	病休 Sick-leave	其他 Others
		小计 Subtotal	其中：双师型 of Which: Double-teacher Type				
79098	**23392**	**55706**	**18772**	**11022**	**681**	**852**	**9489**
39857	14052	25805	8642	5709	376	498	4835
1576	354	1222	448	93	0	1	92
11836	2809	9027	3820	3924	195	207	3522
20822	5009	15813	6452	4312	352	349	3611
11772	3522	8250	3115	1942	92	261	1589
33092	11698	21394	4937	751	42	34	675
40270	11767	28503	9805	4109	129	422	3558
21487	7177	14310	4769	1897	50	234	1613
674	75	599	226	54	0	0	54
5351	1167	4184	2015	1227	10	109	1108
9489	2315	7174	3317	1537	70	173	1294
6544	1842	4702	1631	832	20	120	692
18212	6368	11844	2616	459	29	20	410
12950	3422	9528	2819	3014	391	8	2615
4523	1621	2902	1035	1910	266	4	1640
633	209	424	126	18	0	0	18
3980	1047	2933	847	1331	141	6	1184
6620	1559	5061	1486	1333	211	2	1120
1217	443	774	302	302	38	0	264
500	164	336	58	30	1	0	29
24283	7636	16647	5913	3790	161	422	3207
13031	4933	8098	2739	1832	60	260	1512
222	44	178	89	19	0	1	18
2147	455	1692	874	1342	44	92	1206
4252	1010	3242	1555	1408	71	174	1163
3803	1174	2629	1155	769	34	141	594
13859	4953	8906	2240	252	12	14	226
1595	567	1028	235	109	0	0	109
816	321	495	99	70	0	0	70
47	26	21	7	2	0	0	2
358	140	218	84	24	0	0	24
461	125	336	94	34	0	0	34
208	63	145	27	39	0	0	39
521	213	308	23	10	0	0	10

中等职业学校(机构)
Changes of Full-time Teachers in

	上学年初报表专任教师数 Number of Full-time Teachers at Beginning of Previous Academic Year	增加专任 Factors of				
		合计 Total	录用毕业生 New Recruits from Current Year Graduates			调 Teachers from
			小计 Subtotal	研究生 Completing Doc,&Mas. Deg. Prog.	本科生 Completing 1st Degree Courses	小计 Subtotal
总　计 Total	**642197**	**60619**	**24653**	**3634**	**18409**	**25021**
其中:女 of Which: Female	353701	35597	15800	2704	11735	13956
普通中专学校 Regular SSSs	314186	30233	12829	2154	9436	11284
其中:女 of Which: Female	170565	17663	8120	1602	5875	6201
成人中专学校 Adult SSSs	37971	2639	787	138	517	1531
其中:女 of Which: Female	20701	1425	404	85	271	865
职业高中学校 Vocational High Schools	280043	26306	10494	1267	8114	11687
其中:女 of Which: Female	157133	15770	6980	966	5411	6647
其他中等职业教育机构 Other Secondary Vocational Education Institutions	9997	1441	543	75	342	519
其中:女 of Which: Female	5302	739	296	51	178	243

专任教师变动情况

Secondary Vocational Schools(Institutions)

单位:人
unit:person

教师数 Increase			减少专任教师数 Factors of Decrease						本学年初报表专任教师数 Number of Full-time Teachers at Beginning of Current Academic Year
入 Recruited Other Units									
其中:外校 of Which: From Other SVSs	校内变动 With Change of Status in Their Own Institutions	其他 Others	合计 Total	自然减员 Retired from Their Posts during Previous Academic Year	调出 Transferred from Teaching to Non-Teaching Posts	校内变动 With Change of Status in Their Own Institutions	辞职 Resignation	其他 Others	
13537	**6965**	**3980**	**54098**	**8948**	**23424**	**7350**	**10497**	**3879**	**648718**
7524	3547	2294	27960	4715	12086	3524	5762	1873	361338
5367	3577	2543	28328	4554	11862	3845	5640	2427	316091
2928	1831	1511	14626	2431	6275	1789	2941	1190	173602
960	230	91	4337	740	1784	476	516	821	36273
553	109	47	2237	373	923	282	292	367	19889
7025	2911	1214	20005	3515	8919	2785	4184	602	286344
3965	1470	673	10521	1852	4558	1360	2450	301	162382
185	247	132	1428	139	859	244	157	29	10010
78	137	63	576	59	330	93	79	15	5465

	占地面积(平方米) Areas Occupied (m^2)			图书(册) Books & Magazines in Libraries (volume)	
	合计 Total	其中:绿化用地面积 of Which: Green Areas	其中:运动场地面积 of Which: Sports Areas	合计 Total	其中:当年新增 of Which: New Added in Current Year
总　计 Total					
学校产权 Owned by SVSs	432382542. 83	106639895. 59	69533714. 06	318046712	17088919
非学校产权中独立使用 Not Owned by SVSs	56274427. 31	10985068. 68	8348427. 46	6257218	561973
普通中专学校 Regular SSSs					
学校产权 Owned by SSSs	237574141. 91	63538807. 34	35432802. 12	177968259	9143008
非学校产权中独立使用 Not Owned by SSSs	30616960. 60	5849813. 46	4315187. 06	2977933	348571
成人中专学校 Adult SSSs					
学校产权 Owned by Adult SSSs	12277962. 33	2464545. 88	1885521. 45	13665475	320247
非学校产权中独立使用 Not Owned by Adult SSSs	2349620. 17	370007. 25	331610. 06	1251345	57189
职业高中学校 Vocational High Schools					
学校产权 Owned by VHSs	175223018. 78	38793099. 07	31087318. 28	121317906	7449049
非学校产权中独立使用 Not Owned by VHSs	22724130. 01	4702567. 25	3596290. 01	1772622	153626
其他中等职业教育机构 Other Secondary Vocational Education Institutions					
学校产权 Owned by SVSs	7307419. 81	1843443. 30	1128072. 21	5095072	176615
非学校产权中独立使用 Not Owned by SVSs	583716. 53	62680. 72	105340. 33	255318	2587

(机构)资产情况
Secondary Vocational Schools(Institutions)

计算机数(台) PC (set)			普通教室(间) General Classroom (room)		固定资产总值(万元) Total Value of Fixed Assets (10,000 yuan)		
合计 Total	其中:教学用计算机 of Which: No. of Computers Used for Instruction		合计 Total	其中:网络多媒体教室 of Which: Network Multimedia Classroom	合计 Total	其中:教学、实习仪器设备资产值 of Which: Teaching Equipment & Instruments	
	小计 Subtotal	其中:平板电脑 of Which: Tablet PC				小计 Subtotal	当年新增 New Added in Current Year
3485414	2872102	139951	381771	219753	41033669.31	9669683.78	1037042.16
70056	56348	2790	58659	27046	2758634.58	256751.19	40612.30
1906475	1577706	70091	196879	118037	23357181.14	5574252.22	585811.75
39992	32420	1224	30540	14669	1555214.75	148260.87	23466.62
132663	100053	6034	17647	6926	1118770.48	187701.84	19565.20
6404	4479	465	4103	1249	91143.72	19878.40	1690.05
1400370	1158993	62688	160725	91514	15891911.74	3808544.97	422671.18
20904	17178	988	22785	10791	1063107.28	81519.53	14979.64
45906	35350	1138	6520	3276	665805.96	99184.74	8994.02
2756	2271	113	1231	337	49168.82	7092.39	476.00

中等职业学校(机构)教职工其他情况
Supplementary Information on Educational Personnel in Secondary Vocational Schools(Institutions)

单位:人
unit: person

	共产党员 Member of C. P. C.	共青团员 Member of C. Y. L.	民主党派 Member of Non-Communist Party	华侨 Overseas Chinese	港澳台 From HK, Macao and Taiwan	少数民族 Minorities
总计 Total						
教职工 Educational Personnel	273109	39695	11676	23	18	51935
其中:女 of Which: Female	124368	25005	6435	10	14	27729
专任教师 Full-time Teachers	218750	32725	10031	10	13	41968
其中:女 Of Which: Female	107470	21499	5684	10	11	23516
普通中专学校 SSSs						
教职工 Educational Personnel	144809	20701	7314	20	15	26001
其中:女 of Which: Female	67587	13067	4026	8	13	13867
专任教师 Full-time Teachers	112946	16955	6305	8	12	20731
其中:女 Of Which: Female	57075	11159	3562	8	11	11546
成人中专学校 Adult SSSs						
教职工 Educational Personnel	19156	1506	433	1	1	2658
其中:女 of Which: Female	7987	806	262	1	0	1321
专任教师 Full-time Teachers	14905	1021	360	1	1	2073
其中:女 Of Which: Female	6765	585	217	1	0	1108
职业高中学校 Vocational High Schools						
教职工 Educational Personnel	104276	16567	3686	2	2	23043
其中:女 of Which: Female	46642	10627	2004	1	1	12386
专任教师 Full-time Teachers	87320	14123	3156	1	0	18993
其中:女 Of Which: Female	41908	9402	1780	1	0	10740
其他中等职业教育机构 Other Secondary Vocational Education Institutions						
教职工 Educational Personnel	4868	921	243	0	0	233
其中:女 of Which: Female	2152	505	143	0	0	155
专任教师 Full-time Teachers	3579	626	210	0	0	171
其中:女 Of Which: Female	1722	353	125	0	0	122

中等职业学校(机构)校舍情况(总计)
Condition of School Buildings in Secondary Vocational Schools(Institutions)(Total)

单位:平方米
unit: m^2

	学校产权校舍建筑面积 Floor Area of School Building Owned by SVSs				正在施工校舍建筑面积 Floor Area Under Construction	非学校产权中独立使用校舍建筑面积 Floor Area of School Building Not Owned by SVSs
	合计 Total	其中:危房 of Which: Floor Space of Dilapidated Buildings	其中:当年新增校舍 of Which: New Added in Current Year	其中:被外单位借用 of Which: Floor Space Hired by Other Schools or Units		
总 计 Total	**212978546.99**	**470893.55**	**8428615.23**	**1191799.61**	**8675487.43**	**31892959.46**
一、教学及辅助用房 Buildings for Instruction and Ancillary Uses	**103968870.18**	**189734.84**	**4126089.35**	**558196.34**	**5003063.38**	**14691535.73**
教室 Classroom	43476767.33	98546.52	1616508.43	323712.59	1536128.44	6772520.61
图书馆 Library	6539862.74	9840.00	246755.33	13709.00	332212.49	869847.71
实验室、实习场所 Lab. and Practice Facilities	44832879.32	71589.32	1941840.40	195323.94	2585649.57	5163432.80
体育馆 Gymnasium	6211421.14	289.00	238850.10	14726.77	420588.15	1328468.00
会堂 Hall	2907939.65	9470.00	82135.09	10724.04	128484.73	557266.61
二、行政办公用房 Administrative	**14083011.30**	**40244.87**	**521059.06**	**127243.92**	**325009.69**	**2099067.59**
三、生活用房 Residential Buildings	**79739367.27**	**198376.90**	**3082448.68**	**405924.27**	**2865365.67**	**13472948.72**
学生宿舍(公寓) Students' Dormitories	54375389.29	137247.52	2250987.66	292040.51	2063863.44	9757412.60
学生食堂 Students' Dining Halls	13366505.91	18287.82	456612.24	64974.48	471671.02	1943545.66
教工宿舍(公寓) Apartments for Single	5773951.75	21126.22	199421.41	25792.71	252215.60	975868.54
教工食堂 Dining Halls for Teachers, Staff and Workers	1043290.08	1146.25	32284.94	7262.17	30590.40	168465.98
生活福利及附属用房 Residential, Welfare and Auxiliary Buildings	5180230.23	20569.09	143142.43	15854.40	47025.21	627655.94
四、教工住宅 Residential Quarters for Teachers & Workers	**6766625.66**	**19811.15**	**147406.84**	**7893.82**	**97958.76**	**—**
五、其他用房 Other	**8420672.58**	**22725.79**	**551611.30**	**92541.26**	**384089.93**	**1629407.42**

中等职业学校(机构)校舍情况(普通中专)

Condition of School Buildings in Secondary Vocational Schools(Regular SSSs)

单位:平方米
unit: m^2

	学校产权校舍建筑面积 Floor Area of School Building Owned by Regular SSSs				正在施工校舍建筑面积 Floor Area Under Construction	非学校产权中独立使用校舍建筑面积 Floor Area of School Building Not Owned by Regular SSSs
	合计 Total	其中:危房 of Which: Floor Space of Dilapidated Buildings	其中:当年新增校舍 of Which: New Added in Current Year	其中:被外单位借用 of Which: Floor Space Hired by Other Schools or Units		
总　计 Total	**119340018.30**	**272533.45**	**3728175.72**	**582445.08**	**6162647.57**	**17646241.95**
一、教学及辅助用房 Buildings for Instruction and Ancillary Uses	**57845371.62**	**105389.84**	**1877087.25**	**256847.74**	**3638011.93**	**8305190.38**
教室 Classroom	23383393.36	51030.52	689098.27	139630.66	1161977.97	3625481.31
图书馆 Library	3814830.20	6682.00	101733.94	10889.00	263794.16	446963.04
实验室、实习场所 Lab. and Practice Facilities	25196816.55	38986.32	941045.93	87074.31	1800064.54	3131366.59
体育馆 Gymnasium	3905394.52	289.00	118688.94	12406.77	311005.16	809541.68
会堂 Hall	1544936.99	8402.00	26520.17	6847.00	101170.10	291837.76
二、行政办公用房 Administrative	**7467698.77**	**19395.70**	**230087.77**	**58364.49**	**193926.09**	**1054181.38**
三、生活用房 Residential Buildings	**44616398.79**	**124698.47**	**1292473.99**	**187884.39**	**1996825.43**	**7373686.33**
学生宿舍(公寓) Students' Dormitories	31147152.51	85935.09	971361.58	140290.41	1416988.04	5386732.84
学生食堂 Students' Dining Halls	7296802.44	10618.82	177562.77	28261.50	321705.96	1035752.81
教工宿舍(公寓) Apartments for Single	2928029.66	14930.22	78119.91	11239.71	208977.23	512012.11
教工食堂 Dining Halls for Teachers, Staff and Workers	550141.01	646.25	15193.45	5678.17	26977.36	70935.62
生活福利及附属用房 Residential, Welfare and Auxiliary Buildings	2694273.16	12568.09	50236.28	2414.60	22176.84	368252.95
四、教工住宅 Residential Quarters for Teachers &Workers	**4668761.41**	**17848.15**	**111029.59**	**5154.00**	**72958.76**	—
五、其他用房 Other	**4741787.71**	**5201.29**	**217497.12**	**74194.46**	**260925.36**	**913183.86**

中等职业学校(机构)校舍情况(成人中专)
Condition of School Buildings in Secondary Vocational Schools(Adult SSSs)

单位:平方米
unit: m^2

	学校产权校舍建筑面积 Floor Area of School Building Owned by Adult SSSs				正在施工校舍建筑面积 Floor Area Under Construction	非学校产权中独立使用校舍建筑面积 Floor Area of School Building Not Owned by Adult SSSs
	合计 Total	其中:危房 of Which: Floor Space of Dilapidated Buildings	其中:当年新增校舍 of Which: New Added in Current Year	其中:被外单位借用 of Which: Floor Space Hired by Other Schools or Units		
总　计 Total	**6586276.18**	**17384.00**	**69226.74**	**72306.11**	**88853.05**	**1273838.66**
一、教学及辅助用房 Buildings for Instruction and Ancillary Uses	**2849017.75**	**8232.00**	**36288.16**	**23545.94**	**33505.11**	**578682.55**
教室 Classroom	1697406.47	5235.00	22988.16	15681.90	24154.98	315505.02
图书馆 Library	179557.51	277.00	269.00	1278.00	1386.42	36678.07
实验室、实习场所 Lab. and Practice Facilities	733210.06	2410.00	3137.00	1940.00	2660.00	165288.01
体育馆 Gymnasium	88324.24	0.00	0.00	2200.00	2789.97	38529.02
会堂 Hall	150519.47	310.00	9894.00	2446.04	2513.74	22682.43
二、行政办公用房 Administrative	**780833.56**	**4505.00**	**9086.72**	**17345.45**	**2958.57**	**142503.14**
三、生活用房 Residential Buildings	**2382452.10**	**4110.00**	**15361.92**	**30948.72**	**25912.89**	**474612.27**
学生宿舍(公寓) Students' Dormitories	1572015.23	1836.00	8863.00	21946.00	17009.35	342984.35
学生食堂 Students' Dining Halls	330822.03	475.00	2318.00	3050.00	1683.18	76501.92
教工宿舍(公寓) Apartments for Single	205493.06	60.00	567.00	3520.00	2887.68	33657.80
教工食堂 Dining Halls for Teachers, Staff and Workers	54081.50	350.00	836.00	360.00	1450.44	9707.28
生活福利及附属用房 Residential, Welfare and Auxiliary Buildings	220040.28	1389.00	2777.92	2072.72	2882.24	11760.92
四、教工住宅 Residential Quarters for Teachers &Workers	**337138.46**	**367.00**	**2120.00**	**0.00**	**0.00**	**—**
五、其他用房 Other	**236834.31**	**170.00**	**6369.94**	**466.00**	**26476.48**	**78040.70**

中等职业学校(机构)校舍情况(职业高中)
Condition of School Buildings in Secondary Vocational Schools (Vocational High Schools)

单位:平方米
unit: m^2

	学校产权校舍建筑面积 Floor Area of School Building Owned by VHSs				正在施工校舍建筑面积 Floor Area Under Construction	非学校产权中独立使用校舍建筑面积 Floor Area of School Building Not Owned by VHSs
	合计 Total	其中:危房 of Which: Floor Space of Dilapidated Buildings	其中:当年新增校舍 of Which: New Added in Current Year	其中:被外单位借用 of Which: Floor Space Hired by Other Schools or Units		
总 计 Total	**83643938.19**	**162723.80**	**4598678.50**	**519073.02**	**2387461.11**	**12529274.88**
一、教学及辅助用房 Buildings for Instruction and Ancillary Uses	**41620252.97**	**76113.00**	**2202297.40**	**268871.06**	**1300967.92**	**5600092.51**
教室 Classroom	17611507.61	42281.00	901018.28	159468.43	349995.49	2718437.48
图书馆 Library	2363740.76	2881.00	144497.39	1542.00	67031.91	379226.60
实验室、实习场所 Lab. and Practice Facilities	18537879.26	30193.00	996312.47	106309.63	770874.13	1798636.71
体育馆 Gymnasium	1959255.97	0.00	114763.34	120.00	88869.41	467903.30
会堂 Hall	1147869.37	758.00	45705.92	1431.00	24196.98	235888.42
二、行政办公用房 Administrative	**5557154.78**	**15882.17**	**280770.58**	**46668.78**	**128125.03**	**872506.79**
三、生活用房 Residential Buildings	**31437530.74**	**52240.13**	**1756086.69**	**186049.16**	**836887.05**	**5440504.60**
学生宿舍(公寓) Students' Dormitories	20797769.39	37671.13	1254017.00	129804.10	625339.25	3893031.31
学生食堂 Students' Dining Halls	5507424.61	7194.00	276271.47	33662.98	147068.38	806547.51
教工宿舍(公寓) Apartments for Single	2561841.55	3313.00	120114.50	10193.00	40350.69	420715.27
教工食堂 Dining Halls for Teachers, Staff and Workers	409937.00	150.00	16255.49	1224.00	2162.60	82717.93
生活福利及附属用房 Residential, Welfare and Auxiliary Buildings	2160558.19	3912.00	89428.23	11165.08	21966.13	237492.58
四、教工住宅 Residential Quarters for Teachers &Workers	**1682330.92**	**1596.00**	**34257.25**	**2739.82**	**25000.00**	**—**
五、其他用房 Other	**3346668.78**	**16892.50**	**325266.58**	**14744.20**	**96481.11**	**616170.98**

中等职业学校(机构)校舍情况(其他中等职业教育机构)

Condition of School Buildings in Secondary Vocational Schools (Other Secondary Vocational Education Institutions)

单位:平方米
unit: m^2

	学校产权校舍建筑面积 Floor Area of School Building Owned by SVSs				正在施工校舍建筑面积 Floor Area Under Construction	非学校产权中独立使用校舍建筑面积 Floor Area of School Building Not Owned by SVSs
	合计 Total	其中:危房 of Which: Floor Space of Dilapidated Buildings	其中:当年新增校舍 of Which: New Added in Current Year	其中:被外单位借用 of Which: Floor Space Hired by Other Schools or Units		
总　计 Total	**3408314.32**	**18252.30**	**32534.27**	**17975.40**	**36525.70**	**443603.97**
一、教学及辅助用房 Buildings for Instruction and Ancillary Uses	**1654227.84**	**0.00**	**10416.54**	**8931.60**	**30578.42**	**207570.29**
教室 Classroom	784459.89	0.00	3403.72	8931.60	0.00	113096.80
图书馆 Library	181734.27	0.00	255.00	0.00	0.00	6980.00
实验室、实习场所 Lab. and Practice Facilities	364973.45	0.00	1345.00	0.00	12050.90	68141.49
体育馆 Gymnasium	258446.41	0.00	5397.82	0.00	17923.61	12494.00
会堂 Hall	64613.82	0.00	15.00	0.00	603.91	6858.00
二、行政办公用房 Administrative	**277324.19**	**462.00**	**1113.99**	**4865.20**	**0.00**	**29876.28**
三、生活用房 Residential Buildings	**1302985.64**	**17328.30**	**18526.08**	**1042.00**	**5740.30**	**184145.52**
学生宿舍(公寓) Students' Dormitories	858452.16	11805.30	16746.08	0.00	4526.80	134664.10
学生食堂 Students' Dining Halls	231456.83	0.00	460.00	0.00	1213.50	24743.42
教工宿舍(公寓) Apartments for Single	78587.48	2823.00	620.00	840.00	0.00	9483.36
教工食堂 Dining Halls for Teachers, Staff and Workers	29130.57	0.00	0.00	0.00	0.00	5105.15
生活福利及附属用房 Residential, Welfare and Auxiliary Buildings	105358.60	2700.00	700.00	202.00	0.00	10149.49
四、教工住宅 Residential Quarters for Teachers &Workers	**78394.87**	**0.00**	**0.00**	**0.00**	**0.00**	**—**
五、其他用房 Other	**95381.78**	**462.00**	**2477.66**	**3136.60**	**206.98**	**22011.88**

职业技术培训
Basic Statistics of Vocational-Technical

	学校数（所）Schools	教学班（点）（个）External Teaching Sites (Classes)	培训时间（学时）Training time (Period)
总　计 Total	**87540**	**641483**	**847015859**
职工技术培训学校（机构）Vocational-Technical Training Schools	1835	23394	53939383
教育部门办 Run by Ed. Dept.	1054	16091	43227322
其他部门办 Run by Non-Ed. Dept.	381	4103	5418659
民办 Non-government	396	3196	5285210
具有独立法人资格的中外合作办 Sino-foreign Cooperation Institution with Independent Legal Personality	4	4	8192
农村成人文化技术培训学校（机构）Technical Training Schools for Peasants	44519	157416	328496597
教育部门办 Run by Ed. Dept.	42757	144639	305366382
其中：县办 of which: County-run	1821	26882	65560084
乡办 Township-run	7950	60672	137613472
村办 Village-run	32986	57085	102192826
其他部门办 Run by Non-Ed. Dept.	1479	5304	22189388
民办 Non-government	283	7447	940827
具有独立法人资格的中外合作办 Sino-foreign Cooperation Institution with Independent Legal Personality	0	26	0
其他培训机构（含社会培训机构）Others	41186	460673	464579879
教育部门办 Run by Ed. Dept.	655	5944	33323260
其他部门办 Run by Non-Ed. Dept.	1693	14650	93298926
民办 Non-government	38837	440070	337956613
具有独立法人资格的中外合作办 Sino-foreign Cooperation Institution with Independent Legal Personality	1	9	1080
总计中：少数民族 of the Total: Minority	—	—	27269687
培训形式：资格证书培训 Mode of Training: For Certificates of Vocational Qualifications	—	—	142331396
岗位证书培训 For Certificates of Job-related Qualifications	—	—	210548361
培训对象：党政管理培训 Training Object: Party and Government Management Training	—	—	10461139
企业经营管理培训 Business Management Training	—	—	22085334
专业技术培训 Professional technical training	—	—	103501684
其中：幼儿园教师 of which: Educational Personnel in Kindergarten	—	—	7199753
中小学教师 Primary and Secondary School Teachers	—	—	30693348
中职学校教师 Educational Personnel in Secondary Vocational Schools	—	—	2194425
高等教育学校教师 Educational Personnel in HEIs	—	—	14871010
职业技能培训 Vocational Skills Training	—	—	375378667
其中：农村劳动者 of Which: Rural Laborers	—	—	135947831
进城务工人员 Migrant Workers	—	—	142509789
其他培训 Other Training	—	—	335589035
其中：学生 of Which: Students	—	—	198731210
老年人 Elderly	—	—	52769072

机构基本情况
Training Institutions

单位：人次
unit：person-time

结业生数 Graduates		注册学生数 Enrolment		教职工数 Educational Personnel		聘请校外教师 Part-time Teachers
合计 Total	其中：女 of Which: Female	合计 Total	其中：女 of Which: Female	合计 Total	其中：专任教师 of Which: Full-time Teacher	
33311774	**16772774**	**32297862**	**16102872**	**555597**	**341767**	**229314**
1722763	945752	1664802	900273	52266	40869	15172
1293192	739927	1233623	683766	37844	30549	9556
285120	130924	258496	130240	6232	4625	3223
144249	74786	172481	86152	8146	5664	2393
202	115	202	115	44	31	0
21321976	10735448	19235510	9298951	103185	53010	114957
19950348	9990594	18147554	8731742	94664	48108	109310
4017894	2025865	3127561	1609883	21622	13798	40871
9762219	4851416	8915899	4210007	34068	20230	36008
6170235	3113313	6104094	2911852	38974	14080	32431
1229040	675203	958812	504951	5066	2698	5170
142588	69651	129143	62258	3455	2204	477
0	0	1	0	0	0	0
10267035	5091574	11397550	5903648	400146	247888	99185
657219	373107	622599	343697	13614	8951	6991
1351929	668787	1179811	583493	22539	12828	9604
8257687	4049560	9594940	4976338	363925	226068	82588
200	120	200	120	68	41	2
1794406	863220	1450378	693462	10170	6633	4017
3651466	1863634	—	—	—	—	—
8482764	4303896	—	—	—	—	—
697114	344174	—	—	—	—	—
1109878	535442	—	—	—	—	—
2852789	1537145	—	—	—	—	—
263966	208603	—	—	—	—	—
1065473	609676	—	—	—	—	—
119879	60066	—	—	—	—	—
135743	12105	—	—	—	—	—
15867438	7751312	—	—	—	—	—
9546512	4647065	—	—	—	—	—
2748646	1424547	—	—	—	—	—
12784555	6604701	—	—	—	—	—
6902124	3382092	—	—	—	—	—
2748496	1478533	—	—	—	—	—

职业技术培训机构资产情况
Condition of Fixed Assets and Teaching Resources in Vocational Technical Training Institutions

	合计 Total	职工技术培训学校(机构) Vocational Technical Training Schools (Institutions)	农村成人文化技术培训学校(机构) Technical Training Schools for Peasants (Institutions)	其他培训机构(含社会培训机构) Others
占地面积(平方米) Areas Occupied (m^2)	100292192.84	26409558.89	39491524.22	34391109.73
教学行政用房建筑面积(平方米) Administrative (m^2)	67952040.08	9337891.07	10576354.25	48037794.76
图书(册) Books (Volume)	115513746	16617413	44278157	54618176
计算机数(台) PC (Set)	1074606	163852	243244	667510
其中:教学用计算机 of Which: Computers Used for Instruction	625618	133601	200188	291829
其中:平板电脑 of Which: Tablet PC	92883	12060	16467	64356
教室(间) Classroom (Room)	406721	28686	77513	300522
其中:网络多媒体教室 of Which: Network Multimedia Classroom	116531	13745	26510	76276
固定资产总值(万元) Total Value of Fixed Asset (10,000 yuan)	67522622.07	2305282.57	36408953.84	28808385.66
其中:教学、实习仪器设备资产值 of Which: Teaching Equipment &Instruments	19015548.74	493874.51	1948456.26	16573217.96

(二)初中阶段教育
Junior Secondary Education

初中阶段

Number of Schools, Classes in

	学校数(所) Schools	
	合计 Total	初级中学 Regular Junior Secondary Schools
总　计 Total	**52805**	**34895**
教育部门 Run by Ed. Dept.	46415	33531
其他部门 Run by Non-ed. Dept.	330	64
地方企业办 Run by Local Enterprises	19	4
民办 Non-government	6041	1296
具有独立法人资格的中外合作办 Sino-foreign Cooperation Institutions with Independent Legal Entity	0	0
城区 Urban Area	13981	8575
教育部门 Run by Ed. Dept.	10929	7889
其他部门 Run by Non-ed. Dept.	115	45
地方企业办 Run by Local Enterprises	5	1
民办 Non-government	2932	640
具有独立法人资格的中外合作办 Sino-foreign Cooperation Institutions with Independent Legal Entity	0	0
镇区 Counties & Towns Area	24583	17805
教育部门 Run by Ed. Dept.	22211	17307
其他部门 Run by Non-ed. Dept.	176	15
地方企业办 Run by Local Enterprises	7	2
民办 Non-government	2189	481
具有独立法人资格的中外合作办 Sino-foreign Cooperation Institutions with Independent Legal Entity	0	0
乡村 Rural Area	14241	8515
教育部门 Run by Ed. Dept.	13275	8335
其他部门 Run by Non-ed. Dept.	39	4
地方企业办 Run by Local Enterprises	7	1
民办 Non-government	920	175
具有独立法人资格的中外合作办 Sino-foreign Cooperation Institutions with Independent Legal Entity	0	0
总计中:四年制 of the Total:4-Year	—	—
其他学校附设班 Classes Attached to Others Schools	—	—
独立设置少数民族学校 Inde. Sec. Schools for Minorities	1342	888

校数、班数
Junior Secondary Education

九年一贯制学校 9-Year Schools	职业初中 Vocational Junior Secondary Schools	班数(个) Classes 小计 Subtotal	一年级 Grade 1	二年级 Grade 2	三年级 Grade 3	四年级 Grade 4
17900	**10**	**1073444**	**359186**	**356534**	**346493**	**11231**
12877	7	910190	303397	301634	295051	10108
265	1	4225	1353	1379	1403	90
15	0	280	115	92	73	0
4743	2	158733	54315	53423	49962	1033
0	0	16	6	6	4	0
5403	3	414327	140686	136888	129732	7021
3038	2	327605	111204	107727	102569	6105
69	1	1872	603	610	622	37
4	0	143	64	42	37	0
2292	0	84691	28809	28503	26500	879
0	0	16	6	6	4	0
6775	3	510463	169670	170092	167311	3390
4902	2	448719	148552	149312	147619	3236
161	0	1893	594	611	635	53
5	0	50	20	19	11	0
1707	1	59801	20504	20150	19046	101
0	0	0	0	0	0	0
5722	4	148654	48830	49554	49450	820
4937	3	133866	43641	44595	44863	767
35	0	460	156	158	146	0
6	0	87	31	31	25	0
744	1	14241	5002	4770	4416	53
0	0	0	0	0	0	0
—	—	46688	12115	11738	11606	11229
—	—	3030	916	1034	1048	32
452	2	29180	10200	9633	9290	57

初中班
Size of Classes in Junior

	合计 Total	一年级 Grade 1
合　计 Total	**1073444**	**359186**
城区 Urban Area		
25 人及以下 Under 25 Persons	10129	3049
26-35 人 Between 26-35	31619	10388
36-45 人 Between 36-45	111036	39178
46-55 人 Between 46-55	256092	87315
56-65 人 Between 56-65	5311	728
66 人及以上 Over 66 Persons	140	28
镇区 Counties&Towns Area		
25 人及以下 Under 25 Persons	9293	3517
26-35 人 Between 26-35	33705	12281
36-45 人 Between 36-45	129189	44948
46-55 人 Between 46-55	332224	108130
56-65 人 Between 56-65	5967	785
66 人及以上 Over 66 Persons	85	9
乡村 Rural Area		
25 人及以下 Under 25 Persons	7731	2995
26-35 人 Between 26-35	20012	6911
36-45 人 Between 36-45	50518	17077
46-55 人 Between 46-55	69201	21692
56-65 人 Between 56-65	1192	155
66 人及以上 Over 66 Persons	0	0

额情况

Secondary Schools

单位:个
unit: class

二年级 Grade 2	三年级 Grade 3	四年级 Grade 4
356534	**346493**	**11231**
2848	3317	915
9465	10380	1386
34877	34879	2102
87797	78397	2583
1857	2691	35
44	68	0
2902	2647	227
10574	10227	623
42332	40559	1350
112290	110614	1190
1965	3217	0
29	47	0
2466	2172	98
6472	6377	252
16799	16356	286
23425	23900	184
392	645	0
0	0	0

初　中
Number of Students in Junior

	毕业生数 Graduates	招生数 Entrants
总　计 Total	**15352918**	**16320964**
其中:女 of Which: Female	7119444	7567836
少数民族学生 Minority Students	1764255	1945918
四年制 4-Year	471978	494486
九年一贯制学校 9-Year Schools	2417894	2875328
十二年一贯制学校 12-Year Schools	456211	541731
完全中学 Complete Secondary Schools	1847224	2010847
附设普通初中班 Junior Sec. Classes Attached	43584	37179
附设职业初中班 Vocational Junior Sec. Classes Attached	59	32
独立设置少数民族学校 Inde. Sec. Schools for Minorities	422714	470387
随迁子女 Migrant Children	1474253	1880346
其中:外省迁入 of Which: from Other Province	571272	781222
本省外县迁入 From Other County	902981	1099124
进城务工人员随迁子女 Children of Migrant Workers	1059021	1336771
其中:外省迁入 of Which: from Other Province	405711	545272
本省外县迁入 From Other County	653310	791499
农村留守儿童 Children Left Behind	1283085	1409190
教育部门 Run by Ed. Dept.	13216506	13826730
其他部门 Run by Non-ed. Dept.	54332	52142
地方企业办 Run by Local Enterprises	2508	5081
民办 Non-government	2079337	2436736
具有独立法人资格的中外合作办 Sino-foreign Cooperation Institution with Independent Legal Personality	235	275
城区 Urban Area	5714506	6452629
教育部门 Run by Ed. Dept.	4580491	5150728
其他部门 Run by Non-ed. Dept.	25130	24191
地方企业办 Run by Local Enterprises	1463	3004
民办 Non-government	1107187	1274431
具有独立法人资格的中外合作办 Sino-foreign Cooperation Institution with Independent Legal Personality	235	275
镇区 Counties & Towns Area	7548981	7804669
教育部门 Run by Ed. Dept.	6723169	6836248
其他部门 Run by Non-ed. Dept.	23590	21527
地方企业办 Run by Local Enterprises	150	736
民办 Non-government	802072	946158
具有独立法人资格的中外合作办 Sino-foreign Cooperation Institution with Independent Legal Personality	0	0
乡村 Rural Area	2089431	2063666
教育部门 Run by Ed. Dept.	1912846	1839754
其他部门 Run by Non-ed. Dept.	5612	6424
地方企业办 Run by Local Enterprises	895	1341
民办 Non-government	170078	216147
具有独立法人资格的中外合作办 Sino-foreign Cooperation Institution with Independent Legal Personality	0	0

学 生 数

Secondary Schools

单位：人

unit：person

在校生数 Enrolment						预计毕业生数 Estimated Graduates for Next Year
合计 Total	其中：女 of Which：Female	一年级 Grade 1	二年级 Grade 2	三年级 Grade 3	四年级 Grade 4	
49140893	**22814790**	**16324100**	**16411553**	**15961570**	**443670**	**15934798**
22814790	—	7569306	7610217	7424420	210847	7411253
5707737	2707194	1946090	1901658	1849679	10310	1849133
1887173	894495	494629	478432	470442	443670	443670
8385205	3767961	2876415	2801850	2608989	97951	2601939
1583723	668332	541773	534463	498488	8999	497212
5973572	2802819	2012006	2007036	1925000	29530	1922344
123754	55985	37180	41977	43481	1116	43700
149	26	32	36	58	23	66
1350544	650290	470429	447634	430347	2134	430712
5522746	2455901	1880874	1853258	1725505	63109	1717497
2261194	994057	781584	759467	688318	31825	681370
3261552	1461844	1099290	1093791	1037187	31284	1036127
3948766	1760146	1336997	1323179	1242642	45948	1237687
1587802	696572	545428	533067	488815	20492	484502
2360964	1063574	791569	790112	753827	25456	753185
4354783	2027022	1409456	1473883	1465437	6007	1465272
41775226	19706818	13828738	13921789	13623450	401249	13600655
163452	74567	52225	53565	54419	3243	54922
11886	4895	5081	3751	3054	0	2962
7189580	3028145	2437781	2432172	2280449	39178	2276061
749	365	275	276	198	0	198
19029366	8803158	6453318	6345281	5955159	275608	5923239
15171289	7154805	5151278	5038607	4740373	241031	4711340
75299	33254	24273	24654	25106	1266	25398
6207	2707	3004	1674	1529	0	1529
3775822	1612027	1274488	1280070	1187953	33311	1184774
749	365	275	276	198	0	198
23733472	11046693	7806922	7932037	7856818	137695	7860236
20870084	9848898	6837542	6965620	6935149	131773	6939633
69334	32299	21528	22413	23416	1977	23627
1848	831	736	704	408	0	316
2792206	1164665	947116	943300	897845	3945	896660
0	0	0	0	0	0	0
6378055	2964939	2063860	2134235	2149593	30367	2151323
5733853	2703115	1839918	1917562	1947928	28445	1949682
18819	9014	6424	6498	5897	0	5897
3831	1357	1341	1373	1117	0	1117
621552	251453	216177	208802	194651	1922	194627
0	0	0	0	0	0	0

初中阶段学龄人口及在校学生情况

Number of School-age Population and Enrolment of Junior Secondary Schools

单位：人
unit: person

	在校学龄人口数 School-age Population		在校生数 Enrolment					
	合计 Total	其中:女 of Which: Female	合计 Total	其中:女 of Which: Female	一年级 Grade 1	二年级 Grade 2	三年级 Grade 3	四年级 Grade 4
总　计 Total	**44926812**	**20919486**	**49140893**	**22814790**	**16324100**	**16411553**	**15961570**	**443670**
10 岁及以下 Under 10 Years	0	0	6904	3832	5741	925	234	4
11 岁 11 Years	399295	191816	785672	394530	765962	17842	1848	20
12 岁 12 Years	12249368	5788655	12801433	6063244	11714109	1055137	31965	222
13 岁 13 Years	16185318	7530981	16185318	7530981	3493261	11489410	1188720	13927
14 岁 14 Years	15038427	6919395	15040220	6920284	291781	3466312	10942546	339581
15 岁 15 Years	1054404	488639	3846911	1698967	40435	329513	3394820	82143
16 岁 16 Years	0	0	398288	168998	8109	38398	344879	6902
17 岁 17 Years	0	0	53692	23718	2616	8761	41584	731
18 岁及以上 Over 18 Years	0	0	22455	10236	2086	5255	14974	140
城区 Urban Area	17617869	8180581	19029366	8803158	6453318	6345281	5955159	275608
10 岁及以下 Under 10 Years	0	0	2569	1460	2269	256	43	1
11 岁 11 Years	276448	132457	419438	208583	410851	7985	589	13
12 岁 12 Years	5179361	2444603	5321674	2516816	4782783	524986	13769	136
13 岁 13 Years	6371002	2956961	6371002	2956961	1185218	4615711	562311	7762
14 岁 14 Years	5629608	2573931	5631019	2574643	64903	1114314	4230704	221098
15 岁 15 Years	161450	72629	1181483	503155	5302	73332	1058958	43891
16 岁 16 Years	0	0	89970	36339	1454	6878	79192	2446
17 岁 17 Years	0	0	9193	3851	320	1159	7516	198
18 岁及以上 Over 18 Years	0	0	3018	1350	218	660	2077	63

初中阶段学龄人口及在校学生情况(续)
Number of School-age Population and Enrolment of Junior Secondary Schools(Cont.)

单位:人
unit: person

	在校学龄人口数 School-age Population		在校生数 Enrolment					
	合计 Total	其中:女 of Which: Female	合计 Total	其中:女 of Which: Female	一年级 Grade 1	二年级 Grade 2	三年级 Grade 3	四年级 Grade 4
镇区 Counties & Towns Area	21573716	10066093	23733472	11046693	7806922	7932037	7856818	137695
10岁及以下 Under 10 Years	0	0	3244	1755	2633	480	129	2
11岁 11 Years	103633	50391	293503	149124	284892	7682	922	7
12岁 12 Years	5650168	2672670	5969741	2830496	5533261	421912	14498	70
13岁 13 Years	7754609	3617088	7754609	3617088	1790063	5464830	494461	5255
14岁 14 Years	7395191	3413501	7395444	3413614	167019	1816922	5312414	99089
15岁 15 Years	670115	312443	2043665	916551	21955	189828	1802445	29437
16岁 16 Years	0	0	228828	98122	4346	21944	199092	3446
17岁 17 Years	0	0	30978	13725	1543	5203	23893	339
18岁及以上 Over 18 Years	0	0	13460	6218	1210	3236	8964	50
乡村 Rural Area	5735227	2672812	6378055	2964939	2063860	2134235	2149593	30367
10岁及以下 Under 10 Years	0	0	1091	617	839	189	62	1
11岁 11 Years	19214	8968	72731	36823	70219	2175	337	0
12岁 12 Years	1419839	671382	1510018	715932	1398065	108239	3698	16
13岁 13 Years	2059707	956932	2059707	956932	517980	1408869	131948	910
14岁 14 Years	2013628	931963	2013757	932027	59859	535076	1399428	19394
15岁 15 Years	222839	103567	621763	279261	13178	66353	533417	8815
16岁 16 Years	0	0	79490	34537	2309	9576	66595	1010
17岁 17 Years	0	0	13521	6142	753	2399	10175	194
18岁及以上 Over 18 Years	0	0	5977	2668	658	1359	3933	27

初中分课程专任
Number of Full-time Teachers in Junior Secondary

	合计 Total	其中:女 of Which: Female	思想品德(政治) Politics	语文 Language & Literature	数学 Mathematics	外语 Foreign Languages 小计 Subtotal	英语 English	日语 Japanese	俄语 Russian	科学 Science	物理 Physics
总　计 Total	**3860741**	**2270332**	**249576**	**677436**	**656053**	**610003**	**608720**	**400**	**176**	**30871**	**258960**
其中:女 of Which:Female	2270332	—	145423	465529	353190	499221	498232	353	157	15220	101253
少数民族 Minorities	353301	198549	25464	61899	55938	47775	47600	80	14	474	24252
研究生毕业 Graduate	153485	121585	10728	25926	21872	30137	29946	77	43	1700	8938
本科毕业 Under-graduate	3265589	1978151	207833	587125	561551	532600	531582	301	122	27077	219091
专科毕业 Associate Bachelor	437513	169423	30795	63940	72206	47091	47017	22	11	2068	30782
高中阶段毕业 High School Graduate	3950	1063	212	381	414	170	170	0	0	26	146
高中阶段以下毕业 Below High School Graduate	204	110	8	64	10	5	5	0	0	0	3
城区 Urban Area	1459550	974419	90326	251460	246532	240044	239333	303	117	15757	98048
镇区 Counties & Towns Area	1845140	1009577	122267	327345	315605	287859	287423	87	33	11766	123500
乡村 Rural Area	556051	286336	36983	98631	93916	82100	81964	10	26	3348	37412

初中专任教师专业技术
Number of Full-time Teachers in Junior Secondary

	合 计 Total	其中:女 of Which: Female	24 岁及以下 24 and Under	25-29 岁 25 to 29	30-34 岁 30 to 34
总　计 Total	**3860741**	**2270332**	**210776**	**525122**	**529027**
其中:女 of Which:Female	2270332	—	164485	394806	377371
少数民族 Minorities	353301	198549	19226	53902	52805
正高级 Senior	2392	1094	0	0	10
副高级 Sub-senior	784107	360771	15	109	1474
中　级 Middle	1522227	830329	733	25136	141731
助理级 Associate	992514	677760	36083	266906	301349
员　级 Junior	56891	38676	10426	25133	11680
未定职级 No-ranking	502610	361702	163519	207838	72783
城区 Urban Area	1459550	974419	77904	196283	204357
镇区 Counties & Towns Area	1845140	1009577	97370	237132	245187
乡村 Rural Area	556051	286336	35502	91707	79483

教师学历情况
Schools by Subject Taught & Academic Qualifications

单位:人
unit:person

化学 Chemi-stry	生物 Biology	历史与社会 History and Soliety	地理 Geogra-phy	历史 History	体育与健康 Physical Training and Health	艺术 Art	音乐 Music	美术 Fine Arts	综合实践活动 Comprehensive Practice			其他 Others	当年不任课 No Teaching Load in Current Year
									小计 Subtotal	信息技术 Information Technique	劳动与技术 Skills Teaching		
164039	**162975**	**32512**	**154935**	**203791**	**223913**	**6713**	**105309**	**102940**	**143187**	**101350**	**34496**	**35311**	**42217**
88900	99567	17724	86012	113582	46909	3561	76681	60756	58599	43447	12292	18442	19763
15307	15012	1444	14412	19391	20658	417	9948	8587	12875	9426	2885	8221	11227
7758	8245	1424	5801	8834	7759	217	3093	3915	3981	3348	432	2158	999
139335	133086	27238	126279	168292	185241	5141	89455	85554	114980	84883	24563	25302	30409
16877	21484	3801	22668	26467	30200	1327	12607	13280	23756	12954	9236	7611	10553
69	159	48	185	197	677	27	133	184	455	160	256	228	239
0	1	1	2	1	36	1	21	7	15	5	9	12	17
61586	59208	13163	55370	74843	91809	2026	39528	38157	51438	37716	11090	13292	16963
78160	79653	14681	76420	99419	101897	3483	50145	49365	68569	47164	17710	16577	18429
24293	24114	4668	23145	29529	30207	1204	15636	15418	23180	16470	5696	5442	6825

职务、年龄结构情况
Schools by Professional Rank and Age

单位:人
unit:person

35-39 岁 35 to 39	40-44 岁 40 to 44	45-49 岁 45 to 49	50-54 岁 50 to 54	55-59 岁 55 to 59	60 岁及以上 60 and Over
584496	**672417**	**617849**	**505665**	**212279**	**3110**
374964	380406	313944	236370	27336	650
56746	60537	53339	41572	15055	119
10	111	562	987	638	74
24932	113309	226635	281963	134341	1329
316690	433224	338288	197936	67736	753
207426	110888	43901	19088	6777	96
5231	2195	1147	698	343	38
30207	12690	7316	4993	2444	820
227072	248759	229972	200312	73419	1472
277587	330857	305157	243244	107408	1198
79837	92801	82720	62109	31452	440

初中专任
Changes of Full-time Teachers in

	上学年初报表专任教师数 Number of Full-time Teachers at Beginning of Previous Academic Year	增加教师 Factors of Increase						
		合计 Total	录用毕业生 New Recruits from Current Year Graduates		调入 Teachers Recruited from Other Units		校内变动 With Change of Status in Their Own Institutions	
			小计 Subtotal	其中:师范生 of Which: Normal University Students	小计 Subtotal	其中:外校 of Which: Graduated from other Institutions	小计 Subtotal	其中:学段调整 of Which: Adjusting Teaching Stage
总　计 Total	**3747429**	**454546**	**155077**	**96461**	**233212**	**155449**	**44609**	**17566**
其中:女 of Which: Female	2165951	294990	116935	73439	140460	93046	23508	10187
城区 Urban Area	1397568	180434	56640	36687	91959	62116	19218	7949
其中:女 of Which: Female	923893	124866	44013	28650	61015	40908	11322	4977
镇区 Counties & Towns Area	1798326	205783	71204	43369	109075	73227	18626	6795
其中:女 of Which: Female	965728	128282	52950	32650	62036	41283	8995	3644
乡村 Rural Area	551535	68329	27233	16405	32178	20106	6765	2822
其中:女 of Which: Female	276330	41842	19972	12139	17409	10855	3191	1566

初中学生、专任
Other Information on Students and Full-time

	在校学生中 of Total Students		
	共青团员 Member of C. Y. L.	华　侨 Overseas Chinese	港澳台 From H. K, Macao and Taiwan
总　计 Total	**2926117**	**1589**	**41572**
其中:女 of Which: Female	1498294	753	18983
城区 Urban Area	822801	1021	35632
其中:女 of Which: Female	424003	485	16452
镇区 Counties & Towns Area	1618032	434	4330
其中:女 of Which: Female	823403	205	1835
乡村 Rural Area	485284	134	1610
其中:女 of Which: Female	250888	63	696

教师变动情况

Junior Secondary Schools

单位:人
unit:person

其他 Others	减少教师 Factors of Decrease 合计 Total	自然减员 Retired from Their Posts during Previous Academic Year	调出 Transferred from Teaching to Non-Teaching Posts	校内变动 With Change of Status in Their Own Institutions 小计 Subtotal	其中:学段调整 of Which: Adjusting Teaching Stage	辞职 Resignation	其他 Others	本学年初报表专任教师数 Number of Full-time Teachers at Beginning of Current Academic Year
21648	**341234**	**43083**	**199841**	**41636**	**16785**	**45958**	**10716**	**3860741**
14087	190609	23060	110778	21529	9604	29427	5815	2270332
12617	118452	18207	53163	16582	7491	25083	5417	1459550
8516	74340	11827	32842	9725	4693	16581	3365	974419
6878	158969	19391	102276	18047	6483	15178	4077	1845140
4301	84433	9068	55283	8665	3485	9527	1890	1009577
2153	63813	5485	44402	7007	2811	5697	1222	556051
1270	31836	2165	22653	3139	1426	3319	560	286336

教师其他情况

Teachers of Junior Secondary Schools

单位:人
unit: person

专任教师中 of Total Full-time Teachers 共产党员 Member of C. P. C.	共青团员 Member of C. Y. L.	民主党派 Member of Non-Communist Party	华侨 Overseas Chinese
1098718	**221237**	**25703**	**274**
502997	170063	15592	187
466258	101330	21834	102
275884	80195	13862	69
480315	86251	3168	17
176569	65151	1425	10
152145	33656	701	155
50544	24717	305	108

	合计 Total
总　计 Total	**718426060.40**
其中:危房 of Which: Floor Space of Dilapidated Buildings	1720590.60
当年新增校舍 New Floor Space Added in Current Year	37286706.94
一、教学及辅助用房 Buildings for Instruction and Ancillary Uses	**293530232.22**
教室 Classroom	196412823.55
实验室 Laboratory	44698147.78
图书室 Library	18473897.73
微机室 PC-room	12740751.49
语音室 Linguistic	4497136.35
体育馆 Gymnasium	16707475.34
二、行政办公用房 Administrative	**58187058.95**
其中:教师办公室 of Which: for Teachers	34813925.37
三、生活用房 Residential and Welfare	**294973529.65**
教工宿舍 Apartments for Single	61710906.57
其中:教师周转宿舍 of Which: Accommodation for Circulation of Teachers	22129470.15
学生宿舍 Students'Dormitories	126644931.86
食堂 Dining Halls	57708535.92
厕所 Toilets	23351441.18
其他 Others	25557714.10
四、其他用房 Rooms for Other Purposes	**71735239.59**

条件(一)
in Junior Secondary Schools (1)

单位:平方米
unit: m^2

城区 Urban Area	镇区 Counties & Towns Area	乡村 Rural Area
250235332.81	**345377926.52**	**122812801.07**
416910.03	886985.13	416695.44
15635469.72	16034691.68	5616545.54
113774555.02	**133982046.19**	**45773631.01**
72957942.98	91885897.71	31568982.86
16567179.76	20675278.36	7455689.66
7413102.15	8252271.44	2808524.14
4443877.16	6087637.41	2209236.92
1593322.18	2206151.77	697662.40
10799130.79	4874809.50	1033535.05
23629674.70	**25781355.79**	**8776028.46**
13650532.20	15728604.80	5434788.37
77125454.25	**159185281.19**	**58662794.21**
11277717.32	35385922.53	15047266.72
2875735.39	12956114.66	6297620.10
28118464.95	72955248.64	25571218.27
17328800.04	29684844.68	10694891.20
9101446.96	10510411.45	3739582.77
11299024.97	10648853.88	3609835.25
35705648.84	**26429243.34**	**9600347.41**

初中办学

Condition of School Buildings in

	占地面积(平方米) Areas Occupied(m^2)			图书(册) Books & Magazines in Libraries (volume)	计算机数 PC
	合计 Total	其中: of Which: 绿化用地面积 Green Areas	运动场地面积 Sports Areas		合计 Total
总　计 Total	**1711920865.57**	**356602891.25**	**504046726.84**	**1816745715**	**9567735**
城区 Urban Area	472433651.25	107549580.82	161607929.15	663943679	3932538
镇区 Counties and Towns Area	875712769.61	178861880.18	248598212.05	866688808	4177459
乡村 Rural Area	363774444.71	70191430.25	93840585.64	286113228	1457738

初中办学

Condition of School Buildings in

	体育运动场(馆)面积达标校数 Schools No.: Sports Areas Reached Standard	体育器械配备达标校数 Schools No.: Sports Equip. Reached Standard
总　计 Total	**50085**	**51513**
城区 Urban Area	12810	13384
镇区 Counties and Towns Area	23627	24153
乡村 Rural Area	13648	13976

条件(二)
Junior Secondary Schools (2)

(台) (set)		教室(间) Classroom(room)		教室中:普通教室(间) of Which: General Classroom(room)		固定资产总值(万元) Total Value of Fixed Asset (10,000 yuan)		
其中:教学用计算机 of Which:No. of Computers Used for Instruction		合计 Total	其中:网络多媒体教室 of Which: Network Multimedia Classroom	合计 Total	其中:网络多媒体教室 of Which: Network Multimedia Classroom	合计 Total	其中:教学仪器设备资产值 of Which: Total Value of Equip & Instru.	
小计 Subtotal	其中:平板电脑 of Which: Tablet PC						小计 Subtotal	其中:实验设备 of Which: for Experiment
7993928	**758190**	**2068343**	**1479812**	**1518432**	**1275915**	**113017580.14**	**13930825.50**	**3721966.78**
3307564	430122	747168	585133	541127	486760	45724175.60	6278800.73	1420304.39
3499747	247783	959129	665275	713695	587132	50430964.81	5735914.62	1689619.87
1186617	80285	362046	229404	263610	202023	16862439.72	1916110.14	612042.52

条件(三)
Junior Secondary Schools (3)

单位:所
unit:school

音乐器械配备达标校数 Schools No.: Musical Instru. Reached Standard	美术器械配备达标校数 Schools No.: Fine Arts Instru. Reached Standard	理科实验仪器达标校数 Schools No.: Equip. of Natural Sci. Reached Standard	建立校园网校数 Schools No.: Establishing Campus Network	接入互联网校数 Schools No.: Access the Internet
51371	**51294**	**51290**	**40871**	**52374**
13331	13300	13249	12119	13758
24104	24072	24113	18886	24460
13936	13922	13928	9866	14156

成人初中基本情况
Basic Statistics of Adult Junior Secondary Schools

单位:人
unit: person

	学校数(所) Schools	教学班(点)(个) External Teaching Sites	毕(结)业生数 Graduates		注册学生数 Enrolment		教职工数 Educational Personnel		专任教师 Full-time Teacher		聘请校外教师 Part-time Teachers
			合计 Total	其中:女 of Which: Female	合计 Total	其中:女 of Which: Female	合计 Total	其中:女 of Which: Female	合计 Total	其中:女 of Which: Female	
总　计 Total	**193**	**372**	**53231**	**24061**	**48990**	**23007**	**1661**	**1054**	**1342**	**892**	**1093**
职工初中 Junior Secondary Schools for Staff & workers	41	26	4411	1900	4495	1930	44	21	20	10	240
农民初中 Junior Secondary Schools for Peasants	152	346	48820	22161	44495	21077	1617	1033	1322	882	853

四、初等教育(小学)

Primary Education
(Primary Schools)

小学校数、教学点数及班数
Number of Schools, External Teaching Sites & Classes in Primary Schools

	学校数 (所) Schools	教学点数(个) External Teaching Sites	班数 (个) Classes
总　计 Total	**157979**	**90295**	**2860471**
教育部门 Run by Ed. Dept.	151635	90191	2607889
其他部门 Run by Non-ed. Dept.	140	20	7317
地方企业办 Run by Local Enterprises	17	0	456
民办 Non-government	6187	84	244809
具有独立法人资格的中外合作办	0	0	0
Sino-foreign Cooperation Institution with Independent Legal Personality			
城区 Urban Area	29207	1601	952590
教育部门 Run by Ed. Dept.	26955	1597	820259
其他部门 Run by Non-ed. Dept.	70	1	2603
地方企业办 Run by Local Enterprises	7	0	304
民办 Non-government	2175	3	129424
具有独立法人资格的中外合作办	0	0	0
Sino-foreign Cooperation Institution with Independent Legal Personality			
镇区 Counties & Towns Area	42687	9501	986760
教育部门 Run by Ed. Dept.	40540	9484	903297
其他部门 Run by Non-ed. Dept.	46	3	3799
地方企业办 Run by Local Enterprises	2	0	50
民办 Non-government	2099	14	79614
具有独立法人资格的中外合作办	0	0	0
Sino-foreign Cooperation Institution with Independent Legal Personality			
乡村 Rural Area	86085	79193	921121
教育部门 Run by Ed. Dept.	84140	79110	884333
其他部门 Run by Non-ed. Dept.	24	16	915
地方企业办 Run by Local Enterprises	8	0	102
民办 Non-government	1913	67	35771
具有独立法人资格的中外合作办	0	0	0
Sino-foreign Cooperation Institution with Independent Legal Personality			
总计中:五年制 of the Total: 5-Year	—	—	71181
九年一贯制学校 9-Year Sec. Schools	—	—	312190
十二年一贯制学校 12-Year Sec. Schools	—	—	41644
其他学校附设 Other Primary Schools Attached	—	—	5556
独立设置的少数民族学校 Inde. Sec. Schools for Minorities	6030	—	82619

小学班额情况
Size Classes in Primary Schools

单位:个
unit: class

	合计 Total	一年级 Grade 1	二年级 Grade 2	三年级 Grade 3	四年级 Grade 4	五年级 Grade 5	六年级 Grade 6	复式班 Multiple-grade Classes
合　计 Total	**2860471**	**511033**	**512620**	**494720**	**464453**	**449996**	**421292**	**6357**
城区 Urban Area								
25 人及以下 Under 25 Persons	34134	6652	6112	5680	5759	5395	4505	31
26-35 人 Between 26-35	83038	15092	14006	13167	14205	14212	12356	0
36-45 人 Between 36-45	425798	87060	81012	73890	66334	61941	55560	1
46-55 人 Between 46-55	391568	65313	69550	72182	64503	62494	57526	0
56-65 人 Between 56-65	17393	707	1920	2788	3277	4008	4693	0
66 人及以上 Over 66 Persons	659	2	73	100	71	208	205	0
镇区 Counties&Towns Area								
25 人及以下 Under 25 Persons	87482	19231	17068	14663	13705	12101	10289	425
26-35 人 Between 26-35	129378	23463	22344	21317	21616	20979	19650	9
36-45 人 Between 36-45	426026	75615	75742	71721	68485	67604	66858	1
46-55 人 Between 46-55	331152	46258	52451	58152	56651	58858	58781	1
56-65 人 Between 56-65	12494	382	1191	2010	2506	3104	3301	0
66 人及以上 Over 66 Persons	228	0	17	22	31	79	79	0
乡村 Rural Area								
25 人及以下 Under 25 Persons	419403	95339	87501	72119	62374	53218	43154	5698
26-35 人 Between 26-35	214724	34748	37118	37759	36406	35319	33222	152
36-45 人 Between 36-45	206686	31503	34488	35593	34550	35400	35121	31
46-55 人 Between 46-55	78014	9570	11742	13192	13527	14524	15451	8
56-65 人 Between 56-65	2258	98	284	363	450	538	525	0
66 人及以上 Over 66 Persons	36	0	1	2	3	14	16	0

	毕业生数 Graduates	招生数 Entrants 合计 Total
总 计 Total	**16403201**	**18080902**
其中:女 of Which: Female	7594836	8485436
少数民族 Minorities	1916963	2354972
五年制 5-Year	494736	568149
九年一贯制学校 9-Year Schools	1955019	2083092
十二年一贯制学校 12-Year Schools	257463	259976
附设小学班 Primary School Classes	92030	23117
复式班 Morning & Afternoon Shift Classes	1251	16262
小学教学点 External Teaching Sites	291055	789557
独立设置少数民族学校 Inde. Sec. Schools for Minorities	467810	579250
随迁子女 Migrant Children	2020964	2371771
其中:外省迁入 of Which: from Other Provinces	917346	1065335
本省外县迁入 From Other County	1103618	1306436
进城务工人员随迁子女 Children of Migrant Workers	1492702	1666543
其中:外省迁入 of Which: from Other Provinces	649808	708830
本省外县迁入 From Other County	842894	957713
农村留守儿童 Children Left Behind	1269576	1246576
教育部门 Run by Ed. Dept.	14791497	16575393
其他部门 Run by Non-ed. Dept.	44039	50663
地方企业办 Run by Local Enterprises	2147	2871
民办 Non-government	1565518	1451975
具有独立法人资格的中外合作办 Sino-foreign Cooperation Institution with Independent Legal Personality	0	0
城区 Urban Area	6050430	7589185
教育部门 Run by Ed. Dept.	5254769	6731751
其他部门 Run by Non-ed. Dept.	17255	19476
地方企业办 Run by Local Enterprises	1479	2141
民办 Non-government	776927	835817
具有独立法人资格的中外合作办 Sino-foreign Cooperation Institution with Independent Legal Personality	0	0
镇区 Counties & Towns Area	6490671	6531160
教育部门 Run by Ed. Dept.	5895256	6080319
其他部门 Run by Non-ed. Dept.	21728	24404
地方企业办 Run by Local Enterprises	298	280
民办 Non-government	573389	426157
具有独立法人资格的中外合作办 Sino-foreign Cooperation Institution with Independent Legal Personality	0	0
乡村 Rural Area	3862100	3960557
教育部门 Run by Ed. Dept.	3641472	3763323
其他部门 Run by Non-ed. Dept.	5056	6783
地方企业办 Run by Local Enterprises	370	450
民办 Non-government	215202	190001
具有独立法人资格的中外合作办 Sino-foreign Cooperation Institution with Independent Legal Personality	0	0

学生数
in Primary Schools

单位：人
unit：person

其中：受过学前教育 of Which：Those Received the Pre-school Education	在校生数 Enrolment								预计毕业生数 Estimated Graduates for Next Year
	合计 Total	其中：女 of Which：Female	一年级 Grade 1	二年级 Grade 2	三年级 Grade 3	四年级 Grade 4	五年级 Grade 5	六年级 Grade 6	
17986907	**107253532**	**50037520**	**18083414**	**18692983**	**18673509**	**17670304**	**17466624**	**16666698**	**17163713**
8443870	50037520	—	8486318	8723560	8728281	8234775	8120569	7744017	7980199
2321040	13305407	6336850	2355476	2405892	2290803	2141999	2101131	2010106	2022335
566439	2680352	1273934	568272	554145	549795	511125	497015	0	497015
2071233	12554065	5690537	2083307	2139275	2158063	2061122	2075445	2036853	2119381
259183	1589249	673137	259992	271372	274163	255641	258529	269552	277854
23092	225789	100905	23099	22977	25655	27108	33640	93310	93696
15539	56161	27517	16274	19184	8375	5942	3938	2448	2448
780107	3476933	1675536	789834	831543	665871	512878	397474	279333	281911
572815	3218391	1561302	579497	580214	546706	517329	504060	490585	493410
2364393	14476077	6480150	2371969	2539222	2556212	2426066	2393010	2189598	2288704
1062664	6536721	2910009	1065456	1152337	1169025	1107799	1080753	961351	1028787
1301729	7939356	3570141	1306513	1386885	1387187	1318267	1312257	1228247	1259917
1662418	10348558	4642662	1666620	1798452	1819630	1740117	1735624	1588115	1658150
707425	4445324	1980453	708858	774980	790322	754247	748652	668265	713366
954993	5903234	2662209	957762	1023472	1029308	985870	986972	919850	944784
1238574	8541908	3973670	1246909	1387275	1454880	1462997	1500579	1489268	1495534
16488560	97298089	45817952	16577905	17044846	16959031	16003197	15767012	14946098	15410695
50457	279388	132683	50607	49917	48061	44686	43923	42194	43989
2871	15707	6952	2871	2984	2692	2224	2364	2572	2572
1445019	9660348	4079933	1452031	1595236	1663725	1620197	1653325	1675834	1706457
0	0	0	0	0	0	0	0	0	0
7559501	42030976	19459518	7589689	7609640	7465423	6799917	6560010	6006297	6333690
6706803	36749368	17182537	6732284	6674660	6529017	5936006	5705805	5171596	5473408
19310	104636	49105	19415	18929	18000	15817	16125	16350	16537
2141	10991	4932	2141	2267	1924	1495	1640	1524	1524
831247	5165981	2222944	835849	913784	916482	846599	836440	816827	842221
0	0	0	0	0	0	0	0	0	0
6508180	40717741	18903254	6532253	6846219	6957934	6773911	6849212	6758212	6883102
6058658	37395845	17533475	6081390	6349216	6410663	6201472	6240466	6112638	6231990
24380	139677	66696	24409	24419	24087	23171	22810	20781	22389
280	1695	798	280	310	298	261	285	261	261
424862	3180524	1302285	426174	472274	522886	549007	585651	624532	628462
0	0	0	0	0	0	0	0	0	0
3919226	24504815	11674748	3961472	4237124	4250152	4096476	4057402	3902189	3946921
3723099	23152876	11101940	3764231	4020970	4019351	3865719	3820741	3661864	3705297
6767	35075	16882	6783	6569	5974	5698	4988	5063	5063
450	3021	1222	450	407	470	468	439	787	787
188910	1313843	554704	190008	209178	224357	224591	231234	234475	235774
0	0	0	0	0	0	0	0	0	0

小学学龄人口入学
Number of Schools-age Population

	在校学龄人口数 School-age Population		招生数 Entrants		
	合计 Total	其中:女 of Which: Female	合计 Total	其中:受过学前教育 of Which: Those Received the Pre-school Education	合计 Total
总　计 Total	**104229286**	**48676575**	**18080902**	**17986907**	**107253532**
5岁及以下 Under 5 Years	0	0	88527	—	88772
6岁 6 Years	14543110	6902268	15068186	—	15198111
7岁 7 Years	18277310	8550257	2836075	—	18277310
8岁 8 Years	18807119	8782168	78211	—	18807119
9岁 9 Years	17674803	8239797	5375	—	17674803
10岁 10 Years	17420049	8097766	1189	—	17420049
11岁 11 Years	16483785	7624715	569	—	16533756
12岁 12 Years	1023110	479604	2315	—	2988647
13岁 13 Years	0	0	117	—	208567
14岁 14 Years	0	0	69	—	36669
15岁及以上 Over 15 Years	0	0	269	—	19729
城区 Urban Area	41083507	19043495	7589185	7559501	42030976
5岁及以下 Under 5 Years	0	0	29596	—	29647
6岁 6 Years	6535152	3095014	6636588	—	6684339
7岁 7 Years	7471352	3469744	901597	—	7471352
8岁 8 Years	7576538	3512030	19900	—	7576538
9岁 9 Years	6843330	3162886	1030	—	6843330
10岁 10 Years	6574385	3024942	172	—	6574385
11岁 11 Years	5944703	2717153	79	—	5972174
12岁 12 Years	138047	61726	43	—	837444
13岁 13 Years	0	0	16	—	35603
14岁 14 Years	0	0	7	—	3908
15岁及以上 Over 15 Years	0	0	157	—	2256
镇区 Counties & Towns Area	39509936	18360721	6531160	6508180	40717741
5岁及以下 Under 5 Years	0	0	35128	—	35185
6岁 6 Years	5203865	2461364	5437170	—	5487300
7岁 7 Years	6694413	3117415	1025569	—	6694413
8岁 8 Years	6979282	3242555	30643	—	6979282
9岁 9 Years	6739178	3123955	1724	—	6739178
10岁 10 Years	6798692	3146821	384	—	6798692
11岁 11 Years	6645918	3060262	211	—	6661838
12岁 12 Years	448588	208349	242	—	1223166
13岁 13 Years	0	0	30	—	80150
14岁 14 Years	0	0	19	—	12282
15岁及以上 Over 15 Years	0	0	40	—	6255
乡村 Rural Area	23635843	11272359	3960557	3919226	24504815
5岁及以下 Under 5 Years	0	0	23803	—	23940
6岁 6 Years	2804093	1345890	2994428	—	3026472
7岁 7 Years	4111545	1963098	908909	—	4111545
8岁 8 Years	4251299	2027583	27668	—	4251299
9岁 9 Years	4092295	1952956	2621	—	4092295
10岁 10 Years	4046972	1926003	633	—	4046972
11岁 11 Years	3893164	1847300	279	—	3899744
12岁 12 Years	436475	209529	2030	—	928037
13岁 13 Years	0	0	71	—	92814
14岁 14 Years	0	0	43	—	20479
15岁及以上 Over 15 Years	0	0	72	—	11218

及在校生情况
of Primary Schools

单位：人
unit：person

在校学生数 Enrolment						
其中：女 of Which：Female	一年级 Grade 1	二年级 Grade 2	三年级 Grade 3	四年级 Grade 4	五年级 Grade 5	六年级 Grade 6
50037520	**18083414**	**18692983**	**18673509**	**17670304**	**17466624**	**16666698**
47779	88540	225	7	—	—	—
7223834	15068975	128697	431	8	—	—
8550257	2837550	15262539	176515	679	27	—
8782168	78457	3157254	15384099	186198	1076	35
8239797	5404	122431	2936219	14389068	219610	2071
8097766	1190	14596	146930	2894968	14081959	280406
7646179	534	3671	19377	165722	2948003	13396449
1332705	2292	1783	5332	22621	181256	2775363
91041	119	946	2231	5805	24210	175256
16773	79	428	1209	2565	6069	26319
9221	274	413	1159	2670	4414	10799
19459518	7589689	7609640	7465423	6799917	6560010	6006297
16858	29598	48	1	—	—	—
3169367	6636834	47311	193	1	—	—
3469744	901894	6501091	68129	235	3	—
3512030	19922	1032506	6451351	72427	320	12
3162886	1036	25918	914311	5815919	85465	681
3024942	161	1983	28607	877722	5564097	101815
2728750	44	540	1947	30350	873788	5065505
358231	18	130	465	2307	32851	801673
14094	15	51	196	541	2504	32296
1646	10	21	70	200	588	3019
970	157	41	153	215	394	1296
18903254	6532253	6846219	6957934	6773911	6849212	6758212
18507	35130	53	2	—	—	—
2599260	5437513	49683	104	0	—	—
3117415	1026188	5601046	66969	202	8	—
3242555	30753	1145125	5730968	72032	394	10
3123955	1735	44619	1097676	5506712	87728	708
3146821	387	3737	53395	1119871	5501837	119465
3067215	211	982	5640	64808	1174279	5415918
544503	244	437	1624	6940	73701	1140220
34643	32	266	690	1618	7981	69563
5476	19	129	454	834	1916	8930
2904	41	142	412	894	1368	3398
11674748	3961472	4237124	4250152	4096476	4057402	3902189
12414	23812	124	4	—	—	—
1455207	2994628	31703	134	7	—	—
1963098	909468	3160402	41417	242	16	—
2027583	27782	979623	3201780	41739	362	13
1952956	2633	51894	924232	3066437	46417	682
1926003	642	8876	64928	897375	3016025	59126
1850214	279	2149	11790	70564	899936	2915026
429971	2030	1216	3243	13374	74704	833470
42304	72	629	1345	3646	13725	73397
9651	50	278	685	1531	3565	14370
5347	76	230	594	1561	2652	6105

小学学校
Number of Educational

	教职 Educational	
	合计 Total	专任教师 Full-time Teachers
总　计 Total	**5966300**	**5592104**
其中:女 of Which: Female	4122227	3947558
少数民族 Minority	653024	595571
教育部门 Run by Ed. Dept.	5645355	5347984
其他部门 Run by Non-ed. Dept.	8162	7271
地方企业办 Run by Local Enterprises	639	535
民办 Non-government	312144	236314
具有独立法人资格的中外合作办 Sino-foreign Cooperation Institution with Independent Legal Personality	0	0
城区 Urban Area	**2041520**	**1917335**
教育部门办 Run by Ed. Dept.	1884709	1796973
其他部门办 Run by Non-ed. Dept.	3507	3181
地方企业办 Run by Local Enterprises	428	344
民办 Non-government	152876	116837
具有独立法人资格的中外合作办 Sino-foreign Cooperation Institution with Independent Legal Personality	0	0
镇区 Counties & Towns Area	**2168447**	**2036065**
教育部门办 Run by Ed. Dept.	2062230	1956219
其他部门办 Run by Non-ed. Dept.	3513	3125
地方企业办 Run by Local Enterprises	76	73
民办 Non-government	102628	76648
具有独立法人资格的中外合作办 Sino-foreign Cooperation Institution with Independent Legal Personality	0	0
乡村 Rural Area	**1756333**	**1638704**
教育部门办 Run by Ed. Dept.	1698416	1594792
其他部门办 Run by Non-ed. Dept.	1142	965
地方企业办 Run by Local Enterprises	135	118
民办 Non-government	56640	42829
具有独立法人资格的中外合作办 Sino-foreign Cooperation Institution with Independent Legal Personality	0	0

教职工数
Personnel in Primary Schools

单位:人
unit:person

工　　数 Personnel				代课教师 Substitute Teachers	兼任教师 Part-time Teachers
行政人员 Adm. Personnel	教辅人员 Supporting Staffs	工勤人员 Workers	校办企业职工 Employees in School-run Factories & Farms		
124110	**107630**	**142075**	**381**	**163129**	**27084**
40848	59388	74202	231	134794	19417
10761	20243	26421	28	11431	3886
110812	95517	90878	164	162972	25699
256	195	439	1	123	1
33	14	57	0	34	0
13009	11904	50701	216	0	1384
0	0	0	0	0	0
44059	**32076**	**47929**	**121**	**57141**	**6471**
37735	25457	24504	40	57036	5841
133	101	92	0	76	1
26	14	44	0	29	0
6165	6504	23289	81	0	629
0	0	0	0	0	0
40483	**39521**	**52197**	**181**	**48933**	**7078**
35970	35834	34120	87	48881	6662
90	55	242	1	47	0
1	0	2	0	5	0
4422	3632	17833	93	0	416
0	0	0	0	0	0
39568	**36033**	**41949**	**79**	**57055**	**13535**
37107	34226	32254	37	57055	13196
33	39	105	0	0	0
6	0	11	0	0	0
2422	1768	9579	42	0	339
0	0	0	0	0	0

小学分课程专任

Number of Full-time Teachers in Primary Schools

	总计 Total	其中:女 of Which: Female	品德与生活(社会) Virtue Education	语 文 Language & Literature	数 学 Mathematics	外语 Foreign 小计 Subtotal	英语 English	日语 Japanese
总 计 Total	**6434178**	**4578915**	**239465**	**2252661**	**1779092**	**532481**	**531839**	**57**
其中:女 of Which:Female	4578915	—	130810	1860969	1231345	476233	475811	52
少数民族 Minorities	653422	415340	26512	222842	186051	36371	36318	9
研究生毕业 Graduate	102583	88559	2158	34767	18633	15487	15456	9
本科毕业 Under-graduate	4143762	3191034	126677	1495427	1103790	413448	413003	37
专科毕业 Associate Bachelor	2051722	1257143	100834	685949	616040	101594	101429	10
高中阶段毕业 High School Graduate	134811	41788	9698	36190	40302	1940	1939	1
高中阶段以下毕业 Below High School Graduate	1300	391	98	328	327	12	12	0
城区 Urban Area	2299358	1855662	73957	812917	575969	214398	214150	38
镇区 Counties & Towns Area	2347348	1677762	94687	813119	679104	186572	186314	10
乡村 Rural Area	1787472	1045491	70821	626625	524019	131511	131375	9

小学专任教师专业

Number of Full-time Teachers in Primary

	合计 Total	其中:女 of Which: Female	24 岁及以下 24 and Under	25-29 岁 25 to 29	30-34 岁 30 to 34
合计 Total	**6434178**	**4578915**	**433147**	**1065563**	**1028532**
女 Female	4578915	—	368111	893706	843850
少数民族 Minorities	653422	415340	40949	99992	100484
正高级 Senior	1506	927	0	0	0
副高级 Sub-senior	547254	297368	17	59	1594
中级 Middle	2743979	1778065	1277	38624	221720
助理级 Associate	1914042	1490184	66823	534215	592467
员级 Junior	185521	147848	32183	80755	43477
未定职级 No-ranking	1041876	864523	332847	411910	169274
城区 Urban Area	2299358	1855662	162800	398225	384242
镇区 Counties & Towns Area	2347348	1677762	149329	360288	374239
乡村 Rural Area	1787472	1045491	121018	307050	270051

教师学历情况

by Subject Taught and Academic Qualifications

单位:人
unit:person

Languages 俄语 Russian	体育 Physical	科学 Science	艺术 Arts	音乐 Music	美术 Fine Arts	综合实践活动 Practical Activities 小计 Subtotal	信息技术 Information Technique	劳动与技术 Skills Teaching	其他 Others	当年不任课 No Teaching Load in Current Year
24	**397980**	**230201**	**26901**	**274968**	**261339**	**295000**	**223236**	**58589**	**91466**	**52624**
16	109967	120014	17614	222943	186706	131192	94327	29313	60953	30169
8	36583	23501	2274	25558	21979	30099	22089	6611	21958	19694
2	9104	4617	328	5290	6424	3532	2903	411	1549	694
13	251385	129428	14946	193255	177364	169150	133393	28555	43630	25262
9	125230	88692	10813	72582	72548	112914	81513	26103	41377	23149
0	12146	7398	809	3807	4955	9291	5368	3474	4806	3469
0	115	66	5	34	48	113	59	46	104	50
10	168590	83961	7877	115617	109868	85864	58619	21198	30117	20223
11	138832	86749	11468	98027	93467	96799	68241	23687	32488	16036
3	90558	59491	7556	61324	58004	112337	96376	13704	28861	16365

技术职务、年龄结构情况

Schools by Professional Rank and Age

单位:人
unit:person

35-39 岁 35 to 39	40-44 岁 40 to 44	45-49 岁 45 to 49	50-54 岁 50 to 54	55-59 岁 55 to 59	60 岁及以上 60 and Over
1008070	**1047669**	**827943**	**677404**	**342300**	**3550**
761226	735892	543845	406080	25291	914
108713	107653	88343	72062	35024	202
22	146	398	609	297	34
25110	97475	149048	173831	99615	505
519186	719198	578296	447261	216460	1957
380320	196151	79910	43211	20779	166
16924	5724	3143	2106	1171	38
66508	28975	17148	10386	3978	850
374661	385634	313551	222829	56149	1267
386731	396485	303695	250753	124842	986
246678	265550	210697	203822	161309	1297

小学专任教
Changes of Full-time

	上学年初报表专任教师数 Number of Full-time Teachers at Beginning of Previous Academic Year	增加教师 Factors of Increase						
		合计 Total	录用毕业生 New Recruits from Current Year Graduates		调入 Teachers Recruited from Other Units		校内变动 With Change of Status in Their Own Institutions	
			小计 Subtotal	其中:师范生 of Which: Normal University Students	小计 Subtotal	其中:外校 of Which: Graduated from other Institutions	小计 Subtotal	其中:学段调整 of Which: Adjusting Teaching Stage
合计 Total	**6269084**	**906645**	**254395**	**153421**	**545477**	**353147**	**65579**	**8232**
其中:女 of Which: Female	4389430	651541	210055	127375	372625	243350	36689	4668
城区 Urban Area	2184271	312359	93525	58563	180256	122655	15142	2826
其中:女 of Which: Female	1752406	249482	78831	49513	141190	95854	10394	1808
镇区 Counties and Towns Area	2268989	318753	84582	50889	200977	133026	22744	3098
其中:女 of Which: Female	1601773	229806	70227	42477	138749	92839	12852	1724
乡村 Rural Area	1815824	275533	76288	43969	164244	97466	27693	2308
其中:女 of Which: Female	1035251	172253	60997	35385	92686	54657	13443	1136

小学学生、教职工
Supplementary Information on Students and

	在校学生中 of Total In-school Students			教职 of Total	
	共青团员 Member of C. Y. L.	华侨 Overseas Chinese	港澳台 From H. K, Macao and Taiwan	共产党员 Member of C. P. C.	共青团员 Member of C. Y. L.
合计 Total	**16**	**7511**	**120646**	**1526517**	**367539**
其中:女 of Which: Female	10	3390	53097	847366	308078
城区 Urban Area	0	4044	106244	605667	182923
其中:女 of Which: Female	0	1750	46906	436836	157926
镇区 Counties and Towns Area	11	2470	10617	520025	98465
其中:女 of Which: Female	7	1178	4578	263575	83237
乡村 Rural Area	5	997	3785	400825	86151
其中:女 of Which: Female	3	462	1613	146955	66915

师变动情况

Teachers in Primary Schools

单位：人
unit：person

	减少教师 Factors of Decrease							
				校内变动 With Change of Status in Their Own Institutions				本学年初报表专任教师数 Number of Full-time Teachers at Beginning of Current Academic Year
其他 Others	合计 Total	自然减员 Retired from Their Posts during Previous Academic Year	调出 Transferred from Teaching to Non-Teaching Posts	小计 Subtotal	其中：学段调整 of Which: Adjusting Teaching Stage	辞职 Resignation	其他 Others	
41194	**741551**	**106604**	**480868**	**61985**	**8130**	**72543**	**19551**	**6434178**
32172	462056	58219	303383	33360	4891	54312	12782	4578915
23436	197272	28008	105748	12836	2746	41569	9111	2299358
19067	146226	20645	77783	8514	1810	32470	6814	1855662
10450	240394	38926	159177	19409	3097	17891	4991	2347348
7978	153817	22142	104784	10604	1820	13176	3111	1677762
7308	303885	39670	215943	29740	2287	13083	5449	1787472
5127	162013	15432	120816	14242	1261	8666	2857	1045491

政治面貌及其他

Educational Personnel of Primary Schools

单位：人
unit：person

工中 Staff & Workers		专任教师中 of Total Full-time Teachers			
民主党派 Member of Non-Communist Party	华 侨 Overseas Chinese	共产党员 Member of C. P. C.	共青团员 Member of C. Y. L.	民主党派 Member of Non-Communist Party	华 侨 Overseas Chinese
14693	**213**	**1602423**	**454959**	**15670**	**250**
10764	150	923514	383612	11516	175
10995	39	652380	234851	11720	77
8422	29	479863	202787	8994	56
2222	106	546954	123689	2442	101
1582	86	288494	104754	1727	81
1476	68	403089	96419	1508	72
760	35	155157	76071	795	38

	合计 Total
总　计 Total	**845772450.22**
其中:危房 of Which: Floor Space of Dilapidated Buildings	2237960.19
当年新增校舍 New Floor Space Added in Current Year	39642987.28
一、教学及辅助用房 Buildings for Instruction and Ancillary Uses	**449653312.48**
教室 Classroom	354251702.94
实验室 Laboratory	29272774.71
图书室 Library	25086442.96
微机室 PC-room	19200954.45
语音室 Linguistic	5623012.18
体育馆 Gymnasium	16218425.25
二、行政办公用房 Administrative	**70927821.86**
其中:教师办公室 of Which: for Teachers	46075856.62
三、生活用房 Residential and Welfare	**220307067.24**
教工宿舍 Apartments for Single	59234834.91
其中:教师周转宿舍 of Which: Accommodation for Circulation of Teachers	23298888.00
学生宿舍 Students'Dormitories	43840162.74
食堂 Dining Halls	48853172.12
厕所 Toilets	36212726.80
其他 Others	32166170.69
四、其他用房 Rooms for Other Purposes	**104884248.67**

条件(一)
in Primary Schools (1)

单位:平方米
unit:m^2

城区 Urban Area	镇区 Counties and Towns Area	乡村 Rural Area
269053253.11	**290148792.05**	**286570405.06**
545812.05	584283.15	1107864.99
15763523.28	14766452.00	9113012.00
148786395.69	**154453382.25**	**146413534.54**
113856918.46	123973639.01	116421145.47
8931833.28	9804621.52	10536319.91
7560807.83	8035734.16	9489900.97
5476112.72	6420253.78	7304587.95
1807046.27	2254565.38	1561400.53
11153677.13	3964568.40	1100179.72
25318137.03	**23848105.78**	**21761579.05**
15434701.09	15433938.47	15207217.06
48887717.24	**81289309.10**	**90130040.90**
7393362.93	22777437.10	29064034.88
1912347.19	9467218.50	11919322.31
4959692.88	18948363.34	19932106.52
12427562.45	17948052.63	18477557.04
11707839.24	11692605.03	12812282.53
12399259.75	9922851.01	9844059.93
46061003.15	**30557994.93**	**28265250.59**

	占地面积(平方米) Areas Occupied(m^2)			图书(册) Books & Magazines in Libraries (volume)	计算机数(台)	
	合计 Total	其中:of Which:			合计 Total	其中:教学用 of Which:
		绿化用地面积 Green Areas	运动场地面积 Sports Areas			小计 Subtotal
合计 Total	**2380474351.98**	**427987331.96**	**765929839.60**	**2579218082**	**14905551**	**12597690**
城区 Urban Area	506567498.15	101918653.89	197078962.60	949166676	5647792	4822187
镇区 Counties and Towns Area	772278768.55	135827373.77	261372208.12	933357062	4925856	4189192
乡村 Rural Area	1101628085.28	190241304.31	307478668.88	696694344	4331903	3586311

小学办学条件(三)
Condition of School Buildings in Primary Schools (3)

单位:所
unit:school

	体育运动场(馆)面积达标校数 Schools No.: Sports Areas Reached Standard	体育器械配备达标校数 Schools No.: Sports Equip. Reached Standard	音乐器械配备达标校数 Schools No.: Musical Instru. Reached Standard	美术器械配备达标校数 Schools No.: Fine Arts Instru. Reached Standard	教学自然实验仪器达标校数 Schools No.: Equip. of Natural Sci. Reached Standard	建立校园网校数 Schools No.: Establishing Campus Networks	接入互联网校数 Schools No.: Access the Internet
合计 Total	**145407**	**152711**	**152275**	**152083**	**151600**	**111284**	**155706**
城区 Urban Area	25872	28097	28037	27999	27817	24668	28759
镇区 Counties and Towns Area	39861	41627	41542	41512	41383	31194	42399
乡村 Rural Area	79674	82987	82696	82572	82400	55422	84548

条件(二)
in Primary Schools (2)

PC (set)	教室(间)Classroom(room)		教室中:普通教室(间) of Which: General Classroom(room)		固定资产总值(万元) Total Value of Fixed Asset (10,000 yuan)		
计算机 No. of Computers Used for Instruction / 其中:平板电脑 of Which: Tablet PC	合计 Total	其中:网络多媒体教室 of Which: Network Multimedia Classroom	合计 Total	其中:网络多媒体教室 of Which: Network Multimedia Classroom	合计 Total	其中:教学仪器设备资产值 of Which: Total Value of Equip & Instru. 小计 Subtotal	其中:实验设备 of Which: for Experiment
1131434	**4112699**	**2762762**	**3164558**	**2448203**	**134139191.82**	**19402600.39**	**3486687.03**
622984	1177095	959359	888483	812992	51171105.44	8630706.22	1247515.40
301632	1336836	934212	1046993	846088	45176102.56	6178498.40	1179995.21
206818	1598768	869191	1229082	789123	37791983.82	4593395.77	1059176.42

成人小学基本情况
Basic Statistics of Adult Primary Schools

单位:人
unit:person

	学校数(所) Schools	教学班(点)(个) External Teaching Sites	毕(结)业生数 Graduates		注册学生数 Enrolment		教职工数 Educational Personnel		专任教师 Full-time Teacher		聘请校外教师 Part-time Teachers
			合计 Total	其中:女 of Which: Female	合计 Total	其中:女 of Which: Female	合计 Total	其中:女 of Which: Female	合计 Total	其中:女 of Which: Female	
合计 Total	**4622**	**7543**	**250473**	**135947**	**255214**	**141908**	**13029**	**5618**	**7407**	**3533**	**4786**
其中:少数民族 of which: Minority	203	336	32284	19359	28537	18666	2541	738	1981	587	385
职工小学 General Primary Schools for Staff & workers	93	273	6303	3665	106	51	632	452	464	350	72
农民小学 General Primary Schools for Peasants	4529	7270	244170	132282	255108	141857	12397	5166	6943	3183	4714
小学班 Primary Classes	1775	2071	121301	58994	120563	58833	2254	991	1042	527	1595
扫盲班 Literacy Classes	2754	5199	122869	73288	134545	83024	10143	4175	5901	2656	3119

五、工读学校
Correctional Work-study Schools

工读学校基本情况
Basic Statistics of Correctional Work-study Schools

单位:人
unit:person

	学校数(所) Schools	班数(个) Classes	离校人数 Schools Leavers	入校人数 No. of Persons Enrolled	在校生数 Enrolment	教职工数 Educational Personnel 合计 Total	其中专任教师 of Which: Full-time Teachers
合 计 Total	**95**	**319**	**4031**	**3036**	**6012**	**2901**	**2139**
其中:女 of Which:Female	—	—	885	520	1090	1199	943

六、特殊教育
Special Education

特殊教育
Basic Statistics of

	班数（个）Classes	毕业生数 Graduates	招生数 Entrants	合计 Total	其中：女 of Which: Female	学前教育阶段 Pre-primary Education	小学 一年级 Grade 1	二年级 Grade 2
总计 Total	**31220**	**121411**	**149046**	**880800**	**324217**	**4620**	**78076**	**98041**
女 Female	—	44470	56190	324217	—	1624	28681	35560
少数民族学生 Minority Students	—	18630	22099	124817	50287	330	11603	14672
寄宿生 of the Total Boarders	—	—	28233	183292	68163	509	9496	12594
特殊教育学校中：寄宿生 of the Special Education Schools: Boarders	—	—	12863	114002	40427	505	8170	10502
职业技术班 Vocational and Technical Classes	—	775	1006	3971	1426	0	12	2
特殊教育学校 Schools for Special Edu.	30521	40158	48564	320775	115880	4416	32044	36874
视力残疾 Visual Impairment	1310	1779	1601	9408	3519	91	817	846
听力残疾 Hearing Impairment	4939	8928	5931	41027	18221	1140	2445	3000
言语残疾 Speech Disability	555	546	713	5876	2060	76	606	670
肢体残疾 Extremity Disability	837	827	1472	10220	3787	69	1258	1323
智力残疾 Intellectual Disability	19842	25164	33221	219851	77223	2199	22465	26090
精神残疾 Mental Disability	826	713	1786	9639	2122	529	1446	1250
多重残疾 Multiple Disability	2212	2201	3840	24754	8948	312	3007	3695
小学附设特教班 Classes Attached to Primary Schools	541	351	461	3039	1059	10	435	446
视力残疾 Visual Impairment	4	1	2	14	5	0	2	3
听力残疾 Hearing Impairment	16	12	12	56	25	10	11	5
言语残疾 Speech Disability	6	1	7	45	15	0	4	6
肢体残疾 Extremity Disability	24	17	26	118	44	0	16	18
智力残疾 Intellectual Disability	414	287	341	2352	851	0	351	352
精神残疾 Mental Disability	25	10	30	205	32	0	22	34
多重残疾 Multiple Disability	52	23	43	249	87	0	29	28
小学随班就读 Followers In Primary Schools	—	34246	34639	300688	112588	0	34781	48029
视力残疾 Visual Impairment	—	2843	1942	20254	8191	0	1946	2856
听力残疾 Hearing Impairment	—	3477	4741	33853	13824	0	4756	5951
言语残疾 Speech Disability	—	1631	2271	17265	6136	0	2277	2934
肢体残疾 Extremity Disability	—	10318	9098	84491	32683	0	9132	12583
智力残疾 Intellectual Disability	—	13176	11838	111490	41085	0	11899	17644
精神残疾 Mental Disability	—	1240	1949	13890	3568	0	1961	2528
多重残疾 Multiple Disability	—	1561	2800	19445	7101	0	2810	3533
初中附设特教班 Special Classes Attached to Junior High Schools	48	31	42	254	75	0	44	37
视力残疾 Visual Impairment	1	1	0	2	0	0	0	0
听力残疾 Hearing Impairment	0	0	0	1	1	0	0	0
言语残疾 Speech Disability	1	0	0	6	3	0	1	0
肢体残疾 Extremity Disability	7	6	4	24	11	0	3	3
智力残疾 Intellectual Disability	22	20	25	136	47	0	29	25
精神残疾 Mental Disability	4	4	9	48	3	0	7	6
多重残疾 Multiple Disability	13	0	4	37	10	0	4	3
初中随班就读 Followers in Junior High Schools	—	31025	41761	135068	51209	0	—	—
视力残疾 Visual Impairment	—	3272	3585	12499	5142	0	—	—
听力残疾 Hearing Impairment	—	3007	4202	13398	5359	0	—	—
言语残疾 Speech Disability	—	1473	2055	6810	2400	0	—	—
肢体残疾 Extremity Disability	—	12403	15393	51298	19727	0	—	—
智力残疾 Intellectual Disability	—	8742	13174	40431	14787	0	—	—
精神残疾 Mental Disability	—	1016	1457	4680	1630	0	—	—
多重残疾 Multiple Disability	—	1112	1895	5952	2164	0	—	—
其他学校附设特教班 Special Classes Attached to Other Schools	110	78	297	918	337	194	9	7
视力残疾 Visual Impairment	0	0	1	1	0	1	0	0
听力残疾 Hearing Impairment	4	3	11	45	22	43	0	0
言语残疾 Speech Disability	2	4	6	20	7	18	0	2
肢体残疾 Extremity Disability	5	3	7	22	9	11	4	0
智力残疾 Intellectual Disability	70	50	232	722	266	69	5	3
精神残疾 Mental Disability	3	2	9	20	5	13	0	2
多重残疾 Multiple Disability	26	16	31	88	28	39	0	0
城区 Urban Area	16765	41041	49265	288214	102739	3582	26904	32356
镇区 County and Town Area	12357	53869	64841	375377	140125	887	29267	37031
乡村 Rural Area	2098	26501	34940	217209	81353	151	21905	28654

注：总计中含有送教上门毕业生数 21777 人，招生数 34469 人，在校生数 202628 人。

note: In total, including the student who received delivering education to home, there are 21777 graduates, 34469 entrants and 202628 enrollments.

基本情况
Special Education

单位:人
unit:person

在校生数 Enrolment										
阶段 Primary Education				初中阶段 Junior Secondary Education				高中阶段 Senior Secondary Education		
三年级 Grade 3	四年级 Grade 4	五年级 Grade 5	六年级 Grade 6	一年级 Grade 1	二年级 Grade 2	三年级 Grade 3	四年级 Grade 4	一年级 Grade 1	二年级 Grade 2	三年级及以上 Over and Grade 3
108595	**114111**	**104850**	**100571**	**84837**	**88932**	**83777**	**2653**	**4366**	**3546**	**3825**
39165	41806	37964	36901	32100	33442	31263	946	1744	1492	1529
15589	16346	14051	14415	12492	12803	11783	32	245	192	264
15158	17875	18710	19875	26618	27940	27720	370	2395	2010	2022
12138	13347	13155	12786	12579	12140	12011	292	2382	2002	1993
33	36	60	72	141	169	183	0	1345	898	1020
40133	41195	35089	32796	30410	28197	27206	1372	4154	3368	3521
985	989	967	1016	913	895	847	31	371	333	307
3277	3603	4054	4181	4262	4974	5029	120	1634	1561	1747
800	837	694	645	468	478	472	5	25	23	77
1338	1562	1199	981	904	747	666	46	51	40	36
28840	29697	24460	22653	21125	18861	17996	1111	1838	1282	1234
1309	1128	1029	872	730	595	532	20	94	43	62
3584	3379	2686	2448	2008	1647	1664	39	141	86	58
484	545	518	527	18	34	22	0	0	0	0
0	2	6	1	0	0	0	0	0	0	0
10	10	3	7	0	0	0	0	0	0	0
9	12	5	9	0	0	0	0	0	0	0
17	15	21	21	2	6	2	0	0	0	0
342	399	412	433	15	28	20	0	0	0	0
52	46	33	18	0	0	0	0	0	0	0
54	61	38	38	1	0	0	0	0	0	0
52299	55181	56172	54226	—	—	—	—	—	—	—
3307	3584	4205	4356	—	—	—	—	—	—	—
5939	5854	5902	5451	—	—	—	—	—	—	—
3233	3050	3038	2733	—	—	—	—	—	—	—
14004	15613	16455	16704	—	—	—	—	—	—	—
19695	21141	21027	20084	—	—	—	—	—	—	—
2452	2454	2395	2100	—	—	—	—	—	—	—
3669	3485	3150	2798	—	—	—	—	—	—	—
25	37	24	23	48	7	9	0	0	0	0
0	0	0	1	0	1	0	0	0	0	0
0	0	0	0	0	1	0	0	0	0	0
1	2	1	0	0	1	0	0	0	0	0
1	3	4	3	2	1	4	0	0	0	0
10	12	10	3	41	3	3	0	0	0	0
9	8	6	6	5	0	1	0	0	0	0
4	12	3	10	0	0	1	0	0	0	0
—	—	—	—	41799	47033	45035	1201	—	—	—
—	—	—	—	3587	4328	4542	42	—	—	—
—	—	—	—	4208	4646	4434	110	—	—	—
—	—	—	—	2054	2467	2261	28	—	—	—
—	—	—	—	15407	17632	17960	299	—	—	—
—	—	—	—	13188	14126	12457	660	—	—	—
—	—	—	—	1457	1648	1550	25	—	—	—
—	—	—	—	1898	2186	1831	37	—	—	—
0	0	0	0	0	0	14	0	212	178	304
0	0	0	0	0	0	0	0	0	0	0
0	0	0	0	0	0	2	0	0	0	0
0	0	0	0	0	0	0	0	0	0	0
0	0	0	0	0	0	3	0	2	2	0
0	0	0	0	0	0	7	0	199	163	276
0	0	0	0	0	0	2	0	1	1	1
0	0	0	0	0	0	0	0	10	12	27
33082	34979	32384	30310	27293	27993	26853	1790	3919	3238	3531
43280	46080	42890	42324	43611	46006	42731	694	243	164	169
32233	33052	29576	27937	13933	14933	14193	169	204	144	125

	学校数（所）Schools	班数（个）Classes	毕业生数 Graduates	招生数 Entrants	合计 Total	其中：女 of Which: Female	学前教育阶段 Pre-primary Education	小学 一年级 Grade 1	二年级 Grade 2
总　计 Total	**2244**	**30521**	**40158**	**48564**	**320775**	**115880**	**4416**	**32044**	**36874**
女 Female	—	—	15050	17590	115880	—	1546	11169	12923
少数民族学生 Minority Students	—	—	3940	4845	34032	12686	316	3633	4227
寄宿生 of the Total Boarders	—	—	—	12863	114002	40427	505	8170	10502
职业技术班 Vocational and Technical Classes	—	—	766	836	3438	1248	0	12	2
盲人学校 Visual Impairment	26	389	725	700	3530	1277	50	284	289
聋人学校 Hearing Impairment	389	5728	7707	8693	64437	24064	882	5806	7211
培智学校 Intellectual Disability	568	6293	7854	9709	63432	21730	715	6801	7183
其他特殊教育学校 Other Disability	1261	18111	23872	29462	189376	68809	2769	19153	22191
城区 Urban Area	1115	16360	23687	28264	172280	61928	3435	16811	19364
镇区 County and Town Area	952	12116	14149	17052	128498	46802	839	13131	14974
乡村 Rural Area	177	2045	2322	3248	19997	7150	142	2102	2536

校基本情况
Special Education Schools

单位:人
unit:person

在校生数 Total In-school Students										
阶段 Primary Education				初中阶段 Junior Secondary Education				高中阶段 Senior Secondary Education		
三年级 Grade 3	四年级 Grade 4	五年级 Grade 5	六年级 Grade 6	一年级 Grade 1	二年级 Grade 2	三年级 Grade 3	四年级 Grade 4	一年级 Grade 1	二年级 Grade 2	三年级及以上 Over and Grade 3
40133	**41195**	**35089**	**32796**	**30410**	**28197**	**27206**	**1372**	**4154**	**3368**	**3521**
14086	14826	12401	11968	11050	10676	10258	462	1659	1433	1423
4323	4775	3669	3658	3180	3047	2483	23	242	192	264
12138	13347	13155	12786	12579	12140	12011	292	2382	2002	1993
33	36	60	72	141	169	183	0	1175	764	791
365	268	302	305	351	322	317	13	210	236	218
8302	8973	7167	6952	5730	5248	4831	177	1097	934	1127
7846	7739	6458	6050	6268	5756	5775	475	980	721	665
23620	24215	21162	19489	18061	16871	16283	707	1867	1477	1511
19083	20352	17989	16519	16522	15870	15234	1044	3722	3072	3263
18348	18329	15079	14186	11925	10573	10266	272	243	164	169
2702	2514	2021	2091	1963	1754	1706	56	189	132	89

特殊教育学

Number of Educational Personnel in

	教 职 Educational		
	合计 Total	专任教师 Full-time Teachers	行政人员 Adm. Personnel
合 计 Total	**76415**	**66169**	**3491**
其中:女 of Which:Female	54866	49373	1665
少数民族 Minorities	7147	6201	299

特殊教育学校专任

Number of Full-time Teachers in Special Education

	合计 Total	按学历分 By Educational Attainment				
		研究生毕业 Graduate	本科毕业 Under-graduate	专科毕业 Associate Bachelor	高中阶段毕业 High School Graduate	高中阶段以下毕业 Below High School Graduate
合 计 Total	**66169**	**1872**	**47790**	**15679**	**796**	**32**
其中:女 of Which:Female	49373	1566	36180	11103	502	22
受过特教专业培训 Trainee in Special Education	52043	1624	38630	11291	483	15

特殊教育专任

Changes of Full-time Teachers in

	上学年初报表专任教师数 Number of Full-time Teachers at Beginning of Previous Academic Year	增加教师 Factors of Increase						
		合计 Total	录用毕业生 New Recruits from Current Year Graduates		调入 Teachers Recruited		校内变动 With Change of Status	
			小计 Subtotal	其中:师范生 of Which:Students Enrolled in Teacher Training Institutions	小计 Subtotal	其中:外校 of Which: Graduated from other Institutions	小计 Subtotal	其中:学段调整 of Which: Adjusting Teaching Stage
合 计 Total	**62358**	**6944**	**3322**	**2127**	**2718**	**1863**	**506**	**0**
其中:女 of Which: Female	46303	5154	2692	1765	1812	1218	333	0

校教职工数

Special Education Schools

单位:人
unit:person

工　数 Personnel		代课教师 Substitute Teachers	兼任教师 Part-time Teachers
教辅人员 Supporting Staff	工勤人员 Workers		
2895	**3860**	**1767**	**566**
2009	1819	1388	293
220	427	99	15

教师学历、专业技术职务情况

Schools by Academic Qualifications and Professional Rank

单位:人
unit:person

按专业技术职务分 By Professional Rank					
正高级 Senior	副高级 Sub-senior	中级 Middle	助理级 Associate	员级 Junior	未定职级 No-ranking
70	**10616**	**27805**	**17293**	**2119**	**8266**
45	6949	20225	13559	1747	6848
57	7973	21555	14194	1719	6545

教师变动情况

Special Education Schools

单位:人
unit:person

	减少教师 Factors of Decrease							本学年初报表专任教师数 Number of Full-time Teachers at Beginning of Current Academic Year
				校内变动 With Change of Status in Their Own Institutions				
其他 Others	合计 Total	自然减员 Retired from Their Posts during Previous Academic Year	调出 Transferred from Teaching to Non-Teaching Posts	小计 Subtotal	其中:学段调整 of Which: Adjusting Teaching Stage	辞职 Resignation	其他 Others	
398	**3133**	**936**	**1252**	**366**	**0**	**411**	**168**	**66169**
317	2084	633	798	204	0	329	120	49373

特殊教育学校办学条件(一)
Condition of School Buildings in Special Education Schools(1)

单位:平方米
unit:m^2

	合计 Total
总　计 Total	**11419105.69**
其中:危房 of Which : Floor Space of Dilapidated Buildings	49508.90
当年新增校舍 New Added in Current Year	607920.54
一、教学及辅助用房 Buildings for Instruction and Ancillary Uses	**5113899.57**
教室 Classroom Only	2689690.38
专用教室 Classroom	1888257.85
实验室 Laboratory	173469.39
微机室 PC-room	163516.17
图书室 Library	198965.76
二、行政办公用房 Administrative	**1065095.45**
其中:教师办公室 of Which: for Teachers	577300.64
三、生活用房 Residential and Welfare	**3311064.38**
四、其他用房 Rooms for Other Purposes	**1929046.31**

特殊教育学校办学条件(二)
Condition of School Buildings in Special Education Schools (2)

	占地面积(平方米) Areas Occupied(m^2)			图书(册) Books & Magazines in Libraries (volume)
	合计 Total	其中 of Which		
		绿化用地面积 Green Areas	运动场地面积 Sports Areas	
总　计 Total	**23528246.01**	**5080504.74**	**5781008.79**	**11177572**

七、学前教育
Pre-primary Education

幼儿园园数、班数
Number of Kindergartens, Classes in Pre-Primary Education

	园数(所) Kindergartens		班数(个) Classes
	合计 Total	其中:少数民族幼儿园 of Which: Minorities	
总　计 Total	**291715**	**7088**	**1772314**
教育部门 Run by Ed. Dept.	104685	6421	719040
其他部门办 Run by Non-ed. Dept.	1608	4	20969
地方企业 Run by Local Enterprises	1502	0	12895
事业单位 Run by Public Institutions	3757	76	26069
部队 Run by Army	487	0	3635
集体办 Run by Communities	11713	45	66978
民办 Non-government	167956	542	922648
具有独立法人资格的中外合作办 Sino-foreign Cooperation Institution with Independent Legal Personality	7	0	80
城区 Urban Area	95030	338	709541
教育部门 Run by Ed. Dept.	18041	192	201725
其他部门办 Run by Non-ed. Dept.	1009	1	12487
地方企业 Run by Local Enterprises	1224	0	10811
事业单位 Run by Public Institutions	1458	15	12309
部队 Run by Army	454	0	3497
集体办 Run by Communities	4295	13	33517
民办 Non-government	68543	117	435136
具有独立法人资格的中外合作办 Sino-foreign Cooperation Institution with Independent Legal Personality	6	0	59

幼儿园园数、班数(续)

Number of Kindergartens, Classes in Pre-primary Education (Cont.)

	园数(所) Kindergartens		班数(个) Classes
	合计 Total	其中:少数民族幼儿园 of Which: Minorities	
镇区 County and Town Area	95238	1271	622033
教育部门 Run by Ed. Dept.	30573	952	256768
其他部门办 Run by Non-ed. Dept.	449	1	4922
地方企业 Run by Local Enterprises	201	0	1534
事业单位 Run by Public Institutions	995	21	6852
部队 Run by Army	13	0	51
集体办 Run by Communities	2495	11	16909
民办 Non-government	60511	286	334976
具有独立法人资格的中外合作办 Sino-foreign Cooperation Institution with Independent Legal Personality	1	0	21
乡村 Rural Area	101447	5479	440740
教育部门 Run by Ed. Dept.	56071	5277	260547
其他部门办 Run by Non-ed. Dept.	150	2	3560
地方企业 Run by Local Enterprises	77	0	550
事业单位 Run by Public Institutions	1304	40	6908
部队 Run by Army	20	0	87
集体办 Run by Communities	4923	21	16552
民办 Non-government	38902	139	152536
具有独立法人资格的中外合作办 Sino-foreign Cooperation Institution with Independent Legal Personality	0	0	0
其中:独立设置幼儿园 of the Total: Inde. Kinder.	0	0	1636729
附设幼儿班 Kinder. Classes Attached to School	—	—	135585

学前教育分年龄幼儿数(总计)

Number of Children in Pre-primary Education by Age(Total)

单位:人
unit: person

	入园(班)人数 Entrants	在园(班)人数 Enrolment	离园(班)人数 Leavers
总　计 Total	**17914049**	**48182634**	**17794338**
其中:女 of Which:Female	8504841	22721028	8364028
少数民族 Minorities	2127191	5301102	2089002
残疾人 Disability	13361	36832	12401
教育部门 Run by Ed. Dept.	8305327	20599335	7264638
2岁及以下 2 Years and Under	199656	208208	—
3岁 3 years	5148526	5515456	—
4岁 4 years	1430013	6299093	—
5岁 5 years	1269038	7466541	843994
6岁及以上 6 years and over	258094	1110037	6420644
其他部门 Run by Non-ed. Dept.	248247	675090	222647
2岁及以下 2 Years and Under	10420	10992	—
3岁 3 years	169516	187364	—
4岁 4 years	41530	214819	—
5岁 5 years	21417	217488	29163
6岁及以上 6 years and over	5364	44427	193484
地方企业 Run by Local Enterprises	150981	398357	108694
2岁及以下 2 Years and Under	7795	8346	—
3岁 3 years	112568	129144	—
4岁 4 years	19596	129434	—
5岁 5 years	10438	125192	10185
6岁及以上 6 years and over	584	6241	98509
事业单位 Run by Public Institutions	285047	733887	296892
2岁及以下 2 Years and Under	14803	16310	—
3岁 3 years	163031	188908	—
4岁 4 years	39861	210792	—
5岁 5 years	61790	286592	11890
6岁及以上 6 years and over	5562	31285	285002
部队 Run by Army	39456	105063	32832
2岁及以下 2 Years and Under	1933	1964	—
3岁 3 years	34685	38408	—
4岁 4 years	2170	34163	—
5岁 5 years	649	29654	1164
6岁及以上 6 years and over	19	874	31668
集体 Run by Communities	690923	1883295	630244
2岁及以下 2 Years and Under	17458	18300	—
3岁 3 years	534630	576166	—
4岁 4 years	79543	598081	—
5岁 5 years	54280	659067	38825
6岁及以上 6 years and over	5012	31681	591419
民办 Non-government	8193205	23785506	9237780
2岁及以下 2 Years and Under	495953	531771	—
3岁 3 years	5340621	6337905	—
4岁 4 years	1356029	7524121	—
5岁 5 years	896006	8651739	1114099
6岁及以上 6 years and over	104596	739970	8123681
具有独立法人资格的中外合作办 Sino-foreign Cooperation Institutions with Independent Legal Entity	863	2101	611
2岁及以下 2 Years and Under	106	107	—
3岁 3 years	711	742	—
4岁 4 years	38	597	—
5岁 5 years	8	655	0
6岁及以上 6 years and over	0	0	611

学前教育分年龄幼儿数(城区)

Number of Children in Pre-primary Education by Age(Urban Area)

单位:人

unit: person

	入园(班)人数 Entrants	在园(班)人数 Enrolment	离园(班)人数 Leavers
总　计 Total	**7314634**	**19969625**	**6663793**
其中:女 of Which:Female	3475245	9412370	3121399
少数民族 Minorities	472652	1179307	395334
残疾人 Disability	4771	13718	3915
教育部门 Run by Ed. Dept.	2592267	6524299	1890874
2岁及以下 2 Years and Under	65879	69281	—
3岁 3 years	1990167	2113949	—
4岁 4 years	286359	2087268	—
5岁 5 years	221724	2111824	182894
6岁及以上 6 years and over	28138	141977	1707980
其他部门 Run by Non-ed. Dept.	156276	414933	119016
2岁及以下 2 Years and Under	8802	9145	—
3岁 3 years	122190	135067	—
4岁 4 years	16179	135293	—
5岁 5 years	8641	129811	10633
6岁及以上 6 years and over	464	5617	108383
地方企业 Run by Local Enterprises	126112	335148	92749
2岁及以下 2 Years and Under	7084	7601	—
3岁 3 years	94200	109076	—
4岁 4 years	15908	109009	—
5岁 5 years	8437	104656	8538
6岁及以上 6 years and over	483	4806	84211
事业单位 Run by Public Institutions	142507	385369	122199
2岁及以下 2 Years and Under	9325	10192	—
3岁 3 years	100655	117853	—
4岁 4 years	15470	117627	—
5岁 5 years	15361	129988	7730
6岁及以上 6 years and over	1696	9709	114469
部队 Run by Army	38139	102093	31839
2岁及以下 2 Years and Under	1911	1942	—
3岁 3 years	33651	37281	—
4岁 4 years	1974	33260	—
5岁 5 years	586	28861	1099
6岁及以上 6 years and over	17	749	30740
集体 Run by Communities	374215	1032513	334015
2岁及以下 2 Years and Under	9066	9464	—
3岁 3 years	298857	321741	—
4岁 4 years	40730	332123	—
5岁 5 years	23629	355140	23554
6岁及以上 6 years and over	1933	14045	310461
民办 Non-government	3884476	11173770	4072652
2岁及以下 2 Years and Under	229965	249352	—
3岁 3 years	2613803	3115194	—
4岁 4 years	602418	3547032	—
5岁 5 years	397300	3959013	409810
6岁及以上 6 years and over	40990	303179	3662842
具有独立法人资格的中外合作办 Sino-foreign Cooperation Institutions with Independent Legal Entity	642	1500	449
2岁及以下 2 Years and Under	86	87	—
3岁 3 years	510	541	—
4岁 4 years	38	457	—
5岁 5 years	8	415	0
6岁及以上 6 years and over	0	0	449

学前教育分年龄幼儿数(镇区)
Number of Children in Pre-school Education by Ages (Counties & Towns Area)

单位:人
unit: person

	入园(班)人数 Entrants	在园(班)人数 Enrolment	离园(班)人数 Leavers
总 计 Total	**6576766**	**17938099**	**6750538**
其中:女 of Which:Female	3113620	8436577	3163037
少数民族 Minorities	827046	2094217	803437
残疾人 Disability	5132	12901	4299
教育部门 Run by Ed. Dept.	3183258	8142489	2848322
2岁及以下 2 Years and Under	88832	92254	—
3岁 3 years	2049784	2213126	—
4岁 4 years	517886	2500323	—
5岁 5 years	435429	2948618	337543
6岁及以上 6 years and over	91327	388168	2510779
其他部门 Run by Non-ed. Dept.	52674	149725	56533
2岁及以下 2 Years and Under	1300	1439	—
3岁 3 years	32457	35576	—
4岁 4 years	12621	46898	—
5岁 5 years	5456	51367	11352
6岁及以上 6 years and over	840	14445	45181
地方企业 Run by Local Enterprises	19004	46853	12761
2岁及以下 2 Years and Under	627	649	—
3岁 3 years	14307	15566	—
4岁 4 years	2557	14929	—
5岁 5 years	1442	14679	1390
6岁及以上 6 years and over	71	1030	11371
事业单位 Run by Public Institutions	75724	199586	88003
2岁及以下 2 Years and Under	2806	3209	—
3岁 3 years	39590	45163	—
4岁 4 years	11768	54889	—
5岁 5 years	18840	82113	2515
6岁及以上 6 years and over	2720	14212	85488
部队 Run by Army	418	1164	360
2岁及以下 2 Years and Under	12	12	—
3岁 3 years	341	410	—
4岁 4 years	46	363	—
5岁 5 years	17	332	35
6岁及以上 6 years and over	2	47	325
集体 Run by Communities	177536	493366	171718
2岁及以下 2 Years and Under	4450	4735	—
3岁 3 years	138870	149110	—
4岁 4 years	18368	154283	—
5岁 5 years	14288	175315	8285
6岁及以上 6 years and over	1560	9923	163433
民办 Non-government	3067931	8904315	3572679
2岁及以下 2 Years and Under	203485	216361	—
3岁 3 years	1914147	2280022	—
4岁 4 years	535202	2786493	—
5岁 5 years	365724	3294706	478253
6岁及以上 6 years and over	49373	326733	3094426
具有独立法人资格的中外合作办 Sino-foreign Cooperation Institutions with Independent Legal Entity	221	601	162
2岁及以下 2 Years and Under	20	20	—
3岁 3 years	201	201	—
4岁 4 years	0	140	—
5岁 5 years	0	240	0
6岁及以上 6 years and over	0	0	162

学前教育分年龄幼儿数(乡村)

Number of Children in Pre-school Education by Ages(Rural Area)

单位:人

unit: person

	入园(班)人数 Entrants	在园(班)人数 Enrolment	离园(班)人数 Leavers
总　计 Total	**4022649**	**10274910**	**4380007**
其中:女 of Which:Female	1915976	4872081	2079592
少数民族 Minorities	827493	2027578	890231
残疾人 Disability	3458	10213	4187
教育部门 Run by Ed. Dept.	2529802	5932547	2525442
2岁及以下 2 Years and Under	44945	46673	—
3岁 3 years	1108575	1188381	—
4岁 4 years	625768	1711502	—
5岁 5 years	611885	2406099	323557
6岁及以上 6 years and over	138629	579892	2201885
其他部门 Run by Non-ed. Dept.	39297	110432	47098
2岁及以下 2 Years and Under	318	408	—
3岁 3 years	14869	16721	—
4岁 4 years	12730	32628	—
5岁 5 years	7320	36310	7178
6岁及以上 6 years and over	4060	24365	39920
地方企业 Run by Local Enterprises	5865	16356	3184
2岁及以下 2 Years and Under	84	96	—
3岁 3 years	4061	4502	—
4岁 4 years	1131	5496	—
5岁 5 years	559	5857	257
6岁及以上 6 years and over	30	405	2927
事业单位 Run by Public Institutions	66816	148932	86690
2岁及以下 2 Years and Under	2672	2909	—
3岁 3 years	22786	25892	
4岁 4 years	12623	38276	—
5岁 5 years	27589	74491	1645
6岁及以上 6 years and over	1146	7364	85045
部队 Run by Army	899	1806	633
2岁及以下 2 Years and Under	10	10	—
3岁 3 years	693	717	—
4岁 4 years	150	540	—
5岁 5 years	46	461	30
6岁及以上 6 years and over	0	78	603
集体 Run by Communities	139172	357416	124511
2岁及以下 2 Years and Under	3942	4101	—
3岁 3 years	96903	105315	—
4岁 4 years	20445	111675	—
5岁 5 years	16363	128612	6986
6岁及以上 6 years and over	1519	7713	117525
民办 Non-government	1240798	3707421	1592449
2岁及以下 2 Years and Under	62503	66058	—
3岁 3 years	812671	942689	—
4岁 4 years	218409	1190596	—
5岁 5 years	132982	1398020	226036
6岁及以上 6 years and over	14233	110058	1366413
具有独立法人资格的中外合作办 Sino-foreign Cooperation Institutions with Independent Legal Entity	0	0	0
2岁及以下 2 Years and Under	0	0	—
3岁 3 years	0	0	—
4岁 4 years	0	0	—
5岁 5 years	0	0	0
6岁及以上 6 years and over	0	0	0

	教职 Educational	
	合计 Total	园长 Kindergarten Principals
总　计 Total	**5198165**	**308380**
其中:女 of Which: Female	4802529	277690
少数民族 Minorities	387040	24919
学前教育专业 Pre-primary Education Programmes	2481603	187748
教育部门 Run by Ed. Dept.	1690435	87246
其他部门办 Run by Non-ed. Dept.	71111	2667
地方企业 Run by Local Enterprises	53328	2524
事业单位 Run by Public Institutions	69723	4049
部队 Run by Army	18395	812
集体办 Run by Communities	218739	11597
民办 Non-government	3076033	199473
具有独立法人资格的中外合作办 Sino-foreign Cooperation Institutions with Independent Legal Entity	401	12
城区 Urban Area	2667325	128650
教育部门 Run by Ed. Dept.	725371	24890
其他部门办 Run by Non-ed. Dept.	54648	1977
地方企业 Run by Local Enterprises	45875	2111
事业单位 Run by Public Institutions	46848	2101
部队 Run by Army	17878	776
集体办 Run by Communities	127260	5494
民办 Non-government	1649133	91290
具有独立法人资格的中外合作办 Sino-foreign Cooperation Institutions with Independent Legal Entity	312	11
镇区 County and Town Area	1740875	104814
教育部门 Run by Ed. Dept.	625907	30642
其他部门办 Run by Non-ed. Dept.	14011	549
地方企业 Run by Local Enterprises	5756	313
事业单位 Run by Public Institutions	15047	978
部队 Run by Army	205	15
集体办 Run by Communities	53454	2672
民办 Non-government	1026406	69644
具有独立法人资格的中外合作办 Sino-foreign Cooperation Institutions with Independent Legal Entity	89	1
乡村 Rural Area	789965	74916
教育部门 Run by Ed. Dept.	339157	31714
其他部门办 Run by Non-ed. Dept.	2452	141
地方企业 Run by Local Enterprises	1697	100
事业单位 Run by Public Institutions	7828	970
部队 Run by Army	312	21
集体办 Run by Communities	38025	3431
民办 Non-government	400494	38539
具有独立法人资格的中外合作办 Sino-foreign Cooperation Institutions with Independent Legal Entity	0	0

教职工数
Personnel in Kindergarten

单位：人
unit：person

工　数 Personnel				代课教师 Substitute Teachers	兼任教师 Part-time Teachers
专任教师 Full-time Teachers	卫生保健人员 Health Care Workers	保育员 Caretakers	其他 Others		
2913426	**159998**	**1085397**	**730964**	**154180**	**43458**
2848609	148464	1067980	459786	146417	37209
232256	7478	77732	44655	16094	12008
2106829	22148	123656	41222	54330	12304
1053327	40951	314460	194451	141001	23510
38555	2178	13634	14077	3538	7142
28693	1678	10659	9774	577	138
39430	2062	13328	10854	3546	1089
9160	747	3267	4409	34	19
125299	6296	43285	32262	5228	893
1618786	106067	686670	465037	256	10667
176	19	94	100	0	0
1430802	89166	572610	446097	39335	7912
427458	21628	140965	110430	33818	3805
29532	1819	10465	10855	1625	81
24415	1471	9256	8622	406	126
25205	1591	9546	8405	1564	311
8857	731	3188	4326	33	16
70159	4049	26977	20581	1735	246
845040	57862	372140	282801	154	3327
136	15	73	77	0	0
1021174	48402	360791	205694	71475	17241
407012	12764	115085	60404	67096	9569
7702	316	2733	2711	1738	1581
3305	158	1035	945	161	2
9575	324	2395	1775	789	515
125	7	19	39	0	0
32059	1346	10409	6968	1591	516
561356	33483	229094	132829	100	5058
40	4	21	23	0	0
461450	22430	151996	79173	43370	18305
218857	6559	58410	23617	40087	10136
1321	43	436	511	175	5480
973	49	368	207	10	10
4650	147	1387	674	1193	263
178	9	60	44	1	3
23081	901	5899	4713	1902	131
212390	14722	85436	49407	2	2282
0	0	0	0	0	0

幼儿园园长、专任教师

Breakdown of Kindergarten Principals, Full-time Teachers

	合计 Total	按学历分 By Educational Attainment				
		研究生毕业 Graduate	本科毕业 Under-graduate	专科毕业 Associate Bachelor	高中阶段毕业 High School Graduate	高中阶段以下毕业 Below High School Graduate
合　计 Total	**3221806**	**9678**	**893003**	**1859982**	**415266**	**43877**
园长 Kindergarten Principals	308380	3203	128169	154464	20708	1836
专任教师 Full-rime Teachers	2913426	6475	764834	1705518	394558	42041
城区 Urban Area	1559452	8070	499547	907737	135014	9084
园长 Kindergarten Principals	128650	2514	63353	56943	5463	377
专任教师 Full-rime Teachers	1430802	5556	436194	850794	129551	8707
镇区 County and Town Area	1125988	1215	287264	653280	166156	18073
园长 Kindergarten Principals	104814	548	40752	55220	7675	619
专任教师 Full-rime Teachers	1021174	667	246512	598060	158481	17454
乡村 Rural Area	536366	393	106192	298965	114096	16720
园长 Kindergarten Principals	74916	141	24064	42301	7570	840
专任教师 Full-rime Teachers	461450	252	82128	256664	106526	15880

幼儿园教职工

Supplementary Information on Students and

	教职工中 of Total Educational Personnel		
	共产党员 Member of C. P. C.	共青团员 Member of C. Y. L.	民主党派 Member of Non-Communist Party
合计 Total	**293347**	**675709**	**6540**
其中：女 of Which: Female	254386	659611	6138
城区 Urban Area	155083	430355	4152
其中：女 of Which: Female	142217	422433	3895
镇区 Counties and Towns Area	94971	174223	1739
其中：女 of Which: Female	81270	170276	1634
乡村 Rural Area	43293	71131	649
其中：女 of Which: Female	30899	66902	609

学历、专业技术职务情况
by Academic Qualifications and Professional Rank

单位：人
unit：person

按专业技术职务分 By Professional Rank					
正高级 Senior	副高级 Sub-senior	中级 Middle	助理级 Associate	员级 Junior	未定职级 No-ranking
736	**49679**	**264813**	**397832**	**125499**	**2383247**
642	22727	51878	25106	8661	199366
94	26952	212935	372726	116838	2183881
543	22075	132183	195351	58835	1150465
488	11094	21424	9376	3998	82270
55	10981	110759	185975	54837	1068195
126	18646	94691	143307	42104	827114
113	7687	17011	7575	2197	70231
13	10959	77680	135732	39907	756883
67	8958	37939	59174	24560	405668
41	3946	13443	8155	2466	46865
26	5012	24496	51019	22094	358803

政治面貌及其他
Educational Personnel of Kindergarten

单位：人
unit：person

	专任教师中 of Total Full-time Teachers			
华　侨 Overseas Chinese	共产党员 Member of C. P. C.	共青团员 Member of C. Y. L.	民主党派 Member of Non-Communist Party	华　侨 Overseas Chinese
651	**195810**	**600068**	**3703**	**328**
596	182368	587502	3647	325
403	103860	381873	2303	184
364	100323	376217	2271	182
193	66427	155780	1002	109
181	61084	152531	988	108
55	25523	62415	398	35
51	20961	58754	388	35

幼儿园办学条件(一)
Condition of Kindergarten Buildings (1)

单位:平方米
unit: m^2

	合计 Total	城区 Urban Area	镇区 Counties and Towns Area	乡村 Rural Area
总　计 Total	**424604973.19**	**191544684.41**	**152879766.85**	**80180521.93**
其中 of Which:				
危房 Floor Space of Dilapidated Buildings	677842.13	324152.50	229930.22	123759.41
当年新增校舍 New Added in Current Year	27073154.99	11220770.07	10466032.69	5386352.23
一、教学及辅助用房 Buildings for Instruction and Ancillary Uses	**295121188.47**	**131363478.89**	**107401357.05**	**56356352.53**
活动室 Recreational	173889179.66	78613223.58	62719399.11	32556556.97
洗手间 Toilet	29553911.21	13022002.77	10740792.77	5791115.67
睡眠室 Bedroom	71469098.14	32322251.31	26325856.01	12820990.82
保健室 Health Care Room	8115774.67	2768255.53	3092063.53	2255455.61
图书室 Reading Room	12093224.81	4637745.71	4523245.62	2932233.48
二、行政办公用房 Administrative	**27961434.14**	**11678115.86**	**10300169.76**	**5983148.52**
其中:教师办公室 of Which: for Teachers	15685087.21	5720686.84	6038255.46	3926144.91
三、生活用房 Residential and Welfare	**42759360.41**	**18732568.04**	**15171896.55**	**8854895.82**
其中:厨房 of Which:Kitchen	20957838.39	9425637.48	7219050.60	4313150.31
四、其他用房 Rooms for Other Purposes	**58762990.17**	**29770521.62**	**20006343.50**	**8986125.05**

幼儿园办学条件(二)
Condition of Kindergarten Buildings (2)

	占地面积(平方米) Areas Occupied(m^2)			图书(册) Books & Magazines in Libraries (volume)
	合计 Total	其中 of Which		
		绿化用地面积 Green Areas	运动场地面积 Sports Areas	
总　计 Total	**724013787.04**	**126775812.06**	**244450192.76**	**468762292**
城区 Urban Area	261624904.45	46800721.84	92250013.24	215358086
镇区 Counties and Towns Area	259773586.17	44638061.79	86986090.47	170947009
乡村 Rural Area	202615296.42	35337028.43	65214089.05	82457197

八、各级各类学校分布情况
Geographical Distribution of Schools by Type and Level

地　区 Region	普通高校 Regular HEIs		
	合计 Total	其中：中央部门办 of Which: HEIs under Central Ministries & Agencies	本科院校 HEIs Offering Degree Programs
总　计 Total	**2738**	**118**	**1270**
北　京 Beijing	92	39	67
天　津 Tianjin	56	3	30
河　北 Hebei	125	4	61
山　西 Shanxi	85	0	34
内蒙古 Inner Mongolia	54	0	17
辽　宁 Liaoning	114	5	63
吉　林 Jilin	64	2	37
黑龙江 Heilongjiang	80	3	39
上　海 Shanghai	63	10	40
江　苏 Jiangsu	167	10	78
浙　江 Zhejiang	109	1	60
安　徽 Anhui	120	2	46
福　建 Fujian	89	2	39
江　西 Jiangxi	105	0	45
山　东 Shandong	152	3	70
河　南 Henan	151	1	57
湖　北 Hubei	129	8	68
湖　南 Hunan	128	3	52
广　东 Guangdong	154	4	67
广　西 Guangxi	82	0	38
海　南 Hainan	21	0	8
重　庆 Chongqing	68	2	26
四　川 Sichuan	132	6	53
贵　州 Guizhou	75	0	29
云　南 Yunnan	82	1	32
西　藏 Tibet	7	0	4
陕　西 Shaanxi	96	6	57
甘　肃 Gansu	50	2	22
青　海 Qinghai	12	0	4
宁　夏 Ningxia	20	1	8
新　疆 Xinjiang	56	0	19

学校(机构)数
Education Institutions

单位：所
unit: institution

	成人高等学校 Adult HEIs		
高职(专科)院校 Higher Vocational Colleges	合计 Total	其中：中央部门办 of Which: HEIs under Central Ministries & Agencies	民办的其他高等教育机构 Other Non-government HEIs
1468	**265**	**13**	**788**
25	23	8	64
26	13	0	0
64	6	1	38
51	9	0	55
37	2	0	0
51	18	2	54
27	14	0	15
41	16	0	35
23	14	0	227
89	8	1	0
49	8	0	20
74	6	0	7
50	3	0	0
60	8	0	13
82	11	0	60
94	10	0	50
61	14	0	18
76	12	0	27
87	14	0	29
44	4	0	0
13	1	0	0
42	4	0	5
79	15	1	39
46	3	0	0
50	1	0	0
3	0	0	0
39	14	0	0
28	5	0	32
8	2	0	0
12	1	0	0
37	6	0	0

高等学校(机

Number of Postgraduates in

地　区 Region	毕(结)业生数 Graduates				授予学位数 Degree Awarded	招生数	
	合计 Total	其中:女 of Which: Female	博　士 Doctor's Degree	硕　士 Master's Degree		合计 Total	其中:女 of Which: Female
总　计 Total	**728627**	**392730**	**66176**	**662451**	**767984**	**1106551**	**580484**
北　京 Beijing	107084	55605	20064	87020	114046	143482	72665
天　津 Tianjin	21741	12594	1965	19776	22294	28260	15814
河　北 Hebei	15916	8956	515	15401	16726	25264	13785
山　西 Shanxi	11850	7040	554	11296	12493	17709	10102
内蒙古 Inner Mongolia	7213	4726	263	6950	7976	11875	7159
辽　宁 Liaoning	36925	20784	2396	34529	37590	53727	28779
吉　林 Jilin	22647	14008	2051	20596	23308	29585	17493
黑龙江 Heilongjiang	23099	11864	1884	21215	24243	35943	17896
上　海 Shanghai	52202	28034	6061	46141	55873	74989	38497
江　苏 Jiangsu	56976	29053	5028	51948	61033	89512	43069
浙　江 Zhejiang	23743	12086	1951	21792	24779	43064	21515
安　徽 Anhui	18348	8843	1473	16875	18738	33955	15390
福　建 Fujian	15455	8423	1076	14379	16334	24985	13141
江　西 Jiangxi	13261	7136	368	12893	13325	20093	10522
山　东 Shandong	32795	18678	1716	31079	34841	50518	28175
河　南 Henan	16189	9246	495	15694	17070	28228	16479
湖　北 Hubei	44934	22577	4381	40553	48019	66049	33614
湖　南 Hunan	24815	13218	1972	22843	25846	34585	18236
广　东 Guangdong	36011	19185	3393	32618	38350	59918	31113
广　西 Guangxi	11137	6178	298	10839	11525	19857	10972
海　南 Hainan	2132	1310	69	2063	2325	4236	2374
重　庆 Chongqing	19309	11070	1144	18165	21286	30724	17897
四　川 Sichuan	33574	17092	2506	31068	34568	48199	24629
贵　州 Guizhou	6942	4153	133	6809	7363	11078	6747
云　南 Yunnan	12872	7529	419	12453	13445	21243	12140
西　藏 Tibet	694	323	22	672	687	1432	819
陕　西 Shaanxi	37388	19286	2942	34446	39391	59041	29217
甘　肃 Gansu	11861	6422	733	11128	12258	18377	9991
青　海 Qinghai	1656	1061	16	1640	1754	3149	1968
宁　夏 Ningxia	2218	1397	47	2171	2293	4228	2568
新　疆 Xinjiang	7640	4853	241	7399	8205	13246	7718

注:2017年起,研究生招生、在校生指标内涵发生变化。招生包含全日制和非全日制研究生;在校生、授予学位数包含全日制、非全日制研究生和在职人员攻读硕士学位学生。下同。

Note: From 2017, the indicators meaning of entrants and enrollment of postgraduate students have changed. The number of entrants includes full-time and part-time postgraduate students. The number of Master's and Doctor's Degree awarded includes full-time, part-time postgraduate students and on-the-job students. Same as below.

构)研究生数

Higher Education Institutions

单位:人
unit:person

Entrants		在校生数 Enrolment				预计毕业生数 Estimated Graduates for Next Year			
博士 Doctor's Degree	硕士 Master's Degree	合计 Total	其中:女 of Which: Female	博士 Doctor's Degree	硕士 Master's Degree	合计 Total	其中:女 of Which: Female	博士 Doctor's Degree	硕士 Master's Degree
116047	**990504**	**3139598**	**1599447**	**466549**	**2673049**	**1019619**	**522612**	**189744**	**829875**
29405	114077	430285	209293	121730	308555	150579	73732	46292	104287
3388	24872	83307	44847	12940	70367	28017	15105	5254	22763
1095	24169	65959	35561	4299	61660	20324	10986	1849	18475
825	16884	45612	25996	3354	42258	14502	7569	1669	12833
510	11365	32057	18996	2066	29991	10572	6434	1080	9492
3772	49955	146365	77752	17296	129069	47422	25694	8072	39350
3210	26375	84974	50659	13576	71398	31198	18671	7410	23788
4142	31801	93764	45926	17036	76728	30416	15228	6915	23501
11267	63722	226180	112941	42631	183549	78044	39194	15823	62221
9006	80506	266489	123856	37541	228948	84650	40657	16287	68363
4694	38370	116610	56146	17173	99437	34734	16521	5530	29204
3284	30671	87156	38234	11621	75535	25222	11268	3538	21684
1974	23011	69470	36126	8281	61189	22734	11175	3412	19322
857	19236	52416	27433	2754	49662	16547	8717	1128	15419
3346	47172	141783	76010	13391	128392	43236	23104	5456	37780
1082	27146	69359	39997	4017	65342	20419	11578	1460	18959
6904	59145	204459	98106	29637	174822	63711	31755	14335	49376
3534	31051	112501	57294	16106	96395	39702	19534	8765	30937
6394	53524	154748	78867	22127	132621	50667	25377	8454	42213
774	19083	47803	25933	2459	45344	14481	7874	870	13611
298	3938	11583	6422	788	10795	3234	1862	193	3041
2107	28617	89768	51010	8139	81629	28119	16520	2815	25304
4472	43727	144737	70233	18319	126418	46558	22818	8578	37980
468	10610	28750	16936	1469	27281	8490	4954	569	7921
1017	20226	57604	32612	4132	53472	17863	10089	1880	15983
74	1358	3138	1736	200	2938	855	448	74	781
5681	53360	173400	84543	24886	148514	56066	28574	8984	47082
1479	16898	49852	26396	5456	44396	15692	8408	1923	13769
133	3016	7416	4586	413	7003	2276	1496	136	2140
209	4019	9561	5962	526	9035	3003	1612	98	2905
646	12600	32492	19038	2186	30306	10286	5658	895	9391

普通高校
Number of Postgraduates in Regular

地　区 Region	毕(结)业生数 Graduates				授予学位数 Degree Awarded	招生数	
	合计 Total	其中:女 of Which: Female	博　士 Doctor's Degree	硕　士 Master's Degree		合计 Total	其中:女 of Which: Female
总　计 Total	**720799**	**389202**	**64860**	**655939**	**759987**	**1096124**	**575504**
北　京 Beijing	101944	53190	18892	83052	108743	136933	69414
天　津 Tianjin	21728	12592	1965	19763	22281	28249	15811
河　北 Hebei	15878	8950	515	15363	16688	25225	13779
山　西 Shanxi	11777	7013	554	11223	12420	17599	10037
内蒙古 Inner Mongolia	7209	4724	263	6946	7972	11869	7159
辽　宁 Liaoning	36881	20771	2395	34486	37546	53661	28759
吉　林 Jilin	22578	13962	2051	20527	23236	29526	17463
黑龙江 Heilongjiang	22845	11745	1866	20979	23988	35422	17623
上　海 Shanghai	51587	27719	6017	45570	55264	74235	38132
江　苏 Jiangsu	56828	29004	5014	51814	60885	89259	42995
浙　江 Zhejiang	23644	12046	1951	21693	24678	42825	21389
安　徽 Anhui	18341	8842	1473	16868	18731	33947	15390
福　建 Fujian	15417	8404	1076	14341	16287	24846	13048
江　西 Jiangxi	13255	7135	368	12887	13319	20087	10521
山　东 Shandong	32722	18642	1716	31006	34768	50381	28109
河　南 Henan	16122	9233	494	15628	17004	28150	16459
湖　北 Hubei	44634	22477	4375	40259	47719	65684	33469
湖　南 Hunan	24729	13182	1972	22757	25760	34481	18186
广　东 Guangdong	35904	19137	3386	32518	38243	59785	31049
广　西 Guangxi	11137	6178	298	10839	11525	19857	10972
海　南 Hainan	2132	1310	69	2063	2325	4236	2374
重　庆 Chongqing	19270	11050	1144	18126	21247	30664	17859
四　川 Sichuan	33245	16945	2481	30764	34238	47741	24421
贵　州 Guizhou	6933	4152	133	6800	7354	11061	6746
云　南 Yunnan	12848	7524	418	12430	13421	21210	12127
西　藏 Tibet	694	323	22	672	687	1432	819
陕　西 Shaanxi	37188	19233	2922	34266	39194	58804	29164
甘　肃 Gansu	11815	6408	726	11089	12212	18332	9976
青　海 Qinghai	1656	1061	16	1640	1754	3149	1968
宁　夏 Ningxia	2218	1397	47	2171	2293	4228	2568
新　疆 Xinjiang	7640	4853	241	7399	8205	13246	7718

研究生数
Higher Education Institutions

单位:人
unit:person

Entrants		在校生数 Enrolment				预计毕业生数 Estimated Graduates for Next Year			
博　士 Doctor's Degree	硕　士 Master's Degree	合计 Total	其中:女 of Which: Female	博　士 Doctor's Degree	硕　士 Master's Degree	合计 Total	其中:女 of Which: Female	博　士 Doctor's Degree	硕　士 Master's Degree
114195	**981929**	**3108935**	**1585494**	**458832**	**2650103**	**1008334**	**517739**	**185861**	**822473**
27787	109146	409927	199753	115090	294837	142498	70207	42897	99601
3388	24861	83276	44838	12940	70336	28008	15103	5254	22754
1095	24130	65849	35544	4299	61550	20292	10980	1849	18443
825	16774	45346	25860	3354	41992	14425	7531	1669	12756
510	11359	32044	18995	2066	29978	10572	6434	1080	9492
3766	49895	146190	77702	17271	128919	47373	25678	8065	39308
3210	26316	84807	50555	13576	71231	31147	18631	7410	23737
4111	31311	92597	45361	16894	75703	30090	15087	6850	23240
11203	63032	224038	111904	42349	181689	77242	38795	15676	61566
8951	80308	265769	123634	37286	228483	84413	40577	16177	68236
4693	38132	116100	55908	17166	98934	34601	16477	5526	29075
3284	30663	87139	38234	11621	75518	25218	11268	3538	21680
1974	22872	69088	35883	8281	60807	22632	11111	3412	19220
857	19230	52399	27429	2754	49645	16541	8716	1128	15413
3346	47035	141458	75852	13391	128067	43143	23057	5456	37687
1079	27071	69157	39946	4004	65153	20370	11565	1455	18915
6897	58787	203433	97750	29596	173837	63395	31647	14327	49068
3534	30947	112191	57150	16106	96085	39610	19495	8765	30845
6386	53399	154352	78690	22100	132252	50541	25332	8443	42098
774	19083	47803	25933	2459	45344	14481	7874	870	13611
298	3938	11583	6422	788	10795	3234	1862	193	3041
2107	28557	89589	50907	8139	81450	28058	16489	2815	25243
4445	43296	143551	69671	18195	125356	46214	22665	8508	37706
468	10593	28717	16930	1469	27248	8482	4952	569	7913
1013	20197	57504	32587	4117	53387	17823	10082	1870	15953
74	1358	3138	1736	200	2938	855	448	74	781
5660	53144	172723	84379	24770	147953	55873	28514	8946	46927
1472	16860	49698	26355	5426	44272	15638	8396	1910	13728
133	3016	7416	4586	413	7003	2276	1496	136	2140
209	4019	9561	5962	526	9035	3003	1612	98	2905
646	12600	32492	19038	2186	30306	10286	5658	895	9391

地　区 Region	毕(结)业生数 Graduates				授予学位数 Degree Awarded	招生数	
	合计 Total	其中:女 of Which: Female	博　士 Doctor's Degree	硕　士 Master's Degree		合计 Total	其中:女 of Which: Female
总　计 Total	**7828**	**3528**	**1316**	**6512**	**7997**	**10427**	**4980**
北　京 Beijing	5140	2415	1172	3968	5303	6549	3251
天　津 Tianjin	13	2	0	13	13	11	3
河　北 Hebei	38	6	0	38	38	39	6
山　西 Shanxi	73	27	0	73	73	110	65
内蒙古 Inner Mongolia	4	2	0	4	4	6	0
辽　宁 Liaoning	44	13	1	43	44	66	20
吉　林 Jilin	69	46	0	69	72	59	30
黑龙江 Heilongjiang	254	119	18	236	255	521	273
上　海 Shanghai	615	315	44	571	609	754	365
江　苏 Jiangsu	148	49	14	134	148	253	74
浙　江 Zhejiang	99	40	0	99	101	239	126
安　徽 Anhui	7	1	0	7	7	8	0
福　建 Fujian	38	19	0	38	47	139	93
江　西 Jiangxi	6	1	0	6	6	6	1
山　东 Shandong	73	36	0	73	73	137	66
河　南 Henan	67	13	1	66	66	78	20
湖　北 Hubei	300	100	6	294	300	365	145
湖　南 Hunan	86	36	0	86	86	104	50
广　东 Guangdong	107	48	7	100	107	133	64
广　西 Guangxi	0	0	0	0	0	0	0
海　南 Hainan	0	0	0	0	0	0	0
重　庆 Chongqing	39	20	0	39	39	60	38
四　川 Sichuan	329	147	25	304	330	458	208
贵　州 Guizhou	9	1	0	9	9	17	1
云　南 Yunnan	24	5	1	23	24	33	13
西　藏 Tibet	0	0	0	0	0	0	0
陕　西 Shaanxi	200	53	20	180	197	237	53
甘　肃 Gansu	46	14	7	39	46	45	15
青　海 Qinghai	0	0	0	0	0	0	0
宁　夏 Ningxia	0	0	0	0	0	0	0
新　疆 Xinjiang	0	0	0	0	0	0	0

研究生数
Research Institutions

单位:人
unit:person

Entrants		在校生数 Enrolment				预计毕业生数 Estimated Graduates for Next Year			
博 士 Doctor's Degree	硕 士 Master's Degree	合计 Total	其中:女 of Which: Female	博 士 Doctor's Degree	硕 士 Master's Degree	合计 Total	其中:女 of Which: Female	博 士 Doctor's Degree	硕 士 Master's Degree
1852	**8575**	**30663**	**13953**	**7717**	**22946**	**11285**	**4873**	**3883**	**7402**
1618	4931	20358	9540	6640	13718	8081	3525	3395	4686
0	11	31	9	0	31	9	2	0	9
0	39	110	17	0	110	32	6	0	32
0	110	266	136	0	266	77	38	0	77
0	6	13	1	0	13	0	0	0	0
6	60	175	50	25	150	49	16	7	42
0	59	167	104	0	167	51	40	0	51
31	490	1167	565	142	1025	326	141	65	261
64	690	2142	1037	282	1860	802	399	147	655
55	198	720	222	255	465	237	80	110	127
1	238	510	238	7	503	133	44	4	129
0	8	17	0	0	17	4	0	0	4
0	139	382	243	0	382	102	64	0	102
0	6	17	4	0	17	6	1	0	6
0	137	325	158	0	325	93	47	0	93
3	75	202	51	13	189	49	13	5	44
7	358	1026	356	41	985	316	108	8	308
0	104	310	144	0	310	92	39	0	92
8	125	396	177	27	369	126	45	11	115
0	0	0	0	0	0	0	0	0	0
0	0	0	0	0	0	0	0	0	0
0	60	179	103	0	179	61	31	0	61
27	431	1186	562	124	1062	344	153	70	274
0	17	33	6	0	33	8	2	0	8
4	29	100	25	15	85	40	7	10	30
0	0	0	0	0	0	0	0	0	0
21	216	677	164	116	561	193	60	38	155
7	38	154	41	30	124	54	12	13	41
0	0	0	0	0	0	0	0	0	0
0	0	0	0	0	0	0	0	0	0
0	0	0	0	0	0	0	0	0	0

高等教育本
Number of Students for Normal and

地 区 Region	毕(结)业生数 Graduates				授予学位数 Degree Awarded	招生数	
	合计 Total	其中:女 of Which: Female	本 科 Normal Courses	专 科 Short-cycle Courses		合计 Total	其中:女 of Which: Female
总 计 Total	**10441553**	**5701146**	**5431482**	**5010071**	**4323168**	**13312148**	**7444504**
北 京 Beijing	199797	102468	157451	42346	132249	199027	103859
天 津 Tianjin	163994	82910	95726	68268	85027	183173	93803
河 北 Hebei	591569	326282	302632	288937	198831	635583	366202
山 西 Shanxi	241282	137289	143301	97981	129085	280999	157693
内蒙古 Inner Mongolia	138756	76151	71748	67008	64146	144389	81906
辽 宁 Liaoning	324703	166619	201575	123128	172688	451699	210707
吉 林 Jilin	234365	128009	153180	81185	121061	298002	175709
黑龙江 Heilongjiang	235864	122907	157728	78136	128734	276447	143355
上 海 Shanghai	175306	94519	119078	56228	96615	193780	105284
江 苏 Jiangsu	724639	364069	398342	326297	293762	918187	474492
浙 江 Zhejiang	391690	217485	199362	192328	166184	476868	280186
安 徽 Anhui	406770	215002	213242	193528	170798	526406	286016
福 建 Fujian	232391	126899	137230	95161	125388	335587	187184
江 西 Jiangxi	360303	188126	160254	200049	149516	512936	284267
山 东 Shandong	828889	461880	412383	416506	284612	1040436	631946
河 南 Henan	809248	457536	388649	420599	308693	1014239	613609
湖 北 Hubei	494028	248456	268011	226017	217587	634350	344426
湖 南 Hunan	567378	317428	262789	304589	175924	731834	404062
广 东 Guangdong	816002	453175	350205	465797	280113	1319656	705568
广 西 Guangxi	388900	230482	175340	213560	142538	493258	286110
海 南 Hainan	57352	32584	30005	27347	26631	78135	41762
重 庆 Chongqing	250683	137504	122827	127856	111702	291364	156537
四 川 Sichuan	556231	315641	278636	277595	223936	698193	392895
贵 州 Guizhou	228412	132065	105418	122994	83420	295579	171541
云 南 Yunnan	299738	178181	144891	154847	117235	356150	246548
西 藏 Tibet	14304	8045	9352	4952	6420	16662	8662
陕 西 Shaanxi	365555	189948	199168	166387	170503	459323	234306
甘 肃 Gansu	155682	80696	82089	73593	70849	196948	109415
青 海 Qinghai	24080	13557	12719	11361	11577	24487	14104
宁 夏 Ningxia	46552	26761	25356	21196	18418	56648	31648
新 疆 Xinjiang	117090	68472	52795	64295	38926	171803	100702

专科学生数

Short-cycle Courses in Higher Education

单位:人
unit:person

Entrants		在校生数 Enrolment				预计毕业生数 Estimated Graduates for Next Year			
本 科 Normal Courses	专 科 Short-cycle Courses	合计 Total	其中:女 of Which: Female	本 科 Normal Courses	专 科 Short-cycle Courses	合计 Total	其中:女 of Which: Female	本 科 Normal Courses	专 科 Short-cycle Courses
6327446	**6984702**	**40625890**	**21248170**	**22308485**	**18317405**	**11570313**	**6021287**	**5930910**	**5639403**
168936	30091	731471	366573	629065	102406	215410	104591	168932	46478
101833	81340	608706	301471	385690	223016	165665	81117	96011	69654
297576	338007	1983522	1068930	1084402	899120	589404	309968	301158	288246
157798	123201	956885	511814	611081	345804	251184	135346	154689	96495
71564	72825	508091	265444	288754	219337	145601	77680	76032	69569
234870	216829	1370978	637376	837084	533894	356849	172326	215817	141032
183336	114666	912545	483495	605612	306933	259026	139331	162726	96300
171156	105291	917222	454533	626565	290657	239508	121913	160680	78828
134620	59160	677440	354305	500176	177264	197037	99783	136740	60297
454093	464094	2681359	1305442	1525758	1155601	830582	384152	436932	393650
231988	244880	1465234	775802	799144	666090	442976	226372	217491	225485
242321	284085	1633031	810205	870960	762071	446937	231025	230948	215989
156615	178972	1069296	562259	598264	471032	273201	144495	149647	123554
235524	277412	1545309	790323	796599	748710	385154	203658	179703	205451
525545	514891	3033862	1637516	1595767	1438095	928622	487958	458409	470213
434432	579807	3037862	1650410	1535447	1502415	903701	495671	420589	483112
318117	316233	1928094	961637	1109089	819005	548966	256889	289434	259532
337194	394640	2065687	1100829	1064367	1001320	645092	341018	298315	346777
442209	877447	3503320	1855285	1563602	1939718	939977	498352	391534	548443
204638	288620	1493398	818220	712166	781232	450147	240629	202072	248075
35757	42378	249637	129259	135980	113657	61949	32463	32267	29682
128153	163211	984406	496872	509826	474580	266055	132214	125974	140081
321044	377149	2161938	1165489	1172695	989243	626932	343301	306307	320625
119825	175754	932975	520979	447372	485603	269465	150122	117567	151898
166822	189328	1229020	719064	661763	567257	353472	209223	179497	173975
10543	6119	54043	28004	37916	16127	14266	7727	9362	4904
229209	230114	1428247	690774	827962	600285	385594	196648	222751	162843
91396	105552	645475	327930	344083	301392	167623	78669	84995	82628
13003	11484	83748	46334	49797	33951	26162	13370	13913	12249
29763	26885	177490	98433	107368	70122	51817	29613	29845	21972
77566	94237	555599	313163	274131	281468	131939	75663	60573	71366

高等教育普通

Number of Regular Students for Normal and

地 区 Region	毕(结)业生数 Graduates				授予学位数 Degree Awarded	招生数	
	合计 Total	其中:女 of Which: Female	本 科 Normal Courses	专 科 Short-cycle Courses		合计 Total	其中:女 of Which: Female
总 计 Total	**7971991**	**4237474**	**4205097**	**3766894**	**4169808**	**9674518**	**5354602**
北 京 Beijing	150569	75825	124729	25840	124339	154652	81323
天 津 Tianjin	142720	71566	84316	58404	84781	163162	82956
河 北 Hebei	385125	209468	192224	192901	191459	474328	269440
山 西 Shanxi	218806	123957	129035	89771	127623	235652	133085
内蒙古 Inner Mongolia	130772	70980	64977	65795	63870	134292	75960
辽 宁 Liaoning	255997	129518	168423	87574	167767	341587	153615
吉 林 Jilin	176893	92511	120607	56286	119495	189064	107698
黑龙江 Heilongjiang	192631	98376	127638	64993	127007	231344	118207
上 海 Shanghai	135605	71898	91637	43968	91041	142420	77923
江 苏 Jiangsu	512941	257618	281438	231503	277017	593204	319318
浙 江 Zhejiang	286558	155960	152455	134103	151402	308989	190842
安 徽 Anhui	326840	166507	166654	160186	165197	412458	214688
福 建 Fujian	207706	111970	124411	83295	123989	279875	152539
江 西 Jiangxi	309211	154816	134251	174960	133385	375714	205305
山 东 Shandong	605382	327497	274840	330542	275152	625464	380023
河 南 Henan	638155	344119	302728	335427	300535	718525	425210
湖 北 Hubei	401779	197702	218641	183138	216120	464103	243952
湖 南 Hunan	376043	201715	175258	200785	173927	448669	247119
广 东 Guangdong	550090	293524	274415	275675	273119	866140	446607
广 西 Guangxi	262817	146617	119756	143061	116940	353979	199932
海 南 Hainan	51260	27711	27431	23829	26486	68733	35211
重 庆 Chongqing	211567	115787	112852	98715	111015	273887	146700
四 川 Sichuan	433106	238393	222385	210721	221481	538082	296331
贵 州 Guizhou	194515	109142	84786	109729	82922	260195	148718
云 南 Yunnan	235206	139225	117049	118157	115630	268331	194116
西 藏 Tibet	9846	5195	6020	3826	5779	11586	6088
陕 西 Shaanxi	291648	149590	167048	124600	165531	358026	185382
甘 肃 Gansu	133490	69339	71341	62149	70744	169398	94328
青 海 Qinghai	19632	10566	9224	10408	9182	20555	11406
宁 夏 Ningxia	34134	19142	18623	15511	18418	45657	24971
新 疆 Xinjiang	90947	51240	39905	51042	38455	146447	85609

本专科学生数
Short-cycle Courses in Higher Education

单位:人
unit:person

Entrants		在校生数 Enrolment				预计毕业生数 Estimated Graduates for Next Year			
本 科 Normal Courses	专 科 Short-cycle Courses	合计 Total	其中:女 of Which: Female	本 科 Normal Courses	专 科 Short-cycle Courses	合计 Total	其中:女 of Which: Female	本 科 Normal Courses	专 科 Short-cycle Courses
4431154	**5243364**	**32852948**	**16741724**	**18257460**	**14595488**	**8540006**	**4332389**	**4442318**	**4097688**
134757	19895	608866	304019	536068	72798	158765	78727	130796	27969
91443	71719	572152	281886	368219	203933	149801	72522	89243	60558
218306	256022	1604798	846863	874520	730278	416578	215678	203191	213387
125742	109910	841986	446665	527382	314604	222680	118183	134483	88197
63462	70830	486647	252559	271093	215554	136059	71906	68243	67816
175147	166440	1140799	512630	712090	428709	267371	130207	173908	93463
122096	66968	726957	368971	500763	226194	187613	95379	124354	63259
138466	92878	825601	402576	560129	265472	199831	99231	133301	66530
98211	44209	540693	278871	399984	140709	148574	74969	102253	46321
283020	310184	2014698	983098	1174114	840584	550134	257642	292853	257281
155873	153116	1148737	606307	661251	487486	312903	156283	166251	146652
169449	243009	1368465	646584	710031	658434	333581	164095	171295	162286
130517	149358	947187	486560	537206	409981	233055	121230	130754	102301
152986	222728	1241984	603323	610232	631752	314016	155176	137740	176276
266708	358756	2291483	1194886	1136995	1154488	632014	323939	286303	345711
292884	425641	2492185	1303237	1250704	1241481	692569	364126	311402	381167
223474	240629	1616873	784105	934013	682860	426751	200029	227013	199738
195665	253004	1510332	788487	781798	728534	403412	208527	184929	218483
297074	569066	2400227	1209001	1222533	1177694	598999	294741	294258	304741
136187	217792	1184167	621153	560024	624143	303366	153290	136919	166447
31530	37203	230062	114495	125661	104401	55607	28551	28903	26704
119841	154046	915556	461453	488277	427279	224894	111537	117408	107486
242928	295154	1800903	940347	993825	807078	475809	252665	239261	236548
96401	163794	840249	462884	394044	446205	218567	118538	91958	126609
113741	154590	964205	555432	499409	464796	265888	155309	130349	135539
7308	4278	38556	19597	27012	11544	9073	4863	5852	3221
177512	180514	1210048	584515	722213	487835	300472	150607	178483	121989
74031	95367	581062	292793	307485	273577	143100	67287	73698	69402
9806	10749	74111	40093	42470	31641	20876	10088	9896	10980
23121	22536	146679	79242	89421	57258	35512	20051	20845	14667
63468	82979	486680	269092	238494	248186	102136	57013	46176	55960

地区 Region	毕(结)业生数 Graduates				授予学位数 Degree Awarded	招生数	
	合计 Total	其中:女 of Which: Female	本科 Normal Courses	专科 Short-cycle Courses		合计 Total	其中:女 of Which: Female
总计 Total	**2469562**	**1463672**	**1226385**	**1243177**	**153360**	**3637630**	**2089902**
北京 Beijing	49228	26643	32722	16506	7910	44375	22536
天津 Tianjin	21274	11344	11410	9864	246	20011	10847
河北 Hebei	206444	116814	110408	96036	7372	161255	96762
山西 Shanxi	22476	13332	14266	8210	1462	45347	24608
内蒙古 Inner Mongolia	7984	5171	6771	1213	276	10097	5946
辽宁 Liaoning	68706	37101	33152	35554	4921	110112	57092
吉林 Jilin	57472	35498	32573	24899	1566	108938	68011
黑龙江 Heilongjiang	43233	24531	30090	13143	1727	45103	25148
上海 Shanghai	39701	22621	27441	12260	5574	51360	27361
江苏 Jiangsu	211698	106451	116904	94794	16745	324983	155174
浙江 Zhejiang	105132	61525	46907	58225	14782	167879	89344
安徽 Anhui	79930	48495	46588	33342	5601	113948	71328
福建 Fujian	24685	14929	12819	11866	1399	55712	34645
江西 Jiangxi	51092	33310	26003	25089	16131	137222	78962
山东 Shandong	223507	134383	137543	85964	9460	414972	251923
河南 Henan	171093	113417	85921	85172	8158	295714	188399
湖北 Hubei	92249	50754	49370	42879	1467	170247	100474
湖南 Hunan	191335	115713	87531	103804	1997	283165	156943
广东 Guangdong	265912	159651	75790	190122	6994	453516	258961
广西 Guangxi	126083	83865	55584	70499	25598	139279	86178
海南 Hainan	6092	4873	2574	3518	145	9402	6551
重庆 Chongqing	39116	21717	9975	29141	687	17477	9837
四川 Sichuan	123125	77248	56251	66874	2455	160111	96564
贵州 Guizhou	33897	22923	20632	13265	498	35384	22823
云南 Yunnan	64532	38956	27842	36690	1605	87819	52432
西藏 Tibet	4458	2850	3332	1126	641	5076	2574
陕西 Shaanxi	73907	40358	32120	41787	4972	101297	48924
甘肃 Gansu	22192	11357	10748	11444	105	27550	15087
青海 Qinghai	4448	2991	3495	953	2395	3932	2698
宁夏 Ningxia	12418	7619	6733	5685	0	10991	6677
新疆 Xinjiang	26143	17232	12890	13253	471	25356	15093

本专科学生数
Short-cycle Courses in Higher Education

单位:人
unit:person

Entrants		在校生数 Enrolment				预计毕业生数 Estimated Graduates for Next Year			
本 科 Normal Courses	专 科 Short-cycle Courses	合计 Total	其中:女 of Which: Female	本 科 Normal Courses	专 科 Short-cycle Courses	合计 Total	其中:女 of Which: Female	本 科 Normal Courses	专 科 Short-cycle Courses
1896292	**1741338**	**7772942**	**4506446**	**4051025**	**3721917**	**3030307**	**1688898**	**1488592**	**1541715**
34179	10196	122605	62554	92997	29608	56645	25864	38136	18509
10390	9621	36554	19585	17471	19083	15864	8595	6768	9096
79270	81985	378724	222067	209882	168842	172826	94290	97967	74859
32056	13291	114899	65149	83699	31200	28504	17163	20206	8298
8102	1995	21444	12885	17661	3783	9542	5774	7789	1753
59723	50389	230179	124746	124994	105185	89478	42119	41909	47569
61240	47698	185588	114524	104849	80739	71413	43952	38372	33041
32690	12413	91621	51957	66436	25185	39677	22682	27379	12298
36409	14951	136747	75434	100192	36555	48463	24814	34487	13976
171073	153910	666661	322344	351644	315017	280448	126510	144079	136369
76115	91764	316497	169495	137893	178604	130073	70089	51240	78833
72872	41076	264566	163621	160929	103637	113356	66930	59653	53703
26098	29614	122109	75699	61058	61051	40146	23265	18893	21253
82538	54684	303325	187000	186367	116958	71138	48482	41963	29175
258837	156135	742379	442630	458772	283607	296608	164019	172106	124502
141548	154166	545677	347173	284743	260934	211132	131545	109187	101945
94643	75604	311221	177532	175076	136145	122215	56860	62421	59794
141529	141636	555355	312342	282569	272786	241680	132491	113386	128294
145135	308381	1103093	646284	341069	762024	340978	203611	97276	243702
68451	70828	309231	197067	152142	157089	146781	87339	65153	81628
4227	5175	19575	14764	10319	9256	6342	3912	3364	2978
8312	9165	68850	35419	21549	47301	41161	20677	8566	32595
78116	81995	361035	225142	178870	182165	151123	90636	67046	84077
23424	11960	92726	58095	53328	39398	50898	31584	25609	25289
53081	34738	264815	163632	162354	102461	87584	53914	49148	38436
3235	1841	15487	8407	10904	4583	5193	2864	3510	1683
51697	49600	218199	106259	105749	112450	85122	46041	44268	40854
17365	10185	64413	35137	36598	27815	24523	11382	11297	13226
3197	735	9637	6241	7327	2310	5286	3282	4017	1269
6642	4349	30811	19191	17947	12864	16305	9562	9000	7305
14098	11258	68919	44071	35637	33282	29803	18650	14397	15406

地 区 Region	毕(结)业生数 Graduates				授予学位数 Degrees Awarded	招生数
	合计 Total	其中:女 of Which: Female	本 科 Normal Courses	专 科 Short-cycle Courses		合计 Total
总 计 Total	**2722497**	**1318190**	**866120**	**1856377**	**61239**	**2779128**
北 京 Beijing	1328240	650005	373790	954450	21642	1823863
天 津 Tianjin	72292	34427	24245	48047	1348	31490
河 北 Hebei	0	0	0	0	0	0
山 西 Shanxi	0	0	0	0	0	0
内蒙古 Inner Mongolia	0	0	0	0	0	0
辽 宁 Liaoning	137175	62907	61079	76096	6096	120006
吉 林 Jilin	72967	46665	32574	40393	760	72250
黑龙江 Heilongjiang	26933	10037	7045	19888	1356	21806
上 海 Shanghai	48132	27686	18234	29898	3553	52652
江 苏 Jiangsu	47388	24484	20550	26838	1710	21858
浙 江 Zhejiang	6659	4512	5163	1496	1893	0
安 徽 Anhui	0	0	0	0	0	0
福 建 Fujian	52297	32589	21082	31215	553	43102
江 西 Jiangxi	0	0	0	0	0	0
山 东 Shandong	84245	37915	29496	54749	2799	25819
河 南 Henan	50204	26775	17427	32777	2266	30310
湖 北 Hubei	99111	43765	26208	72903	1328	62083
湖 南 Hunan	32358	16878	13201	19157	528	0
广 东 Guangdong	39477	26127	14278	25199	1135	42722
广 西 Guangxi	0	0	0	0	0	0
海 南 Hainan	0	0	0	0	0	0
重 庆 Chongqing	96521	42567	39848	56673	2021	63458
四 川 Sichuan	261645	110078	83288	178357	5710	185744
贵 州 Guizhou	0	0	0	0	0	0
云 南 Yunnan	26065	13176	398	25667	0	44945
西 藏 Tibet	0	0	0	0	0	0
陕 西 Shaanxi	201845	87155	67730	134115	6425	112326
甘 肃 Gansu	38943	20442	10484	28459	116	24694
青 海 Qinghai	0	0	0	0	0	0
宁 夏 Ningxia	0	0	0	0	0	0
新 疆 Xinjiang	0	0	0	0	0	0

本科、专科生学生数
Short-cycle Courses in Higher Education

单位：人
unit：person

Entrants			在校生数 Enrolment			
其中：女 of Which：Female	本 科 Normal Courses	专 科 Short-cycle Courses	合计 Total	其中：女 of Which：Female	本 科 Normal Courses	专 科 Short-cycle Courses
1199278	**1072248**	**1706880**	**8464464**	**3715485**	**3111899**	**5352565**
767899	493474	1330389	5544975	2393114	1540605	4004370
15166	22327	9163	157929	72532	90253	67676
0	0	0	0	0	0	0
0	0	0	0	0	0	0
0	0	0	0	0	0	0
56728	91144	28862	396616	176500	247616	149000
38567	45225	27025	195067	108725	114727	80340
7865	12949	8857	44700	16368	25090	19610
29480	27495	25157	138210	73913	64724	73486
10619	13772	8086	79092	37976	53289	25803
0	0	0	13318	7696	11289	2029
0	0	0	128	21	128	0
26780	25431	17671	96684	56653	57864	38820
0	0	0	0	0	0	0
7760	17295	8524	162889	64224	89989	72900
15141	30310	0	107432	52255	78829	28603
24906	29193	32890	239200	94434	105738	133462
0	0	0	22847	11648	13664	9183
26838	22007	20715	125820	77610	61575	64245
0	0	0	0	0	0	0
0	0	0	0	0	0	0
27658	43254	20204	163957	70164	103390	60567
70295	106377	79367	454727	178095	232767	221960
0	0	0	0	0	0	0
15663	4748	40197	138750	55831	9539	129211
0	0	0	0	0	0	0
46077	71409	40917	310273	131882	169601	140672
11836	15838	8856	71850	35844	41222	30628
0	0	0	0	0	0	0
0	0	0	0	0	0	0
0	0	0	0	0	0	0

地 区 Region	毕(结)业生数 Graduates			招生数 Entrants		
	合计 Total	本 科 Normal Courses	专 科 Short-cycle Courses	合计 Total	本 科 Normal Courses	专 科 Short-cycle Courses
总 计 Total	**2184626**	**1166199**	**1018427**	**2604375**	**1211115**	**1393260**
北 京 Beijing	18712	17349	1363	16231	15720	511
天 津 Tianjin	40337	14117	26220	46613	16470	30143
河 北 Hebei	76367	34682	41685	104421	40606	63815
山 西 Shanxi	54753	35107	19646	53298	34277	19021
内蒙古 Inner Mongolia	58121	34307	23814	59292	35119	24173
辽 宁 Liaoning	39014	20303	18711	51840	21223	30617
吉 林 Jilin	30522	27032	3490	32735	27116	5619
黑龙江 Heilongjiang	52432	32689	19743	63055	34971	28084
上 海 Shanghai	15422	15310	112	16806	16806	0
江 苏 Jiangsu	85655	75920	9735	86279	75352	10927
浙 江 Zhejiang	111628	44811	66817	123125	44354	78771
安 徽 Anhui	35904	28524	7380	41893	27637	14256
福 建 Fujian	65722	45588	20134	87165	47339	39826
江 西 Jiangxi	112447	46181	66266	131401	57065	74336
山 东 Shandong	300301	126459	173842	309492	123637	185855
河 南 Henan	82680	67542	15138	68662	56417	12245
湖 北 Hubei	42194	40896	1298	42314	41382	932
湖 南 Hunan	172720	85944	86776	204131	95319	108812
广 东 Guangdong	253977	104887	149090	391866	104290	287576
广 西 Guangxi	72559	36633	35926	89877	40519	49358
海 南 Hainan	19805	16369	3436	21483	16700	4783
重 庆 Chongqing	51837	30623	21214	72932	31628	41304
四 川 Sichuan	150432	62215	88217	184902	69161	115741
贵 州 Guizhou	64653	19761	44892	83418	22059	61359
云 南 Yunnan	41909	26137	15772	47034	26047	20987
西 藏 Tibet	3493	1975	1518	4425	2292	2133
陕 西 Shaanxi	63339	35441	27898	76795	36380	40415
甘 肃 Gansu	23803	15256	8547	24962	16066	8896
青 海 Qinghai	8156	4829	3327	8846	4995	3851
宁 夏 Ningxia	8043	5573	2470	10012	6819	3193
新 疆 Xinjiang	27689	13739	13950	49070	23349	25721

专科生学生数
Comprehensive Universities

单位:人
unit:person

在校生数 Enrolment			预计毕业生数 Estimated Graduates for Next Year		
合计 Total	本 科 Normal Courses	专 科 Short-cycle Courses	合计 Total	本 科 Normal Courses	专 科 Short-cycle Courses
8901057	**5036668**	**3864389**	**2328070**	**1232252**	**1095818**
70219	66585	3634	19395	17438	1957
152957	62332	90625	41098	14852	26246
336858	162722	174136	84607	36040	48567
196868	138980	57888	54130	35155	18975
225873	148079	77794	61144	36540	24604
165463	85048	80415	40864	21423	19441
131677	112153	19524	32682	27738	4944
221790	141270	80520	54225	34170	20055
70431	70430	1	17917	17916	1
341847	315763	26084	87286	78039	9247
439338	191642	247696	124108	49148	74960
149440	116395	33045	35645	29000	6645
302139	194693	107446	73056	47768	25288
446791	227701	219090	113376	48495	64881
1141752	530681	611071	312748	132587	180161
295853	253234	42619	81915	66682	15233
175991	172227	3764	43866	42576	1290
694036	380878	313158	184798	90047	94751
1051013	451549	599464	272670	113535	159135
319918	164707	155211	88231	41976	46255
83918	70455	13463	21422	17577	3845
241140	131018	110122	55855	31689	24166
617554	284003	333551	169644	68058	101586
258526	92865	165661	69287	21679	47608
172125	111619	60506	46465	28291	18174
15109	9049	6060	3710	2133	1577
261075	152139	108936	65112	38739	26373
97160	68109	29051	25087	16080	9007
32526	21456	11070	8067	4807	3260
33942	26240	7702	8020	6216	1804
157728	82646	75082	31640	15858	15782

地 区 Region	毕(结)业生数 Graduates			招生数 Entrants		
	合计 Total	本 科 Normal Courses	专 科 Short-cycle Courses	合计 Total	本 科 Normal Courses	专 科 Short-cycle Courses
总 计 Total	**2830943**	**1287883**	**1543060**	**3617056**	**1375107**	**2241949**
北 京 Beijing	61637	51442	10195	62903	56549	6354
天 津 Tianjin	54057	32279	21778	63253	34014	29239
河 北 Hebei	147351	67370	79981	192791	77111	115680
山 西 Shanxi	68114	38251	29863	81621	41356	40265
内蒙古 Inner Mongolia	35505	5800	29705	37895	5372	32523
辽 宁 Liaoning	117479	83652	33827	171836	87904	83932
吉 林 Jilin	64774	33434	31340	69477	34103	35374
黑龙江 Heilongjiang	54855	38787	16068	66407	43595	22812
上 海 Shanghai	53227	33409	19818	54304	34610	19694
江 苏 Jiangsu	284749	122172	162577	335292	125475	209817
浙 江 Zhejiang	66016	39571	26445	71161	40940	30221
安 徽 Anhui	134392	53090	81302	189259	55280	133979
福 建 Fujian	63886	36698	27188	88078	38189	49889
江 西 Jiangxi	98346	47064	51282	128096	50805	77291
山 东 Shandong	150976	62137	88839	160209	62542	97667
河 南 Henan	290900	95511	195389	360368	96944	263424
湖 北 Hubei	248772	105702	143070	303417	106848	196569
湖 南 Hunan	97400	38475	58925	118020	41070	76950
广 东 Guangdong	144937	60170	84767	238724	65735	172989
广 西 Guangxi	79679	31731	47948	116275	34035	82240
海 南 Hainan	7239	0	7239	13421	2301	11120
重 庆 Chongqing	79015	30100	48915	109465	33988	75477
四 川 Sichuan	133467	69027	64440	178907	77592	101315
贵 州 Guizhou	31059	2751	28308	55223	5023	50200
云 南 Yunnan	47796	10258	37538	65875	11079	54796
西 藏 Tibet	0	0	0	0	0	0
陕 西 Shaanxi	126116	72701	53415	153367	80639	72728
甘 肃 Gansu	49764	17193	32571	72114	17904	54210
青 海 Qinghai	3580	0	3580	3441	0	3441
宁 夏 Ningxia	9475	5719	3756	14626	7903	6723
新 疆 Xinjiang	26380	3389	22991	41231	6201	35030

本科、专科生学生数
Institutions of Polytechnic

单位:人
unit:person

在校生数 Enrolment			预计毕业生数 Estimated Graduates for Next Year		
合计 Total	本科 Normal Courses	专科 Short-cycle Courses	合计 Total	本科 Normal Courses	专科 Short-cycle Courses
11783173	**5606908**	**6176265**	**3085504**	**1372675**	**1712829**
252260	225301	26959	65331	54918	10413
219030	140403	78627	59294	35623	23671
628886	305024	323862	164634	71283	93351
280058	167387	112671	71284	41896	29388
121811	23002	98809	36994	6058	30936
542553	352408	190145	124230	86494	37736
264711	140247	124464	69671	35215	34456
233123	171497	61626	57009	40384	16625
205566	141493	64073	58207	37039	21168
1107440	514612	592828	312376	129421	182955
269019	172300	96719	72718	44015	28703
584967	226428	358539	139894	54627	85267
299577	157407	142170	72453	39020	33433
409759	206175	203584	100723	48291	52432
574672	261872	312800	161335	67050	94285
1171228	408566	762662	333206	100670	232536
997550	448614	548936	266982	109460	157522
378370	163203	215167	103940	40011	63929
642644	277340	365304	160147	65925	94222
367481	148147	219334	91917	38312	53605
35879	4785	31094	7977	0	7977
340972	132911	208061	83234	30775	52459
571263	309313	261950	150346	75086	75260
149084	17903	131181	39949	3448	36501
191336	45064	146272	50979	11354	39625
0	0	0	0	0	0
525898	317826	208072	131609	77331	54278
229475	74541	154934	56099	18177	37922
10550	0	10550	3878	0	3878
44854	28707	16147	9950	6504	3446
133157	24432	108725	29138	4288	24850

地区 Region	毕(结)业生数 Graduates			招生数 Entrants		
	合计 Total	本科 Normal Courses	专科 Short-cycle Courses	合计 Total	本科 Normal Courses	专科 Short-cycle Courses
总计 Total	**285883**	**177611**	**108272**	**356535**	**190232**	**166303**
北京 Beijing	5866	4549	1317	6705	5099	1606
天津 Tianjin	3200	2957	243	3146	3091	55
河北 Hebei	9609	9597	12	10191	10191	0
山西 Shanxi	6233	5658	575	6778	6365	413
内蒙古 Inner Mongolia	8081	7154	927	8832	6800	2032
辽宁 Liaoning	11233	6577	4656	15927	6185	9742
吉林 Jilin	12093	9036	3057	13420	9383	4037
黑龙江 Heilongjiang	18770	9533	9237	24719	9738	14981
上海 Shanghai	4093	2918	1175	4416	3051	1365
江苏 Jiangsu	17371	4088	13283	24192	4428	19764
浙江 Zhejiang	4547	2368	2179	4764	2528	2236
安徽 Anhui	4558	4558	0	7135	4832	2303
福建 Fujian	11690	5297	6393	18337	5566	12771
江西 Jiangxi	9106	5162	3944	15306	5252	10054
山东 Shandong	22657	17383	5274	21184	16305	4879
河南 Henan	27603	13772	13831	29366	16524	12842
湖北 Hubei	4381	4381	0	4719	4719	0
湖南 Hunan	10802	6884	3918	13549	8112	5437
广东 Guangdong	21269	21269	0	31991	25059	6932
广西 Guangxi	9533	0	9533	12980	0	12980
海南 Hainan	0	0	0	0	0	0
重庆 Chongqing	0	0	0	0	0	0
四川 Sichuan	13539	9879	3660	13693	9013	4680
贵州 Guizhou	2048	0	2048	4420	0	4420
云南 Yunnan	13359	6061	7298	14133	4994	9139
西藏 Tibet	1683	1484	199	1821	1821	0
陕西 Shaanxi	11431	5077	6354	12429	5184	7245
甘肃 Gansu	7329	4037	3292	13302	4264	9038
青海 Qinghai	971	0	971	1269	0	1269
宁夏 Ningxia	0	0	0	0	0	0
新疆 Xinjiang	12828	7932	4896	17811	11728	6083

本科、专科生学生数
of Institutions of Agriculture

单位：人
unit: person

在校生数 Enrolment			预计毕业生数 Estimated Graduates for Next Year		
合计 Total	本 科 Normal Courses	专 科 Short-cycle Courses	合计 Total	本 科 Normal Courses	专 科 Short-cycle Courses
1220268	**762382**	**457886**	**302548**	**184456**	**118092**
24864	19961	4903	5848	4605	1243
12466	12133	333	3158	2964	194
40592	40586	6	10079	10075	4
26224	23435	2789	6189	5814	375
33332	29386	3946	8284	7366	918
52974	26313	26661	11848	6744	5104
50411	37672	12739	12712	9195	3517
85939	39945	45994	20318	9673	10645
16019	12098	3921	4143	2968	1175
65533	17588	47945	18583	4242	14341
18052	10466	7586	4934	2609	2325
23902	19889	4013	4830	4830	0
55254	22257	32997	13264	5422	7842
47862	20056	27806	9737	4834	4903
83683	68317	15366	22815	17547	5268
107145	64282	42863	29965	14846	15119
18907	18907	0	4568	4568	0
44920	30308	14612	11166	6876	4290
105604	94580	11024	22957	22073	884
36015	0	36015	9841	0	9841
0	0	0	0	0	0
0	0	0	0	0	0
49683	37071	12612	13260	9693	3567
10330	0	10330	2459	0	2459
53225	25905	27320	15614	7390	8224
6001	5921	80	1219	1139	80
42232	20921	21311	11176	5148	6028
36954	16933	20021	6646	4235	2411
3475	0	3475	1277	0	1277
0	0	0	0	0	0
68670	47452	21218	15658	9600	6058

地　区 Region	毕(结)业生数 Graduates			招生数 Entrants		
	合计 Total	本　科 Normal Courses	专　科 Short-cycle Courses	合计 Total	本　科 Normal Courses	专　科 Short-cycle Courses
总　计 Total	**61086**	**30975**	**30111**	**73552**	**28204**	**45348**
北　京 Beijing	3152	3152	0	3434	3434	0
天　津 Tianjin	0	0	0	0	0	0
河　北 Hebei	0	0	0	0	0	0
山　西 Shanxi	1071	0	1071	1719	0	1719
内蒙古 Inner Mongolia	0	0	0	0	0	0
辽　宁 Liaoning	3537	0	3537	4629	0	4629
吉　林 Jilin	0	0	0	0	0	0
黑龙江 Heilongjiang	8604	4733	3871	9366	4895	4471
上　海 Shanghai	0	0	0	0	0	0
江　苏 Jiangsu	6936	6936	0	6083	6083	0
浙　江 Zhejiang	3392	3392	0	3848	3848	0
安　徽 Anhui	947	0	947	1371	0	1371
福　建 Fujian	2480	0	2480	6481	0	6481
江　西 Jiangxi	3310	0	3310	5198	0	5198
山　东 Shandong	0	0	0	0	0	0
河　南 Henan	2187	0	2187	2674	0	2674
湖　北 Hubei	2800	0	2800	3718	0	3718
湖　南 Hunan	6231	5695	536	6210	6045	165
广　东 Guangdong	0	0	0	0	0	0
广　西 Guangxi	2791	0	2791	5492	0	5492
海　南 Hainan	0	0	0	0	0	0
重　庆 Chongqing	0	0	0	0	0	0
四　川 Sichuan	0	0	0	0	0	0
贵　州 Guizhou	0	0	0	0	0	0
云　南 Yunnan	10371	7067	3304	8831	3899	4932
西　藏 Tibet	0	0	0	0	0	0
陕　西 Shaanxi	0	0	0	0	0	0
甘　肃 Gansu	2687	0	2687	3548	0	3548
青　海 Qinghai	0	0	0	0	0	0
宁　夏 Ningxia	590	0	590	950	0	950
新　疆 Xinjiang	0	0	0	0	0	0

本科、专科生学生数
of Institutions of Forestry

单位：人
unit: person

在校生数 Enrolment			预计毕业生数 Estimated Graduates for Next Year		
合计 Total	本 科 Normal Courses	专 科 Short-cycle Courses	合计 Total	本 科 Normal Courses	专 科 Short-cycle Courses
246764	**119204**	**127560**	**64301**	**30932**	**33369**
13693	13693	0	3415	3415	0
0	0	0	0	0	0
0	0	0	0	0	0
5001	0	5001	1261	0	1261
0	0	0	0	0	0
13848	0	13848	3750	0	3750
0	0	0	0	0	0
32861	19339	13522	7651	4772	2879
0	0	0	0	0	0
24475	24475	0	5990	5990	0
15230	15230	0	3723	3723	0
2756	0	2756	444	0	444
14018	0	14018	3003	0	3003
15508	0	15508	3986	0	3986
0	0	0	0	0	0
7878	0	7878	2759	0	2759
11100	0	11100	3381	0	3381
25293	24104	1189	6446	5882	564
0	0	0	0	0	0
14620	0	14620	3435	0	3435
0	0	0	0	0	0
0	0	0	0	0	0
0	0	0	0	0	0
0	0	0	0	0	0
36372	22363	14009	11196	7150	4046
0	0	0	0	0	0
0	0	0	0	0	0
12274	0	12274	3509	0	3509
0	0	0	0	0	0
1837	0	1837	352	0	352
0	0	0	0	0	0

地区 Region	毕(结)业生数 Graduates			招生数 Entrants		
	合计 Total	本科 Normal Courses	专科 Short-cycle Courses	合计 Total	本科 Normal Courses	专科 Short-cycle Courses
总计 Total	**524678**	**241190**	**283488**	**646104**	**265214**	**380890**
北京 Beijing	4608	2603	2005	5028	3685	1343
天津 Tianjin	8969	4643	4326	10274	5687	4587
河北 Hebei	36694	11152	25542	40495	11678	28817
山西 Shanxi	18763	11488	7275	18461	10151	8310
内蒙古 Inner Mongolia	4714	2464	2250	4933	2614	2319
辽宁 Liaoning	22639	16586	6053	25530	16719	8811
吉林 Jilin	11105	4016	7089	13026	3912	9114
黑龙江 Heilongjiang	14454	9050	5404	16207	10950	5257
上海 Shanghai	4239	1814	2425	3684	2901	783
江苏 Jiangsu	22871	12441	10430	25882	12655	13227
浙江 Zhejiang	13562	7305	6257	16566	9104	7462
安徽 Anhui	26513	13064	13449	34766	13866	20900
福建 Fujian	15449	5109	10340	18610	6024	12586
江西 Jiangxi	20681	6812	13869	25053	7790	17263
山东 Shandong	55524	21231	34293	53687	20495	33192
河南 Henan	43681	14323	29358	55979	11029	44950
湖北 Hubei	10478	6793	3685	11377	6883	4494
湖南 Hunan	25623	9147	16476	30354	11428	18926
广东 Guangdong	24517	15208	9309	45767	18279	27488
广西 Guangxi	21082	10917	10165	27998	13167	14831
海南 Hainan	2496	1775	721	3918	2088	1830
重庆 Chongqing	14293	3990	10303	18278	3886	14392
四川 Sichuan	25703	14385	11318	33968	14501	19467
贵州 Guizhou	27539	14190	13349	42387	20942	21445
云南 Yunnan	23426	8261	15165	30107	8144	21963
西藏 Tibet	357	317	40	370	330	40
陕西 Shaanxi	9547	5357	4190	10429	6017	4412
甘肃 Gansu	7191	3102	4089	8670	4153	4517
青海 Qinghai	1152	0	1152	1433	0	1433
宁夏 Ningxia	1470	970	500	1826	1243	583
新疆 Xinjiang	5338	2677	2661	11041	4893	6148

本科、专科生学生数
Institutions of Medicine & Pharmacy

单位:人
unit:person

在校生数 Enrolment			预计毕业生数 Estimated Graduates for Next Year		
合计 Total	本科 Normal Courses	专科 Short-cycle Courses	合计 Total	本科 Normal Courses	专科 Short-cycle Courses
2239604	**1179034**	**1060570**	**556429**	**257476**	**298953**
20514	15867	4647	4559	3072	1487
36836	23535	13301	9062	4911	4151
141582	55085	86497	37632	11805	25827
71619	47580	24039	19718	12145	7573
18813	11792	7021	4908	2547	2361
100119	75479	24640	22370	16687	5683
47203	18380	28823	11765	4254	7511
65022	49660	15362	15421	10334	5087
15437	11490	3947	4108	2343	1765
93662	59212	34450	24451	13718	10733
63096	39665	23431	14609	7943	6666
113257	62055	51202	25674	13418	12256
64615	26476	38139	17320	5403	11917
76567	31557	45010	18975	6930	12045
204937	95437	109500	58100	22428	35672
174446	53537	120909	48134	13742	34392
42253	30479	11774	10038	6802	3236
104864	50101	54763	26218	9965	16253
127432	78502	48930	27859	17655	10204
98707	55116	43591	23703	11487	12216
14054	9576	4478	3173	2024	1149
57508	18587	38921	14670	4170	10500
115423	67375	48048	26740	15083	11657
139772	80537	59235	31326	15842	15484
111778	40866	70912	28243	9454	18789
1466	1346	120	261	222	39
38551	26467	12084	10050	5570	4480
33334	18241	15093	8469	3621	4848
3864	0	3864	1173	0	1173
7315	5628	1687	1673	1123	550
35558	19406	16152	6027	2778	3249

高等师范院校

Number of Students of

地区 Region	毕(结)业生数 Graduates			招生数 Entrants		
	合计 Total	本科 Normal Courses	专科 Short-cycle Courses	合计 Total	本科 Normal Courses	专科 Short-cycle Courses
总计 Total	**825967**	**601189**	**224778**	**858465**	**615828**	**242637**
北京 Beijing	5063	5024	39	6582	6582	0
天津 Tianjin	10725	10030	695	10458	9931	527
河北 Hebei	57226	40651	16575	53502	44783	8719
山西 Shanxi	29834	17214	12620	30355	15599	14756
内蒙古 Inner Mongolia	13262	9347	3915	10481	8108	2373
辽宁 Liaoning	22187	12275	9912	24493	12116	12377
吉林 Jilin	28433	23523	4910	27511	22890	4621
黑龙江 Heilongjiang	19254	14227	5027	20735	14306	6429
上海 Shanghai	8467	8467	0	8520	8520	0
江苏 Jiangsu	44949	36758	8191	48954	35750	13204
浙江 Zhejiang	26779	22989	3790	24953	22678	2275
安徽 Anhui	63988	53904	10084	61436	53362	8074
福建 Fujian	23203	18402	4801	27161	19143	8018
江西 Jiangxi	33686	17930	15756	36012	20484	15528
山东 Shandong	22934	19455	3479	26123	17066	9057
河南 Henan	84108	61265	22843	72023	54749	17274
湖北 Hubei	30244	16412	13832	28814	17928	10886
湖南 Hunan	18826	12452	6374	22269	14445	7824
广东 Guangdong	30308	24209	6099	51970	32005	19965
广西 Guangxi	32740	20319	12421	40881	24344	16537
海南 Hainan	7572	5374	2198	7400	6618	782
重庆 Chongqing	18852	15098	3754	16701	14871	1830
四川 Sichuan	53604	37798	15806	53582	39166	14416
贵州 Guizhou	40027	28917	11110	37458	27826	9632
云南 Yunnan	31721	22348	9373	31946	22419	9527
西藏 Tibet	1338	0	1338	2065	0	2065
陕西 Shaanxi	30800	22703	8097	33189	22297	10892
甘肃 Gansu	18785	14520	4265	20276	14543	5733
青海 Qinghai	3215	2294	921	2374	2374	0
宁夏 Ningxia	2902	1633	1269	3478	1967	1511
新疆 Xinjiang	10935	5651	5284	16763	8958	7805

本科、专科生学生数
Normal Universities

单位：人
unit：person

在校生数 Enrolment			预计毕业生数 Estimated Graduates for Next Year		
合计 Total	本 科 Normal Courses	专 科 Short-cycle Courses	合计 Total	本 科 Normal Courses	专 科 Short-cycle Courses
3270853	**2527357**	**743496**	**856477**	**621621**	**234856**
23894	23570	324	5539	5357	182
43719	42218	1501	10620	10069	551
217044	181717	35327	57454	43984	13470
110695	66757	43938	30188	17164	13024
44729	35544	9185	13471	9681	3790
90911	49241	41670	22751	12394	10357
108400	93544	14856	28906	23688	5218
76746	58832	17914	19735	14543	5192
35210	35210	0	9181	9181	0
176840	146183	30657	46254	37264	8990
106724	96229	10495	28144	24517	3627
261235	225817	35418	67766	55414	12352
100006	78047	21959	25743	19287	6456
128393	78430	49963	34571	18098	16473
95845	74335	21510	25391	20323	5068
292216	233800	58416	79303	58708	20595
114340	75690	38650	32138	18231	13907
81602	55884	25718	20967	13471	7496
147772	111897	35875	30432	21962	8470
141097	94950	46147	37716	22737	14979
30738	25261	5477	7775	5575	2200
71803	60716	11087	19865	15426	4439
210032	166223	43809	54485	40874	13611
152323	116726	35597	40693	28975	11718
125544	93327	32217	36703	24412	12291
4633	0	4633	1207	0	1207
121897	94450	27447	31191	24234	6957
76000	59434	16566	18840	14383	4457
11855	10918	937	3644	2707	937
12291	8451	3840	3508	1966	1542
56319	33956	22363	12296	6996	5300

地 区 Region	毕(结)业生数 Graduates			招生数 Entrants		
	合计 Total	本 科 Normal Courses	专 科 Short-cycle Courses	合计 Total	本 科 Normal Courses	专 科 Short-cycle Courses
总 计 Total	**116504**	**72944**	**43560**	**147726**	**80133**	**67593**
北 京 Beijing	11873	9552	2321	11203	9607	1596
天 津 Tianjin	3566	3566	0	3457	3457	0
河 北 Hebei	11389	2241	9148	18121	3252	14869
山 西 Shanxi	5884	2394	3490	8297	2247	6050
内蒙古 Inner Mongolia	150	0	150	220	0	220
辽 宁 Liaoning	5285	4321	964	5997	4995	1002
吉 林 Jilin	5047	5047	0	5696	5696	0
黑龙江 Heilongjiang	2254	2254	0	2625	2625	0
上 海 Shanghai	3953	1431	2522	4360	1483	2877
江 苏 Jiangsu	0	0	0	0	0	0
浙 江 Zhejiang	9767	9149	618	9607	8906	701
安 徽 Anhui	5030	2127	2903	5806	2308	3498
福 建 Fujian	2445	0	2445	5530	0	5530
江 西 Jiangxi	0	0	0	0	0	0
山 东 Shandong	1625	0	1625	6003	1916	4087
河 南 Henan	0	0	0	0	0	0
湖 北 Hubei	2833	2528	305	2848	2381	467
湖 南 Hunan	5352	2015	3337	7070	2643	4427
广 东 Guangdong	7025	7025	0	7191	7191	0
广 西 Guangxi	3759	3197	562	6882	3697	3185
海 南 Hainan	1626	0	1626	1441	0	1441
重 庆 Chongqing	6152	6152	0	7054	7054	0
四 川 Sichuan	7788	3090	4698	12139	3261	8878
贵 州 Guizhou	0	0	0	0	0	0
云 南 Yunnan	1704	0	1704	2840	0	2840
西 藏 Tibet	0	0	0	0	0	0
陕 西 Shaanxi	9222	6855	2367	11320	7414	3906
甘 肃 Gansu	2775	0	2775	2019	0	2019
青 海 Qinghai	0	0	0	0	0	0
宁 夏 Ningxia	0	0	0	0	0	0
新 疆 Xinjiang	0	0	0	0	0	0

本科、专科生学生数
Institutions of Languages & Literatures

单位：人
unit：person

在校生数 Enrolment			预计毕业生数 Estimated Graduates for Next Year		
合计 Total	本科 Normal Courses	专科 Short-cycle Courses	合计 Total	本科 Normal Courses	专科 Short-cycle Courses
502545	**319477**	**183068**	**123635**	**76752**	**46883**
43950	37997	5953	11950	9209	2741
15027	15027	0	3600	3600	0
50928	12143	38785	12819	2551	10268
23104	9167	13937	6118	2428	3690
534	0	534	138	0	138
22453	19390	3063	5359	4534	825
22721	22721	0	5302	5302	0
10180	10180	0	2337	2337	0
15527	6019	9508	4567	1533	3034
0	0	0	0	0	0
38847	37073	1774	10163	9670	493
18336	9366	8970	4410	2246	2164
15191	0	15191	3466	0	3466
0	0	0	0	0	0
14124	3545	10579	1983	0	1983
0	0	0	0	0	0
11129	9971	1158	2792	2505	287
22182	9314	12868	6064	2212	3852
28862	28862	0	7026	7026	0
26689	16150	10539	4149	4113	36
5170	0	5170	1814	0	1814
28982	28982	0	6746	6746	0
33831	13093	20738	7456	3188	4268
0	0	0	0	0	0
9220	0	9220	3370	0	3370
0	0	0	0	0	0
40252	30477	9775	9982	7552	2430
5306	0	5306	2024	0	2024
0	0	0	0	0	0
0	0	0	0	0	0
0	0	0	0	0	0

地 区 Region	毕(结)业生数 Graduates			招生数 Entrants		
	合计 Total	本 科 Normal Courses	专 科 Short-cycle Courses	合计 Total	本 科 Normal Courses	专 科 Short-cycle Courses
总 计 Total	**797083**	**427475**	**369608**	**964411**	**442943**	**521468**
北 京 Beijing	19249	14205	5044	21081	15174	5907
天 津 Tianjin	15153	12425	2728	17348	13914	3434
河 北 Hebei	23533	17325	6208	24451	17726	6725
山 西 Shanxi	30036	18428	11608	29350	14811	14539
内蒙古 Inner Mongolia	8908	4955	3953	8347	4356	3991
辽 宁 Liaoning	17311	10807	6504	21980	10753	11227
吉 林 Jilin	13977	10732	3245	14803	10996	3807
黑龙江 Heilongjiang	17065	14622	2443	20942	16052	4890
上 海 Shanghai	35396	20420	14976	39387	21849	17538
江 苏 Jiangsu	36008	13122	22886	51058	12612	38446
浙 江 Zhejiang	43450	19692	23758	47303	20154	27149
安 徽 Anhui	47971	11387	36584	62448	11379	51069
福 建 Fujian	18827	12076	6751	22998	13095	9903
江 西 Jiangxi	24197	9972	14225	27213	10397	16816
山 东 Shandong	36928	17507	19421	33401	14309	19092
河 南 Henan	90746	48088	42658	112117	54361	57756
湖 北 Hubei	35551	24513	11038	37257	25042	12215
湖 南 Hunan	25508	13220	12288	30808	14883	15925
广 东 Guangdong	54383	35978	18405	82017	38279	43738
广 西 Guangxi	22074	6433	15641	29089	5681	23408
海 南 Hainan	10815	3913	6902	18424	3823	14601
重 庆 Chongqing	33050	20701	12349	38766	21974	16792
四 川 Sichuan	19411	5780	13631	23741	6874	16867
贵 州 Guizhou	19633	10746	8887	28071	11333	16738
云 南 Yunnan	48770	25586	23184	51209	25649	25560
西 藏 Tibet	357	160	197	225	225	0
陕 西 Shaanxi	29619	11101	18518	46272	11695	34577
甘 肃 Gansu	10199	8737	1462	12244	8755	3489
青 海 Qinghai	0	0	0	0	0	0
宁 夏 Ningxia	4114	0	4114	5269	0	5269
新 疆 Xinjiang	4844	4844	0	6792	6792	0

本科、专科生学生数
Institutions of Finance & Economies

单位:人
unit:person

在校生数 Enrolment			预计毕业生数 Estimated Graduates for Next Year		
合计 Total	本 科 Normal Courses	专 科 Short-cycle Courses	合计 Total	本 科 Normal Courses	专 科 Short-cycle Courses
3279209	**1831579**	**1447630**	**852563**	**455579**	**396984**
76511	59119	17392	20777	14355	6422
63835	53981	9854	15842	12904	2938
90114	69376	20738	23674	16856	6818
111913	70922	40991	29579	19354	10225
30877	19021	11856	8863	5076	3787
79248	43643	35605	17836	11133	6703
55497	43855	11642	14373	10867	3506
77655	63384	14271	17600	15316	2284
140077	88243	51834	38505	22449	16056
147437	52352	95085	39542	13137	26405
170434	85376	85058	46563	21461	25102
189947	47837	142110	47763	11760	36003
79021	53858	25163	20004	12872	7132
90992	41729	49263	24056	9988	14068
122471	61848	60623	35841	16306	19535
390750	226828	163922	101033	54419	46614
141809	104237	37572	37209	25546	11663
106781	61405	45376	28285	14894	13391
244977	155448	89529	62914	40202	22712
91982	28015	63967	23666	6935	16731
53485	15584	37901	11625	3727	7898
138418	90702	47716	35238	22190	13048
75183	25731	49452	21203	5979	15224
91298	48536	42762	23745	11696	12049
199233	111708	87525	56154	30204	25950
903	901	2	172	170	2
133399	48329	85070	29723	12020	17703
47472	36174	11298	11815	8749	3066
0	0	0	0	0	0
14053	0	14053	3949	0	3949
23437	23437	0	5014	5014	0

高等政法院校

Number of Students of

地　区 Region	毕(结)业生数 Graduates			招生数 Entrants		
	合计 Total	本　科 Normal Courses	专　科 Short-cycle Courses	合计 Total	本　科 Normal Courses	专　科 Short-cycle Courses
总　计 Total	**103825**	**49364**	**54461**	**116204**	**56580**	**59624**
北　京 Beijing	9779	6480	3299	9686	7403	2283
天　津 Tianjin	1089	0	1089	1310	0	1310
河　北 Hebei	9188	1978	7210	10630	3311	7319
山　西 Shanxi	2609	495	2114	2320	936	1384
内蒙古 Inner Mongolia	458	0	458	985	0	985
辽　宁 Liaoning	3822	2185	1637	3001	2813	188
吉　林 Jilin	3146	1513	1633	3805	1392	2413
黑龙江 Heilongjiang	1471	0	1471	1639	0	1639
上　海 Shanghai	6131	5082	1049	5809	5809	0
江　苏 Jiangsu	2878	2878	0	3134	3134	0
浙　江 Zhejiang	1875	1018	857	2199	945	1254
安　徽 Anhui	3401	0	3401	4119	0	4119
福　建 Fujian	1241	1241	0	1161	1161	0
江　西 Jiangxi	3683	1130	2553	4161	1193	2968
山　东 Shandong	6570	4243	2327	7374	4168	3206
河　南 Henan	7733	2227	5506	6149	2860	3289
湖　北 Hubei	3831	1011	2820	5907	1233	4674
湖　南 Hunan	2939	1426	1513	3703	1720	1983
广　东 Guangdong	3163	1690	1473	3715	1692	2023
广　西 Guangxi	3699	889	2810	4763	2541	2222
海　南 Hainan	1561	0	1561	2424	0	2424
重　庆 Chongqing	4748	4748	0	4852	4852	0
四　川 Sichuan	2682	1344	1338	2635	1204	1431
贵　州 Guizhou	1135	0	1135	986	986	0
云　南 Yunnan	2228	1133	1095	2171	1085	1086
西　藏 Tibet	268	0	268	0	0	0
陕　西 Shaanxi	4840	3361	1479	7561	3103	4458
甘　肃 Gansu	4591	2667	1924	5690	2314	3376
青　海 Qinghai	281	0	281	629	0	629
宁　夏 Ningxia	1043	0	1043	1120	0	1120
新　疆 Xinjiang	1742	625	1117	2566	725	1841

本科、专科生学生数
Institutions of Political Science & Law

单位：人
unit: person

在校生数 Enrolment			预计毕业生数 Estimated Graduates for Next Year		
合计 Total	本科 Normal Courses	专科 Short-cycle Courses	合计 Total	本科 Normal Courses	专科 Short-cycle Courses
384994	**213970**	**171024**	**104758**	**50538**	**54220**
36492	28397	8095	10584	7384	3200
3914	0	3914	1076	0	1076
34009	11256	22753	10382	2626	7756
9096	3154	5942	2518	527	1991
2369	0	2369	517	0	517
12432	10637	1795	3715	2281	1434
12142	5816	6326	3042	1454	1588
4610	0	4610	1486	0	1486
23591	22633	958	6616	5658	958
11979	11979	0	2856	2856	0
7031	3522	3509	1860	843	1017
11346	0	11346	3562	0	3562
4468	4468	0	982	982	0
13621	4584	9037	4060	1104	2956
23453	15699	7754	5752	3746	2006
23312	10457	12855	7656	2335	5321
17149	4915	12234	4658	1026	3632
11929	6601	5328	3125	1571	1554
11745	6713	5032	3198	1628	1570
13024	5825	7199	3246	503	2743
6058	0	6058	1573	0	1573
19015	19015	0	4807	4807	0
9541	5396	4145	2684	1324	1360
4583	3144	1439	1213	423	790
7923	4427	3496	2206	1122	1084
557	0	557	264	0	264
20930	12713	8217	4594	3296	1298
17144	9796	7348	4189	2462	1727
1210	0	1210	253	0	253
3845	0	3845	1036	0	1036
6476	2823	3653	1048	580	468

地 区 Region	毕(结)业生数 Graduates			招生数 Entrants		
	合计 Total	本 科 Normal Courses	专 科 Short-cycle Courses	合计 Total	本 科 Normal Courses	专 科 Short-cycle Courses
总 计 Total	**38016**	**26548**	**11468**	**47764**	**27248**	**20516**
北 京 Beijing	3101	3002	99	3421	3311	110
天 津 Tianjin	2643	2548	95	4483	3283	1200
河 北 Hebei	1646	1615	31	1778	1778	0
山 西 Shanxi	342	0	342	1370	0	1370
内蒙古 Inner Mongolia	131	0	131	356	0	356
辽 宁 Liaoning	1661	1651	10	1488	1488	0
吉 林 Jilin	2021	1495	526	2275	1634	641
黑龙江 Heilongjiang	2067	1661	406	2158	1197	961
上 海 Shanghai	1036	915	121	1133	1054	79
江 苏 Jiangsu	1724	1724	0	1537	1537	0
浙 江 Zhejiang	203	0	203	113	0	113
安 徽 Anhui	785	0	785	1740	0	1740
福 建 Fujian	683	0	683	580	0	580
江 西 Jiangxi	0	0	0	0	0	0
山 东 Shandong	2073	2073	0	2043	2043	0
河 南 Henan	1724	0	1724	2126	0	2126
湖 北 Hubei	4169	3882	287	5334	4123	1211
湖 南 Hunan	1188	0	1188	1466	0	1466
广 东 Guangdong	3514	1612	1902	4656	1584	3072
广 西 Guangxi	1326	0	1326	2709	0	2709
海 南 Hainan	146	0	146	222	0	222
重 庆 Chongqing	0	0	0	0	0	0
四 川 Sichuan	2391	2391	0	2425	2139	286
贵 州 Guizhou	0	0	0	0	0	0
云 南 Yunnan	1281	0	1281	1686	0	1686
西 藏 Tibet	0	0	0	0	0	0
陕 西 Shaanxi	1979	1979	0	2077	2077	0
甘 肃 Gansu	0	0	0	0	0	0
青 海 Qinghai	0	0	0	0	0	0
宁 夏 Ningxia	96	0	96	362	0	362
新 疆 Xinjiang	86	0	86	226	0	226

本科、专科生学生数
Institutions of Physical Culture

单位：人
unit：person

在校生数 Enrolment			预计毕业生数 Estimated Graduates for Next Year		
合计 Total	本科 Normal Courses	专科 Short-cycle Courses	合计 Total	本科 Normal Courses	专科 Short-cycle Courses
161468	**110725**	**50743**	**40253**	**27702**	**12551**
13317	12972	345	3335	3221	114
13885	11879	2006	2963	2635	328
7240	7048	192	1720	1620	100
2011	0	2011	346	0	346
766	0	766	167	0	167
6855	6855	0	1794	1794	0
8532	6567	1965	2347	1746	601
7526	5496	2030	2093	1636	457
4391	4087	304	1154	1039	115
6881	6881	0	1812	1812	0
634	0	634	256	0	256
4303	0	4303	810	0	810
2105	0	2105	755	0	755
0	0	0	0	0	0
8408	8408	0	2138	2138	0
4743	0	4743	811	0	811
18566	16532	2034	4373	4048	325
4415	0	4415	1333	0	1333
13739	6717	7022	4010	1748	2262
7762	0	7762	1656	0	1656
760	0	760	248	0	248
0	0	0	0	0	0
9688	9026	662	2355	2231	124
0	0	0	0	0	0
5339	0	5339	1536	0	1536
0	0	0	0	0	0
8257	8257	0	2034	2034	0
0	0	0	0	0	0
0	0	0	0	0	0
777	0	777	96	0	96
568	0	568	111	0	111

地　区 Region	毕(结)业生数 Graduates			招生数 Entrants		
	合计 Total	本　科 Normal Courses	专　科 Short-cycle Courses	合计 Total	本　科 Normal Courses	专　科 Short-cycle Courses
总　计 Total	**122302**	**64437**	**57865**	**157438**	**76319**	**81119**
北　京 Beijing	4795	4637	158	5420	5235	185
天　津 Tianjin	2981	1751	1230	2820	1596	1224
河　北 Hebei	9298	5613	3685	12858	7870	4988
山　西 Shanxi	905	0	905	1583	0	1583
内蒙古 Inner Mongolia	1442	950	492	2951	1093	1858
辽　宁 Liaoning	7530	5767	1763	10392	6477	3915
吉　林 Jilin	4779	4779	0	4974	4974	0
黑龙江 Heilongjiang	735	82	653	1650	137	1513
上　海 Shanghai	3641	1871	1770	4001	2128	1873
江　苏 Jiangsu	9702	5399	4303	10793	5994	4799
浙　江 Zhejiang	5339	2160	3179	5350	2416	2934
安　徽 Anhui	976	0	976	2485	785	1700
福　建 Fujian	2080	0	2080	3774	0	3774
江　西 Jiangxi	1249	0	1249	1904	0	1904
山　东 Shandong	5791	4352	1439	5948	4227	1721
河　南 Henan	6677	0	6677	9061	0	9061
湖　北 Hubei	5943	2759	3184	7404	2823	4581
湖　南 Hunan	3717	0	3717	4366	0	4366
广　东 Guangdong	6997	2367	4630	8243	2960	5283
广　西 Guangxi	8488	5681	2807	11146	7131	4015
海　南 Hainan	0	0	0	0	0	0
重　庆 Chongqing	3620	1440	2180	5839	1588	4251
四　川 Sichuan	15118	7780	7338	22582	10873	11709
贵　州 Guizhou	0	0	0	0	0	0
云　南 Yunnan	5864	3528	2336	6492	4484	2008
西　藏 Tibet	0	0	0	0	0	0
陕　西 Shaanxi	3341	2473	868	4078	2706	1372
甘　肃 Gansu	0	0	0	0	0	0
青　海 Qinghai	0	0	0	0	0	0
宁　夏 Ningxia	189	0	189	377	0	377
新　疆 Xinjiang	1105	1048	57	947	822	125

本科、专科生学生数
Institutions of Art

单位：人
unit: person

在校生数 Enrolment			预计毕业生数 Estimated Graduates for Next Year		
合计 Total	本科 Normal Courses	专科 Short-cycle Courses	合计 Total	本科 Normal Courses	专科 Short-cycle Courses
536487	**298630**	**237857**	**139212**	**69570**	**69642**
21640	21094	546	5154	4944	210
10483	6711	3772	3088	1685	1403
45056	29563	15493	10419	6351	4068
4091	0	4091	1050	0	1050
7543	4269	3274	1573	975	598
36543	25676	10867	8597	6167	2430
19808	19808	0	4895	4895	0
5921	526	5395	1085	136	949
14444	8281	6163	4176	2127	2049
38604	25069	13535	10984	6374	4610
20332	9748	10584	5825	2322	3503
6902	2244	4658	1280	0	1280
10793	0	10793	3009	0	3009
5169	0	5169	1496	0	1496
22136	16853	5283	5909	4178	1731
23792	0	23792	7657	0	7657
23842	11371	12471	6293	2702	3591
14881	0	14881	4496	0	4496
26439	10925	15514	7786	2504	5282
43273	27163	16110	10232	6373	3859
0	0	0	0	0	0
17718	6346	11372	4479	1605	2874
71125	40114	31011	18120	8598	9522
0	0	0	0	0	0
25686	17893	7793	6399	4013	2386
0	0	0	0	0	0
14490	10634	3856	3647	2559	1088
0	0	0	0	0	0
0	0	0	0	0	0
1009	0	1009	359	0	359
4767	4342	425	1204	1062	142

地　区 Region	毕(结)业生数 Graduates			招生数 Entrants		
	合计 Total	本　科 Normal Courses	专　科 Short-cycle Courses	合计 Total	本　科 Normal Courses	专　科 Short-cycle Courses
总　计 Total	**68242**	**59282**	**8960**	**74129**	**62231**	**11898**
北　京 Beijing	2734	2734	0	2958	2958	0
天　津 Tianjin	0	0	0	0	0	0
河　北 Hebei	0	0	0	0	0	0
山　西 Shanxi	0	0	0	0	0	0
内蒙古 Inner Mongolia	0	0	0	0	0	0
辽　宁 Liaoning	4299	4299	0	4474	4474	0
吉　林 Jilin	0	0	0	0	0	0
黑龙江 Heilongjiang	670	0	670	1841	0	1841
上　海 Shanghai	0	0	0	0	0	0
江　苏 Jiangsu	0	0	0	0	0	0
浙　江 Zhejiang	0	0	0	0	0	0
安　徽 Anhui	0	0	0	0	0	0
福　建 Fujian	0	0	0	0	0	0
江　西 Jiangxi	0	0	0	0	0	0
山　东 Shandong	0	0	0	0	0	0
河　南 Henan	0	0	0	0	0	0
湖　北 Hubei	9764	9764	0	10112	10112	0
湖　南 Hunan	5737	0	5737	6723	0	6723
广　东 Guangdong	0	0	0	0	0	0
广　西 Guangxi	4204	3956	248	5362	5072	290
海　南 Hainan	0	0	0	0	0	0
重　庆 Chongqing	0	0	0	0	0	0
四　川 Sichuan	8968	8696	272	9508	9144	364
贵　州 Guizhou	8421	8421	0	8232	8232	0
云　南 Yunnan	6777	6670	107	6007	5941	66
西　藏 Tibet	2350	2084	266	2680	2640	40
陕　西 Shaanxi	0	0	0	0	0	0
甘　肃 Gansu	5829	5829	0	6032	6032	0
青　海 Qinghai	2277	2101	176	2563	2437	126
宁　夏 Ningxia	6212	4728	1484	7637	5189	2448
新　疆 Xinjiang	0	0	0	0	0	0

本科、专科生学生数
Nationalities Institutions

单位：人
unit：person

在校生数 Enrolment			预计毕业生数 Estimated Graduates for Next Year		
合计 Total	本 科 Normal Courses	专 科 Short-cycle Courses	合计 Total	本 科 Normal Courses	专 科 Short-cycle Courses
285965	**251526**	**34439**	**72695**	**62765**	**9930**
11512	11512	0	2878	2878	0
0	0	0	0	0	0
0	0	0	0	0	0
0	0	0	0	0	0
0	0	0	0	0	0
17400	17400	0	4257	4257	0
0	0	0	0	0	0
4228	0	4228	871	0	871
0	0	0	0	0	0
0	0	0	0	0	0
0	0	0	0	0	0
0	0	0	0	0	0
0	0	0	0	0	0
0	0	0	0	0	0
0	0	0	0	0	0
0	0	0	0	0	0
41070	41070	0	9549	9549	0
21059	0	21059	6574	0	6574
0	0	0	0	0	0
20828	19951	877	4748	4483	265
0	0	0	0	0	0
0	0	0	0	0	0
37580	36480	1100	9516	9147	369
34333	34333	0	9895	9895	0
26424	26237	187	7023	6959	64
9887	9795	92	2240	2188	52
0	0	0	0	0	0
24257	24257	0	5991	5991	0
10631	10096	535	2584	2382	202
26756	20395	6361	6569	5036	1533
0	0	0	0	0	0

地　区 Region	毕(结)业生数 Graduates			招生数 Entrants		
	合计 Total	本　科 Normal Courses	专　科 Short-cycle Courses	合计 Total	本　科 Normal Courses	专　科 Short-cycle Courses
总　计 Total	**2860638**	**0**	**2860638**	**4272019**	**0**	**4272019**
北　京 Beijing	19222	0	19222	15728	0	15728
天　津 Tianjin	50281	0	50281	64225	0	64225
河　北 Hebei	128889	0	128889	194705	0	194705
山　西 Shanxi	63396	0	63396	85641	0	85641
内蒙古 Inner Mongolia	52758	0	52758	60691	0	60691
辽　宁 Liaoning	63288	0	63288	119482	0	119482
吉　林 Jilin	31777	0	31777	40498	0	40498
黑龙江 Heilongjiang	49897	0	49897	78721	0	78721
上　海 Shanghai	29093	0	29093	33114	0	33114
江　苏 Jiangsu	216858	0	216858	289894	0	289894
浙　江 Zhejiang	118419	0	118419	135613	0	135613
安　徽 Anhui	131573	0	131573	218581	0	218581
福　建 Fujian	68372	0	68372	134242	0	134242
江　西 Jiangxi	112291	0	112291	169071	0	169071
山　东 Shandong	228248	0	228248	254713	0	254713
河　南 Henan	219734	0	219734	314731	0	314731
湖　北 Hubei	145193	0	145193	199477	0	199477
湖　南 Hunan	172279	0	172279	225345	0	225345
广　东 Guangdong	247115	0	247115	497672	0	497672
广　西 Guangxi	95923	0	95923	165973	0	165973
海　南 Hainan	15907	0	15907	26289	0	26289
重　庆 Chongqing	79668	0	79668	131100	0	131100
四　川 Sichuan	156636	0	156636	234176	0	234176
贵　州 Guizhou	84932	0	84932	143345	0	143345
云　南 Yunnan	77187	0	77187	115171	0	115171
西　藏 Tibet	1518	0	1518	2133	0	2133
陕　西 Shaanxi	88077	0	88077	145400	0	145400
甘　肃 Gansu	51841	0	51841	86076	0	86076
青　海 Qinghai	9191	0	9191	10534	0	10534
宁　夏 Ningxia	11667	0	11667	16016	0	16016
新　疆 Xinjiang	39408	0	39408	63662	0	63662

本科、专科生学生数
Higher Vocational Colleges

单位:人
unit:person

在校生数 Enrolment			预计毕业生数 Estimated Graduates for Next Year		
合计 Total	本科 Normal Courses	专科 Short-cycle Courses	合计 Total	本科 Normal Courses	专科 Short-cycle Courses
11627352	**0**	**11627352**	**3176554**	**0**	**3176554**
57357	0	57357	21255	0	21255
181071	0	181071	52345	0	52345
545306	0	545306	159816	0	159816
239114	0	239114	65093	0	65093
182096	0	182096	54823	0	54823
316512	0	316512	68016	0	68016
138226	0	138226	36513	0	36513
222983	0	222983	52381	0	52381
102388	0	102388	32186	0	32186
789429	0	789429	241263	0	241263
432026	0	432026	130598	0	130598
571171	0	571171	134551	0	134551
358684	0	358684	84265	0	84265
461029	0	461029	118129	0	118129
800190	0	800190	238266	0	238266
888652	0	888652	263213	0	263213
553923	0	553923	162015	0	162015
644950	0	644950	192856	0	192856
1035168	0	1035168	268807	0	268807
455741	0	455741	112907	0	112907
74038	0	74038	18232	0	18232
357116	0	357116	87475	0	87475
623029	0	623029	177055	0	177055
374204	0	374204	102387	0	102387
328120	0	328120	89185	0	89185
6017	0	6017	1577	0	1577
382184	0	382184	88101	0	88101
243117	0	243117	59263	0	59263
29764	0	29764	9706	0	9706
41311	0	41311	10773	0	10773
192436	0	192436	43502	0	43502

地区 Region	毕(结)业生数 Graduates			招生数 Entrants		
	合计 Total	本科 Normal Courses	专科 Short-cycle Courses	合计 Total	本科 Normal Courses	专科 Short-cycle Courses
总计 Total	**105961**	**7256**	**98705**	**236286**	**24532**	**211754**
北京 Beijing	0	0	0	0	0	0
天津 Tianjin	50	0	50	16	0	16
河北 Hebei	6336	211	6125	10140	332	9808
山西 Shanxi	710	0	710	414	0	414
内蒙古 Inner Mongolia	1	0	1	0	0	0
辽宁 Liaoning	2056	0	2056	4170	0	4170
吉林 Jilin	95	0	95	247	0	247
黑龙江 Heilongjiang	2355	0	2355	3093	0	3093
上海 Shanghai	0	0	0	0	0	0
江苏 Jiangsu	16235	2771	13464	50475	13172	37303
浙江 Zhejiang	4136	13	4123	5412	319	5093
安徽 Anhui	272	176	96	2605	629	1976
福建 Fujian	3199	97	3102	5304	51	5253
江西 Jiangxi	2934	638	2296	1717	407	1310
山东 Shandong	14374	1095	13279	20575	1257	19318
河南 Henan	0	0	0	60	11	49
湖北 Hubei	461	128	333	487	165	322
湖南 Hunan	147	0	147	834	0	834
广东 Guangdong	21296	1153	20143	103431	7738	95693
广西 Guangxi	991	328	663	5381	77	5304
海南 Hainan	76	0	76	104	0	104
重庆 Chongqing	7519	0	7519	1352	0	1352
四川 Sichuan	4638	249	4389	6068	168	5900
贵州 Guizhou	448	0	448	873	0	873
云南 Yunnan	2818	172	2646	817	0	817
西藏 Tibet	0	0	0	0	0	0
陕西 Shaanxi	10595	225	10370	8658	206	8452
甘肃 Gansu	2865	0	2865	2213	0	2213
青海 Qinghai	99	0	99	180	0	180
宁夏 Ningxia	219	0	219	18	0	18
新疆 Xinjiang	1036	0	1036	1642	0	1642

本专科学生数
in Radio/TV Universities

单位:人
unit:person

在校生数 Enrolment			预计毕业生数 Estimated Graduates for Next Year		
合计 Total	本 科 Normal Courses	专 科 Short-cycle Courses	合计 Total	本 科 Normal Courses	专 科 Short-cycle Courses
558999	**57515**	**501484**	**179021**	**17560**	**161461**
0	0	0	0	0	0
87	0	87	71	0	71
17751	1118	16633	7552	778	6774
1784	0	1784	1358	0	1358
1	0	1	1	0	1
6988	0	6988	2818	0	2818
363	0	363	116	0	116
5867	0	5867	2661	0	2661
0	0	0	0	0	0
99356	23514	75842	37173	7651	29522
12465	402	12063	3566	96	3470
8581	976	7605	2913	326	2587
12774	248	12526	6900	197	6703
5166	1559	3607	3105	1068	2037
37878	3207	34671	16115	1369	14746
76	19	57	16	8	8
1073	549	524	340	138	202
1115	0	1115	161	0	161
265802	23156	242646	51473	4439	47034
10192	359	9833	4811	282	4529
129	0	129	25	0	25
16109	0	16109	12080	0	12080
15258	593	14665	9178	425	8753
5089	0	5089	3745	0	3745
3751	945	2806	2337	348	1989
0	0	0	0	0	0
22065	870	21195	6289	435	5854
5051	0	5051	2838	0	2838
629	0	629	207	0	207
969	0	969	275	0	275
2630	0	2630	897	0	897

地区 Region	毕(结)业生数 Graduates			招生数 Entrants		
	合计 Total	本科 Normal Courses	专科 Short-cycle Courses	合计 Total	本科 Normal Courses	专科 Short-cycle Courses
总计 Total	**41850**	**87**	**41763**	**61594**	**1738**	**59856**
北京 Beijing	3092	37	3055	2413	17	2396
天津 Tianjin	6538	0	6538	7815	0	7815
河北 Hebei	1552	0	1552	436	0	436
山西 Shanxi	552	0	552	729	0	729
内蒙古 Inner Mongolia	0	0	0	0	0	0
辽宁 Liaoning	3849	0	3849	3233	0	3233
吉林 Jilin	1995	44	1951	4500	1721	2779
黑龙江 Heilongjiang	557	0	557	227	0	227
上海 Shanghai	1206	0	1206	2414	0	2414
江苏 Jiangsu	309	0	309	705	0	705
浙江 Zhejiang	0	0	0	0	0	0
安徽 Anhui	2275	0	2275	1084	0	1084
福建 Fujian	0	0	0	0	0	0
江西 Jiangxi	2	0	2	0	0	0
山东 Shandong	900	0	900	1520	0	1520
河南 Henan	1917	0	1917	1546	0	1546
湖北 Hubei	0	0	0	0	0	0
湖南 Hunan	4684	0	4684	9531	0	9531
广东 Guangdong	2950	0	2950	5351	0	5351
广西 Guangxi	167	0	167	140	0	140
海南 Hainan	0	0	0	0	0	0
重庆 Chongqing	168	0	168	6	0	6
四川 Sichuan	4260	6	4254	6797	0	6797
贵州 Guizhou	5	0	5	0	0	0
云南 Yunnan	0	0	0	0	0	0
西藏 Tibet	0	0	0	0	0	0
陕西 Shaanxi	4649	0	4649	13087	0	13087
甘肃 Gansu	114	0	114	46	0	46
青海 Qinghai	109	0	109	14	0	14
宁夏 Ningxia	0	0	0	0	0	0
新疆 Xinjiang	0	0	0	0	0	0

本专科学生数
in Workers' Colleges

单位:人
unit:person

在校生数 Enrolment			预计毕业生数 Estimated Graduates for Next Year		
合计 Total	本科 Normal Courses	专科 Short-cycle Courses	合计 Total	本科 Normal Courses	专科 Short-cycle Courses
124226	**2799**	**121427**	**55500**	**1050**	**54450**
6008	28	5980	3143	0	3143
14302	0	14302	6492	0	6492
3968	0	3968	3512	0	3512
1981	0	1981	1155	0	1155
0	0	0	0	0	0
9855	0	9855	6328	0	6328
7323	2771	4552	2823	1050	1773
960	0	960	651	0	651
6843	0	6843	3850	0	3850
1225	0	1225	520	0	520
0	0	0	0	0	0
4016	0	4016	2932	0	2932
0	0	0	0	0	0
0	0	0	0	0	0
2913	0	2913	1393	0	1393
3847	0	3847	2290	0	2290
0	0	0	0	0	0
14615	0	14615	5062	0	5062
10540	0	10540	4198	0	4198
225	0	225	85	0	85
0	0	0	0	0	0
519	0	519	409	0	409
12617	0	12617	4754	0	4754
22	0	22	5	0	5
0	0	0	0	0	0
0	0	0	0	0	0
21920	0	21920	5434	0	5434
349	0	349	300	0	300
178	0	178	164	0	164
0	0	0	0	0	0
0	0	0	0	0	0

地区 Region	毕(结)业生数 Graduates			招生数 Entrants		
	合计 Total	本科 Normal Courses	专科 Short-cycle Courses	合计 Total	本科 Normal Courses	专科 Short-cycle Courses
总　计 Total	**27427**	**7293**	**20134**	**40461**	**10052**	**30409**
北　京 Beijing	516	440	76	607	456	151
天　津 Tianjin	0	0	0	0	0	0
河　北 Hebei	0	0	0	0	0	0
山　西 Shanxi	10	0	10	0	0	0
内蒙古 Inner Mongolia	0	0	0	0	0	0
辽　宁 Liaoning	1400	138	1262	1524	134	1390
吉　林 Jilin	1607	836	771	7699	3932	3767
黑龙江 Heilongjiang	5045	2600	2445	6219	2833	3386
上　海 Shanghai	0	0	0	0	0	0
江　苏 Jiangsu	2258	0	2258	1977	0	1977
浙　江 Zhejiang	2131	0	2131	3965	0	3965
安　徽 Anhui	0	0	0	0	0	0
福　建 Fujian	3608	1497	2111	5131	1186	3945
江　西 Jiangxi	137	0	137	0	0	0
山　东 Shandong	0	0	0	0	0	0
河　南 Henan	10	0	10	0	0	0
湖　北 Hubei	1478	0	1478	1939	0	1939
湖　南 Hunan	2505	0	2505	7334	0	7334
广　东 Guangdong	0	0	0	0	0	0
广　西 Guangxi	5724	1782	3942	3519	1511	2008
海　南 Hainan	0	0	0	0	0	0
重　庆 Chongqing	0	0	0	0	0	0
四　川 Sichuan	0	0	0	0	0	0
贵　州 Guizhou	0	0	0	0	0	0
云　南 Yunnan	0	0	0	0	0	0
西　藏 Tibet	0	0	0	0	0	0
陕　西 Shaanxi	325	0	325	0	0	0
甘　肃 Gansu	0	0	0	0	0	0
青　海 Qinghai	0	0	0	0	0	0
宁　夏 Ningxia	0	0	0	0	0	0
新　疆 Xinjiang	673	0	673	547	0	547

专科学生数
in Educational Colleges

单位:人
unit:person

在校生数 Enrolment			预计毕业生数 Estimated Graduates for Next Year		
合计 Total	本科 Normal Courses	专科 Short-cycle Courses	合计 Total	本科 Normal Courses	专科 Short-cycle Courses
75616	**20135**	**55481**	**28888**	**7871**	**21017**
1381	984	397	363	232	131
0	0	0	0	0	0
0	0	0	0	0	0
0	0	0	0	0	0
0	0	0	0	0	0
2799	282	2517	1275	148	1127
10994	5734	5260	3236	1743	1493
11786	5616	6170	5349	2565	2784
0	0	0	0	0	0
4029	0	4029	2052	0	2052
7674	0	7674	3760	0	3760
0	0	0	0	0	0
13706	4279	9427	4583	1694	2889
6	0	6	6	0	6
0	0	0	0	0	0
0	0	0	0	0	0
3398	0	3398	1459	0	1459
11402	0	11402	2670	0	2670
0	0	0	0	0	0
7445	3240	4205	3686	1489	2197
0	0	0	0	0	0
0	0	0	0	0	0
0	0	0	0	0	0
0	0	0	0	0	0
0	0	0	0	0	0
0	0	0	0	0	0
178	0	178	178	0	178
0	0	0	0	0	0
0	0	0	0	0	0
0	0	0	0	0	0
818	0	818	271	0	271

地　区 Region	毕(结)业生数 Graduates			招生数 Entrants		
	合计 Total	本　科 Normal Courses	专　科 Short-cycle Courses	合计 Total	本　科 Normal Courses	专　科 Short-cycle Courses
总　计 Total	**7240**	**582**	**6658**	**3857**	**271**	**3586**
北　京 Beijing	1332	0	1332	812	0	812
天　津 Tianjin	0	0	0	0	0	0
河　北 Hebei	1	0	1	41	0	41
山　西 Shanxi	0	0	0	0	0	0
内蒙古 Inner Mongolia	0	0	0	0	0	0
辽　宁 Liaoning	35	35	0	0	0	0
吉　林 Jilin	435	86	349	23	7	16
黑龙江 Heilongjiang	3456	454	3002	2947	264	2683
上　海 Shanghai	167	0	167	34	0	34
江　苏 Jiangsu	1607	0	1607	0	0	0
浙　江 Zhejiang	0	0	0	0	0	0
安　徽 Anhui	78	0	78	0	0	0
福　建 Fujian	0	0	0	0	0	0
江　西 Jiangxi	11	7	4	0	0	0
山　东 Shandong	0	0	0	0	0	0
河　南 Henan	0	0	0	0	0	0
湖　北 Hubei	118	0	118	0	0	0
湖　南 Hunan	0	0	0	0	0	0
广　东 Guangdong	0	0	0	0	0	0
广　西 Guangxi	0	0	0	0	0	0
海　南 Hainan	0	0	0	0	0	0
重　庆 Chongqing	0	0	0	0	0	0
四　川 Sichuan	0	0	0	0	0	0
贵　州 Guizhou	0	0	0	0	0	0
云　南 Yunnan	0	0	0	0	0	0
西　藏 Tibet	0	0	0	0	0	0
陕　西 Shaanxi	0	0	0	0	0	0
甘　肃 Gansu	0	0	0	0	0	0
青　海 Qinghai	0	0	0	0	0	0
宁　夏 Ningxia	0	0	0	0	0	0
新　疆 Xinjiang	0	0	0	0	0	0

本专科学生数
in Institutes for Administration

单位:人
unit:person

在校生数 Enrolment			预计毕业生数 Estimated Graduates for Next Year		
合计 Total	本科 Normal Courses	专科 Short-cycle Courses	合计 Total	本科 Normal Courses	专科 Short-cycle Courses
12252	**1626**	**10626**	**8297**	**1350**	**6947**
2413	0	2413	1601	0	1601
0	0	0	0	0	0
78	0	78	37	0	37
0	0	0	0	0	0
0	0	0	0	0	0
11	11	0	6	6	0
2512	1003	1509	2489	996	1493
5981	599	5382	3034	335	2699
180	0	180	53	0	53
905	0	905	905	0	905
0	0	0	0	0	0
152	0	152	152	0	152
0	0	0	0	0	0
13	13	0	13	13	0
0	0	0	0	0	0
0	0	0	0	0	0
7	0	7	7	0	7
0	0	0	0	0	0
0	0	0	0	0	0
0	0	0	0	0	0
0	0	0	0	0	0
0	0	0	0	0	0
0	0	0	0	0	0
0	0	0	0	0	0
0	0	0	0	0	0
0	0	0	0	0	0
0	0	0	0	0	0
0	0	0	0	0	0
0	0	0	0	0	0
0	0	0	0	0	0
0	0	0	0	0	0

普通高等学校举办函授、业余、

Number of Students in Correspondence Courses for Adults run

地区 Region	函授、业余 Divisions of Correspondence and Sparetime Schools							
	毕业生数 Graduates			招生数 Entrants			在校生数 Enrolment	
	合计 Total	本科 Normal Courses	专科 Short-cycle Courses	合计 Total	本科 Normal Courses	专科 Short-cycle Courses	合计 Total	本科 Normal Courses
总计 Total	**2282339**	**1209834**	**1072505**	**3294579**	**1859699**	**1434880**	**6996824**	**3967745**
北京 Beijing	43093	31933	11160	40543	33706	6837	111280	91848
天津 Tianjin	14686	11410	3276	12180	10390	1790	22165	17471
河北 Hebei	197230	109536	87694	150638	78938	71700	355517	208061
山西 Shanxi	20993	14055	6938	44204	32056	12148	111133	83698
内蒙古 Inner Mongolia	7983	6771	1212	10097	8102	1995	21443	17661
辽宁 Liaoning	61363	32979	28384	101185	59589	41596	210492	124701
吉林 Jilin	52899	31607	21292	95616	55580	40036	163287	95341
黑龙江 Heilongjiang	31813	27036	4777	32617	29593	3024	67027	60221
上海 Shanghai	38328	27441	10887	48912	36409	12503	129724	100192
江苏 Jiangsu	191289	114133	77156	271826	157901	113925	561146	328130
浙江 Zhejiang	98091	46778	51313	158502	75796	82706	295641	137240
安徽 Anhui	76728	46412	30316	110259	72243	38016	251817	159953
福建 Fujian	17878	11225	6653	45277	24861	20416	95629	56531
江西 Jiangxi	48008	25358	22650	135505	82131	53374	298140	184795
山东 Shandong	208233	136448	71785	392877	257580	135297	701588	455565
河南 Henan	168988	85921	83067	294108	141537	152571	541754	284724
湖北 Hubei	90192	49242	40950	167821	94478	73343	306743	174527
湖南 Hunan	183999	87531	96468	265466	141529	123937	528223	282569
广东 Guangdong	241666	74637	167029	344734	137397	207337	826751	317913
广西 Guangxi	119168	53441	65727	130239	66863	63376	291256	148430
海南 Hainan	6016	2574	3442	9298	4227	5071	19446	10319
重庆 Chongqing	31429	9975	21454	16119	8312	7807	52222	21549
四川 Sichuan	114227	55996	58231	147246	77948	69298	333160	178277
贵州 Guizhou	33443	20632	12811	34511	23424	11087	87497	53328
云南 Yunnan	61714	27670	34044	87002	53081	33921	261064	161409
西藏 Tibet	4458	3332	1126	5076	3235	1841	15487	10904
陕西 Shaanxi	58338	31895	26443	79552	51491	28061	174036	104879
甘肃 Gansu	19213	10748	8465	25291	17365	7926	59013	36598
青海 Qinghai	4240	3495	745	3738	3197	541	8830	7327
宁夏 Ningxia	12199	6733	5466	10973	6642	4331	29842	17947
新疆 Xinjiang	24434	12890	11544	23167	14098	9069	65471	35637

脱产分本专科学生数
divisions、Sparetime Schools & Short-cycle by Regular HEIs

单位:人
unit:person

	脱产 Short-cycle Courses for Adults								
	毕业生数 Graduates			招生数 Entrants			在校生数 Enrolment		
专 科 Short-cycle Courses	合计 Total	本 科 Normal Courses	专 科 Short-cycle Courses	合计 Total	本 科 Normal Courses	专 科 Short-cycle Courses	合计 Total	本 科 Normal Courses	专 科 Short-cycle Courses
3029079	**4304**	**1333**	**2971**	**0**	**0**	**0**	**3916**	**1205**	**2711**
19432	1195	312	883	0	0	0	1523	137	1386
4694	0	0	0	0	0	0	0	0	0
147456	1325	661	664	0	0	0	1410	703	707
27435	211	211	0	0	0	0	1	1	0
3782	0	0	0	0	0	0	0	0	0
85791	3	0	3	0	0	0	34	0	34
67946	0	0	0	0	0	0	0	0	0
6806	7	0	7	0	0	0	0	0	0
29532	0	0	0	0	0	0	0	0	0
233016	0	0	0	0	0	0	0	0	0
158401	774	116	658	0	0	0	717	251	466
91864	577	0	577	0	0	0	0	0	0
39098	0	0	0	0	0	0	0	0	0
113345	0	0	0	0	0	0	0	0	0
246023	0	0	0	0	0	0	0	0	0
257030	178	0	178	0	0	0	0	0	0
132216	0	0	0	0	0	0	0	0	0
245654	0	0	0	0	0	0	0	0	0
508838	0	0	0	0	0	0	0	0	0
142826	33	33	0	0	0	0	113	113	0
9127	0	0	0	0	0	0	0	0	0
30673	0	0	0	0	0	0	0	0	0
154883	0	0	0	0	0	0	0	0	0
34169	1	0	1	0	0	0	118	0	118
99655	0	0	0	0	0	0	0	0	0
4583	0	0	0	0	0	0	0	0	0
69157	0	0	0	0	0	0	0	0	0
22415	0	0	0	0	0	0	0	0	0
1503	0	0	0	0	0	0	0	0	0
11895	0	0	0	0	0	0	0	0	0
29834	0	0	0	0	0	0	0	0	0

地 区 Region	毕(结)业生数 Graduates	授予学位数 Degrees Awarded	招生数 Entrants	
			合计 Total	其中:春季招生 Of Which: Spring Admissions
总 计 Total	**101884**	**33136**	**89751**	**8367**
北 京 Beijing	19442	6826	16500	2115
天 津 Tianjin	3360	951	2644	153
河 北 Hebei	1156	615	437	13
山 西 Shanxi	532	118	642	1
内蒙古 Inner Mongolia	472	161	263	0
辽 宁 Liaoning	4964	2559	5031	653
吉 林 Jilin	1927	658	1708	38
黑龙江 Heilongjiang	2666	961	1963	343
上 海 Shanghai	11442	3403	10430	1534
江 苏 Jiangsu	10345	2761	10656	704
浙 江 Zhejiang	8190	2595	6413	604
安 徽 Anhui	649	381	861	3
福 建 Fujian	1355	481	990	165
江 西 Jiangxi	1189	506	418	4
山 东 Shandong	4406	1077	3153	274
河 南 Henan	1252	150	1739	59
湖 北 Hubei	4375	2395	3776	229
湖 南 Hunan	1616	525	2402	108
广 东 Guangdong	3099	1280	2611	251
广 西 Guangxi	3003	647	2664	93
海 南 Hainan	1622	88	1017	129
重 庆 Chongqing	2908	691	2237	233
四 川 Sichuan	3050	970	2755	150
贵 州 Guizhou	1448	210	1371	258
云 南 Yunnan	2884	773	1999	94
西 藏 Tibet	4	0	4	0
陕 西 Shaanxi	3227	874	3996	118
甘 肃 Gansu	811	210	672	3
青 海 Qinghai	81	31	61	0
宁 夏 Ningxia	143	68	23	0
新 疆 Xinjiang	266	171	315	38

留学生情况
Students in HEIs

单位：人
unit：person

在校生数 Enrolment					
合计 Total	第一年 1st Year	第二年 2nd Year	第三年 3rd Year	第四年 4th Year	第五年及以上 5th Year and over
273792	**88934**	**73917**	**51921**	**33023**	**25997**
40195	15421	11844	6057	4014	2859
9299	3826	2378	1498	922	675
3208	429	937	727	345	770
1590	639	446	372	84	49
2048	263	572	530	356	327
16133	5148	4421	2975	2150	1439
5005	1708	979	797	702	819
6310	1764	1844	1237	789	676
25196	10767	5739	3884	3012	1794
31732	10446	7864	7026	3346	3050
21229	6177	5771	4120	3133	2028
3484	998	968	704	554	260
4002	859	1191	1050	470	432
4314	337	1214	1200	769	794
10541	3666	2624	1644	1309	1298
5217	1861	1390	962	596	408
13784	3848	2998	2722	2203	2013
6666	2219	2068	1295	600	484
10676	2555	3401	2106	1353	1261
8078	2633	1794	1672	1183	796
2342	1047	547	357	224	167
5070	1310	1438	1102	745	475
10985	2801	3447	2797	1031	909
3174	1209	779	586	399	201
8495	1738	2979	1968	1054	756
7	4	3	0	0	0
10117	4168	2889	1477	970	613
2471	651	826	511	362	121
201	61	43	28	39	30
470	23	124	123	97	103
1753	358	399	394	212	390

高等教育学校(机构)
Number of Educational

地 区 Region	合计 Total	教 职 Educational 校本部 Educational Personnel 小计 Subtotal	专任教师 Full-time Teachers 小计 Subtotal	正高级 Senior	副高级 Sub-senior	中级 Middle
总 计 Total	**2701183**	**2593379**	**1851933**	**244005**	**556711**	**706607**
北 京 Beijing	153385	134724	75495	22879	27228	21637
天 津 Tianjin	50342	49462	34710	5414	11202	13828
河 北 Hebei	118505	116915	86010	10989	25471	33700
山 西 Shanxi	62306	61235	44227	3185	12328	18197
内蒙古 Inner Mongolia	42298	41798	28240	3366	9312	11067
辽 宁 Liaoning	99994	98292	65209	9998	21975	27210
吉 林 Jilin	65503	63944	42595	7209	14188	15211
黑龙江 Heilongjiang	77198	75268	50062	8419	17472	18569
上 海 Shanghai	80200	75730	48282	9367	15477	18490
江 苏 Jiangsu	181702	174626	126554	18582	44199	49156
浙 江 Zhejiang	104993	99878	70995	10796	20930	29240
安 徽 Anhui	88020	85479	66106	6767	18235	26263
福 建 Fujian	77569	74034	52231	6662	16565	20587
江 西 Jiangxi	91432	88770	65867	5914	16591	25863
山 东 Shandong	173289	166271	124992	14251	37620	50464
河 南 Henan	172946	167925	133898	10491	33931	53491
湖 北 Hubei	135163	130195	89026	12413	30525	31442
湖 南 Hunan	112673	109391	80273	8912	23280	31552
广 东 Guangdong	181090	171116	124396	16801	33489	47947
广 西 Guangxi	82994	74778	53886	5794	13903	19954
海 南 Hainan	18154	18006	12015	1706	3356	4230
重 庆 Chongqing	67763	65995	50007	5905	14071	20086
四 川 Sichuan	136481	130796	96286	10940	26102	35441
贵 州 Guizhou	54383	53915	39509	3840	12291	12094
云 南 Yunnan	58192	57544	43410	4547	11994	15921
西 藏 Tibet	3981	3912	2712	335	799	1061
陕 西 Shaanxi	112511	107846	74742	10333	23914	29075
甘 肃 Gansu	42792	41030	31416	4243	10263	11584
青 海 Qinghai	7405	7136	4978	724	1539	1420
宁 夏 Ningxia	12699	12354	9205	1533	2570	2638
新 疆 Xinjiang	35220	35014	24599	1690	5891	9189

教职工情况(总计)
Personnel in HEIs(Total)

单位:人
unit: person

工　数 Personnel							
教职工 in Main Campus					科研机构人员 Personnel in Affiliated Research Org.	校办企业职工 Employees in School-run Factories & Farms	其他附设机构人员 Personnel in Others Subsidiary Units
		行政人员 Adm. Personnel	教辅人员 Supporting Staff	工勤人员 Workers			
初级 Junior	未定职级 No-ranking						
193048	**151562**	**382474**	**233146**	**125826**	**41288**	**21953**	**44563**
1923	1828	27757	19434	12038	8668	1123	8870
2503	1763	8774	4491	1487	553	134	193
7392	8458	15294	9517	6094	224	587	779
6798	3719	8389	5566	3053	111	169	791
2548	1947	7178	4286	2094	196	20	284
4163	1863	17703	9863	5517	734	538	430
4914	1073	10053	6818	4478	636	320	603
3604	1998	12527	7332	5347	1078	374	478
2981	1967	14915	9969	2564	2547	993	930
8985	5632	26349	14417	7306	2273	1017	3786
4581	5448	17684	9055	2144	2454	1344	1317
10220	4621	9755	6058	3560	1345	231	965
5669	2748	12951	6688	2164	703	2449	383
9055	8444	8342	11132	3429	939	1534	189
14990	7667	21486	14016	5777	4335	1661	1022
23744	12241	16381	9333	8313	607	523	3891
8195	6451	20962	12555	7652	2038	1505	1425
7538	8991	14887	9685	4546	1080	1066	1136
9006	17153	25114	14866	6740	6832	879	2263
3479	10756	10905	4967	5020	224	1011	6981
1093	1630	3170	1648	1173	66	1	81
5370	4575	9194	4292	2502	341	394	1033
16217	7586	17529	9999	6982	1050	2930	1705
6111	5173	7709	4635	2062	177	191	100
6003	4945	7079	4330	2725	323	115	210
295	222	704	324	172	13	0	56
7205	4215	16858	10890	5356	1104	697	2864
3260	2066	5005	2701	1908	190	28	1544
691	604	1057	747	354	259	0	10
1427	1037	1750	857	542	163	0	182
3088	4741	5013	2675	2727	25	119	62

地区 Region	合计 Total	校本部 Educational Personnel 小计 Subtotal	专任教师 Full-time Teachers 小计 Subtotal	正高级 Senior	副高级 Sub-senior	中级 Middle
		教职 Educational				
总计 Total	**1363479**	**1311356**	**949834**	**77424**	**266824**	**398256**
北京 Beijing	77837	67730	34144	6332	13459	12276
天津 Tianjin	26568	26221	18326	1843	5887	8176
河北 Hebei	64762	64177	49928	5062	14204	20689
山西 Shanxi	35270	34627	26948	1486	7031	11344
内蒙古 Inner Mongolia	23319	23031	16975	1655	5603	6895
辽宁 Liaoning	52881	52215	36533	4270	12249	16357
吉林 Jilin	34033	33357	24262	3323	8050	9084
黑龙江 Heilongjiang	39373	38519	27896	3787	9493	11157
上海 Shanghai	41389	39561	23735	2260	7513	10868
江苏 Jiangsu	86403	83120	59211	4326	19532	27068
浙江 Zhejiang	50684	48806	33013	2755	9060	15712
安徽 Anhui	40139	39250	30575	1500	7355	13322
福建 Fujian	38819	36801	25488	1813	7405	11455
江西 Jiangxi	43587	42526	31748	1778	6704	13087
山东 Shandong	87139	84084	66408	4517	17920	29354
河南 Henan	88805	85799	70729	3869	16303	29001
湖北 Hubei	64242	62177	42350	3156	13562	16851
湖南 Hunan	56149	55010	40769	2376	10672	17636
广东 Guangdong	89738	85221	60987	4643	14576	26456
广西 Guangxi	44930	39283	28034	1952	6502	11379
海南 Hainan	9558	9486	6456	582	1704	2525
重庆 Chongqing	33740	33074	24929	1492	6017	11148
四川 Sichuan	68401	65546	49261	3226	12096	19368
贵州 Guizhou	28517	28234	21054	1458	6170	6807
云南 Yunnan	31471	31141	24274	1783	6285	9287
西藏 Tibet	1997	1959	1389	113	385	630
陕西 Shaanxi	54695	52556	37217	2995	10993	16288
甘肃 Gansu	20177	19299	15204	1284	4765	6294
青海 Qinghai	3818	3715	2759	320	826	786
宁夏 Ningxia	6907	6806	5409	743	1466	1589
新疆 Xinjiang	18131	18025	13823	725	3037	5367

女教职工情况(总计)
Personnel in HEIs(Total)

单位:人
unit: person

工　　数 Personnel							
教职工 in Main Campus					科研机构人员 Personnel in Affiliated Research Org.	校办企业职工 Employees in School-run Factories & Farms	其他附设机构人员 Personnel in Others Subsidiary Units
		行政人员 Adm. Personnel	教辅人员 Supporting Staff	工勤人员 Workers			
初级 Junior	未定职级 No-ranking						
117999	**89331**	**191313**	**134667**	**35542**	**16426**	**7977**	**27720**
1176	901	16571	12518	4497	3835	295	5977
1460	960	4849	2652	394	187	24	136
4598	5375	7080	5519	1650	91	156	338
4543	2544	3634	3401	644	37	60	546
1611	1211	3164	2526	366	98	7	183
2523	1134	8934	5764	984	298	121	247
3113	692	4530	3861	704	274	107	295
2227	1232	5695	3983	945	579	61	214
1968	1126	9370	5744	712	1070	260	498
5278	3007	13739	8315	1855	746	233	2304
2723	2763	10001	5145	647	823	512	543
5779	2619	4349	3323	1003	381	35	473
3364	1451	6855	3643	815	264	1521	233
5369	4810	3838	6071	869	337	593	131
9736	4881	8554	7790	1332	2027	454	574
14333	7223	7147	5418	2505	214	122	2670
5045	3736	10210	7428	2189	670	626	769
4696	5389	7301	5933	1007	331	223	585
5428	9884	13517	8283	2434	2650	336	1531
1979	6222	5802	2875	2572	114	333	5200
659	986	1617	963	450	22	1	49
3437	2835	4900	2564	681	107	78	481
10093	4478	8717	5163	2405	434	1497	924
3602	3017	3775	2746	659	100	115	68
3815	3104	3396	2517	954	141	43	146
144	117	342	206	22	1	0	37
4351	2590	7803	6380	1156	354	117	1668
1708	1153	2199	1524	372	70	4	804
427	400	471	441	44	96	0	7
942	669	722	518	157	60	0	41
1872	2822	2231	1453	518	15	43	48

地 区 Region	合计 Total	教职 Educational					
		校本部 Educational Personnel					
		小计 Subtotal	专任教师 Full-time Teachers				
			小计 Subtotal	正高级 Senior	副高级 Sub-senior	中级 Middle
总 计 Total	**2668708**	**2561094**	**1832982**	**242951**	**550705**	**698705**
北 京 Beijing	150203	131565	74138	22762	26727	21004
天 津 Tianjin	49551	48671	34239	5400	11013	13630
河 北 Hebei	117593	116003	85429	10970	25351	33539
山 西 Shanxi	61035	59989	43642	3176	12126	17962
内蒙古 Inner Mongolia	41887	41387	28025	3344	9228	10992
辽 宁 Liaoning	97912	96212	64045	9924	21474	26745
吉 林 Jilin	63666	62110	41447	7109	13772	14788
黑龙江 Heilongjiang	75226	73296	48858	8305	16941	18121
上 海 Shanghai	78995	74551	47668	9354	15335	18158
江 苏 Jiangsu	180839	173764	126013	18503	44019	48936
浙 江 Zhejiang	104059	98944	70445	10770	20737	28987
安 徽 Anhui	86988	84469	65576	6734	18066	26018
福 建 Fujian	77119	73584	52001	6630	16469	20505
江 西 Jiangxi	90593	87951	65300	5858	16425	25643
山 东 Shandong	172041	165023	124215	14196	37358	50140
河 南 Henan	172105	167084	133367	10468	33770	53267
湖 北 Hubei	134736	129768	88750	12407	30427	31335
湖 南 Hunan	111678	108399	79598	8892	23036	31301
广 东 Guangdong	177919	167945	122350	16773	33075	47045
广 西 Guangxi	82313	74097	53438	5762	13780	19704
海 南 Hainan	17948	17800	11937	1699	3343	4184
重 庆 Chongqing	66474	64721	49174	5864	13855	19774
四 川 Sichuan	135028	129374	95439	10916	25856	35060
贵 州 Guizhou	54246	53778	39418	3836	12262	12057
云 南 Yunnan	58107	57459	43396	4545	11990	15917
西 藏 Tibet	3981	3912	2712	335	799	1061
陕 西 Shaanxi	110130	105484	73436	10282	23601	28504
甘 肃 Gansu	42277	40515	31030	4231	10118	11411
青 海 Qinghai	7260	6991	4883	709	1500	1394
宁 夏 Ningxia	12574	12229	9129	1526	2540	2612
新 疆 Xinjiang	34225	34019	23884	1671	5712	8911

教职工情况(普通高校)
Personnel in HEIs(Regular HEIs)

单位:人
unit: person

工数 Personnel							
教职工 in Main Campus					科研机构人员 Personnel in Affiliated Research Org.	校办企业职工 Employees in School-run Factories & Farms	其他附设机构人员 Personnel in Others Subsidiary Units
		行政人员 Adm. Personnel	教辅人员 Supporting Staff	工勤人员 Workers			
初级 Junior	未定职级 No-ranking						
190277	**150344**	**375728**	**228560**	**123824**	**41251**	**21860**	**44503**
1853	1792	26787	18816	11824	8651	1123	8864
2436	1760	8647	4315	1470	553	134	193
7285	8284	15099	9442	6033	224	587	779
6697	3681	8065	5327	2955	111	154	781
2517	1944	7113	4179	2070	196	20	284
4065	1837	17284	9541	5342	734	536	430
4717	1061	9744	6540	4379	636	320	600
3502	1989	12140	7126	5172	1078	374	478
2889	1932	14656	9698	2529	2528	986	930
8942	5613	26157	14326	7268	2272	1017	3786
4511	5440	17455	8927	2117	2454	1344	1317
10148	4610	9540	5879	3474	1345	231	943
5651	2746	12798	6628	2157	703	2449	383
8947	8427	8209	11061	3381	939	1514	189
14868	7653	21232	13864	5712	4335	1661	1022
23653	12209	16208	9237	8272	607	523	3891
8138	6443	20866	12515	7637	2038	1505	1425
7431	8938	14709	9589	4503	1080	1066	1133
8623	16834	24538	14490	6567	6832	879	2263
3448	10744	10780	4888	4991	224	1011	6981
1085	1626	3092	1614	1157	66	1	81
5198	4483	8932	4158	2457	341	386	1026
16068	7539	17256	9862	6817	1050	2901	1703
6090	5173	7678	4624	2058	177	191	100
5999	4945	7036	4307	2720	323	115	210
295	222	704	324	172	13	0	56
7003	4046	16455	10472	5121	1104	685	2857
3209	2061	4931	2662	1892	190	28	1544
682	598	1024	733	351	259	0	10
1420	1031	1718	849	533	163	0	182
2907	4683	4875	2567	2693	25	119	62

高等教育学校(机构)
Number of Female Educational

地 区 Region	合计 Total	教 职 Educational 校本部 Educational Personnel 小计 Subtotal	专任教师 Full-time Teachers 小计 Subtotal	正高级 Senior	副高级 Sub-senior	中级 Middle
总 计 Total	**1345940**	**1293885**	**938789**	**76887**	**263449**	**393553**
北 京 Beijing	75915	65829	33239	6272	13130	11827
天 津 Tianjin	26056	25709	17996	1831	5758	8031
河 北 Hebei	64215	63630	49525	5051	14128	20571
山 西 Shanxi	34595	33952	26563	1481	6899	11174
内蒙古 Inner Mongolia	23093	22805	16832	1638	5552	6843
辽 宁 Liaoning	51808	51142	35830	4219	11948	16078
吉 林 Jilin	32958	32282	23486	3247	7773	8804
黑龙江 Heilongjiang	38386	37532	27219	3719	9201	10903
上 海 Shanghai	40653	38836	23324	2256	7417	10640
江 苏 Jiangsu	85949	82667	58931	4308	19437	26943
浙 江 Zhejiang	50210	48332	32704	2744	8952	15573
安 徽 Anhui	39669	38785	30316	1492	7274	13210
福 建 Fujian	38579	36561	25346	1796	7344	11404
江 西 Jiangxi	43197	42139	31462	1751	6622	12981
山 东 Shandong	86549	83494	65994	4498	17805	29167
河 南 Henan	88341	85335	70414	3857	16207	28883
湖 北 Hubei	64044	61979	42209	3154	13514	16794
湖 南 Hunan	55652	54513	40414	2366	10542	17511
广 东 Guangdong	87930	83413	59821	4625	14341	25936
广 西 Guangxi	44563	38916	27791	1939	6442	11229
海 南 Hainan	9445	9373	6408	576	1696	2497
重 庆 Chongqing	33051	32388	24454	1473	5907	10959
四 川 Sichuan	67693	64856	48818	3218	11977	19164
贵 州 Guizhou	28446	28163	20997	1455	6151	6785
云 南 Yunnan	31432	31102	24267	1783	6283	9285
西 藏 Tibet	1997	1959	1389	113	385	630
陕 西 Shaanxi	53370	51237	36520	2976	10844	15976
甘 肃 Gansu	19953	19075	15030	1279	4709	6206
青 海 Qinghai	3736	3633	2697	314	800	770
宁 夏 Ningxia	6850	6749	5373	738	1454	1577
新 疆 Xinjiang	17605	17499	13420	718	2957	5202

女教职工情况(普通高校)
Personnel in HEIs(Regular HEIs)

单位:人
unit: person

工　数 Personnel							
教职工 in Main Campus					科研机构人员 Personnel in Affiliated Research Org.	校办企业职工 Employees in School-run Factories & Farms	其他附设机构人员 Personnel in Others Subsidiary Units
		行政人员 Adm. Personnel	教辅人员 Supporting Staff	工勤人员 Workers			
初级 Junior	未定职级 No-ranking						
116271	**88629**	**188129**	**131981**	**34986**	**16399**	**7954**	**27702**
1129	881	16003	12147	4440	3820	295	5971
1418	958	4789	2532	392	187	24	136
4524	5251	6995	5466	1644	91	156	338
4485	2524	3510	3268	611	37	60	546
1590	1209	3145	2464	364	98	7	183
2467	1118	8755	5602	955	298	121	247
2980	682	4427	3671	698	274	107	295
2169	1227	5525	3877	911	579	61	214
1910	1101	9217	5583	712	1059	260	498
5247	2996	13628	8265	1843	745	233	2304
2675	2760	9903	5090	635	823	512	543
5729	2611	4265	3227	977	381	35	468
3352	1450	6783	3618	814	264	1521	233
5306	4802	3784	6028	865	337	590	131
9650	4874	8471	7719	1310	2027	454	574
14264	7203	7064	5356	2501	214	122	2670
5019	3728	10175	7409	2186	670	626	769
4633	5362	7228	5875	996	331	223	585
5190	9729	13169	8057	2366	2650	336	1531
1966	6215	5735	2827	2563	114	333	5200
657	982	1574	945	446	22	1	49
3329	2786	4778	2480	676	107	77	479
10000	4459	8566	5105	2367	434	1481	922
3589	3017	3763	2744	659	100	115	68
3812	3104	3378	2503	954	141	43	146
144	117	342	206	22	1	0	37
4234	2490	7634	6082	1001	354	114	1665
1686	1150	2175	1504	366	70	4	804
419	394	458	434	44	96	0	7
937	667	705	514	157	60	0	41
1761	2782	2185	1383	511	15	43	48

高等教育学校(机构)
Number of Educational

地区 Region	合计 Total	教职 Educational					
		校本部 Educational Personnel					
		小计 Subtotal	专任教师 Full-time Teachers				
			小计 Subtotal	正高级 Senior	副高级 Sub-senior	中级 Middle
总　计 Total	**32475**	**32285**	**18951**	**1054**	**6006**	**7902**
北　京 Beijing	3182	3159	1357	117	501	633
天　津 Tianjin	791	791	471	14	189	198
河　北 Hebei	912	912	581	19	120	161
山　西 Shanxi	1271	1246	585	9	202	235
内蒙古 Inner Mongolia	411	411	215	22	84	75
辽　宁 Liaoning	2082	2080	1164	74	501	465
吉　林 Jilin	1837	1834	1148	100	416	423
黑龙江 Heilongjiang	1972	1972	1204	114	531	448
上　海 Shanghai	1205	1179	614	13	142	332
江　苏 Jiangsu	863	862	541	79	180	220
浙　江 Zhejiang	934	934	550	26	193	253
安　徽 Anhui	1032	1010	530	33	169	245
福　建 Fujian	450	450	230	32	96	82
江　西 Jiangxi	839	819	567	56	166	220
山　东 Shandong	1248	1248	777	55	262	324
河　南 Henan	841	841	531	23	161	224
湖　北 Hubei	427	427	276	6	98	107
湖　南 Hunan	995	992	675	20	244	251
广　东 Guangdong	3171	3171	2046	28	414	902
广　西 Guangxi	681	681	448	32	123	250
海　南 Hainan	206	206	78	7	13	46
重　庆 Chongqing	1289	1274	833	41	216	312
四　川 Sichuan	1453	1422	847	24	246	381
贵　州 Guizhou	137	137	91	4	29	37
云　南 Yunnan	85	85	14	2	4	4
西　藏 Tibet	0	0	0	0	0	0
陕　西 Shaanxi	2381	2362	1306	51	313	571
甘　肃 Gansu	515	515	386	12	145	173
青　海 Qinghai	145	145	95	15	39	26
宁　夏 Ningxia	125	125	76	7	30	26
新　疆 Xinjiang	995	995	715	19	179	278

教职工情况(成人高校)
Personnel in HEIs(Adult HEIs)

单位:人
unit: person

工 数 Personnel							
教职工 in Main Campus					科研机构人员 Personnel in Affiliated Research Org.	校办企业职工 Employees in School-run Factories & Farms	其他附设机构人员 Personnel in Others Subsidiary Units
		行政人员 Adm. Personnel	教辅人员 Supporting Staff	工勤人员 Workers			
初级 Junior	未定职级 No-ranking						
2771	**1218**	**6746**	**4586**	**2002**	**37**	**93**	**60**
70	36	970	618	214	17	0	6
67	3	127	176	17	0	0	0
107	174	195	75	61	0	0	0
101	38	324	239	98	0	15	10
31	3	65	107	24	0	0	0
98	26	419	322	175	0	2	0
197	12	309	278	99	0	0	3
102	9	387	206	175	0	0	0
92	35	259	271	35	19	7	0
43	19	192	91	38	1	0	0
70	8	229	128	27	0	0	0
72	11	215	179	86	0	0	22
18	2	153	60	7	0	0	0
108	17	133	71	48	0	20	0
122	14	254	152	65	0	0	0
91	32	173	96	41	0	0	0
57	8	96	40	15	0	0	0
107	53	178	96	43	0	0	3
383	319	576	376	173	0	0	0
31	12	125	79	29	0	0	0
8	4	78	34	16	0	0	0
172	92	262	134	45	0	8	7
149	47	273	137	165	0	29	2
21	0	31	11	4	0	0	0
4	0	43	23	5	0	0	0
0	0	0	0	0	0	0	0
202	169	403	418	235	0	12	7
51	5	74	39	16	0	0	0
9	6	33	14	3	0	0	0
7	6	32	8	9	0	0	0
181	58	138	108	34	0	0	0

地区 Region	教职 Educational					
	合计 Total	校本部 Educational Personnel				
		小计 Subtotal	专任教师 Full-time Teachers			
			小计 Subtotal	正高级 Senior	副高级 Sub-senior	中级 Middle
总计 Total	**17539**	**17471**	**11045**	**537**	**3375**	**4703**
北京 Beijing	1922	1901	905	60	329	449
天津 Tianjin	512	512	330	12	129	145
河北 Hebei	547	547	403	11	76	118
山西 Shanxi	675	675	385	5	132	170
内蒙古 Inner Mongolia	226	226	143	17	51	52
辽宁 Liaoning	1073	1073	703	51	301	279
吉林 Jilin	1075	1075	776	76	277	280
黑龙江 Heilongjiang	987	987	677	68	292	254
上海 Shanghai	736	725	411	4	96	228
江苏 Jiangsu	454	453	280	18	95	125
浙江 Zhejiang	474	474	309	11	108	139
安徽 Anhui	470	465	259	8	81	112
福建 Fujian	240	240	142	17	61	51
江西 Jiangxi	390	387	286	27	82	106
山东 Shandong	590	590	414	19	115	187
河南 Henan	464	464	315	12	96	118
湖北 Hubei	198	198	141	2	48	57
湖南 Hunan	497	497	355	10	130	125
广东 Guangdong	1808	1808	1166	18	235	520
广西 Guangxi	367	367	243	13	60	150
海南 Hainan	113	113	48	6	8	28
重庆 Chongqing	689	686	475	19	110	189
四川 Sichuan	708	690	443	8	119	204
贵州 Guizhou	71	71	57	3	19	22
云南 Yunnan	39	39	7	0	2	2
西藏 Tibet	0	0	0	0	0	0
陕西 Shaanxi	1325	1319	697	19	149	312
甘肃 Gansu	224	224	174	5	56	88
青海 Qinghai	82	82	62	6	26	16
宁夏 Ningxia	57	57	36	5	12	12
新疆 Xinjiang	526	526	403	7	80	165

女教职工情况(成人高校)
Personnel in HEIs(Adult HEIs)

单位:人
unit: person

工 数 Personnel							
教职工 in Main Campus					科研机构人员 Personnel in Affiliated Research Org.	校办企业职工 Employees in School-run Factories & Farms	其他附设机构人员 Personnel in Others Subsidiary Units
初级 Junior	未定职级 No-ranking	行政人员 Adm. Personnel	教辅人员 Supporting Staff	工勤人员 Workers			
1728	**702**	**3184**	**2686**	**556**	**27**	**23**	**18**
47	20	568	371	57	15	0	6
42	2	60	120	2	0	0	0
74	124	85	53	6	0	0	0
58	20	124	133	33	0	0	0
21	2	19	62	2	0	0	0
56	16	179	162	29	0	0	0
133	10	103	190	6	0	0	0
58	5	170	106	34	0	0	0
58	25	153	161	0	11	0	0
31	11	111	50	12	1	0	0
48	3	98	55	12	0	0	0
50	8	84	96	26	0	0	5
12	1	72	25	1	0	0	0
63	8	54	43	4	0	3	0
86	7	83	71	22	0	0	0
69	20	83	62	4	0	0	0
26	8	35	19	3	0	0	0
63	27	73	58	11	0	0	0
238	155	348	226	68	0	0	0
13	7	67	48	9	0	0	0
2	4	43	18	4	0	0	0
108	49	122	84	5	0	1	2
93	19	151	58	38	0	16	2
13	0	12	2	0	0	0	0
3	0	18	14	0	0	0	0
0	0	0	0	0	0	0	0
117	100	169	298	155	0	3	3
22	3	24	20	6	0	0	0
8	6	13	7	0	0	0	0
5	2	17	4	0	0	0	0
111	40	46	70	7	0	0	0

高等教育专任教师学历、专业技术职务情况(总计)
Number of Full-time Teacher by Academic Qualification and Professional Rank in HEIs (Total)

单位:人
unit: person

地区 Region	合计 Total	按学历分 By Academic Qualification				按专业技术职务分 By Professional Rank				
		博士 Doctor's Degrees	硕士 Master's Degrees	本科 Normal Courses	专科及以下 Short-cycle Courses and Under	正高级 Senior	副高级 Sub-Senior	中级 Middle	初级 Junior	未定职级 No-ranking
总计 Total	**1851933**	**513874**	**687132**	**636608**	**14319**	**244005**	**556711**	**706607**	**193048**	**151562**
北京 Beijing	75495	50900	16587	7844	164	22879	27228	21637	1923	1828
天津 Tianjin	34710	13158	12038	9392	122	5414	11202	13828	2503	1763
河北 Hebei	86010	14844	35095	35461	610	10989	25471	33700	7392	8458
山西 Shanxi	44227	8971	18159	16723	374	3185	12328	18197	6798	3719
内蒙古 Inner Mongolia	28240	5008	10825	12049	358	3366	9312	11067	2548	1947
辽宁 Liaoning	65209	19279	23829	21526	575	9998	21975	27210	4163	1863
吉林 Jilin	42595	12692	17067	12667	169	7209	14188	15211	4914	1073
黑龙江 Heilongjiang	50062	13452	18687	17666	257	8419	17472	18569	3604	1998
上海 Shanghai	48282	27887	13903	6268	224	9367	15477	18490	2981	1967
江苏 Jiangsu	126554	48603	41084	36495	372	18582	44199	49156	8985	5632
浙江 Zhejiang	70995	26331	24663	19786	215	10796	20930	29240	4581	5448
安徽 Anhui	66106	13879	29083	22653	491	6767	18235	26263	10220	4621
福建 Fujian	52231	14400	18687	18804	340	6662	16565	20587	5669	2748
江西 Jiangxi	65867	11087	23101	30616	1063	5914	16591	25863	9055	8444
山东 Shandong	124992	33022	46167	45012	791	14251	37620	50464	14990	7667
河南 Henan	133898	21387	55104	55836	1571	10491	33931	53491	23744	12241
湖北 Hubei	89026	28096	32365	27828	737	12413	30525	31442	8195	6451
湖南 Hunan	80273	18292	28587	32714	680	8912	23280	31552	7538	8991
广东 Guangdong	124396	36334	45674	41304	1084	16801	33489	47947	9006	17153
广西 Guangxi	53886	8635	25205	19692	354	5794	13903	19954	3479	10756
海南 Hainan	12015	2557	4624	4683	151	1706	3356	4230	1093	1630
重庆 Chongqing	50007	12646	20220	16689	452	5905	14071	20086	5370	4575
四川 Sichuan	96286	21004	37819	36534	929	10940	26102	35441	16217	7586
贵州 Guizhou	39509	6480	14626	18025	378	3840	12291	12094	6111	5173
云南 Yunnan	43410	7094	16543	19210	563	4547	11994	15921	6003	4945
西藏 Tibet	2712	410	1404	884	14	335	799	1061	295	222
陕西 Shaanxi	74742	25341	28475	20216	710	10333	23914	29075	7205	4215
甘肃 Gansu	31416	6232	11449	13491	244	4243	10263	11584	3260	2066
青海 Qinghai	4978	882	1291	2743	62	724	1539	1420	691	604
宁夏 Ningxia	9205	1722	3824	3603	56	1533	2570	2638	1427	1037
新疆 Xinjiang	24599	3249	10947	10194	209	1690	5891	9189	3088	4741

高等教育专任教师学历、专业技术职务情况(普通高校)

Number of Full-time Teacher by Academic Qualification and Professional Rank in HEIs (Regular HEIs)

单位:人
unit:person

地区 Region	合计 Total	按学历分 By Academic Qualification				按专业技术职务分 By Professional Rank				
		博士 Doctor's Degrees	硕士 Master's Degrees	本科 Normal Courses	专科及以下 Short-cycle Courses and Under	正高级 Senior	副高级 Sub-Senior	中级 Middle	初级 Junior	未定职级 No-ranking
总计 Total	**1832982**	**513062**	**681535**	**624531**	**13854**	**242951**	**550705**	**698705**	**190277**	**150344**
北京 Beijing	74138	50516	16075	7397	150	22762	26727	21004	1853	1792
天津 Tianjin	34239	13149	11914	9057	119	5400	11013	13630	2436	1760
河北 Hebei	85429	14844	34931	35067	587	10970	25351	33539	7285	8284
山西 Shanxi	43642	8967	18042	16283	350	3176	12126	17962	6697	3681
内蒙古 Inner Mongolia	28025	5005	10740	11924	356	3344	9228	10992	2517	1944
辽宁 Liaoning	64045	19266	23568	20689	522	9924	21474	26745	4065	1837
吉林 Jilin	41447	12637	16572	12075	163	7109	13772	14788	4717	1061
黑龙江 Heilongjiang	48858	13437	18506	16663	252	8305	16941	18121	3502	1989
上海 Shanghai	47668	27841	13634	5971	222	9354	15335	18158	2889	1932
江苏 Jiangsu	126013	48550	40866	36239	358	18503	44019	48936	8942	5613
浙江 Zhejiang	70445	26309	24494	19428	214	10770	20737	28987	4511	5440
安徽 Anhui	65576	13857	28913	22321	485	6734	18066	26018	10148	4610
福建 Fujian	52001	14375	18603	18683	340	6630	16469	20505	5651	2746
江西 Jiangxi	65300	11077	22896	30269	1058	5858	16425	25643	8947	8427
山东 Shandong	124215	32987	45932	44509	787	14196	37358	50140	14868	7653
河南 Henan	133367	21383	54923	55500	1561	10468	33770	53267	23653	12209
湖北 Hubei	88750	28093	32308	27612	737	12407	30427	31335	8138	6443
湖南 Hunan	79598	18290	28490	32186	632	8892	23036	31301	7431	8938
广东 Guangdong	122350	36302	45261	39747	1040	16773	33075	47045	8623	16834
广西 Guangxi	53438	8621	24978	19487	352	5762	13780	19704	3448	10744
海南 Hainan	11937	2557	4602	4627	151	1699	3343	4184	1085	1626
重庆 Chongqing	49174	12634	19864	16255	421	5864	13855	19774	5198	4483
四川 Sichuan	95439	20985	37575	36006	873	10916	25856	35060	16068	7539
贵州 Guizhou	39418	6480	14606	17958	374	3836	12262	12057	6090	5173
云南 Yunnan	43396	7093	16540	19200	563	4545	11990	15917	5999	4945
西藏 Tibet	2712	410	1404	884	14	335	799	1061	295	222
陕西 Shaanxi	73436	25335	28153	19318	630	10282	23601	28504	7003	4046
甘肃 Gansu	31030	6229	11341	13236	224	4231	10118	11411	3209	2061
青海 Qinghai	4883	880	1257	2684	62	709	1500	1394	682	598
宁夏 Ningxia	9129	1722	3819	3535	53	1526	2540	2612	1420	1031
新疆 Xinjiang	23884	3231	10728	9721	204	1671	5712	8911	2907	4683

高等教育专任教师学历、专业技术职务情况(成人高校)

Number of Full-time Teacher by Academic Qualification and Professional Rank in HEIs (Adult HEIs)

单位:人
unit:person

地 区 Region	合计 Total	按学历分 By Academic Qualification				按专业技术职务分 By Professional Rank				
		博 士 Doctor's Degrees	硕 士 Master's Degrees	本 科 Normal Courses	专科及以下 Short-cycle Courses and Under	正高级 Senior	副高级 Sub-Senior	中 级 Middle	初 级 Junior	未定职级 No-ranking
总 计 Total	**18951**	**812**	**5597**	**12077**	**465**	**1054**	**6006**	**7902**	**2771**	**1218**
北 京 Beijing	1357	384	512	447	14	117	501	633	70	36
天 津 Tianjin	471	9	124	335	3	14	189	198	67	3
河 北 Hebei	581	0	164	394	23	19	120	161	107	174
山 西 Shanxi	585	4	117	440	24	9	202	235	101	38
内蒙古 Inner Mongolia	215	3	85	125	2	22	84	75	31	3
辽 宁 Liaoning	1164	13	261	837	53	74	501	465	98	26
吉 林 Jilin	1148	55	495	592	6	100	416	423	197	12
黑龙江 Heilongjiang	1204	15	181	1003	5	114	531	448	102	9
上 海 Shanghai	614	46	269	297	2	13	142	332	92	35
江 苏 Jiangsu	541	53	218	256	14	79	180	220	43	19
浙 江 Zhejiang	550	22	169	358	1	26	193	253	70	8
安 徽 Anhui	530	22	170	332	6	33	169	245	72	11
福 建 Fujian	230	25	84	121	0	32	96	82	18	2
江 西 Jiangxi	567	10	205	347	5	56	166	220	108	17
山 东 Shandong	777	35	235	503	4	55	262	324	122	14
河 南 Henan	531	4	181	336	10	23	161	224	91	32
湖 北 Hubei	276	3	57	216	0	6	98	107	57	8
湖 南 Hunan	675	2	97	528	48	20	244	251	107	53
广 东 Guangdong	2046	32	413	1557	44	28	414	902	383	319
广 西 Guangxi	448	14	227	205	2	32	123	250	31	12
海 南 Hainan	78	0	22	56	0	7	13	46	8	4
重 庆 Chongqing	833	12	356	434	31	41	216	312	172	92
四 川 Sichuan	847	19	244	528	56	24	246	381	149	47
贵 州 Guizhou	91	0	20	67	4	4	29	37	21	0
云 南 Yunnan	14	1	3	10	0	2	4	4	4	0
西 藏 Tibet	0	0	0	0	0	0	0	0	0	0
陕 西 Shaanxi	1306	6	322	898	80	51	313	571	202	169
甘 肃 Gansu	386	3	108	255	20	12	145	173	51	5
青 海 Qinghai	95	2	34	59	0	15	39	26	9	6
宁 夏 Ningxia	76	0	5	68	3	7	30	26	7	6
新 疆 Xinjiang	715	18	219	473	5	19	179	278	181	58

高等教育聘请校外教师学历情况(总计)
Number of Part-time Teachers by Academic Qualifications in HEIs (Total)

单位:人
unit:person

	合计 Total	博士 Doctor's Degrees	硕士 Master's Degrees	本科 Normal Courses	专科及以下 Short-cycle Courses and Under
总计 Total	**593662**	**89661**	**184579**	**289247**	**30175**
北京 Beijing	16955	6661	5284	4642	368
天津 Tianjin	11446	1674	2897	5929	946
河北 Hebei	21237	2273	7164	10638	1162
山西 Shanxi	4636	926	2000	1658	52
内蒙古 Inner Mongolia	7345	967	2358	3544	476
辽宁 Liaoning	18605	2904	6520	8253	928
吉林 Jilin	8804	1344	3013	4014	433
黑龙江 Heilongjiang	20235	3420	7319	8759	737
上海 Shanghai	18152	6362	5554	5744	492
江苏 Jiangsu	58278	9242	16547	29264	3225
浙江 Zhejiang	31320	4176	8267	17157	1720
安徽 Anhui	24963	5106	6977	11636	1244
福建 Fujian	17343	2375	4687	9310	971
江西 Jiangxi	17433	1789	5693	9226	725
山东 Shandong	31328	4557	9475	16021	1275
河南 Henan	36770	2840	13045	19356	1529
湖北 Hubei	31915	5678	11199	13755	1283
湖南 Hunan	28690	4009	9836	13887	958
广东 Guangdong	46805	5881	12183	24966	3775
广西 Guangxi	23607	1533	7513	12756	1805
海南 Hainan	3685	602	967	1819	297
重庆 Chongqing	21187	1891	7168	10948	1180
四川 Sichuan	26911	4098	8432	12999	1382
贵州 Guizhou	8487	1019	2625	4412	431
云南 Yunnan	20087	2013	6260	10953	861
西藏 Tibet	92	42	25	24	1
陕西 Shaanxi	19261	3487	6007	9184	583
甘肃 Gansu	6932	1255	1886	3270	521
青海 Qinghai	476	16	60	337	63
宁夏 Ningxia	1569	147	524	831	67
新疆 Xinjiang	9108	1374	3094	3955	685

高等教育聘请校外教师学历情况(普通高校)
Number of Part-time Teachers by Academic Qualifications in HEIs (Regular HEIs)

单位:人
unit:person

	合计 Total	博　士 Doctor's Degrees	硕士 Master's Degrees	本科 Normal Courses	专科及以下 Short-cycle Courses and Under
总　计 Total	**562252**	**89203**	**177544**	**266104**	**29401**
北　京 Beijing	16043	6566	4867	4260	350
天　津 Tianjin	9885	1667	2512	4762	944
河　北 Hebei	20774	2267	6962	10391	1154
山　西 Shanxi	4594	926	1995	1621	52
内蒙古 Inner Mongolia	7281	963	2340	3502	476
辽　宁 Liaoning	16563	2890	6009	6886	778
吉　林 Jilin	8636	1339	2996	3868	433
黑龙江 Heilongjiang	19019	3407	7170	7734	708
上　海 Shanghai	16816	6317	5091	4946	462
江　苏 Jiangsu	52783	9218	15549	24818	3198
浙　江 Zhejiang	27837	4122	7513	14534	1668
安　徽 Anhui	24801	5105	6908	11545	1243
福　建 Fujian	17316	2370	4671	9304	971
江　西 Jiangxi	17312	1788	5664	9141	719
山　东 Shandong	30889	4537	9219	15860	1273
河　南 Henan	34291	2827	12644	17414	1406
湖　北 Hubei	31859	5678	11188	13710	1283
湖　南 Hunan	28531	4009	9785	13793	944
广　东 Guangdong	43205	5868	11666	21996	3675
广　西 Guangxi	23506	1533	7486	12684	1803
海　南 Hainan	3627	602	929	1799	297
重　庆 Chongqing	19954	1890	7016	9934	1114
四　川 Sichuan	26123	4050	8233	12467	1373
贵　州 Guizhou	8211	1019	2584	4190	418
云　南 Yunnan	20087	2013	6260	10953	861
西　藏 Tibet	92	42	25	24	1
陕　西 Shaanxi	14485	3402	4839	5782	462
甘　肃 Gansu	6876	1253	1857	3245	521
青　海 Qinghai	458	16	50	329	63
宁　夏 Ningxia	1504	147	519	771	67
新　疆 Xinjiang	8894	1372	2997	3841	684

高等教育聘请校外教师学历情况(成人高校)
Number of Part-time Teachers by Academic Qualifications in HEIs (Adult HEIs)

单位:人
unit:person

	合计 Total	博士 Doctor's Degrees	硕士 Master's Degrees	本科 Normal Courses	专科及以下 Short-cycle Courses and Under
总 计 Total	**31410**	**458**	**7035**	**23143**	**774**
北 京 Beijing	912	95	417	382	18
天 津 Tianjin	1561	7	385	1167	2
河 北 Hebei	463	6	202	247	8
山 西 Shanxi	42	0	5	37	0
内蒙古 Inner Mongolia	64	4	18	42	0
辽 宁 Liaoning	2042	14	511	1367	150
吉 林 Jilin	168	5	17	146	0
黑龙江 Heilongjiang	1216	13	149	1025	29
上 海 Shanghai	1336	45	463	798	30
江 苏 Jiangsu	5495	24	998	4446	27
浙 江 Zhejiang	3483	54	754	2623	52
安 徽 Anhui	162	1	69	91	1
福 建 Fujian	27	5	16	6	0
江 西 Jiangxi	121	1	29	85	6
山 东 Shandong	439	20	256	161	2
河 南 Henan	2479	13	401	1942	123
湖 北 Hubei	56	0	11	45	0
湖 南 Hunan	159	0	51	94	14
广 东 Guangdong	3600	13	517	2970	100
广 西 Guangxi	101	0	27	72	2
海 南 Hainan	58	0	38	20	0
重 庆 Chongqing	1233	1	152	1014	66
四 川 Sichuan	788	48	199	532	9
贵 州 Guizhou	276	0	41	222	13
云 南 Yunnan	0	0	0	0	0
西 藏 Tibet	0	0	0	0	0
陕 西 Shaanxi	4776	85	1168	3402	121
甘 肃 Gansu	56	2	29	25	0
青 海 Qinghai	18	0	10	8	0
宁 夏 Ningxia	65	0	5	60	0
新 疆 Xinjiang	214	2	97	114	1

地 区 Region	占地面积(平方米) Areas Occupied (m^2)			图书(万册) Books & Magazines in Libraries(10,000 volume)		
	合计 Total	其中:绿化用地面积 of Which: Green Areas	其中:运动场地面积 of Which: Sports Areas	合计 Total	其中:当年新增 of Which: New Added in Current Year	合计 Total
总 计 Total	**1882580534.72**	**617873835.61**	**140961153.14**	**288008.56**	**13754.78**	**13851314**
北 京 Beijing	49307358.29	18273758.90	3826197.93	12122.98	295.96	837447
天 津 Tianjin	40297641.11	11296819.19	2734754.76	5406.31	175.09	295310
河 北 Hebei	78395840.58	22653903.47	6912807.58	12394.87	813.48	491042
山 西 Shanxi	34749860.41	8823594.28	2916496.39	5940.97	232.06	258555
内蒙古 Inner Mongolia	35174377.93	9567696.01	2696176.36	3919.92	123.56	220836
辽 宁 Liaoning	70292088.35	22519724.48	5527340.03	10335.73	274.89	558543
吉 林 Jilin	42713443.82	12124555.01	2935193.26	6988.06	221.21	356887
黑龙江 Heilongjiang	60067452.07	14791700.72	4150283.60	8254.84	238.30	356887
上 海 Shanghai	36996391.36	13725543.15	2796528.86	8012.54	245.16	520583
江 苏 Jiangsu	135405765.10	47924221.13	10036725.91	19997.79	807.30	1211503
浙 江 Zhejiang	70150172.65	22928571.31	6031590.64	12680.85	621.05	649489
安 徽 Anhui	72778355.52	24996554.51	5698998.32	10375.46	544.34	481555
福 建 Fujian	54932017.91	18385481.33	3997953.86	8487.15	368.32	382328
江 西 Jiangxi	71466738.97	27883888.77	5736671.91	10867.37	643.61	417633
山 东 Shandong	143375521.83	49249227.33	10466446.10	19777.04	860.77	814094
河 南 Henan	120383359.04	35866080.01	9130994.77	19593.88	1389.28	805424
湖 北 Hubei	92533274.46	35190914.92	6805434.88	14487.77	560.53	702542
湖 南 Hunan	77938680.77	26021454.94	5844446.32	12277.65	535.96	536963
广 东 Guangdong	110562983.83	39483339.96	8250568.76	19252.15	960.75	951455
广 西 Guangxi	69477536.98	17115348.98	3777933.52	8007.02	558.55	388654
海 南 Hainan	12325632.60	4492861.61	859855.48	1959.97	134.49	85724
重 庆 Chongqing	52064808.69	16640073.10	3761424.38	7628.94	570.68	361912
四 川 Sichuan	95933935.21	32171236.07	7557911.27	14435.60	802.71	608819
贵 州 Guizhou	44005673.94	14941109.52	3120371.93	5508.71	357.30	236130
云 南 Yunnan	47693736.95	17667952.22	3366346.01	7145.23	427.09	259652
西 藏 Tibet	3659416.99	1139142.81	335721.15	428.98	10.12	24160
陕 西 Shaanxi	66860715.28	20639445.85	5493349.42	12128.60	486.15	593520
甘 肃 Gansu	32884125.90	9074784.59	2482195.96	4341.44	195.03	188192
青 海 Qinghai	5301135.29	1960459.31	413758.74	724.17	20.99	33781
宁 夏 Ningxia	12303269.27	5203493.32	880360.95	1373.12	108.93	73227
新 疆 Xinjiang	42549223.62	15120898.81	2416314.09	3153.42	171.12	148467

(学校产权)(总计)
Resources in HEIs (Owned by HEIs) (Total)

计算机数(台) PC (set)		教室(间) Classroom(room)		固定资产总值(万元) Total Value of Fixed Asset (10,000 yuan)				
其中:教学用计算机 of Which: Computers Used for Instruction		合计 Total	其中:网络多媒体教室 of Which: Network Multimedia Classroom	合计 Total	其中:教学、科研仪器设备资产 of Which: Teaching Equipment & Instruments		其中:信息化设备资产值 of Which: Assets of Information Facilities	
小计 Subtotal	其中:平板电脑 of Which: Tablet PC				小计 Subtotal	其中:当年新增 of Which: New Added in Current Year	小计 Subtotal	其中:软件 of Which: Software
10194370	**178521**	**765524**	**449945**	**273748586.51**	**66648919.29**	**7457638.07**	**19562004.89**	**4763033.01**
472267	12454	21142	15005	21333170.97	7414489.32	738928.75	1797820.27	519523.05
205780	2789	12982	7052	7074227.03	1807443.08	149137.61	457569.36	131594.12
369950	5056	34936	19312	9500593.81	1969325.17	173993.08	595448.40	137466.57
192136	2772	20199	9617	4971508.83	1091403.69	108850.54	334037.65	72689.55
177290	3114	14319	9396	4565569.95	1071021.28	123914.87	312781.97	101992.21
399860	5334	28907	14731	10390679.98	2343191.00	193339.12	665506.88	134999.02
256130	2879	14235	8157	6257318.93	1722456.12	138257.84	481151.60	110317.18
259857	3252	23460	11443	7598428.93	1919634.26	163997.10	521658.32	141111.06
329734	7014	18123	12030	11218835.01	4002201.28	522590.46	1031427.46	276449.97
889853	23426	56537	33189	21959649.90	5329698.97	535695.17	1479595.03	316744.17
493605	9619	29945	20541	14136235.42	3217627.89	391507.30	945738.31	244248.36
390109	5332	30199	16633	8664995.70	2227558.83	253482.44	580115.92	135055.12
292938	4331	19461	11932	8243885.40	2007705.38	255209.20	582756.37	140721.42
328743	5309	29533	18955	7606718.59	1470737.81	186332.58	463687.49	111535.54
624032	6973	52947	29904	16827779.85	3553625.32	541269.38	1118226.02	280266.98
656295	10876	54349	32237	12154500.65	3071820.93	354626.36	916177.46	230526.99
490109	7734	37541	22413	12564852.50	3223646.59	333575.09	827649.69	179658.94
395568	11571	36503	21809	9437556.80	1945200.42	219040.46	648256.10	139237.43
732870	13289	32150	23244	17984355.49	4706611.66	623406.81	1382007.89	325411.97
316081	6085	21666	11786	6176218.67	1606968.28	209232.82	538551.69	135975.31
67600	832	4934	2595	1837831.00	336155.21	52772.13	91568.96	21898.53
272534	3279	20766	14600	7656259.17	1287970.37	153146.63	494301.59	111595.93
438988	7362	36889	21518	11506958.06	2701087.40	265816.38	878787.27	234552.35
194922	2973	23972	12683	4763606.60	866572.32	112869.54	316256.33	77009.54
200114	2104	24235	10613	6626219.68	970515.18	118628.02	385449.43	81028.86
15966	158	1025	811	429413.27	102368.18	12731.51	46148.40	12393.46
403669	7184	28627	17113	13464798.18	2716003.39	287055.06	1055741.30	197725.17
140249	3483	14401	8307	3968551.71	845340.83	102345.03	245827.12	53386.13
27411	301	2022	1601	472670.53	195512.04	26939.23	59689.32	28722.19
52711	547	5370	2680	1352714.23	330806.49	45315.05	123930.60	31426.11
106999	1089	14149	8038	3002481.68	594220.60	63632.49	184140.71	47769.78

地　区 Region	占地面积(平方米) Areas Occupied (m^2)			图书(万册) Books & Magazines in Libraries(10,000 volume)		
	合计 Total	其中:绿化用地面积 of Which: Green Areas	其中:运动场地面积 of Which: Sports Areas	合计 Total	当年新增 of Which: New Added in Current Year	合计 Total
总　计 Total	**1868369782.03**	**614346042.01**	**139544192.34**	**285607.72**	**13606.08**	**13680813**
北　京 Beijing	47998988.39	17941231.80	3753542.93	11893.71	294.65	821201
天　津 Tianjin	40001513.45	11250675.69	2705990.06	5334.67	174.85	287794
河　北 Hebei	78027888.98	22546509.47	6824894.58	12316.91	800.68	486997
山　西 Shanxi	34527656.41	8786824.28	2882861.39	5886.70	232.04	256223
内蒙古 Inner Mongolia	35083827.93	9555494.01	2691525.36	3905.82	123.56	218815
辽　宁 Liaoning	69546734.85	22437393.76	5380547.43	10163.49	274.43	546981
吉　林 Jilin	42003431.96	12034714.21	2827176.07	6889.33	220.38	348721
黑龙江 Heilongjiang	59515363.17	14761875.44	4095228.60	8122.04	236.87	350806
上　海 Shanghai	36680523.89	13678028.59	2776292.54	7899.47	201.85	509628
江　苏 Jiangsu	134857815.10	47800426.13	9979872.91	19932.88	805.51	1206503
浙　江 Zhejiang	69926363.65	22863203.31	5994676.64	12619.74	620.28	643521
安　徽 Anhui	72179153.68	24966581.81	5641226.32	10303.37	544.34	476501
福　建 Fujian	54835669.81	18364313.33	3986331.86	8433.28	368.01	379992
江　西 Jiangxi	70912083.07	27665052.77	5690241.91	10741.02	639.79	409208
山　东 Shandong	142299553.09	48802346.93	10374492.10	19674.87	859.26	808242
河　南 Henan	120033943.83	35796959.56	9096992.47	19529.53	1388.39	799777
湖　北 Hubei	92278343.46	35133782.92	6785008.88	14426.68	554.23	701241
湖　南 Hunan	77482502.69	25874546.28	5800714.32	12186.68	534.64	528360
广　东 Guangdong	109678499.12	39168038.59	8213152.76	19180.03	960.34	941674
广　西 Guangxi	69286846.41	17086100.98	3767464.52	7945.35	558.04	385433
海　南 Hainan	12240555.47	4456901.32	857455.48	1949.91	133.73	84268
重　庆 Chongqing	50963139.28	16220751.50	3666234.38	7514.09	564.25	349075
四　川 Sichuan	95285223.55	32029098.78	7468460.80	14351.56	797.61	602511
贵　州 Guizhou	43896409.68	14922979.04	3086720.02	5500.41	357.30	234270
云　南 Yunnan	47664839.17	17659786.22	3365346.01	7145.23	427.09	258811
西　藏 Tibet	3659416.99	1139142.81	335721.15	428.98	10.12	24160
陕　西 Shaanxi	65704629.28	20365697.45	5397968.42	11889.31	429.01	584341
甘　肃 Gansu	32797610.10	9060984.59	2470694.96	4302.19	194.83	185024
青　海 Qinghai	5290480.29	1959659.31	412358.74	721.23	20.99	33068
宁　夏 Ningxia	12280792.27	5196693.32	876740.95	1369.82	108.93	72717
新　疆 Xinjiang	41429983.01	14820247.81	2338257.78	3049.40	170.05	144950

(学校产权)(普通高校)
Resources in HEIs(Owned by HEIs)(Regular HEIs)

计算机数(台) PC (set)		教室(间) Classroom(room)		固定资产总值(万元) Total Value of Fixed Asset (10,000 yuan)				
其中:教学用计算机 of Which: Computers Used for Instruction		合计 Total	其中:网络多媒体教室 of Which: Network Multimedia Classroom	合计 Total	其中:教学、科研仪器设备资产 of Which:Teaching Equipment & Instruments		其中:信息化设备资产值 of Which: Assets of Information Facilities	
小计 Subtotal	其中:平板电脑 of Which: Tablet PC				小计 Subtotal	其中:当年新增 of Which: New Added in Current Year	小计 Subtotal	其中:软件 of Which: Software
10068509	**173095**	**751837**	**443713**	**271962313.44**	**66235330.63**	**7398634.70**	**19329292.22**	**4706649.82**
461301	11906	19972	14276	21039470.12	7380325.62	737317.11	1768360.47	515456.69
200747	2776	12483	6855	7049043.77	1796163.49	148436.96	454658.06	131409.22
367320	4971	34754	19204	9480336.33	1962663.67	173223.36	589011.29	136027.98
190537	2772	19654	9564	4951353.58	1087011.72	108797.07	330110.28	72586.73
175758	3035	14201	9340	4551633.39	1067541.67	123764.49	309087.65	101131.80
392085	5248	27890	14361	10276858.25	2317776.41	190971.40	656112.47	133906.72
250209	2784	13549	7910	6160856.91	1699407.45	136946.12	470426.61	107393.58
255357	3247	22539	11267	7536940.50	1906452.66	162456.48	517508.31	140461.56
321445	6023	17312	11411	11080182.38	3925428.01	491175.80	989107.67	260623.79
886104	23383	56227	32995	21897973.51	5322840.95	535099.14	1470291.49	314718.79
489229	9408	29627	20287	14094596.10	3206333.20	389449.12	939936.94	242183.21
386372	5301	29725	16439	8604751.21	2220467.28	253409.27	569053.60	133357.45
291327	4329	19356	11865	8223663.55	2000552.56	254921.95	576810.34	140305.15
321229	4242	29211	18637	7528127.65	1445995.23	179210.54	453638.86	108581.96
619490	6973	52257	29720	16724914.45	3534653.64	539641.06	1109603.08	277295.59
652635	10709	53865	32035	12128709.55	3062878.92	354477.31	911992.63	230154.21
489178	7659	37300	22266	12553570.74	3220143.71	333280.89	826860.51	179628.74
390491	11242	35971	21419	9389485.37	1931238.00	218036.46	643006.55	138743.66
725854	13011	31683	22864	17886870.53	4688124.36	622684.23	1366912.46	319320.46
313944	6000	21416	11702	6150978.06	1601819.72	208939.27	534827.92	135568.64
66365	825	4889	2559	1820165.74	330907.36	50689.90	88769.57	21019.18
261775	2983	20201	14248	7507391.99	1265609.17	152798.43	481037.42	108418.38
433871	7273	36086	21217	11444174.24	2687703.64	265485.27	872191.83	232745.40
193520	2969	23842	12627	4744364.23	863726.58	112735.53	314214.47	76237.47
199508	2104	24160	10603	6608995.97	967296.42	118522.70	383356.74	80151.89
15966	158	1025	811	429413.27	102368.18	12731.51	46148.40	12393.46
396323	6459	27504	16855	13378235.47	2687737.51	286257.50	1049653.69	196454.15
137240	3477	14228	8232	3938932.83	840630.03	102065.19	242424.49	53201.16
26818	301	1987	1583	468782.63	194565.14	26919.23	58998.02	28476.89
52296	517	5332	2667	1351640.35	330131.44	45188.43	123698.79	31236.39
104215	1010	13591	7894	2959900.79	586836.89	63002.96	181481.63	47459.54

地区 Region	占地面积(平方米) Areas Occupied (m^2)			图书(万册) Books & Magazines in Libraries(10,000 volume)		
	合计 Total	其中:绿化用地面积 of Which: Green Areas	其中:运动场地面积 of Which: Sports Areas	合计 Total	当年新增 of Which: New Added in Current Year	合计 Total
总 计 Total	**14210752.69**	**3527793.60**	**1416960.80**	**2400.84**	**148.70**	**170501**
北 京 Beijing	1308369.90	332527.10	72655.00	229.27	1.30	16246
天 津 Tianjin	296127.66	46143.50	28764.70	71.64	0.24	7516
河 北 Hebei	367951.60	107394.00	87913.00	77.96	12.80	4045
山 西 Shanxi	222204.00	36770.00	33635.00	54.27	0.02	2332
内蒙古 Inner Mongolia	90550.00	12202.00	4651.00	14.10	0.00	2021
辽 宁 Liaoning	745353.50	82330.72	146792.60	172.24	0.46	11562
吉 林 Jilin	710011.86	89840.80	108017.19	98.74	0.83	8166
黑龙江 Heilongjiang	552088.90	29825.28	55055.00	132.80	1.43	6081
上 海 Shanghai	315867.47	47514.56	20236.32	113.07	43.31	10955
江 苏 Jiangsu	547950.00	123795.00	56853.00	64.90	1.78	5000
浙 江 Zhejiang	223809.00	65368.00	36914.00	61.11	0.77	5968
安 徽 Anhui	599201.84	29972.70	57772.00	72.09	0.00	5054
福 建 Fujian	96348.10	21168.00	11622.00	53.87	0.31	2336
江 西 Jiangxi	554655.90	218836.00	46430.00	126.35	3.82	8425
山 东 Shandong	1075968.74	446880.40	91954.00	102.17	1.51	5852
河 南 Henan	349415.21	69120.45	34002.30	64.35	0.89	5647
湖 北 Hubei	254931.00	57132.00	20426.00	61.09	6.30	1301
湖 南 Hunan	456178.08	146908.66	43732.00	90.97	1.32	8603
广 东 Guangdong	884484.71	315301.37	37416.00	72.12	0.41	9781
广 西 Guangxi	190690.57	29248.00	10469.00	61.68	0.51	3221
海 南 Hainan	85077.13	35960.29	2400.00	10.06	0.76	1456
重 庆 Chongqing	1101669.41	419321.60	95190.00	114.84	6.43	12837
四 川 Sichuan	648711.66	142137.29	89450.47	84.04	5.10	6308
贵 州 Guizhou	109264.26	18130.48	33651.91	8.30	0.00	1860
云 南 Yunnan	28897.78	8166.00	1000.00	0.00	0.00	841
西 藏 Tibet	0.00	0.00	0.00	0.00	0.00	0
陕 西 Shaanxi	1156086.00	273748.40	95381.00	239.29	57.14	9179
甘 肃 Gansu	86515.80	13800.00	11501.00	39.25	0.20	3168
青 海 Qinghai	10655.00	800.00	1400.00	2.94	0.00	713
宁 夏 Ningxia	22477.00	6800.00	3620.00	3.30	0.00	510
新 疆 Xinjiang	1119240.61	300651.00	78056.31	104.02	1.07	3517

(学校产权)(成人高校)

Resources in HEIs(Owned by HEIs)(Adult HEIs)

计算机数(台) PC (set)		教室(间) Classroom(room)		固定资产总值(万元) Total Value of Fixed Asset (10,000 yuan)				
其中:教学用计算机 of Which: Computers Used for Instruction		合计 Total	其中:网络多媒体教室 of Which: Network Multimedia Classroom	合计 Total	其中:教学、科研仪器设备资产 of Which: Teaching Equipment & Instruments		其中:信息化设备资产值 of Which: Assets of Information Facilities	
小计 Subtotal	其中:平板电脑 of Which: Tablet PC				小计 Subtotal	其中:当年新增 of Which: New Added in Current Year	小计 Subtotal	其中:软件 of Which: Software
125861	**5426**	**13687**	**6232**	**1786273.07**	**413588.66**	**59003.37**	**232712.67**	**56383.19**
10966	548	1170	729	293700.85	34163.70	1611.65	29459.80	4066.36
5033	13	499	197	25183.26	11279.59	700.65	2911.30	184.90
2630	85	182	108	20257.48	6661.50	769.72	6437.11	1438.59
1599	0	545	53	20155.25	4391.97	53.47	3927.37	102.82
1532	79	118	56	13936.56	3479.61	150.38	3694.32	860.41
7775	86	1017	370	113821.73	25414.59	2367.72	9394.41	1092.30
5921	95	686	247	96462.02	23048.67	1311.72	10725.00	2923.61
4500	5	921	176	61488.43	13181.59	1540.62	4150.01	649.50
8289	991	811	619	138652.62	76773.27	31414.66	42319.79	15826.18
3749	43	310	194	61676.39	6858.02	596.03	9303.54	2025.39
4376	211	318	254	41639.32	11294.68	2058.18	5801.37	2065.15
3737	31	474	194	60244.49	7091.55	73.17	11062.32	1697.67
1611	2	105	67	20221.85	7152.82	287.25	5946.03	416.27
7514	1067	322	318	78590.94	24742.58	7122.04	10048.63	2953.58
4542	0	690	184	102865.40	18971.69	1628.32	8622.94	2971.39
3660	167	484	202	25791.10	8942.01	149.05	4184.83	372.78
931	75	241	147	11281.76	3502.88	294.20	789.18	30.20
5077	329	532	390	48071.43	13962.42	1004.00	5249.55	493.77
7016	278	467	380	97484.96	18487.30	722.58	15095.42	6091.51
2137	85	250	84	25240.61	5148.56	293.55	3723.77	406.67
1235	7	45	36	17665.26	5247.85	2082.23	2799.39	879.35
10759	296	565	352	148867.18	22361.20	348.20	13264.17	3177.56
5117	89	803	301	62783.83	13383.76	331.11	6595.43	1806.95
1402	4	130	56	19242.36	2845.74	134.01	2041.87	772.06
606	0	75	10	17223.71	3218.76	105.32	2092.69	876.97
0	0	0	0	0.00	0.00	0.00	0.00	0.00
7346	725	1123	258	86562.71	28265.88	797.56	6087.62	1271.03
3009	6	173	75	29618.88	4710.80	279.84	3402.63	184.97
593	0	35	18	3887.90	946.90	20.00	691.30	245.30
415	30	38	13	1073.88	675.05	126.62	231.81	189.72
2784	79	558	144	42580.90	7383.71	629.52	2659.08	310.24

高等教育资产情况(非

Condition of Fixed Assets and Teaching

地区 Region	占地面积(平方米) Areas Occupied (m^2)			图书(万册) Books & Magazines in Libraries(10,000 volume)		
	合计 Total	其中:绿化用地面积 of Which: Green Areas	其中:运动场地面积 of Which: Sports Areas	合计 Total	其中:当年新增 of Which: New Added in Current Year	合计 Total
总　计 Total	**287514396.03**	**62721965.86**	**15512469.13**	**5941.89**	**537.73**	**347746**
北　京 Beijing	6626123.11	1333548.61	479796.93	4.96	0.20	379
天　津 Tianjin	2757635.94	183573.00	173721.20	691.89	10.06	9692
河　北 Hebei	9942239.42	1394069.90	460968.92	175.90	44.67	5119
山　西 Shanxi	6885536.94	1121376.13	698704.98	135.99	22.21	13672
内蒙古 Inner Mongolia	2689313.46	438596.35	431270.96	19.52	0.74	1578
辽　宁 Liaoning	7237637.57	1681626.73	683091.89	229.05	7.70	18319
吉　林 Jilin	8916128.06	1566418.30	363613.20	23.21	9.70	2372
黑龙江 Heilongjiang	6675731.86	1978335.40	1036150.00	171.87	0.00	9556
上　海 Shanghai	3592679.59	972025.82	248515.24	196.05	3.73	19046
江　苏 Jiangsu	23540547.03	5301006.80	1545804.45	458.10	11.83	49422
浙　江 Zhejiang	11649279.86	2625747.42	617841.83	476.43	42.29	33236
安　徽 Anhui	7002280.18	1194924.51	371803.80	165.96	2.78	10436
福　建 Fujian	11357876.57	2736165.15	617297.59	332.31	20.39	4803
江　西 Jiangxi	11929447.39	2785747.53	448721.27	33.32	20.82	1615
山　东 Shandong	16723309.96	4091571.58	490596.35	21.36	18.27	2347
河　南 Henan	20990782.72	2930575.16	959007.92	813.30	40.01	34204
湖　北 Hubei	13215589.57	2307588.49	618283.88	258.82	4.15	11827
湖　南 Hunan	9806689.87	1757247.03	339854.35	247.43	10.07	8230
广　东 Guangdong	29616051.28	8452514.82	1514322.21	745.37	93.97	55438
广　西 Guangxi	6177113.07	864722.60	319894.37	28.36	0.00	1523
海　南 Hainan	2544536.68	463006.84	47119.00	13.40	1.20	650
重　庆 Chongqing	7178178.57	2088327.69	130105.10	87.52	40.70	11093
四　川 Sichuan	27861023.08	7238491.22	1339494.54	189.17	67.18	12197
贵　州 Guizhou	6100059.98	2333299.98	235354.54	93.60	0.00	6390
云　南 Yunnan	5919412.45	863800.99	241443.20	49.85	41.19	3232
西　藏 Tibet	34166.68	0.00	0.00	1.32	0.00	0
陕　西 Shaanxi	14154699.64	2711979.31	816353.37	220.23	13.73	17132
甘　肃 Gansu	3763576.77	440296.12	135542.14	3.22	0.10	202
青　海 Qinghai	33333.00	0.00	0.00	0.00	0.00	0
宁　夏 Ningxia	662241.32	248028.00	56927.00	42.00	10.00	431
新　疆 Xinjiang	1931174.41	617354.38	90868.90	12.41	0.05	3605

学校产权中独立使用)(总计)

Resources in HEIs (Not Owned by HEIs)(Total)

计算机数(台) PC (set)		教室(间) Classroom(room)		固定资产总值(万元) Total Value of Fixed Asset (10,000 yuan)				
其中:教学用计算机 of Which: Computers Used for Instruction		合计 Total	其中:网络多媒体教室 of Which: Network Multimedia Classroom	合计 Total	其中:教学、科研仪器设备资产 of Which:Teaching Equipment & Instruments		其中:信息化设备资产值 of Which: Assets of Information Facilities	
小计 Subtotal	其中:平板电脑 of Which: Tablet PC				小计 Subtotal	其中:当年新增 of Which: New Added in Current Year	小计 Subtotal	其中:软件 of Which: Software
280830	**9334**	**131612**	**67251**	**18565893.78**	**1156316.88**	**245776.46**	**—**	**—**
235	0	1802	1041	42871.31	1732.47	27.18	—	—
8409	0	1730	1341	154614.22	14434.13	578.72	—	—
4418	30	3673	665	308955.60	28209.66	7611.84	—	—
9631	103	5359	1783	719632.33	33934.27	4316.09	—	—
1374	0	1257	681	192491.85	1213.16	34.70	—	—
13855	213	4628	1831	833744.97	57894.38	3208.23	—	—
1939	16	3059	1295	275897.16	14243.47	2828.34	—	—
6981	54	2070	1305	248459.92	25457.60	755.88	—	—
16306	3621	3080	2182	265274.93	55818.07	4446.26	—	—
40823	725	10746	7112	1325221.50	200464.63	78816.03	—	—
27801	742	5017	3289	1264370.33	73604.18	11501.09	—	—
8887	0	4121	2181	224197.30	25815.60	5459.41	—	—
4564	5	3660	2084	725310.00	15975.23	4855.61	—	—
1460	149	3613	1081	324621.57	16325.62	5897.90	—	—
1692	6	5962	2602	883594.84	43847.82	15455.90	—	—
28048	1159	11962	4724	1512152.45	88459.45	13824.14	—	—
9781	510	5411	2218	755926.87	52024.58	8997.62	—	—
6129	25	5217	2231	725289.05	38736.17	2477.39	—	—
44033	602	15770	10175	2507391.03	100330.13	10962.93	—	—
1456	0	2564	1583	351774.83	15693.57	1070.83	—	—
525	43	383	272	217414.02	4823.74	405.00	—	—
8165	364	1940	1093	372627.08	23101.74	3034.46	—	—
10084	459	10977	6713	2841842.15	133835.34	28271.72	—	—
5071	137	3844	1476	637817.26	26998.15	8025.35	—	—
2459	45	4121	2053	394940.05	11339.01	4513.84	—	—
0	0	11	11	608.50	0.00	0.00	—	—
13145	100	8022	3318	157379.34	35329.46	11600.10	—	—
142	80	350	184	67919.47	5528.85	2109.09	—	—
0	0	206	206	36019.86	986.00	0.00	—	—
372	52	432	112	25821.72	1955.51	1740.51	—	—
3045	94	625	409	171712.27	8204.90	2950.28	—	—

高等教育资产情况(非学校

Condition of Fixed Assets and Teaching

地区 Region	占地面积(平方米) Areas Occupied (m^2)			图书(万册) Books & Magazines in Libraries(10,000 volume)		
	合计 Total	其中:绿化用地面积 of Which: Green Areas	其中:运动场地面积 of Which: Sports Areas	合计 Total	当年新增 of Which: New Added in Current Year	合计 Total
总　计 Total	**266230974.65**	**57684188.45**	**12683592.88**	**2643.05**	**408.81**	**105256**
北　京 Beijing	6592245.39	1332772.61	479796.93	2.76	0.20	329
天　津 Tianjin	2161658.10	142772.00	70312.20	16.46	0.06	999
河　北 Hebei	9902239.42	1394069.90	452968.92	160.40	29.17	4703
山　西 Shanxi	6698397.94	1097835.13	671144.98	79.71	22.21	9523
内蒙古 Inner Mongolia	2689313.46	438596.35	431270.96	19.52	0.74	1578
辽　宁 Liaoning	5177038.41	1111946.98	414596.91	21.68	0.00	1439
吉　林 Jilin	8858058.64	1560036.80	357853.20	21.26	8.70	1698
黑龙江 Heilongjiang	5712550.86	1879747.40	807600.00	8.40	0.00	1506
上　海 Shanghai	3092879.47	882562.18	200296.92	65.37	1.77	1002
江　苏 Jiangsu	18561611.03	3791267.80	827216.45	97.63	5.36	5288
浙　江 Zhejiang	9685785.50	2071665.16	359904.97	84.63	15.45	2018
安　徽 Anhui	5333803.18	978562.51	269999.80	70.71	2.78	1816
福　建 Fujian	11357876.57	2736165.15	617297.59	332.31	20.39	4803
江　西 Jiangxi	11827462.39	2755747.53	407721.27	33.32	20.82	1615
山　东 Shandong	16723309.96	4091571.58	490596.35	21.36	18.27	2347
河　南 Henan	20284270.12	2762919.16	908920.92	593.95	40.01	24330
湖　北 Hubei	12224322.57	2056634.49	519268.88	152.33	4.15	4652
湖　南 Hunan	9710293.87	1723547.03	337854.35	230.45	10.07	7503
广　东 Guangdong	25997930.39	7371646.77	882706.50	194.01	83.94	2103
广　西 Guangxi	6176783.07	864722.60	319894.37	28.36	0.00	1523
海　南 Hainan	2544536.68	463006.84	47119.00	13.40	1.20	650
重　庆 Chongqing	6086551.67	2088327.69	130105.10	17.22	5.00	472
四　川 Sichuan	27686177.31	7173051.39	1311586.11	189.17	67.18	12197
贵　州 Guizhou	5964138.05	2287961.67	216778.84	79.86	0.00	3374
云　南 Yunnan	5919412.45	863800.99	241443.20	49.85	41.19	3232
西　藏 Tibet	34166.68	0.00	0.00	1.32	0.00	0
陕　西 Shaanxi	12881935.97	2460980.24	632000.12	0.00	0.00	938
甘　肃 Gansu	3759476.77	440296.12	133742.14	3.22	0.10	202
青　海 Qinghai	33333.00	0.00	0.00	0.00	0.00	0
宁　夏 Ningxia	662241.32	248028.00	56927.00	42.00	10.00	431
新　疆 Xinjiang	1891174.41	613946.38	86668.90	12.41	0.05	2985

产权中独立使用)(普通高校)

Resources in HEIs(Not Owned by HEIs)(Regular HEIs)

计算机数(台) PC (set)		教室(间) Classroom(room)		固定资产总值(万元) Total Value of Fixed Asset (10,000 yuan)				
其中:教学用计算机 of Which: Computers Used for Instruction		合计 Total	其中:网络多媒体教室 of Which: Network Multimedia Classroom	合计 Total	其中:教学、科研仪器设备资产 of Which:Teaching Equipment & Instruments		其中:信息化设备资产值 of Which: Assets of Information Facilities	
小计 Subtotal	其中:平板电脑 of Which: Tablet PC				小计 Subtotal	当年新增 of Which: New Added in Current Year	小计 Subtotal	其中:软件 of Which: Software
85132	**2393**	**107235**	**53475**	**16697492. 80**	**687038. 83**	**176483. 11**	**—**	**—**
231	0	1787	1038	42831. 31	1727. 47	27. 18	—	—
828	0	639	298	129451. 66	5034. 02	578. 72	—	—
4018	30	3645	645	307455. 60	27209. 66	6611. 84	—	—
6583	103	5044	1702	672618. 11	26936. 09	4311. 59	—	—
1374	0	1257	681	192491. 85	1213. 16	34. 70	—	—
622	2	2932	1355	653056. 08	16498. 24	735. 00	—	—
1410	14	3002	1267	268883. 04	13078. 41	1674. 79	—	—
474	54	1036	362	202191. 34	15635. 34	752. 88	—	—
686	47	1546	1013	143145. 31	10334. 82	1842. 38	—	—
4665	14	6078	4199	749513. 50	60718. 63	27046. 03	—	—
1562	14	2847	1671	976589. 81	23600. 34	6457. 79	—	—
1728	0	2588	1546	155154. 91	12432. 60	5459. 41	—	—
4564	5	3660	2084	725310. 00	15975. 23	4855. 61	—	—
1460	149	3538	1051	319521. 57	16266. 62	5838. 90	—	—
1692	6	5962	2602	883594. 84	43847. 82	15455. 90	—	—
20144	514	10647	4207	1434710. 83	68303. 80	13824. 14	—	—
4106	498	4652	2032	731381. 40	40175. 11	8997. 62	—	—
5436	25	5113	2169	720720. 51	36766. 91	2387. 39	—	—
1817	44	11204	7267	2213614. 60	16730. 64	8213. 68	—	—
1456	0	2564	1583	351543. 83	15693. 27	1070. 53	—	—
525	43	383	272	217414. 02	4823. 74	405. 00	—	—
442	81	1136	677	332199. 25	9418. 18	3034. 46	—	—
10084	459	10958	6708	2840702. 79	133835. 34	28271. 72	—	—
2819	20	3558	1356	621154. 07	21671. 20	5995. 31	—	—
2459	45	4121	2053	394940. 05	11339. 01	4513. 84	—	—
0	0	11	11	608. 50	0. 00	0. 00	—	—
928	0	5780	2747	120044. 71	21783. 90	11286. 82	—	—
142	80	350	184	67919. 47	5528. 85	2109. 09	—	—
0	0	206	206	36019. 86	986. 00	0. 00	—	—
372	52	432	112	25821. 72	1955. 51	1740. 51	—	—
2505	94	559	377	166888. 27	7518. 90	2950. 28	—	—

高等教育资产情况(非学校

Condition of Fixed Assets and Teaching

地　区 Region	占地面积(平方米) Areas Occupied (m^2)			图书(万册) Books & Magazines in Libraries(10,000 volume)		
	合计 Total	其中:绿化用地面积 of Which: Green Areas	其中:运动场地面积 of Which: Sports Areas	合计 Total	当年新增 of Which: New Added in Current Year	合计 Total
总　计 Total	**21283421.38**	**5037777.41**	**2828876.25**	**3298.84**	**128.92**	**242490**
北　京 Beijing	33877.72	776.00	0.00	2.20	0.00	50
天　津 Tianjin	595977.84	40801.00	103409.00	675.43	10.00	8693
河　北 Hebei	40000.00	0.00	8000.00	15.50	15.50	416
山　西 Shanxi	187139.00	23541.00	27560.00	56.28	0.00	4149
内蒙古 Inner Mongolia	0.00	0.00	0.00	0.00	0.00	0
辽　宁 Liaoning	2060599.16	569679.75	268494.98	207.37	7.70	16880
吉　林 Jilin	58069.42	6381.50	5760.00	1.95	1.00	674
黑龙江 Heilongjiang	963181.00	98588.00	228550.00	163.47	0.00	8050
上　海 Shanghai	499800.12	89463.64	48218.32	130.67	1.96	18044
江　苏 Jiangsu	4978936.00	1509739.00	718588.00	360.47	6.47	44134
浙　江 Zhejiang	1963494.36	554082.26	257936.86	391.80	26.83	31218
安　徽 Anhui	1668477.00	216362.00	101804.00	95.25	0.00	8620
福　建 Fujian	0.00	0.00	0.00	0.00	0.00	0
江　西 Jiangxi	101985.00	30000.00	41000.00	0.00	0.00	0
山　东 Shandong	0.00	0.00	0.00	0.00	0.00	0
河　南 Henan	706512.60	167656.00	50087.00	219.34	0.00	9874
湖　北 Hubei	991267.00	250954.00	99015.00	106.49	0.00	7175
湖　南 Hunan	96396.00	33700.00	2000.00	16.98	0.00	727
广　东 Guangdong	3618120.89	1080868.05	631615.71	551.36	10.03	53335
广　西 Guangxi	330.00	0.00	0.00	0.00	0.00	0
海　南 Hainan	0.00	0.00	0.00	0.00	0.00	0
重　庆 Chongqing	1091626.90	0.00	0.00	70.31	35.70	10621
四　川 Sichuan	174845.77	65439.83	27908.43	0.00	0.00	0
贵　州 Guizhou	135921.93	45338.31	18575.70	13.75	0.00	3016
云　南 Yunnan	0.00	0.00	0.00	0.00	0.00	0
西　藏 Tibet	0.00	0.00	0.00	0.00	0.00	0
陕　西 Shaanxi	1272763.67	250999.07	184353.25	220.23	13.73	16194
甘　肃 Gansu	4100.00	0.00	1800.00	0.00	0.00	0
青　海 Qinghai	0.00	0.00	0.00	0.00	0.00	0
宁　夏 Ningxia	0.00	0.00	0.00	0.00	0.00	0
新　疆 Xinjiang	40000.00	3408.00	4200.00	0.00	0.00	620

产权中独立使用)(成人高校)
Resources in HEIs(Not Owned by HEIs)(Adult HEIs)

计算机数(台) PC (set)		教室(间) Classroom(room)		固定资产总值(万元) Total Value of Fixed Asset (10,000 yuan)				
其中:教学用计算机 of Which: Computers Used for Instruction		合计 Total	其中:网络多媒体教室 of Which: Network Multimedia Classroom	合计 Total	其中:教学、科研仪器设备资产 of Which:Teaching Equipment & Instruments		其中:信息化设备资产值 of Which: Assets of Information Facilities	
小计 Subtotal	其中:平板电脑 of Which: Tablet PC				小计 Subtotal	当年新增 of Which: New Added in Current Year	小计 Subtotal	其中:软件 of Which: Software
195698	**6941**	**24377**	**13776**	**1868400.98**	**469278.05**	**69293.35**	**—**	**—**
4	0	15	3	40.00	5.00	0.00	—	—
7581	0	1091	1043	25162.56	9400.11	0.00	—	—
400	0	28	20	1500.00	1000.00	1000.00	—	—
3048	0	315	81	47014.22	6998.18	4.50	—	—
0	0	0	0	0.00	0.00	0.00	—	—
13233	211	1696	476	180688.89	41396.14	2473.23	—	—
529	2	57	28	7014.12	1165.06	1153.56	—	—
6507	0	1034	943	46268.58	9822.25	3.00	—	—
15620	3574	1534	1169	122129.61	45483.24	2603.88	—	—
36158	711	4668	2913	575708.00	139746.00	51770.00	—	—
26239	728	2170	1618	287780.53	50003.83	5043.31	—	—
7159	0	1533	635	69042.39	13383.00	0.00	—	—
0	0	0	0	0.00	0.00	0.00	—	—
0	0	75	30	5100.00	59.00	59.00	—	—
0	0	0	0	0.00	0.00	0.00	—	—
7904	645	1315	517	77441.62	20155.66	0.00	—	—
5675	12	759	186	24545.47	11849.47	0.00	—	—
693	0	104	62	4568.54	1969.26	90.00	—	—
42216	558	4566	2908	293776.43	83599.49	2749.25	—	—
0	0	0	0	231.00	0.30	0.30	—	—
0	0	0	0	0.00	0.00	0.00	—	—
7723	283	804	416	40427.83	13683.55	0.00	—	—
0	0	19	5	1139.36	0.00	0.00	—	—
2252	117	286	120	16663.19	5326.96	2030.04	—	—
0	0	0	0	0.00	0.00	0.00	—	—
0	0	0	0	0.00	0.00	0.00	—	—
12217	100	2242	571	37334.63	13545.56	313.28	—	—
0	0	0	0	0.00	0.00	0.00	—	—
0	0	0	0	0.00	0.00	0.00	—	—
0	0	0	0	0.00	0.00	0.00	—	—
540	0	66	32	4824.00	686.00	0.00	—	—

高等教育校舍情况(总计)

Conditions of School Buildings in HEIs (Total)

单位:平方米

unit: m^2

地 区 Region	学校产权校舍建筑面积 Floor Area of School Building Owned by HEIs 合计 Total	其中:危房 of Which: Floor Space of Dilapidated Buildings	其中:当年新增校舍 of Which: New Added in Current Year	其中:被外单位借用 of Which: Floor Space Hired by Other Schools or Units	正在施工校舍建筑面积 Floor Area Under Construction	非学校产权中独立使用建筑面积 Floor Area of School Building Not Owned by HEIs
总　计 Total	**929256531.16**	**1158009.41**	**31907917.49**	**1731159.62**	**79004007.36**	**143549634.86**
北　京 Beijing	43093081.02	129227.86	878047.32	146283.38	3005199.18	2798882.84
天　津 Tianjin	17565404.01	12800.51	298985.81	35945.97	1713236.76	1639390.45
河　北 Hebei	39963505.58	11551.00	1186841.70	30323.04	1929010.52	4727202.03
山　西 Shanxi	19417191.47	11325.83	289886.37	156571.49	1502729.38	4183091.14
内蒙古 Inner Mongolia	14669707.16	4400.00	231594.46	7779.08	1198007.08	1000669.61
辽　宁 Liaoning	33779210.92	32863.41	1167128.38	16020.60	2090302.39	4266968.90
吉　林 Jilin	18209360.95	1497.01	227304.53	19858.00	1717620.95	2923037.43
黑龙江 Heilongjiang	28290420.26	11340.03	1083541.52	0.00	761791.14	2271755.64
上　海 Shanghai	23651347.63	0.00	232211.22	233101.90	2387649.65	2988570.67
江　苏 Jiangsu	64471021.52	46824.39	1138441.17	215101.51	2149664.48	10722265.14
浙　江 Zhejiang	38536245.86	16787.49	1651054.38	238975.52	2661611.32	7407713.47
安　徽 Anhui	36419038.00	54225.14	1511075.06	23536.65	2509138.03	2710644.73
福　建 Fujian	24754870.90	29675.47	953889.62	0.00	2329589.18	6061935.89
江　西 Jiangxi	34143643.69	5866.68	2954460.26	13815.41	1786789.47	4066509.62
山　东 Shandong	62450187.92	310747.96	2523771.10	18272.00	6523389.52	7797407.47
河　南 Henan	63227397.69	39949.00	1941619.27	152182.08	3936248.87	12272366.60
湖　北 Hubei	49313945.74	35796.64	858816.36	63227.44	3713873.51	7120464.98
湖　南 Hunan	38893908.48	84595.00	1022942.06	0.00	2468675.05	4902096.98
广　东 Guangdong	48578765.51	26546.30	1803178.02	147533.33	7008159.48	18756504.56
广　西 Guangxi	27641887.56	20968.17	1343754.10	16000.00	4230935.90	3389579.38
海　南 Hainan	5577965.84	14064.61	33245.66	7635.00	996326.23	1251136.92
重　庆 Chongqing	25211822.79	15954.91	383545.35	0.00	1545823.62	2697193.59
四　川 Sichuan	41853664.18	30375.68	735877.88	129835.46	4996015.50	13141368.11
贵　州 Guizhou	23140458.28	8888.20	877464.90	12410.31	1982196.37	3520493.54
云　南 Yunnan	19571657.35	91890.07	1434080.99	23066.79	3412933.38	3632475.69
西　藏 Tibet	1503876.29	8575.92	179967.30	6265.00	241342.42	12745.34
陕　西 Shaanxi	45803855.59	20741.95	3198692.01	17419.66	5355968.51	5504260.79
甘　肃 Gansu	17619967.03	32084.12	720587.69	0.00	1949218.56	471570.90
青　海 Qinghai	2678607.55	0.00	30139.78	0.00	56422.00	131437.30
宁　夏 Ningxia	3978673.71	0.00	37377.17	0.00	242286.50	496816.71
新　疆 Xinjiang	15245840.68	48446.06	978396.05	0.00	2601852.41	683078.44

高等教育校舍情况(普通高校)
Conditions of School Buildings in HEIs (Regular HEIs)

单位:平方米
unit: m^2

地　区 Region	学校产权校舍建筑面积 Floor Area of School Building Owned by HEIs				正在施工校舍建筑面积 Floor Area Under Construction	非学校产权中独立使用建筑面积 Floor Area of School Building Not Owned by HEIs
	合计 Total	其中:危房 of Which: Floor Space of Dilapidated Buildings	其中:当年新增校舍 of Which: New Added in Current Year	其中:被外单位借用 of Which: Floor Space Hired by Other Schools or Units		
总　计 Total	**920341290.82**	**1144278.92**	**31823012.36**	**1714447.89**	**78470065.30**	**132607935.16**
北　京 Beijing	42293916.79	129227.86	878047.32	146283.38	3005199.18	2789854.84
天　津 Tianjin	17370259.72	11209.83	298985.81	35945.97	1713236.76	1113816.45
河　北 Hebei	39693764.30	9121.00	1186841.70	30323.04	1929010.52	4659652.03
山　西 Shanxi	19215405.79	11325.83	289886.37	152908.99	1502729.38	4014539.23
内蒙古 Inner Mongolia	14584780.27	4400.00	231594.46	7779.08	1191824.78	1000669.61
辽　宁 Liaoning	33257707.64	32863.41	1163876.38	16020.60	2082751.89	3464685.80
吉　林 Jilin	17841656.46	0.00	227304.53	19858.00	1641931.04	2860460.17
黑龙江 Heilongjiang	27816603.70	11340.03	1083541.52	0.00	761791.14	1820369.64
上　海 Shanghai	23293753.34	0.00	232211.22	227687.67	2387649.65	2356647.12
江　苏 Jiangsu	64148198.52	46824.39	1138441.17	215101.51	2149664.48	8078127.57
浙　江 Zhejiang	38341636.56	16787.49	1647301.06	238975.52	2632011.32	6191615.47
安　徽 Anhui	36039623.86	54225.14	1511075.06	23536.65	2509138.03	2302891.73
福　建 Fujian	24643293.70	29675.47	953889.62	0.00	2329589.18	6061935.89
江　西 Jiangxi	33837069.30	5866.68	2939661.29	13815.41	1786789.47	4015207.62
山　东 Shandong	62001358.80	310747.96	2523771.10	18272.00	6467704.52	7797407.47
河　南 Henan	62916695.24	39949.00	1941619.27	152182.08	3936248.87	11876377.40
湖　北 Hubei	49168830.74	35796.64	858816.36	63227.44	3713873.51	6718385.98
湖　南 Hunan	38498940.32	83761.00	1006865.22	0.00	2397575.05	4853573.98
广　东 Guangdong	48237648.58	26546.30	1803178.02	147533.33	7008159.48	16876336.63
广　西 Guangxi	27498891.93	20968.17	1343754.10	16000.00	4230935.90	3387249.38
海　南 Hainan	5498937.68	14064.61	33245.66	0.00	996326.23	1251136.92
重　庆 Chongqing	24650867.76	15954.91	383545.35	0.00	1536839.55	2250463.11
四　川 Sichuan	41387111.36	30375.68	735877.88	129835.46	4977971.22	13129715.31
贵　州 Guizhou	23077144.22	8888.20	873886.90	12410.31	1982196.37	3403411.58
云　南 Yunnan	19541337.35	91890.07	1434080.99	23066.79	3412933.38	3632475.69
西　藏 Tibet	1503876.29	8575.92	179967.30	6265.00	241342.42	12745.34
陕　西 Shaanxi	44928428.19	19061.95	3155246.01	17419.66	5355968.51	4926231.85
甘　肃 Gansu	17498041.57	32084.12	720587.69	0.00	1949218.56	471570.90
青　海 Qinghai	2668876.55	0.00	30139.78	0.00	56422.00	131437.30
宁　夏 Ningxia	3949802.71	0.00	37377.17	0.00	242286.50	496816.71
新　疆 Xinjiang	14936831.58	42747.26	978396.05	0.00	2340746.41	662126.44

高等教育校舍情况(成人高校)
Conditions of School Buildings in HEIs (Adult HEIs)

单位:平方米
unit: m²

地 区 Region	学校产权校舍建筑面积 Floor Area of School Building Owned by HEIs				正在施工校舍建筑面积 Floor Area Under Construction	非学校产权中独立使用建筑面积 Floor Area of School Building Not Owned by HEIs
	合计 Total	其中:危房 of Which: Floor Space of Dilapidated Buildings	其中:当年新增校舍 of Which: New Added in Current Year	其中:被外单位借用 of Which: Floor Space Hired by Other Schools or Units		
总 计 Total	**8915240.34**	**13730.49**	**84905.13**	**16711.73**	**533942.06**	**10941699.70**
北 京 Beijing	799164.23	0.00	0.00	0.00	0.00	9028.00
天 津 Tianjin	195144.29	1590.68	0.00	0.00	0.00	525574.00
河 北 Hebei	269741.28	2430.00	0.00	0.00	0.00	67550.00
山 西 Shanxi	201785.68	0.00	0.00	3662.50	0.00	168551.91
内蒙古 Inner Mongolia	84926.89	0.00	0.00	0.00	6182.30	0.00
辽 宁 Liaoning	521503.28	0.00	3252.00	0.00	7550.50	802283.10
吉 林 Jilin	367704.49	1497.01	0.00	0.00	75689.91	62577.26
黑龙江 Heilongjiang	473816.56	0.00	0.00	0.00	0.00	451386.00
上 海 Shanghai	357594.29	0.00	0.00	5414.23	0.00	631923.55
江 苏 Jiangsu	322823.00	0.00	0.00	0.00	0.00	2644137.57
浙 江 Zhejiang	194609.30	0.00	3753.32	0.00	29600.00	1216098.00
安 徽 Anhui	379414.14	0.00	0.00	0.00	0.00	407753.00
福 建 Fujian	111577.20	0.00	0.00	0.00	0.00	0.00
江 西 Jiangxi	306574.39	0.00	14798.97	0.00	0.00	51302.00
山 东 Shandong	448829.12	0.00	0.00	0.00	55685.00	0.00
河 南 Henan	310702.45	0.00	0.00	0.00	0.00	395989.20
湖 北 Hubei	145115.00	0.00	0.00	0.00	0.00	402079.00
湖 南 Hunan	394968.16	834.00	16076.84	0.00	71100.00	48523.00
广 东 Guangdong	341116.93	0.00	0.00	0.00	0.00	1880167.93
广 西 Guangxi	142995.63	0.00	0.00	0.00	0.00	2330.00
海 南 Hainan	79028.16	0.00	0.00	7635.00	0.00	0.00
重 庆 Chongqing	560955.03	0.00	0.00	0.00	8984.07	446730.48
四 川 Sichuan	466552.82	0.00	0.00	0.00	18044.28	11652.80
贵 州 Guizhou	63314.06	0.00	3578.00	0.00	0.00	117081.96
云 南 Yunnan	30320.00	0.00	0.00	0.00	0.00	0.00
西 藏 Tibet	0.00	0.00	0.00	0.00	0.00	0.00
陕 西 Shaanxi	875427.40	1680.00	43446.00	0.00	0.00	578028.94
甘 肃 Gansu	121925.46	0.00	0.00	0.00	0.00	0.00
青 海 Qinghai	9731.00	0.00	0.00	0.00	0.00	0.00
宁 夏 Ningxia	28871.00	0.00	0.00	0.00	0.00	0.00
新 疆 Xinjiang	309009.10	5698.80	0.00	0.00	261106.00	20952.00

普通高中校数、班数(总计)
Number of Schools and Classes in Regular Senior Secondary Schools(Total)

地区 Region	学校数(所) Schools 合计 Total	完全中学 Combined Secondary Schools	高级中学 Regular High Schools	十二年一贯制学校 12-Year Schools	班数(个) Classes 合计 Total	一年级 Grade 1	二年级 Grade 2	三年级 Grade 3
总 计 Total	**14235**	**5353**	**7202**	**1680**	**505851**	**177113**	**168365**	**160373**
北 京 Beijing	321	172	34	115	5087	1859	1609	1619
天 津 Tianjin	185	104	68	13	3995	1413	1296	1286
河 北 Hebei	707	233	401	73	29488	10892	9792	8804
山 西 Shanxi	518	220	244	54	14070	4729	4786	4555
内蒙古 Inner Mongolia	305	114	161	30	9503	3277	3130	3096
辽 宁 Liaoning	425	53	340	32	13539	4598	4571	4370
吉 林 Jilin	257	60	175	22	8664	3042	2972	2650
黑龙江 Heilongjiang	370	81	264	25	11395	3940	3859	3596
上 海 Shanghai	262	87	145	30	4759	1626	1587	1546
江 苏 Jiangsu	585	85	443	57	24463	8823	8141	7499
浙 江 Zhejiang	622	83	479	60	19312	6666	6478	6168
安 徽 Anhui	661	274	302	85	22926	7897	7674	7355
福 建 Fujian	550	432	76	42	14108	4856	4715	4537
江 西 Jiangxi	519	260	159	100	21540	7572	7311	6657
山 东 Shandong	682	95	500	87	37022	13132	12284	11606
河 南 Henan	925	132	659	134	42170	14963	14043	13164
湖 北 Hubei	536	68	412	56	16969	5947	5637	5385
湖 南 Hunan	660	220	353	87	24471	8614	8210	7647
广 东 Guangdong	1035	538	319	178	39176	13573	13061	12542
广 西 Guangxi	499	196	275	28	20240	7487	6604	6149
海 南 Hainan	127	82	12	33	3784	1343	1251	1190
重 庆 Chongqing	264	226	30	8	11768	4084	3870	3814
四 川 Sichuan	792	526	156	110	27868	9460	9426	8982
贵 州 Guizhou	471	134	280	57	19142	6467	6209	6466
云 南 Yunnan	601	360	204	37	18241	6801	5949	5491
西 藏 Tibet	38	6	29	3	1465	493	469	503
陕 西 Shaanxi	464	195	230	39	13836	4522	4478	4836
甘 肃 Gansu	364	145	202	17	10814	3610	3571	3633
青 海 Qinghai	106	35	60	11	2663	916	878	869
宁 夏 Ningxia	68	20	46	2	3063	1098	1008	957
新 疆 Xinjiang	316	117	144	55	10310	3413	3496	3401

普通高中校数、班数(城区)
Number of Schools and Classes in Regular Senior Secondary Schools (Urban Area)

地 区 Region	学校数(所) Schools				班数(个) Classes			
	合计 Total	完全中学 Combined Secondary Schools	高级中学 Regular High Schools	十二年一贯制学校 12-Year Schools	合计 Total	一年级 Grade 1	二年级 Grade 2	三年级 Grade 3
总 计 Total	**7414**	**2809**	**3550**	**1055**	**256244**	**89153**	**85401**	**81690**
北 京 Beijing	289	160	31	98	4896	1788	1554	1554
天 津 Tianjin	153	103	38	12	3321	1174	1082	1065
河 北 Hebei	312	129	155	28	12427	4522	4108	3797
山 西 Shanxi	274	156	84	34	6946	2362	2369	2215
内蒙古 Inner Mongolia	162	62	82	18	4874	1685	1594	1595
辽 宁 Liaoning	322	45	249	28	9668	3272	3298	3098
吉 林 Jilin	150	30	107	13	5610	1939	1925	1746
黑龙江 Heilongjiang	202	46	139	17	6500	2242	2201	2057
上 海 Shanghai	234	79	127	28	4234	1448	1410	1376
江 苏 Jiangsu	338	43	256	39	13859	4905	4618	4336
浙 江 Zhejiang	356	54	257	45	11657	4030	3899	3728
安 徽 Anhui	237	94	108	35	8433	2897	2831	2705
福 建 Fujian	218	160	33	25	6715	2322	2246	2147
江 西 Jiangxi	238	132	49	57	9138	3213	3063	2862
山 东 Shandong	380	54	279	47	20702	7297	6846	6559
河 南 Henan	388	61	278	49	15940	5692	5329	4919
湖 北 Hubei	335	48	245	42	10592	3663	3531	3398
湖 南 Hunan	269	106	120	43	9374	3327	3114	2933
广 东 Guangdong	673	304	231	138	27674	9546	9251	8877
广 西 Guangxi	239	92	129	18	9490	3454	3116	2920
海 南 Hainan	67	45	6	16	2233	774	743	716
重 庆 Chongqing	150	125	21	4	6867	2374	2265	2228
四 川 Sichuan	343	202	67	74	12655	4242	4284	4129
贵 州 Guizhou	190	56	99	35	7058	2353	2303	2402
云 南 Yunnan	271	160	79	32	6990	2494	2312	2184
西 藏 Tibet	22	5	14	3	819	257	265	297
陕 西 Shaanxi	255	136	90	29	6618	2177	2186	2255
甘 肃 Gansu	119	41	71	7	3575	1199	1194	1182
青 海 Qinghai	42	10	25	7	987	327	335	325
宁 夏 Ningxia	39	12	26	1	1828	658	594	576
新 疆 Xinjiang	147	59	55	33	4564	1520	1535	1509

普通高中校数、班数(镇区)
Number of Schools and Classes in Regular Senior Secondary Schools(Counties & Town Area)

地 区 Region	学校数(所) Schools				班数(个) Classes			
	合计 Total	完全中学 Combined Secondary Schools	高级中学 Regular High Schools	十二年一贯制学校 12-Year Schools	合计 Total	一年级 Grade 1	二年级 Grade 2	三年级 Grade 3
总 计 Total	**6044**	**2253**	**3316**	**475**	**230705**	**80772**	**76746**	**73187**
北 京 Beijing	13	5	2	6	50	21	13	16
天 津 Tianjin	28	1	26	1	598	211	190	197
河 北 Hebei	352	91	228	33	15856	5849	5301	4706
山 西 Shanxi	203	48	140	15	6335	2117	2140	2078
内蒙古 Inner Mongolia	135	48	77	10	4468	1537	1481	1450
辽 宁 Liaoning	91	6	82	3	3501	1193	1152	1156
吉 林 Jilin	94	27	62	5	2816	1013	961	842
黑龙江 Heilongjiang	157	32	119	6	4672	1620	1579	1473
上 海 Shanghai	19	4	14	1	396	135	132	129
江 苏 Jiangsu	240	40	184	16	10400	3845	3451	3104
浙 江 Zhejiang	224	20	195	9	6770	2310	2283	2177
安 徽 Anhui	389	165	180	44	13713	4738	4585	4390
福 建 Fujian	290	236	42	12	6801	2323	2268	2210
江 西 Jiangxi	253	115	104	34	11912	4160	4084	3668
山 东 Shandong	272	40	202	30	15414	5415	5149	4850
河 南 Henan	478	64	343	71	24610	8596	8201	7813
湖 北 Hubei	182	18	151	13	5854	2092	1932	1830
湖 南 Hunan	347	106	202	39	13834	4827	4667	4340
广 东 Guangdong	293	199	69	25	9378	3223	3133	3022
广 西 Guangxi	246	98	140	8	10488	3929	3396	3163
海 南 Hainan	45	32	4	9	1253	459	409	385
重 庆 Chongqing	97	84	9	4	4059	1419	1318	1322
四 川 Sichuan	417	305	83	29	14565	4972	4931	4662
贵 州 Guizhou	255	71	166	18	11323	3843	3646	3834
云 南 Yunnan	284	176	107	1	10184	3830	3318	3036
西 藏 Tibet	3	0	3	0	105	36	35	34
陕 西 Shaanxi	184	50	126	8	6713	2161	2131	2421
甘 肃 Gansu	231	95	127	9	6933	2311	2274	2348
青 海 Qinghai	57	23	30	4	1539	525	499	515
宁 夏 Ningxia	27	8	19	0	1163	413	389	361
新 疆 Xinjiang	138	46	80	12	5002	1649	1698	1655

普通高中校数、班数(乡村)
Number of Schools and Classes in Regular Senior Secondary Schools(Rural Area)

地 区 Region	学校数(所) Schools				班数(个) Classes			
	合计 Total	完全中学 Combined Secondary Schools	高级中学 Regular High Schools	十二年一贯制学校 12-Year Schools	合计 Total	一年级 Grade 1	二年级 Grade 2	三年级 Grade 3
总 计 Total	**777**	**291**	**336**	**150**	**18902**	**7188**	**6218**	**5496**
北 京 Beijing	19	7	1	11	141	50	42	49
天 津 Tianjin	4	0	4	0	76	28	24	24
河 北 Hebei	43	13	18	12	1205	521	383	301
山 西 Shanxi	41	16	20	5	789	250	277	262
内蒙古 Inner Mongolia	8	4	2	2	161	55	55	51
辽 宁 Liaoning	12	2	9	1	370	133	121	116
吉 林 Jilin	13	3	6	4	238	90	86	62
黑龙江 Heilongjiang	11	3	6	2	223	78	79	66
上 海 Shanghai	9	4	4	1	129	43	45	41
江 苏 Jiangsu	7	2	3	2	204	73	72	59
浙 江 Zhejiang	42	9	27	6	885	326	296	263
安 徽 Anhui	35	15	14	6	780	262	258	260
福 建 Fujian	42	36	1	5	592	211	201	180
江 西 Jiangxi	28	13	6	9	490	199	164	127
山 东 Shandong	30	1	19	10	906	420	289	197
河 南 Henan	59	7	38	14	1620	675	513	432
湖 北 Hubei	19	2	16	1	523	192	174	157
湖 南 Hunan	44	8	31	5	1263	460	429	374
广 东 Guangdong	69	35	19	15	2124	804	677	643
广 西 Guangxi	14	6	6	2	262	104	92	66
海 南 Hainan	15	5	2	8	298	110	99	89
重 庆 Chongqing	17	17	0	0	842	291	287	264
四 川 Sichuan	32	19	6	7	648	246	211	191
贵 州 Guizhou	26	7	15	4	761	271	260	230
云 南 Yunnan	46	24	18	4	1067	477	319	271
西 藏 Tibet	13	1	12	0	541	200	169	172
陕 西 Shaanxi	25	9	14	2	505	184	161	160
甘 肃 Gansu	14	9	4	1	306	100	103	103
青 海 Qinghai	7	2	5	0	137	64	44	29
宁 夏 Ningxia	2	0	1	1	72	27	25	20
新 疆 Xinjiang	31	12	9	10	744	244	263	237

普通高中学生数(总计)
Number of Students in Regular Senior Secondary Schools (Total)

单位:人
unit: person

地 区 Region	毕业生数 Graduates	招生数 Entrants	在校生数 Enrolment 合计 Total	其中:女 of Which: Female	一年级 Grade 1	二年级 Grade 2	三年级 Grade 3	预计毕业生数 Estimated Graduates for Next Year
总 计 Total	**7865315**	**8764435**	**24944529**	**12575092**	**8767742**	**8344822**	**7831965**	**7831965**
北 京 Beijing	52094	61071	160152	80934	61423	51608	47121	47121
天 津 Tianjin	54729	62445	168573	86073	62456	53992	52125	52125
河 北 Hebei	455028	560803	1517453	786434	560804	508378	448271	448271
山 西 Shanxi	227103	221156	654491	337181	221197	225969	207325	207325
内蒙古 Inner Mongolia	142672	143101	405893	209714	143108	130104	132681	132681
辽 宁 Liaoning	208722	205370	594265	306919	205401	201579	187285	187285
吉 林 Jilin	139803	151566	428406	220347	151569	148914	127923	127923
黑龙江 Heilongjiang	188363	194509	556509	286766	194509	189937	172063	172063
上 海 Shanghai	52293	59721	166407	84357	60165	54401	51841	51841
江 苏 Jiangsu	311320	423390	1155411	552362	423685	385508	346218	346218
浙 江 Zhejiang	255062	283392	809004	404751	283407	272417	253180	253180
安 徽 Anhui	351280	390799	1133579	528816	390839	382485	360255	360255
福 建 Fujian	195880	232939	664046	332611	233015	221930	209101	209101
江 西 Jiangxi	332836	385087	1104548	498709	385395	374978	344175	344175
山 东 Shandong	542034	636233	1759785	894802	636245	583603	539937	539937
河 南 Henan	690268	784377	2248585	1127538	784384	747701	716500	716500
湖 北 Hubei	273954	313182	891704	428360	313284	301501	276919	276919
湖 南 Hunan	385595	448890	1273403	622089	448920	430474	394009	394009
广 东 Guangdong	598362	671805	1903517	936682	671951	637939	593627	593627
广 西 Guangxi	336609	408710	1151497	610269	408797	385916	356784	356784
海 南 Hainan	55721	65036	181850	89498	65060	60381	56409	56409
重 庆 Chongqing	208130	217321	626265	316483	217493	207512	201260	201260
四 川 Sichuan	455983	473766	1408814	726030	474070	480272	454472	454472
贵 州 Guizhou	340290	331313	975235	503385	331322	314869	329044	329044
云 南 Yunnan	283730	359998	971639	536375	360148	321279	290212	290212
西 藏 Tibet	20335	26674	75004	40548	26719	23512	24773	24773
陕 西 Shaanxi	241318	212548	654448	327161	212761	211120	230567	230567
甘 肃 Gansu	181187	171813	515813	259915	171815	171582	172416	172416
青 海 Qinghai	41901	44908	129312	68262	45093	42288	41931	41931
宁 夏 Ningxia	49120	56778	160796	87220	56822	53462	50512	50512
新 疆 Xinjiang	193593	165734	498125	284501	165885	169211	163029	163029

普通高中学生数(城区)
Number of Students in Senior Secondary Schools (Urban Area)

单位:人
unit: person

地　区 Region	毕业生数 Graduates	招生数 Entrants	在校生数 Enrolment					预计毕业生数 Estimated Graduates for Next Year
			合计 Total	其中:女 of Which: Female	一年级 Grade 1	二年级 Grade 2	三年级 Grade 3	
总　计 Total	**3923937**	**4317496**	**12322698**	**6178846**	**4319239**	**4126551**	**3876908**	**3876908**
北　京 Beijing	49716	58522	153720	77709	58869	49748	45103	45103
天　津 Tianjin	44875	51073	138714	70564	51081	44741	42892	42892
河　北 Hebei	198955	232628	636093	329531	232629	213183	190281	190281
山　西 Shanxi	110772	110314	323085	166828	110332	112024	100729	100729
内蒙古 Inner Mongolia	74430	73095	207129	106515	73095	65292	68742	68742
辽　宁 Liaoning	147343	144840	418088	214023	144862	142978	130248	130248
吉　林 Jilin	91946	96292	275379	141450	96293	95572	83514	83514
黑龙江 Heilongjiang	106831	108939	311100	159858	108939	105867	96294	96294
上　海 Shanghai	46118	53109	147219	74466	53475	48029	45715	45715
江　苏 Jiangsu	179711	233373	648330	312417	233513	216173	198644	198644
浙　江 Zhejiang	155446	171012	488561	242311	171011	164054	153496	153496
安　徽 Anhui	130001	141068	410810	192519	141081	138783	130946	130946
福　建 Fujian	95864	112542	320515	159683	112577	107051	100887	100887
江　西 Jiangxi	142194	160810	461982	207342	160895	154915	146172	146172
山　东 Shandong	302920	348520	969036	497626	348527	319918	300591	300591
河　南 Henan	260509	292484	834224	417225	292486	278136	263602	263602
湖　北 Hubei	169830	191013	548405	263448	191061	186183	171161	171161
湖　南 Hunan	142996	170039	475926	227027	170062	159474	146390	146390
广　东 Guangdong	419539	469837	1338878	654694	469962	449874	419042	419042
广　西 Guangxi	154599	185808	527375	275238	185859	177212	164304	164304
海　南 Hainan	33419	37603	107262	51498	37619	35748	33895	33895
重　庆 Chongqing	121662	123874	359011	183294	123977	120129	114905	114905
四　川 Sichuan	204863	207836	624575	319347	207939	213576	203060	203060
贵　州 Guizhou	123737	115898	346881	176072	115900	112291	118690	118690
云　南 Yunnan	108573	130699	363578	201189	130738	120610	112230	112230
西　藏 Tibet	11581	14109	41810	22722	14125	13088	14597	14597
陕　西 Shaanxi	111301	101857	311428	155110	101886	102329	107213	107213
甘　肃 Gansu	59009	56822	171068	85038	56822	57817	56429	56429
青　海 Qinghai	15307	15720	47334	24738	15768	16146	15420	15420
宁　夏 Ningxia	30890	33990	96375	51654	34000	31622	30753	30753
新　疆 Xinjiang	79000	73770	218807	117710	73856	73988	70963	70963

普通高中学生数(镇区)
Number of Students in Senior Secondary Schools (Counties & Towns Area)

单位:人
unit:person

地区 Region	毕业生数 Graduates	招生数 Entrants	在校生数 Enrolment					预计毕业生数 Estimated Graduates for Next Year
			合计 Total	其中:女 of Which: Female	一年级 Grade 1	二年级 Grade 2	三年级 Grade 3	
总计 Total	**3691914**	**4100569**	**11716754**	**5951352**	**4101997**	**3918984**	**3695773**	**3695773**
北京 Beijing	559	623	1405	699	623	353	429	429
天津 Tianjin	8698	10025	26450	13732	10028	8191	8231	8231
河北 Hebei	241466	301882	821419	428039	301882	276002	243535	243535
山西 Shanxi	103582	99206	295500	152964	99229	101323	94948	94948
内蒙古 Inner Mongolia	66716	67610	192025	99979	67617	62633	61775	61775
辽宁 Liaoning	56062	55121	160659	85153	55130	53276	52253	52253
吉林 Jilin	44611	50883	141266	73517	50885	48971	41410	41410
黑龙江 Heilongjiang	77821	81613	234538	121714	81613	80182	72743	72743
上海 Shanghai	4847	5241	15160	7860	5307	4990	4863	4863
江苏 Jiangsu	129337	186631	497931	235444	186786	166162	144983	144983
浙江 Zhejiang	89433	98780	284098	144650	98796	96201	89101	89101
安徽 Anhui	210320	236979	685016	319232	237006	231180	216830	216830
福建 Fujian	93404	110783	317292	160449	110823	105802	100667	100667
江西 Jiangxi	184200	215101	619315	281926	215319	212198	191798	191798
山东 Shandong	231548	268306	749326	377787	268311	250229	230786	230786
河南 Henan	415388	457951	1332633	668947	457956	444001	430676	430676
湖北 Hubei	96917	112364	316866	152767	112418	106390	98058	98058
湖南 Hunan	223747	255089	732219	363852	255089	248828	228302	228302
广东 Guangdong	149037	162468	462904	232626	162485	155467	144952	144952
广西 Guangxi	178119	217707	610683	328524	217737	203996	188950	188950
海南 Hainan	18511	22528	61174	31827	22533	20087	18554	18554
重庆 Chongqing	73022	78132	223404	111369	78192	72605	72607	72607
四川 Sichuan	242451	254357	752855	390533	254525	256240	242090	242090
贵州 Guizhou	205978	201829	590468	307878	201836	189670	198962	198962
云南 Yunnan	162588	207127	557100	308814	207238	184920	164942	164942
西藏 Tibet	1437	2041	5110	2794	2042	1583	1485	1485
陕西 Shaanxi	122446	102581	320796	161438	102765	101743	116288	116288
甘肃 Gansu	117308	109891	329264	167189	109893	108472	110899	110899
青海 Qinghai	25501	26186	75575	40390	26307	24091	25177	25177
宁夏 Ningxia	17353	21478	60968	33861	21511	20632	18825	18825
新疆 Xinjiang	99507	80056	243335	145398	80115	82566	80654	80654

普通高中学生数(乡村)

Number of Students in Senior Secondary Schools (Rural Area)

单位:人
unit: person

地 区 Region	毕业生数 Graduates	招生数 Entrants	在校生数 Enrolment					预计毕业生数 Estimated Graduates for Next Year
			合计 Total	其中:女 of Which: Female	一年级 Grade 1	二年级 Grade 2	三年级 Grade 3	
总 计 Total	**249464**	**346370**	**905077**	**444894**	**346506**	**299287**	**259284**	**259284**
北 京 Beijing	1819	1926	5027	2526	1931	1507	1589	1589
天 津 Tianjin	1156	1347	3409	1777	1347	1060	1002	1002
河 北 Hebei	14607	26293	59941	28864	26293	19193	14455	14455
山 西 Shanxi	12749	11636	35906	17389	11636	12622	11648	11648
内蒙古 Inner Mongolia	1526	2396	6739	3220	2396	2179	2164	2164
辽 宁 Liaoning	5317	5409	15518	7743	5409	5325	4784	4784
吉 林 Jilin	3246	4391	11761	5380	4391	4371	2999	2999
黑龙江 Heilongjiang	3711	3957	10871	5194	3957	3888	3026	3026
上 海 Shanghai	1328	1371	4028	2031	1383	1382	1263	1263
江 苏 Jiangsu	2272	3386	9150	4501	3386	3173	2591	2591
浙 江 Zhejiang	10183	13600	36345	17790	13600	12162	10583	10583
安 徽 Anhui	10959	12752	37753	17065	12752	12522	12479	12479
福 建 Fujian	6612	9614	26239	12479	9615	9077	7547	7547
江 西 Jiangxi	6442	9176	23251	9441	9181	7865	6205	6205
山 东 Shandong	7566	19407	41423	19389	19407	13456	8560	8560
河 南 Henan	14371	33942	81728	41366	33942	25564	22222	22222
湖 北 Hubei	7207	9805	26433	12145	9805	8928	7700	7700
湖 南 Hunan	18852	23762	65258	31210	23769	22172	19317	19317
广 东 Guangdong	29786	39500	101735	49362	39504	32598	29633	29633
广 西 Guangxi	3891	5195	13439	6507	5201	4708	3530	3530
海 南 Hainan	3791	4905	13414	6173	4908	4546	3960	3960
重 庆 Chongqing	13446	15315	43850	21820	15324	14778	13748	13748
四 川 Sichuan	8669	11573	31384	16150	11606	10456	9322	9322
贵 州 Guizhou	10575	13586	37886	19435	13586	12908	11392	11392
云 南 Yunnan	12569	22172	50961	26372	22172	15749	13040	13040
西 藏 Tibet	7317	10524	28084	15032	10552	8841	8691	8691
陕 西 Shaanxi	7571	8110	22224	10613	8110	7048	7066	7066
甘 肃 Gansu	4870	5100	15481	7688	5100	5293	5088	5088
青 海 Qinghai	1093	3002	6403	3134	3018	2051	1334	1334
宁 夏 Ningxia	877	1310	3453	1705	1311	1208	934	934
新 疆 Xinjiang	15086	11908	35983	21393	11914	12657	11412	11412

普通高中女学生数
Number of Female Students in Rugular Senior Secondary Schools

单位：人
unit：person

地 区 Region	毕业生数 Graduates	招生数 Entrants	在校生数 Enrolment				预计毕业生数 Estimated Graduates for Next Year
			合计 Total	一年级 Grade 1	二年级 Grade 2	三年级 Grade 3	
总 计 Total	**4020784**	**4392024**	**12575092**	**4393512**	**4226607**	**3954973**	**3954973**
北 京 Beijing	27042	30730	80934	30912	26500	23522	23522
天 津 Tianjin	28409	31828	86073	31835	27890	26348	26348
河 北 Hebei	241207	289342	786434	289342	264742	232350	232350
山 西 Shanxi	118883	112580	337181	112597	117519	107065	107065
内蒙古 Inner Mongolia	74665	73375	209714	73378	67994	68342	68342
辽 宁 Liaoning	110236	105533	306919	105545	106426	94948	94948
吉 林 Jilin	73153	77446	220347	77448	77025	65874	65874
黑龙江 Heilongjiang	98959	99405	286766	99405	98959	88402	88402
上 海 Shanghai	27249	29878	84357	30077	27699	26581	26581
江 苏 Jiangsu	151959	198693	552362	198814	185521	168027	168027
浙 江 Zhejiang	130322	140089	404751	140100	136606	128045	128045
安 徽 Anhui	168024	181691	528816	181702	178490	168624	168624
福 建 Fujian	100775	115309	332611	115347	111274	105990	105990
江 西 Jiangxi	149325	175194	498709	175314	169763	153632	153632
山 东 Shandong	279240	318994	894802	319005	300162	275635	275635
河 南 Henan	354418	390656	1127538	390656	377676	359206	359206
湖 北 Hubei	131129	149916	428360	149948	145130	133282	133282
湖 南 Hunan	189187	219319	622089	219329	209409	193351	193351
广 东 Guangdong	295349	331570	936682	331641	314730	290311	290311
广 西 Guangxi	182999	214055	610269	214106	204890	191273	191273
海 南 Hainan	27839	31789	89498	31798	29744	27956	27956
重 庆 Chongqing	107075	109891	316483	109978	105268	101237	101237
四 川 Sichuan	235257	244677	726030	244798	247229	234003	234003
贵 州 Guizhou	179555	168898	503385	168904	163190	171291	171291
云 南 Yunnan	161331	195382	536375	195462	178608	162305	162305
西 藏 Tibet	11188	14231	40548	14247	13027	13274	13274
陕 西 Shaanxi	120064	105831	327161	105922	106810	114429	114429
甘 肃 Gansu	90754	86763	259915	86763	86845	86307	86307
青 海 Qinghai	22223	23580	68262	23659	22420	22183	22183
宁 夏 Ningxia	26614	30891	87220	30908	28773	27539	27539
新 疆 Xinjiang	106354	94488	284501	94572	96288	93641	93641

普通中学教职工数(总计)
Number of Educational Personnel in General Secondary Schools (Total)

单位:人
unit: person

地区 Region	教职工数 Educational Personnel						代课教师 Substitute Teachers	兼任教师 Part-time Teachers
	合计 Total	专任教师 Full-time Teachers	行政人员 Adm. Personnel	教辅人员 Supporting Staff	工勤人员 Workers	校办企业职工 Employees in School-run Factories & Farms		
总 计 Total	**7451778**	**6636043**	**192025**	**277270**	**344400**	**2040**	**63167**	**17882**
北 京 Beijing	92920	73715	7259	8980	2953	13	0	1296
天 津 Tianjin	57262	49577	3489	3266	926	4	161	447
河 北 Hebei	416410	368039	13018	16490	18704	159	2580	670
山 西 Shanxi	227354	192452	6510	12821	15494	77	4857	900
内蒙古 Inner Mongolia	137043	109531	6475	14213	6796	28	581	514
辽 宁 Liaoning	204230	177143	17608	6350	3114	15	78	217
吉 林 Jilin	139899	116828	7384	12504	3133	50	291	117
黑龙江 Heilongjiang	175406	148704	8061	12089	6530	22	3425	342
上 海 Shanghai	93519	77613	5009	6795	4101	1	334	150
江 苏 Jiangsu	404454	364809	6460	15403	17539	243	3984	492
浙 江 Zhejiang	267861	240072	5785	9540	12413	51	0	244
安 徽 Anhui	322028	287327	7519	7799	19379	4	3975	499
福 建 Fujian	192807	172819	5003	7438	7511	36	2966	117
江 西 Jiangxi	255777	243288	2033	4178	6251	27	601	1219
山 东 Shandong	558935	517699	8605	18706	13910	15	2896	405
河 南 Henan	613104	551317	14822	13232	33683	50	11269	3310
湖 北 Hubei	263534	229439	7525	10634	15718	218	5038	1017
湖 南 Hunan	356161	327802	7017	9345	11994	3	4572	438
广 东 Guangdong	661340	571290	14996	25777	48707	570	384	401
广 西 Guangxi	262286	234665	3517	8210	15886	8	128	1347
海 南 Hainan	60346	51487	1579	1493	5609	178	1164	147
重 庆 Chongqing	143330	131654	2987	3914	4701	74	1593	255
四 川 Sichuan	431477	393493	7679	9835	20456	14	4673	1460
贵 州 Guizhou	237403	213104	4792	3520	15953	34	104	334
云 南 Yunnan	241931	223997	2629	3832	11400	73	13	688
西 藏 Tibet	19345	18802	146	180	217	0	6	0
陕 西 Shaanxi	204272	177710	8902	9728	7922	10	1304	74
甘 肃 Gansu	153314	144645	2030	3920	2717	2	1002	514
青 海 Qinghai	35420	32344	257	294	2522	3	528	51
宁 夏 Ningxia	36355	34496	358	824	677	0	1176	50
新 疆 Xinjiang	186255	160182	2571	15960	7484	58	3484	167

普通中学教职工数(城区)
Number of Educational Personnel in General Secondary Schools (Urban Area)

单位:人
unit:person

地 区 Region	教职工数 Educational Personnel						代课教师 Substitute Teachers	兼任教师 Part-time Teachers
	合计 Total	专任教师 Full-time Teachers	行政人员 Adm. Personnel	教辅人员 Supporting Staff	工勤人员 Workers	校办企业职工 Employees in School-run Factories & Farms		
总 计 Total	**3236645**	**2840482**	**99942**	**137153**	**157848**	**1220**	**27736**	**8379**
北 京 Beijing	79884	64241	6001	7137	2492	13	0	1250
天 津 Tianjin	44309	37908	2782	2857	758	4	155	408
河 北 Hebei	146063	128596	4678	6330	6359	100	984	366
山 西 Shanxi	95871	80071	3511	4857	7368	64	1858	311
内蒙古 Inner Mongolia	56982	47225	3579	4444	1721	13	286	414
辽 宁 Liaoning	116653	101432	9953	3441	1821	6	34	208
吉 林 Jilin	63508	53582	3033	5138	1713	42	118	37
黑龙江 Heilongjiang	80818	69842	3756	4957	2255	8	712	240
上 海 Shanghai	80185	66966	4297	5881	3040	1	300	62
江 苏 Jiangsu	205971	185509	3723	8369	8282	88	1246	181
浙 江 Zhejiang	160136	142012	3751	6145	8182	46	0	169
安 徽 Anhui	92396	83130	2242	2291	4729	4	2092	223
福 建 Fujian	80356	71830	2394	2982	3150	0	1755	32
江 西 Jiangxi	90393	85519	1142	1363	2353	16	254	636
山 东 Shandong	267465	246572	4620	9972	6286	15	1543	129
河 南 Henan	186790	165603	6274	4341	10522	50	4432	1787
湖 北 Hubei	130366	112517	4172	5584	8030	63	2846	267
湖 南 Hunan	111807	100628	2630	4092	4454	3	1675	151
广 东 Guangdong	435055	367903	8645	20777	37340	390	246	360
广 西 Guangxi	93403	81577	1899	3897	6028	2	108	393
海 南 Hainan	28133	23596	855	654	2867	161	709	50
重 庆 Chongqing	72070	65538	1796	2718	2011	7	1159	135
四 川 Sichuan	156590	136451	3608	6030	10487	14	1569	187
贵 州 Guizhou	72282	63506	1984	1595	5168	29	32	13
云 南 Yunnan	69438	62942	1413	1547	3474	62	8	298
西 藏 Tibet	7371	7032	88	108	143	0	5	0
陕 西 Shaanxi	84846	73394	4972	3459	3021	0	363	12
甘 肃 Gansu	41088	38428	853	903	904	0	212	23
青 海 Qinghai	10433	9844	111	114	362	2	212	12
宁 夏 Ningxia	16474	15502	224	364	384	0	695	16
新 疆 Xinjiang	59509	51586	956	4806	2144	17	2128	9

普通中学教职工数(镇区)
Number of Educational Personnel in General Secondary Schools (Counties & Towns Area)

单位:人
unit:person

地区 Region	教职工数 Educational Personnel						代课教师 Substitute Teachers	兼任教师 Part-time Teachers
	合计 Total	专任教师 Full-time Teachers	行政人员 Adm. Personnel	教辅人员 Supporting Staff	工勤人员 Workers	校办企业职工 Employees in School-run Factories & Farms		
总　计 Total	**3350662**	**3021049**	**69634**	**112487**	**146864**	**628**	**26945**	**7412**
北　京 Beijing	6804	4897	644	1015	248	0	0	44
天　津 Tianjin	9403	8458	472	344	129	0	6	23
河　北 Hebei	218465	192915	6424	8875	10192	59	1222	285
山　西 Shanxi	99746	86748	2176	5445	5369	8	2406	513
内蒙古 Inner Mongolia	71194	55652	2450	8737	4343	12	267	87
辽　宁 Liaoning	68176	58868	5773	2417	1109	9	30	9
吉　林 Jilin	52166	43777	2650	4727	1004	8	144	65
黑龙江 Heilongjiang	72368	61071	3243	4540	3500	14	1475	72
上　海 Shanghai	10292	8376	542	630	744	0	26	44
江　苏 Jiangsu	183086	165387	2479	6522	8546	152	2526	309
浙　江 Zhejiang	86458	79106	1491	2712	3149	0	0	58
安　徽 Anhui	178475	158109	4120	4437	11809	0	1481	202
福　建 Fujian	87261	78783	1916	3534	3010	18	797	73
江　西 Jiangxi	129302	123531	629	2222	2911	9	248	453
山　东 Shandong	253096	235293	3438	7877	6488	0	1252	266
河　南 Henan	333470	300682	6667	7595	18526	0	5594	1271
湖　北 Hubei	106062	93248	2508	4271	5880	155	1630	668
湖　南 Hunan	188249	174131	3259	4644	6215	0	2039	129
广　东 Guangdong	174414	158721	4668	3660	7259	106	130	34
广　西 Guangxi	146412	132911	1397	3790	8310	4	12	849
海　南 Hainan	23517	20574	446	555	1931	11	295	30
重　庆 Chongqing	58425	54274	933	1006	2166	46	296	19
四　川 Sichuan	214768	201407	2786	3129	7446	0	2010	841
贵　州 Guizhou	139348	126261	2235	1689	9158	5	68	249
云　南 Yunnan	122257	113771	805	1941	5740	0	5	241
西　藏 Tibet	6830	6761	9	17	43	0	1	0
陕　西 Shaanxi	103483	90781	3131	5326	4235	10	769	56
甘　肃 Gansu	88174	83100	966	2634	1472	2	668	327
青　海 Qinghai	18853	16942	116	156	1639	0	258	24
宁　夏 Ningxia	15253	14538	89	398	228	0	456	31
新　疆 Xinjiang	84855	71976	1172	7642	4065	0	834	140

普通中学教职工数(乡村)
Number of Educational Personnel in General Secondary Schools(Rural Area)

单位:人
unit:person

地区 Region	教职工数 Educational Personnel						代课教师 Substitute Teachers	兼任教师 Part-time Teachers
	合计 Total	专任教师 Full-time Teachers	行政人员 Adm. Personnel	教辅人员 Supporting Staff	工勤人员 Workers	校办企业职工 Employees in School-run Factories & Farms		
总　计 Total	**864471**	**774512**	**22449**	**27630**	**39688**	**192**	**8486**	**2091**
北　京 Beijing	6232	4577	614	828	213	0	0	2
天　津 Tianjin	3550	3211	235	65	39	0	0	16
河　北 Hebei	51882	46528	1916	1285	2153	0	374	19
山　西 Shanxi	31737	25633	823	2519	2757	5	593	76
内蒙古 Inner Mongolia	8867	6654	446	1032	732	3	28	13
辽　宁 Liaoning	19401	16843	1882	492	184	0	14	0
吉　林 Jilin	24225	19469	1701	2639	416	0	29	15
黑龙江 Heilongjiang	22220	17791	1062	2592	775	0	1238	30
上　海 Shanghai	3042	2271	170	284	317	0	8	44
江　苏 Jiangsu	15397	13913	258	512	711	3	212	2
浙　江 Zhejiang	21267	18954	543	683	1082	5	0	17
安　徽 Anhui	51157	46088	1157	1071	2841	0	402	74
福　建 Fujian	25190	22206	693	922	1351	18	414	12
江　西 Jiangxi	36082	34238	262	593	987	2	99	130
山　东 Shandong	38374	35834	547	857	1136	0	101	10
河　南 Henan	92844	85032	1881	1296	4635	0	1243	252
湖　北 Hubei	27106	23674	845	779	1808	0	562	82
湖　南 Hunan	56105	53043	1128	609	1325	0	858	158
广　东 Guangdong	51871	44666	1683	1340	4108	74	8	7
广　西 Guangxi	22471	20177	221	523	1548	2	8	105
海　南 Hainan	8696	7317	278	284	811	6	160	67
重　庆 Chongqing	12835	11842	258	190	524	21	138	101
四　川 Sichuan	60119	55635	1285	676	2523	0	1094	432
贵　州 Guizhou	25773	23337	573	236	1627	0	4	72
云　南 Yunnan	50236	47284	411	344	2186	11	0	149
西　藏 Tibet	5144	5009	49	55	31	0	0	0
陕　西 Shaanxi	15943	13535	799	943	666	0	172	6
甘　肃 Gansu	24052	23117	211	383	341	0	122	164
青　海 Qinghai	6134	5558	30	24	521	1	58	15
宁　夏 Ningxia	4628	4456	45	62	65	0	25	3
新　疆 Xinjiang	41891	36620	443	3512	1275	41	522	18

普通中学女教职工数
Number of Female Educational Personnel in General Secondary Schools

单位：人
unit：person

地区 Region	教职工数 Educational Personnel						代课教师 Substitute Teachers	兼任教师 Part-time Teachers
	合计 Total	专任教师 Full-time Teachers	行政人员 Adm. Personnel	教辅人员 Supporting Staff	工勤人员 Workers	校办企业职工 Employees in School-run Factories & Farms		
总　计 Total	**4368947**	**3977306**	**61436**	**152785**	**176367**	**1053**	**43604**	**10485**
北　京 Beijing	68058	56663	4152	6240	996	7	0	1016
天　津 Tianjin	39914	36173	1491	1996	253	1	117	342
河　北 Hebei	287094	264975	3793	9108	9160	58	1953	324
山　西 Shanxi	151548	133571	2335	7047	8564	31	3541	540
内蒙古 Inner Mongolia	86336	75153	2080	7073	2018	12	355	287
辽　宁 Liaoning	137443	126022	6604	4204	608	5	65	163
吉　林 Jilin	91532	81886	2208	6202	1226	10	195	66
黑龙江 Heilongjiang	109577	98855	2522	6006	2186	8	2538	246
上　海 Shanghai	66916	57279	2804	4835	1998	0	231	77
江　苏 Jiangsu	225383	207945	1764	7313	8270	91	2408	212
浙　江 Zhejiang	162334	147468	1999	5741	7111	15	0	121
安　徽 Anhui	152358	136040	1856	3712	10748	2	1911	213
福　建 Fujian	99602	90518	1558	4009	3498	19	2122	49
江　西 Jiangxi	136134	129788	782	2347	3202	15	453	711
山　东 Shandong	326813	309680	2381	8504	6239	9	1837	251
河　南 Henan	394610	364130	4615	6906	18919	40	8614	1985
湖　北 Hubei	130439	114724	1914	4599	9073	129	3435	554
湖　南 Hunan	199687	186826	1519	5273	6067	2	3314	210
广　东 Guangdong	401260	353675	3512	17102	26648	323	241	253
广　西 Guangxi	153549	138248	1284	4905	9108	4	109	857
海　南 Hainan	34290	29585	653	921	3026	105	875	92
重　庆 Chongqing	75089	70260	925	2066	1794	44	1184	144
四　川 Sichuan	232685	213482	2199	6175	10825	4	3445	689
贵　州 Guizhou	116269	102810	1241	1993	10205	20	80	205
云　南 Yunnan	131414	122643	897	2118	5709	47	6	423
西　藏 Tibet	10387	10137	49	112	89	0	3	0
陕　西 Shaanxi	119404	108279	2957	4916	3247	5	634	21
甘　肃 Gansu	69049	66408	270	1622	747	2	298	292
青　海 Qinghai	20305	18445	81	148	1631	0	301	24
宁　夏 Ningxia	20615	19864	107	393	251	0	799	40
新　疆 Xinjiang	118853	105774	884	9199	2951	45	2540	78

普通中学教职工总数中民办教职工数
Number of Educational Personnel in Non-Government General Secondary Schools

单位:人
unit:person

地区 Region	教职工数 Educational Personnel						代课教师 Substitute Teachers	兼任教师 Part-time Teachers
	合计 Total	专任教师 Full-time Teachers	行政人员 Adm. Personnel	教辅人员 Supporting Staff	工勤人员 Workers	校办企业职工 Employees in School-run Factories & Farms		
总计 Total	**1359796**	**1032290**	**59837**	**64580**	**201848**	**1241**	**540**	**8201**
北京 Beijing	14102	8681	2153	1587	1674	7	0	17
天津 Tianjin	5014	3915	463	368	268	0	8	366
河北 Hebei	106005	85049	4441	3824	12670	21	0	408
山西 Shanxi	58801	41310	2999	2720	11744	28	0	736
内蒙古 Inner Mongolia	8713	6369	760	312	1247	25	0	94
辽宁 Liaoning	15023	12575	1217	698	522	11	0	194
吉林 Jilin	14448	11287	872	832	1447	10	0	15
黑龙江 Heilongjiang	9843	7306	564	459	1507	7	0	31
上海 Shanghai	15909	11863	1103	1702	1241	0	0	98
江苏 Jiangsu	71622	57121	2418	3277	8727	79	0	108
浙江 Zhejiang	75348	58635	2883	3912	9880	38	0	155
安徽 Anhui	81087	59205	3825	3050	15003	4	0	267
福建 Fujian	30574	22618	1818	1562	4542	34	1	21
江西 Jiangxi	32879	25899	1239	2272	3443	26	21	990
山东 Shandong	98582	82974	3386	3483	8730	9	71	310
河南 Henan	166482	126890	7377	4801	27364	50	219	2540
湖北 Hubei	47367	33242	2221	2164	9625	115	207	400
湖南 Hunan	59918	47289	2219	3210	7200	0	0	120
广东 Guangdong	214447	159885	5577	12139	36297	549	5	38
广西 Guangxi	27275	19372	1331	1382	5186	4	0	435
海南 Hainan	14428	9395	968	530	3385	150	0	51
重庆 Chongqing	16321	11974	897	1460	1986	4	8	102
四川 Sichuan	70391	49668	3121	4670	12918	14	0	180
贵州 Guizhou	39236	28635	2155	1346	7066	34	0	61
云南 Yunnan	27992	22817	1223	835	3105	12	0	401
西藏 Tibet	0	0	0	0	0	0	0	0
陕西 Shaanxi	26767	19810	2024	1351	3572	10	0	9
甘肃 Gansu	5262	4125	275	344	518	0	0	38
青海 Qinghai	698	493	45	15	145	0	0	8
宁夏 Ningxia	2160	1666	135	125	234	0	0	1
新疆 Xinjiang	3102	2222	128	150	602	0	0	7

普通高中专任教师学历、

Number of Full-time Teachers in Regular Senior Secondary

地　区 Region	合计 Total	其中:女 of Which: Female	按学历分 By Academic Qualification			
			研究生毕业 Graduate	本科毕业 Under-graduate	专科毕业 Associate Bachelor	高中阶段毕业 High School Graduate
总　计 Total	**1933228**	**1075617**	**221734**	**1688101**	**23101**	**285**
北　京 Beijing	21013	15085	7281	13693	38	1
天　津 Tianjin	16798	12104	3230	13519	47	2
河　北 Hebei	115108	77926	11651	102410	1042	5
山　西 Shanxi	64331	41323	7411	56139	775	6
内蒙古 Inner Mongolia	37519	24101	6288	30831	400	0
辽　宁 Liaoning	52434	36558	6425	45484	503	20
吉　林 Jilin	32661	22038	3907	28552	202	0
黑龙江 Heilongjiang	43065	28462	4113	38567	374	11
上　海 Shanghai	19042	12764	5340	13698	4	0
江　苏 Jiangsu	105467	54340	21599	83689	178	1
浙　江 Zhejiang	73662	40310	10260	63217	185	0
安　徽 Anhui	82054	35062	6802	74333	912	7
福　建 Fujian	52750	26942	4909	47060	776	5
江　西 Jiangxi	65211	31043	6566	55811	2806	28
山　东 Shandong	148952	83203	19448	128090	1387	26
河　南 Henan	148095	86611	17010	128529	2543	13
湖　北 Hubei	68470	29651	6894	60639	921	16
湖　南 Hunan	89921	42968	6933	81388	1559	41
广　东 Guangdong	151802	85081	22256	128428	1110	8
广　西 Guangxi	71043	42687	4588	65152	1295	6
海　南 Hainan	14306	8280	1089	12989	226	2
重　庆 Chongqing	40836	21048	4382	35992	454	8
四　川 Sichuan	102957	50495	8496	93695	765	1
贵　州 Guizhou	69086	33435	4068	63905	1079	33
云　南 Yunnan	72991	40739	3839	68387	746	19
西　藏 Tibet	6080	3305	406	5597	77	0
陕　西 Shaanxi	57224	31736	7901	48988	332	3
甘　肃 Gansu	45994	19855	4502	40187	1296	9
青　海 Qinghai	10386	5696	744	9448	187	6
宁　夏 Ningxia	11615	6491	1224	10278	112	1
新　疆 Xinjiang	42355	26278	2172	39406	770	7

专业技术职务情况(总计)

Schools by Academic Qualification and Professional Rank(Total)

单位:人
unit: person

高中阶段毕业以下 Below High School Graduate	按专业技术职务分 By Professional Rank					
	正高级 Senior	副高级 Sub-Senior	中级 Middle	助理级 Associate	员级 Junior	未定职级 No-ranking
7	**5670**	**525902**	**695555**	**458681**	**20542**	**226878**
0	130	8282	6386	4364	79	1772
0	53	6570	6888	2428	84	775
0	251	24624	44068	23414	3024	19727
0	167	13259	22020	19532	441	8912
0	113	10848	14184	7979	266	4129
2	68	23168	18390	6173	159	4476
0	139	10587	12753	6026	164	2992
0	94	13165	18188	8929	306	2383
0	100	5579	8084	4040	48	1191
0	513	39522	38686	16657	192	9897
0	229	25044	25565	16110	232	6482
0	195	24998	28017	15675	1172	11997
0	150	16225	19746	12373	278	3978
0	116	20425	19202	13179	724	11565
1	359	30665	55159	42955	919	18895
0	69	30521	47442	46559	1975	21529
0	230	22054	28763	11758	939	4726
0	306	24972	31370	18980	2098	12195
0	398	37070	63735	35205	1518	13876
2	111	13771	24449	19253	1365	12094
0	47	3759	4911	3768	143	1678
0	208	10864	15075	12084	141	2464
0	346	32605	38896	23451	646	7013
1	297	15205	22781	20830	1168	8805
0	326	20902	20687	14730	331	16015
0	13	914	2224	2336	240	353
0	164	14567	21198	16214	346	4735
0	266	11481	19064	12543	75	2565
1	28	2652	3021	3103	324	1258
0	44	3334	4210	3112	106	809
0	140	8270	10393	14921	1039	7592

普通高中专任教师学历、

Number of Full-time Teachers in Regular Senior Secondary Schools by

地　区 Region	合计 Total	其中：女 of Which: Female	按学历分 By Academic Qualification			
			研究生毕业 Graduate	本科毕业 Undergraduate	专科毕业 Associate Bachelor	高中阶段毕业 High School Graduate
总　计 Total	**998909**	**585034**	**149920**	**840736**	**8142**	**106**
北　京 Beijing	19893	14335	6791	13063	38	1
天　津 Tianjin	13984	10241	3004	10943	36	1
河　北 Hebei	50505	35178	6168	44028	308	1
山　西 Shanxi	31411	20839	4055	27067	285	4
内蒙古 Inner Mongolia	19693	12878	3909	15638	146	0
辽　宁 Liaoning	38304	27204	5247	32764	278	14
吉　林 Jilin	21265	14509	2725	18394	146	0
黑龙江 Heilongjiang	25441	17164	2875	22356	210	0
上　海 Shanghai	17045	11512	5010	12032	3	0
江　苏 Jiangsu	61175	33278	14695	46386	93	1
浙　江 Zhejiang	44532	24842	7249	37174	109	0
安　徽 Anhui	30441	14286	3325	26818	296	2
福　建 Fujian	24720	14506	3439	21128	152	1
江　西 Jiangxi	29021	14737	4090	23942	985	4
山　东 Shandong	85822	49834	12397	72807	597	20
河　南 Henan	57884	34586	8638	48630	610	6
湖　北 Hubei	43466	20124	5467	37632	362	5
湖　南 Hunan	34899	17432	3958	30356	577	8
广　东 Guangdong	106295	61020	18545	87125	625	0
广　西 Guangxi	33692	20864	3364	29925	400	2
海　南 Hainan	8368	5045	649	7608	110	1
重　庆 Chongqing	24937	13144	3587	21161	185	4
四　川 Sichuan	48360	24487	5720	42299	340	1
贵　州 Guizhou	26079	13851	2561	23153	342	22
云　南 Yunnan	27931	16279	2502	25265	161	3
西　藏 Tibet	3332	1779	289	3017	26	0
陕　西 Shaanxi	26560	15835	4729	21696	134	1
甘　肃 Gansu	14595	7170	2136	12188	270	1
青　海 Qinghai	3923	2261	376	3476	68	2
宁　夏 Ningxia	7010	4029	894	6066	50	0
新　疆 Xinjiang	18326	11785	1526	16599	200	1

专业技术职务情况(城区)
Academic Qualification and Professional Rank(Urban Area)

单位:人
unit: person

	按专业技术职务分 By Professional Rank					
高中阶段毕业以下 Below High School Graduate	正高级 Senior	副高级 Sub-Senior	中级 Middle	助理级 Associate	员级 Junior	未定职级 No-ranking
5	**4014**	**295613**	**370169**	**213717**	**8843**	**106553**
0	127	8043	6084	4039	79	1521
0	52	5650	5690	1888	69	635
0	142	11691	20798	9121	1641	7112
0	112	6834	10989	8453	214	4809
0	83	6238	7021	3709	189	2453
1	56	17253	13274	4329	80	3312
0	103	6917	8401	4014	55	1775
0	72	8325	10958	4411	240	1435
0	97	5054	7228	3569	42	1055
0	408	24313	22348	8588	66	5452
0	182	15553	15573	9239	160	3825
0	118	9573	10619	5762	423	3946
0	111	7533	8830	5839	109	2298
0	68	10004	8853	5703	290	4103
1	257	18669	33048	23787	229	9832
0	40	13420	19792	16502	747	7383
0	172	15420	17216	7117	460	3081
0	183	10089	12689	6522	694	4722
0	343	27859	44164	22218	1050	10661
1	74	6653	12012	8824	434	5695
0	37	2327	2835	2052	95	1022
0	156	7030	9514	6690	107	1440
0	233	16201	18824	9830	249	3023
1	194	6152	8734	6909	359	3731
0	226	8494	8105	5258	158	5690
0	11	683	1321	1016	107	194
0	106	7095	9640	7081	149	2489
0	105	4193	6252	3066	26	953
1	14	1048	1046	1170	120	525
0	36	2233	2566	1572	91	512
0	96	5066	5745	5439	111	1869

普通高中专任教师学历、

Number of Full-time Teachers in Regular Senior Secondary Schools by

地 区 Region	合计 Total	其中:女 of Which: Female	按学历分 By Academic Qualification			
			研究生毕业 Graduate	本科毕业 Under-graduate	专科毕业 Associate Bachelor	高中阶段毕业 High School Graduate
总 计 Total	**864626**	**452458**	**64387**	**786246**	**13833**	**158**
北 京 Beijing	400	276	262	138	0	0
天 津 Tianjin	2471	1630	212	2248	10	1
河 北 Hebei	59845	39605	4888	54306	647	4
山 西 Shanxi	29445	18408	2811	26219	413	2
内蒙古 Inner Mongolia	17298	10881	2323	14739	236	0
辽 宁 Liaoning	12880	8513	1070	11607	196	6
吉 林 Jilin	10536	7047	1033	9454	49	0
黑龙江 Heilongjiang	16785	10775	1196	15423	155	11
上 海 Shanghai	1584	983	279	1305	0	0
江 苏 Jiangsu	43393	20589	6714	36594	85	0
浙 江 Zhejiang	25824	13728	2504	23262	58	0
安 徽 Anhui	49026	19806	3324	45113	585	4
福 建 Fujian	25878	11559	1339	24038	497	4
江 西 Jiangxi	35039	15815	2438	30836	1742	23
山 东 Shandong	60173	31621	6604	52800	763	6
河 南 Henan	84191	48170	7147	75161	1876	7
湖 北 Hubei	23108	8803	1284	21334	481	9
湖 南 Hunan	50343	23236	2671	46760	886	26
广 东 Guangdong	37333	19808	2702	34252	376	3
广 西 Guangxi	36495	21346	1121	34489	880	4
海 南 Hainan	4853	2592	310	4431	111	1
重 庆 Chongqing	13461	6657	663	12581	215	2
四 川 Sichuan	52293	24804	2633	49244	416	0
贵 州 Guizhou	40421	18173	1262	38439	709	11
云 南 Yunnan	41122	22212	1190	39348	568	16
西 藏 Tibet	469	240	19	448	2	0
陕 西 Shaanxi	28442	14843	2907	25348	185	2
甘 肃 Gansu	30171	12153	2296	26863	1004	8
青 海 Qinghai	6104	3260	344	5645	112	3
宁 夏 Ningxia	4362	2334	315	3984	62	1
新 疆 Xinjiang	20881	12591	526	19837	514	4

专业技术职务情况(镇区)
Academic Qualification and Professional Rank(Counties & Towns Area)

单位:人
unit: person

	按专业技术职务分 By Professional Rank					
高中阶段毕业以下 Below High School Graduate	正高级 Senior	副高级 Sub-Senior	中级 Middle	助理级 Associate	员级 Junior	未定职级 No-ranking
2	**1477**	**217085**	**304614**	**227551**	**10446**	**103453**
0	0	25	64	151	0	160
0	1	806	1047	489	15	113
0	101	12367	21962	13497	1097	10821
0	42	6037	10259	10116	178	2813
0	26	4532	7024	4205	74	1437
1	9	5470	4792	1709	62	838
0	36	3478	4060	1920	71	971
0	22	4599	6923	4324	66	851
0	3	397	701	400	5	78
0	95	14824	16046	7959	121	4348
0	38	8664	8979	5993	65	2085
0	72	14852	16564	9459	643	7436
0	36	8197	10107	5971	152	1415
0	45	10180	10155	7301	406	6952
0	98	11761	21472	18660	685	7497
0	28	16402	26418	28167	1035	12141
0	51	6174	10781	4206	450	1446
0	109	13788	17109	11515	1342	6480
0	36	7373	16228	10983	367	2346
1	33	6958	12193	10322	923	6066
0	7	1167	1755	1424	27	473
0	44	3310	4593	4575	32	907
0	109	15686	19265	13049	391	3793
0	84	8628	13386	13020	807	4496
0	82	11894	11869	8515	60	8702
0	1	41	130	248	19	30
0	53	6936	10746	8525	172	2010
0	155	7081	12345	9131	49	1410
0	12	1540	1891	1891	198	572
0	7	1001	1554	1502	15	283
0	42	2917	4196	8324	919	4483

普通高中专任教师学历、

Number of Full-time Teachers in Regular Senior Secondary Schools by

地 区 Region	合计 Total	其中:女 of Which: Female	按学历分 By Academic Qualification			
			研究生毕业 Graduate	本科毕业 Under-graduate	专科毕业 Associate Bachelor	高中阶段毕业 High School Graduate
总 计 Total	**69693**	**38125**	**7427**	**61119**	**1126**	**21**
北 京 Beijing	720	474	228	492	0	0
天 津 Tianjin	343	233	14	328	1	0
河 北 Hebei	4758	3143	595	4076	87	0
山 西 Shanxi	3475	2076	545	2853	77	0
内蒙古 Inner Mongolia	528	342	56	454	18	0
辽 宁 Liaoning	1250	841	108	1113	29	0
吉 林 Jilin	860	482	149	704	7	0
黑龙江 Heilongjiang	839	523	42	788	9	0
上 海 Shanghai	413	269	51	361	1	0
江 苏 Jiangsu	899	473	190	709	0	0
浙 江 Zhejiang	3306	1740	507	2781	18	0
安 徽 Anhui	2587	970	153	2402	31	1
福 建 Fujian	2152	877	131	1894	127	0
江 西 Jiangxi	1151	491	38	1033	79	1
山 东 Shandong	2957	1748	447	2483	27	0
河 南 Henan	6020	3855	1225	4738	57	0
湖 北 Hubei	1896	724	143	1673	78	2
湖 南 Hunan	4679	2300	304	4272	96	7
广 东 Guangdong	8174	4253	1009	7051	109	5
广 西 Guangxi	856	477	103	738	15	0
海 南 Hainan	1085	643	130	950	5	0
重 庆 Chongqing	2438	1247	132	2250	54	2
四 川 Sichuan	2304	1204	143	2152	9	0
贵 州 Guizhou	2586	1411	245	2313	28	0
云 南 Yunnan	3938	2248	147	3774	17	0
西 藏 Tibet	2279	1286	98	2132	49	0
陕 西 Shaanxi	2222	1058	265	1944	13	0
甘 肃 Gansu	1228	532	70	1136	22	0
青 海 Qinghai	359	175	24	327	7	1
宁 夏 Ningxia	243	128	15	228	0	0
新 疆 Xinjiang	3148	1902	120	2970	56	2

专业技术职务情况(乡村)
Academic Qualification and Professional Rank(Rural Area)

单位:人
unit: person

	按专业技术职务分 By Professional Rank					
高中阶段毕业以下 Below High School Graduate	正高级 Senior	副高级 Sub-Senior	中级 Middle	助理级 Associate	员级 Junior	未定职级 No-ranking
0	**179**	**13204**	**20772**	**17413**	**1253**	**16872**
0	3	214	238	174	0	91
0	0	114	151	51	0	27
0	8	566	1308	796	286	1794
0	13	388	772	963	49	1290
0	4	78	139	65	3	239
0	3	445	324	135	17	326
0	0	192	292	92	38	246
0	0	241	307	194	0	97
0	0	128	155	71	1	58
0	10	385	292	110	5	97
0	9	827	1013	878	7	572
0	5	573	834	454	106	615
0	3	495	809	563	17	265
0	3	241	194	175	28	510
0	4	235	639	508	5	1566
0	1	699	1232	1890	193	2005
0	7	460	766	435	29	199
0	14	1095	1572	943	62	993
0	19	1838	3343	2004	101	869
0	4	160	244	107	8	333
0	3	265	321	292	21	183
0	8	524	968	819	2	117
0	4	718	807	572	6	197
0	19	425	661	901	2	578
0	18	514	713	957	113	1623
0	1	190	773	1072	114	129
0	5	536	812	608	25	236
0	6	207	467	346	0	202
0	2	64	84	42	6	161
0	1	100	90	38	0	14
0	2	287	452	1158	9	1240

普通高中办学
Condition of School Buildings in

地 区 Region	校舍建筑面积 Floor Space	教学及辅助用房 Buildings for Instruction and Ancillary Uses							行政办公用房 Administrative	
		合计 Total	其中：of Which：						合计 Total	其中：教师办公室 of Which：for Teachers
			教室 Classroom	实验室 Laboratory	图书室 Library	微机室 PC-room	语音室 Linguistic	体育馆 Gymnasium		
总 计 Total	**600501072.53**	**219510289.64**	**129246438.26**	**36852844.68**	**19394579.45**	**8646731.40**	**3260182.73**	**22109513.12**	**46225046.71**	**26324975.23**
北 京 Beijing	11517362.51	4058594.23	2222543.69	638667.04	320434.36	142718.78	30499.79	703730.57	1112003.04	541086.57
天 津 Tianjin	5300879.57	1991924.96	1074236.92	350919.89	177379.84	76974.55	24606.06	287807.70	618590.84	370693.17
河 北 Hebei	30584368.15	10920632.00	6533658.22	2050262.10	1054536.93	458271.97	164233.01	659669.77	2263699.92	1402651.06
山 西 Shanxi	19268733.58	6594850.43	3997441.68	1160096.30	663082.77	258756.69	95654.12	419818.87	1612531.52	976372.00
内蒙古 Inner Mongolia	10778395.75	4339338.22	2508155.07	672291.58	341855.93	154763.66	67064.75	595207.23	941488.21	608325.91
辽 宁 Liaoning	11675850.65	4046106.36	2150923.56	560836.62	405074.83	152693.25	64091.32	712486.78	1075965.22	587637.37
吉 林 Jilin	6658074.92	2290110.26	1373712.69	297703.39	155522.84	92386.01	37433.83	333351.50	663154.81	395164.68
黑龙江 Heilongjiang	9015852.35	3429181.31	1927321.83	526201.90	251360.50	143168.20	59538.69	521590.19	878961.14	534816.18
上 海 Shanghai	7779543.15	3491483.57	1603418.19	737667.35	305837.92	130502.70	47737.31	666320.10	818973.49	348313.91
江 苏 Jiangsu	32282320.23	13460145.19	6495835.12	2641338.00	1565878.64	739750.35	237159.81	1780183.27	2951336.32	1619280.57
浙 江 Zhejiang	28650483.11	10832353.72	5405700.88	1955144.40	1177101.88	351531.52	125928.37	1816946.67	2137872.63	1191493.95
安 徽 Anhui	28563347.18	10495386.50	6564990.23	1714479.18	902244.99	423739.73	141774.44	748157.93	2040971.04	1068785.22
福 建 Fujian	22520154.43	9195943.57	4797458.25	2061272.78	1024123.65	278906.05	77429.88	956752.96	1619319.25	743166.85
江 西 Jiangxi	22308529.07	8633760.52	5446631.57	1188632.48	797875.38	363062.55	143117.35	694441.19	1945886.73	1072994.21
山 东 Shandong	40468313.87	12969773.94	7104887.25	2534129.96	1184884.02	601674.73	264505.66	1279692.32	3419213.64	2085657.99
河 南 Henan	38285269.78	12885357.70	8730752.77	1846566.03	1047785.36	479341.64	163514.51	617397.39	3082782.77	1938554.72
湖 北 Hubei	20308145.06	6441577.19	3837689.15	1129225.32	546950.34	248029.43	129979.39	549703.56	1575963.70	907033.30
湖 南 Hunan	28970508.54	9991543.05	5477330.71	1538710.55	942548.01	341469.07	150384.65	1541100.06	1828044.15	1027664.40
广 东 Guangdong	57010108.71	21994683.43	13246101.32	3400900.92	1693383.67	793682.89	389311.99	2471302.64	3724798.74	2092427.13
广 西 Guangxi	21517266.00	7347769.74	4736516.75	1057369.69	657579.21	231500.66	85996.80	578806.63	1164633.46	709174.74
海 南 Hainan	5989177.41	2185944.85	1336196.57	344377.67	182938.95	85211.12	22733.84	214486.70	356543.94	193050.28
重 庆 Chongqing	15307224.71	6013147.58	3914429.69	872367.11	410772.26	218602.34	86801.40	510174.78	980053.57	495232.70
四 川 Sichuan	34835919.30	13864313.45	9444411.45	1964921.31	877551.57	512958.08	193504.37	870966.67	2078843.15	1216528.57
贵 州 Guizhou	20560175.04	6371704.19	3753921.80	1122119.91	590581.02	235426.95	92758.01	576896.50	1438059.69	751533.40
云 南 Yunnan	23610929.61	8051148.71	5037553.49	1247463.93	701360.32	395592.18	110839.81	558338.98	1577208.13	858593.11
西 藏 Tibet	1681309.79	499725.98	276578.73	91261.72	38481.14	14782.48	8650.85	69971.06	102803.24	70087.90
陕 西 Shaanxi	16123430.08	5673870.63	3304340.47	1123102.15	503387.08	249516.98	112752.25	380771.70	1461026.05	897082.14
甘 肃 Gansu	10114692.99	3669481.72	2239178.35	672837.73	304791.62	172002.36	55826.31	224845.35	960377.43	632218.04
青 海 Qinghai	3147996.63	1240165.98	785435.45	209605.64	96438.47	44366.63	13308.05	91011.74	298991.79	147858.21
宁 夏 Ningxia	3170159.52	1299971.14	685706.16	291429.01	108612.12	66522.30	22721.06	124980.49	344472.79	216084.82
新 疆 Xinjiang	12496550.84	5230299.52	3233380.25	850943.02	364223.83	188825.55	40325.05	552601.82	1150476.31	625412.13

条件(一)(总计)
Senior Secondary Schools (1) (Total)

单位:平方米
unit: m²

生活用房 Residential and Welfare							其他用房 Rooms for Other Purposes	校舍面积中 of the Floor Space	
合计 Total	教工宿舍 Apartments for Single		学生宿舍 Students' Dormitories	食堂 Dining Halls	厕所 Toilet	其他 Others		危房面积 Floor Space of Dilapidated Buildings	当年新增校舍 New Floor Space Added in Current Year
	小计 Subtotal	其中:教师周转宿舍 of Which: Accommodation for Circulation of Teachers							
283910351.83	**46458078.51**	**13585294.10**	**152812345.92**	**49999460.80**	**16496199.85**	**18144266.74**	**50855384.36**	**1550996.38**	**31055651.16**
3579162.83	475370.24	94711.88	1295375.52	762781.11	400892.43	644743.53	2767602.41	0.00	585807.69
1797938.93	137577.13	36531.77	761516.68	371976.59	199028.47	327840.06	892424.84	0.00	285211.56
15222169.62	1711593.95	358925.37	8886077.30	3001949.50	698589.58	923959.29	2177866.61	834.08	2655329.88
8822818.93	1240178.02	175317.48	4881568.43	1739315.24	509184.63	452572.61	2238532.70	126405.78	1195423.08
4455713.59	262806.03	74517.12	2560020.38	912056.53	334587.19	386243.46	1041855.73	1093.00	388736.57
4967681.08	310174.92	52058.03	2661146.38	1140946.39	402891.36	452522.03	1586097.99	12110.00	410550.67
2677577.72	90389.47	9686.51	1353454.43	633864.56	243992.51	355876.75	1027232.13	19978.00	364385.98
3549550.34	140361.71	33659.33	1927181.80	708316.35	258242.40	515448.08	1158159.56	5110.00	81899.10
2600439.40	141287.19	19431.95	1111008.69	499056.30	302268.57	546818.65	868646.69	0.00	2314.00
13029783.91	1727357.49	410847.05	6962633.30	2737797.15	788699.84	813296.13	2841054.81	0.00	1451051.01
12934061.67	1696860.98	435633.70	7228081.50	2578877.15	784647.94	645594.10	2746195.09	0.00	1246153.93
14285381.58	2569509.13	657585.09	7836935.26	2455503.21	729364.00	694069.98	1741608.06	20135.06	933945.51
9243241.39	2128082.82	638576.79	4705872.67	1450575.59	526728.11	431982.20	2461650.22	9295.00	989111.40
10186314.30	1669274.05	426112.51	5666198.50	1745949.67	647212.27	457679.81	1542567.52	69956.47	2825873.62
19705728.02	1910657.72	718058.60	10565677.28	4124057.42	1302248.74	1803086.86	4373598.27	3235.00	1454779.71
20366615.09	3031202.36	580193.22	11858248.75	3742067.18	929095.41	806001.39	1950514.22	71836.37	2871269.05
10918236.20	3013510.53	672242.18	5287971.54	1676942.78	415013.29	524798.06	1372367.97	69666.00	932588.25
15190378.12	4260715.74	1338972.44	7180464.16	2409833.74	641682.55	697681.93	1960543.22	60316.00	880523.45
26089183.29	5607144.87	1004751.75	13414187.84	3775623.09	1678633.92	1613593.57	5201443.25	10477.19	1976554.45
12242511.82	2873927.21	869497.46	6904167.51	1654508.10	473304.91	336604.09	762350.98	186895.64	1416980.53
3132373.67	889756.50	369190.18	1545325.86	423328.44	162321.15	111641.72	314314.95	11268.80	163711.74
7355107.70	1299853.88	451888.48	4088806.89	1189488.89	351655.54	425302.50	958915.86	6885.00	96182.82
17139113.66	2802284.26	1141109.43	9990910.54	2928947.30	863464.71	553506.85	1753649.04	76620.20	2086628.90
11246509.56	1832571.30	1119685.15	6683341.86	1715200.44	561451.30	453944.66	1503901.60	0.00	1085738.84
12385205.60	1568291.31	609324.96	6731534.00	2008266.50	741760.46	1335353.33	1597367.17	306486.73	2215919.90
993427.69	309150.47	257991.22	441087.53	146895.00	34902.94	61391.75	85352.88	959.60	110423.76
7554442.01	1368662.89	374058.00	3901686.65	1261319.16	477843.01	544930.30	1434091.39	3536.80	1220829.17
4162735.60	584855.80	215211.65	1979196.39	696633.96	353789.68	548259.77	1322098.24	477895.66	413457.50
1426948.04	218178.46	113767.20	696886.81	249035.41	147430.50	115416.85	181890.83	0.00	122687.51
1256983.69	86138.20	15348.44	734819.13	254381.65	104144.35	77500.36	268731.90	0.00	124348.50
5393016.78	500353.88	310409.16	2970962.34	1003966.40	431128.09	486606.07	722758.23	0.00	467233.08

普通高中办学
Condition of School Buildings in

地区 Region	校舍建筑面积 Floor Space	教学及辅助用房 Buildings for Instruction and Ancillary Uses 合计 Total	其中：of Which: 教室 Classroom	实验室 Laboratory	图书室 Library	微机室 PC-room	语音室 Linguistic	体育馆 Gymnasium	行政办公用房 Administrative 合计 Total	其中：教师办公室 of Which: for Teachers
总 计 Total	**324544301.98**	**122324793.96**	**69712677.92**	**20329009.13**	**10919108.88**	**4700854.28**	**1752183.68**	**14910960.07**	**26384535.78**	**14849874.02**
北 京 Beijing	10561572.88	3770296.36	2074538.54	581162.95	296270.40	131812.75	27544.22	658967.50	1043255.77	510503.62
天 津 Tianjin	4673603.13	1783630.01	950841.01	300798.70	167207.47	70325.35	22202.64	272254.84	569203.57	340743.98
河 北 Hebei	13463332.46	4972587.93	2877882.46	907372.82	536256.83	223111.42	71011.30	356953.10	1144269.75	732532.42
山 西 Shanxi	10364983.93	3597055.46	2169689.50	615096.32	355286.40	139069.50	55265.01	262648.73	898142.00	561389.52
内蒙古 Inner Mongolia	5710512.19	2334241.49	1356146.34	334998.15	191106.18	76713.88	39228.00	336048.94	495026.48	320720.30
辽 宁 Liaoning	8562723.69	2993065.01	1565807.27	400566.03	308012.32	112672.11	45277.28	560730.00	805497.13	432994.35
吉 林 Jilin	4038538.14	1431481.25	798244.89	207791.01	105746.16	60472.61	22469.22	236757.36	433493.98	261115.36
黑龙江 Heilongjiang	5272206.46	2106569.83	1147051.16	323952.47	181073.20	86579.61	38045.66	329867.73	513090.60	299805.55
上 海 Shanghai	6870906.90	3131171.25	1441040.89	678545.19	269732.93	114391.06	44607.17	582854.01	716280.76	313949.74
江 苏 Jiangsu	19213388.96	8008676.02	3830950.88	1558997.91	930193.84	431360.63	105473.96	1151698.80	1778106.50	949364.89
浙 江 Zhejiang	18322897.70	6993850.06	3471561.40	1215700.75	764365.01	219368.82	79168.92	1243685.16	1403057.88	749192.68
安 徽 Anhui	10495280.06	4172104.08	2481317.79	676560.30	384082.61	157251.01	56281.26	416611.11	847127.83	430279.16
福 建 Fujian	10777685.77	4542229.65	2246102.15	1020936.20	515916.80	129634.72	31927.56	597712.22	846418.45	408906.15
江 西 Jiangxi	10352555.57	4162367.26	2520210.58	593870.85	394877.62	186906.04	69213.00	397289.17	974763.59	580161.97
山 东 Shandong	23127429.89	7376872.33	3962850.25	1460242.64	633130.23	352007.94	142321.13	826320.14	2039390.20	1200084.97
河 南 Henan	14900626.18	5234546.75	3410043.72	834315.71	420358.50	179022.01	68379.19	322427.62	1271077.57	765856.76
湖 北 Hubei	12881888.51	4398477.84	2594644.20	767561.88	375071.01	161299.57	78203.29	421697.89	1077245.73	615902.83
湖 南 Hunan	12546438.89	4800620.40	2457391.12	760020.15	427843.12	147228.94	66064.96	942072.11	757877.47	433631.50
广 东 Guangdong	40619788.92	15847068.56	9522809.60	2369894.64	1226013.62	545464.98	273872.39	1909013.33	2685296.46	1487367.28
广 西 Guangxi	10887182.01	3907430.41	2353157.31	586039.12	364982.62	130933.74	49840.72	422476.90	588038.93	349069.85
海 南 Hainan	3310676.98	1159064.35	766276.66	172243.61	85696.82	40767.11	7642.24	86437.91	225538.75	122786.17
重 庆 Chongqing	9768228.08	4017796.98	2529503.11	567132.09	292975.52	143168.93	69633.85	415383.48	663324.95	335736.56
四 川 Sichuan	17545559.15	6951948.39	4638412.77	942226.56	453833.79	246478.61	100912.29	570084.37	1145989.97	640988.98
贵 州 Guizhou	8071532.30	2487066.07	1423826.63	432877.52	244728.01	91443.50	38908.94	255281.47	604988.43	334061.46
云 南 Yunnan	10662956.10	3687007.77	2195880.33	527579.24	332121.20	175815.00	41919.91	413692.09	780790.07	447394.34
西 藏 Tibet	889782.43	281312.29	151704.60	58497.82	22547.23	8739.40	4204.05	35619.19	51852.98	38831.88
陕 西 Shaanxi	8208054.42	3014091.16	1751962.62	569152.46	251995.22	136236.81	53109.72	251634.33	783013.73	479750.28
甘 肃 Gansu	3431483.09	1277788.18	709164.89	233601.03	100341.79	54473.90	21007.92	159198.65	349536.86	217333.59
青 海 Qinghai	1239029.98	493988.49	310429.20	81863.19	39840.00	16296.10	3968.94	41591.06	144515.83	56397.13
宁 夏 Ningxia	2018045.89	830106.48	438832.66	182789.75	73521.99	34562.70	11767.90	88631.48	222783.26	134554.13
新 疆 Xinjiang	5755411.32	2560281.85	1564403.39	366622.07	173980.44	97245.53	12711.04	345319.38	525540.30	298466.62

条件(一)(城区)
Senior Secondary Schools (1) (Urban Area)

单位:平方米
unit: m^2

生活用房 Residential and Welfare							其他用房 Rooms for Other Purposes	校舍面积中 of the Floor Space	
合计 Total	教工宿舍 Apartments for Single		学生宿舍 Students' Dormitories	食堂 Dining Halls	厕所 Toilet	其他 Others		危房面积 Floor Space of Dilapidated Buildings	当年新增校舍 New Floor Space Added in Current Year
	小计 Subtotal	其中:教师周转宿舍 of Which: Accommodation for Circulation of Teachers							
142381460.38	**19820088.96**	**5477218.18**	**76174964.95**	**25856619.85**	**9480602.87**	**11049183.75**	**33453511.86**	**787894.49**	**15346211.79**
3153988.42	413188.29	90097.88	1088994.10	685709.64	365871.29	600225.10	2594032.33	0.00	573937.69
1483835.25	104414.24	24325.22	580525.35	320328.50	176763.40	301803.76	836934.30	0.00	194055.76
6257477.83	621862.66	118259.35	3634393.94	1220270.94	316336.02	464614.27	1088996.95	834.08	1146148.59
4324427.03	566644.78	81570.94	2399626.36	863312.98	269370.76	225472.15	1545359.44	115260.23	779089.43
2256569.75	154850.36	43791.99	1280966.02	449124.52	182611.72	189017.13	624674.47	0.00	311663.17
3480970.10	232246.34	44194.44	1781685.87	805640.50	309740.24	351657.15	1283191.45	12110.00	227482.49
1601865.82	60267.66	6058.35	737449.69	378934.26	151039.00	274175.21	571697.09	12215.00	150751.46
2003524.27	75507.26	10819.33	1004894.64	404835.29	155860.28	362426.80	649021.76	1613.00	37329.83
2237214.11	110138.25	17686.95	935094.38	436183.58	265084.53	490713.37	786240.78	0.00	2314.00
7333962.92	586992.33	159512.90	4040460.12	1630245.55	521732.22	554532.70	2092643.52	0.00	910488.67
8047644.18	994085.01	265810.67	4523597.65	1586503.30	497894.35	445563.87	1878345.58	0.00	727943.45
4598186.57	513915.93	170667.63	2676363.13	808074.38	283231.97	316601.16	877861.58	3557.00	403357.43
4018778.32	719016.30	261888.44	2161990.94	630396.50	247860.43	259514.15	1370259.35	3840.00	616701.48
4327117.40	626284.68	176238.74	2331357.27	811318.40	327962.03	230195.02	888307.32	47229.94	1259204.17
10816222.76	911461.16	289132.75	5660799.34	2317258.82	748965.35	1177738.09	2894944.60	0.00	706399.26
7434225.98	956609.10	128281.11	4398089.48	1432162.05	382959.93	264405.42	960775.88	70101.36	953082.67
6458693.40	1597203.06	287617.23	3217726.89	1049903.87	268842.34	325017.24	947471.54	16415.00	555988.48
6051113.47	1462698.92	497323.88	2956962.48	986693.24	312072.13	332686.70	936827.55	1560.00	203463.30
18016809.38	3489726.65	650235.48	9474585.44	2746695.55	1277534.36	1028267.38	4070614.52	10160.19	1305288.21
5933276.17	1192015.56	378812.17	3419735.50	810781.35	266908.53	243835.23	458436.50	154997.64	737967.79
1715506.83	517577.13	152251.17	816678.35	226713.16	85948.48	68589.71	210567.05	11268.80	69530.76
4291020.59	574602.96	198118.12	2485707.02	711533.33	240364.14	278813.14	796085.56	6265.00	65829.21
8252992.28	983033.48	386731.52	4985088.45	1523720.25	484473.90	276676.20	1194628.51	28339.00	838904.90
4289191.33	650467.82	359722.91	2562805.64	672972.92	232522.18	170422.77	690286.47	0.00	544852.36
5404129.62	633516.49	236128.64	2699766.26	815122.97	358559.86	897164.04	791028.64	103120.30	787133.93
512844.62	134302.98	132100.98	234968.90	81122.93	20103.34	42346.47	43772.54	959.60	60436.68
3387473.24	520361.20	123699.47	1723600.55	542675.67	293770.56	307065.26	1023476.29	3536.80	771591.45
1215827.99	141311.17	36424.57	558883.34	196861.47	126295.43	192476.58	588330.06	184511.55	156803.42
507731.86	62913.67	40829.59	238206.50	83365.19	59111.35	64135.15	92793.80	0.00	46986.38
762921.81	38337.02	12562.39	433599.90	173126.37	75104.83	42753.69	202234.34	0.00	80729.67
2205917.08	174536.50	96323.37	1130361.45	455032.37	175707.92	270278.84	463672.09	0.00	120755.70

普通高中办学

Condition of School Buildings in Senior

地　区 Region	校舍建筑面积 Floor Space	教学及辅助用房 Buildings for Instruction and Ancillary Uses							行政办公用房 Administrative	
		合计 Total	其中：of Which:						合计 Total	其中：教师办公室 of Which: for Teachers
			教室 Classroom	实验室 Laboratory	图书室 Library	微机室 PC-room	语音室 Linguistic	体育馆 Gymnasium		
总　计 Total	**244946630.59**	**87373458.15**	**53539087.90**	**14991651.26**	**7681225.97**	**3586743.44**	**1376949.26**	**6197800.33**	**17840443.83**	**10424797.34**
北　京 Beijing	363097.05	107381.99	60783.15	22143.72	7662.00	5401.12	1806.00	9586.00	25541.62	11958.68
天　津 Tianjin	556515.71	187511.15	111100.47	43978.19	8732.37	5831.84	2315.42	15552.86	43599.82	26874.30
河　北 Hebei	15240666.07	5323659.97	3231231.95	1057588.95	473211.19	213147.66	83362.48	265117.74	1027002.87	620724.52
山　西 Shanxi	7491442.89	2570149.74	1549359.71	486460.98	260089.21	102084.79	35245.91	136909.14	621514.52	362380.84
内蒙古 Inner Mongolia	4782018.34	1923719.59	1096089.32	328302.06	144350.41	75540.47	26994.27	252443.06	431763.59	279022.14
辽　宁 Liaoning	2728194.97	951818.62	525200.43	148308.94	90123.35	36579.71	17139.03	134467.16	245952.99	137377.53
吉　林 Jilin	2194243.64	771790.00	513037.37	84879.93	44551.77	28631.98	12453.68	88235.27	214263.65	124380.58
黑龙江 Heilongjiang	3509399.37	1241209.36	729504.92	188037.27	65676.30	53104.38	19309.03	185577.46	346459.28	220738.37
上　海 Shanghai	583569.53	226307.85	94488.69	40212.06	23210.84	12018.07	2068.29	54309.90	72956.13	20858.98
江　苏 Jiangsu	12603550.38	5281588.76	2576605.18	1053174.38	612044.30	303531.58	130134.85	606098.47	1135898.62	647112.68
浙　江 Zhejiang	8672666.66	3261317.40	1641063.43	643111.93	362267.34	110558.17	39365.06	464951.47	632912.17	378719.66
安　徽 Anhui	16943840.96	5927219.80	3831909.60	971050.07	483675.77	250278.46	79214.89	311091.01	1121111.86	605205.41
福　建 Fujian	10165636.08	4132064.81	2249754.83	931976.66	452778.56	131931.23	41490.29	324133.24	682878.81	298848.58
江　西 Jiangxi	11217361.55	4256743.43	2769679.44	578887.70	390746.41	168895.56	70546.60	277987.72	928413.11	466026.55
山　东 Shandong	15811747.58	5166103.90	2914411.66	1007228.87	513227.27	233461.13	116759.84	381015.13	1291362.73	838320.88
河　南 Henan	21095191.23	6876802.71	4790001.23	908527.38	578015.78	268848.31	83461.52	247948.49	1604609.78	1074567.94
湖　北 Hubei	6726225.40	1874865.94	1153009.68	334805.46	145469.63	78167.86	49582.45	113830.86	458734.97	272124.47
湖　南 Hunan	15018453.18	4810458.68	2748561.15	737792.26	488725.24	184094.43	79341.57	571944.03	971971.37	551257.86
广　东 Guangdong	12804484.29	5031333.12	3079485.98	838583.76	381441.50	202678.54	97380.21	431763.13	832037.10	472075.93
广　西 Guangxi	10179562.38	3300836.21	2293396.15	449158.53	274945.21	97410.65	35322.32	150603.35	545433.92	345487.72
海　南 Hainan	1849220.66	753147.69	455807.70	102203.56	76847.13	39033.41	12143.00	67112.89	89152.17	44743.26
重　庆 Chongqing	4573586.22	1643801.74	1139870.55	254042.90	100916.91	59807.01	13905.89	75258.48	274540.61	137303.68
四　川 Sichuan	15895230.18	6442201.45	4491975.98	961524.80	401436.22	250006.99	88217.08	249040.38	847759.17	526038.15
贵　州 Guizhou	11140061.12	3513347.11	2122692.30	634572.80	313233.46	130998.09	51917.90	259932.56	744988.98	384647.96
云　南 Yunnan	11030835.90	3769430.89	2470233.17	606973.03	328817.16	198930.52	55969.10	108507.91	679792.86	351863.95
西　藏 Tibet	115184.33	22014.22	11575.02	2319.30	615.90	749.10	749.10	6005.80	4878.50	4636.00
陕　西 Shaanxi	7030804.60	2421562.14	1419017.15	517108.00	228837.76	104880.26	56315.13	95403.84	608512.59	385680.87
甘　肃 Gansu	6361038.34	2283605.19	1451830.93	423187.29	197013.73	113220.15	34135.39	64217.70	585905.15	401054.85
青　海 Qinghai	1726831.95	688392.92	433873.76	122936.32	50764.11	25446.68	8865.38	46506.68	145362.06	88141.78
宁　夏 Ningxia	1056475.92	422549.06	226134.70	96297.66	29719.13	27258.40	8962.16	34177.01	115291.66	77569.39
新　疆 Xinjiang	5479494.11	2190522.71	1357402.30	416276.50	152080.01	74216.89	22475.42	168071.59	509841.17	269053.83

条件(一)(镇区)
Secondary Schools (1) (Counties & Towns Area)

单位:平方米
unit: m²

生活用房 Residential and Welfare							其他用房 Rooms for Other Purposes	校舍面积中 of the Floor Space	
合计 Total	教工宿舍 Apartments for Single		学生宿舍 Students' Dormitories	食堂 Dining Halls	厕所 Toilet	其他 Others		危房面积 Floor Space of Dilapidated Buildings	当年新增校舍 New Floor Space Added in Current Year
	小计 Subtotal	其中:教师周转宿舍 of Which: Accommodation for Circulation of Teachers							
124736782.71	**23241937.83**	**7078622.78**	**67891398.87**	**21414433.88**	**6155825.49**	**6033186.65**	**14995945.89**	**732020.64**	**13029867.29**
170386.36	22164.66	3464.00	85860.42	33308.00	20259.28	8794.00	59787.08	0.00	0.00
273560.58	25660.89	12206.55	164201.33	45298.43	19593.97	18805.96	51844.16	0.00	91155.80
7960744.06	917197.70	196813.92	4693358.29	1595371.00	345400.46	409416.61	929259.17	0.00	1296362.78
3727739.72	524992.20	71922.94	2081498.01	725752.65	205069.71	190427.15	572038.91	9995.66	354176.09
2068315.96	91069.19	30035.13	1198988.72	442312.89	143320.56	192624.60	358219.20	1093.00	23783.96
1302344.69	59828.15	6293.40	777914.26	301795.35	79586.06	83220.87	228078.67	0.00	170170.90
903055.52	9589.39	2953.00	524182.52	208331.57	84446.14	76505.90	305134.47	7763.00	98477.31
1430410.10	58291.13	22840.00	871315.82	285503.84	92498.95	122800.36	491320.63	3497.00	19821.27
227721.86	15603.14	579.00	116185.92	41262.11	22612.25	32058.44	56583.69	0.00	0.00
5445300.48	1060413.46	222808.15	2833414.18	1067916.05	254881.87	228674.92	740762.52	0.00	540462.34
4054691.42	557427.35	144441.18	2260439.20	847568.39	228817.56	160438.92	723745.67	0.00	366401.39
9073531.72	1877753.18	444634.01	4850089.01	1558513.08	423544.13	363632.32	821977.58	16578.06	529488.08
4429997.92	1188118.88	305017.39	2175657.24	673215.78	247498.17	145507.85	920694.54	5455.00	327239.82
5445456.77	973814.53	235708.74	3085059.44	863690.56	303144.69	219747.55	586748.24	22568.00	1489943.61
8062821.09	938577.44	415238.27	4420969.44	1643443.46	490190.07	569640.68	1291459.86	3235.00	663314.91
11707345.77	1921550.76	421153.17	6732827.89	2053522.55	486133.40	513311.17	906432.97	1484.78	1393049.17
4029598.06	1301075.37	351973.85	1835923.09	576836.27	133220.51	182542.82	363026.43	53251.00	292936.47
8270577.68	2526926.70	798040.56	3816073.50	1291642.77	306408.78	329525.93	965445.45	58756.00	643508.15
6069654.91	1641656.90	270655.17	3052491.25	760096.80	305223.00	310186.96	871459.16	317.00	438019.44
6050599.68	1622981.37	460993.39	3339372.00	810622.74	191414.71	86208.86	282692.57	31898.00	629759.82
960216.14	264583.07	144265.71	483316.60	140322.80	48792.67	23201.00	46704.66	0.00	75105.98
2505617.88	576568.20	188068.86	1323690.85	396100.87	93837.08	115420.88	149625.99	0.00	30240.09
8106380.60	1644295.34	668094.90	4564236.40	1303306.23	349762.42	244780.21	498888.96	47554.20	1161119.04
6192641.56	1088696.03	699622.36	3649983.62	920839.01	276174.15	256948.75	689083.47	0.00	485872.63
5906088.18	770282.15	291356.06	3468783.14	1020636.60	312000.29	334386.00	675523.97	203366.43	1072926.10
67906.98	29726.24	29726.24	25258.96	8150.10	2735.68	2036.00	20384.63	0.00	6553.08
3691549.32	740614.08	243104.59	1946043.42	633833.70	160977.31	210080.81	309180.55	0.00	328460.81
2786588.32	384596.53	146977.68	1350956.40	483886.69	219571.40	347577.30	704939.68	265208.51	221906.78
807050.41	126713.28	63325.39	401312.29	151504.35	80923.63	46596.87	86026.55	0.00	73161.73
452649.04	45780.85	2195.05	274298.52	72664.32	25967.52	33937.83	65986.16	0.00	43618.83
2556239.93	235389.67	184114.12	1487697.14	457184.92	201819.07	174149.13	222890.30	0.00	162830.91

普通高中办学
Condition of School Buildings in

地 区 Region	校舍建筑面积 Floor Space	教学及辅助用房 Buildings for Instruction and Ancillary Uses							行政办公用房 Administrative	
		合计 Total	其中： of Which:						合计 Total	其中：教师办公室 of Which: for Teachers
			教室 Classroom	实验室 Laboratory	图书室 Library	微机室 PC-room	语音室 Linguistic	体育馆 Gymnasium		
总 计 Total	**31010139.96**	**9812037.53**	**5994672.45**	**1532184.29**	**794244.60**	**359133.68**	**131049.79**	**1000752.72**	**2000067.09**	**1050303.87**
北 京 Beijing	592692.58	180915.88	87222.00	35360.37	16501.96	5504.91	1149.57	35177.07	43205.65	18624.27
天 津 Tianjin	70760.73	20783.80	12295.44	6143.00	1440.00	817.36	88.00	0.00	5787.45	3074.89
河 北 Hebei	1880369.62	624384.10	424543.81	85300.33	45068.91	22012.89	9859.23	37598.93	92427.30	49394.12
山 西 Shanxi	1412306.76	427645.23	278392.47	58539.00	47707.16	17602.40	5143.20	20261.00	92875.00	52601.64
内蒙古 Inner Mongolia	285865.22	81377.14	55919.41	8991.37	6399.34	2509.31	842.48	6715.23	14698.14	8583.47
辽 宁 Liaoning	384931.99	101222.73	59915.86	11961.65	6939.16	3441.43	1675.01	17289.62	24515.10	17265.49
吉 林 Jilin	425293.14	86839.01	62430.43	5032.45	5224.91	3281.42	2510.93	8358.87	15397.18	9668.74
黑龙江 Heilongjiang	234246.52	81402.12	50765.75	14212.16	4611.00	3484.21	2184.00	6145.00	19411.26	14272.26
上 海 Shanghai	325066.72	134004.47	67888.61	18910.10	12894.15	4093.57	1061.85	29156.19	29736.60	13505.19
江 苏 Jiangsu	465380.89	169880.41	88279.06	29165.71	23640.50	4858.14	1551.00	22386.00	37331.20	22803.00
浙 江 Zhejiang	1654918.75	577186.26	293076.05	96331.72	50469.53	21604.53	7394.39	108310.04	101902.58	63581.61
安 徽 Anhui	1124226.16	396062.62	251762.84	66868.81	34486.61	16210.26	6278.29	20455.81	72731.35	33300.65
福 建 Fujian	1576832.58	521649.11	301601.27	108359.92	55428.29	17340.10	4012.03	34907.50	90021.99	35412.12
江 西 Jiangxi	738611.95	214649.83	156741.55	15873.93	12251.35	7260.95	3357.75	19164.30	42710.03	26805.69
山 东 Shandong	1529136.40	426797.71	227625.34	66658.45	38526.52	16205.66	5424.69	72357.05	88460.71	47252.14
河 南 Henan	2289452.37	774008.24	530707.82	103722.94	49411.08	31471.32	11673.80	47021.28	207095.42	98130.02
湖 北 Hubei	700031.15	168233.41	90035.27	26857.98	26409.70	8562.00	2193.65	14174.81	39983.00	19006.00
湖 南 Hunan	1405616.47	380463.97	271378.44	40898.14	25979.65	10145.70	4978.12	27083.92	98195.31	42775.04
广 东 Guangdong	3585835.50	1116281.75	643805.74	192422.52	85928.55	45539.37	18059.39	130526.18	207465.18	132983.92
广 西 Guangxi	450521.61	139503.12	89963.29	22172.04	17651.38	3156.27	833.76	5726.38	31160.61	14617.17
海 南 Hainan	829279.77	273732.81	114112.21	69930.50	20395.00	5410.60	2948.60	60935.90	41853.02	25520.85
重 庆 Chongqing	965410.41	351548.86	245056.03	51192.12	16879.83	15626.40	3261.66	19532.82	42188.01	22192.46
四 川 Sichuan	1395129.97	470163.61	314022.70	61169.95	22281.56	16472.48	4375.00	51841.92	85094.01	49501.44
贵 州 Guizhou	1348581.62	371291.01	207402.87	54669.59	32619.55	12985.36	1931.17	61682.47	88082.28	32823.98
云 南 Yunnan	1917137.61	594710.05	371439.99	112911.66	40421.96	20846.66	12950.80	36138.98	116625.20	59334.82
西 藏 Tibet	676343.03	196399.47	113299.11	30444.60	15318.01	5293.98	3697.70	28346.07	46071.76	26620.02
陕 西 Shaanxi	884571.06	238217.33	133360.70	36841.69	22554.10	8399.91	3327.40	33733.53	69499.73	31650.99
甘 肃 Gansu	322171.56	108088.35	78182.53	16049.41	7436.10	4308.31	683.00	1429.00	24935.42	13829.60
青 海 Qinghai	182134.70	57784.57	41132.50	4806.13	5834.36	2623.85	473.73	2914.00	9113.89	3319.30
宁 夏 Ningxia	95637.71	47315.60	20738.80	12341.60	5371.00	4701.20	1991.00	2172.00	6397.87	3961.30
新 疆 Xinjiang	1261645.41	479494.96	311574.56	68044.45	38163.38	17363.13	5138.59	39210.85	115094.84	57891.68

条件(一)(乡村)
Senior Secondary Schools (1) (Rural Area)

单位:平方米
unit: m^2

生活用房 Residential and Welfare							其他用房 Rooms for Other Purposes	校舍面积中 of the Floor Space	
合计 Total	教工宿舍 Apartments for Single: 小计 Subtotal	教工宿舍 Apartments for Single: 其中:教师周转宿舍 of Which: Accommodation for Circulation of Teachers	学生宿舍 Students' Dormitories	食堂 Dining Halls	厕所 Toilet	其他 Others		危房面积 Floor Space of Dilapidated Buildings	当年新增校舍 New Floor Space Added in Current Year
16792108.74	**3396051.73**	**1029453.15**	**8745982.10**	**2728407.07**	**859771.49**	**1061896.34**	**2405926.61**	**31081.25**	**2679572.08**
254788.05	40017.29	1150.00	120521.00	43763.47	14761.86	35724.43	113783.00	0.00	11870.00
40543.10	7502.00	0.00	16790.00	6349.66	2671.10	7230.34	3646.38	0.00	0.00
1003947.73	172533.59	43852.10	558325.07	186307.56	36853.10	49928.41	159610.49	0.00	212818.51
770652.18	148541.04	21823.60	400444.06	150249.61	34744.16	36673.31	121134.35	1149.89	62157.56
130827.88	16886.48	690.00	80065.64	20619.12	8654.91	4601.73	58962.06	0.00	53289.44
184366.29	18100.43	1570.19	101546.25	33510.54	13565.06	17644.01	74827.87	0.00	12897.28
172656.38	20532.42	675.16	91822.22	46598.73	8507.37	5195.64	150400.57	0.00	115157.21
115615.97	6563.32	0.00	50971.34	17977.22	9883.17	30220.92	17817.17	0.00	24748.00
135503.43	15545.80	1166.00	59728.39	21610.61	14571.79	24046.84	25822.22	0.00	0.00
250520.51	79951.70	28526.00	88759.00	39635.55	12085.75	30088.51	7648.77	0.00	100.00
831726.07	145348.62	25381.85	444044.65	144805.46	57936.03	39591.31	144103.84	0.00	151809.09
613663.29	177840.02	42283.45	310483.12	88915.75	22587.90	13836.50	41768.90	0.00	1100.00
794465.15	220947.64	71670.96	368224.49	146963.31	31369.51	26960.20	170696.33	0.00	45170.10
413740.13	69174.84	14165.03	249781.79	70940.71	16105.55	7737.24	67511.96	158.53	76725.84
826684.17	60619.12	13687.58	483908.50	163355.14	63093.32	55708.09	187193.81	0.00	85065.54
1225043.34	153042.50	30758.94	727331.38	256382.58	60002.08	28284.80	83305.37	250.23	525137.21
429944.74	115232.10	32651.10	234321.56	50202.64	12950.44	17238.00	61870.00	0.00	83663.30
868686.97	271090.12	43608.00	407428.18	131497.73	23201.64	35469.30	58270.22	0.00	33552.00
2002719.00	475761.32	83861.10	887111.15	268830.74	95876.56	275139.23	259369.57	0.00	233246.80
258635.97	58930.28	29691.90	145060.01	33104.01	14981.67	6560.00	21221.91	0.00	49252.92
456650.70	107596.30	72673.30	245330.91	56292.48	27580.00	19851.01	57043.24	0.00	19075.00
558469.23	148682.72	65701.50	279409.02	81854.69	17454.32	31068.48	13204.31	620.00	113.52
779740.78	174955.44	86283.01	441585.69	101920.82	29228.39	32050.44	60131.57	727.00	86604.96
764676.67	93407.45	60339.88	470552.60	121388.51	52754.97	26573.14	124531.66	0.00	55013.85
1074987.80	164492.67	81840.26	562984.60	172506.93	71200.31	103803.29	130814.56	0.00	355859.87
412676.09	145121.25	96164.00	180859.67	57621.97	12063.92	17009.28	21195.71	0.00	43434.00
475419.45	107687.61	7253.94	232042.68	84809.79	23095.14	27784.23	101434.55	0.00	120776.91
160319.29	58948.10	31809.40	69356.65	15885.80	7922.85	8205.89	28828.50	28175.60	34747.30
112165.77	28551.52	9612.23	57368.02	14165.87	7395.52	4684.83	3070.48	0.00	2539.40
41412.84	2020.33	591.00	26920.71	8590.96	3072.00	808.84	511.40	0.00	0.00
630859.77	90427.71	29971.67	352903.75	91749.11	53601.10	42178.10	36195.84	0.00	183646.47

普通高中办学
Condition of School Buildings in

地区 Region	占地面积(平方米) Areas of School Sites(m^2)			图书(册) Books & Magazines in Libraries (volume)	
	合计 Total	其中: of Which:			合计 Total
		绿化用地面积 Green Areas	运动场地面积 Sports Areas		
总　计 Total	**1120864514.37**	**295129817.58**	**271474422.51**	**1026636999**	**6155857**
北　京 Beijing	16122132.14	3538856.97	4861729.43	21005166	243713
天　津 Tianjin	9459016.59	1611830.81	2737137.51	13278690	77544
河　北 Hebei	56459296.48	11254071.93	13400710.28	55378730	281582
山　西 Shanxi	36539124.88	6861566.43	7759104.87	26522313	160596
内蒙古 Inner Mongolia	24744773.92	4653116.50	6361947.13	15042143	104558
辽　宁 Liaoning	24179298.57	4632280.45	6733184.17	17788625	132414
吉　林 Jilin	13067299.27	2801800.84	4187845.19	11509907	72952
黑龙江 Heilongjiang	21398061.60	3154050.68	5330473.01	10964354	94834
上　海 Shanghai	11016315.04	3751601.74	2688806.88	14960247	140910
江　苏 Jiangsu	57655955.67	20556085.68	13504259.87	57354696	353188
浙　江 Zhejiang	50780843.56	16428885.23	12083316.46	51439741	313092
安　徽 Anhui	54795861.29	13681008.62	11935619.08	39453484	328839
福　建 Fujian	40360417.61	10769775.04	10974243.16	51624594	251386
江　西 Jiangxi	45959657.88	13234277.65	10937754.66	43171654	206023
山　东 Shandong	78635284.78	22462280.26	17715826.95	65650040	397249
河　南 Henan	72815321.35	15439704.90	13951992.09	39508556	249642
湖　北 Hubei	40530070.05	12098225.36	8098955.86	22263251	138675
湖　南 Hunan	53746837.96	15687614.88	11076709.55	42481866	208171
广　东 Guangdong	93591265.31	29451524.23	24497387.74	114795076	766685
广　西 Guangxi	37831952.36	9410659.09	8782155.90	41040742	177860
海　南 Hainan	11682854.66	3231174.09	2466165.55	8997980	58577
重　庆 Chongqing	23777983.40	6854426.47	6959984.78	24049145	142359
四　川 Sichuan	60456496.32	14128471.17	19922024.35	71735765	365575
贵　州 Guizhou	39480462.00	10738021.98	9404143.93	38207684	172453
云　南 Yunnan	49659831.64	14686416.32	11348092.74	39237090	213741
西　藏 Tibet	4046663.85	832240.35	656517.55	1838430	10352
陕　西 Shaanxi	28231280.47	6135798.72	7324717.74	37725956	188725
甘　肃 Gansu	19580063.76	4035460.15	5532143.94	20209373	106664
青　海 Qinghai	6802914.17	1690298.23	1621264.43	6255332	34813
宁　夏 Ningxia	8676634.35	2773551.26	1676818.84	6513586	43567
新　疆 Xinjiang	28780543.44	8544741.55	6943388.87	16632783	119118

条件(二)(总计)

Senior Secondary Schools (2) (Total)

计算机数(台) PC (set)		教室(间) Classroom(room)		教室中:普通教室(间) of Which: General Classroom(room)		固定资产总值(万元) Total Value of Fixed Asset (10,000 yuan)		
其中:教学用计算机 of Which:No. of Computers Used for Instruction		合计 Total	其中:网络多媒体教室 of Which: Network Multimedia Classroom	合计 Total	其中:网络多媒体教室 of Which: Network Multimedia Classroom	合计 Total	其中:教学仪器设备资产值 of Which: Total Value of Equip & Instru.	
小计 Subtotal	其中:平板电脑 of Which: Tablet PC						小计 Subtotal	其中:实验设备 of Which: for Experiment
5117913	**573718**	**1214820**	**887779**	**910532**	**773185**	**109070966.09**	**11818234.46**	**3412826.75**
211453	30623	29487	26006	18472	17918	3323932.96	903165.82	168217.01
66983	4438	12061	10029	8033	7693	996545.65	151120.69	31766.71
263918	19641	62867	48514	53310	46155	4430599.52	404276.79	136619.20
130292	8540	37227	26022	28673	23645	3405579.70	276171.91	105627.23
86127	4559	20293	15262	14518	13459	2641626.33	254364.66	74764.97
96617	11506	26219	17794	20947	16096	1893725.44	224265.39	70193.38
51295	5566	18549	10355	13649	9224	1294737.96	125644.53	40088.98
66267	4018	23810	14950	16215	13278	1512923.49	171120.90	50551.65
111198	15116	17815	14404	10868	10021	2604000.05	406780.29	103647.34
304370	25567	60115	44766	39035	35280	6896337.58	687496.75	196508.46
265201	32689	45947	36906	29792	28386	5607772.92	690988.95	162241.25
280582	96878	54248	38225	43702	35189	4591770.36	414036.06	135633.95
190287	15666	47366	36156	31484	29537	3611457.77	514490.29	155676.96
167108	13811	52594	39463	42341	36530	3132253.58	407317.11	111797.54
337570	34292	80795	58528	57812	50409	8120363.03	667619.22	191219.95
207418	18536	75104	48980	65254	46267	5208863.31	367950.42	123824.01
114968	12553	37123	23723	28430	21809	3676519.64	347207.93	113583.97
171345	12600	56343	37476	44434	34963	5225734.55	490853.55	175846.15
638358	101373	107667	90577	79241	76261	9885555.72	1226670.12	319971.31
132720	19434	36108	27293	30823	25756	2703570.57	297060.41	101534.56
49706	5412	11840	8422	9059	7730	1062998.59	140662.37	37692.22
118562	13173	29536	25307	22691	21682	2502092.30	240454.70	60308.99
305898	22903	76575	53054	62264	48288	6644148.71	788845.61	235106.09
147777	10553	38342	28681	29624	25974	4085550.06	357312.28	119083.45
176954	6415	54272	32594	41337	30160	4599734.31	333510.89	80385.43
6530	862	2233	1628	1842	1431	339981.26	17258.93	5173.10
172511	11358	33528	27621	25994	23408	2959788.07	364240.39	152712.58
91211	5365	24800	16639	14043	13324	2003907.48	179500.72	53398.26
26203	2389	7032	3629	4790	3226	834391.20	59437.89	21444.14
37652	4903	6300	4915	4428	4068	810542.01	80997.84	24768.78
90832	2979	28624	19860	17427	16018	2463961.96	227411.06	53439.12

普通高中办学
Condition of School Buildings in

地区 Region	占地面积(平方米) Areas of School Sites(m^2)			图书(册) Books & Magazines in Libraries (volume)	
	合计 Total	其中: of Which:			合计 Total
		绿化用地面积 Green Areas	运动场地面积 Sports Areas		
总 计 Total	**552118461.25**	**152658265.52**	**137927162.02**	**562340117**	**3681072**
北 京 Beijing	13933153.61	2902138.07	4325073.29	19993929	231744
天 津 Tianjin	7910927.27	1347709.80	2336362.31	11637305	70724
河 北 Hebei	22684909.10	4718386.32	5499335.64	25955157	135645
山 西 Shanxi	17513391.17	3475195.71	4008123.43	14835195	94792
内蒙古 Inner Mongolia	11714409.73	2368020.27	2937922.21	8130651	55948
辽 宁 Liaoning	17187876.06	3372945.41	4990599.49	13990375	106341
吉 林 Jilin	6828733.82	1423551.66	2273059.24	7079373	45243
黑龙江 Heilongjiang	11169000.10	1630732.10	3027570.23	6626616	58575
上 海 Shanghai	9436579.13	3185553.94	2332120.41	13611250	127440
江 苏 Jiangsu	33435119.49	12345827.96	7798075.13	33394786	222541
浙 江 Zhejiang	30679578.12	10019727.61	7457508.12	32557584	201174
安 徽 Anhui	18149440.99	4823384.73	4048282.11	14066829	149344
福 建 Fujian	16182369.19	4440346.28	4476413.08	24222086	129909
江 西 Jiangxi	19115062.18	5522383.01	4480863.69	19389044	101255
山 东 Shandong	43530015.20	13046098.53	10021608.33	40391919	248315
河 南 Henan	26461763.67	5822508.68	5627376.45	17644825	110001
湖 北 Hubei	25532264.93	8129390.00	5257632.17	14193237	94354
湖 南 Hunan	19837624.08	6124168.46	4480362.19	16641155	94275
广 东 Guangdong	59774999.02	19117216.70	16307579.49	79682132	560686
广 西 Guangxi	17464055.29	5041704.35	3995510.27	19575963	95767
海 南 Hainan	5745893.70	1663417.00	1254440.39	4678348	33979
重 庆 Chongqing	13858682.77	3980884.66	4142872.66	14848672	94126
四 川 Sichuan	28078393.78	7066932.63	8915996.77	33379751	194443
贵 州 Guizhou	14945650.51	4292233.27	3725163.72	13860321	70237
云 南 Yunnan	19364914.92	6235775.87	4409546.58	17009152	97357
西 藏 Tibet	2246478.26	433779.97	366906.56	1071436	6501
陕 西 Shaanxi	13729585.75	2867669.56	3512218.83	21322395	107567
甘 肃 Gansu	6116546.12	1449257.43	1590238.41	7559229	38449
青 海 Qinghai	2498636.57	690523.00	564169.18	2646737	14226
宁 夏 Ningxia	5116485.90	1715714.47	961046.89	3585813	27573
新 疆 Xinjiang	11875920.82	3405088.07	2803184.75	8758852	62541

条件(二)(城区)
Senior Secondary Schools (2) (Urban Area)

计算机数(台) PC (set)		教室(间) Classroom(room)		教室中:普通教室(间) of Which: General Classroom(room)		固定资产总值(万元) Total Value of Fixed Asset (10,000 yuan)		
其中:教学用计算机 No. of Computers Used for Instruction		合计 Total	其中:网络多媒体教室 of Which: Network Multimedia Classroom	合计 Total	其中:网络多媒体教室 of Which: Network Multimedia Classroom	合计 Total	其中:教学仪器设备资产值 of Which: Total Value of Equip & Instru.	
小计 Subtotal	其中:平板电脑 of Which: Tablet PC						小计 Subtotal	其中:实验设备 of Which: for Experiment
3050865	**410387**	**654996**	**498589**	**480501**	**422444**	**62235853.55**	**7527130.90**	**2001462.91**
201599	29444	27483	24256	17097	16619	3187500.42	862699.07	160082.78
60818	4066	10810	9066	7195	6884	830487.63	141727.01	27786.52
127315	8805	27409	21942	23136	20948	1941177.09	208511.94	61120.60
76175	5216	20025	14495	15491	13218	2022910.07	175358.63	63277.74
45914	2377	10810	8412	7934	7369	1421381.69	147751.60	41348.97
78389	9811	19240	13363	15277	12019	1433151.53	183728.22	56552.77
30766	2021	11215	6718	8205	5942	797172.82	86383.41	27709.13
41375	3002	14004	8991	9564	7846	895100.86	113856.50	31435.42
101252	12731	15985	13125	9829	9072	2357202.93	375867.73	94971.65
191764	18857	35580	27636	22317	20738	4578587.72	469839.16	123557.92
169531	27041	29189	23697	19186	18182	3571365.42	440752.22	107160.15
128632	61040	20132	14888	15824	13542	1613174.77	176734.11	54812.40
98783	10616	22860	17738	15075	14068	1769780.18	270529.45	72713.48
79828	7120	24389	18901	19331	17115	1470582.15	193758.44	54200.47
209711	27280	45113	32738	31330	27891	4790295.25	401914.52	99508.47
90031	8651	28806	19805	24234	18521	1940092.53	153790.84	53172.05
79692	10064	24397	15697	18515	14500	2482778.68	255163.03	79415.15
77315	8036	24964	17200	18853	15360	2541343.26	241419.76	85567.17
463153	81895	76261	65379	55715	53912	7273155.19	953784.63	219869.20
70888	11460	18065	13527	15182	12744	1476769.55	175297.82	54743.18
29859	3944	6499	5039	5322	4712	593594.30	76162.91	21059.82
77621	10828	18242	15893	14413	13603	1734473.95	166591.29	39783.06
165145	19174	37520	27511	29951	24715	3579819.09	444143.31	127218.09
60070	6592	14712	11139	11285	9872	1450864.31	150493.11	45472.08
80223	3947	22969	14658	17261	13415	1797147.18	168927.88	38555.49
3900	542	1265	853	1089	742	145897.75	10807.81	3747.38
97304	7181	18709	15468	13867	12512	1626988.70	224678.73	87585.88
32666	2192	7951	5686	4802	4613	771710.00	65983.26	18699.17
10199	584	2672	1522	1853	1312	422624.71	24299.78	8912.87
23525	4391	4008	3109	2776	2510	566445.91	49387.75	15696.73
47422	1479	13712	10137	8592	7948	1152277.90	116786.98	25727.14

普通高中办学
Condition of School Buildings in Senior

地 区 Region	占地面积(平方米) Areas of School Sites(m^2)			图书(册) Books & Magazines in Libraries (volume)	
	合计 Total	其中: of Which:			合计 Total
		绿化用地面积 Green Areas	运动场地面积 Sports Areas		
总 计 Total	**502049572.99**	**124464859.11**	**120202798.83**	**425263938**	**2233085**
北 京 Beijing	772249.11	177408.30	198775.00	295973	4532
天 津 Tianjin	1370265.32	225893.06	345870.90	1454425	6161
河 北 Hebei	29833505.57	5730784.26	7072991.34	27193796	131580
山 西 Shanxi	15832487.79	2852371.72	3201383.44	10174160	57454
内蒙古 Inner Mongolia	12545175.68	2204989.08	3309019.01	6694170	46719
辽 宁 Liaoning	6202855.31	1118771.52	1533248.61	3517179	23308
吉 林 Jilin	5296667.12	1141630.52	1640570.83	4110757	26089
黑龙江 Heilongjiang	9340369.50	1424468.58	2129345.42	4054302	34446
上 海 Shanghai	1023448.20	385389.00	247490.00	992859	9792
江 苏 Jiangsu	23369067.07	7949655.57	5545860.98	23278566	126467
浙 江 Zhejiang	17066687.78	5488180.45	3946534.62	16638075	97706
安 徽 Anhui	34246060.62	8307375.01	7389097.22	23825668	165181
福 建 Fujian	20975717.00	5571296.45	5741201.12	24521466	109315
江 西 Jiangxi	24377508.04	7089289.56	6065486.44	22905271	99970
山 东 Shandong	31983739.05	8561870.33	7206637.67	24002476	136164
河 南 Henan	41393898.83	8577326.33	7528040.71	20158179	127515
湖 北 Hubei	13688227.12	3648798.36	2632783.44	7394333	39952
湖 南 Hunan	30740113.94	8686228.22	6038696.85	23759336	104878
广 东 Guangdong	26160389.77	7449444.53	6817777.60	29734118	168461
广 西 Guangxi	19361179.63	4160474.69	4554066.13	20935367	77867
海 南 Hainan	4382967.51	1120515.59	916626.16	3527160	17562
重 庆 Chongqing	8173604.97	2333712.80	2334696.28	7677780	39958
四 川 Sichuan	29671475.20	6343624.62	10292661.50	36323590	160390
贵 州 Guizhou	22008654.70	5693927.15	5216461.57	22111563	94922
云 南 Yunnan	25232092.32	6863146.76	6080031.56	20123476	104747
西 藏 Tibet	387087.22	62986.00	59020.13	229847	672
陕 西 Shaanxi	12830823.97	2921534.17	3455164.05	15227209	75393
甘 肃 Gansu	12882498.64	2441433.84	3767857.20	12094942	65331
青 海 Qinghai	3845644.60	940335.23	970683.25	3400193	19758
宁 夏 Ningxia	3026460.45	770995.99	667771.95	2790095	14716
新 疆 Xinjiang	14028650.96	4221001.42	3296947.85	6117607	46079

条件(二)(镇区)
Secondary Schools (2) (Counties & Towns Area)

计算机数(台) PC (set) 其中:教学用计算机 No. of Computers Used for Instruction 小计 Subtotal	计算机数(台) PC (set) 其中:教学用计算机 No. of Computers Used for Instruction 其中:平板电脑 of Which: Tablet PC	教室(间) Classroom(room) 合计 Total	教室(间) Classroom(room) 其中:网络多媒体教室 of Which: Network Multimedia Classroom	教室中:普通教室(间) of Which: General Classroom(room) 合计 Total	教室中:普通教室(间) of Which: General Classroom(room) 其中:网络多媒体教室 of Which: Network Multimedia Classroom	固定资产总值(万元) Total Value of Fixed Asset (10,000 yuan) 合计 Total	固定资产总值(万元) Total Value of Fixed Asset (10,000 yuan) 其中:教学仪器设备资产值 of Which: Total Value of Equip & Instru. 小计 Subtotal	固定资产总值(万元) Total Value of Fixed Asset (10,000 yuan) 其中:教学仪器设备资产值 of Which: Total Value of Equip & Instru. 其中:实验设备 of Which: for Experiment
1865754	**138101**	**501926**	**349559**	**387161**	**316532**	**41122637.00**	**3837757.34**	**1274636.37**
3903	454	886	736	633	569	48526.17	11593.46	2687.56
5577	372	1126	866	753	726	158339.35	8726.85	3693.01
123970	10583	31572	23840	26884	22729	2281598.04	178345.75	68005.27
47313	2646	14587	9882	11379	8991	1135984.79	88065.47	35904.06
38888	2076	9031	6463	6206	5723	1184238.14	104736.63	32976.68
15950	1520	6194	3896	5050	3624	386764.43	37487.82	12721.87
19080	3545	6298	3360	4819	3023	416366.68	36151.25	10970.28
23721	988	9193	5616	6321	5146	580922.26	54798.23	17982.89
7052	1339	1127	859	674	642	170315.48	18787.02	3728.75
108866	6372	23829	16688	16293	14246	2245120.93	213210.93	71529.20
84054	5102	14124	11045	8950	8598	1657039.60	217501.71	47087.39
139293	29846	31748	21740	26088	20165	2833851.16	220457.81	75693.71
81940	4815	21584	16328	14352	13749	1619093.89	217293.63	74684.19
83244	6379	26467	19567	21671	18470	1567742.56	202777.23	54565.72
117392	5233	32780	23541	24465	20723	2918715.23	244241.54	85112.79
107550	8594	42094	26355	37623	25197	2836006.96	189142.90	64312.78
31689	2194	11751	7385	9103	6694	1084502.23	82418.49	30446.94
86259	3869	28142	18485	22855	17879	2443634.56	229356.38	82621.92
143262	14741	25492	20283	18968	17981	1910585.18	213318.64	83188.72
58812	6952	17326	13345	14977	12602	1117146.15	115831.19	43327.53
14635	604	4075	2584	2847	2339	307647.72	49286.90	13144.89
33520	1229	9679	7885	6880	6703	614964.33	62401.99	17795.12
131814	3029	36526	23735	30364	22017	2810710.15	317942.88	101326.65
81482	3713	21312	16026	16752	14840	2313070.75	181051.57	65891.85
86830	2045	27077	15799	20786	14827	2313602.82	147382.56	37223.80
588	0	138	110	105	105	33492.65	1282.55	267.55
70286	3620	13485	11170	11214	10100	1258389.67	130517.85	61036.93
56580	2858	16014	10384	8760	8236	1176165.06	108591.88	33272.71
15264	1756	4010	2024	2644	1831	377977.90	33891.37	12023.27
12860	503	2080	1627	1536	1451	224617.85	29814.15	8506.19
34080	1124	12179	7935	7209	6606	1095504.29	91350.69	22906.14

地区 Region	占地面积(平方米) Areas of School Sites(m^2)			图书(册) Books & Magazines in Libraries (volume)	
	合计 Total	其中: of Which:			合计 Total
		绿化用地面积 Green Areas	运动场地面积 Sports Areas		
总 计 Total	**66696480.13**	**18006692.95**	**13344461.66**	**39032944**	**241700**
北 京 Beijing	1416729.42	459310.60	337881.14	715264	7437
天 津 Tianjin	177824.00	38227.95	54904.30	186960	659
河 北 Hebei	3940881.81	804901.35	828383.30	2229777	14357
山 西 Shanxi	3193245.92	533999.00	549598.00	1512958	8350
内蒙古 Inner Mongolia	485188.51	80107.15	115005.91	217322	1891
辽 宁 Liaoning	788567.20	140563.52	209336.07	281071	2765
吉 林 Jilin	941898.33	236618.66	274215.12	319777	1620
黑龙江 Heilongjiang	888692.00	98850.00	173557.36	283436	1813
上 海 Shanghai	556287.71	180658.80	109196.47	356138	3678
江 苏 Jiangsu	851769.11	260602.15	160323.76	681344	4180
浙 江 Zhejiang	3034577.66	920977.17	679273.72	2244082	14212
安 徽 Anhui	2400359.68	550248.88	498239.75	1560987	14314
福 建 Fujian	3202331.42	758132.31	756628.96	2881042	12162
江 西 Jiangxi	2467087.66	622605.08	391404.53	877339	4798
山 东 Shandong	3121530.53	854311.40	487580.95	1255645	12770
河 南 Henan	4959658.85	1039869.89	796574.93	1705552	12126
湖 北 Hubei	1309578.00	320037.00	208540.25	675681	4369
湖 南 Hunan	3169099.94	877218.20	557650.51	2081375	9018
广 东 Guangdong	7655876.52	2884863.00	1372030.65	5378826	37538
广 西 Guangxi	1006717.44	208480.05	232579.50	529412	4226
海 南 Hainan	1553993.45	447241.50	295099.00	792472	7036
重 庆 Chongqing	1745695.66	539829.01	482415.84	1522693	8275
四 川 Sichuan	2706627.34	717913.92	713366.08	2032424	10742
贵 州 Guizhou	2526156.79	751861.56	462518.64	2235800	7294
云 南 Yunnan	5062824.40	1587493.69	858514.60	2104462	11637
西 藏 Tibet	1413098.37	335474.38	230590.86	537147	3179
陕 西 Shaanxi	1670870.75	346594.99	357334.86	1176352	5765
甘 肃 Gansu	581019.00	144768.88	174048.33	555202	2884
青 海 Qinghai	458633.00	59440.00	86412.00	208402	829
宁 夏 Ningxia	533688.00	286840.80	48000.00	137678	1278
新 疆 Xinjiang	2875971.66	918652.06	843256.27	1756324	10498

条件(二)(乡村)
Senior Secondary Schools (2) (Rural Area)

计算机数(台) PC (set)		教室(间) Classroom(room)		教室中:普通教室(间) of Which: General Classroom(room)		固定资产总值(万元) Total Value of Fixed Asset (10,000 yuan)		
其中:教学用计算机 No. of Computers Used for Instruction		合计 Total	其中:网络多媒体教室 of Which: Network Multimedia Classroom	合计 Total	其中:网络多媒体教室 of Which: Network Multimedia Classroom	合计 Total	其中:教学仪器设备资产值 of Which: Total Value of Equip & Instru.	
小计 Subtotal	其中:平板电脑 of Which: Tablet PC						小计 Subtotal	其中:实验设备 of Which:for experiment
201294	**25230**	**57898**	**39631**	**42870**	**34209**	**5712475.55**	**453346.22**	**136727.46**
5951	725	1118	1014	742	730	87906.37	28873.29	5446.67
588	0	125	97	85	83	7718.67	666.83	287.19
12633	253	3886	2732	3290	2478	207824.39	17419.09	7493.33
6804	678	2615	1645	1803	1436	246684.85	12747.81	6445.43
1325	106	452	387	378	367	36006.49	1876.43	439.31
2278	175	785	535	620	453	73809.48	3049.35	918.74
1449	0	1036	277	625	259	81198.46	3109.88	1409.57
1171	28	613	343	330	286	36900.36	2466.17	1133.34
2894	1046	703	420	365	307	76481.64	12125.54	4946.94
3740	338	706	442	425	296	72628.93	4446.65	1421.33
11616	546	2634	2164	1656	1606	379367.90	32735.02	7993.72
12657	5992	2368	1597	1790	1482	144744.43	16844.14	5127.84
9564	235	2922	2090	2057	1720	222583.71	26667.20	8279.29
4036	312	1738	995	1339	945	93928.87	10781.44	3031.35
10467	1779	2902	2249	2017	1795	411352.55	21463.16	6598.69
9837	1291	4204	2820	3397	2549	432763.81	25016.68	6339.18
3587	295	975	641	812	615	109238.72	9626.41	3721.89
7771	695	3237	1791	2726	1724	240756.73	20077.41	7657.06
31943	4737	5914	4915	4558	4368	701815.35	59566.85	16913.39
3020	1022	717	421	664	410	109654.87	5931.40	3463.85
5212	864	1266	799	890	679	161756.57	15212.55	3487.51
7421	1116	1615	1529	1398	1376	152654.02	11461.41	2730.81
8939	700	2529	1808	1949	1556	253619.48	26759.41	6561.35
6225	248	2318	1516	1587	1262	321615.00	25767.61	7719.51
9901	423	4226	2137	3290	1918	488984.31	17200.46	4606.14
2042	320	830	665	648	584	160590.85	5168.57	1158.17
4921	557	1334	983	913	796	74409.70	9043.82	4089.78
1965	315	835	569	481	475	56032.42	4925.58	1426.39
740	49	350	83	293	83	33788.59	1246.74	508.00
1267	9	212	179	116	107	19478.25	1795.94	565.86
9330	376	2733	1788	1626	1464	216179.76	19273.38	4805.84

中等职业学
Number of Secondary

地 区 Region	中等职业学校									
	合计 Total	其中：中央部门 of Which: HEIs under Central Ministries & Agencies	其中：地方公办 of Which: HEIs under Local Auth.	其中：民办 of Which: Non-government	其中：具有法人资格的中外合作办 Sino-foreign Cooperation Institutions with Independent Legal Personality	普通中专学校 Reg. Specialized Sec. Schools				
						小计 Subtotal	其中：中央部门 of Which: HEIs under Central Ministries & Agencies	其中：地方公办 of Which: HEIs under Local Auth.	其中：民办 of Which: Non-government	其中：具有法人资格的中外合作办 Sino-foreign Cooperation Institutions with Independent Legal Personality
总 计 Total	**7473**	**21**	**5498**	**1953**	**1**	**3266**	**18**	**2407**	**841**	**0**
北 京 Beijing	84	8	57	19	0	29	7	21	1	0
天 津 Tianjin	67	0	61	6	0	37	0	35	2	0
河 北 Hebei	607	3	432	172	0	258	3	106	149	0
山 西 Shanxi	340	0	246	94	0	88	0	76	12	0
内蒙古 Inner Mongolia	231	0	168	63	0	72	0	34	38	0
辽 宁 Liaoning	267	0	182	85	0	102	0	92	10	0
吉 林 Jilin	244	0	177	67	0	35	0	30	5	0
黑龙江 Heilongjiang	210	0	162	48	0	74	0	34	40	0
上 海 Shanghai	89	2	82	4	1	56	2	52	2	0
江 苏 Jiangsu	198	0	176	22	0	147	0	134	13	0
浙 江 Zhejiang	249	0	202	47	0	46	0	39	7	0
安 徽 Anhui	298	0	198	100	0	236	0	157	79	0
福 建 Fujian	166	0	147	19	0	166	0	147	19	0
江 西 Jiangxi	320	1	231	88	0	98	1	83	14	0
山 东 Shandong	397	1	287	109	0	249	0	180	69	0
河 南 Henan	544	1	399	144	0	131	1	112	18	0
湖 北 Hubei	263	2	204	57	0	207	2	163	42	0
湖 南 Hunan	494	0	272	222	0	40	0	33	7	0
广 东 Guangdong	396	0	296	100	0	299	0	220	79	0
广 西 Guangxi	230	0	171	59	0	230	0	171	59	0
海 南 Hainan	64	0	35	29	0	26	0	19	7	0
重 庆 Chongqing	129	0	106	23	0	25	0	21	4	0
四 川 Sichuan	397	0	236	161	0	193	0	71	122	0
贵 州 Guizhou	184	0	143	41	0	63	0	59	4	0
云 南 Yunnan	369	0	322	47	0	88	0	71	17	0
西 藏 Tibet	13	0	13	0	0	13	0	13	0	0
陕 西 Shaanxi	230	0	151	79	0	31	0	29	2	0
甘 肃 Gansu	184	0	153	31	0	96	0	89	7	0
青 海 Qinghai	33	0	27	6	0	31	0	26	5	0
宁 夏 Ningxia	29	0	23	6	0	12	0	7	5	0
新 疆 Xinjiang	147	3	139	5	0	88	2	83	3	0

注：未含技工学校数据（下同）。

Note: Data on Skilled Workers are not included (Same as the Followings).

校(机构)数
Vocational Schools(Institutions)

单位:所
unit: institution

Secondary Vocational Schools

成人中专学校 Adults Specialized Sec. Schools					职业高中学校 Vocational High Schools				
小计 Subtotal	其中:中央部门 of Which: HEIs under Central Ministries & Agencies	其中:地方公办 of Which: HEIs under Local Auth.	其中:民办 of Which: Non-government	其中:具有法人资格的中外合作办 Sino-foreign Cooperation Institutions with Independent Legal Personality	小计 Subtotal	其中:中央部门 of Which: HEIs under Central Ministries & Agencies	其中:地方公办 of Which: HEIs under Local Auth.	其中:民办 of Which: Non-government	其中:具有法人资格的中外合作办 Sino-foreign Cooperation Institutions with Independent Legal Personality
991	**1**	**891**	**99**	**0**	**3216**	**2**	**2200**	**1013**	**1**
11	1	9	1	0	44	0	27	17	0
16	0	16	0	0	14	0	10	4	0
162	0	156	6	0	187	0	170	17	0
25	0	25	0	0	227	0	145	82	0
53	0	53	0	0	106	0	81	25	0
0	0	0	0	0	165	0	90	75	0
69	0	69	0	0	140	0	78	62	0
27	0	25	2	0	109	0	103	6	0
10	0	8	2	0	23	0	22	0	1
10	0	9	1	0	41	0	33	8	0
13	0	13	0	0	190	0	150	40	0
21	0	18	3	0	41	0	23	18	0
0	0	0	0	0	0	0	0	0	0
85	0	85	0	0	137	0	63	74	0
27	0	20	7	0	121	1	87	33	0
157	0	108	49	0	256	0	179	77	0
5	0	2	3	0	51	0	39	12	0
83	0	69	14	0	371	0	170	201	0
3	0	3	0	0	94	0	73	21	0
0	0	0	0	0	0	0	0	0	0
1	0	1	0	0	37	0	15	22	0
42	0	39	3	0	62	0	46	16	0
14	0	9	5	0	190	0	156	34	0
5	0	5	0	0	116	0	79	37	0
120	0	119	1	0	161	0	132	29	0
0	0	0	0	0	0	0	0	0	0
3	0	3	0	0	196	0	119	77	0
16	0	14	2	0	72	0	50	22	0
1	0	1	0	0	1	0	0	1	0
2	0	2	0	0	15	0	14	1	0
10	0	10	0	0	49	1	46	2	0

地 区 Region	毕业生数 Graduates		招生数 Entrants			
	合计 Total	其中：获得职业资格证书 of Which: Recipients of Vocational Qualifications	合计 Total	其中：应届毕业 of Which: Graduates of Current Year		其中：五年制高职中职段 of Which: 5-year Secondary Vocational Education
				小计 Subtotal	其中：初中毕业生 of Which: Junior Secondary School Graduates	
总 计 Total	**3834642**	**2579124**	**4846056**	**4425726**	**4325103**	**642382**
北 京 Beijing	17864	7759	15991	14750	14238	9040
天 津 Tianjin	29966	19264	26928	26530	25218	4393
河 北 Hebei	267526	198578	344688	313241	300609	9049
山 西 Shanxi	100866	81645	109847	100396	97833	20507
内蒙古 Inner Mongolia	56234	28015	67926	64746	63923	7971
辽 宁 Liaoning	97951	43924	94147	88254	87056	15057
吉 林 Jilin	40411	15823	44765	41544	40590	15248
黑龙江 Heilongjiang	60499	19205	59782	48598	45266	2201
上 海 Shanghai	32552	24747	39646	33948	33676	9294
江 苏 Jiangsu	208509	172596	225110	216474	212412	59615
浙 江 Zhejiang	168308	155541	209668	205106	204946	43203
安 徽 Anhui	256180	190796	328818	292850	277692	34971
福 建 Fujian	98585	79712	132726	125850	125139	25915
江 西 Jiangxi	107960	34738	177094	167098	166965	16175
山 东 Shandong	233426	134605	297527	289913	284820	96747
河 南 Henan	324853	202421	409613	382590	372917	44171
湖 北 Hubei	117794	85869	152287	149403	148645	12211
湖 南 Hunan	207929	154130	248228	241900	238593	14185
广 东 Guangdong	266124	173277	313885	304300	300739	13947
广 西 Guangxi	191496	102092	270668	210548	198652	20602
海 南 Hainan	37227	9164	48301	38761	36269	5868
重 庆 Chongqing	91948	69568	132293	130323	130081	42140
四 川 Sichuan	282042	236981	336741	313049	309675	28157
贵 州 Guizhou	134772	86762	145981	136974	133258	2240
云 南 Yunnan	151012	103444	265169	165927	164900	52985
西 藏 Tibet	6272	486	14776	9158	8935	45
陕 西 Shaanxi	73941	49960	107041	103846	101026	16715
甘 肃 Gansu	57328	42280	81384	77249	76544	4220
青 海 Qinghai	20236	7183	32924	23609	20770	226
宁 夏 Ningxia	22446	11342	26444	25420	25316	7644
新 疆 Xinjiang	72385	37217	85658	83371	78400	7640

(机构)学生数
Vocational Schools(Institutions)

单位:人
unit: person

在校学生数 Enrolment					预计毕业生数 Estimated Graduates for Next Year	
合计 Total	一年级 Grade 1	二年级 Grade 2	三年级 Grade 3	四年级及以上 Grade 4 and over	合计 Total	其中:五年制高职中职段 of Which: 5-year Secondary Vocational Education
12678379	**4845876**	**4184754**	**3589796**	**57953**	**3851372**	**485606**
46376	15972	12708	14059	3637	14807	5465
78390	27156	24823	25764	647	26579	3600
837855	344754	277380	214105	1616	257585	7306
301205	109854	100352	88356	2643	91702	14055
175446	67934	56569	50391	552	51157	6298
256489	94185	81987	73679	6638	75570	8726
118915	44763	42010	31920	222	33552	9565
163552	59782	56584	45358	1828	46551	2451
104770	39771	33565	29328	2106	32385	7072
624464	224238	210117	185791	4318	189090	54319
569080	209763	193335	160292	5690	167149	34123
791146	328820	243209	217472	1645	262791	27501
358090	132753	121657	103680	0	104816	11641
445493	177256	147088	119329	1820	118025	13861
777416	297529	257433	221157	1297	223133	78722
1149685	409614	395999	342259	1813	359769	45264
420328	152219	142072	123643	2394	123841	11145
682951	248543	240101	187978	6329	206843	19136
866831	314031	291857	260404	539	261389	9298
699890	270699	229819	197946	1426	205908	12019
123339	48286	38358	35264	1431	35334	4095
342379	132293	113717	95593	776	95612	18462
817131	336781	253722	225242	1386	260117	13440
403573	145248	130142	128183	0	135953	449
599212	265181	177041	156673	317	203585	46621
32120	14915	9215	7929	61	9127	71
279787	107116	101931	70228	512	72655	11290
194601	81388	66972	45877	364	50807	1796
85922	32914	27061	22548	3399	21099	251
75524	26447	25663	23385	29	23830	1677
256419	85671	82267	85963	2518	90611	5887

地 区 Region	毕业生数 Graduates		招生数 Entrants			
	合计 Total	其中:获得职业资格证书 of Which: Recipients of Vocational Qualifications	合计 Total	其中:应届毕业 of Which: Graduates of Current Year		其中:五年制高职中职段 of Which: 5-year Secondary Vocational Education
				小计 Subtotal	其中:初中毕业生 of Which: Junior Secondary School Graduates	
总 计 Total	**1753331**	**1128904**	**2132819**	**1952469**	**1908745**	**303414**
北 京 Beijing	8266	3168	7644	6774	6484	4051
天 津 Tianjin	12300	7583	10916	10783	10362	1552
河 北 Hebei	124686	89386	154917	140670	132771	4915
山 西 Shanxi	45986	35640	50879	47069	46141	10939
内蒙古 Inner Mongolia	23777	12178	28891	27724	27375	2952
辽 宁 Liaoning	42454	16690	40985	38255	37699	6415
吉 林 Jilin	18094	5718	19689	18381	18055	6671
黑龙江 Heilongjiang	26637	8747	25390	21643	19926	1389
上 海 Shanghai	13129	9151	16780	13869	13804	4350
江 苏 Jiangsu	97394	75985	102357	98052	96285	31588
浙 江 Zhejiang	75254	67702	97010	93995	93872	19822
安 徽 Anhui	117323	84102	149089	133596	126350	19208
福 建 Fujian	43211	34492	59270	55959	55695	11570
江 西 Jiangxi	53981	15530	81662	77027	76950	8853
山 东 Shandong	106685	57923	126607	122962	121691	44129
河 南 Henan	152269	90731	175218	162814	160450	21191
湖 北 Hubei	51145	35538	66963	65697	65343	6292
湖 南 Hunan	98647	71503	114469	111540	110017	7297
广 东 Guangdong	117309	72003	138213	135103	133696	7023
广 西 Guangxi	80177	41769	114427	88805	84357	7663
海 南 Hainan	17520	4029	20825	16961	15480	3234
重 庆 Chongqing	41240	29790	55532	54608	54539	16315
四 川 Sichuan	131501	105505	149268	138246	136902	14101
贵 州 Guizhou	66763	39960	63867	60469	58897	1718
云 南 Yunnan	70587	46717	108084	68061	67638	25220
西 藏 Tibet	2933	66	6187	3675	3526	0
陕 西 Shaanxi	32949	22068	47639	46177	45172	7985
甘 肃 Gansu	29578	22477	37590	35889	35647	1626
青 海 Qinghai	9159	3038	14831	11223	9961	181
宁 夏 Ningxia	10828	4861	11177	10769	10724	2919
新 疆 Xinjiang	31549	14854	36443	35673	32936	2245

(机构)女学生数
Secondary Vocational Schools(Institutions)

单位:人
unit:person

在校学生数 Enrolment					预计毕业生数 Estimated Graduates for Next Year	
合计 Total	一年级 Grade 1	二年级 Grade 2	三年级 Grade 3	四年级及以上 Grade 4 and over	合计 Total	其中:五年制高职中职段 of Which: 5-year Secondary Vocational Education
5625117	**2132179**	**1854602**	**1606636**	**31700**	**1675121**	**239111**
22601	7600	6056	6905	2040	7073	2296
32013	11020	10241	10375	377	9999	1222
375684	154917	123611	96253	903	113955	3993
137447	50879	45458	40050	1060	40540	7806
74949	28892	24445	21278	334	21240	2509
114415	40994	35832	32107	5482	33403	3822
52137	19687	18253	14012	185	14419	4055
70636	25390	24404	19685	1157	18997	1754
43270	16811	14053	11792	614	13026	3208
283967	101686	95668	83744	2869	82459	27972
257962	97053	86783	72402	1724	74231	15926
363303	149090	111613	101635	965	117393	14060
158846	59287	53735	45824	0	44628	5041
207597	81717	67494	57439	947	56607	7785
332214	126609	109527	95391	687	96142	39297
502041	175218	172666	153428	729	153774	20881
184162	66932	62132	53823	1275	51886	5845
315599	114557	111065	86556	3421	90767	8935
384048	138296	129805	115649	298	110475	4376
297014	114440	99726	81875	973	83273	4539
53544	20825	16930	15171	618	15451	1958
145197	55532	48620	40652	393	38218	8002
368100	149285	115192	102847	776	117704	7800
183276	63407	59797	60072	0	60000	312
254829	108086	74270	72261	212	91377	26140
13703	6219	3823	3629	32	3921	59
123822	47703	44564	31198	357	31399	5544
93052	37591	31904	23346	211	24940	758
37287	14831	11742	9613	1101	8357	229
33585	11177	11413	10977	18	10567	919
108817	36448	33780	36647	1942	38900	2068

地　区 Region	毕业生数 Graduates		招生数 Entrants			
	合计 Total	其中:获得职业资格证书 of Which: Recipients of Vocational Qualifications	合计 Total	其中:应届毕业 of Which: Graduates of Current Year		其中:五年制高职中职段 of Which:5-year Secondary Vocational Education
				小计 Subtotal	其中:初中毕业生 of Which:Junior Secondary School Graduates	
总　计 Total	**2162310**	**1346978**	**2726906**	**2622324**	**2578662**	**536171**
北　京 Beijing	10639	4132	10056	9728	9216	6960
天　津 Tianjin	20598	13486	19878	19519	18621	4124
河　北 Hebei	130685	90787	180171	172078	168883	8553
山　西 Shanxi	36151	28858	36771	31766	30384	16711
内蒙古 Inner Mongolia	27944	11339	27318	26065	25752	7496
辽　宁 Liaoning	51077	22449	51143	47264	46586	15057
吉　林 Jilin	15673	4399	14742	13769	13452	6642
黑龙江 Heilongjiang	30424	9038	27160	23887	23023	2201
上　海 Shanghai	21066	16447	25614	24975	24808	7848
江　苏 Jiangsu	159544	132354	179936	178482	178052	58931
浙　江 Zhejiang	27456	24193	34121	34102	33949	9503
安　徽 Anhui	129036	93768	187799	185509	184419	34971
福　建 Fujian	83341	68559	126070	123727	123234	25915
江　西 Jiangxi	58972	16506	116020	110392	110301	16175
山　东 Shandong	169861	92955	214117	209051	206926	82699
河　南 Henan	235500	131836	303488	291903	284144	44084
湖　北 Hubei	88532	61025	113635	110982	110306	10581
湖　南 Hunan	59006	39228	46682	45952	45370	11684
广　东 Guangdong	207139	125905	242418	234656	231217	9194
广　西 Guangxi	145105	84301	211378	200240	193684	20602
海　南 Hainan	22477	5509	28171	25985	23567	5549
重　庆 Chongqing	27234	16361	50507	49682	49547	26756
四　川 Sichuan	115701	88426	142675	137696	136785	18674
贵　州 Guizhou	51793	26549	45308	43969	43581	1635
云　南 Yunnan	95378	62926	99912	89560	89244	51355
西　藏 Tibet	6228	486	13091	9008	8785	45
陕　西 Shaanxi	17251	7356	27660	26491	24991	15763
甘　肃 Gansu	38385	28446	57698	56402	55946	4003
青　海 Qinghai	13113	6736	19015	16929	16380	226
宁　夏 Ningxia	11581	5048	11926	11700	11605	4594
新　疆 Xinjiang	55420	27570	62426	60855	55904	7640

学生数
Specialized Secondary Schools

单位:人
unit:person

在校学生数 Enrolment					预计毕业生数 Estimated Graduates for Next Year	
合计 Total	一年级 Grade 1	二年级 Grade 2	三年级 Grade 3	四年级及以上 Grade 4 and over	合计 Total	其中:五年制高职中职段 of Which: 5-year Secondary Vocational Education
7354168	**2725934**	**2432465**	**2152100**	**43669**	**2187726**	**419225**
29127	10034	8232	7756	3105	8048	4577
58658	20104	18716	19326	512	19820	3269
459132	180237	156081	121553	1261	123746	6961
107018	36771	36455	31159	2633	32991	12059
74395	27318	23718	22807	552	23100	6215
143948	51181	44971	41833	5963	43563	8726
40526	14740	14567	11056	163	11389	4703
77547	27160	26160	23205	1022	23206	2451
69827	25682	21721	20355	2069	20634	5927
504079	180067	168144	151892	3976	152287	53634
96668	34129	31428	27611	3500	27182	8529
500427	187801	163947	147107	1572	147639	27501
332453	126097	112404	93952	0	93995	11641
292767	116100	99982	74889	1796	73564	13810
561002	214119	183267	162412	1204	162839	69187
840271	303489	280388	254581	1813	261852	45264
315512	113567	107471	92080	2394	92360	8744
140107	46771	47103	44594	1639	51094	18487
667675	242547	221541	203048	539	203212	5944
532268	211408	175021	144413	1426	150406	11247
71322	28172	21941	20135	1074	20193	3699
118895	50507	38843	29282	263	29301	9641
373100	142715	119195	109814	1376	110662	11213
138452	43258	46652	48542	0	48606	316
295255	99921	95640	99377	317	99394	45609
29817	13230	8597	7929	61	8355	71
70400	27735	24614	17539	512	17488	10557
138988	57702	47702	33299	285	35962	1796
49730	19005	15565	15065	95	14744	251
37034	11928	13209	11868	29	11825	1309
187768	62439	59190	63621	2518	68269	5887

地 区 Region	毕业生数 Graduates		招生数 Entrants			
	合计 Total	其中:获得职业资格证书 of Which: Recipients of Vocational Qualifications	合计 Total	其中:应届毕业 of Which: Graduates of Current Year		其中:五年制高职中职段 of Which:5-year Secondary Vocational Education
				小计 Subtotal	其中:初中毕业生 of Which:Junior Secondary School Graduates	
总 计 Total	**1040752**	**610684**	**1233482**	**1190343**	**1172753**	**259052**
北 京 Beijing	4787	1726	4762	4551	4261	3157
天 津 Tianjin	8281	5112	7807	7688	7553	1401
河 北 Hebei	59708	38407	77063	73768	72341	4753
山 西 Shanxi	18344	13211	18078	16202	15829	9295
内蒙古 Inner Mongolia	11351	4957	11109	10654	10475	2860
辽 宁 Liaoning	23397	8578	23654	21749	21375	6415
吉 林 Jilin	7525	1145	7021	6661	6501	3140
黑龙江 Heilongjiang	16294	4511	14069	12508	12007	1389
上 海 Shanghai	8536	5907	10450	10080	10063	3637
江 苏 Jiangsu	73772	57465	82089	81704	81616	31333
浙 江 Zhejiang	15220	12705	17912	17904	17781	4739
安 徽 Anhui	62788	41692	86827	86093	85572	19208
福 建 Fujian	37882	30624	56536	55313	55084	11570
江 西 Jiangxi	32627	7248	56906	54374	54308	8853
山 东 Shandong	80872	41139	93308	91069	90425	38514
河 南 Henan	113999	62449	134926	129748	127764	21149
湖 北 Hubei	39268	25694	50633	49509	49191	5669
湖 南 Hunan	32760	21287	23728	23463	23272	6194
广 东 Guangdong	94908	54151	110311	107699	106331	5410
广 西 Guangxi	64449	36841	89499	84759	82426	7663
海 南 Hainan	11423	2594	12103	11559	10121	3090
重 庆 Chongqing	14425	8411	22673	22212	22174	10682
四 川 Sichuan	62030	44141	70483	67880	67394	10025
贵 州 Guizhou	27588	11933	19846	19360	19237	1186
云 南 Yunnan	50054	32908	44773	41145	40961	24732
西 藏 Tibet	2913	66	5313	3621	3472	0
陕 西 Shaanxi	8473	3959	13394	12837	12184	7506
甘 肃 Gansu	20114	15226	26894	26282	26089	1559
青 海 Qinghai	5868	2876	8363	7443	7210	181
宁 夏 Ningxia	5531	2226	4319	4269	4231	1497
新 疆 Xinjiang	25565	11495	28633	28239	25505	2245

女学生数
Specialized Secondary Schools

单位：人
unit：person

在校学生数 Enrolment					预计毕业生数 Estimated Graduates for Next Year	
合计 Total	一年级 Grade 1	二年级 Grade 2	三年级 Grade 3	四年级及以上 Grade 4 and over	合计 Total	其中：五年制高职中职段 of Which：5-year Secondary Vocational Education
3377230	**1232878**	**1114195**	**1004545**	**25612**	**990814**	**212120**
14024	4717	3874	3592	1841	3738	1915
23182	7910	7435	7535	302	7159	1093
199682	77063	67524	54338	757	51871	3873
52149	18078	17851	15164	1056	15472	7172
30164	11109	9715	9006	334	9054	2444
68123	23663	20610	18915	4935	20380	3822
19482	7019	6918	5414	131	5441	2203
40439	14069	13643	12022	705	11161	1754
27918	10468	8910	7935	605	8014	2581
228454	82121	76103	67537	2693	64960	27795
51670	17915	17252	15242	1261	15052	4830
235316	86828	77107	70441	940	68239	14060
149234	56553	50233	42448	0	40876	5041
147064	56949	49775	39414	926	38575	7735
246942	93310	80212	72811	609	72992	35335
379087	134926	124330	119102	729	116922	20881
140624	50602	47471	41276	1275	39250	4989
71715	23731	24404	22446	1134	24580	8586
307085	110388	102589	93810	298	89118	3377
227928	89512	75826	61617	973	63113	4539
31069	12103	9718	8895	353	9211	1847
55583	22673	18296	14403	211	13007	4429
188060	70500	60173	56619	768	57025	6763
63658	18879	21640	23139	0	22749	255
143724	44774	46798	51940	212	51550	25824
12566	5345	3560	3629	32	3719	59
33608	13458	11426	8367	357	8211	5113
66735	26895	22715	16954	171	17947	758
22032	8363	7024	6601	44	5907	229
15178	4319	5449	5392	18	4730	750
84735	28638	25614	28541	1942	30791	2068

地　区 Region	毕业生数 Graduates		招生数 Entrants			
	合计 Total	其中:获得职业资格证书 of Which: Recipients of Vocational Qualifications	合计 Total	其中:应届毕业 of Which: Graduates of Current Year 小计 Subtotal	其中:应届毕业 of Which: Graduates of Current Year 其中:初中毕业生 of Which: Junior Secondary School Graduates	其中:五年制高职中职段 of Which: 5-year Secondary Vocational Education
总　计 Total	**430267**	**269570**	**535320**	**248211**	**202909**	**1983**
北　京 Beijing	4613	2001	1279	374	374	0
天　津 Tianjin	2282	193	0	0	0	0
河　北 Hebei	54405	38584	50072	28136	19652	0
山　西 Shanxi	3944	0	2995	0	0	0
内蒙古 Inner Mongolia	2035	1415	1645	463	217	0
辽　宁 Liaoning	4459	1925	0	0	0	0
吉　林 Jilin	3740	1032	1815	267	267	0
黑龙江 Heilongjiang	12838	2510	9673	2419	162	0
上　海 Shanghai	4881	2789	6673	2426	2321	0
江　苏 Jiangsu	23536	15778	17800	10952	7372	0
浙　江 Zhejiang	7275	5655	9375	5184	5184	0
安　徽 Anhui	91478	67063	117652	84440	70457	0
福　建 Fujian	15244	11153	6656	2123	1905	0
江　西 Jiangxi	2055	1	827	0	0	0
山　东 Shandong	5838	2548	4543	3057	2623	324
河　南 Henan	20794	12362	33325	20037	18809	0
湖　北 Hubei	977	826	1867	1867	1796	82
湖　南 Hunan	16525	11468	15594	11723	9747	0
广　东 Guangdong	3279	1490	3357	1897	1894	0
广　西 Guangxi	46391	17791	59290	10308	4968	0
海　南 Hainan	5470	0	7280	0	0	0
重　庆 Chongqing	3927	2289	4151	4141	4140	1398
四　川 Sichuan	58347	51044	38620	22366	20284	179
贵　州 Guizhou	20044	14072	13711	7596	5046	0
云　南 Yunnan	2101	1617	107222	20707	20100	0
西　藏 Tibet	44	0	1685	150	150	0
陕　西 Shaanxi	102	27	101	98	98	0
甘　肃 Gansu	4203	2399	3415	959	921	0
青　海 Qinghai	6742	314	13551	6373	4274	0
宁　夏 Ningxia	778	756	492	90	90	0
新　疆 Xinjiang	1920	468	654	58	58	0

学生数
Specialized Secondary Schools

单位:人
unit:person

在校学生数 Enrolment					预计毕业生数 Estimated Graduates for Next Year	
合计 Total	一年级 Grade 1	二年级 Grade 2	三年级 Grade 3	四年级及以上 Grade 4 and over	合计 Total	其中:五年制高职中职段 of Which: 5-year Secondary Vocational Education
1126747	**535744**	**336811**	**245573**	**8619**	**459457**	**2237**
7283	1279	1523	3998	483	4454	0
241	0	56	185	0	241	0
80483	50072	19831	10225	355	50388	0
9628	2995	2549	4084	0	4084	0
5622	1646	1995	1981	0	2354	0
1055	0	580	475	0	475	0
6504	1815	1759	2930	0	3925	0
27948	9673	9497	8778	0	9950	0
14838	6704	5451	2683	0	5441	0
48785	16795	17758	14152	80	17061	222
20590	9375	9508	1707	0	9074	0
227512	117652	58883	50977	0	94763	0
25637	6656	9253	9728	0	10821	0
4035	827	1020	2188	0	2188	0
15101	4543	5079	5479	0	6653	147
93077	33325	39046	20706	0	30760	0
3818	1867	1101	850	0	850	93
53335	15626	24535	8777	4397	16970	0
7914	3357	2708	1849	0	2475	0
167622	59291	54798	53533	0	55502	772
20613	7280	7060	6273	0	6273	0
12588	4151	3938	4499	0	4499	1003
50347	38620	5538	6189	0	40128	0
40409	15075	12451	12883	0	20589	0
135463	107222	26500	1741	0	48525	0
2303	1685	618	0	0	772	0
326	101	97	128	0	128	0
5277	3415	1439	423	0	2598	0
35318	13551	11211	7252	3304	6124	0
492	492	0	0	0	492	0
2583	654	1029	900	0	900	0

地区 Region	毕业生数 Graduates		招生数 Entrants			
	合计 Total	其中：获得职业资格证书 of Which: Recipients of Vocational Qualifications	合计 Total	其中：应届毕业 of Which: Graduates of Current Year		其中：五年制高职中职段 of Which: 5-year Secondary Vocational Education
				小计 Subtotal	其中：初中毕业生 of Which: Junior Secondary School Graduates	
总　计 Total	**189604**	**120389**	**235738**	**109329**	**86715**	**680**
北　京 Beijing	2389	799	787	130	130	0
天　津 Tianjin	775	56	0	0	0	0
河　北 Hebei	31356	23262	27743	17441	11073	0
山　西 Shanxi	1874	0	1387	0	0	0
内蒙古 Inner Mongolia	1036	752	610	243	124	0
辽　宁 Liaoning	1552	748	0	0	0	0
吉　林 Jilin	1572	528	787	34	34	0
黑龙江 Heilongjiang	4633	1565	3117	1184	68	0
上　海 Shanghai	1762	921	2799	771	723	0
江　苏 Jiangsu	12432	7926	9530	5771	4113	0
浙　江 Zhejiang	2679	1702	5279	2399	2399	0
安　徽 Anhui	38422	28587	52075	37475	30768	0
福　建 Fujian	5329	3868	2734	646	611	0
江　西 Jiangxi	561	0	654	0	0	0
山　东 Shandong	2339	1033	2666	1565	1393	169
河　南 Henan	8935	3854	11042	4403	4316	0
湖　北 Hubei	440	328	816	816	780	30
湖　南 Hunan	8491	6415	8097	5998	4978	0
广　东 Guangdong	880	280	887	514	514	0
广　西 Guangxi	15728	4928	24928	4046	1931	0
海　南 Hainan	2570	0	3301	0	0	0
重　庆 Chongqing	1768	1283	1604	1596	1595	445
四　川 Sichuan	25580	22293	16446	8885	8118	36
贵　州 Guizhou	9727	7066	5807	3397	2197	0
云　南 Yunnan	758	544	43351	7761	7543	0
西　藏 Tibet	20	0	874	54	54	0
陕　西 Shaanxi	25	24	48	45	45	0
甘　肃 Gansu	1873	1252	1445	477	466	0
青　海 Qinghai	3047	75	6291	3626	2690	0
宁　夏 Ningxia	15	1	261	16	16	0
新　疆 Xinjiang	1036	299	372	36	36	0

女学生数
Specialized Secondary Schools

单位:人
unit:person

在校学生数 Enrolment					预计毕业生数 Estimated Graduates for Next Year	
合计 Total	一年级 Grade 1	二年级 Grade 2	三年级 Grade 3	四年级及以上 Grade 4 and over	合计 Total	其中:五年制高职中职段 of Which: 5-year Secondary Vocational Education
486522	**235548**	**144328**	**103100**	**3546**	**194657**	**485**
4042	787	810	2267	178	2348	0
109	0	29	80	0	109	0
44268	27743	10180	6199	146	27417	0
4745	1387	1337	2021	0	2021	0
2381	610	822	949	0	935	0
189	0	20	169	0	169	0
2723	787	809	1127	0	1652	0
9651	3117	3297	3237	0	3514	0
5843	2803	2143	897	0	2043	0
25552	8827	9101	7548	76	9026	1
9336	5279	3387	670	0	3215	0
100375	52075	25668	22632	0	40415	0
9612	2734	3502	3376	0	3752	0
1610	654	381	575	0	575	0
7363	2666	2435	2262	0	2811	60
33572	11042	16369	6161	0	10622	0
1669	816	455	398	0	398	51
26814	8097	12015	4613	2089	7687	0
2279	887	762	630	0	600	0
69086	24928	23900	20258	0	20160	0
9895	3301	3557	3037	0	3037	0
5151	1604	1643	1904	0	1904	373
21195	16446	2286	2463	0	16905	0
16971	6316	5119	5536	0	8814	0
51978	43351	8349	278	0	19859	0
1137	874	263	0	0	202	0
157	48	46	63	0	63	0
2263	1445	536	282	0	1224	0
14784	6291	4560	2876	1057	2329	0
261	261	0	0	0	261	0
1511	372	547	592	0	590	0

职业高中
Number of Students in

地　区 Region	毕业生数 Graduates		招生数 Entrants			
	合计 Total	其中：获得职业资格证书 of Which: Recipients of Vocational Qualifications	合计 Total	其中：应届毕业 of Which: Graduates of Current Year		其中：五年制高职中职段 of Which: 5-year Secondary Vocational Education
				小计 Subtotal	其中：初中毕业生 of Which: Junior Secondary School Graduates	
总　计 Total	**1242065**	**962576**	**1583830**	**1555191**	**1543532**	**104228**
北　京 Beijing	2612	1626	4656	4648	4648	2080
天　津 Tianjin	7086	5585	7050	7011	6597	269
河　北 Hebei	82436	69207	114445	113027	112074	496
山　西 Shanxi	60771	52787	70081	68630	67449	3796
内蒙古 Inner Mongolia	26255	15261	38963	38218	37954	475
辽　宁 Liaoning	42415	19550	43004	40990	40470	0
吉　林 Jilin	20998	10392	28208	27508	26871	8606
黑龙江 Heilongjiang	17237	7657	22949	22292	22081	0
上　海 Shanghai	6605	5511	7359	6547	6547	1446
江　苏 Jiangsu	25429	24464	27374	27040	26988	684
浙　江 Zhejiang	133577	125693	166172	165820	165813	33700
安　徽 Anhui	35666	29965	23367	22901	22816	0
福　建 Fujian	0	0	0	0	0	0
江　西 Jiangxi	46933	18231	60247	56706	56664	0
山　东 Shandong	57727	39102	78867	77805	75271	13724
河　南 Henan	68559	58223	72800	70650	69964	87
湖　北 Hubei	28285	24018	36785	36554	36543	1548
湖　南 Hunan	132398	103434	185952	184225	183476	2501
广　东 Guangdong	55706	45882	68110	67747	67628	4753
广　西 Guangxi	0	0	0	0	0	0
海　南 Hainan	9280	3655	12850	12776	12702	319
重　庆 Chongqing	60787	50918	77635	76500	76394	13986
四　川 Sichuan	107994	97511	155446	152987	152606	9304
贵　州 Guizhou	62935	46141	86962	85409	84631	605
云　南 Yunnan	53533	38901	58035	55660	55556	1630
西　藏 Tibet	0	0	0	0	0	0
陕　西 Shaanxi	56588	42577	79280	77257	75937	952
甘　肃 Gansu	14740	11435	20271	19888	19677	217
青　海 Qinghai	381	133	358	307	116	0
宁　夏 Ningxia	10087	5538	14026	13630	13621	3050
新　疆 Xinjiang	15045	9179	22578	22458	22438	0

学生数
Vocational High Schools

单位:人
unit:person

在校学生数 Enrolment					预计毕业生数 Estimated Graduates for Next Year	
合计 Total	一年级 Grade 1	二年级 Grade 2	三年级 Grade 3	四年级及以上 Grade 4 and over	合计 Total	其中:五年制高职中职段 of Which: 5-year Secondary Vocational Education
4197464	**1584198**	**1415478**	**1192123**	**5665**	**1204189**	**64144**
9966	4659	2953	2305	49	2305	888
19491	7052	6051	6253	135	6518	331
298240	114445	101468	82327	0	83451	345
184559	70088	61348	53113	10	54627	1996
95429	38970	30856	25603	0	25703	83
111486	43004	36436	31371	675	31532	0
71885	28208	25684	17934	59	18238	4862
58057	22949	20927	13375	806	13395	0
20105	7385	6393	6290	37	6310	1145
71600	27376	24215	19747	262	19742	463
451822	166259	152399	130974	2190	130893	25594
63207	23367	20379	19388	73	20389	0
0	0	0	0	0	0	0
148691	60329	46086	42252	24	42273	51
201313	78867	69087	53266	93	53641	9388
216337	72800	76565	66972	0	67157	0
100998	36785	33500	30713	0	30631	2308
489509	186146	168463	134607	293	138779	649
191242	68127	67608	55507	0	55702	3354
0	0	0	0	0	0	0
31404	12834	9357	8856	357	8868	396
210896	77635	70936	61812	513	61812	7818
393684	155446	128989	109239	10	109327	2227
224712	86915	71039	66758	0	66758	133
168494	58038	54901	55555	0	55666	1012
0	0	0	0	0	0	0
209061	79280	77220	52561	0	55039	733
50336	20271	17831	12155	79	12247	0
874	358	285	231	0	231	0
37998	14027	12454	11517	0	11513	368
66068	22578	22048	21442	0	21442	0

地　区 Region	毕业生数 Graduates 合计 Total	毕业生数 Graduates 其中：获得职业资格证书 of Which: Recipients of Vocational Qualifications	招生数 Entrants 合计 Total	招生数 Entrants 其中：应届毕业 of Which: Graduates of Current Year 小计 Subtotal	招生数 Entrants 其中：应届毕业 of Which: Graduates of Current Year 其中：初中毕业生 of Which: Junior Secondary School Graduates	招生数 Entrants 其中：五年制高职中职段 of Which: 5-year Secondary Vocational Education
总　计 Total	**522975**	**397831**	**663599**	**652797**	**649277**	**43682**
北　京 Beijing	1090	643	2095	2093	2093	894
天　津 Tianjin	3244	2415	3109	3095	2809	151
河　北 Hebei	33622	27717	50111	49461	49357	162
山　西 Shanxi	25768	22429	31414	30867	30312	1644
内蒙古 Inner Mongolia	11390	6469	17172	16827	16776	92
辽　宁 Liaoning	17505	7364	17331	16506	16324	0
吉　林 Jilin	8997	4045	11881	11686	11520	3531
黑龙江 Heilongjiang	5710	2671	8204	7951	7851	0
上　海 Shanghai	2831	2323	3531	3018	3018	713
江　苏 Jiangsu	11190	10594	10738	10577	10556	255
浙　江 Zhejiang	57355	53295	73819	73692	73692	15083
安　徽 Anhui	16113	13823	10187	10028	10010	0
福　建 Fujian	0	0	0	0	0	0
江　西 Jiangxi	20793	8282	24102	22653	22642	0
山　东 Shandong	23474	15751	30633	30328	29873	5446
河　南 Henan	29335	24428	29250	28663	28370	42
湖　北 Hubei	11437	9516	15514	15372	15372	593
湖　南 Hunan	57396	43801	82644	82079	81767	1103
广　东 Guangdong	21521	17572	27015	26890	26851	1613
广　西 Guangxi	0	0	0	0	0	0
海　南 Hainan	3527	1435	5421	5402	5359	144
重　庆 Chongqing	25047	20096	31255	30800	30770	5188
四　川 Sichuan	43891	39071	62339	61481	61390	4040
贵　州 Guizhou	29448	20961	38214	37712	37463	532
云　南 Yunnan	19775	13265	19960	19155	19134	488
西　藏 Tibet	0	0	0	0	0	0
陕　西 Shaanxi	24451	18085	34197	33295	32943	479
甘　肃 Gansu	7591	5999	9251	9130	9092	67
青　海 Qinghai	244	87	177	154	61	0
宁　夏 Ningxia	5282	2634	6597	6484	6477	1422
新　疆 Xinjiang	4948	3060	7438	7398	7395	0

女学生数
Vocational High Schools

单位：人
unit: person

在校学生数 Enrolment					预计毕业生数 Estimated Graduates for Next Year	
合计 Total	一年级 Grade 1	二年级 Grade 2	三年级 Grade 3	四年级及以上 Grade 4 and over	合计 Total	其中：五年制高职中职段 of Which: 5-year Secondary Vocational Education
1761365	**663753**	**596079**	**498991**	**2542**	**489650**	**26506**
4535	2096	1372	1046	21	987	381
8722	3110	2777	2760	75	2731	129
131734	50111	45907	35716	0	34667	120
80553	31414	26270	22865	4	23047	634
42404	17173	13908	11323	0	11251	65
46103	17331	15202	13023	547	12854	0
29932	11881	10526	7471	54	7326	1852
20546	8204	7464	4426	452	4322	0
9509	3540	3000	2960	9	2969	627
29961	10738	10464	8659	100	8473	176
196956	73859	66144	56490	463	55964	11096
27612	10187	8838	8562	25	8739	0
0	0	0	0	0	0	0
58923	24114	17338	17450	21	17457	50
77909	30633	26880	20318	78	20339	3902
89382	29250	31967	28165	0	26230	0
41869	15514	14206	12149	0	12238	805
217070	82729	74646	59497	198	58500	349
74684	27021	26454	21209	0	20757	999
0	0	0	0	0	0	0
12580	5421	3655	3239	265	3203	111
84463	31255	28681	24345	182	23307	3200
158845	62339	52733	43765	8	43774	1037
102647	38212	33038	31397	0	28437	57
59127	19961	19123	20043	0	19968	316
0	0	0	0	0	0	0
90057	34197	33092	22768	0	23125	431
24054	9251	8653	6110	40	5769	0
471	177	158	136	0	121	0
18146	6597	5964	5585	0	5576	169
22571	7438	7619	7514	0	7519	0

中等职业学校(机构)
Number of Students by age in

地　区 Region	合计 Total	14 岁及以下 14 Years and Under	15 岁 15 Years	16 岁 16 Years	17 岁 17 Years
总　计 Total	**12678379**	**170070**	**2589480**	**3669698**	**3122061**
北　京 Beijing	46376	2627	11237	11816	9847
天　津 Tianjin	78390	790	14267	24698	20712
河　北 Hebei	837855	5513	172488	249843	190895
山　西 Shanxi	301205	4151	70906	93775	76806
内蒙古 Inner Mongolia	175446	2752	32269	53271	42747
辽　宁 Liaoning	256489	7130	52716	75438	61334
吉　林 Jilin	118915	1476	27939	38197	25521
黑龙江 Heilongjiang	163552	1137	27430	41119	31545
上　海 Shanghai	104770	1252	21169	29823	27431
江　苏 Jiangsu	624464	6544	137561	186354	163912
浙　江 Zhejiang	569080	1397	142127	187400	157282
安　徽 Anhui	791146	3452	146880	198945	180117
福　建 Fujian	358090	3001	75401	111719	94608
江　西 Jiangxi	445493	26331	132935	137632	98369
山　东 Shandong	777416	13035	219841	250868	198634
河　南 Henan	1149685	15233	238830	334415	280351
湖　北 Hubei	420328	5991	108403	139332	111597
湖　南 Hunan	682951	12045	188659	217992	166743
广　东 Guangdong	866831	12635	157508	262635	240242
广　西 Guangxi	699890	8523	73436	160545	147941
海　南 Hainan	123339	2195	20818	30145	26373
重　庆 Chongqing	342379	4959	76948	109315	88882
四　川 Sichuan	817131	10677	174021	237249	208968
贵　州 Guizhou	403573	1532	46570	93317	99375
云　南 Yunnan	599212	5240	71093	142457	141383
西　藏 Tibet	32120	927	2482	6532	7756
陕　西 Shaanxi	279787	4491	62154	87288	73240
甘　肃 Gansu	194601	1573	37021	60406	47889
青　海 Qinghai	85922	853	5742	14098	14078
宁　夏 Ningxia	75524	900	11039	20961	20449
新　疆 Xinjiang	256419	1708	29590	62113	67034

分年龄学生数
Secondary Vocational Schools(Institutions)

单位:人
unit: person

18 岁 18 Years	19 岁 19 Years	20 岁 20 Years	21 岁 21 Years	22 岁及以上 22 Years and Over
1636307	**512459**	**189891**	**111580**	**676833**
5049	1346	256	47	4151
14912	2365	491	126	29
111957	26753	7455	4426	68525
34574	6667	1570	879	11877
27410	7620	1683	655	7039
38610	11384	2500	953	6424
12294	3635	1908	1730	6215
22015	9278	3157	3581	24290
14226	3421	750	159	6539
69014	14860	4173	3494	38552
57971	11869	2841	1332	6861
98840	47270	25881	14820	74941
41853	8450	2787	1947	18324
31927	7771	2202	847	7479
65196	11553	3501	1177	13611
143639	44180	15779	9419	67839
42677	7712	1481	600	2535
60193	12756	5036	3277	16250
129582	33740	9756	4499	16234
103877	38936	18742	16076	131814
15661	5111	1464	540	21032
46144	11520	3054	924	633
110043	37401	15379	9131	14262
80253	38525	15881	10027	18093
113056	50850	18889	8435	47809
5971	2916	1245	634	3657
36410	10815	2674	1500	1215
28111	10496	3161	1246	4698
11084	5799	3717	2673	27878
13903	5318	1884	593	477
49855	22142	10594	5833	7550

地　区 Region	合计 Total	14岁及以下 14 Years and Under	15岁 15 Years	16岁 16 Years	17岁 17 Years
总　计 Total	**5625117**	**90109**	**1183203**	**1626448**	**1368833**
北　京 Beijing	22601	1542	5411	5598	4383
天　津 Tianjin	32013	491	6117	10293	8339
河　北 Hebei	375684	2899	79040	110960	84301
山　西 Shanxi	137447	2001	33258	43219	34736
内蒙古 Inner Mongolia	74949	1327	14309	22941	18044
辽　宁 Liaoning	114415	5090	23980	33340	26469
吉　林 Jilin	52137	904	13017	16279	10496
黑龙江 Heilongjiang	70636	589	12349	18233	13794
上　海 Shanghai	43270	564	9178	12523	11209
江　苏 Jiangsu	283967	2497	62135	84908	73486
浙　江 Zhejiang	257962	784	66698	86047	70876
安　徽 Anhui	363303	1956	70635	91193	83923
福　建 Fujian	158846	1380	34200	50513	42296
江　西 Jiangxi	207597	14222	62556	63022	45132
山　东 Shandong	332214	6410	94685	107034	84472
河　南 Henan	502041	7975	106887	144368	117457
湖　北 Hubei	184162	3279	48785	60891	48133
湖　南 Hunan	315599	6925	90465	100452	74927
广　东 Guangdong	384048	6798	74204	117569	106149
广　西 Guangxi	297014	4001	33171	68360	61766
海　南 Hainan	53544	1069	9185	12629	11038
重　庆 Chongqing	145197	2888	33801	45302	37065
四　川 Sichuan	368100	5737	79022	107971	93382
贵　州 Guizhou	183276	804	21102	41447	45843
云　南 Yunnan	254829	2448	30289	59831	60895
西　藏 Tibet	13703	388	992	2639	3231
陕　西 Shaanxi	123822	2477	28686	39142	31599
甘　肃 Gansu	93052	933	18001	28091	22562
青　海 Qinghai	37287	418	2904	6638	6196
宁　夏 Ningxia	33585	435	4824	8966	9007
新　疆 Xinjiang	108817	878	13317	26049	27627

分年龄女学生数
Secondary Vocational Schools(Institutions)

单位:人
unit:person

18岁 18 Years	19岁 19 Years	20岁 20 Years	21岁 21 Years	22岁及以上 22 Years and Over
699103	**219457**	**83200**	**48448**	**306316**
2189	520	100	17	2841
5690	841	181	54	7
47376	10273	2825	1889	36121
14979	2847	644	328	5435
11170	3018	624	230	3286
16436	4606	1232	428	2834
5057	1485	814	715	3370
9416	3801	1282	1380	9792
5225	1098	220	64	3189
30058	6322	1778	1787	20996
24296	4418	1077	579	3187
43888	21191	11987	7147	31383
17930	3608	946	533	7440
14006	3136	957	345	3921
26490	4539	1365	410	6809
60226	18459	6904	4261	35504
17627	3114	657	314	1362
25597	5418	2226	1780	7809
54742	13806	4224	1799	4757
42515	16195	8313	6587	56106
6450	2187	557	202	10227
19229	4945	1244	437	286
48352	16725	7054	3703	6154
36982	17494	7102	4345	8157
50630	22880	7911	3401	16544
2625	1372	571	283	1602
15081	4525	1074	669	569
13911	5431	1513	572	2038
4404	2780	1729	1130	11088
6344	2482	945	313	269
20182	9641	5144	2746	3233

地区 Region	上学年初报表在校学生数 Enrolment at Beginning of Previous Academic Year	增加学生数 Factors of Increase				
		合计 Total	招生 No. of Students Admitted	复学 Students Resuming Studies	转入 Transfers from Other Inst.	其他 Others
总计 Total	**12161663**	**5146034**	**4846056**	**9354**	**265232**	**25392**
北京 Beijing	49356	16594	15991	139	464	0
天津 Tianjin	80942	31191	26928	36	3151	1076
河北 Hebei	774629	367651	344688	890	22073	0
山西 Shanxi	296674	113653	109847	48	3616	142
内蒙古 Inner Mongolia	168536	72665	67926	139	4312	288
辽宁 Liaoning	265089	98845	94147	98	2590	2010
吉林 Jilin	117863	46917	44765	36	1913	203
黑龙江 Heilongjiang	167688	63709	59782	14	2028	1885
上海 Shanghai	99979	40773	39646	227	873	27
江苏 Jiangsu	621530	253911	225110	667	27672	462
浙江 Zhejiang	542066	215462	209668	387	5388	19
安徽 Anhui	750713	368489	328818	118	39517	36
福建 Fujian	334826	141115	132726	281	8018	90
江西 Jiangxi	385493	179826	177094	99	2463	170
山东 Shandong	730464	308114	297527	282	9340	965
河南 Henan	1110637	447823	409613	676	26905	10629
湖北 Hubei	391910	165856	152287	194	13167	208
湖南 Hunan	669992	273661	248228	1410	24023	0
广东 Guangdong	859668	320673	313885	453	5880	455
广西 Guangxi	680286	285205	270668	433	13477	627
海南 Hainan	117313	56758	48301	75	7429	953
重庆 Chongqing	317203	134714	132293	101	1991	329
四川 Sichuan	796091	347614	336741	1152	9548	173
贵州 Guizhou	438121	156845	145981	552	7908	2404
云南 Yunnan	513232	274305	265169	254	7144	1738
西藏 Tibet	25402	15299	14776	20	385	118
陕西 Shaanxi	257529	109915	107041	142	2702	30
甘肃 Gansu	186733	85413	81384	139	3645	245
青海 Qinghai	81621	33066	32924	26	114	2
宁夏 Ningxia	74640	26955	26444	54	448	9
新疆 Xinjiang	255437	93017	85658	212	7048	99

学生数变动情况

Vocational Schools (Institutions)

单位：人

unit: person

减少学生数 Factors of Decrease									本学年初报表在校学生数 Enrolment at Beginning of Current Academic Year
合计 Total	毕业 Graduates	结业 Completers of Courses without Formal Awards	休学 Suspended	退学 Quitting	开除 Expelled	死亡 Death	转出 Transfers to Other Inst.	其他 Others	
4629318	**3834642**	**44870**	**18175**	**361120**	**3876**	**567**	**339890**	**26178**	**12678379**
19574	17864	197	124	712	1	8	668	0	46376
33743	29966	0	39	2113	2	4	211	1408	78390
304425	267526	619	358	16427	72	28	19395	0	837855
109122	100866	443	71	4790	23	8	2913	8	301205
65755	56234	161	189	6237	57	10	2867	0	175446
107445	97951	58	225	6980	79	5	1790	357	256489
45865	40411	146	83	3354	29	4	1838	0	118915
67845	60499	2061	164	3040	46	1	2019	15	163552
35982	32552	116	256	1477	9	9	1361	202	104770
250977	208509	3622	1224	10654	8	22	26882	56	624464
188448	168308	671	1058	7735	4	25	10430	217	569080
328056	256180	1171	246	8355	38	16	60799	1251	791146
117851	98585	1864	1143	11433	85	13	3655	1073	358090
119826	107960	0	106	5842	1	15	5156	746	445493
261162	233426	184	445	16115	48	25	9967	952	777416
408775	324853	999	1321	29302	600	18	50694	988	1149685
137438	117794	273	372	5674	42	25	13137	121	420328
260702	207929	1919	919	15722	123	37	34053	0	682951
313510	266124	1352	964	29695	129	47	10619	4580	866831
265601	191496	15560	2945	39478	893	34	14436	759	699890
50732	37227	8	86	7139	55	12	6205	0	123339
109538	91948	538	311	15043	129	22	1546	1	342379
326574	282042	3427	1590	25603	194	42	13571	105	817131
191393	134772	4714	1759	27560	47	22	12864	9655	403573
188325	151012	578	999	26277	398	42	8350	669	599212
8581	6272	0	86	1179	30	3	414	597	32120
87657	73941	736	321	6762	96	7	5670	124	279787
77545	57328	1392	224	9068	50	8	8491	984	194601
28765	20236	57	69	5728	33	3	2639	0	85922
26071	22446	25	79	2311	62	7	375	766	75524
92035	72385	1979	399	9315	493	45	6875	544	256419

中等职业学校(机构)
Changes of Female Enrolment in

地 区 Region	上学年初报表在校学生数 Enrolment at Beginning of Previous Academic Year	增加学生数 Factors of Increase				
		合计 Total	招 生 No. of Students Admitted	复 学 Students Resuming Studies	转 入 Transfers from Other Inst.	其他 Others
总 计 Total	**5450252**	**2274064**	**2132819**	**3552**	**125512**	**12181**
北 京 Beijing	23507	7892	7644	51	197	0
天 津 Tianjin	33086	12750	10916	22	1202	610
河 北 Hebei	352198	165575	154917	484	10174	0
山 西 Shanxi	134513	52481	50879	17	1504	81
内蒙古 Inner Mongolia	71432	30930	28891	42	1841	156
辽 宁 Liaoning	117836	42426	40985	42	750	649
吉 林 Jilin	51607	20654	19689	11	897	57
黑龙江 Heilongjiang	73136	27240	25390	10	885	955
上 海 Shanghai	40260	17114	16780	98	235	1
江 苏 Jiangsu	286140	115245	102357	264	12447	177
浙 江 Zhejiang	241543	99644	97010	185	2445	4
安 徽 Anhui	347575	167295	149089	63	18107	36
福 建 Fujian	146167	64078	59270	108	4656	44
江 西 Jiangxi	184158	82596	81662	48	830	56
山 东 Shandong	319956	130707	126607	72	3746	282
河 南 Henan	494596	191525	175218	281	11180	4846
湖 北 Hubei	171006	73422	66963	88	6306	65
湖 南 Hunan	310421	130010	114469	367	15174	0
广 东 Guangdong	378958	140353	138213	202	1916	22
广 西 Guangxi	284562	120871	114427	189	6057	198
海 南 Hainan	50916	27710	20825	33	6434	418
重 庆 Chongqing	136974	56619	55532	34	845	208
四 川 Sichuan	365796	153705	149268	255	4097	85
贵 州 Guizhou	209688	71164	63867	248	5195	1854
云 南 Yunnan	228830	112473	108084	99	3102	1188
西 藏 Tibet	11233	6362	6187	5	109	61
陕 西 Shaanxi	114113	48570	47639	54	877	0
甘 肃 Gansu	92310	39506	37590	42	1790	84
青 海 Qinghai	34899	14939	14831	12	94	2
宁 夏 Ningxia	34698	11241	11177	10	51	3
新 疆 Xinjiang	108138	38967	36443	116	2369	39

女学生数变动情况

Secondary Vocational Schools (Institutions)

单位:人
unit: person

减少学生数 Factors of Decrease									本学年初报表在校学生数 Enrolment at Beginning of Current Academic Year
合计 Total	毕业 Graduates	结业 Completers of Courses without Formal Awards	休学 Suspended	退学 Quitting	开除 Expelled	死亡 Death	转出 Transfers to Other Inst.	其他 Others	
2099199	**1753331**	**18843**	**7496**	**143587**	**1178**	**161**	**160696**	**13907**	**5625117**
8798	8266	35	48	230	0	5	214	0	22601
13823	12300	0	17	834	1	0	108	563	32013
142089	124686	303	120	6535	30	5	10410	0	375684
49547	45986	253	39	1873	3	0	1393	0	137447
27413	23777	55	89	2251	25	4	1212	0	74949
45847	42454	3	119	2647	15	1	499	109	114415
20124	18094	7	24	1436	9	0	554	0	52137
29740	26637	993	20	1186	4	0	893	7	70636
14104	13129	12	96	468	0	3	372	24	43270
117418	97394	1594	534	4250	0	8	13605	33	283967
83225	75254	149	482	2983	1	11	4263	82	257962
151567	117323	176	113	3762	14	5	29836	338	363303
51399	43211	761	403	4433	19	4	1863	705	158846
59157	53981	0	39	2542	0	5	2224	366	207597
118449	106685	92	184	6527	15	4	4661	281	332214
184080	152269	403	264	10826	185	7	19592	534	502041
60266	51145	11	115	2298	18	7	6552	120	184162
124832	98647	832	321	6334	25	11	18662	0	315599
135263	117309	421	469	11267	30	13	3612	2142	384048
108419	80177	6637	975	14505	292	13	5741	79	297014
25082	17520	1	40	2633	27	2	4859	0	53544
48396	41240	138	113	6273	41	6	585	0	145197
151401	131501	1854	695	11281	27	11	5994	38	368100
97576	66763	2129	1344	12149	8	5	8205	6973	183276
86474	70587	193	447	11086	199	12	3742	208	254829
3892	2933	0	18	420	9	0	135	377	13703
38861	32949	213	130	2558	24	2	2917	68	123822
38764	29578	855	66	3600	8	2	4013	642	93052
12551	9159	23	10	2084	2	2	1271	0	37287
12354	10828	10	19	1030	27	2	314	124	33585
38288	31549	690	143	3286	120	11	2395	94	108817

地 区 Region	结业生数				
			按时间分		
	合计 Total	其中:女 of Which: Female	一个月以内 1 Month Under	一个月至三个月以内 1 Month to 3 Months	三个月至半年以内 3 Months to 6 Months
总 计 Total	**827**	**347**	**76**	**3**	**19**
北 京 Beijing	106	46	25	0	16
天 津 Tianjin	0	0	0	0	0
河 北 Hebei	0	0	0	0	0
山 西 Shanxi	0	0	0	0	0
内蒙古 Inner Mongolia	82	38	0	0	0
辽 宁 Liaoning	0	0	0	0	0
吉 林 Jilin	0	0	0	0	0
黑龙江 Heilongjiang	10	10	0	0	0
上 海 Shanghai	14	9	0	3	3
江 苏 Jiangsu	0	0	0	0	0
浙 江 Zhejiang	0	0	0	0	0
安 徽 Anhui	0	0	0	0	0
福 建 Fujian	12	4	0	0	0
江 西 Jiangxi	0	0	0	0	0
山 东 Shandong	19	0	0	0	0
河 南 Henan	0	0	0	0	0
湖 北 Hubei	0	0	0	0	0
湖 南 Hunan	0	0	0	0	0
广 东 Guangdong	97	67	51	0	0
广 西 Guangxi	0	0	0	0	0
海 南 Hainan	0	0	0	0	0
重 庆 Chongqing	0	0	0	0	0
四 川 Sichuan	0	0	0	0	0
贵 州 Guizhou	0	0	0	0	0
云 南 Yunnan	487	173	0	0	0
西 藏 Tibet	0	0	0	0	0
陕 西 Shaanxi	0	0	0	0	0
甘 肃 Gansu	0	0	0	0	0
青 海 Qinghai	0	0	0	0	0
宁 夏 Ningxia	0	0	0	0	0
新 疆 Xinjiang	0	0	0	0	0

外国留学生情况

Secondary Vocational Schools(Institutions)

单位:人
unit: person

Graduates							
by Time		按大洲分 by Continent					
半年至一年以内 6 Months to 1 Year	一年及以上 1 Year and Over	亚洲 Asia	非洲 Africa	欧洲 Europe	北美洲 North America	南美洲 South America	大洋洲 Australia
48	**681**	**723**	**27**	**60**	**5**	**10**	**2**
8	57	64	0	39	1	1	1
0	0	0	0	0	0	0	0
0	0	0	0	0	0	0	0
0	0	0	0	0	0	0	0
0	82	68	3	11	0	0	0
0	0	0	0	0	0	0	0
0	0	0	0	0	0	0	0
10	0	10	0	0	0	0	0
7	1	3	0	8	2	0	1
0	0	0	0	0	0	0	0
0	0	0	0	0	0	0	0
0	0	0	0	0	0	0	0
0	12	12	0	0	0	0	0
0	0	0	0	0	0	0	0
0	19	2	17	0	0	0	0
0	0	0	0	0	0	0	0
0	0	0	0	0	0	0	0
0	0	0	0	0	0	0	0
23	23	77	7	2	2	9	0
0	0	0	0	0	0	0	0
0	0	0	0	0	0	0	0
0	0	0	0	0	0	0	0
0	0	0	0	0	0	0	0
0	0	0	0	0	0	0	0
0	487	487	0	0	0	0	0
0	0	0	0	0	0	0	0
0	0	0	0	0	0	0	0
0	0	0	0	0	0	0	0
0	0	0	0	0	0	0	0
0	0	0	0	0	0	0	0
0	0	0	0	0	0	0	0

中等职业学校

Number of Educational Personnel in

地　区 Region	教职工数 Educational		
	合计 Total	校本部教职工 Educational	
		小计 Subtotal	专任教师 Full-time Teachers
总　计 Total	**803752**	**800986**	**648718**
北　京 Beijing	8928	8926	5765
天　津 Tianjin	7541	7505	5520
河　北 Hebei	62927	62902	50330
山　西 Shanxi	29490	29458	23572
内蒙古 Inner Mongolia	17941	17908	13535
辽　宁 Liaoning	25157	25157	18889
吉　林 Jilin	17673	17673	13370
黑龙江 Heilongjiang	16798	16730	12346
上　海 Shanghai	11350	11323	7991
江　苏 Jiangsu	50639	50628	43503
浙　江 Zhejiang	40539	40525	36504
安　徽 Anhui	33762	33670	28830
福　建 Fujian	20094	20094	17004
江　西 Jiangxi	20905	20905	15573
山　东 Shandong	58824	58596	49169
河　南 Henan	56209	55692	46091
湖　北 Hubei	26002	26002	20927
湖　南 Hunan	40486	40486	32384
广　东 Guangdong	55946	55845	43848
广　西 Guangxi	26867	26354	20554
海　南 Hainan	5653	5653	4062
重　庆 Chongqing	18573	18423	15417
四　川 Sichuan	47261	46519	37902
贵　州 Guizhou	20046	20046	16630
云　南 Yunnan	24860	24776	20870
西　藏 Tibet	2668	2668	2544
陕　西 Shaanxi	19741	19732	15190
甘　肃 Gansu	15824	15820	13686
青　海 Qinghai	2827	2752	2301
宁　夏 Ningxia	3733	3733	3028
新　疆 Xinjiang	14488	14485	11383

(机构)教职工数
Secondary Vocational Schools(Institutions)

单位:人
unit: person

Personnel					
Personnel in Main Campus			校办企业职工 Employees in School-run Factories & Farms	其他附设机构人员 Personnel in Others Subsidiary Units	聘请校外教师 Part-time Teachers
行政人员 Adm. Personnel	教辅人员 Supporting Staff	工勤人员 Workers			
60705	**47339**	**44224**	**789**	**1977**	**79098**
1641	967	553	0	2	871
1253	449	283	0	36	464
4992	4405	3175	8	17	2235
2353	1725	1808	0	32	3997
1667	1680	1026	33	0	1101
3253	1511	1504	0	0	1739
1780	1903	620	0	0	1198
1848	1401	1135	0	68	2229
1807	998	527	5	22	1475
2290	2405	2430	11	0	5208
1232	1740	1049	8	6	4843
2048	1171	1621	78	14	7113
1242	1141	707	0	0	2608
1558	2625	1149	0	0	2967
3534	3492	2401	77	151	3146
3826	3087	2688	388	129	8082
2068	1569	1438	0	0	2256
3499	2281	2322	0	0	2927
4371	3475	4151	7	94	2956
2397	1621	1782	72	441	2626
620	366	605	0	0	755
1201	693	1112	0	150	2941
2958	1937	3722	14	728	3650
1533	531	1352	0	0	3503
1168	890	1848	8	76	3475
88	8	28	0	0	170
1968	1501	1073	9	0	859
797	567	770	0	4	791
141	61	249	71	4	747
380	169	156	0	0	534
1192	970	940	0	3	1632

中等职业学校
Number of Female Educational Personnel in

地 区 Region	教职工数 Educational		
	合计 Total	校本部教职工 Educational	
		小计 Subtotal	专任教师 Full-time Teachers
总 计 Total	**424512**	**422913**	**361338**
北 京 Beijing	5589	5589	4086
天 津 Tianjin	4712	4680	3767
河 北 Hebei	37733	37724	32619
山 西 Shanxi	16854	16841	14549
内蒙古 Inner Mongolia	9956	9931	8332
辽 宁 Liaoning	14850	14850	12272
吉 林 Jilin	10887	10887	8942
黑龙江 Heilongjiang	9117	9077	7411
上 海 Shanghai	6813	6800	5223
江 苏 Jiangsu	26593	26589	24035
浙 江 Zhejiang	22757	22750	20958
安 徽 Anhui	14696	14631	13039
福 建 Fujian	10563	10563	9236
江 西 Jiangxi	10364	10364	7992
山 东 Shandong	29305	29166	26045
河 南 Henan	29246	28969	25368
湖 北 Hubei	11805	11805	9884
湖 南 Hunan	20809	20809	17571
广 东 Guangdong	29469	29395	23882
广 西 Guangxi	14212	13831	11058
海 南 Hainan	2765	2765	2054
重 庆 Chongqing	9772	9699	8397
四 川 Sichuan	24129	23765	20328
贵 州 Guizhou	9860	9860	8288
云 南 Yunnan	12392	12344	10795
西 藏 Tibet	1382	1382	1345
陕 西 Shaanxi	10178	10175	8431
甘 肃 Gansu	6745	6744	6135
青 海 Qinghai	1303	1273	1065
宁 夏 Ningxia	2022	2022	1744
新 疆 Xinjiang	7634	7633	6487

(机构)女教职工数
Secondary Vocational Schools(Institutions)

单位:人
unit: person

Personnel					
Personnel in Main Campus			校办企业职工 Employees in School-run Factories & Farms	其他附设机构人员 Personnel in Others Subsidiary Units	聘请校外教师 Part-time Teachers
行政人员 Adm. Personnel	教辅人员 Supporting Staff	工勤人员 Workers			
23771	**23623**	**14181**	**381**	**1218**	**39857**
900	495	108	0	0	425
599	273	41	0	32	276
1925	2177	1003	0	9	1379
826	870	596	0	13	1584
567	763	269	25	0	624
1410	796	372	0	0	986
746	1067	132	0	0	715
724	701	241	0	40	820
947	563	67	2	11	668
854	1118	582	4	0	2606
501	898	393	2	5	2033
670	434	488	60	5	3014
535	592	200	0	0	1401
614	1310	448	0	0	1663
1113	1555	453	25	114	1869
1400	1464	737	196	81	3880
703	729	489	0	0	1240
1233	1109	896	0	0	1584
1855	1946	1712	2	72	1498
1133	893	747	22	359	1243
274	203	234	0	0	259
493	355	454	0	73	1687
1154	928	1355	8	356	2177
632	245	695	0	0	1674
443	492	614	6	42	1824
24	3	10	0	0	42
695	728	321	3	0	444
175	248	186	0	1	436
55	34	119	26	4	424
153	85	40	0	0	376
418	549	179	0	1	1006

普通中等专业

Number of Educational Personnel in Regular

地　区 Region	教职工数 Educational		
	合计 Total	校本部教职工 Educational	
		小计 Subtotal	专任教师 Full-time Teachers
总　计 Total	**402102**	**400675**	**316091**
北　京 Beijing	3184	3184	1777
天　津 Tianjin	5412	5376	3866
河　北 Hebei	23625	23617	16873
山　西 Shanxi	10066	10034	7176
内蒙古 Inner Mongolia	5366	5366	3822
辽　宁 Liaoning	13098	13098	9956
吉　林 Jilin	3831	3831	2997
黑龙江 Heilongjiang	6544	6510	4193
上　海 Shanghai	7670	7651	5139
江　苏 Jiangsu	35038	35027	30694
浙　江 Zhejiang	7061	7057	6224
安　徽 Anhui	30062	30048	25852
福　建 Fujian	20094	20094	17004
江　西 Jiangxi	10859	10859	8369
山　东 Shandong	37752	37699	31094
河　南 Henan	17804	17392	13896
湖　北 Hubei	20057	20057	15810
湖　南 Hunan	3604	3604	2878
广　东 Guangdong	40712	40618	30871
广　西 Guangxi	26867	26354	20554
海　南 Hainan	3405	3405	2320
重　庆 Chongqing	3631	3631	2642
四　川 Sichuan	21083	21041	15724
贵　州 Guizhou	6226	6226	4675
云　南 Yunnan	9520	9444	7540
西　藏 Tibet	2668	2668	2544
陕　西 Shaanxi	2666	2666	1853
甘　肃 Gansu	10646	10642	9205
青　海 Qinghai	2517	2442	2027
宁　夏 Ningxia	1671	1671	1128
新　疆 Xinjiang	9363	9363	7388

学校教职工数

Specialized Secondary Vocational Schools

单位：人
unit: person

Personnel					
Personnel in Main Campus			校办企业职工 Employees in School-run Factories & Farms	其他附设机构人员 Personnel in Others Subsidiary Units	聘请校外教师 Part-time Teachers
行政人员 Adm. Personnel	教辅人员 Supporting Staff	工勤人员 Workers			
35950	**23758**	**24876**	**526**	**901**	**40270**
798	416	193	0	0	267
965	330	215	0	36	420
2917	2012	1815	8	0	751
1421	672	765	0	32	701
825	320	399	0	0	787
1709	629	804	0	0	877
369	292	173	0	0	140
944	723	650	0	34	771
1506	610	396	5	14	1154
1343	1552	1438	11	0	2760
255	393	185	4	0	897
1755	975	1466	0	14	5617
1242	1141	707	0	0	2608
715	1278	497	0	0	2327
2542	2370	1693	16	37	2233
1513	956	1027	332	80	2232
1718	1346	1183	0	0	1957
414	118	194	0	0	431
3814	2562	3371	0	94	2327
2397	1621	1782	72	441	2626
434	266	385	0	0	362
519	187	283	0	0	663
2058	1139	2120	7	35	1683
746	193	612	0	0	846
653	446	805	0	76	2082
88	8	28	0	0	170
446	184	183	0	0	106
521	420	496	0	4	540
116	61	238	71	4	747
321	109	113	0	0	135
886	429	660	0	0	1053

Number of Female Educational Personnel

地　区 Region	教职工数 Educational		
	合计 Total	校本部教职工 Educational	
		小计 Subtotal	专任教师 Full-time Teachers
总　计 Total	**209440**	**208552**	**173602**
北　京 Beijing	1804	1804	1169
天　津 Tianjin	3242	3210	2540
河　北 Hebei	13256	13256	10361
山　西 Shanxi	5438	5425	4368
内蒙古 Inner Mongolia	2965	2965	2345
辽　宁 Liaoning	7884	7884	6573
吉　林 Jilin	2285	2285	1968
黑龙江 Heilongjiang	3730	3710	2690
上　海 Shanghai	4451	4441	3276
江　苏 Jiangsu	18978	18974	17314
浙　江 Zhejiang	4107	4105	3706
安　徽 Anhui	13213	13208	11814
福　建 Fujian	10563	10563	9236
江　西 Jiangxi	5466	5466	4316
山　东 Shandong	18670	18636	16419
河　南 Henan	9234	9016	7651
湖　北 Hubei	9000	9000	7357
湖　南 Hunan	1817	1817	1544
广　东 Guangdong	21517	21445	16971
广　西 Guangxi	14212	13831	11058
海　南 Hainan	1650	1650	1184
重　庆 Chongqing	2053	2053	1578
四　川 Sichuan	10986	10962	8740
贵　州 Guizhou	3342	3342	2558
云　南 Yunnan	5133	5091	4336
西　藏 Tibet	1382	1382	1345
陕　西 Shaanxi	1343	1343	1044
甘　肃 Gansu	4568	4567	4160
青　海 Qinghai	1185	1155	964
宁　夏 Ningxia	928	928	701
新　疆 Xinjiang	5038	5038	4316

学校女教职工数

in Regular Specialized Secondary Vocational Schools

单位：人
unit：person

Personnel					
Personnel in Main Campus			校办企业职工 Employees in School-run Factories & Farms	其他附设机构人员 Personnel in Others Subsidiary Units	聘请校外教师 Part-time Teachers
行政人员 Adm. Personnel	教辅人员 Supporting Staff	工勤人员 Workers			
15037	**12232**	**7681**	**236**	**652**	**21487**
435	174	26	0	0	155
445	201	24	0	32	245
1355	986	554	0	0	438
523	380	154	0	13	369
352	181	87	0	0	435
771	375	165	0	0	512
122	185	10	0	0	77
477	368	175	0	20	473
809	309	47	2	8	541
561	746	353	4	0	1480
131	214	54	2	0	493
583	374	437	0	5	2568
535	592	200	0	0	1401
264	710	176	0	0	1339
830	1041	346	3	31	1327
579	532	254	172	46	1252
586	654	403	0	0	1050
161	58	54	0	0	221
1673	1406	1395	0	72	1152
1133	893	747	22	359	1243
179	135	152	0	0	144
257	108	110	0	0	373
846	581	795	5	19	1012
346	96	342	0	0	358
249	272	234	0	42	1163
24	3	10	0	0	42
184	90	25	0	0	66
117	191	99	0	1	282
44	34	113	26	4	424
140	58	29	0	0	87
326	285	111	0	0	765

地 区 Region	教职工数 Educational		
	合计 Total	校本部教职工 Educational	
		小计 Subtotal	专任教师 Full-time Teachers
总 计 Total	**47053**	**46932**	**36273**
北 京 Beijing	525	525	235
天 津 Tianjin	300	300	181
河 北 Hebei	7836	7819	6402
山 西 Shanxi	1507	1507	1261
内蒙古 Inner Mongolia	1526	1526	1231
辽 宁 Liaoning	0	0	0
吉 林 Jilin	4189	4189	3385
黑龙江 Heilongjiang	1773	1773	1324
上 海 Shanghai	210	210	98
江 苏 Jiangsu	1466	1466	808
浙 江 Zhejiang	909	909	519
安 徽 Anhui	592	514	427
福 建 Fujian	0	0	0
江 西 Jiangxi	1654	1654	1532
山 东 Shandong	1101	1101	892
河 南 Henan	10816	10793	8059
湖 北 Hubei	194	194	132
湖 南 Hunan	3456	3456	2743
广 东 Guangdong	278	278	236
广 西 Guangxi	0	0	0
海 南 Hainan	69	69	27
重 庆 Chongqing	2535	2535	2058
四 川 Sichuan	908	908	547
贵 州 Guizhou	1320	1320	1036
云 南 Yunnan	2227	2227	1970
西 藏 Tibet	0	0	0
陕 西 Shaanxi	179	179	121
甘 肃 Gansu	304	304	231
青 海 Qinghai	272	272	246
宁 夏 Ningxia	130	130	70
新 疆 Xinjiang	777	774	502

学校教职工数
Specialized Secondary Schools

单位：人
unit: person

Personnel					
Personnel in Main Campus			校办企业职工 Employees in School-run Factories & Farms	其他附设机构人员 Personnel in Others Subsidiary Units	聘请校外教师 Part-time Teachers
行政人员 Adm. Personnel	教辅人员 Supporting Staff	工勤人员 Workers			
4788	**3543**	**2328**	**78**	**43**	**12950**
198	50	42	0	0	357
84	17	18	0	0	5
672	527	218	0	17	100
103	73	70	0	0	2167
135	105	55	0	0	0
0	0	0	0	0	0
385	339	80	0	0	399
338	72	39	0	0	909
63	32	17	0	0	52
212	168	278	0	0	1357
139	237	14	0	0	777
27	40	20	78	0	1107
0	0	0	0	0	0
54	40	28	0	0	10
98	63	48	0	0	69
1021	1042	671	0	23	3903
36	21	5	0	0	0
377	185	151	0	0	155
5	24	13	0	0	22
0	0	0	0	0	0
20	0	22	0	0	192
233	159	85	0	0	291
114	112	135	0	0	96
158	63	63	0	0	261
69	36	152	0	0	239
0	0	0	0	0	0
32	13	13	0	0	2
40	8	25	0	0	21
25	0	1	0	0	0
30	14	16	0	0	41
120	103	49	0	3	418

地 区 Region	教职工数 Educational		
	合计 Total	校本部教职工 Educational	
		小计 Subtotal	专任教师 Full-time Teachers
总 计 Total	**23948**	**23864**	**19889**
北 京 Beijing	280	280	144
天 津 Tianjin	151	151	94
河 北 Hebei	4769	4760	4222
山 西 Shanxi	826	826	692
内蒙古 Inner Mongolia	852	852	744
辽 宁 Liaoning	0	0	0
吉 林 Jilin	2684	2684	2308
黑龙江 Heilongjiang	657	657	541
上 海 Shanghai	107	107	60
江 苏 Jiangsu	427	427	324
浙 江 Zhejiang	303	303	193
安 徽 Anhui	279	219	196
福 建 Fujian	0	0	0
江 西 Jiangxi	801	801	769
山 东 Shandong	537	537	481
河 南 Henan	5426	5412	4358
湖 北 Hubei	85	85	61
湖 南 Hunan	1683	1683	1408
广 东 Guangdong	114	114	91
广 西 Guangxi	0	0	0
海 南 Hainan	28	28	16
重 庆 Chongqing	1193	1193	988
四 川 Sichuan	464	464	295
贵 州 Guizhou	488	488	393
云 南 Yunnan	980	980	884
西 藏 Tibet	0	0	0
陕 西 Shaanxi	113	113	76
甘 肃 Gansu	113	113	101
青 海 Qinghai	103	103	92
宁 夏 Ningxia	46	46	27
新 疆 Xinjiang	439	438	331

学校女教职工数
in Adult Specialized Secondary Schools

单位:人
unit:person

Personnel					
Personnel in Main Campus			校办企业职工 Employees in School-run Factories & Farms	其他附设机构人员 Personnel in Others Subsidiary Units	聘请校外教师 Part-time Teachers
行政人员 Adm. Personnel	教辅人员 Supporting Staff	工勤人员 Workers			
1731	**1591**	**653**	**60**	**24**	**4523**
102	24	10	0	0	143
39	7	11	0	0	1
225	257	56	0	9	68
50	47	37	0	0	537
56	47	5	0	0	0
0	0	0	0	0	0
169	199	8	0	0	244
75	38	3	0	0	71
27	17	3	0	0	28
40	49	14	0	0	623
38	65	7	0	0	221
4	15	4	60	0	324
0	0	0	0	0	0
13	14	5	0	0	2
20	30	6	0	0	38
418	408	228	0	14	1572
12	12	0	0	0	0
128	99	48	0	0	33
3	14	6	0	0	7
0	0	0	0	0	0
12	0	0	0	0	36
85	96	24	0	0	173
51	44	74	0	0	38
50	26	19	0	0	53
19	11	66	0	0	116
0	0	0	0	0	0
25	11	1	0	0	2
5	2	5	0	0	8
11	0	0	0	0	0
7	8	4	0	0	29
47	51	9	0	1	156

职业高中学

Number of Educational Personnel in

地区 Region	教职工数 Educational		
	合计 Total	校本部教职工 Educational	
		小计 Subtotal	专任教师 Full-time Teachers
总 计 Total	**341223**	**340046**	**286344**
北 京 Beijing	5219	5217	3753
天 津 Tianjin	1829	1829	1473
河 北 Hebei	30796	30796	26498
山 西 Shanxi	17682	17682	14959
内蒙古 Inner Mongolia	11049	11016	8482
辽 宁 Liaoning	12059	12059	8933
吉 林 Jilin	8483	8483	6151
黑龙江 Heilongjiang	8058	8058	6607
上 海 Shanghai	3470	3462	2754
江 苏 Jiangsu	9951	9951	8898
浙 江 Zhejiang	32115	32105	29430
安 徽 Anhui	1954	1954	1692
福 建 Fujian	0	0	0
江 西 Jiangxi	8392	8392	5672
山 东 Shandong	19311	19136	16668
河 南 Henan	26347	26265	23132
湖 北 Hubei	5574	5574	4862
湖 南 Hunan	33105	33105	26481
广 东 Guangdong	13898	13898	11915
广 西 Guangxi	0	0	0
海 南 Hainan	2179	2179	1715
重 庆 Chongqing	12327	12177	10675
四 川 Sichuan	24987	24287	21448
贵 州 Guizhou	12389	12389	10826
云 南 Yunnan	12076	12068	10613
西 藏 Tibet	0	0	0
陕 西 Shaanxi	16896	16887	13216
甘 肃 Gansu	4869	4869	4250
青 海 Qinghai	38	38	28
宁 夏 Ningxia	1822	1822	1720
新 疆 Xinjiang	4348	4348	3493

校教职工数
Vocational High Schools

单位：人
unit：person

Personnel					
Personnel in Main Campus			校办企业职工 Employees in School-run Factories & Farms	其他附设机构人员 Personnel in Others Subsidiary Units	聘请校外教师 Part-time Teachers
行政人员 Adm. Personnel	教辅人员 Supporting Staff	工勤人员 Workers			
18480	**18950**	**16272**	**178**	**999**	**24283**
645	501	318	0	2	247
204	102	50	0	0	39
1333	1853	1112	0	0	1270
819	950	954	0	0	1074
707	1255	572	33	0	314
1544	882	700	0	0	862
891	1113	328	0	0	648
492	551	408	0	0	333
238	356	114	0	8	269
182	357	514	0	0	739
802	1062	811	4	6	3056
112	52	98	0	0	177
0	0	0	0	0	0
789	1307	624	0	0	630
829	1011	628	61	114	776
1216	982	935	56	26	1822
294	195	223	0	0	299
2691	1971	1962	0	0	2329
455	823	705	0	0	532
0	0	0	0	0	0
166	100	198	0	0	201
438	347	717	0	150	1987
759	661	1419	7	693	1841
613	273	677	0	0	2396
325	319	811	8	0	1006
0	0	0	0	0	0
1490	1304	877	9	0	751
231	139	249	0	0	186
0	0	10	0	0	0
29	46	27	0	0	338
186	438	231	0	0	161

职业高中学校
Number of Female Educational Personnel

地 区 Region	教职工数 Educational		
	合计 Total	校本部教职工 Educational	
		小计 Subtotal	专任教师 Full-time Teachers
总 计 Total	**184338**	**183733**	**162382**
北 京 Beijing	3505	3505	2773
天 津 Tianjin	1319	1319	1133
河 北 Hebei	19329	19329	17680
山 西 Shanxi	10480	10480	9398
内蒙古 Inner Mongolia	6139	6114	5243
辽 宁 Liaoning	6966	6966	5699
吉 林 Jilin	5149	5149	4063
黑龙江 Heilongjiang	4544	4544	4077
上 海 Shanghai	2255	2252	1887
江 苏 Jiangsu	5154	5154	4782
浙 江 Zhejiang	18110	18105	16884
安 徽 Anhui	733	733	660
福 建 Fujian	0	0	0
江 西 Jiangxi	4097	4097	2907
山 东 Shandong	9838	9733	8930
河 南 Henan	13845	13800	12721
湖 北 Hubei	2637	2637	2403
湖 南 Hunan	17145	17145	14474
广 东 Guangdong	7281	7281	6332
广 西 Guangxi	0	0	0
海 南 Hainan	1087	1087	854
重 庆 Chongqing	6482	6409	5797
四 川 Sichuan	12551	12211	11202
贵 州 Guizhou	5958	5958	5272
云 南 Yunnan	5801	5795	5232
西 藏 Tibet	0	0	0
陕 西 Shaanxi	8722	8719	7311
甘 肃 Gansu	2062	2062	1874
青 海 Qinghai	15	15	9
宁 夏 Ningxia	977	977	945
新 疆 Xinjiang	2157	2157	1840

女教职工数
in Vocational High Schools

单位:人
unit:person

Personnel					
Personnel in Main Campus			校办企业职工 Employees in School-run Factories & Farms	其他附设机构人员 Personnel in Others Subsidiary Units	聘请校外教师 Part-time Teachers
行政人员 Adm. Personnel	教辅人员 Supporting Staff	工勤人员 Workers			
6409	**9296**	**5646**	**83**	**522**	**13031**
363	297	72	0	0	127
115	65	6	0	0	30
327	931	391	0	0	780
251	431	400	0	0	657
159	535	177	25	0	189
639	421	207	0	0	474
375	600	111	0	0	385
146	266	55	0	0	190
111	237	17	0	3	99
35	175	162	0	0	339
316	590	315	0	5	1242
24	13	36	0	0	43
0	0	0	0	0	0
337	586	267	0	0	322
241	470	92	22	83	479
372	463	244	24	21	996
98	61	75	0	0	190
936	948	787	0	0	1322
150	500	299	0	0	284
0	0	0	0	0	0
83	68	82	0	0	79
146	151	315	0	73	1141
247	292	470	3	337	1101
230	122	334	0	0	1263
120	160	283	6	0	475
0	0	0	0	0	0
486	627	295	3	0	376
51	55	82	0	0	114
0	0	6	0	0	0
6	19	7	0	0	249
45	213	59	0	0	85

其他中等职业教
Number of Educational Personnel in Other

地 区 Region	教职工数 Educational		
	合计 Total	校本部教职工 Educational	
		小计 Subtotal	专任教师 Full-time Teachers
总 计 Total	**13374**	**13333**	**10010**
北 京 Beijing	0	0	0
天 津 Tianjin	0	0	0
河 北 Hebei	670	670	557
山 西 Shanxi	235	235	176
内蒙古 Inner Mongolia	0	0	0
辽 宁 Liaoning	0	0	0
吉 林 Jilin	1170	1170	837
黑龙江 Heilongjiang	423	389	222
上 海 Shanghai	0	0	0
江 苏 Jiangsu	4184	4184	3103
浙 江 Zhejiang	454	454	331
安 徽 Anhui	1154	1154	859
福 建 Fujian	0	0	0
江 西 Jiangxi	0	0	0
山 东 Shandong	660	660	515
河 南 Henan	1242	1242	1004
湖 北 Hubei	177	177	123
湖 南 Hunan	321	321	282
广 东 Guangdong	1058	1051	826
广 西 Guangxi	0	0	0
海 南 Hainan	0	0	0
重 庆 Chongqing	80	80	42
四 川 Sichuan	283	283	183
贵 州 Guizhou	111	111	93
云 南 Yunnan	1037	1037	747
西 藏 Tibet	0	0	0
陕 西 Shaanxi	0	0	0
甘 肃 Gansu	5	5	0
青 海 Qinghai	0	0	0
宁 夏 Ningxia	110	110	110
新 疆 Xinjiang	0	0	0

育机构教职工数

Secondary Vocational Education Institutions

单位:人
unit:person

Personnel					聘请校外教师 Part-time Teachers
Personnel in Main Campus			校办企业职工 Employees in School-run Factories & Farms	其他附设机构人员 Personnel in Others Subsidiary Units	
行政人员 Adm. Personnel	教辅人员 Supporting Staff	工勤人员 Workers			
1487	**1088**	**748**	**7**	**34**	**1595**
0	0	0	0	0	0
0	0	0	0	0	0
70	13	30	0	0	114
10	30	19	0	0	55
0	0	0	0	0	0
0	0	0	0	0	0
135	159	39	0	0	11
74	55	38	0	34	216
0	0	0	0	0	0
553	328	200	0	0	352
36	48	39	0	0	113
154	104	37	0	0	212
0	0	0	0	0	0
0	0	0	0	0	0
65	48	32	0	0	68
76	107	55	0	0	125
20	7	27	0	0	0
17	7	15	0	0	12
97	66	62	7	0	75
0	0	0	0	0	0
0	0	0	0	0	0
11	0	27	0	0	0
27	25	48	0	0	30
16	2	0	0	0	0
121	89	80	0	0	148
0	0	0	0	0	0
0	0	0	0	0	0
5	0	0	0	0	44
0	0	0	0	0	0
0	0	0	0	0	20
0	0	0	0	0	0

其他中等职业教育
Number of Female Educational Personnel in Other

地　区 Region	教职工数 Educational		
	合计 Total	校本部教职工 Educational	
		小计 Subtotal	专任教师 Full-time Teachers
总　计 Total	**6786**	**6764**	**5465**
北　京 Beijing	0	0	0
天　津 Tianjin	0	0	0
河　北 Hebei	379	379	356
山　西 Shanxi	110	110	91
内蒙古 Inner Mongolia	0	0	0
辽　宁 Liaoning	0	0	0
吉　林 Jilin	769	769	603
黑龙江 Heilongjiang	186	166	103
上　海 Shanghai	0	0	0
江　苏 Jiangsu	2034	2034	1615
浙　江 Zhejiang	237	237	175
安　徽 Anhui	471	471	369
福　建 Fujian	0	0	0
江　西 Jiangxi	0	0	0
山　东 Shandong	260	260	215
河　南 Henan	741	741	638
湖　北 Hubei	83	83	63
湖　南 Hunan	164	164	145
广　东 Guangdong	557	555	488
广　西 Guangxi	0	0	0
海　南 Hainan	0	0	0
重　庆 Chongqing	44	44	34
四　川 Sichuan	128	128	91
贵　州 Guizhou	72	72	65
云　南 Yunnan	478	478	343
西　藏 Tibet	0	0	0
陕　西 Shaanxi	0	0	0
甘　肃 Gansu	2	2	0
青　海 Qinghai	0	0	0
宁　夏 Ningxia	71	71	71
新　疆 Xinjiang	0	0	0

机构女教职工数

Secondary Vocational Education Institutions

单位:人
unit:person

Personnel					
Personnel in Main Campus			校办企业职工 Employees in School-run Factories & Farms	其他附设机构人员 Personnel in Others Subsidiary Units	聘请校外教师 Part-time Teachers
行政人员 Adm. Personnel	教辅人员 Supporting Staff	工勤人员 Workers			
594	**504**	**201**	**2**	**20**	**816**
0	0	0	0	0	0
0	0	0	0	0	0
18	3	2	0	0	93
2	12	5	0	0	21
0	0	0	0	0	0
0	0	0	0	0	0
80	83	3	0	0	9
26	29	8	0	20	86
0	0	0	0	0	0
218	148	53	0	0	164
16	29	17	0	0	77
59	32	11	0	0	79
0	0	0	0	0	0
0	0	0	0	0	0
22	14	9	0	0	25
31	61	11	0	0	60
7	2	11	0	0	0
8	4	7	0	0	8
29	26	12	2	0	55
0	0	0	0	0	0
0	0	0	0	0	0
5	0	5	0	0	0
10	11	16	0	0	26
6	1	0	0	0	0
55	49	31	0	0	70
0	0	0	0	0	0
0	0	0	0	0	0
2	0	0	0	0	32
0	0	0	0	0	0
0	0	0	0	0	11
0	0	0	0	0	0

中等职业学校(机构)专任教师

Number of Full-time Teachers by Professional Rank and Academic

地 区 Region	合计 Total	按专业技术职务分 By Professional Rank			
		正高级 Senior	副高级 Sub-Senior	中级 Middle	初级 Junior
总 计 Total	**648718**	**3049**	**160019**	**244619**	**151408**
北 京 Beijing	5765	37	1876	2268	1186
天 津 Tianjin	5520	24	2050	2332	957
河 北 Hebei	50330	221	13204	20337	10089
山 西 Shanxi	23572	26	4512	8775	7033
内蒙古 Inner Mongolia	13535	33	3845	4910	2690
辽 宁 Liaoning	18889	602	6316	7999	2300
吉 林 Jilin	13370	106	4716	5474	2062
黑龙江 Heilongjiang	12346	85	4252	4465	2355
上 海 Shanghai	7991	40	1743	4064	1885
江 苏 Jiangsu	43503	284	14734	16859	8539
浙 江 Zhejiang	36504	88	10477	13730	9474
安 徽 Anhui	28830	44	7647	9861	6450
福 建 Fujian	17004	39	4113	6866	4368
江 西 Jiangxi	15573	48	3664	4453	2718
山 东 Shandong	49169	338	11551	19405	11549
河 南 Henan	46091	130	9634	18132	12261
湖 北 Hubei	20927	71	4622	9080	5095
湖 南 Hunan	32384	142	6148	11091	7859
广 东 Guangdong	43848	36	8016	18901	9579
广 西 Guangxi	20554	104	3661	7485	5421
海 南 Hainan	4062	13	756	1362	1006
重 庆 Chongqing	15417	170	4063	5663	4090
四 川 Sichuan	37902	100	9491	12372	9981
贵 州 Guizhou	16630	59	2680	5383	5511
云 南 Yunnan	20870	69	7323	6521	3680
西 藏 Tibet	2544	0	239	535	630
陕 西 Shaanxi	15190	40	2876	5941	3942
甘 肃 Gansu	13686	60	2753	5661	4035
青 海 Qinghai	2301	12	621	773	574
宁 夏 Ningxia	3028	11	663	921	832
新 疆 Xinjiang	11383	17	1773	3000	3257

专业技术职务、学历情况

Qualifications in Secondary Vocational Schools(Institutions)

单位:人
unit:person

	按学历分 By Academic Qualifications				
未定职级 No-ranking	博士研究生 Doctor's Degrees	硕士研究生 Master's Degrees	本科 Normal Courses	专科 Short-cycle Courses	高中阶段及以下 Below High School Graduate
89623	**431**	**54815**	**547527**	**44408**	**1537**
398	34	998	4554	151	28
157	6	896	4507	105	6
6479	16	2808	43394	4060	52
3226	9	1485	20322	1715	41
2057	7	1113	11461	907	47
1672	9	1632	16296	897	55
1012	9	895	11756	702	8
1189	4	618	11045	663	16
259	49	1871	5944	113	14
3087	48	8323	34382	722	28
2735	13	3476	32221	784	10
4828	9	1996	25431	1373	21
1618	6	1214	15022	708	54
4690	0	615	11725	3108	125
6326	34	4744	41852	2363	176
5934	23	3292	38505	4230	41
2059	11	1468	17866	1496	86
7144	14	1673	26381	4266	50
7316	46	5257	36062	2288	195
3883	15	1954	16812	1682	91
925	4	207	3387	367	97
1431	6	1289	13105	976	41
5958	23	1761	32358	3741	19
2997	3	866	14128	1590	43
3277	2	1114	18178	1475	101
1140	0	168	2312	64	0
2391	8	1241	12890	1041	10
1177	10	727	11879	1053	17
321	5	74	1802	401	19
601	2	317	2571	133	5
3336	6	723	9379	1234	41

普通中专学校专任教师

Number of Full-time Teachers by Professional Rank and Academic

地区 Region	合计 Total	按专业技术职务分 By Professional Rank			
		正高级 Senior	副高级 Sub-Senior	中级 Middle	初级 Junior
总　计 Total	**316091**	**2009**	**76832**	**117706**	**73506**
北　京 Beijing	1777	31	448	755	394
天　津 Tianjin	3866	24	1327	1628	749
河　北 Hebei	16873	156	3594	5619	3387
山　西 Shanxi	7176	7	2075	2919	1648
内蒙古 Inner Mongolia	3822	26	1087	1319	737
辽　宁 Liaoning	9956	447	3390	4610	1061
吉　林 Jilin	2997	26	1048	1237	537
黑龙江 Heilongjiang	4193	47	1247	1203	899
上　海 Shanghai	5139	37	1189	2507	1229
江　苏 Jiangsu	30694	226	10787	12225	5601
浙　江 Zhejiang	6224	34	1820	2333	1622
安　徽 Anhui	25852	36	6854	8619	5780
福　建 Fujian	17004	39	4113	6866	4368
江　西 Jiangxi	8369	40	1886	2491	1809
山　东 Shandong	31094	279	7323	11820	7518
河　南 Henan	13896	86	3369	5363	3496
湖　北 Hubei	15810	63	3545	6675	3981
湖　南 Hunan	2878	14	864	968	718
广　东 Guangdong	30871	26	5002	12653	7264
广　西 Guangxi	20554	104	3661	7485	5421
海　南 Hainan	2320	7	490	777	610
重　庆 Chongqing	2642	29	627	875	722
四　川 Sichuan	15724	60	3131	4790	4156
贵　州 Guizhou	4675	30	764	1475	1745
云　南 Yunnan	7540	41	2357	2268	1378
西　藏 Tibet	2544	0	239	535	630
陕　西 Shaanxi	1853	25	549	765	348
甘　肃 Gansu	9205	45	1990	3937	2724
青　海 Qinghai	2027	11	586	652	497
宁　夏 Ningxia	1128	3	217	229	364
新　疆 Xinjiang	7388	10	1253	2108	2113

专业技术职务、学历情况

Qualifications in Reg. Specialized Secondary Schools

单位：人
unit: person

	按学历分 By Academic Qualifications				
未定职级 No-ranking	博士研究生 Doctor's Degree	硕士研究生 Master's Degree	本科 Normal Courses	专科 Short-cycle Courses	高中阶段及以下 Below High School Graduate
46038	**336**	**34544**	**260606**	**19668**	**937**
149	29	568	1100	69	11
138	6	677	3099	78	6
4117	15	1503	13010	2303	42
527	7	866	5918	370	15
653	2	599	2933	264	24
448	5	1207	8466	259	19
149	3	351	2547	96	0
797	1	448	3434	300	10
177	42	1419	3564	100	14
1855	41	6690	23599	349	15
415	10	661	5464	89	0
4563	6	1730	23026	1069	21
1618	6	1214	15022	708	54
2143	0	502	6641	1197	29
4154	32	3354	26056	1527	125
1582	13	1518	11526	818	21
1546	9	1101	13439	1178	83
314	2	234	2339	303	0
5926	38	3199	25577	1883	174
3883	15	1954	16812	1682	91
436	3	154	1950	154	59
389	4	303	2083	231	21
3587	22	957	12454	2279	12
661	0	549	3816	293	17
1496	1	757	6235	530	17
1140	0	168	2312	64	0
166	5	383	1358	104	3
509	9	605	8162	417	12
281	3	74	1622	318	10
315	2	143	933	47	3
1904	5	656	6109	589	29

成人中专学校专任教师

Number of Full-time Teachers by Professional Rank and Academic

地 区 Region	合计 Total	按专业技术职务分 By Professional Rank			
		正高级 Senior	副高级 Sub-Senior	中级 Middle	初级 Junior
总 计 Total	**36273**	**238**	**11661**	**14870**	**5827**
北 京 Beijing	235	1	61	104	47
天 津 Tianjin	181	0	67	81	32
河 北 Hebei	6402	30	2526	2991	617
山 西 Shanxi	1261	7	160	620	425
内蒙古 Inner Mongolia	1231	5	736	391	90
辽 宁 Liaoning	0	0	0	0	0
吉 林 Jilin	3385	19	1449	1581	321
黑龙江 Heilongjiang	1324	14	549	516	216
上 海 Shanghai	98	0	13	66	14
江 苏 Jiangsu	808	0	123	310	226
浙 江 Zhejiang	519	4	204	245	64
安 徽 Anhui	427	4	100	195	125
福 建 Fujian	0	0	0	0	0
江 西 Jiangxi	1532	2	884	542	93
山 东 Shandong	892	3	266	335	102
河 南 Henan	8059	19	1418	2948	1643
湖 北 Hubei	132	4	19	41	50
湖 南 Hunan	2743	21	682	1100	581
广 东 Guangdong	236	0	24	128	45
广 西 Guangxi	0	0	0	0	0
海 南 Hainan	27	0	5	12	6
重 庆 Chongqing	2058	80	789	759	201
四 川 Sichuan	547	1	52	102	226
贵 州 Guizhou	1036	6	201	555	239
云 南 Yunnan	1970	10	1042	691	190
西 藏 Tibet	0	0	0	0	0
陕 西 Shaanxi	121	0	35	55	25
甘 肃 Gansu	231	1	71	113	36
青 海 Qinghai	246	1	35	121	77
宁 夏 Ningxia	70	2	24	35	9
新 疆 Xinjiang	502	4	126	233	127

专业技术职务、学历情况
Qualifications in Adult Specialized Secondary Schools

单位:人
unit:person

	按学历分 By Academic Qualifications				
未定职级 No-ranking	博士研究生 Doctor's Degree	硕士研究生 Master's Degree	本科 Normal Courses	专科 Short-cycle Courses	高中阶段及以下 Below High School Graduate
3677	**18**	**1907**	**29255**	**5042**	**51**
22	3	26	204	2	0
1	0	33	133	15	0
238	1	227	5420	754	0
49	0	13	1037	206	5
9	0	36	1042	151	2
0	0	0	0	0	0
15	2	84	2955	342	2
29	1	13	1220	90	0
5	4	20	72	2	0
149	0	80	636	87	5
2	0	79	369	71	0
3	0	33	349	45	0
0	0	0	0	0	0
11	0	29	1287	211	5
186	0	62	764	63	3
2031	4	583	5720	1746	6
18	0	2	104	25	1
359	1	69	2261	402	10
39	0	51	166	16	3
0	0	0	0	0	0
4	0	9	17	1	0
229	1	225	1715	116	1
166	0	15	461	71	0
35	1	54	765	215	1
37	0	111	1679	174	6
0	0	0	0	0	0
6	0	19	88	14	0
10	0	8	182	41	0
12	0	0	176	70	0
0	0	7	54	9	0
12	0	19	379	103	1

职业高中学校专任教师

Number of Full-time Teachers by Professional Rank and

地 区 Region	合计 Total	按专业技术职务分 By Professional Rank			
		正高级 Senior	副高级 Sub-Senior	中级 Middle	初级 Junior
总 计 Total	**286344**	**695**	**69094**	**108413**	**69971**
北 京 Beijing	3753	5	1367	1409	745
天 津 Tianjin	1473	0	656	623	176
河 北 Hebei	26498	35	6889	11480	5978
山 西 Shanxi	14959	12	2230	5165	4904
内蒙古 Inner Mongolia	8482	2	2022	3200	1863
辽 宁 Liaoning	8933	155	2926	3389	1239
吉 林 Jilin	6151	20	1909	2308	1084
黑龙江 Heilongjiang	6607	14	2363	2651	1221
上 海 Shanghai	2754	3	541	1491	642
江 苏 Jiangsu	8898	25	3064	3226	1940
浙 江 Zhejiang	29430	49	8418	11084	7728
安 徽 Anhui	1692	2	493	694	329
福 建 Fujian	0	0	0	0	0
江 西 Jiangxi	5672	6	894	1420	816
山 东 Shandong	16668	56	3862	7088	3807
河 南 Henan	23132	24	4628	9417	6839
湖 北 Hubei	4862	4	1027	2334	1056
湖 南 Hunan	26481	106	4523	8892	6500
广 东 Guangdong	11915	3	2838	5739	2127
广 西 Guangxi	0	0	0	0	0
海 南 Hainan	1715	6	261	573	390
重 庆 Chongqing	10675	59	2647	4022	3148
四 川 Sichuan	21448	36	6270	7415	5557
贵 州 Guizhou	10826	23	1698	3318	3489
云 南 Yunnan	10613	15	3807	3458	2083
西 藏 Tibet	0	0	0	0	0
陕 西 Shaanxi	13216	15	2292	5121	3569
甘 肃 Gansu	4250	14	692	1611	1275
青 海 Qinghai	28	0	0	0	0
宁 夏 Ningxia	1720	3	383	626	449
新 疆 Xinjiang	3493	3	394	659	1017

专业技术职务、学历情况
Academic Qualifications in Vocational High Schools

单位:人
unit:person

	按学历分 By Academic Qualifications				
未定职级 No-ranking	博士研究生 Doctor's Degree	硕士研究生 Master's Degree	本科 Normal Courses	专科 Short-cycle Courses	高中阶段及以下 Below High School Graduate
38171	**68**	**16990**	**249659**	**19102**	**525**
227	2	404	3250	80	17
18	0	186	1275	12	0
2116	0	1042	24469	977	10
2648	2	602	13229	1107	19
1395	5	478	7486	492	21
1224	4	425	7830	638	36
830	4	298	5616	227	6
358	0	139	6195	267	6
77	3	432	2308	11	0
643	2	961	7731	196	8
2151	3	2732	26085	601	9
174	2	69	1464	157	0
0	0	0	0	0	0
2536	0	84	3797	1700	91
1855	2	1314	14598	725	29
2224	6	1043	20452	1618	13
441	2	334	4236	288	2
6460	11	1362	21520	3548	40
1208	7	1902	9651	338	17
0	0	0	0	0	0
485	1	44	1420	212	38
799	1	761	9284	610	19
2170	1	774	19306	1360	7
2298	2	259	9465	1075	25
1250	1	222	9599	713	78
0	0	0	0	0	0
2219	3	839	11444	923	7
658	1	114	3535	595	5
28	2	0	4	13	9
259	0	122	1519	77	2
1420	1	48	2891	542	11

其他中等职业教育机构专任教
Number of Full-time Teachers by Professional Rank and Academic

地　区 Region	合计 Total	按专业技术职务分 By Professional Rank			
		正高级 Senior	副高级 Sub-Senior	中级 Middle	初级 Junior
总　计 Total	**10010**	**107**	**2432**	**3630**	**2104**
北　京 Beijing	0	0	0	0	0
天　津 Tianjin	0	0	0	0	0
河　北 Hebei	557	0	195	247	107
山　西 Shanxi	176	0	47	71	56
内蒙古 Inner Mongolia	0	0	0	0	0
辽　宁 Liaoning	0	0	0	0	0
吉　林 Jilin	837	41	310	348	120
黑龙江 Heilongjiang	222	10	93	95	19
上　海 Shanghai	0	0	0	0	0
江　苏 Jiangsu	3103	33	760	1098	772
浙　江 Zhejiang	331	1	35	68	60
安　徽 Anhui	859	2	200	353	216
福　建 Fujian	0	0	0	0	0
江　西 Jiangxi	0	0	0	0	0
山　东 Shandong	515	0	100	162	122
河　南 Henan	1004	1	219	404	283
湖　北 Hubei	123	0	31	30	8
湖　南 Hunan	282	1	79	131	60
广　东 Guangdong	826	7	152	381	143
广　西 Guangxi	0	0	0	0	0
海　南 Hainan	0	0	0	0	0
重　庆 Chongqing	42	2	0	7	19
四　川 Sichuan	183	3	38	65	42
贵　州 Guizhou	93	0	17	35	38
云　南 Yunnan	747	3	117	104	29
西　藏 Tibet	0	0	0	0	0
陕　西 Shaanxi	0	0	0	0	0
甘　肃 Gansu	0	0	0	0	0
青　海 Qinghai	0	0	0	0	0
宁　夏 Ningxia	110	3	39	31	10
新　疆 Xinjiang	0	0	0	0	0

师专业技术职务、学历情况
Qualifications in Other Secondary Vocational Education Institutions

单位：人
unit：person

	按学历分 By Academic Qualifications				
未定职级 No-ranking	博士研究生 Doctor's Degree	硕士研究生 Master's Degree	本科 Normal Courses	专科 Short-cycle Courses	高中阶段及以下 Below High School Graduate
1737	**9**	**1374**	**8007**	**596**	**24**
0	0	0	0	0	0
0	0	0	0	0	0
8	0	36	495	26	0
2	0	4	138	32	2
0	0	0	0	0	0
0	0	0	0	0	0
18	0	162	638	37	0
5	2	18	196	6	0
0	0	0	0	0	0
440	5	592	2416	90	0
167	0	4	303	23	1
88	1	164	592	102	0
0	0	0	0	0	0
0	0	0	0	0	0
131	0	14	434	48	19
97	0	148	807	48	1
54	0	31	87	5	0
11	0	8	261	13	0
143	1	105	668	51	1
0	0	0	0	0	0
0	0	0	0	0	0
14	0	0	23	19	0
35	0	15	137	31	0
3	0	4	82	7	0
494	0	24	665	58	0
0	0	0	0	0	0
0	0	0	0	0	0
0	0	0	0	0	0
0	0	0	0	0	0
27	0	45	65	0	0
0	0	0	0	0	0

地 区 Region	占地面积(平方米) Areas Occupied(m^2)			图书(册) Books & Magazines in Libraries (Volume)	
	合计 Total	其中:绿化用地面积 of Which: Green Areas	其中:运动场地面积 of Which: Sports Areas	合计 Total	其中:当年新增 of Which: New Added in Current Year
总 计 Total	**432382542.83**	**106639895.59**	**69533714.06**	**318046712**	**17088919**
北 京 Beijing	3786591.47	850617.88	809741.01	4508339	8628
天 津 Tianjin	2759290.76	484247.86	461902.13	3369108	53014
河 北 Hebei	23481338.23	4004482.07	4343957.67	20321389	1553899
山 西 Shanxi	14398947.93	2334247.55	2099178.04	9537071	164337
内蒙古 Inner Mongolia	9782044.56	1868709.41	1765497.94	5081026	172958
辽 宁 Liaoning	9759586.53	1528146.02	1987965.32	7098098	106691
吉 林 Jilin	5395984.45	1144804.85	1028397.45	4874571	86026
黑龙江 Heilongjiang	7831458.44	1118226.56	1352385.88	3181863	144888
上 海 Shanghai	3455046.14	1119812.34	671188.38	6027697	152466
江 苏 Jiangsu	29470144.35	10093149.38	4613520.22	22433316	486512
浙 江 Zhejiang	20263471.22	6150249.75	3959566.20	19845823	1471080
安 徽 Anhui	33087954.12	8060750.84	4105669.15	23590026	2907119
福 建 Fujian	11405412.33	2943296.38	2175221.24	9528618	146560
江 西 Jiangxi	15758055.24	4065035.61	2445097.52	10290728	1502812
山 东 Shandong	31755574.65	8233821.39	5333114.71	23252789	1369040
河 南 Henan	28476012.44	5813951.11	3900251.50	19612256	486522
湖 北 Hubei	13909639.08	3823423.52	2352619.80	9406721	432340
湖 南 Hunan	21150528.47	5654107.84	3124577.09	13676913	1095536
广 东 Guangdong	23539809.25	6963810.28	4447205.63	24921305	771843
广 西 Guangxi	16096796.96	4392098.37	2092708.23	14927103	1221892
海 南 Hainan	2315426.52	530945.48	386142.23	1794110	60130
重 庆 Chongqing	9592539.81	2675271.68	1571389.44	7427141	83273
四 川 Sichuan	20143836.62	4695086.92	4195764.24	16123793	560254
贵 州 Guizhou	16391548.73	4271487.93	2382871.98	8962557	482941
云 南 Yunnan	16547131.31	4103169.80	2099121.92	8012373	168078
西 藏 Tibet	2815702.99	477320.77	188597.59	1055046	39359
陕 西 Shaanxi	9809163.57	2000722.81	1652128.42	8277336	251687
甘 肃 Gansu	8368954.36	1672518.26	1443426.31	4348497	241639
青 海 Qinghai	2623318.63	618842.92	365599.70	1366276	51087
宁 夏 Ningxia	4716746.75	1496536.42	480029.40	1564024	201094
新 疆 Xinjiang	13494486.92	3451003.59	1698877.72	3630799	615214

资产情况(学校产权)
Vocational Schools (Institutions) (Owned by SVSs)

计算机数(台) PC(set)			教室(间) Classroom(room)		固定资产总值(万元) Total Value of Fixed Asset (10,000 yuan)		
合计 Total	其中:教学用计算机 of Which:No. of Computers Used for Instruction		合计 Total	其中:网络多媒体教室 of Which: Network Multimedia Classroom	合计 Total	其中:教学、实习仪器设备资产值 of Which:Teaching Equipment & Instruments	
	小计 Subtotal	其中:平板电脑 of Which: Tablet PC				小计 Subtotal	其中:当年新增 of Which:New Added in Current Year
3485414	**2872102**	**139951**	**381771**	**219753**	**41033669.31**	**9669683.78**	**1037042.16**
56500	48484	2080	5077	3148	910477.21	336446.31	13141.94
38940	31774	1757	3183	1879	442805.75	134519.87	5540.51
205323	169452	9210	25069	13882	1586229.23	366734.91	35374.25
97693	79883	5455	12914	5873	1076610.46	228349.15	23880.36
53677	42008	1256	7064	3522	815726.36	200580.90	25158.93
106710	80270	4665	8916	4682	1064792.08	264385.11	14910.64
51576	36955	1705	5208	2210	502870.95	157909.02	12371.40
51477	40936	1571	6203	3073	556203.10	147428.79	19588.44
94244	75169	3796	5536	4013	1545552.55	516669.14	67509.30
274056	227768	9893	26431	18016	3691550.65	785241.51	66384.08
203818	174916	8447	18211	14159	2459328.26	638766.62	77646.27
161615	137842	5650	25401	12040	2149355.27	412762.54	66951.97
114793	94260	3417	9802	6996	1111867.61	316513.18	27146.36
98883	81986	4151	11573	7255	952133.22	212954.82	35711.33
229943	187127	9069	28009	15305	3026871.95	664536.50	62005.40
200244	162334	7974	27766	14101	1878956.53	386309.40	45359.47
115641	96195	5321	12657	7033	1262854.43	279399.61	30046.50
171970	137655	13464	17667	10958	1774096.89	373011.17	55462.40
349981	302361	9805	21155	16314	2960578.03	873480.47	80662.57
128901	107292	6720	10397	6819	1254482.36	450676.32	42238.62
24898	20915	293	2036	1467	338617.68	103115.05	8859.44
90501	75591	5303	9359	6763	1172310.11	227711.11	17969.54
169319	142848	5672	24366	11712	2155160.40	440005.05	51664.53
86910	69628	1960	11511	6782	1281319.74	231236.50	21363.99
99408	83010	1991	14203	6494	1683419.78	240031.48	22700.97
6511	5032	234	1050	478	267515.43	24490.31	3919.34
64490	50948	4069	9294	4146	767137.15	147216.97	16489.04
48480	38890	1967	8011	3543	691661.69	145159.78	20071.52
17800	13927	358	1935	1094	386425.20	105050.29	20656.47
19873	16070	377	3040	1606	326493.67	71062.87	9346.32
51239	40576	2321	8727	4390	940265.56	187929.04	36910.25

中等职业学校(机构)资产情况

Condition of Fixed Assets and Teaching Resources in Secondary

地　区 Region	占地面积(平方米) Areas Occupied(m^2)			图书(册) Books & Magazines in Libraries(Volume)	
	合计 Total	其中:绿化用地面积 of Which: Green Areas	其中:运动场地面积 of Which: Sports Areas	合计 Total	其中:当年新增 of Which: New Added in Current Year
总　计 Total	**56274427.31**	**10985068.68**	**8348427.46**	**6257218**	**561973**
北　京 Beijing	654864.37	228567.25	72014.66	10500	0
天　津 Tianjin	709778.42	123986.00	93763.88	85900	0
河　北 Hebei	4011076.90	503914.73	761273.35	161530	9672
山　西 Shanxi	1360067.61	192498.82	308699.92	864742	0
内蒙古 Inner Mongolia	1156692.88	188553.94	240152.28	12300	580
辽　宁 Liaoning	2201324.85	379535.17	397016.45	100049	3279
吉　林 Jilin	1576609.15	142213.65	172430.65	87950	350
黑龙江 Heilongjiang	1242308.92	176516.00	175579.00	221050	26200
上　海 Shanghai	435253.45	54626.13	61885.80	0	0
江　苏 Jiangsu	1056178.89	296270.82	125550.37	35800	12950
浙　江 Zhejiang	1948146.76	283612.30	270982.37	230364	10007
安　徽 Anhui	2762966.66	402803.62	220706.53	439660	282660
福　建 Fujian	785981.00	260770.72	113512.00	18300	0
江　西 Jiangxi	2346446.56	610442.53	422831.03	71792	2760
山　东 Shandong	4225663.78	867600.08	605485.40	319092	1332
河　南 Henan	3160978.20	594416.36	377261.63	1099938	55429
湖　北 Hubei	1210702.23	240473.20	161412.50	79636	13090
湖　南 Hunan	4528760.63	978875.89	615797.50	196042	31775
广　东 Guangdong	4795413.06	1032414.07	758435.95	102328	1579
广　西 Guangxi	2848172.51	624711.11	263535.93	271037	30401
海　南 Hainan	360301.41	122246.70	25442.00	31628	4678
重　庆 Chongqing	889011.37	205305.43	91799.67	38780	180
四　川 Sichuan	4304048.27	830634.56	747654.44	475420	21713
贵　州 Guizhou	2155023.69	507536.55	334413.45	198010	1750
云　南 Yunnan	2149351.40	474901.77	329968.91	164255	1687
西　藏 Tibet	0.00	0.00	0.00	0	0
陕　西 Shaanxi	1758364.36	359926.33	386141.63	626176	49901
甘　肃 Gansu	1311512.94	199572.51	188785.40	313299	0
青　海 Qinghai	8717.00	617.40	370.00	1640	0
宁　夏 Ningxia	244801.10	85775.04	12863.74	0	0
新　疆 Xinjiang	75908.94	15750.00	12661.02	0	0

(非学校产权中独立使用)
Vocational Schools(Institutions)(Not Owned by SVSs)

计算机数(台) PC(set)			教室(间) Classroom(room)		固定资产总值(万元) Total Value of Fixed Asset (10,000 yuan)		
合计 Total	其中:教学用计算机 of Which:No. of Computers Used for Instruction		合计 Total	其中:网络多媒体教室 of Which:Network Multimedia Classroom	合计 Total	其中:教学、实习仪器设备资产值 of Which:Teaching Equipment & Instruments	
	小计 Subtotal	其中:平板电脑 of Which:Tablet PC				小计 Subtotal	其中:当年新增 of Which:New Added in Current Year
70056	**56348**	**2790**	**58659**	**27046**	**2758634.58**	**256751.19**	**40612.30**
183	68	0	428	161	4001.47	470.60	0.00
716	572	0	646	183	25040.47	3368.13	77.34
4856	3796	476	5334	2039	191117.56	13765.25	2374.46
2307	1487	185	1371	347	39057.36	6740.21	446.00
954	732	201	736	271	26572.77	2067.11	643.21
1739	1311	17	3417	1400	207746.17	8309.24	330.47
730	576	0	2440	902	16462.54	1299.56	783.85
3168	2726	10	1454	579	46185.10	7926.57	2194.40
135	110	0	563	264	14146.50	2339.24	835.52
1329	1156	0	1264	583	73242.95	6072.44	212.94
1303	1237	5	2488	1298	135620.61	8198.61	611.50
2847	2576	22	2188	984	105759.39	14536.15	9503.86
321	153	0	669	433	45850.77	2223.60	70.80
3260	2513	164	2112	1055	100373.31	12273.48	2651.29
4281	3498	97	3691	1734	264424.28	14291.31	1051.07
9457	7533	155	3675	1247	121730.24	16641.60	1763.50
1217	958	24	945	543	48890.53	3365.19	1195.16
3440	2852	392	3724	2411	172811.96	16757.48	3398.01
3090	2789	55	5149	3539	278155.28	29346.59	2107.48
3857	3368	92	2344	1392	150330.24	17203.50	3291.53
211	160	0	233	104	8911.34	673.78	50.87
880	604	360	671	429	57189.01	5415.49	150.78
5508	4621	27	4935	1782	206218.97	21036.58	2082.92
4720	2663	17	1843	708	53463.79	7530.75	1190.98
1274	1057	95	2937	1270	210082.83	10715.64	2240.12
0	0	0	0	0	0.00	0.00	0.00
3789	3288	61	1939	714	38353.67	7761.30	977.18
4446	3914	335	1241	582	111887.26	16112.70	377.06
0	0	0	147	81	378.00	44.00	0.00
0	0	0	4	1	3538.24	209.10	0.00
38	30	0	71	10	1092.00	56.00	0.00

地区 Region	占地面积(平方米) Areas Occupied(m^2)			图书(册) Books & Magazines in Libraries(Volume)	
	合计 Total	其中:绿化用地面积 of Which: Green Areas	其中:运动场地面积 of Which: Sports Areas	合计 Total	当年新增 New Added in Current Year
总　计 Total	**237574141.91**	**63538807.34**	**35432802.12**	**177968259**	**9143008**
北　京 Beijing	1492868.18	391747.08	336356.87	1327222	6826
天　津 Tianjin	2361111.29	426724.86	371544.13	2270794	6083
河　北 Hebei	8156266.39	1552228.66	1370331.74	7601372	640588
山　西 Shanxi	5517585.37	1097129.20	722470.10	4518781	45912
内蒙古 Inner Mongolia	3226763.64	806519.10	465392.16	1746446	21491
辽　宁 Liaoning	4610174.76	885051.01	924358.02	4719666	63549
吉　林 Jilin	1411121.68	337090.01	221223.84	1363366	2724
黑龙江 Heilongjiang	2694590.26	291306.52	297479.05	1620512	34318
上　海 Shanghai	2188077.54	718263.24	420423.38	4334127	112266
江　苏 Jiangsu	20176355.73	7084737.75	3327652.17	15720703	360540
浙　江 Zhejiang	3757538.27	1214635.75	700272.06	3076346	102257
安　徽 Anhui	29128683.46	7286129.84	3589298.39	21075505	2523574
福　建 Fujian	11405412.33	2943296.38	2175221.24	9528618	146560
江　西 Jiangxi	9881772.69	2859034.16	1371878.29	5682088	557278
山　东 Shandong	23112450.88	6067726.23	3494526.92	15372260	861326
河　南 Henan	10462567.92	2551591.76	1410122.70	7715495	192924
湖　北 Hubei	11366515.67	3144678.50	1814087.96	7501470	356078
湖　南 Hunan	2840882.28	924576.53	422942.85	1652285	173742
广　东 Guangdong	17773029.32	5243067.61	3131926.85	18264471	675531
广　西 Guangxi	16096796.96	4392098.37	2092708.23	14927103	1221892
海　南 Hainan	1339512.12	303849.48	220434.23	1363759	44368
重　庆 Chongqing	2408156.37	862618.92	334546.08	1827099	5424
四　川 Sichuan	8435143.96	2182464.89	1456150.71	7828954	306196
贵　州 Guizhou	6088978.61	1875288.64	849427.48	3084588	147830
云　南 Yunnan	7230487.32	1970614.53	803667.24	3921329	32442
西　藏 Tibet	2815702.99	477320.77	188597.59	1055046	39359
陕　西 Shaanxi	2014648.68	490557.17	299851.92	1280115	5921
甘　肃 Gansu	5994310.76	1265813.55	984213.52	3205753	113091
青　海 Qinghai	2576112.63	615818.92	362699.70	1252489	51087
宁　夏 Ningxia	2132334.52	776877.10	210184.97	620121	78723
新　疆 Xinjiang	8878189.33	2499950.81	1062811.73	2510376	213108

情况(学校产权)
in Regular SSSs(Owned by Regular SSSs)

计算机数(台) PC(set)			教室(间) Classroom(room)		固定资产总值(万元) Total Value of Fixed Asset (10,000 yuan)		
合计 Total	其中:教学用计算机 of Which: No. of Computers Used for Instruction		合计 Total	其中:网络多媒体教室 of Which: Network Multimedia Classroom	合计 Total	其中:教学、实习仪器设备资产值 of Which:Teaching Equipment & Instruments	
	小计 Subtotal	其中:平板电脑 of Which: Tablet PC				小计 Subtotal	当年新增 New Added in Current Year
1906475	**1577706**	**70091**	**196879**	**118037**	**23357181.14**	**5574252.22**	**585811.75**
20648	18294	592	1668	1046	335964.82	100284.19	4719.46
29401	23826	1233	2461	1477	388351.24	107971.96	4510.21
83344	68267	3253	8780	5155	560097.69	136629.11	14174.24
39590	33052	1354	4698	2187	407915.72	94801.54	6366.60
21337	17080	460	2093	890	286579.61	77651.65	6333.20
62039	46664	3004	4291	2646	676225.42	166807.18	8423.71
14460	11420	642	1189	563	155548.78	68518.15	5256.90
20440	16497	557	1610	918	236313.22	59319.10	7736.39
62700	50170	2657	3627	2551	1077449.41	373019.09	50175.33
210591	177371	7407	18328	13543	2692692.35	609874.53	52921.85
37872	32244	1495	3358	2463	503973.30	124470.20	15070.58
145965	124571	5145	22559	11081	1978284.21	376286.68	61174.39
114793	94260	3417	9802	6996	1111867.61	316513.18	27146.36
56653	47285	2269	6016	4360	611183.55	143876.36	25207.07
148168	120961	6921	19168	10452	2158897.03	438725.66	39607.69
72942	56925	2133	10218	5402	740911.83	151192.64	16025.26
89682	74383	3831	9918	5581	1009355.00	214388.54	22173.42
18437	14226	1005	2256	1587	164676.10	41350.19	7442.67
239228	207220	6667	15582	11891	2172475.97	611149.09	61430.60
128901	107292	6720	10397	6819	1254482.36	450676.32	42238.62
16599	13971	129	1371	1094	228149.08	71743.24	5924.89
18440	15033	749	1970	1288	303442.14	42059.04	2986.69
66407	55470	2579	9330	4526	942320.35	173031.61	19350.69
29191	24049	809	3851	2150	280217.43	75864.21	3797.10
44784	37931	708	5600	3007	925969.11	124196.90	10361.81
6511	5032	234	1050	478	267515.43	24490.31	3919.34
12754	9311	414	1540	655	160412.78	28194.47	3415.07
32356	25727	1105	4858	2388	518489.81	105146.89	12825.73
17460	13887	358	1869	1093	383557.70	104708.79	20656.47
7742	6106	178	1667	779	156789.15	31047.05	5123.96
37040	29181	2066	5754	2971	667072.94	130264.35	19315.45

普通中专学校资产情况
Condition of Fixed Assets and Teaching Resources in

地 区 Region	占地面积(平方米) Areas Occupied(m^2)			图书(册) Books & Magazines in Libraries(Volume)	
	合计 Total	其中:绿化用地面积 of Which: Green Areas	其中:运动场地面积 of Which: Sports Areas	合计 Total	当年新增 New Added in Current Year
总 计 Total	**30616960.60**	**5849813.46**	**4315187.06**	**2977933**	**348571**
北 京 Beijing	35405.50	3520.80	1260.00	0	0
天 津 Tianjin	244909.16	47750.00	36511.88	20000	0
河 北 Hebei	3315937.44	426332.33	606480.16	142330	9672
山 西 Shanxi	498934.48	82940.00	92585.80	75484	0
内蒙古 Inner Mongolia	917997.28	168794.80	173853.00	3000	500
辽 宁 Liaoning	1116921.89	173224.53	131028.50	45450	0
吉 林 Jilin	601332.16	21541.73	49914.60	0	0
黑龙江 Heilongjiang	990591.16	150280.00	139860.00	103450	17900
上 海 Shanghai	429871.27	52766.13	60752.80	0	0
江 苏 Jiangsu	564549.99	127761.88	55492.03	22800	550
浙 江 Zhejiang	527951.00	72729.00	52385.00	126182	182
安 徽 Anhui	2635395.60	364567.44	199823.00	399160	261160
福 建 Fujian	785981.00	260770.72	113512.00	18300	0
江 西 Jiangxi	582000.29	189364.00	97981.77	15500	0
山 东 Shandong	2250123.99	415656.08	255632.40	69162	370
河 南 Henan	955051.60	304090.00	101504.00	684790	4220
湖 北 Hubei	875197.00	150637.00	130237.00	76636	13090
湖 南 Hunan	225710.80	106638.00	46647.91	1000	0
广 东 Guangdong	3318093.51	667360.15	556923.64	63046	746
广 西 Guangxi	2848172.51	624711.11	263535.93	271037	30401
海 南 Hainan	148387.29	80542.70	9632.00	22850	2000
重 庆 Chongqing	70751.88	8079.43	19838.67	780	180
四 川 Sichuan	3680006.99	734279.86	603350.04	245674	6600
贵 州 Guizhou	797749.42	149381.67	119620.25	186880	500
云 南 Yunnan	1089679.80	244734.55	196250.23	60100	0
西 藏 Tibet	0.00	0.00	0.00	0	0
陕 西 Shaanxi	205716.39	47104.00	99081.31	27023	500
甘 肃 Gansu	639412.30	86220.51	83179.40	297299	0
青 海 Qinghai	5530.00	250.00	250.00	0	0
宁 夏 Ningxia	244267.10	85775.04	12863.74	0	0
新 疆 Xinjiang	15331.80	2010.00	5200.00	0	0

(非学校产权中独立使用)
Regular SSSs(Not Owned by Regular SSSs)

计算机数(台) PC(set)			教室(间) Classroom(room)		固定资产总值(万元) Total Value of Fixed Asset (10,000 yuan)		
合计 Total	其中:教学用计算机 of Which: No. of Computers Used for Instruction		合计 Total	其中:网络多媒体教室 of Which: Network Multimedia Classroom	合计 Total	其中:教学、实习仪器设备资产值 of Which:Teaching Equipment & Instruments	
	小计 Subtotal	其中:平板电脑 of Which: Tablet PC				小计 Subtotal	当年新增 New Added in Current Year
39992	**32420**	**1224**	**30540**	**14669**	**1555214.75**	**148260.87**	**23466.62**
2	2	0	138	17	1054.87	5.00	0.00
7	6	0	189	86	12640.27	413.48	12.54
3820	2999	455	4407	1690	136380.29	11995.33	2049.36
311	303	0	388	74	9340.20	2541.92	0.00
176	115	1	494	167	8727.65	1115.46	61.54
745	493	0	1788	883	110122.53	3228.77	190.37
0	0	0	580	322	1300.00	20.00	0.00
1778	1578	2	1223	524	35289.89	5968.47	1892.20
133	109	0	489	231	10669.58	323.80	0.00
710	540	0	457	262	13936.66	4009.21	0.00
0	0	0	389	222	28984.33	118.55	0.00
2563	2353	0	2018	922	95191.54	12006.83	7694.06
321	153	0	669	433	45850.77	2223.60	70.80
984	801	120	638	348	45959.96	4334.16	1612.21
1724	1342	4	1944	842	135314.85	8212.96	781.07
5248	4435	5	873	411	55229.09	6066.30	439.00
1217	958	24	676	427	37733.39	2892.26	1195.16
177	108	60	88	54	15440.72	628.18	149.20
3090	2789	55	3545	2307	174173.94	25647.94	1947.70
3857	3368	92	2344	1392	150330.24	17203.50	3291.53
180	160	0	43	29	694.34	129.20	22.00
266	244	0	236	103	18589.80	795.27	70.78
3796	3007	3	4006	1335	164201.55	14776.87	814.91
3760	2025	15	622	209	20925.82	4241.78	225.01
520	470	50	1598	913	162846.22	5882.52	589.42
0	0	0	0	0	0.00	0.00	0.00
241	226	3	47	30	3431.96	372.75	31.50
4366	3836	335	531	347	56813.05	12840.65	326.26
0	0	0	97	79	373.00	42.00	0.00
0	0	0	4	1	3538.24	209.10	0.00
0	0	0	19	9	130.00	15.00	0.00

地 区 Region	占地面积(平方米) Areas Occupied(m^2)			图书(册) Books & Magazines in Libraries(Volume)	
	合计 Total	其中:绿化用地面积 of Which: Green Areas	其中:运动场地面积 of Which: Sports Areas	合计 Total	当年新增 New Added in Current Year
总 计 Total	**12277962.33**	**2464545.88**	**1885521.45**	**13665475**	**320247**
北 京 Beijing	180186.67	49920.00	12600.00	101329	389
天 津 Tianjin	65852.76	3661.00	12340.00	75891	30000
河 北 Hebei	1158423.60	125626.53	217109.80	1988335	53684
山 西 Shanxi	56761.00	4490.00	4654.00	82196	20
内蒙古 Inner Mongolia	270082.03	34331.70	39459.60	585179	2404
辽 宁 Liaoning	0.00	0.00	0.00	0	0
吉 林 Jilin	420149.93	62467.40	104706.85	1047161	4788
黑龙江 Heilongjiang	431312.06	69168.00	116359.00	234344	16870
上 海 Shanghai	34667.00	13400.00	3878.00	49008	3
江 苏 Jiangsu	383409.70	145953.37	60242.00	417526	3100
浙 江 Zhejiang	208512.00	51023.24	19779.00	408734	21403
安 徽 Anhui	191351.00	23905.00	25192.00	237850	5180
福 建 Fujian	0.00	0.00	0.00	0	0
江 西 Jiangxi	758821.99	200215.49	117107.10	597000	3913
山 东 Shandong	306768.36	61064.70	43311.30	369841	5032
河 南 Henan	3508073.11	582142.34	495592.60	3037860	98277
湖 北 Hubei	155227.00	57918.00	29626.00	159591	20503
湖 南 Hunan	1601885.77	488900.49	201055.00	1171926	20554
广 东 Guangdong	100883.00	44482.00	25166.00	161188	0
广 西 Guangxi	0.00	0.00	0.00	0	0
海 南 Hainan	5466.00	1000.00	67.00	3020	0
重 庆 Chongqing	647659.33	155856.50	139027.69	1021091	16966
四 川 Sichuan	361988.69	38838.00	63780.00	232594	1000
贵 州 Guizhou	281785.00	32655.00	15792.00	519813	3030
云 南 Yunnan	732031.99	168957.60	105575.10	632357	1639
西 藏 Tibet	0.00	0.00	0.00	0	0
陕 西 Shaanxi	28054.30	1846.00	4400.00	56321	0
甘 肃 Gansu	146490.04	28378.52	22799.41	87531	80
青 海 Qinghai	23563.00	910.00	1200.00	111287	0
宁 夏 Ningxia	7470.00	335.00	740.00	54836	0
新 疆 Xinjiang	211087.00	17100.00	3962.00	221666	11412

产情况(学校产权)
in Adult SSSs(Owned by Adult SSSs)

计算机数(台) PC(set)			教室(间) Classroom(room)		固定资产总值(万元) Total Value of Fixed Asset (10,000 yuan)		
合计 Total	其中:教学用计算机 of Which:No. of Computers Used for Instruction		合计 Total	其中:网络多媒体教室 of Which: Network Multimedia Classroom	合计 Total	其中:教学、实习仪器设备资产值 of Which:Teaching Equipment & Instruments	
	小计 Subtotal	其中:平板电脑 of Which: Tablet PC				小计 Subtotal	当年新增 New Added in Current Year
132663	**100053**	**6034**	**17647**	**6926**	**1118770.48**	**187701.84**	**19565.20**
2649	2090	55	312	222	12671.81	3402.57	128.89
741	604	103	132	36	11528.22	1439.29	0.00
18161	13850	1085	2183	607	90737.34	17489.92	897.85
790	632	44	81	26	3344.87	1021.50	6.10
3390	2303	140	261	96	13687.63	3236.05	152.67
0	0	0	0	0	0.00	0.00	0.00
7568	4164	183	635	183	44225.03	10164.86	363.39
3178	2208	79	426	218	31637.13	6043.53	1795.63
1085	934	50	84	60	12090.28	5091.55	389.30
4336	3177	86	970	273	62415.00	9283.54	70.14
4370	3541	329	1044	269	40927.71	6372.67	1081.65
1152	958	49	190	45	16494.85	2578.46	27.24
0	0	0	0	0	0.00	0.00	0.00
4471	3140	135	808	342	38892.46	5946.23	811.36
3751	2821	99	405	200	27449.92	4264.61	292.08
29192	24163	924	4342	1949	238731.09	37540.41	2830.28
1590	1409	386	157	45	15407.00	2708.00	171.00
12106	10165	621	1737	716	109585.44	24066.75	5340.02
2576	2256	234	200	165	14854.87	5512.14	70.04
0	0	0	0	0	0.00	0.00	0.00
130	80	0	5	5	541.00	245.00	0.00
13857	9614	1204	1080	727	112357.54	17705.61	2153.46
2887	2204	60	541	132	30305.44	5738.32	1316.71
2572	605	9	505	132	74451.82	5844.78	989.80
8008	5916	63	1043	272	54004.01	7810.40	491.01
0	0	0	0	0	0.00	0.00	0.00
642	469	0	228	169	45354.30	399.55	0.00
987	768	54	129	15	5208.66	1949.04	79.71
300	0	0	50	0	1830.00	287.00	0.00
1076	987	25	31	12	619.86	215.14	0.00
1098	995	17	68	10	9417.21	1344.92	106.90

成人中专学校资产情况
Condition of Fixed Assets and Teaching Resources

地　区 Region	占地面积(平方米) Areas Occupied(m^2)			图书(册) Books & Magazines in Libraries(Volume)	
	合计 Total	其中:绿化用地面积 of Which: Green Areas	其中:运动场地面积 of Which: Sports Areas	合计 Total	当年新增 New Added in Current Year
总　计 Total	**2349620.17**	**370007.25**	**331610.06**	**1251345**	**57189**
北　京 Beijing	38697.00	3520.00	4260.00	6500	0
天　津 Tianjin	62069.44	3731.00	15986.00	65900	0
河　北 Hebei	95920.36	6559.25	15238.75	10700	0
山　西 Shanxi	26938.20	1747.00	10300.00	518658	0
内蒙古 Inner Mongolia	9574.00	465.00	875.00	3140	0
辽　宁 Liaoning	0.00	0.00	0.00	0	0
吉　林 Jilin	38256.01	2330.00	10189.00	300	0
黑龙江 Heilongjiang	10208.56	900.00	2908.00	67100	8300
上　海 Shanghai	2701.00	160.00	260.00	0	0
江　苏 Jiangsu	14500.00	800.00	3800.00	0	0
浙　江 Zhejiang	140466.00	33026.00	25002.00	82500	0
安　徽 Anhui	2500.00	50.00	600.00	0	0
福　建 Fujian	0.00	0.00	0.00	0	0
江　西 Jiangxi	79684.00	5070.00	22024.00	3000	0
山　东 Shandong	121792.00	16422.00	20520.00	1900	0
河　南 Henan	1032330.47	156436.78	121631.03	302016	48889
湖　北 Hubei	3500.00	200.00	2000.00	0	0
湖　南 Hunan	131499.67	28009.80	13449.00	2200	0
广　东 Guangdong	0.00	0.00	0.00	0	0
广　西 Guangxi	0.00	0.00	0.00	0	0
海　南 Hainan	2100.00	0.00	0.00	0	0
重　庆 Chongqing	297709.00	78538.00	32278.00	23000	0
四　川 Sichuan	50320.00	6500.00	9800.00	98765	0
贵　州 Guizhou	141808.88	21586.00	14914.50	0	0
云　南 Yunnan	42839.58	3589.02	5454.78	64026	0
西　藏 Tibet	0.00	0.00	0.00	0	0
陕　西 Shaanxi	0.00	0.00	0.00	0	0
甘　肃 Gansu	0.00	0.00	0.00	0	0
青　海 Qinghai	3187.00	367.40	120.00	1640	0
宁　夏 Ningxia	534.00	0.00	0.00	0	0
新　疆 Xinjiang	485.00	0.00	0.00	0	0

(非学校产权中独立使用)
in Adult SSSs(Not Owned by Adult SSSs)

计算机数(台) PC(set)			教室(间) Classroom(room)		固定资产总值(万元) Total Value of Fixed Asset (10,000 yuan)		
合计 Total	其中:教学用计算机 of Which:No. of Computers Used for Instruction		合计 Total	其中:网络多媒体教室 of Which: Network Multimedia Classroom	合计 Total	其中:教学、实习仪器设备资产值 of Which:Teaching Equipment & Instruments	
	小计 Subtotal	其中:平板电脑 of Which: Tablet PC				小计 Subtotal	当年新增 New Added in Current Year
6404	**4479**	**465**	**4103**	**1249**	**91143.72**	**19878.40**	**1690.05**
136	26	0	92	32	1137.60	89.60	0.00
709	566	0	73	14	12000.20	2954.65	64.80
400	301	0	316	126	7613.08	880.79	107.81
676	131	0	128	4	2722.85	1395.50	3.00
215	109	0	33	14	1085.23	77.81	0.00
0	0	0	0	0	0.00	0.00	0.00
10	0	0	130	22	2550.73	72.00	0.00
44	39	6	49	13	1245.81	45.00	2.00
2	1	0	29	17	7.30	4.00	2.00
570	570	0	71	27	942.67	328.46	100.00
832	802	0	619	119	18180.29	3497.00	101.00
6	4	0	15	1	105.02	5.03	0.00
0	0	0	0	0	0.00	0.00	0.00
31	11	0	58	31	910.43	130.65	30.05
50	45	0	197	91	4277.00	660.84	115.00
1598	1058	95	1623	422	20821.71	5661.73	717.00
0	0	0	0	0	0.00	0.00	0.00
190	175	0	160	64	2112.63	857.75	14.11
0	0	0	0	0	0.00	0.00	0.00
0	0	0	0	0	0.00	0.00	0.00
0	0	0	0	0	0.00	0.00	0.00
614	360	360	123	73	10301.49	1660.60	80.00
44	40	4	193	153	1814.98	332.24	0.00
0	0	0	70	1	1604.46	767.23	353.28
277	241	0	74	23	1705.25	455.52	0.00
0	0	0	0	0	0.00	0.00	0.00
0	0	0	0	0	0.00	0.00	0.00
0	0	0	0	0	0.00	0.00	0.00
0	0	0	50	2	5.00	2.00	0.00
0	0	0	0	0	0.00	0.00	0.00
0	0	0	0	0	0.00	0.00	0.00

地 区 Region	占地面积(平方米) Areas Occupied(m^2)			图书(册) Books & Magazines in Libraries(Volume)	
	合计 Total	其中:绿化用地面积 of Which: Green Areas	其中:运动场地面积 of Which: Sports Areas	合计 Total	当年新增 New Added in Current Year
总 计 Total	**175223018.78**	**38793099.07**	**31087318.28**	**121317906**	**7449049**
北 京 Beijing	2113536.62	408950.80	460784.14	3079788	1413
天 津 Tianjin	332326.71	53862.00	78018.00	1022423	16931
河 北 Hebei	13775890.73	2277305.38	2625085.46	10265739	816456
山 西 Shanxi	8649351.56	1229455.55	1338813.94	4916594	114405
内蒙古 Inner Mongolia	6285198.89	1027858.61	1260646.18	2749401	149063
辽 宁 Liaoning	5149411.77	643095.01	1063607.30	2378432	43142
吉 林 Jilin	3189567.82	622724.13	621546.55	2052136	76500
黑龙江 Heilongjiang	4658165.23	745851.92	934623.70	1320307	93700
上 海 Shanghai	1232301.60	388149.10	246887.00	1644562	40197
江 苏 Jiangsu	5303301.00	1786379.52	803801.82	4329468	54508
浙 江 Zhejiang	16170848.42	4847404.76	3203732.14	16188672	1324814
安 徽 Anhui	2523055.55	520218.00	327300.15	1770007	367697
福 建 Fujian	0.00	0.00	0.00	0	0
江 西 Jiangxi	5117460.56	1005785.96	956112.13	4011640	941621
山 东 Shandong	8163985.20	2084116.46	1740141.44	7437907	502115
河 南 Henan	14162166.51	2613952.01	1952655.40	8612529	193083
湖 北 Hubei	2351260.41	612106.02	493440.84	1734534	55759
湖 南 Hunan	16623726.08	4223932.18	2470411.30	10704452	900647
广 东 Guangdong	5292806.92	1565023.65	1231364.77	5600199	92238
广 西 Guangxi	0.00	0.00	0.00	0	0
海 南 Hainan	970448.40	226096.00	165641.00	427331	15762
重 庆 Chongqing	6518787.11	1655211.26	1094613.03	4569751	60883
四 川 Sichuan	11210624.47	2413553.03	2666193.53	7953914	252058
贵 州 Guizhou	9979684.45	2360844.12	1500587.38	5330046	330581
云 南 Yunnan	8448702.80	1939186.67	1164112.78	3431637	118177
西 藏 Tibet	0.00	0.00	0.00	0	0
陕 西 Shaanxi	7766460.59	1508319.64	1347876.50	6940900	245766
甘 肃 Gansu	2228153.56	378326.19	436413.38	1055213	128468
青 海 Qinghai	23643.00	2114.00	1700.00	2500	0
宁 夏 Ningxia	2576942.23	719324.32	269104.43	889067	122371
新 疆 Xinjiang	4405210.59	933952.78	632103.99	898757	390694

产情况(学校产权)
Vocational High Schools(Owned by VHSs)

计算机数(台) PC(set)			教室(间) Classroom(room)		固定资产总值(万元) Total Value of Fixed Asset (10,000 yuan)		
合计 Total	其中:教学用计算机 of Which:No. of Computers Used for Instruction		合计 Total	其中:网络多媒体教室 of Which: Network Multimedia Classroom	合计 Total	其中:教学、实习仪器设备资产值 of Which:Teaching Equipment & Instruments	
	小计 Subtotal	其中:平板电脑 of Which: Tablet PC				小计 Subtotal	当年新增 New Added in Current Year
1400370	**1158993**	**62688**	**160725**	**91514**	**15891911.74**	**3808544.97**	**422671.18**
33203	28100	1433	3097	1880	561840.58	232759.55	8293.60
8798	7344	421	590	366	42926.29	25108.61	1030.30
102016	85690	4809	13611	7940	904622.44	210434.11	20071.54
57136	46067	4030	8021	3657	663281.18	132080.61	17479.06
28950	22625	656	4710	2536	515459.12	119693.20	18673.06
44671	33606	1661	4625	2036	388566.66	97577.93	6486.93
27529	19954	830	3065	1334	285139.39	76559.97	6510.71
27702	22110	929	4133	1919	284782.44	81700.72	9969.18
30459	24065	1089	1825	1402	456012.86	138558.49	16944.67
40255	33607	2140	4591	2637	550060.96	118630.34	9388.86
160375	138274	6583	13649	11318	1901474.73	504259.79	60460.38
9678	8507	336	1800	590	107608.43	21528.53	5340.89
0	0	0	0	0	0.00	0.00	0.00
37759	31561	1747	4749	2553	302057.21	63132.23	9692.90
76929	62570	2049	8113	4519	823323.58	219220.71	21987.60
93177	77510	4885	12826	6580	859064.98	189469.28	25943.34
24075	20221	1054	2527	1385	230418.55	61082.05	7702.08
140409	112684	11838	13527	8558	1485231.48	304784.25	42474.59
101782	86995	2540	4792	3909	728160.19	245904.88	17827.88
0	0	0	0	0	0.00	0.00	0.00
8169	6864	164	660	368	109927.60	31126.81	2934.55
58103	50859	3348	6274	4720	753367.93	167557.86	12829.39
98467	83906	3014	14310	6983	1172896.36	259273.72	30996.13
54972	44882	1142	7109	4454	918871.85	148729.25	16555.98
46120	38743	1175	7308	3183	694381.09	106977.73	11202.82
0	0	0	0	0	0.00	0.00	0.00
51094	41168	3655	7526	3322	561370.07	118622.95	13073.97
15137	12395	808	3024	1140	167963.22	38063.85	7166.08
40	40	0	16	1	1037.50	54.50	0.00
10264	8246	114	1342	815	158289.65	39333.25	4146.78
13101	10400	238	2905	1409	263775.41	56319.77	17487.90

职业高中学校资产情况

Condition of Fixed Assets and Teaching Resources in

地 区 Region	占地面积(平方米) Areas Occupied(m^2)			图书(册) Books & Magazines in Libraries(Volume)	
	合计 Total	其中:绿化用地面积 of Which: Green Areas	其中:运动场地面积 of Which: Sports Areas	合计 Total	当年新增 New Added in Current Year
总 计 Total	**22724130.01**	**4702567.25**	**3596290.01**	**1772622**	**153626**
北 京 Beijing	580761.87	221526.45	66494.66	4000	0
天 津 Tianjin	402799.82	72505.00	41266.00	0	0
河 北 Hebei	568445.00	68523.15	138204.44	8500	0
山 西 Shanxi	818299.93	106761.82	199714.12	270600	0
内蒙古 Inner Mongolia	229121.60	19294.14	65424.28	6160	80
辽 宁 Liaoning	1084402.96	206310.64	265987.95	54599	3279
吉 林 Jilin	933199.78	118341.92	112327.05	87650	350
黑龙江 Heilongjiang	228413.20	25130.00	25160.00	0	0
上 海 Shanghai	2681.18	1700.00	873.00	0	0
江 苏 Jiangsu	454975.90	164243.94	62115.34	13000	12400
浙 江 Zhejiang	1254596.76	176637.30	189365.37	9825	9825
安 徽 Anhui	117146.56	37566.18	20183.53	40500	21500
福 建 Fujian	0.00	0.00	0.00	0	0
江 西 Jiangxi	1684762.27	416008.53	302825.26	53292	2760
山 东 Shandong	1685937.79	408516.00	288027.00	99575	895
河 南 Henan	1170790.13	132909.58	154126.60	113132	2320
湖 北 Hubei	332005.23	89636.20	29175.50	3000	0
湖 南 Hunan	4171550.16	844228.09	555700.59	192842	31775
广 东 Guangdong	1369989.10	355968.76	200641.98	2155	0
广 西 Guangxi	0.00	0.00	0.00	0	0
海 南 Hainan	209814.12	41704.00	15810.00	8778	2678
重 庆 Chongqing	510826.89	117588.00	38183.00	15000	0
四 川 Sichuan	573721.28	89854.70	134504.40	130981	15113
贵 州 Guizhou	1215465.39	336568.88	199878.70	11130	1250
云 南 Yunnan	898682.31	219909.64	104673.90	32750	0
西 藏 Tibet	0.00	0.00	0.00	0	0
陕 西 Shaanxi	1552647.97	312822.33	287060.32	599153	49401
甘 肃 Gansu	613000.67	104572.00	91106.00	16000	0
青 海 Qinghai	0.00	0.00	0.00	0	0
宁 夏 Ningxia	0.00	0.00	0.00	0	0
新 疆 Xinjiang	60092.14	13740.00	7461.02	0	0

(非学校产权中独立使用)
Vocational High Schools(Not Owned by VHSs)

计算机数(台) PC(set)			教室(间) Classroom(room)		固定资产总值(万元) Total Value of Fixed Asset (10,000 yuan)		
合计 Total	其中:教学用计算机 of Which: Computers Used for Instruction		合计 Total	其中:网络多媒体教室 of Which: Network Multimedia Classroom	合计 Total	其中:教学、实习仪器设备资产值 of Which: Teaching Equipment & Instruments	
	小计 Subtotal	其中:平板电脑 of Which: Tablet PC				小计 Subtotal	当年新增 New Added in Current Year
20904	**17178**	**988**	**22785**	**10791**	**1063107.28**	**81519.53**	**14979.64**
45	40	0	198	112	1809.00	376.00	0.00
0	0	0	384	83	400.00	0.00	0.00
634	495	21	572	190	46449.59	855.63	217.29
1270	1023	185	833	260	26581.14	2715.31	443.00
563	508	200	209	90	16759.89	873.84	581.67
994	818	17	1629	517	97623.64	5080.47	140.10
720	576	0	1593	558	11453.74	1207.56	783.85
247	185	2	155	15	3471.20	768.60	300.20
0	0	0	45	16	3469.62	2011.44	833.52
49	46	0	720	294	56426.12	597.27	112.94
296	285	5	1418	917	86199.99	4467.06	464.50
214	169	22	124	44	6895.06	2448.14	1809.80
0	0	0	0	0	0.00	0.00	0.00
2245	1701	44	1416	676	53502.92	7808.67	1009.03
1450	1210	20	1337	730	112066.09	1891.89	10.00
2611	2040	55	1174	411	45399.44	4889.57	607.50
0	0	0	269	116	11157.14	472.93	0.00
3073	2569	332	3476	2293	155258.61	15271.55	3234.70
0	0	0	1589	1229	102397.34	3626.50	159.78
0	0	0	0	0	0.00	0.00	0.00
31	0	0	190	75	8217.00	544.58	28.87
0	0	0	302	253	28197.72	2919.62	0.00
1668	1574	20	736	294	40202.44	5927.47	1268.01
960	638	2	1151	498	30933.50	2521.74	612.69
168	131	5	772	200	28078.18	3562.10	1385.70
0	0	0	0	0	0.00	0.00	0.00
3548	3062	58	1892	684	34921.71	7388.55	945.68
80	78	0	549	235	54274.21	3252.05	30.80
0	0	0	0	0	0.00	0.00	0.00
0	0	0	0	0	0.00	0.00	0.00
38	30	0	52	1	962.00	41.00	0.00

地　区 Region	占地面积(平方米) Areas Occupied(m^2)			图书(册) Books & Magazines in Libraries(Volume)	
	合计 Total	其中:绿化用地面积 of Which: Green Areas	其中:运动场地面积 of Which: Sports Areas	合计 Total	当年新增 New Added in Current Year
总　计 Total	**7307419.81**	**1843443.30**	**1128072.21**	**5095072**	**176615**
北　京 Beijing	0.00	0.00	0.00	0	0
天　津 Tianjin	0.00	0.00	0.00	0	0
河　北 Hebei	390757.51	49321.50	131430.67	465943	43171
山　西 Shanxi	175250.00	3172.80	33240.00	19500	4000
内蒙古 Inner Mongolia	0.00	0.00	0.00	0	0
辽　宁 Liaoning	0.00	0.00	0.00	0	0
吉　林 Jilin	375145.02	122523.31	80920.21	411908	2014
黑龙江 Heilongjiang	47390.89	11900.12	3924.13	6700	0
上　海 Shanghai	0.00	0.00	0.00	0	0
江　苏 Jiangsu	3607077.92	1076078.74	421824.23	1965619	68364
浙　江 Zhejiang	126572.53	37186.00	35783.00	172071	22606
安　徽 Anhui	1244864.11	230498.00	163878.61	506664	10668
福　建 Fujian	0.00	0.00	0.00	0	0
江　西 Jiangxi	0.00	0.00	0.00	0	0
山　东 Shandong	172370.21	20914.00	55135.05	72781	567
河　南 Henan	343204.90	66265.00	41880.80	246372	2238
湖　北 Hubei	36636.00	8721.00	15465.00	11126	0
湖　南 Hunan	84034.34	16698.64	30167.94	148250	593
广　东 Guangdong	373090.01	111237.02	58748.01	895447	4074
广　西 Guangxi	0.00	0.00	0.00	0	0
海　南 Hainan	0.00	0.00	0.00	0	0
重　庆 Chongqing	17937.00	1585.00	3202.64	9200	0
四　川 Sichuan	136079.50	60231.00	9640.00	108331	1000
贵　州 Guizhou	41100.67	2700.17	17065.12	28110	1500
云　南 Yunnan	135909.20	24411.00	25766.80	27050	15820
西　藏 Tibet	0.00	0.00	0.00	0	0
陕　西 Shaanxi	0.00	0.00	0.00	0	0
甘　肃 Gansu	0.00	0.00	0.00	0	0
青　海 Qinghai	0.00	0.00	0.00	0	0
宁　夏 Ningxia	0.00	0.00	0.00	0	0
新　疆 Xinjiang	0.00	0.00	0.00	0	0

资产情况(学校产权)
Secondary Vocational Education Institutions(Owned by SVSs)

计算机数(台) PC(set)			教室(间) Classroom(room)		固定资产总值(万元) Total Value of Fixed Asset (10,000 yuan)		
合计 Total	其中:教学用计算机 of Which: No. of Computers Used for Instruction		合计 Total	其中:网络多媒体教室 of Which: Network Multimedia Classroom	合计 Total	其中:教学、实习仪器设备资产值 of Which:Teaching Equipment & Instruments	
	小计 Subtotal	其中:平板电脑 of Which: Tablet PC				小计 Subtotal	当年新增 New Added in Current Year
45906	**35350**	**1138**	**6520**	**3276**	**665805.96**	**99184.74**	**8994.02**
0	0	0	0	0	0.00	0.00	0.00
0	0	0	0	0	0.00	0.00	0.00
1802	1645	63	495	180	30771.77	2181.77	230.62
177	132	27	114	3	2068.70	445.50	28.60
0	0	0	0	0	0.00	0.00	0.00
0	0	0	0	0	0.00	0.00	0.00
2019	1417	50	319	130	17957.76	2666.04	240.40
157	121	6	34	18	3470.32	365.44	87.24
0	0	0	0	0	0.00	0.00	0.00
18874	13613	260	2542	1563	386382.34	47453.09	4003.23
1201	857	40	160	109	12952.52	3663.97	1033.65
4820	3806	120	852	324	46967.78	12368.87	409.45
0	0	0	0	0	0.00	0.00	0.00
0	0	0	0	0	0.00	0.00	0.00
1095	775	0	323	134	17201.42	2325.53	118.04
4933	3736	32	380	170	40248.63	8107.07	560.59
294	182	50	55	22	7673.88	1221.01	0.00
1018	580	0	147	97	14603.87	2809.98	205.12
6395	5890	364	581	349	45087.00	10914.36	1334.05
0	0	0	0	0	0.00	0.00	0.00
0	0	0	0	0	0.00	0.00	0.00
101	85	2	35	28	3142.50	388.60	0.00
1558	1268	19	185	71	9638.25	1961.40	1.00
175	92	0	46	46	7778.64	798.26	21.11
496	420	45	252	32	9065.57	1046.44	645.34
0	0	0	0	0	0.00	0.00	0.00
0	0	0	0	0	0.00	0.00	0.00
0	0	0	0	0	0.00	0.00	0.00
0	0	0	0	0	0.00	0.00	0.00
791	731	60	0	0	10795.01	467.42	75.58
0	0	0	0	0	0.00	0.00	0.00

地区 Region	占地面积(平方米) Areas Occupied(m^2)			图书(册) Books & Magazines in Libraries(Volume)	
	合计 Total	其中:绿化用地面积 of Which: Green Areas	其中:运动场地面积 of Which: Sports Areas	合计 Total	当年新增 New Added in Current Year
总　计 Total	**583716.53**	**62680.72**	**105340.33**	**255318**	**2587**
北　京 Beijing	0.00	0.00	0.00	0	0
天　津 Tianjin	0.00	0.00	0.00	0	0
河　北 Hebei	30774.10	2500.00	1350.00	0	0
山　西 Shanxi	15895.00	1050.00	6100.00	0	0
内蒙古 Inner Mongolia	0.00	0.00	0.00	0	0
辽　宁 Liaoning	0.00	0.00	0.00	0	0
吉　林 Jilin	3821.20	0.00	0.00	0	0
黑龙江 Heilongjiang	13096.00	206.00	7651.00	50500	0
上　海 Shanghai	0.00	0.00	0.00	0	0
江　苏 Jiangsu	22153.00	3465.00	4143.00	0	0
浙　江 Zhejiang	25133.00	1220.00	4230.00	11857	0
安　徽 Anhui	7924.50	620.00	100.00	0	0
福　建 Fujian	0.00	0.00	0.00	0	0
江　西 Jiangxi	0.00	0.00	0.00	0	0
山　东 Shandong	167810.00	27006.00	41306.00	148455	67
河　南 Henan	2806.00	980.00	0.00	0	0
湖　北 Hubei	0.00	0.00	0.00	0	0
湖　南 Hunan	0.00	0.00	0.00	0	0
广　东 Guangdong	107330.45	9085.16	870.33	37127	833
广　西 Guangxi	0.00	0.00	0.00	0	0
海　南 Hainan	0.00	0.00	0.00	0	0
重　庆 Chongqing	9723.60	1100.00	1500.00	0	0
四　川 Sichuan	0.00	0.00	0.00	0	0
贵　州 Guizhou	0.00	0.00	0.00	0	0
云　南 Yunnan	118149.71	6668.56	23590.00	7379	1687
西　藏 Tibet	0.00	0.00	0.00	0	0
陕　西 Shaanxi	0.00	0.00	0.00	0	0
甘　肃 Gansu	59099.97	8780.00	14500.00	0	0
青　海 Qinghai	0.00	0.00	0.00	0	0
宁　夏 Ningxia	0.00	0.00	0.00	0	0
新　疆 Xinjiang	0.00	0.00	0.00	0	0

情况(非学校产权中独立使用)
Secondary Vocational Education Institutions(Not Owned by SVSs)

计算机数(台) PC(set)			教室(间) Classroom(room)		固定资产总值(万元) Total Value of Fixed Asset (10,000 yuan)		
合计 Total	其中:教学用计算机 of Which: Computers Used for Instruction		合计 Total	其中:网络多媒体教室 of Which: Network Multimedia Classroom	合计 Total	其中:教学、实习仪器设备资产值 of Which:Teaching Equipment & Instruments	
	小计 Subtotal	其中:平板电脑 of Which: Tablet PC				小计 Subtotal	当年新增 New Added in Current Year
2756	**2271**	**113**	**1231**	**337**	**49168.82**	**7092.39**	**476.00**
0	0	0	0	0	0.00	0.00	0.00
0	0	0	0	0	0.00	0.00	0.00
2	1	0	39	33	674.60	33.50	0.00
50	30	0	22	9	413.17	87.48	0.00
0	0	0	0	0	0.00	0.00	0.00
0	0	0	0	0	0.00	0.00	0.00
0	0	0	137	0	1158.07	0.00	0.00
1099	924	0	27	27	6178.20	1144.50	0.00
0	0	0	0	0	0.00	0.00	0.00
0	0	0	16	0	1937.50	1137.50	0.00
175	150	0	62	40	2256.00	116.00	46.00
64	50	0	31	17	3567.77	76.14	0.00
0	0	0	0	0	0.00	0.00	0.00
0	0	0	0	0	0.00	0.00	0.00
1057	901	73	213	71	12766.33	3525.62	145.00
0	0	0	5	3	280.00	24.00	0.00
0	0	0	0	0	0.00	0.00	0.00
0	0	0	0	0	0.00	0.00	0.00
0	0	0	15	3	1584.00	72.15	0.00
0	0	0	0	0	0.00	0.00	0.00
0	0	0	0	0	0.00	0.00	0.00
0	0	0	10	0	100.00	40.00	0.00
0	0	0	0	0	0.00	0.00	0.00
0	0	0	0	0	0.00	0.00	0.00
309	215	40	493	134	17453.19	815.50	265.00
0	0	0	0	0	0.00	0.00	0.00
0	0	0	0	0	0.00	0.00	0.00
0	0	0	161	0	800.00	20.00	20.00
0	0	0	0	0	0.00	0.00	0.00
0	0	0	0	0	0.00	0.00	0.00
0	0	0	0	0	0.00	0.00	0.00

中等职业学校(机构)校舍情况

Conditions of School Buildings in Secondary Vocational Schools(Institutions)

单位:平方米
unit:m^2

地 区 Region	学校产权校舍建筑面积 Floor Area of School Building Owned by SVSs				正在施工校舍建筑面积 Floor Area Under Construction	非学校产权中独立使用校舍建筑面积 Floor Area of School Building Not Owned by SVSs
	合计 Total	其中:危房 of Which: Floor Space of Dilapidated Buildings	其中:当年新增 of Which: New Added in Current Year	其中:被外单位借用 of Which: Floor Space Hired by Other Schools or Units		
总 计 Total	**212978546.99**	**470893.55**	**8428615.23**	**1191799.61**	**8675487.43**	**31892959.46**
北 京 Beijing	2348971.06	9403.20	0.00	45301.00	22563.30	179819.88
天 津 Tianjin	1435606.94	0.00	17673.20	140.80	7100.00	279197.11
河 北 Hebei	11350080.92	524.00	211252.96	109919.92	290707.81	2154764.25
山 西 Shanxi	6996344.49	37616.99	308759.32	14946.48	273939.52	626423.10
内蒙古 Inner Mongolia	3540773.08	20041.00	43571.01	23105.45	107407.85	358346.48
辽 宁 Liaoning	4598157.57	17765.00	18808.70	14516.00	114650.69	1628836.58
吉 林 Jilin	2228608.47	0.00	84867.72	18245.05	103629.00	1290514.64
黑龙江 Heilongjiang	2636289.49	4887.00	176872.59	16919.10	129953.98	581317.71
上 海 Shanghai	2838512.36	0.00	68984.73	23795.19	59435.51	292670.86
江 苏 Jiangsu	16017464.95	0.00	401453.73	32952.18	444208.22	676632.44
浙 江 Zhejiang	11728656.60	0.00	726382.39	18581.00	345316.50	1287266.70
安 徽 Anhui	15656333.65	2389.00	602035.27	43415.85	434914.41	1296220.58
福 建 Fujian	5784046.38	5339.00	353200.10	5664.30	359756.64	401531.55
江 西 Jiangxi	6522977.03	2915.45	1113187.25	35036.61	186507.86	1180097.80
山 东 Shandong	15085877.56	0.00	496815.11	102136.18	651639.46	2141238.32
河 南 Henan	14172750.15	50051.32	648617.46	59753.85	636764.16	1596873.71
湖 北 Hubei	7716729.44	0.00	97385.57	12261.36	204929.25	635001.94
湖 南 Hunan	10677652.34	0.00	869345.02	62578.62	263329.80	2717625.60
广 东 Guangdong	13208754.88	48240.19	172186.61	108345.97	667888.95	3404065.93
广 西 Guangxi	7849580.97	0.00	271749.16	25054.52	809777.78	1620796.67
海 南 Hainan	1587589.88	7513.25	12680.00	9608.00	32972.88	168963.25
重 庆 Chongqing	5831887.96	0.00	13052.38	4087.83	214160.85	445567.83
四 川 Sichuan	11392978.63	8300.00	331243.95	76679.97	277677.77	2462365.22
贵 州 Guizhou	7583640.22	9055.95	280027.58	102061.26	451758.52	1199057.32
云 南 Yunnan	6833843.01	95978.29	277295.24	46150.36	598916.59	1521506.54
西 藏 Tibet	868375.52	602.00	40671.95	2592.00	30543.27	0.00
陕 西 Shaanxi	4869212.96	9896.40	57942.93	31884.00	113319.00	1001946.50
甘 肃 Gansu	3685001.20	128425.14	116342.55	3879.00	182647.85	569214.13
青 海 Qinghai	1128840.08	0.00	24808.00	6480.00	74616.00	26620.00
宁 夏 Ningxia	1582450.16	0.00	31591.62	112075.74	472323.93	121378.49
新 疆 Xinjiang	5220559.04	11950.37	559811.13	23632.02	112130.08	27098.33

普通中专学校校舍情况

Conditions of School Buildings in Regular Specialized Secondary Schools

单位:平方米

unit: m^2

地 区 Region	学校产权校舍建筑面积 Floor Area of School Building Owned by SVSs				正在施工校舍建筑面积 Floor Area Under Construction	非学校产权中独立使用校舍建筑面积 Floor Area of School Building Not Owned by SVSs
	合计 Total	其中:危房 of Which: Floor Space of Dilapidated Buildings	其中:当年新增 of Which: New Added in Current Year	其中:被外单位借用 of Which: Floor Space Hired by Other Schools or Units		
总 计 Total	**119340018.30**	**272533.45**	**3728175.72**	**582445.08**	**6162647.57**	**17646241.95**
北 京 Beijing	896682.07	9403.20	0.00	283.00	0.00	30678.67
天 津 Tianjin	1175248.52	0.00	17553.20	140.80	7100.00	91011.35
河 北 Hebei	4715739.36	0.00	51996.88	12402.70	219087.32	1818436.54
山 西 Shanxi	3081832.79	30173.49	110435.06	1417.48	125214.58	165943.00
内蒙古 Inner Mongolia	1192763.15	0.00	4418.63	0.00	41883.92	242209.76
辽 宁 Liaoning	2363079.51	14777.00	5570.82	12999.00	40121.33	929886.32
吉 林 Jilin	619643.98	0.00	4478.00	14100.00	1200.00	520382.90
黑龙江 Heilongjiang	979350.97	2350.00	42911.29	6206.00	92463.32	528123.28
上 海 Shanghai	1881340.71	0.00	56178.34	6922.19	59435.51	286308.83
江 苏 Jiangsu	11508761.00	0.00	178950.84	22054.96	415927.22	333837.09
浙 江 Zhejiang	2110665.49	0.00	58638.95	1146.00	140010.35	228351.97
安 徽 Anhui	13989683.07	2389.00	534972.52	38751.05	410439.61	1217569.23
福 建 Fujian	5784046.38	5339.00	353200.10	5664.30	359756.64	401531.55
江 西 Jiangxi	3818471.71	2915.45	666522.89	400.00	137672.86	386242.58
山 东 Shandong	10651131.58	0.00	340285.02	72813.00	584516.87	1148531.92
河 南 Henan	5520227.86	8328.00	60718.51	24060.84	317325.63	563295.47
湖 北 Hubei	6250394.37	0.00	77816.79	12261.36	186154.09	485664.04
湖 南 Hunan	1471927.04	0.00	183601.70	0.00	84565.36	105530.14
广 东 Guangdong	9900891.52	19741.89	167195.61	55400.31	640936.07	2503297.20
广 西 Guangxi	7849580.97	0.00	271749.16	25054.52	809777.78	1620796.67
海 南 Hainan	1128718.97	7513.25	12205.00	0.00	28463.23	29755.75
重 庆 Chongqing	1368210.86	0.00	11008.00	0.00	48479.88	64892.85
四 川 Sichuan	4869874.22	1666.00	150283.66	67577.97	101209.00	2044165.91
贵 州 Guizhou	2741605.27	8065.95	16629.36	18517.76	184366.79	378785.50
云 南 Yunnan	3193765.27	33845.31	25329.55	33336.16	487084.12	1030357.75
西 藏 Tibet	868375.52	602.00	40671.95	2592.00	30543.27	0.00
陕 西 Shaanxi	1158851.28	8396.40	5928.00	17893.92	15748.00	92059.66
甘 肃 Gansu	2702201.44	105077.14	84709.58	0.00	100041.26	295560.53
青 海 Qinghai	1099807.78	0.00	24808.00	6480.00	74616.00	15731.00
宁 夏 Ningxia	846036.36	0.00	1563.32	108495.74	315116.47	79023.49
新 疆 Xinjiang	3601109.28	11950.37	167844.99	15474.02	103391.09	8281.00

成人中专学校校舍情况
Conditions of School Buildings in Adult Specialized Secondary Schools

单位：平方米
unit：m^2

地区 Region	学校产权校舍建筑面积 Floor Area of School Building Owned by SVSs				正在施工校舍建筑面积 Floor Area Under Construction	非学校产权中独立使用校舍建筑面积 Floor Area of School Building Not Owned by SVSs
	合计 Total	其中：危房 of Which: Floor Space of Dilapidated Buildings	其中：当年新增 of Which: New Added in Current Year	其中：被外单位借用 of Which: Floor Space Hired by Other Schools or Units		
总计 Total	**6586276.18**	**17384.00**	**69226.74**	**72306.11**	**88853.05**	**1273838.66**
北京 Beijing	96357.75	0.00	0.00	45018.00	0.00	36188.02
天津 Tianjin	31852.05	0.00	120.00	0.00	0.00	38497.00
河北 Hebei	528457.61	0.00	8785.94	9277.91	0.00	66784.34
山西 Shanxi	31537.81	0.00	0.00	0.00	0.00	27010.80
内蒙古 Inner Mongolia	99338.91	0.00	0.00	0.00	3126.40	11136.93
辽宁 Liaoning	0.00	0.00	0.00	0.00	0.00	0.00
吉林 Jilin	251896.19	0.00	0.00	0.00	0.00	30975.84
黑龙江 Heilongjiang	187663.27	0.00	5625.00	0.00	0.00	9521.43
上海 Shanghai	36428.44	0.00	0.00	0.00	0.00	3680.85
江苏 Jiangsu	219745.79	0.00	0.00	0.00	8797.50	21848.30
浙江 Zhejiang	165080.50	0.00	7874.00	2020.00	0.00	74780.04
安徽 Anhui	102519.00	0.00	4803.00	0.00	0.00	3080.00
福建 Fujian	0.00	0.00	0.00	0.00	0.00	0.00
江西 Jiangxi	284165.59	0.00	10620.00	1494.00	0.00	47581.40
山东 Shandong	172075.40	0.00	23044.00	0.00	0.00	65570.00
河南 Henan	2054915.90	0.00	2965.00	4000.00	16676.34	512066.78
湖北 Hubei	72754.00	0.00	0.00	0.00	0.00	0.00
湖南 Hunan	695299.62	0.00	3703.00	0.00	648.34	83104.21
广东 Guangdong	71085.00	0.00	0.00	5071.00	0.00	0.00
广西 Guangxi	0.00	0.00	0.00	0.00	0.00	0.00
海南 Hainan	4842.00	0.00	0.00	0.00	0.00	2100.00
重庆 Chongqing	567605.81	0.00	0.00	0.00	49642.56	47554.93
四川 Sichuan	182383.30	0.00	0.00	0.00	5486.83	66419.00
贵州 Guizhou	235626.00	0.00	0.00	0.00	0.00	82567.85
云南 Yunnan	331452.35	15884.00	1686.80	3925.20	4475.08	31876.94
西藏 Tibet	0.00	0.00	0.00	0.00	0.00	0.00
陕西 Shaanxi	34894.26	1500.00	0.00	0.00	0.00	0.00
甘肃 Gansu	54688.63	0.00	0.00	0.00	0.00	0.00
青海 Qinghai	20170.00	0.00	0.00	0.00	0.00	10889.00
宁夏 Ningxia	7325.00	0.00	0.00	0.00	0.00	120.00
新疆 Xinjiang	46116.00	0.00	0.00	1500.00	0.00	485.00

职业高中学校校舍情况

Conditions of School Buildings in Vocational High Schools

单位:平方米

unit: m^2

地　区 Region	学校产权校舍建筑面积 Floor Area of School Building Owned by SVSs				正在施工校舍建筑面积 Floor Area Under Construction	非学校产权中独立使用校舍建筑面积 Floor Area of School Building Not Owned by SVSs
	合计 Total	其中:危房 of Which: Floor Space of Dilapidated Buildings	其中:当年新增 of Which: New Added in Current Year	其中:被外单位借用 of Which: Floor Space Hired by Other Schools or Units		
总　计 Total	**83643938.19**	**162723.80**	**4598678.50**	**519073.02**	**2387461.11**	**12529274.88**
北　京 Beijing	1355931.24	0.00	0.00	0.00	22563.30	112953.19
天　津 Tianjin	228506.37	0.00	0.00	0.00	0.00	149688.76
河　北 Hebei	5976898.56	524.00	150470.14	88239.31	71620.49	224308.64
山　西 Shanxi	3834389.89	7443.50	198324.26	13529.00	148724.94	421794.30
内蒙古 Inner Mongolia	2248671.02	20041.00	39152.38	23105.45	62397.53	104999.79
辽　宁 Liaoning	2235078.06	2988.00	13237.88	1517.00	74529.36	698950.26
吉　林 Jilin	1238827.81	0.00	74991.90	4145.05	102429.00	704872.90
黑龙江 Heilongjiang	1450537.30	2537.00	123043.19	7576.50	37490.66	34828.00
上　海 Shanghai	920743.21	0.00	12806.39	16873.00	0.00	2681.18
江　苏 Jiangsu	2724331.73	0.00	212758.54	4997.22	7432.60	313380.05
浙　江 Zhejiang	9356847.09	0.00	659629.44	15415.00	205306.15	961624.69
安　徽 Anhui	1130098.33	0.00	62259.75	0.00	0.00	54908.85
福　建 Fujian	0.00	0.00	0.00	0.00	0.00	0.00
江　西 Jiangxi	2420339.73	0.00	436044.36	33142.61	48835.00	746273.82
山　东 Shandong	4169671.56	0.00	133486.09	26419.18	67122.59	841096.78
河　南 Henan	6377760.97	41723.32	584933.95	31693.01	302762.19	519269.46
湖　北 Hubei	1361619.46	0.00	19568.78	0.00	18775.16	149337.90
湖　南 Hunan	8423102.36	0.00	682040.32	62128.62	178116.10	2528991.25
广　东 Guangdong	2853096.37	14753.00	4991.00	46954.66	26952.88	889677.73
广　西 Guangxi	0.00	0.00	0.00	0.00	0.00	0.00
海　南 Hainan	454028.91	0.00	475.00	9608.00	4509.65	137107.50
重　庆 Chongqing	3881653.78	0.00	2044.38	4087.83	116038.41	329787.05
四　川 Sichuan	6263762.61	2127.00	180960.29	9102.00	170981.94	351780.31
贵　州 Guizhou	4584131.71	990.00	263398.22	83543.50	267391.73	737703.97
云　南 Yunnan	3239046.71	46248.98	238419.90	8889.00	107357.39	350663.73
西　藏 Tibet	0.00	0.00	0.00	0.00	0.00	0.00
陕　西 Shaanxi	3675467.42	0.00	52014.93	13990.08	97571.00	909886.84
甘　肃 Gansu	928111.13	23348.00	31632.97	3879.00	82606.59	234375.60
青　海 Qinghai	8862.30	0.00	0.00	0.00	0.00	0.00
宁　夏 Ningxia	729088.80	0.00	30028.30	3580.00	157207.46	0.00
新　疆 Xinjiang	1573333.76	0.00	391966.14	6658.00	8738.99	18332.33

地　区 Region	学校产权校舍 Floor Area of School	
	合计 Total	其中：危房 of Which: Floor Space of Dilapidated Buildings
总　计 Total	**3408314.32**	**18252.30**
北　京 Beijing	0.00	0.00
天　津 Tianjin	0.00	0.00
河　北 Hebei	128985.39	0.00
山　西 Shanxi	48584.00	0.00
内蒙古 Inner Mongolia	0.00	0.00
辽　宁 Liaoning	0.00	0.00
吉　林 Jilin	118240.49	0.00
黑龙江 Heilongjiang	18737.95	0.00
上　海 Shanghai	0.00	0.00
江　苏 Jiangsu	1564626.43	0.00
浙　江 Zhejiang	96063.52	0.00
安　徽 Anhui	434033.25	0.00
福　建 Fujian	0.00	0.00
江　西 Jiangxi	0.00	0.00
山　东 Shandong	92999.02	0.00
河　南 Henan	219845.42	0.00
湖　北 Hubei	31961.61	0.00
湖　南 Hunan	87323.32	0.00
广　东 Guangdong	383681.99	13745.30
广　西 Guangxi	0.00	0.00
海　南 Hainan	0.00	0.00
重　庆 Chongqing	14417.51	0.00
四　川 Sichuan	76958.50	4507.00
贵　州 Guizhou	22277.24	0.00
云　南 Yunnan	69578.68	0.00
西　藏 Tibet	0.00	0.00
陕　西 Shaanxi	0.00	0.00
甘　肃 Gansu	0.00	0.00
青　海 Qinghai	0.00	0.00
宁　夏 Ningxia	0.00	0.00
新　疆 Xinjiang	0.00	0.00

教育机构校舍情况
Secondary Vocational Education Institutions

单位：平方米
unit：m^2

建筑面积 Building Owned by SVSs		正在施工校舍建筑面积 Floor Area Under Construction	非学校产权中独立使用校舍建筑面积 Floor Area of School Building Not Owned by SVSs
其中：当年新增 of Which: New Added in Current Year	其中：被外单位借用 of Which: Floor Space Hired by Other Schools or Units		
32534. 27	**17975. 40**	**36525. 70**	**443603. 97**
0. 00	0. 00	0. 00	0. 00
0. 00	0. 00	0. 00	0. 00
0. 00	0. 00	0. 00	45234. 73
0. 00	0. 00	0. 00	11675. 00
0. 00	0. 00	0. 00	0. 00
0. 00	0. 00	0. 00	0. 00
5397. 82	0. 00	0. 00	34283. 00
5293. 11	3136. 60	0. 00	8845. 00
0. 00	0. 00	0. 00	0. 00
9744. 35	5900. 00	12050. 90	7567. 00
240. 00	0. 00	0. 00	22510. 00
0. 00	4664. 80	24474. 80	20662. 50
0. 00	0. 00	0. 00	0. 00
0. 00	0. 00	0. 00	0. 00
0. 00	2904. 00	0. 00	86039. 62
0. 00	0. 00	0. 00	2242. 00
0. 00	0. 00	0. 00	0. 00
0. 00	450. 00	0. 00	0. 00
0. 00	920. 00	0. 00	11091. 00
0. 00	0. 00	0. 00	0. 00
0. 00	0. 00	0. 00	0. 00
0. 00	0. 00	0. 00	3333. 00
0. 00	0. 00	0. 00	0. 00
0. 00	0. 00	0. 00	0. 00
11858. 99	0. 00	0. 00	108608. 12
0. 00	0. 00	0. 00	0. 00
0. 00	0. 00	0. 00	0. 00
0. 00	0. 00	0. 00	39278. 00
0. 00	0. 00	0. 00	0. 00
0. 00	0. 00	0. 00	42235. 00
0. 00	0. 00	0. 00	0. 00

职业技术培训机构

Basic Statistics of Vocational Technical

地　区 Region	学校数(所) Schools	教学班(点)(个) External Teaching Sites(Class)	培训时间(学时) Training time (Period)	结业生数 Graduates	
				合计 Total	其中:女 of Which:Female
总　计 Total	**87540**	**641483**	**847015859**	**33311774**	**16772774**
北　京 Beijing	3199	39088	35277500	2461321	1247864
天　津 Tianjin	4408	74772	7050284	865451	461682
河　北 Hebei	2974	15651	7437017	839403	414713
山　西 Shanxi	1486	7165	4162945	466511	214677
内蒙古 Inner Mongolia	50	201	1356199	40341	22997
辽　宁 Liaoning	10763	71167	31921801	731534	361069
吉　林 Jilin	1213	6223	5380663	155154	76844
黑龙江 Heilongjiang	1770	8127	1852868	205294	103290
上　海 Shanghai	807	38825	163077222	1686049	892405
江　苏 Jiangsu	9195	82792	218482168	6171682	2946131
浙　江 Zhejiang	6066	64250	80502705	5876657	3120814
安　徽 Anhui	441	3203	9507510	148329	58227
福　建 Fujian	1657	19097	17448156	834484	412768
江　西 Jiangxi	60	271	1111528	7404	3871
山　东 Shandong	6656	36819	40539070	1138808	597404
河　南 Henan	5199	10780	9249115	739138	352430
湖　北 Hubei	299	2856	2596621	168432	88024
湖　南 Hunan	777	3266	2334428	154871	76436
广　东 Guangdong	2392	38396	23107347	1971047	967847
广　西 Guangxi	3	30	26	86	44
海　南 Hainan	283	2551	61918	161	37
重　庆 Chongqing	2745	31274	30571496	635724	334845
四　川 Sichuan	4029	19031	25801572	1501824	778706
贵　州 Guizhou	4476	9577	6193357	767585	412623
云　南 Yunnan	9401	25736	101464811	4366105	2132749
西　藏 Tibet	0	0	0	0	0
陕　西 Shaanxi	5492	22227	14237703	1070037	554730
甘　肃 Gansu	381	1365	95360	15143	6920
青　海 Qinghai	251	347	137517	69448	31657
宁　夏 Ningxia	0	0	0	0	0
新　疆 Xinjiang	1067	6396	6056952	223751	100970

基本情况(总计)
Training Institutions(Total)

单位:人次
unit:person-time

注册学生数 Enrolment		教职工数 Educational Personnel		聘请校外教师 Part-time Teachers
合计 Total	其中:女 of Which:Female	合计 Total	其中:专任教师 of Which:Full-time Teacher	
32297862	**16102872**	**555597**	**341767**	**229314**
2511773	1357954	42794	20051	14536
1002666	533604	19338	10741	7074
724494	308006	27092	12382	7024
889655	254604	7585	4889	1938
19769	11204	1128	672	156
1323516	666105	69198	45537	8885
201781	90166	6922	4698	378
116394	57976	17676	11477	1299
1801672	964187	16120	8792	7346
5054546	2513000	66124	44924	77105
4874319	2595624	35456	24560	28044
182080	75321	3624	2478	3800
600962	315005	12550	7425	4403
9330	4579	633	530	252
1202867	623641	55028	37195	13770
721053	366232	13242	8611	5800
173650	91659	5344	3542	906
215557	101687	7208	5769	1807
1876234	939624	28958	18125	6375
99	51	161	131	5
866	275	2171	456	20
716274	372961	13397	6960	3108
1653044	811044	21209	13073	7237
830610	468582	13814	8257	4541
4314870	1935685	21615	13355	11987
0	0	0	0	0
889820	453109	31651	20225	9074
20529	8678	2529	1895	139
65687	43410	303	161	237
0	0	0	0	0
303745	138899	12727	4856	2068

地　区 Region	学校数(所) Schools	教学班(点)(个) External Teaching Sites(Class)	培训时间(学时) Training time (Period)	结业生数 Graduates	
				合计 Total	其中:女 of Which:Female
总　计 Total	**1835**	**23394**	**53939383**	**1722763**	**945752**
北　京 Beijing	27	326	1009514	17674	12375
天　津 Tianjin	4	43	0	1393	672
河　北 Hebei	75	834	1656858	22056	13857
山　西 Shanxi	9	27	14290	5902	2813
内蒙古 Inner Mongolia	9	77	1302144	20181	11763
辽　宁 Liaoning	3	29	127340	1430	717
吉　林 Jilin	6	55	202512	3954	1903
黑龙江 Heilongjiang	129	429	606209	12059	4943
上　海 Shanghai	18	1103	3154177	114855	88907
江　苏 Jiangsu	332	4556	6522036	296066	137096
浙　江 Zhejiang	121	3114	4341702	205755	101390
安　徽 Anhui	21	381	8981268	40289	16225
福　建 Fujian	61	2837	6997540	255077	138452
江　西 Jiangxi	19	149	970480	4224	2173
山　东 Shandong	40	412	229414	25669	11129
河　南 Henan	69	641	1711036	60394	37905
湖　北 Hubei	28	386	105344	24913	13628
湖　南 Hunan	42	805	2051169	35068	16195
广　东 Guangdong	100	828	309430	50922	28589
广　西 Guangxi	3	30	26	86	44
海　南 Hainan	59	494	0	0	0
重　庆 Chongqing	57	415	601577	28597	15572
四　川 Sichuan	123	2825	6960034	242845	138018
贵　州 Guizhou	21	275	342710	47534	22069
云　南 Yunnan	315	646	1693018	42056	24981
西　藏 Tibet	0	0	0	0	0
陕　西 Shaanxi	77	902	2859459	146724	97115
甘　肃 Gansu	40	225	30800	5362	2458
青　海 Qinghai	4	19	56	0	0
宁　夏 Ningxia	0	0	0	0	0
新　疆 Xinjiang	23	531	1159240	11678	4763

学校基本情况
Technical Training Schools

单位:人次
unit:person-time

注册学生数 Enrolment		教职工数 Educational Personnel		聘请校外教师 Part-time Teachers
合计 Total	其中:女 of Which:Female	合计 Total	其中:专任教师 of Which:Full-time Teacher	
1664802	**900273**	**52266**	**40869**	**15172**
16111	11692	671	382	262
8113	3396	66	58	20
36847	18784	2853	2211	75
1943	938	229	180	137
12557	8085	747	498	85
417	316	272	201	39
4359	1999	438	241	14
17789	9179	2776	1868	118
105350	74007	1017	820	430
285184	141742	10493	8326	5726
202671	100854	4073	3521	2563
69904	30274	1188	1084	209
145557	88193	1916	1812	1213
6141	2880	402	325	163
30415	12511	2537	1698	191
53465	31156	2036	1757	370
30115	16119	1538	1126	213
68658	26011	4134	3469	232
40296	24928	902	520	206
99	51	161	131	5
866	275	542	388	20
27212	14724	1300	934	260
240308	133032	4460	3339	1231
46188	20997	1311	1124	282
44015	24168	1050	897	292
0	0	0	0	0
142805	94094	2510	1852	515
10375	3935	1242	1026	85
0	0	29	29	34
0	0	0	0	0
17042	5933	1373	1052	182

地 区 Region	学校数(所) Schools	教学班(点)(个) External Teaching Sites(Class)	培训时间(学时) Training time (Period)	结业生数 Graduates 合计 Total	结业生数 Graduates 其中:女 of Which:Female
总 计 Total	**44519**	**157416**	**328496597**	**21321976**	**10735448**
北 京 Beijing	1884	7504	1153727	508202	345072
天 津 Tianjin	2402	5361	622503	324044	168163
河 北 Hebei	2033	7686	1021316	715170	348788
山 西 Shanxi	783	2361	2260079	333849	137587
内蒙古 Inner Mongolia	4	31	10072	4352	1767
辽 宁 Liaoning	67	324	197544	44513	21361
吉 林 Jilin	128	160	144908	16825	5773
黑龙江 Heilongjiang	531	480	18059	31665	13042
上 海 Shanghai	108	5377	42258844	559404	317690
江 苏 Jiangsu	5120	21467	93733530	4277558	2113794
浙 江 Zhejiang	2571	29196	44131259	4516685	2404019
安 徽 Anhui	150	934	249599	84984	32346
福 建 Fujian	999	2707	2163846	409180	172773
江 西 Jiangxi	30	79	137728	2794	1508
山 东 Shandong	824	3246	10061501	420540	210004
河 南 Henan	4339	7263	5142444	591857	261869
湖 北 Hubei	52	680	1698060	86831	45512
湖 南 Hunan	436	1055	139987	92492	47504
广 东 Guangdong	542	13799	11955581	1608312	776806
广 西 Guangxi	0	0	0	0	0
海 南 Hainan	224	2057	0	0	0
重 庆 Chongqing	2196	4242	4231292	458079	238964
四 川 Sichuan	3043	11510	11881441	1078781	544656
贵 州 Guizhou	3575	4236	5216032	586010	307947
云 南 Yunnan	7698	18549	82909411	3868713	1890774
西 藏 Tibet	0	0	0	0	0
陕 西 Shaanxi	3675	4697	3046272	447236	214584
甘 肃 Gansu	328	1016	18700	5520	2206
青 海 Qinghai	245	310	103501	68624	31205
宁 夏 Ningxia	0	0	0	0	0
新 疆 Xinjiang	532	1089	3989361	179756	79734

培训学校基本情况
Training Schools for Peasants

单位：人次
unit：person-time

注册学生数 Enrolment		教职工数 Educational Personnel		聘请校外教师 Part-time Teachers
合计 Total	其中：女 of Which：Female	合计 Total	其中：专任教师 of Which：Full-time Teacher	
19235510	**9298951**	**103185**	**53010**	**114957**
394214	267491	1166	503	1714
196169	92698	994	671	1773
555866	222518	4132	2709	3431
740375	178433	2019	1101	1073
4345	1680	10	8	26
16575	7503	113	49	67
18897	6803	354	214	108
27765	11270	1066	670	729
555807	320343	1023	742	2542
3319211	1623425	14640	8804	44120
3655717	1952312	8448	5647	19420
79784	31400	819	454	3233
272031	116915	1940	472	1320
2814	1517	60	40	81
346070	170860	5425	3914	2607
571372	283410	5942	3478	4312
83208	43550	753	608	569
100454	55412	883	457	1001
1388565	676021	6570	4050	3061
0	0	0	0	0
0	0	1629	68	0
440553	225589	3889	1799	1301
1223662	577435	10190	4541	5074
585601	330128	6105	2379	3105
3952822	1756921	8388	3570	8144
0	0	0	0	0
390244	190259	10989	5293	5110
5760	2408	750	403	20
64863	42958	274	132	192
0	0	0	0	0
242766	109692	4614	234	824

地　区 Region	学校数(所) Schools	教学班(点)(个) External Teaching Sites(Class)	培训时间(学时) Training time (Period)	结业生数 Graduates	
				合计 Total	其中:女 Of Which:Female
总　计 Total	**41186**	**460673**	**464579879**	**10267035**	**5091574**
北　京 Beijing	1288	31258	33114259	1935445	890417
天　津 Tianjin	2002	69368	6427781	540014	292847
河　北 Hebei	866	7131	4758843	102177	52068
山　西 Shanxi	694	4777	1888576	126760	74277
内蒙古 Inner Mongolia	37	93	43983	15808	9467
辽　宁 Liaoning	10693	70814	31596917	685591	338991
吉　林 Jilin	1079	6008	5033243	134375	69168
黑龙江 Heilongjiang	1110	7218	1228600	161570	85305
上　海 Shanghai	681	32345	117664201	1011790	485808
江　苏 Jiangsu	3743	56769	118226602	1598058	695241
浙　江 Zhejiang	3374	31940	32029744	1154217	615405
安　徽 Anhui	270	1888	276643	23056	9656
福　建 Fujian	597	13553	8286770	170227	101543
江　西 Jiangxi	11	43	3320	386	190
山　东 Shandong	5792	33161	30248155	692599	376271
河　南 Henan	791	2876	2395635	86887	52656
湖　北 Hubei	219	1790	793217	56688	28884
湖　南 Hunan	299	1406	143272	27311	12737
广　东 Guangdong	1750	23769	10842336	311813	162452
广　西 Guangxi	0	0	0	0	0
海　南 Hainan	0	0	61918	161	37
重　庆 Chongqing	492	26617	25738627	149048	80309
四　川 Sichuan	863	4696	6960097	180198	96032
贵　州 Guizhou	880	5066	634615	134041	82607
云　南 Yunnan	1388	6541	16862382	455336	216994
西　藏 Tibet	0	0	0	0	0
陕　西 Shaanxi	1740	16628	8331972	476077	243031
甘　肃 Gansu	13	124	45860	4261	2256
青　海 Qinghai	2	18	33960	824	452
宁　夏 Ningxia	0	0	0	0	0
新　疆 Xinjiang	512	4776	908351	32317	16473

构基本情况
of Others

单位：人次
unit: person-time

注册学生数 Enrolment		教职工数 Educational Personnel		聘请校外教师 Part-time Teachers
合计 Total	其中：女 Of Which: Female	合计 Total	其中：专任教师 Of Which: Full-time Teacher	
11397550	**5903648**	**400146**	**247888**	**99185**
2101448	1078771	40957	19166	12560
798384	437510	18278	10012	5281
131781	66704	20107	7462	3518
147337	75233	5337	3608	728
2867	1439	371	166	45
1306524	658286	68813	45287	8779
178525	81364	6130	4243	256
70840	37527	13834	8939	452
1140515	569837	14080	7230	4374
1450151	747833	40991	27794	27259
1015931	542458	22935	15392	6061
32392	13647	1617	940	358
183374	109897	8694	5141	1870
375	182	171	165	8
826382	440270	47066	31583	10972
96216	51666	5264	3376	1118
60327	31990	3053	1808	124
46445	20264	2191	1843	574
447373	238675	21486	13555	3108
0	0	0	0	0
0	0	0	0	0
248509	132648	8208	4227	1547
189074	100577	6559	5193	932
198821	117457	6398	4754	1154
318033	154596	12177	8888	3551
0	0	0	0	0
356771	168756	18152	13080	3449
4394	2335	537	466	34
824	452	0	0	11
0	0	0	0	0
43937	23274	6740	3570	1062

Condition of Fixed Assets and Teaching Resources

地 区 Region	占地面积(平方米) Area of School Sites(m^2)	教学行政用房 建筑面积(平方米) Administrative (m^2)	图书(册) Books(volume)
总 计 Total	**100292192.84**	**67952040.08**	**115513746**
北 京 Beijing	3493942.33	28947953.70	37957036
天 津 Tianjin	1380072.67	956766.29	1122558
河 北 Hebei	4459437.59	1713305.71	4042066
山 西 Shanxi	1443330.48	607051.00	1461426
内蒙古 Inner Mongolia	438846.29	104981.59	313407
辽 宁 Liaoning	2767815.10	1885275.77	2670885
吉 林 Jilin	1182499.46	431721.96	584816
黑龙江 Heilongjiang	5201921.10	1249815.63	1620199
上 海 Shanghai	1518629.00	1110782.00	2575004
江 苏 Jiangsu	16124114.82	5827385.84	16038356
浙 江 Zhejiang	7007273.21	4813254.87	8281758
安 徽 Anhui	2593471.86	558877.28	1364766
福 建 Fujian	1267727.39	869356.55	1820640
江 西 Jiangxi	608935.00	164292.00	245335
山 东 Shandong	9784240.15	5491001.24	4762765
河 南 Henan	3848839.30	1876927.32	4284566
湖 北 Hubei	3255177.11	1032673.61	1330061
湖 南 Hunan	4297177.39	759221.48	1296596
广 东 Guangdong	4047069.00	2014505.00	5006769
广 西 Guangxi	84110.85	16912.00	35933
海 南 Hainan	145428.00	107262.00	286650
重 庆 Chongqing	1582434.43	499806.98	1863890
四 川 Sichuan	2574534.14	1287790.76	4320234
贵 州 Guizhou	3829775.23	990722.37	2893855
云 南 Yunnan	5843791.03	1340569.41	3890762
西 藏 Tibet	0.00	0.00	0
陕 西 Shaanxi	6207431.35	1784788.02	3436662
甘 肃 Gansu	1584610.73	465114.31	552777
青 海 Qinghai	533788.84	53782.49	150824
宁 夏 Ningxia	0.00	0.00	0
新 疆 Xinjiang	3185768.99	990142.90	1303150

机构资产情况(总计)

in Vocational Technical Training Institutions (Total)

计算机数(台) PC(set)			教室(间) Classroom(room)		固定资产总值(万元) Total Value of Fixed Asset(10,000 yuan)	
合计 Total	其中:教学用计算机 No. of Computers Used for Instruction		合计 Total	其中:网络多媒体教室 of Which: Network Multimedia Classroom	合计 Total	其中:教学、实习仪器设备资产值 of Which: Teaching Equipment & Instruments
	小计 Subtotal	其中:平板电脑 of Which: Tablet PC				
1074606	**625618**	**92883**	**406721**	**116531**	**67522622.07**	**19015548.74**
51961	40237	15506	33290	5325	591210.94	216488.45
19767	14229	2081	11978	2955	1864283.12	1036056.42
30801	28165	2674	11110	3290	197426.64	52755.05
11266	10144	4803	3378	1099	851478.00	155985.51
2884	2249	173	404	204	35542.43	6508.56
44795	32585	8294	48183	13397	458859.57	261199.63
5981	5163	818	5548	1078	39383.06	10423.71
19066	14118	486	9931	1397	245550.66	60029.38
38945	28426	5328	8562	3067	207066.00	88064.00
131901	105746	18251	78401	16341	32689429.50	1063450.54
90004	75824	9108	30760	10804	435930.79	130041.04
9138	7902	313	3201	914	80047.74	27755.07
247645	17177	2175	6397	2901	109196.72	39422.71
2237	1950	3	315	216	22207.00	5393.00
52834	38569	6240	38372	8709	3114807.58	1737059.23
28667	14864	1282	20129	9996	100477.05	24190.02
13934	12247	419	3903	1991	80184.19	20951.55
17505	13316	1211	4001	1268	155773.68	33230.92
109474	48630	7278	24005	9931	24632668.00	13778320.00
307	260	0	14	3	1613.00	579.35
1119	1048	117	551	190	11417.93	3925.51
19471	11116	1006	7411	3466	89737.04	30708.30
31508	26927	779	10084	2009	164376.57	38917.83
18699	15453	357	9043	4340	209502.49	40413.49
28069	23271	1059	13930	3389	308017.30	38630.83
0	0	0	0	0	0.00	0.00
26299	20462	1879	16050	5152	611773.09	52833.59
7525	6032	453	1240	847	81238.01	22617.21
1332	965	82	323	116	19855.42	4398.45
0	0	0	0	0	0.00	0.00
11472	8543	708	6207	2136	113568.54	35199.37

地　区 Region	占地面积(平方米) Area of School Sites(m^2)	教学行政用房 建筑面积(平方米) Administrative (m^2)	图书(册) Books(volume)
总　计 Total	**26409558.89**	**9337891.07**	**16617413**
北　京 Beijing	250044.41	55890.26	55742
天　津 Tianjin	950.00	618.00	7668
河　北 Hebei	1605997.72	763080.40	1457990
山　西 Shanxi	223306.00	76111.00	186075
内蒙古 Inner Mongolia	352197.09	79180.09	239805
辽　宁 Liaoning	73490.00	27800.00	36020
吉　林 Jilin	501214.00	98798.00	95224
黑龙江 Heilongjiang	1933820.34	442290.20	438176
上　海 Shanghai	139557.00	118237.00	612742
江　苏 Jiangsu	3533811.01	1158840.29	3042040
浙　江 Zhejiang	1277044.35	1575522.00	1379630
安　徽 Anhui	1130025.00	233438.00	705723
福　建 Fujian	554840.97	344790.14	902073
江　西 Jiangxi	344771.00	100675.00	123875
山　东 Shandong	988090.27	242283.41	452258
河　南 Henan	1502539.65	856010.87	590947
湖　北 Hubei	819352.10	252038.75	854798
湖　南 Hunan	2965886.39	524807.50	737848
广　东 Guangdong	61049.00	37161.00	314567
广　西 Guangxi	84110.85	16912.00	35933
海　南 Hainan	107828.00	65762.00	152000
重　庆 Chongqing	294736.00	21293.00	283945
四　川 Sichuan	896686.67	391479.23	943398
贵　州 Guizhou	1571576.81	413605.70	932938
云　南 Yunnan	945716.00	208097.54	93829
西　藏 Tibet	0.00	0.00	0
陕　西 Shaanxi	1287866.12	350412.51	1260371
甘　肃 Gansu	1068399.14	248227.89	325778
青　海 Qinghai	73070.00	4212.00	23816
宁　夏 Ningxia	0.00	0.00	0
新　疆 Xinjiang	1821583.00	630317.29	332204

学校资产情况
Resources in Technical Training Schools

计算机数(台) PC(set)			教室(间) Classroom(room)		固定资产总值(万元) Total Value of Fixed Asset(10,000 yuan)	
合计 Total	其中:教学用计算机 No. of Computers Used for Instruction		合计 Total	其中:网络多媒体教室 of Which: Network Multimedia Classroom	合计 Total	其中:教学、实习仪器设备资产值 of Which: Teaching Equipment & Instruments
	小计 Subtotal	其中:平板电脑 of Which: Tablet PC				
163852	**133601**	**12060**	**28686**	**13745**	**2305282. 57**	**493874. 51**
1691	1481	81	221	75	188254. 70	98977. 14
219	144	0	9	9	67. 80	47. 00
10666	9458	533	1365	791	78549. 84	21774. 04
4211	3892	2500	204	84	11609. 57	1795. 55
2252	1727	68	303	162	22502. 00	4251. 06
330	269	10	87	7	3247. 00	1088. 77
898	698	0	381	73	11012. 00	2480. 00
8874	6219	188	1335	536	161617. 11	24995. 82
5208	2833	400	334	151	63051. 00	6419. 00
27573	24874	4477	5546	1783	346328. 15	87448. 05
13385	11828	533	1913	1201	106537. 91	37850. 68
3874	3516	86	977	588	32674. 90	8828. 90
6548	4436	61	546	273	42744. 06	10751. 19
1627	1461	0	191	117	17824. 00	3470. 00
6138	5212	155	706	318	120238. 32	18314. 79
5410	4921	134	4085	2497	42887. 84	9560. 29
5480	4383	193	1143	532	48725. 65	12752. 53
14968	11269	794	1449	1026	129962. 80	27222. 92
1528	1227	313	524	237	7852. 00	3004. 00
307	260	0	14	3	1613. 00	579. 35
749	678	62	236	100	9027. 93	3215. 51
2784	1987	48	398	194	26487. 00	8014. 46
8832	7316	359	1650	441	64184. 59	14865. 97
7377	5617	115	1092	658	128077. 32	24086. 95
2302	1990	202	671	148	39309. 30	2845. 73
0	0	0	0	0	0. 00	0. 00
9203	6442	153	1613	811	458948. 54	22579. 43
5357	4365	443	741	434	54850. 36	14964. 28
373	331	0	37	37	8882. 17	3561. 92
0	0	0	0	0	0. 00	0. 00
5688	4767	152	915	459	78215. 72	18129. 18

地 区 Region	占地面积(平方米) Area of School Sites(m^2)	教学行政用房 建筑面积(平方米) Administrative (m^2)	图书(册) Books(volume)
总 计 Total	**39491524.22**	**10576354.25**	**44278157**
北 京 Beijing	883665.05	285068.39	5430594
天 津 Tianjin	381577.70	146024.14	340364
河 北 Hebei	2067470.64	538075.68	2098476
山 西 Shanxi	433343.12	156853.00	795134
内蒙古 Inner Mongolia	29849.20	22521.50	37344
辽 宁 Liaoning	11002.00	6307.00	75750
吉 林 Jilin	256395.00	51517.00	281544
黑龙江 Heilongjiang	1980012.10	384566.64	962071
上 海 Shanghai	394784.00	209046.00	439838
江 苏 Jiangsu	5538583.09	1773696.91	7819532
浙 江 Zhejiang	4109586.34	1751631.82	5598519
安 徽 Anhui	1179360.86	177505.28	444057
福 建 Fujian	331750.02	212535.62	429134
江 西 Jiangxi	50657.00	17115.00	47120
山 东 Shandong	4287473.43	516033.59	1355868
河 南 Henan	1917894.61	678625.34	3346430
湖 北 Hubei	2131060.40	332118.80	161672
湖 南 Hunan	1107808.00	76002.38	284460
广 东 Guangdong	2293769.00	724897.00	3054826
广 西 Guangxi	0.00	0.00	0
海 南 Hainan	37600.00	41500.00	134650
重 庆 Chongqing	877658.30	207347.33	1139938
四 川 Sichuan	1153864.15	450317.27	2653182
贵 州 Guizhou	1961213.45	331672.70	1420180
云 南 Yunnan	3607361.06	772709.04	3367204
西 藏 Tibet	0.00	0.00	0
陕 西 Shaanxi	1228709.10	457024.55	1430844
甘 肃 Gansu	71020.21	29244.71	67750
青 海 Qinghai	442518.84	49250.49	127008
宁 夏 Ningxia	0.00	0.00	0
新 疆 Xinjiang	725537.55	177147.07	934668

培训学校资产情况
in Technical Training Schools for Peasants

计算机数(台) PC(set)			教室(间) Classroom(room)		固定资产总值(万元) Total Value of Fixed Asset(10,000 yuan)	
合计 Total	其中:教学用计算机 No. of Computers Used for Instruction		合计 Total	其中:网络多媒体教室 of Which: Network Multimedia Classroom	合计 Total	其中:教学、实习仪器设备资产值 of Which: Teaching Equipment & Instruments
	小计 Subtotal	其中:平板电脑 of Which: Tablet PC				
243244	**200188**	**16467**	**77513**	**26510**	**36408953.84**	**1948456.26**
7374	6044	236	1469	340	26354.20	8560.00
2953	2667	142	1250	226	6655.19	1672.25
9684	9169	248	3024	974	75207.76	12890.23
1652	1524	416	737	234	4820.23	1997.73
112	87	0	49	29	4668.43	407.50
61	49	5	237	10	972.27	93.00
1063	971	21	336	98	7794.38	3103.56
4136	3209	10	1303	216	32946.18	8677.30
8098	6169	1195	1026	486	26398.00	11470.00
40992	35731	5330	17316	5105	31802568.76	845225.08
38365	34978	3723	6492	2588	205972.74	48303.12
2639	2331	99	841	202	12573.96	3082.53
5846	4945	1336	1140	424	31543.54	8786.24
191	168	0	24	24	1193.00	572.00
8408	7306	552	3629	1769	51095.11	13329.64
19714	7003	723	10838	4829	27846.36	5353.23
6292	6274	0	354	250	6405.43	1256.36
1398	1110	252	939	88	8197.88	1754.00
26368	22026	1388	3450	1679	3650989.00	906346.00
0	0	0	0	0	0.00	0.00
370	370	55	315	90	2390.00	710.00
7232	5362	180	1626	584	32124.48	10034.48
15698	13797	118	4962	518	68487.48	14413.19
6351	5401	2	3969	1994	58703.47	7576.14
19648	16194	209	8213	2352	213854.47	19839.54
0	0	0	0	0	0.00	0.00
6059	5458	103	2996	950	23874.37	7615.36
353	317	10	209	203	2403.87	1863.45
949	634	82	278	79	10885.25	812.53
0	0	0	0	0	0.00	0.00
1238	894	32	491	169	12028.03	2711.79

地 区 Region	占地面积(平方米) Area of School Sites(m^2)	教学行政用房 建筑面积(平方米) Administrative (m^2)	图书(册) Books(volume)
总 计 Total	**34391109.73**	**48037794.76**	**54618176**
北 京 Beijing	2360232.87	28606995.05	32470700
天 津 Tianjin	997544.97	810124.15	774526
河 北 Hebei	785969.23	412149.63	485600
山 西 Shanxi	786681.36	374087.00	480217
内蒙古 Inner Mongolia	56800.00	3280.00	36258
辽 宁 Liaoning	2683323.10	1851168.77	2559115
吉 林 Jilin	424890.46	281406.96	208048
黑龙江 Heilongjiang	1288088.66	422958.79	219952
上 海 Shanghai	984288.00	783499.00	1522424
江 苏 Jiangsu	7051720.72	2894848.64	5176784
浙 江 Zhejiang	1620642.52	1486101.05	1303609
安 徽 Anhui	284086.00	147934.00	214986
福 建 Fujian	381136.40	312030.79	489433
江 西 Jiangxi	213507.00	46502.00	74340
山 东 Shandong	4508676.45	4732684.24	2954639
河 南 Henan	428405.04	342291.11	347189
湖 北 Hubei	304764.61	448516.06	313591
湖 南 Hunan	223483.00	158411.60	274288
广 东 Guangdong	1692251.00	1252447.00	1637376
广 西 Guangxi	0.00	0.00	0
海 南 Hainan	0.00	0.00	0
重 庆 Chongqing	410040.13	271166.65	440007
四 川 Sichuan	523983.32	445994.26	723654
贵 州 Guizhou	296984.97	245443.97	540737
云 南 Yunnan	1290713.97	359762.83	429729
西 藏 Tibet	0.00	0.00	0
陕 西 Shaanxi	3690856.13	977350.96	745447
甘 肃 Gansu	445191.38	187641.71	159249
青 海 Qinghai	18200.00	320.00	0
宁 夏 Ningxia	0.00	0.00	0
新 疆 Xinjiang	638648.44	182678.54	36278

构资产情况

Teaching Resources in Others

计算机数(台) PC(set)			教室(间) Classroom(room)		固定资产总值(万元) Total Value of Fixed Asset(10,000 yuan)	
合计 Total	其中:教学用计算机 of Which:Computers Used for Instruction		合计 Total	其中:网络多媒体教室 of Which: Network Multimedia Classroom	合计 Total	其中:教学、实习仪器设备资产值 of Which:Teaching Equipment & Instruments
	小计 Subtotal	其中:平板电脑 of Which: Tablet PC				
667510	**291829**	**64356**	**300522**	**76276**	**28808385.66**	**16573217.96**
42896	32712	15189	31600	4910	376602.05	108951.31
16595	11418	1939	10719	2720	1857560.13	1034337.17
10451	9538	1893	6721	1525	43669.04	18090.78
5403	4728	1887	2437	781	835048.20	152192.23
520	435	105	52	13	8372.00	1850.00
44404	32267	8279	47859	13380	454640.30	260017.86
4020	3494	797	4831	907	20576.68	4840.15
6056	4690	288	7293	645	50987.37	26356.26
25639	19424	3733	7202	2430	117617.00	70175.00
63336	45141	8444	55539	9453	540532.60	130777.40
38254	29018	4852	22355	7015	123420.15	43887.25
2625	2055	128	1383	124	34798.88	15843.64
235251	7796	778	4711	2204	34909.11	19885.28
419	321	3	100	75	3190.00	1351.00
38288	26051	5533	34037	6622	2943474.15	1705414.80
3543	2940	425	5206	2670	29742.85	9276.50
2162	1590	226	2406	1209	25053.11	6942.66
1139	937	165	1613	154	17613.00	4254.00
81578	25377	5577	20031	8015	20973827.00	12868970.00
0	0	0	0	0	0.00	0.00
0	0	0	0	0	0.00	0.00
9455	3767	778	5387	2688	31125.56	12659.36
6978	5814	302	3472	1050	31704.50	9638.66
4971	4435	240	3982	1688	22721.70	8750.41
6119	5087	648	5046	889	54853.53	15945.56
0	0	0	0	0	0.00	0.00
11037	8562	1623	11441	3391	128950.18	22638.80
1815	1350	0	290	210	23983.78	5789.48
10	0	0	8	0	88.00	24.00
0	0	0	0	0	0.00	0.00
4546	2882	524	4801	1508	23324.80	14358.40

地 区 Region	学校数(所) Schools			
	合计 Total	初级中学 Regular Junior Secondary Schools	九年一贯制学校 9-Year Schools	职业初中 Vocational Junior Secondary Schools
总 计 Total	**52805**	**34895**	**17900**	**10**
北 京 Beijing	335	190	145	0
天 津 Tianjin	345	290	55	0
河 北 Hebei	2466	1856	610	0
山 西 Shanxi	1709	1142	567	0
内蒙古 Inner Mongolia	711	470	241	0
辽 宁 Liaoning	1518	974	544	0
吉 林 Jilin	1187	799	383	5
黑龙江 Heilongjiang	1414	852	562	0
上 海 Shanghai	588	366	222	0
江 苏 Jiangsu	2258	1693	565	0
浙 江 Zhejiang	1748	1235	513	0
安 徽 Anhui	2846	1754	1092	0
福 建 Fujian	1262	1027	235	0
江 西 Jiangxi	2196	1371	825	0
山 东 Shandong	3238	2176	1062	0
河 南 Henan	4695	3501	1194	0
湖 北 Hubei	2114	1522	592	0
湖 南 Hunan	3384	2040	1344	0
广 东 Guangdong	3748	2023	1725	0
广 西 Guangxi	1754	1475	279	0
海 南 Hainan	410	207	203	0
重 庆 Chongqing	868	656	212	0
四 川 Sichuan	3677	1694	1980	3
贵 州 Guizhou	2020	1470	550	0
云 南 Yunnan	1691	1413	276	2
西 藏 Tibet	105	102	3	0
陕 西 Shaanxi	1641	1085	556	0
甘 肃 Gansu	1472	845	627	0
青 海 Qinghai	263	105	158	0
宁 夏 Ningxia	247	172	75	0
新 疆 Xinjiang	895	390	505	0

班数(总计)
Junior Secondary Schools (Total)

班数(个) Classes				
合计 Total	一年级 Grade 1	二年级 Grade 2	三年级 Grade 3	四年级 Grade 4
1073444	**359186**	**356534**	**346493**	**11231**
10534	3687	3548	3264	35
7874	2666	2548	2417	243
61908	20765	20592	20549	2
26123	8337	8807	8979	0
15446	5182	5176	5049	39
24175	8051	8210	7914	0
15393	4857	5177	5359	0
21352	5988	6171	6572	2621
13875	3737	3577	3400	3161
56579	19521	19071	17979	8
39826	13436	13256	13082	52
50231	16998	17317	15916	0
31405	11118	10455	9832	0
46663	15071	16404	15188	0
81166	26897	25539	24004	4726
97512	32172	32567	32448	325
35552	12182	11738	11613	19
53076	17634	17860	17582	0
88522	30974	29634	27914	0
44215	15024	14915	14276	0
8038	2785	2642	2611	0
24514	8188	8415	7911	0
60108	20165	20160	19783	0
37512	12534	11990	12988	0
38946	13042	12947	12957	0
3036	1009	1020	1007	0
25659	8826	8589	8244	0
20286	6577	6896	6813	0
4820	1585	1593	1642	0
5987	1936	2026	2025	0
23111	8242	7694	7175	0

初中校数、

Number of Schools, Classes of Junior

地 区 Region	学校数(所) Schools			
	合计 Total	初级中学 Regular Junior Secondary Schools	九年一贯制学校 9-year Schools	职业初中 Vocational Junior Secondary Schools
总 计 Total	**13981**	**8575**	**5403**	**3**
北 京 Beijing	216	108	108	0
天 津 Tianjin	180	140	40	0
河 北 Hebei	502	354	148	0
山 西 Shanxi	369	251	118	0
内蒙古 Inner Mongolia	209	157	52	0
辽 宁 Liaoning	648	482	166	0
吉 林 Jilin	282	207	72	3
黑龙江 Heilongjiang	403	283	120	0
上 海 Shanghai	477	309	168	0
江 苏 Jiangsu	921	694	227	0
浙 江 Zhejiang	832	566	266	0
安 徽 Anhui	432	267	165	0
福 建 Fujian	266	183	83	0
江 西 Jiangxi	377	173	204	0
山 东 Shandong	1153	705	448	0
河 南 Henan	919	613	306	0
湖 北 Hubei	640	432	208	0
湖 南 Hunan	481	292	189	0
广 东 Guangdong	1784	716	1068	0
广 西 Guangxi	394	237	157	0
海 南 Hainan	97	32	65	0
重 庆 Chongqing	212	154	58	0
四 川 Sichuan	559	268	291	0
贵 州 Guizhou	461	246	215	0
云 南 Yunnan	244	147	97	0
西 藏 Tibet	27	25	2	0
陕 西 Shaanxi	395	256	139	0
甘 肃 Gansu	177	102	75	0
青 海 Qinghai	49	30	19	0
宁 夏 Ningxia	68	63	5	0
新 疆 Xinjiang	207	83	124	0

班数(城区)
Secondary Schools(Urban Area)

班数(个) Classes				
合计 Total	一年级 Grade 1	二年级 Grade 2	三年级 Grade 3	四年级 Grade 4
414327	**140686**	**136888**	**129732**	**7021**
9010	3165	3037	2773	35
5462	1918	1800	1703	41
18628	6292	6154	6182	0
10703	3544	3618	3541	0
6415	2148	2201	2029	37
13727	4631	4730	4366	0
6664	2110	2287	2267	0
9913	2772	2821	2931	1389
12088	3250	3129	2960	2749
26910	9399	9062	8441	8
22327	7626	7424	7225	52
12711	4424	4401	3886	0
12809	4612	4254	3943	0
13980	4669	4848	4463	0
34833	11342	10824	10161	2506
26082	8681	8703	8494	204
15002	5238	4966	4798	0
15502	5288	5256	4958	0
50915	18005	17080	15830	0
11997	4288	4038	3671	0
3326	1155	1084	1087	0
11395	3946	3908	3541	0
18736	6500	6296	5940	0
9340	3216	2994	3130	0
8514	2969	2833	2712	0
817	264	279	274	0
10994	3912	3657	3425	0
4965	1687	1676	1602	0
1372	466	454	452	0
2514	846	852	816	0
6676	2323	2222	2131	0

初中校数、
Number of Schools, Classes of Junior

地　区 Region	学校数(所) Schools			
	合计 Total	初级中学 Regular Junior Secondary Schools	九年一贯制学校 9-year Schools	职业初中 Vocational Junior Secondary Schools
总　计 Total	**24583**	**17805**	**6775**	**3**
北　京 Beijing	62	40	22	0
天　津 Tianjin	101	92	9	0
河　北 Hebei	1231	935	296	0
山　西 Shanxi	734	548	186	0
内蒙古 Inner Mongolia	391	275	116	0
辽　宁 Liaoning	580	338	242	0
吉　林 Jilin	491	349	140	2
黑龙江 Heilongjiang	640	419	221	0
上　海 Shanghai	89	47	42	0
江　苏 Jiangsu	1143	874	269	0
浙　江 Zhejiang	658	527	131	0
安　徽 Anhui	1295	863	432	0
福　建 Fujian	538	489	49	0
江　西 Jiangxi	969	669	300	0
山　东 Shandong	1644	1172	472	0
河　南 Henan	2275	1707	568	0
湖　北 Hubei	993	778	215	0
湖　南 Hunan	1675	1096	579	0
广　东 Guangdong	1376	984	392	0
广　西 Guangxi	1014	937	77	0
海　南 Hainan	202	132	70	0
重　庆 Chongqing	466	378	88	0
四　川 Sichuan	1861	1106	755	0
贵　州 Guizhou	1091	911	180	0
云　南 Yunnan	720	662	57	1
西　藏 Tibet	57	57	0	0
陕　西 Shaanxi	976	669	307	0
甘　肃 Gansu	703	471	232	0
青　海 Qinghai	106	50	56	0
宁　夏 Ningxia	100	78	22	0
新　疆 Xinjiang	402	152	250	0

班数(镇区)

Secondary Schools(Counties & Towns Area)

班数(个) Classes				
合计 Total	一年级 Grade 1	二年级 Grade 2	三年级 Grade 3	四年级 Grade 4
510463	**169670**	**170092**	**167311**	**3390**
857	292	291	274	0
1631	517	508	486	120
33072	11094	11021	10955	2
11601	3598	3893	4110	0
8094	2721	2667	2704	2
7942	2600	2642	2700	0
6074	1911	2017	2146	0
8886	2517	2617	2835	917
1381	374	346	339	322
27191	9273	9175	8743	0
14086	4682	4689	4715	0
27879	9425	9645	8809	0
14030	4937	4681	4412	0
24231	7803	8555	7873	0
38891	13050	12348	11578	1915
53216	17631	17757	17735	93
16063	5419	5294	5331	19
28171	9345	9452	9374	0
29829	10255	9970	9604	0
26934	9002	9085	8847	0
3601	1237	1186	1178	0
10826	3512	3706	3608	0
32910	10892	11023	10995	0
23125	7666	7411	8048	0
19558	6478	6503	6577	0
1529	501	504	524	0
12674	4243	4275	4156	0
11394	3657	3896	3841	0
2462	798	806	858	0
2675	843	903	929	0
9650	3397	3226	3027	0

初中校数、

Number of Schools, Classes of Junior

地　区 Region	学校数(所) Schools			
	合计 Total	初级中学 Regular Junior Secondary Schools	九年一贯制学校 9-year Schools	职业初中 Vocational Junior Secondary Schools
总　计 Total	**14241**	**8515**	**5722**	**4**
北　京 Beijing	57	42	15	0
天　津 Tianjin	64	58	6	0
河　北 Hebei	733	567	166	0
山　西 Shanxi	606	343	263	0
内蒙古 Inner Mongolia	111	38	73	0
辽　宁 Liaoning	290	154	136	0
吉　林 Jilin	414	243	171	0
黑龙江 Heilongjiang	371	150	221	0
上　海 Shanghai	22	10	12	0
江　苏 Jiangsu	194	125	69	0
浙　江 Zhejiang	258	142	116	0
安　徽 Anhui	1119	624	495	0
福　建 Fujian	458	355	103	0
江　西 Jiangxi	850	529	321	0
山　东 Shandong	441	299	142	0
河　南 Henan	1501	1181	320	0
湖　北 Hubei	481	312	169	0
湖　南 Hunan	1228	652	576	0
广　东 Guangdong	588	323	265	0
广　西 Guangxi	346	301	45	0
海　南 Hainan	111	43	68	0
重　庆 Chongqing	190	124	66	0
四　川 Sichuan	1257	320	934	3
贵　州 Guizhou	468	313	155	0
云　南 Yunnan	727	604	122	1
西　藏 Tibet	21	20	1	0
陕　西 Shaanxi	270	160	110	0
甘　肃 Gansu	592	272	320	0
青　海 Qinghai	108	25	83	0
宁　夏 Ningxia	79	31	48	0
新　疆 Xinjiang	286	155	131	0

班数(乡村)

Secondary Schools(Rural Area)

班数(个) Classes				
合计 Total	一年级 Grade 1	二年级 Grade 2	三年级 Grade 3	四年级 Grade 4
148654	**48830**	**49554**	**49450**	**820**
667	230	220	217	0
781	231	240	228	82
10208	3379	3417	3412	0
3819	1195	1296	1328	0
937	313	308	316	0
2506	820	838	848	0
2655	836	873	946	0
2553	699	733	806	315
406	113	102	101	90
2478	849	834	795	0
3413	1128	1143	1142	0
9641	3149	3271	3221	0
4566	1569	1520	1477	0
8452	2599	3001	2852	0
7442	2505	2367	2265	305
18214	5860	6107	6219	28
4487	1525	1478	1484	0
9403	3001	3152	3250	0
7778	2714	2584	2480	0
5284	1734	1792	1758	0
1111	393	372	346	0
2293	730	801	762	0
8462	2773	2841	2848	0
5047	1652	1585	1810	0
10874	3595	3611	3668	0
690	244	237	209	0
1991	671	657	663	0
3927	1233	1324	1370	0
986	321	333	332	0
798	247	271	280	0
6785	2522	2246	2017	0

初中学生
Number of Students in

地　区 Region	毕业生数 Graduates	招生数 Entrants	在校生数 Enrolment 合计 Total	其中:女 of Which:Female
总　计 Total	**15352918**	**16320964**	**49140893**	**22814790**
北　京 Beijing	88151	122123	330478	157685
天　津 Tianjin	94025	109837	321813	150327
河　北 Hebei	967044	996825	3015526	1413735
山　西 Shanxi	370368	341588	1115602	535722
内蒙古 Inner Mongolia	222230	219883	661608	316613
辽　宁 Liaoning	339121	327531	1002283	474775
吉　林 Jilin	221110	188411	622419	295794
黑龙江 Heilongjiang	278094	231462	865371	413626
上　海 Shanghai	96016	134759	468062	224123
江　苏 Jiangsu	747658	875007	2542608	1165398
浙　江 Zhejiang	539436	553866	1636425	761273
安　徽 Anhui	707454	749466	2239554	1020647
福　建 Fujian	426977	517204	1452519	666838
江　西 Jiangxi	686917	685748	2204109	988812
山　东 Shandong	1125213	1239966	3727055	1708420
河　南 Henan	1484618	1540534	4721421	2143103
湖　北 Hubei	526830	581140	1708335	775971
湖　南 Hunan	786850	824305	2519696	1167683
广　东 Guangdong	1204191	1419625	4054670	1854514
广　西 Guangxi	707317	755489	2254893	1053099
海　南 Hainan	116564	131833	381382	172463
重　庆 Chongqing	349464	380556	1149781	545424
四　川 Sichuan	868254	931693	2797872	1339163
贵　州 Guizhou	611113	593658	1780696	827814
云　南 Yunnan	625145	603950	1823665	862921
西　藏 Tibet	44024	47983	142938	69891
陕　西 Shaanxi	353880	399767	1168305	548116
甘　肃 Gansu	285311	278517	874149	410632
青　海 Qinghai	74420	73923	224530	108406
宁　夏 Ningxia	97660	92407	292625	139451
新　疆 Xinjiang	307463	371908	1040503	502351

数(总计)
Junior Secondary Schools (Total)

单位:人
unit:person

一年级 Grade 1	二年级 Grade 2	三年级 Grade 3	四年级 Grade 4	预计毕业生数 Estimated Graduates for Next Year
16324100	**16411553**	**15961570**	**443670**	**15934798**
122222	114985	92253	1018	92038
109846	104645	98456	8866	98875
996825	1005384	1013257	60	1013253
341605	379991	394006	0	394006
219901	223615	216432	1660	216693
327536	345068	329679	0	329679
188419	210894	223106	0	223106
231462	250263	274284	109362	275298
134902	124426	114157	94577	94647
875007	864226	803093	282	803102
553870	549028	531671	1856	531499
749479	782037	708038	0	708038
517256	484216	451047	0	451047
687016	771734	745359	0	745359
1239969	1175077	1102876	209133	1095570
1540545	1579443	1585312	16121	1584060
581179	565612	560809	735	560793
824305	853354	842037	0	842037
1420616	1363323	1270731	0	1270731
755510	761485	737898	0	737898
131844	125677	123861	0	123861
380656	397495	371630	0	371630
931693	943474	922705	0	922705
593670	564703	622323	0	622323
603967	608508	611190	0	611190
47984	48371	46583	0	46583
399856	392546	375903	0	375903
278519	300357	295273	0	295273
74032	74200	76298	0	76298
92466	99845	100314	0	100314
371943	347571	320989	0	320989

地 区 Region	毕业生数 Graduates	招生数 Entrants	在校生数 Enrolment	
			合计 Total	其中:女 of Which:Female
总 计 Total	**5714506**	**6452629**	**19029366**	**8803158**
北 京 Beijing	75774	106741	287842	137509
天 津 Tianjin	66320	80325	227479	106488
河 北 Hebei	302043	308819	923807	435676
山 西 Shanxi	150892	151714	477564	230084
内蒙古 Inner Mongolia	94855	97087	290795	139743
辽 宁 Liaoning	187525	196044	588030	277991
吉 林 Jilin	100216	90491	294994	139297
黑龙江 Heilongjiang	124206	116171	429034	204584
上 海 Shanghai	84686	118465	414296	198368
江 苏 Jiangsu	363472	418525	1203700	551924
浙 江 Zhejiang	296238	316123	920296	426452
安 徽 Anhui	176785	202848	587135	265642
福 建 Fujian	178328	224691	620404	283248
江 西 Jiangxi	208106	218082	675043	298259
山 东 Shandong	474884	525708	1614287	745199
河 南 Henan	398179	425633	1293707	574934
湖 北 Hubei	221319	253596	731536	327954
湖 南 Hunan	226841	256545	759590	349252
广 东 Guangdong	683654	837069	2356562	1061470
广 西 Guangxi	175006	215172	607968	280222
海 南 Hainan	50376	56958	162507	71351
重 庆 Chongqing	152570	186974	539135	258937
四 川 Sichuan	264478	308200	889229	428122
贵 州 Guizhou	139337	150677	433042	200459
云 南 Yunnan	126932	140744	402564	193883
西 藏 Tibet	11717	12452	38247	18898
陕 西 Shaanxi	150525	185740	523167	245142
甘 肃 Gansu	74903	79623	237270	109464
青 海 Qinghai	20374	22334	65764	31752
宁 夏 Ningxia	40684	42454	128765	60854
新 疆 Xinjiang	93281	106624	305607	150000

数(城区)
Secondary Schools(Urban Area)

单位:人
unit:person

一年级 Grade 1	二年级 Grade 2	三年级 Grade 3	四年级 Grade 4	预计毕业生数 Estimated Graduates for Next Year
6453318	**6345281**	**5955159**	**275608**	**5923239**
106827	100344	79653	1018	79438
80329	75277	70309	1564	70343
308819	305549	309439	0	309439
151719	163874	161971	0	161971
97093	100745	91343	1614	91600
196048	206474	185508	0	185508
90491	102362	102141	0	102141
116171	123246	129707	59910	125663
118594	110828	101402	83472	83542
418525	409907	374986	282	374995
316125	309231	293084	1856	292912
202853	206717	177565	0	177565
224709	206383	189312	0	189312
218283	233605	223155	0	223155
525710	503980	469410	115187	460222
425639	432655	424708	10705	423967
253608	243101	234827	0	234827
256545	259234	243811	0	243811
837114	795556	723892	0	723892
215178	205114	187676	0	187676
56964	53017	52526	0	52526
187004	186445	165686	0	165686
308200	301096	279933	0	279933
150680	137580	144782	0	144782
140753	134380	127431	0	127431
12452	13301	12494	0	12494
185795	175569	161803	0	161803
79623	81216	76431	0	76431
22360	22084	21320	0	21320
42472	43783	42510	0	42510
106635	102628	96344	0	96344

初中学生
Number of Students in Junior Secondary

地　区 Region	毕业生数 Graduates	招生数 Entrants	在校生数 Enrolment	
			合计 Total	其中：女 of Which：Female
总　计 Total	**7548981**	**7804669**	**23733472**	**11046693**
北　京 Beijing	7213	8937	24683	11661
天　津 Tianjin	19307	20520	64663	30115
河　北 Hebei	514796	535203	1622529	761059
山　西 Shanxi	171688	149032	502467	242451
内蒙古 Inner Mongolia	115829	112107	337535	161436
辽　宁 Liaoning	117509	101819	320654	151992
吉　林 Jilin	84460	71345	236868	113019
黑龙江 Heilongjiang	122435	94007	351555	168241
上　海 Shanghai	8899	12611	41525	19848
江　苏 Jiangsu	353478	419711	1232394	564119
浙　江 Zhejiang	198434	194429	584070	274653
安　徽 Anhui	399510	419432	1257168	571133
福　建 Fujian	191829	228021	644728	296919
江　西 Jiangxi	356493	360019	1160459	518502
山　东 Shandong	545599	602209	1782594	813376
河　南 Henan	815993	853043	2595916	1184333
湖　北 Hubei	239829	259214	773389	355937
湖　南 Hunan	424944	443129	1355742	629609
广　东 Guangdong	419749	465371	1361839	637825
广　西 Guangxi	446081	456809	1387836	653169
海　南 Hainan	52607	58079	170956	79527
重　庆 Chongqing	165229	161891	508395	239358
四　川 Sichuan	490222	510519	1558034	746561
贵　州 Guizhou	384739	369069	1119559	520848
云　南 Yunnan	324593	302899	929390	442571
西　藏 Tibet	23233	23592	71244	34266
陕　西 Shaanxi	179258	188519	569034	267778
甘　肃 Gansu	160638	155090	494144	232518
青　海 Qinghai	40153	37614	117069	56730
宁　夏 Ningxia	44684	40264	130547	62662
新　疆 Xinjiang	129550	150165	426486	204477

数(镇区)
Schools(Counties & Towns Area)

单位:人
unit:person

一年级 Grade 1	二年级 Grade 2	三年级 Grade 3	四年级 Grade 4	预计毕业生数 Estimated Graduates for Next Year
7806922	**7932037**	**7856818**	**137695**	**7860236**
8942	8544	7197	0	7197
20524	20224	19549	4366	19861
535203	542039	545227	60	545223
149044	170381	183042	0	183042
112119	111807	113563	46	113567
101820	107064	111770	0	111770
71346	79227	86295	0	86295
94007	103063	116508	37977	119918
12622	10490	9766	8647	8647
419711	418068	394615	0	394615
194431	195149	194490	0	194490
419439	440344	397385	0	397385
228049	215137	201542	0	201542
360978	407253	392228	0	392228
602210	565918	533004	81462	534074
853045	866718	871751	4402	871512
259233	255110	258311	735	258295
443129	457512	455101	0	455101
466315	455799	439725	0	439725
456821	468485	462530	0	462530
58084	56339	56533	0	56533
161954	175130	171311	0	171311
510519	524226	523289	0	523289
369078	356415	394066	0	394066
302905	310141	316344	0	316344
23592	23450	24202	0	24202
188551	191910	188573	0	188573
155092	170525	168527	0	168527
37673	38322	41074	0	41074
40303	44411	45833	0	45833
150183	142836	133467	0	133467

初中学生

Number of Students in Junior

地 区 Region	毕业生数 Graduates	招生数 Entrants	在校生数 Enrolment 合计 Total	其中:女 of Which:Female
总 计 Total	**2089431**	**2063666**	**6378055**	**2964939**
北 京 Beijing	5164	6445	17953	8515
天 津 Tianjin	8398	8992	29671	13724
河 北 Hebei	150205	152803	469190	217000
山 西 Shanxi	47788	40842	135571	63187
内蒙古 Inner Mongolia	11546	10689	33278	15434
辽 宁 Liaoning	34087	29668	93599	44792
吉 林 Jilin	36434	26575	90557	43478
黑龙江 Heilongjiang	31453	21284	84782	40801
上 海 Shanghai	2431	3683	12241	5907
江 苏 Jiangsu	30708	36771	106514	49355
浙 江 Zhejiang	44764	43314	132059	60168
安 徽 Anhui	131159	127186	395251	183872
福 建 Fujian	56820	64492	187387	86671
江 西 Jiangxi	122318	107647	368607	172051
山 东 Shandong	104730	112049	330174	149845
河 南 Henan	270446	261858	831798	383836
湖 北 Hubei	65682	68330	203410	92080
湖 南 Hunan	135065	124631	404364	188822
广 东 Guangdong	100788	117185	336269	155219
广 西 Guangxi	86230	83508	259089	119708
海 南 Hainan	13581	16796	47919	21585
重 庆 Chongqing	31665	31691	102251	47129
四 川 Sichuan	113554	112974	350609	164480
贵 州 Guizhou	87037	73912	228095	106507
云 南 Yunnan	173620	160307	491711	226467
西 藏 Tibet	9074	11939	33447	16727
陕 西 Shaanxi	24097	25508	76104	35196
甘 肃 Gansu	49770	43804	142735	68650
青 海 Qinghai	13893	13975	41697	19924
宁 夏 Ningxia	12292	9689	33313	15935
新 疆 Xinjiang	84632	115119	308410	147874

数(乡村)
Secondary Schools(Rural Area)

单位:人
unit:person

				预计毕业生数 Estimated Graduates for Next Year
一年级 Grade 1	二年级 Grade 2	三年级 Grade 3	四年级 Grade 4	
2063860	**2134235**	**2149593**	**30367**	**2151323**
6453	6097	5403	0	5403
8993	9144	8598	2936	8671
152803	157796	158591	0	158591
40842	45736	48993	0	48993
10689	11063	11526	0	11526
29668	31530	32401	0	32401
26582	29305	34670	0	34670
21284	23954	28069	11475	29717
3686	3108	2989	2458	2458
36771	36251	33492	0	33492
43314	44648	44097	0	44097
127187	134976	133088	0	133088
64498	62696	60193	0	60193
107755	130876	129976	0	129976
112049	105179	100462	12484	101274
261861	280070	288853	1014	288581
68338	67401	67671	0	67671
124631	136608	143125	0	143125
117187	111968	107114	0	107114
83511	87886	87692	0	87692
16796	16321	14802	0	14802
31698	35920	34633	0	34633
112974	118152	119483	0	119483
73912	70708	83475	0	83475
160309	163987	167415	0	167415
11940	11620	9887	0	9887
25510	25067	25527	0	25527
43804	48616	50315	0	50315
13999	13794	13904	0	13904
9691	11651	11971	0	11971
115125	102107	91178	0	91178

初中女
Number of Female Students

地区 Region	毕业生数 Graduates	招生数 Entrants	在校生数 Enrolment 合计 Total	一年级 Grade 1
总计 Total	**7119444**	**7567836**	**22814790**	**7569306**
北京 Beijing	41903	58438	157685	58482
天津 Tianjin	43798	51130	150327	51136
河北 Hebei	455144	467679	1413735	467679
山西 Shanxi	178106	164479	535722	164484
内蒙古 Inner Mongolia	106229	105013	316613	105018
辽宁 Liaoning	159856	153926	474775	153928
吉林 Jilin	105322	88308	295794	88309
黑龙江 Heilongjiang	133245	110375	413626	110375
上海 Shanghai	45731	64187	224123	64249
江苏 Jiangsu	339883	401781	1165398	401781
浙江 Zhejiang	252456	257295	761273	257296
安徽 Anhui	318261	344785	1020647	344787
福建 Fujian	196919	236836	666838	236856
江西 Jiangxi	306687	307479	988812	308004
山东 Shandong	518897	563575	1708420	563578
河南 Henan	670485	702835	2143103	702840
湖北 Hubei	240603	263767	775971	263780
湖南 Hunan	363197	380983	1167683	380983
广东 Guangdong	546691	648222	1854514	648820
广西 Guangxi	330405	351039	1053099	351047
海南 Hainan	53250	59759	172463	59759
重庆 Chongqing	165538	179876	545424	179918
四川 Sichuan	414273	445192	1339163	445192
贵州 Guizhou	283090	276937	827814	276941
云南 Yunnan	295735	285572	862921	285579
西藏 Tibet	21793	23435	69891	23435
陕西 Shaanxi	165503	187213	548116	187246
甘肃 Gansu	134311	129689	410632	129689
青海 Qinghai	35817	35585	108406	35632
宁夏 Ningxia	47045	43642	139451	43661
新疆 Xinjiang	149271	178804	502351	178822

学生数
in Junior Secondary Schools

单位：人
unit: person

二年级 Grade 2	三年级 Grade 3	四年级 Grade 4	预计毕业生数 Estimated Graduates for Next Year
7610217	**7424420**	**210847**	**7411253**
55019	43708	476	43580
48933	46142	4116	46259
469707	476323	26	476315
181833	189405	0	189405
107034	103795	766	103947
164455	156392	0	156392
100756	106729	0	106729
119084	132095	52072	132111
59734	54823	45317	45355
396121	367366	130	367356
255510	247591	876	247508
355615	320245	0	320245
222206	207776	0	207776
345375	335433	0	335433
537173	508265	99404	505081
713648	719288	7327	718827
256377	255477	337	255440
394937	391763	0	391763
623562	582132	0	582059
356025	346027	0	346027
56285	56419	0	56419
189145	176361	0	176361
450653	443318	0	443318
260977	289896	0	289896
288533	288809	0	288809
23766	22690	0	22690
184369	176501	0	176501
141286	139657	0	139657
35829	36945	0	36945
47778	48012	0	48012
168492	155037	0	155037

初中专任教师学历、专业
Number of Full-time Teachers in Junior Secondary Schools

地 区 Region	合计 Total	其中:女 of Which:Female	按学历分 By Academic Qualifications		
			研究生毕业 Graduate	本科毕业 Undergraduate	专科毕业 Associate Bachelor
总 计 Total	**3860741**	**2270332**	**153485**	**3265589**	**437513**
北 京 Beijing	38079	29380	9120	28691	263
天 津 Tianjin	29208	21088	3450	25075	655
河 北 Hebei	219810	159208	6195	191393	22173
山 西 Shanxi	108585	75847	3580	89200	15657
内蒙古 Inner Mongolia	60849	42666	3872	52237	4738
辽 宁 Liaoning	98857	70081	4724	85679	8358
吉 林 Jilin	67148	46802	3276	58543	5298
黑龙江 Heilongjiang	86893	57169	1879	74825	10032
上 海 Shanghai	44714	33190	8029	36386	299
江 苏 Jiangsu	212577	118882	15311	194151	3077
浙 江 Zhejiang	133141	81531	7639	122016	3481
安 徽 Anhui	165538	74269	3610	141552	20336
福 建 Fujian	107931	54339	3654	93833	10395
江 西 Jiangxi	145462	73469	2517	113036	29810
山 东 Shandong	304476	177748	15025	261591	27502
河 南 Henan	340500	224929	9201	272813	57382
湖 北 Hubei	135046	66593	4295	104790	25484
湖 南 Hunan	189015	108148	5561	151889	31206
广 东 Guangdong	300929	175639	15553	260970	24343
广 西 Guangxi	152003	86311	2231	125909	23536
海 南 Hainan	27973	14669	659	23308	3950
重 庆 Chongqing	83469	44541	3763	74082	5533
四 川 Sichuan	218397	115393	5546	175985	36860
贵 州 Guizhou	128990	59586	1298	109305	18284
云 南 Yunnan	139305	73994	2119	122887	13952
西 藏 Tibet	12371	6604	220	11195	947
陕 西 Shaanxi	101110	62257	6204	88615	6264
甘 肃 Gansu	81239	36649	2001	69021	10178
青 海 Qinghai	16833	9619	560	13976	2275
宁 夏 Ningxia	20679	11991	717	18715	1241
新 疆 Xinjiang	89614	57740	1676	73921	14004

技术职务情况(总计)

by Academic Qualifications and Professional Rank(Total)

单位:人

unit:person

高中阶段毕业 High School Graduate	高中阶段毕业以下 Below High School Graduate	按专业技术职务分 By Professional Rank 正高级 Senior	副高级 Sub-senior	中级 Middle	助理级 Associate	员级 Junior	未定职级 No-ranking
3950	**204**	**2392**	**784107**	**1522227**	**992514**	**56891**	**502610**
5	0	21	10677	13565	10555	194	3067
28	0	12	10152	13009	4270	104	1661
49	0	124	39193	84802	48386	5737	41568
142	6	68	13010	35504	39719	1298	18986
2	0	28	16876	24549	11330	462	7604
80	16	56	52846	30310	9434	456	5755
30	1	66	18109	25316	16726	588	6343
157	0	43	23137	39862	18542	476	4833
0	0	17	5346	21786	14160	201	3204
37	1	209	53297	91441	41544	1204	24882
5	0	91	33020	57182	32633	504	9711
40	0	72	32657	66118	36132	3434	27125
49	0	36	22936	44741	29755	880	9583
98	1	64	35731	48411	32491	2215	26550
346	12	337	46373	120417	92252	2649	42448
1103	1	63	58141	117769	101812	6026	56689
469	8	100	27121	66125	27844	3069	10787
357	2	108	27543	79820	44833	6613	30098
59	4	192	42725	135154	65743	5656	51459
317	10	31	22839	66755	35429	3403	23546
50	6	16	5108	9935	8992	398	3524
79	12	71	13317	36144	26827	260	6850
6	0	95	45819	82488	65790	3824	20381
98	5	98	22907	52930	37502	1634	13919
236	111	99	51024	44677	28790	873	13842
8	1	4	1332	4602	4169	920	1344
27	0	31	14541	39324	34539	1408	11267
36	3	128	14350	31421	30099	471	4770
18	4	15	4219	6200	4636	249	1514
6	0	14	4671	7748	6824	212	1210
13	0	83	15090	24122	30756	1473	18090

初中专任教师学历、专业

Number of Full-time Teachers in Junior Secondary Schools by

地　区 Region	合计 Total	其中:女 of Which:Female	按学历分 By Academic Qualifications		
			研究生毕业 Graduate	本科毕业 Undergraduate	专科毕业 Associate Bachelor
总　计 Total	**1459550**	**974419**	**115210**	**1253098**	**90277**
北　京 Beijing	31824	25110	8181	23461	177
天　津 Tianjin	20766	16253	3260	17155	342
河　北 Hebei	67145	51834	3421	58907	4811
山　西 Shanxi	41295	30401	2294	34916	4058
内蒙古 Inner Mongolia	24343	18101	2591	20379	1372
辽　宁 Liaoning	53498	40942	3994	46588	2877
吉　林 Jilin	27433	20807	1878	24137	1412
黑龙江 Heilongjiang	38813	28005	1535	34172	3068
上　海 Shanghai	38590	29191	7174	31207	209
江　苏 Jiangsu	102999	64782	10844	90955	1187
浙　江 Zhejiang	74716	48369	5752	67447	1516
安　徽 Anhui	42433	23315	1837	36863	3721
福　建 Fujian	40374	26003	2971	35403	1989
江　西 Jiangxi	43367	25607	1863	35509	5965
山　东 Shandong	129485	84893	10011	113737	5682
河　南 Henan	88457	61700	5141	73255	9690
湖　北 Hubei	56002	32064	3711	45650	6520
湖　南 Hunan	53464	34823	4070	44348	4984
广　东 Guangdong	170760	110029	14219	146521	9992
广　西 Guangxi	40621	27752	1757	34957	3866
海　南 Hainan	11051	7015	305	9751	983
重　庆 Chongqing	37730	22746	3234	33200	1286
四　川 Sichuan	65655	40851	4279	56686	4687
贵　州 Guizhou	31255	18768	916	27274	3034
云　南 Yunnan	29676	18897	1571	26478	1604
西　藏 Tibet	3410	2056	100	3075	234
陕　西 Shaanxi	38174	26743	4927	31849	1396
甘　肃 Gansu	19141	10961	1332	16111	1697
青　海 Qinghai	4799	3204	268	4149	378
宁　夏 Ningxia	8256	5489	467	7520	268
新　疆 Xinjiang	24018	17708	1307	21438	1272

技术职务情况(城区)
Academic Qualifications and Professional Rank(Urban Area)

单位:人
unit:person

		按专业技术职务分 By Professional Rank					
高中阶段毕业 High School Graduate	高中阶段毕业以下 Below High School Graduate	正高级 Senior	副高级 Sub-senior	中级 Middle	助理级 Associate	员级 Junior	未定职级 No-ranking
940	**25**	**1504**	**310285**	**571695**	**357806**	**15918**	**202342**
5	0	20	9125	11215	8691	183	2590
9	0	11	7279	8895	3160	91	1330
6	0	87	12623	28191	12512	1154	12578
27	0	45	6130	13918	12503	477	8222
1	0	13	7350	8798	4624	178	3380
32	7	35	27443	17287	4847	154	3732
6	0	49	7209	10680	6807	365	2323
38	0	28	11552	17674	7368	205	1986
0	0	16	4727	18773	12172	165	2737
13	0	157	27675	42946	19810	329	12082
1	0	70	19426	31390	17777	223	5830
12	0	35	7831	16132	10375	1064	6996
11	0	23	7886	15109	11501	251	5604
30	0	35	11335	14825	9840	469	6863
54	1	166	19576	50654	39291	903	18895
370	1	53	17046	30618	25902	953	13885
121	0	62	13451	24616	11246	935	5692
62	0	62	7155	22536	12550	1340	9821
24	4	160	25475	67212	34953	3305	39655
38	3	26	5876	16791	10476	785	6667
12	0	9	2049	3553	3332	217	1891
10	0	52	6475	15989	11753	87	3374
3	0	57	13072	25788	20013	557	6168
26	5	58	5223	11758	8313	366	5537
19	4	46	9085	9764	6241	186	4354
1	0	2	500	1520	1026	226	136
2	0	24	5626	14238	12974	316	4996
1	0	41	3860	8073	5664	196	1307
4	0	9	1166	1722	1395	67	440
1	0	10	1789	3256	2578	125	498
1	0	43	5270	7774	8112	46	2773

初中专任教师学历、专业
Number of Full-time Teachers in Junior Secondary Schools by Academic

地 区 Region	合计 Total	其中:女 of Which:Female	按学历分 By Academic Qualifications		
			研究生毕业 Graduate	本科毕业 Undergraduate	专科毕业 Associate Bachelor
总 计 Total	**1845140**	**1009577**	**30483**	**1557598**	**254851**
北 京 Beijing	3393	2345	552	2790	51
天 津 Tianjin	5730	3328	150	5363	205
河 北 Hebei	116027	82772	2131	100715	13146
山 西 Shanxi	50350	34690	880	41044	8348
内蒙古 Inner Mongolia	32642	22074	1147	28488	3006
辽 宁 Liaoning	34483	22249	507	29772	4161
吉 林 Jilin	26450	17840	1192	22780	2463
黑龙江 Heilongjiang	36706	22941	286	31517	4824
上 海 Shanghai	4790	3108	595	4127	68
江 苏 Jiangsu	99837	49757	4233	93916	1666
浙 江 Zhejiang	47022	26874	1430	44060	1528
安 徽 Anhui	89988	39012	1530	77087	11360
福 建 Fujian	50390	22122	502	43713	6146
江 西 Jiangxi	74983	36293	545	57455	16933
山 东 Shandong	147685	79681	4390	124885	18185
河 南 Henan	183655	121588	3037	146118	34031
湖 北 Hubei	61420	27217	455	46050	14666
湖 南 Hunan	99980	55097	1251	80711	17827
广 东 Guangdong	102918	51391	884	90754	11254
广 西 Guangxi	93358	49772	397	76934	15796
海 南 Hainan	13045	5912	178	10663	2173
重 庆 Chongqing	37912	17964	442	33952	3467
四 川 Sichuan	120235	59320	967	95662	23603
贵 州 Guizhou	80109	33638	295	67171	12591
云 南 Yunnan	70132	35729	338	61453	8114
西 藏 Tibet	6292	3130	92	5703	490
陕 西 Shaanxi	53854	30696	929	48846	4056
甘 肃 Gansu	45779	19645	498	39083	6173
青 海 Qinghai	8694	4842	231	7098	1353
宁 夏 Ningxia	9410	5040	177	8511	719
新 疆 Xinjiang	37871	23510	242	31177	6448

技术职务情况(镇区)

Qualifications and Professional Rank(Counties & Towns Area)

单位:人
unit:person

		按专业技术职务分 By Professional Rank					
高中阶段毕业 High School Graduate	高中阶段毕业以下 Below High School Graduate	正高级 Senior	副高级 Sub-senior	中级 Middle	助理级 Associate	员级 Junior	未定职级 No-ranking
2050	**158**	**729**	**366764**	**745954**	**484243**	**29161**	**218289**
0	0	1	825	1274	1017	7	269
12	0	1	1929	2760	797	11	232
35	0	34	20101	43300	26952	3314	22326
74	4	13	5430	16658	20992	537	6720
1	0	14	8702	14373	5814	245	3494
35	8	15	19773	9702	3320	220	1453
14	1	15	6970	9846	6839	157	2623
79	0	12	8904	17288	8463	187	1852
0	0	1	490	2462	1562	6	269
21	1	48	23373	44051	20041	799	11525
4	0	17	11423	20925	11704	197	2756
11	0	28	17811	35756	18776	1791	15826
29	0	10	11146	22194	13546	516	2978
50	0	26	18284	25735	16621	1173	13144
214	11	139	22676	58709	44664	1521	19976
469	0	10	29418	63314	55943	3495	31475
245	4	31	10539	32790	12925	1502	3633
189	2	35	14871	42953	23918	3870	14333
26	0	28	14078	55057	24234	1585	7936
225	6	5	14458	42653	21103	1974	13165
25	6	5	2468	5062	4369	125	1016
39	12	17	5832	17009	12633	86	2335
3	0	33	25937	45547	36147	2241	10330
52	0	39	15092	34662	23014	940	6362
129	98	40	28705	23214	12569	294	5310
7	0	2	656	2304	2347	345	638
23	0	6	7761	21541	18502	946	5098
24	1	67	7877	17687	18015	149	1984
8	4	3	2203	3271	2343	151	723
3	0	4	2242	3579	3039	69	477
4	0	30	6790	10278	12034	708	8031

初中专任教师学历、专业

Number of Full-time Teachers in Junior Secondary Schools by

地　区 Region	合计 Total	其中:女 of Which:Female	按学历分 By Academic Qualifications		
			研究生毕业 Graduate	本科毕业 Undergraduate	专科毕业 Associate Bachelor
总　计 Total	**556051**	**286336**	**7792**	**454893**	**92385**
北　京 Beijing	2862	1925	387	2440	35
天　津 Tianjin	2712	1507	40	2557	108
河　北 Hebei	36638	24602	643	31771	4216
山　西 Shanxi	16940	10756	406	13240	3251
内蒙古 Inner Mongolia	3864	2491	134	3370	360
辽　宁 Liaoning	10876	6890	223	9319	1320
吉　林 Jilin	13265	8155	206	11626	1423
黑龙江 Heilongjiang	11374	6223	58	9136	2140
上　海 Shanghai	1334	891	260	1052	22
江　苏 Jiangsu	9741	4343	234	9280	224
浙　江 Zhejiang	11403	6288	457	10509	437
安　徽 Anhui	33117	11942	243	27602	5255
福　建 Fujian	17167	6214	181	14717	2260
江　西 Jiangxi	27112	11569	109	20072	6912
山　东 Shandong	27306	13174	624	22969	3635
河　南 Henan	68388	41641	1023	53440	13661
湖　北 Hubei	17624	7312	129	13090	4298
湖　南 Hunan	35571	18228	240	26830	8395
广　东 Guangdong	27251	14219	450	23695	3097
广　西 Guangxi	18024	8787	77	14018	3874
海　南 Hainan	3877	1742	176	2894	794
重　庆 Chongqing	7827	3831	87	6930	780
四　川 Sichuan	32507	15222	300	23637	8570
贵　州 Guizhou	17626	7180	87	14860	2659
云　南 Yunnan	39497	19368	210	34956	4234
西　藏 Tibet	2669	1418	28	2417	223
陕　西 Shaanxi	9082	4818	348	7920	812
甘　肃 Gansu	16319	6043	171	13827	2308
青　海 Qinghai	3340	1573	61	2729	544
宁　夏 Ningxia	3013	1462	73	2684	254
新　疆 Xinjiang	27725	16522	127	21306	6284

技术职务情况(乡村)
Academic Qualifications and Professional Rank(Rural Area)

单位:人
unit:person

高中阶段毕业 High School Graduate	高中阶段毕业以下 Below High School Graduate	按专业技术职务分 By Professional Rank 正高级 Senior	副高级 Sub-senior	中级 Middle	助理级 Associate	员级 Junior	未定职级 No-ranking
960	**21**	**159**	**107058**	**204578**	**150465**	**11812**	**81979**
0	0	0	727	1076	847	4	208
7	0	0	944	1354	313	2	99
8	0	3	6469	13311	8922	1269	6664
41	2	10	1450	4928	6224	284	4044
0	0	1	824	1378	892	39	730
13	1	6	5630	3321	1267	82	570
10	0	2	3930	4790	3080	66	1397
40	0	3	2681	4900	2711	84	995
0	0	0	129	551	426	30	198
3	0	4	2249	4444	1693	76	1275
0	0	4	2171	4867	3152	84	1125
17	0	9	7015	14230	6981	579	4303
9	0	3	3904	7438	4708	113	1001
18	1	3	6112	7851	6030	573	6543
78	0	32	4121	11054	8297	225	3577
264	0	0	11677	23837	19967	1578	11329
103	4	7	3131	8719	3673	632	1462
106	0	11	5517	14331	8365	1403	5944
9	0	4	3172	12885	6556	766	3868
54	1	0	2505	7311	3850	644	3714
13	0	2	591	1320	1291	56	617
30	0	2	1010	3146	2441	87	1141
0	0	5	6810	11153	9630	1026	3883
20	0	1	2592	6510	6175	328	2020
88	9	13	13234	11699	9980	393	4178
0	1	0	176	778	796	349	570
2	0	1	1154	3545	3063	146	1173
11	2	20	2613	5661	6420	126	1479
6	0	3	850	1207	898	31	351
2	0	0	640	913	1207	18	235
8	0	10	3030	6070	10610	719	7286

初中办学
Condition of School Buildings in

地区 Region	校舍建筑面积 Floor Space	教学及辅助用房 Buildings for Instruction and Ancillary Uses							行政办公用房 Administrative	
		合计 Total	其中：of Which：						合计 Total	其中：教师办公室 of Which：for Teachers
			教室 Classroom	实验室 Laboratory	图书室 Library	微机室 PC-room	语音室 Linguistic	体育馆 Gymnasium		
总　计 Total	**718426060.40**	**293530232.22**	**196412823.54**	**44698147.77**	**18473897.73**	**12740751.48**	**4497136.36**	**16707475.33**	**58187058.95**	**34813925.37**
北　京 Beijing	4586378.83	1826870.94	1137285.32	303260.96	112740.33	83109.36	15208.02	175266.95	580167.44	266628.51
天　津 Tianjin	3225206.37	1534481.22	1007919.22	214087.36	98345.24	55196.43	22722.44	136210.53	439999.50	272782.07
河　北 Hebei	33841046.85	13922100.26	9570982.39	2370098.38	870301.31	598308.28	177687.21	334722.69	2366164.21	1584691.04
山　西 Shanxi	16727941.38	6025727.47	4296843.12	822625.05	402268.05	292364.98	93322.54	118303.73	1588467.67	1051939.91
内蒙古 Inner Mongolia	10523519.17	4763063.61	2990550.49	652393.05	270507.41	201132.89	65828.89	582650.88	1031681.87	672815.17
辽　宁 Liaoning	15586648.61	6828083.07	4499581.26	1011959.98	383412.20	350667.57	117500.75	464961.31	1818696.38	1052037.59
吉　林 Jilin	9445163.42	4081045.56	2739422.19	623462.39	250466.03	203744.02	82916.16	181034.77	1039027.40	657779.92
黑龙江 Heilongjiang	11441071.17	5365507.62	3676454.53	850394.00	227975.45	205302.84	113110.04	292270.76	1281218.08	824478.00
上　海 Shanghai	9013734.94	4738762.22	2556676.02	936741.40	328025.39	191504.96	55900.32	669914.13	1061812.65	529674.28
江　苏 Jiangsu	45254080.60	21924152.96	12776437.53	3847312.89	1888364.93	1080531.41	387182.87	1944323.33	4311844.84	2200336.19
浙　江 Zhejiang	36105974.65	15533030.63	9536636.52	2025801.24	1073346.87	602119.33	191210.79	2103915.88	2910692.17	1608799.08
安　徽 Anhui	34393516.79	15079956.23	10614685.88	1996051.42	914910.57	742178.22	217895.26	594234.88	2879691.37	1664182.75
福　建 Fujian	14340692.76	5751155.97	3527204.77	1166612.23	454731.51	224417.31	58047.14	320143.01	1205406.94	573610.83
江　西 Jiangxi	25485314.74	10568783.18	7428607.46	1401468.32	697854.89	461271.53	183308.40	396272.58	2122784.92	1204174.01
山　东 Shandong	60380744.69	24353883.55	15157226.30	4445740.36	1710049.92	1068896.49	409043.49	1562926.99	5354958.21	3301593.87
河　南 Henan	62433384.10	22312373.02	16671776.66	2918015.75	1165506.17	841244.88	283611.67	432217.89	5637706.42	3584838.49
湖　北 Hubei	28358939.58	9962443.95	6835239.90	1497129.53	610903.44	485041.09	224389.86	309740.13	2109109.20	1255414.75
湖　南 Hunan	38908019.71	14778309.22	9857409.62	2116233.92	938233.76	609869.97	308936.15	947625.80	2671426.34	1725827.74
广　东 Guangdong	65696034.92	29178088.78	19577161.51	3919649.67	1641372.07	1020377.90	463618.69	2555908.94	4325408.72	2608504.19
广　西 Guangxi	28184095.70	10715288.54	7600486.57	1673668.06	589399.21	398445.94	96415.59	356873.17	1269835.80	844248.75
海　南 Hainan	4788926.91	1852640.12	1323031.63	265127.17	110738.68	75998.55	27190.21	50553.88	257300.09	154626.32
重　庆 Chongqing	13301248.67	4702019.63	3329390.67	705008.72	229996.29	178560.70	50795.35	208267.90	904076.58	498748.41
四　川 Sichuan	39701830.26	17362287.67	12546594.01	2494614.78	962616.84	718103.05	228719.89	411639.10	2371116.24	1500139.44
贵　州 Guizhou	25614355.88	8416335.56	5937833.24	1222887.98	509645.34	391170.43	92753.98	262044.59	1701304.83	947824.95
云　南 Yunnan	22882805.20	7858821.68	5339826.08	1255581.15	524098.84	466031.26	122197.03	151087.32	1305846.40	746775.30
西　藏 Tibet	2628404.16	834358.95	581434.18	96794.69	34682.49	27665.43	14861.33	78920.83	149280.25	114790.17
陕　西 Shaanxi	17524109.07	6534259.27	4223740.51	1073342.45	457061.21	342718.85	206259.35	231136.90	1820036.28	1188260.30
甘　肃 Gansu	13210930.52	5176170.92	3452781.87	877212.46	364341.53	286572.81	74913.55	120348.70	1268853.13	860153.15
青　海 Qinghai	3987184.71	1778062.48	1137844.92	272801.47	121115.40	77888.35	32107.96	136304.37	385020.57	199461.97
宁　夏 Ningxia	3822613.49	1732057.79	1082242.95	358245.77	100128.18	96990.20	16000.46	78450.23	364649.23	213507.21
新　疆 Xinjiang	17032142.55	8040110.15	5399516.22	1283825.17	430758.18	363326.45	63480.97	499203.16	1653475.22	905281.01

条件(一)(总计)
Junior Secondary Schools (1) (Total)

单位:平方米
unit: m^2

生活用房 Residential and Welfare							其他用房 Rooms for Other Purposes	校舍面积中 of the Floor Space	
合计 Total	教工宿舍 Apartments for Single		学生宿舍 Students' Dormitories	食堂 Dining Halls	厕所 Toilet	其他 Others		危房面积 Floor Space of Dilapidated Buildings	当年新增校舍 New Floor Space Added in Current Year
	小计 Subtotal	其中:教师周转宿舍 of Which: Accommodation for Circulation of Teachers							
294973529.63	**61710906.58**	**22129470.14**	**126644931.85**	**57708535.92**	**23351441.18**	**25557714.10**	**71735239.59**	**1720590.60**	**37286706.94**
1070901.21	129595.61	8628.25	176696.46	280328.75	201695.60	282584.79	1108439.24	0.00	208742.37
606272.55	53746.83	14394.76	66582.88	147906.49	141470.40	196565.95	644453.10	0.00	206984.71
14681969.70	1603527.50	568327.21	7937971.40	2914891.75	950806.69	1274772.36	2870812.68	0.00	3230498.47
6950401.44	1139529.84	231710.58	3332834.24	1332273.12	555476.73	590287.51	2163344.80	16732.18	658926.11
3710630.22	325466.06	187672.05	1812601.85	764528.00	399922.79	408111.52	1018143.47	0.00	442848.51
4167957.89	218412.45	108278.71	1207996.40	1297007.41	572331.47	872210.16	2771911.27	15784.22	435630.60
2712748.78	127330.04	96016.24	860372.24	744704.94	348152.81	632188.75	1612341.68	0.00	671267.02
2933255.34	136368.25	85232.52	982099.02	587287.82	435109.22	792391.03	1861090.13	7884.00	87547.09
1896008.57	62122.29	7299.43	159826.43	644626.63	411760.09	617673.13	1317151.50	0.00	171741.50
14205667.70	1799053.78	485740.50	4661216.14	4226044.77	1389262.83	2130090.18	4812415.10	0.00	2724386.22
12566326.37	1938455.65	438827.37	4601622.72	3373393.98	1150238.72	1502615.30	5095925.48	0.00	2430819.47
13134180.01	3132220.17	1269152.16	5510646.78	2603501.23	1040440.53	847371.30	3299689.18	39293.40	1817268.02
5341668.91	1824948.43	557680.14	1726844.15	896874.72	428835.16	464166.45	2042460.94	4090.80	685156.47
10521967.47	2601630.38	793456.18	4590293.21	2017002.25	831499.53	481542.10	2271779.17	39260.30	2508930.71
22578381.95	2669235.00	1070245.48	9429385.78	5351713.11	2419366.26	2708681.80	8093520.98	5573.00	2538591.59
30035309.91	4879694.38	1406531.05	15192887.63	6157720.25	2084357.94	1720649.71	4447994.75	151877.99	3673481.33
13971498.52	5127744.92	1311923.14	5010693.02	2254185.96	711807.33	867067.29	2315887.91	33870.00	1286406.27
18412613.39	5848132.09	2364982.34	6717243.66	3376232.52	1121259.04	1349746.08	3045670.76	144044.45	1465079.37
24634858.20	7424492.76	1213944.05	9280240.29	3496287.90	2060734.42	2373102.83	7557679.22	13537.92	2376908.46
15314481.24	3915379.37	1523612.51	8219744.52	2217946.98	636483.11	324927.26	884490.12	141170.70	1357979.06
2356122.21	857441.88	371068.04	953669.91	319335.54	139419.26	86255.62	322864.49	4908.00	149894.59
6122371.54	1302913.41	481518.95	3070849.29	1111641.76	337918.17	299048.91	1572780.92	16318.42	215975.27
17325952.67	4551234.92	2366867.27	7537235.42	3151431.75	1205470.78	880579.80	2642473.68	62530.92	2442784.12
13561282.41	2633540.80	1745596.77	7439513.13	2047027.74	879239.12	561961.62	1935433.08	1607.00	1594352.30
12652510.73	2668786.96	1149393.48	6299465.48	2149704.78	701867.06	832686.45	1065626.39	518967.43	572988.20
1550085.33	536664.72	505758.79	685670.82	222201.06	37359.13	68189.60	94679.63	0.00	119746.03
7242064.26	1891003.21	492951.25	2687149.76	1294685.80	620680.02	748545.47	1927749.26	0.00	1242677.60
5139563.63	1141995.69	502657.24	1840137.41	908515.13	503692.12	745223.28	1626342.84	502637.47	750057.58
1569958.43	278906.54	154683.12	617694.18	288139.84	195460.10	189757.77	254143.22	0.00	136338.11
1330927.42	179050.24	105257.40	631790.32	258230.31	156844.56	105011.99	394979.05	0.00	171262.34
6675591.63	712282.41	510063.16	3403957.31	1273163.63	682480.19	603708.09	662965.55	502.40	911437.45

初中办学
Condition of School Buildings in Junior

地　区 Region	校舍建筑面积 Floor Space	教学及辅助用房 Buildings for Instruction and Ancillary Uses							行政办公用房 Administrative	
		合计 Total	其中： of Which：						合计 Total	其中：教师办公室 of Which：for Teachers
			教室 Classroom	实验室 Laboratory	图书室 Library	微机室 PC-room	语音室 Linguistic	体育馆 Gymnasium		
总　计 Total	**250235332.81**	**113774555.02**	**72957942.98**	**16567179.76**	**7413102.14**	**4443877.16**	**1593322.18**	**10799130.79**	**23629674.70**	**13650532.20**
北　京 Beijing	3130757.87	1329577.70	835507.52	197628.69	83729.12	58731.32	10296.89	143684.16	390250.96	182060.36
天　津 Tianjin	2183898.56	977470.17	605640.66	135312.73	70801.23	33537.50	12133.52	120044.53	294749.79	180749.80
河　北 Hebei	8615757.78	3840099.15	2594659.68	620828.90	272484.92	155254.42	43814.39	153056.84	736457.64	508001.99
山　西 Shanxi	4827594.87	1993755.66	1396837.09	273106.09	140192.62	88693.58	32425.33	62500.95	518916.17	335448.98
内蒙古 Inner Mongolia	3337971.19	1785636.71	1145636.92	232226.90	108885.30	67454.03	15167.05	216266.51	395782.23	247082.54
辽　宁 Liaoning	7850971.34	3435748.36	2163970.63	480340.89	202542.23	162821.80	48313.66	377759.15	948974.06	510685.46
吉　林 Jilin	3230925.69	1601041.53	1092515.23	211772.36	87693.38	67737.73	28671.60	112651.23	392063.35	233197.71
黑龙江 Heilongjiang	4227053.78	2121534.02	1399725.91	300135.71	88970.17	75084.31	41490.40	216127.52	540078.21	333833.68
上　海 Shanghai	7416181.15	3918326.00	2116252.56	749969.57	265855.72	154030.68	48737.81	583479.66	870183.65	437184.52
江　苏 Jiangsu	22746564.37	11221698.63	6244652.04	2017944.40	1007016.68	485196.33	157151.91	1309737.27	2358773.70	1163623.57
浙　江 Zhejiang	20744490.06	9087277.29	5423973.42	1150313.05	656269.70	342766.80	114138.75	1399815.57	1730543.60	948597.14
安　徽 Anhui	7813465.17	3918836.72	2573373.77	522873.87	267411.76	185964.45	54987.73	314225.14	900761.03	511756.00
福　建 Fujian	4669963.33	2117091.30	1302918.52	385487.42	172606.68	71749.99	22322.51	162006.18	433112.72	209208.96
江　西 Jiangxi	6685250.76	3187124.37	2179521.80	368552.89	227142.91	127640.37	49087.37	235179.03	633833.43	362060.62
山　东 Shandong	24684037.94	11013928.28	6736613.16	1893029.97	770569.73	445935.25	174570.36	993209.81	2384055.30	1440438.42
河　南 Henan	14981432.87	6151977.85	4433462.91	858835.92	328215.94	209738.90	68897.18	252827.00	1715237.79	1051357.84
湖　北 Hubei	9240334.38	3873615.89	2643298.93	581372.38	225011.71	169854.34	72716.39	181362.14	910618.23	549629.57
湖　南 Hunan	8637865.61	3658264.53	2311426.32	467062.20	223143.71	129861.11	58781.83	467989.36	670189.31	402057.96
广　东 Guangdong	37875707.85	17995209.32	11829125.03	2289818.74	991117.25	558176.35	255340.97	2071630.98	2585220.46	1567088.90
广　西 Guangxi	6501291.93	2818441.98	1917727.94	406260.21	154490.02	101491.51	27986.66	210485.64	458907.71	276218.59
海　南 Hainan	1280912.03	514130.81	395719.47	52023.94	25814.89	18669.38	6258.91	15644.22	72390.75	42721.14
重　庆 Chongqing	5071191.09	1885330.56	1273121.96	255540.13	98590.56	68809.83	18830.19	170437.89	399838.82	213383.08
四　川 Sichuan	9938533.50	4728644.20	3318212.09	618818.57	255831.79	189110.84	76884.87	269786.04	700044.49	439713.20
贵　州 Guizhou	5695942.41	2086649.20	1402983.51	276115.71	145264.04	87945.67	25948.29	148391.98	539599.78	298349.62
云　南 Yunnan	3631069.19	1456813.07	945546.03	211384.37	104194.78	81423.70	28627.54	85636.65	314314.87	161146.34
西　藏 Tibet	646963.74	227207.19	158915.44	30668.09	7052.45	9481.20	3809.65	17280.36	53223.09	37395.52
陕　西 Shaanxi	5600083.64	2268460.01	1481970.77	325193.17	153330.82	97230.17	49977.31	160757.77	601485.14	400690.57
甘　肃 Gansu	2663212.66	1195595.29	769548.30	179991.49	89500.07	59321.75	18624.26	78609.42	311391.32	208794.44
青　海 Qinghai	884551.16	476011.49	290128.29	71811.44	38067.13	21984.07	7721.14	46299.41	133449.45	52057.77
宁　夏 Ningxia	1150741.28	579884.18	359601.21	111404.42	32657.32	30881.57	4354.77	40984.89	126306.61	79416.65
新　疆 Xinjiang	4270615.61	2309173.56	1615355.87	291355.54	118647.51	87298.21	15252.94	181263.49	508921.04	266581.26

条件(一)(城区)
Secondary Schools (1) (Urban Area)

单位：平方米
unit: m^2

生活用房 Residential and Welfare							其他用房 Rooms for Other Purposes	校舍面积中 of the Floor Space	
合计 Total	教工宿舍 Apartments for Single		学生宿舍 Students' Dormitories	食堂 Dining Halls	厕所 Toilet	其他 Others		危房面积 Floor Space of Dilapidated Buildings	当年新增校舍 New Floor Space Added in Current Year
	小计 Subtotal	其中：教师周转宿舍 of Which: Accommodation for Circulation of Teachers							
77125454.24	**11277717.33**	**2875735.39**	**28118464.95**	**17328800.04**	**9101446.96**	**11299024.96**	**35705648.85**	**416910.03**	**15635469.72**
631555.50	56721.67	3472.30	85746.87	181895.32	136073.92	171117.72	779373.71	0.00	109876.18
400425.86	20968.69	5330.36	48552.68	104260.36	96422.11	130222.02	511252.74	0.00	162341.17
2967601.57	214021.06	29390.45	1500856.58	554844.11	258631.83	439247.99	1071599.42	0.00	1056454.49
1601002.55	232179.48	37771.62	730541.68	300731.10	159563.37	177986.92	713920.49	4269.00	342925.79
706116.44	55185.86	11619.66	279816.45	138144.95	136227.26	96741.92	450435.81	0.00	100351.89
1706312.98	79123.99	42086.43	295816.15	537224.83	310276.55	483871.46	1759935.94	2500.00	333105.45
708137.46	6330.00	1252.00	155543.99	201168.21	126963.58	218131.68	529683.35	0.00	166390.75
770274.75	17788.77	3419.81	146108.66	128503.22	178925.46	298948.64	795166.80	0.00	57095.35
1522225.32	46442.56	5521.00	115087.93	504881.77	334430.96	521382.10	1105446.18	0.00	171741.50
6088468.79	536268.73	135087.49	1629534.88	2042953.61	722291.30	1157420.27	3077623.25	0.00	1513483.44
6333841.07	777953.63	172195.76	2076346.47	1872557.59	653463.95	953519.43	3592828.10	0.00	1816707.05
1841229.22	200648.97	43034.10	702587.63	437246.97	289315.50	211230.15	1152638.20	2100.00	519845.13
1232819.01	288685.83	106554.96	333701.31	249681.52	172386.69	188363.66	886940.30	2564.80	288705.69
1875607.24	290264.53	86752.05	657506.60	463588.21	283102.37	181145.53	988685.72	8607.00	863472.82
7274435.65	690585.33	223677.97	2359809.50	1871038.60	1040273.05	1312729.17	4011618.71	0.00	1253465.69
5615032.97	575573.62	102773.95	2714448.74	1212522.80	546630.97	565856.84	1499184.26	100904.84	1052868.48
3188279.17	935310.27	211741.33	973930.21	601366.33	283409.94	394262.42	1267821.09	19796.00	510674.66
3374613.34	677422.92	264874.84	1269814.00	779584.18	303527.93	344264.31	934798.43	5714.00	393851.03
12373506.28	2923544.89	413662.95	4584608.14	1997646.70	1319571.08	1548135.47	4921771.79	6535.92	1537294.30
2823567.49	513463.76	194877.76	1527052.04	444077.13	217508.03	121466.53	400374.75	7484.50	391764.97
560868.40	205503.03	62897.33	214145.70	69797.02	45318.05	26104.60	133522.07	0.00	68390.18
1731712.72	150112.22	42316.07	866937.61	397625.98	148019.93	169016.98	1054308.99	5739.31	110780.21
3421054.40	501033.65	197820.39	1511014.67	758848.91	358782.59	291374.58	1088790.41	650.00	844548.88
2311613.30	307307.56	134796.35	1195262.48	395432.74	237084.35	176526.17	758080.13	1607.00	629498.56
1584859.04	262855.62	81206.10	639625.42	263950.13	134604.92	283822.95	275082.21	107991.46	116205.56
337394.87	127574.53	122895.53	125989.72	56164.49	10996.97	16669.16	29138.59	0.00	30259.94
1848685.92	328508.41	47880.11	568088.40	347373.87	221980.70	382734.54	881452.57	0.00	625460.54
622272.38	80315.50	21511.93	169599.98	86504.07	118942.55	166910.28	533953.67	139943.80	196407.05
196568.84	17114.97	8797.71	37646.80	19515.13	52058.12	70233.82	78521.38	0.00	15112.60
284035.51	26084.75	6076.82	123395.08	56120.71	54606.66	23828.31	160514.98	0.00	87707.95
1191336.20	132822.53	54440.26	479348.58	253549.48	149856.27	175759.34	261184.81	502.40	268682.42

初中办学

Condition of School Buildings in Junior

地 区 Region	校舍建筑面积 Floor Space	教学及辅助用房 Buildings for Instruction and Ancillary Uses							行政办公用房 Administrative	
		合计 Total	其中: of Which:						合计 Total	其中:教师办公室 of Which: for Teachers
			教室 Classroom	实验室 Laboratory	图书室 Library	微机室 PC-room	语音室 Linguistic	体育馆 Gymnasium		
总 计 Total	**345377926.52**	**133982046.19**	**91885897.71**	**20675278.35**	**8252271.45**	**6087637.40**	**2206151.78**	**4874809.50**	**25781355.80**	**15728604.81**
北 京 Beijing	829326.64	276169.91	166866.85	57527.29	16520.50	13283.43	3311.35	18660.49	101901.13	41277.60
天 津 Tianjin	727518.02	380556.20	278665.76	48718.40	18240.20	14420.92	6686.92	13824.00	101427.39	61017.51
河 北 Hebei	18824360.07	7535341.70	5250765.89	1274113.38	435887.52	327959.43	101654.14	144961.34	1222497.80	805009.90
山 西 Shanxi	8161266.11	2932118.44	2126353.55	392845.32	188355.30	141945.15	43039.99	39579.13	734727.95	488137.88
内蒙古 Inner Mongolia	6149186.18	2566041.73	1599340.83	361937.55	142996.59	112155.59	41260.88	308350.29	553747.55	371593.64
辽 宁 Liaoning	5800050.13	2563347.36	1782063.19	390126.97	136289.21	138118.01	50479.41	66270.57	660413.53	408541.59
吉 林 Jilin	3975672.11	1604323.28	1085084.61	241922.08	101552.46	82850.07	31730.38	61183.68	413722.76	261237.25
黑龙江 Heilongjiang	5209292.96	2389300.65	1675095.29	399865.70	99006.32	93155.17	56962.23	65215.94	546143.04	350156.01
上 海 Shanghai	1285565.86	645772.25	341314.99	153347.79	51193.48	31669.27	5678.69	62568.03	152786.31	75017.25
江 苏 Jiangsu	20312777.15	9687933.88	5867032.06	1660609.10	805660.08	537095.09	210019.50	607518.05	1771177.03	934587.93
浙 江 Zhejiang	11899661.50	5080379.11	3197772.56	691766.16	329596.68	204433.66	59646.17	597163.88	905784.42	512744.44
安 徽 Anhui	18146492.30	7783769.44	5620660.96	988721.27	437639.14	375695.65	118978.75	242073.67	1413127.37	805965.91
福 建 Fujian	5981341.72	2363911.05	1453484.05	493866.51	187433.23	95753.09	21929.42	111444.75	483072.75	230052.81
江 西 Jiangxi	12760965.75	5193696.24	3713833.33	684654.12	327060.36	227487.89	94178.77	146481.77	1071902.57	605256.34
山 东 Shandong	29955672.20	11232331.15	7077581.13	2133857.47	799313.66	523995.11	194705.61	502878.17	2545836.68	1589925.76
河 南 Henan	33943995.01	11639373.37	8877194.82	1436935.54	585964.69	435807.65	157410.20	146060.47	2830599.88	1815200.20
湖 北 Hubei	14219896.78	4528423.13	3117765.12	660869.46	291492.52	236522.13	122202.11	99571.79	897419.66	532207.65
湖 南 Hunan	20901366.68	7849061.01	5264330.05	1158171.57	511949.23	337911.43	177130.64	399568.09	1349999.27	901935.34
广 东 Guangdong	21306289.68	8409968.67	5819594.15	1256726.34	498571.39	347495.93	157140.66	330440.20	1283695.95	761947.82
广 西 Guangxi	17655177.70	6404232.36	4643729.84	1014444.34	338093.12	236258.67	52674.12	119032.27	672822.88	470711.78
海 南 Hainan	2481362.82	921174.66	639444.04	146539.66	59329.00	39967.90	15581.40	20312.66	126443.82	74885.80
重 庆 Chongqing	6513270.81	2277353.16	1665528.00	369235.13	104769.35	87615.73	26140.98	24063.97	389574.05	229379.27
四 川 Sichuan	20744079.22	8874772.11	6516825.76	1275267.67	496764.61	366054.88	106107.56	113751.63	1207470.77	765749.01
贵 州 Guizhou	15926277.00	5036013.82	3578020.88	762900.50	297074.47	238106.34	54620.26	105291.37	958702.35	523205.52
云 南 Yunnan	11538599.82	3789646.88	2609895.47	595154.23	251361.42	225344.24	57763.23	50128.29	601531.57	354496.21
西 藏 Tibet	1397138.51	431531.25	298704.20	46878.04	15145.37	12916.19	9687.58	48199.87	75909.37	60139.36
陕 西 Shaanxi	9763069.44	3591068.69	2323556.67	627123.17	252392.82	203365.91	129336.86	55293.26	984296.49	650339.31
甘 肃 Gansu	7217940.97	2739962.35	1848574.64	472022.02	191607.45	150444.75	43808.27	33505.22	648158.58	440890.60
青 海 Qinghai	1900994.96	776705.85	506015.41	109826.58	47539.45	33797.09	15654.26	63873.06	152341.95	91204.08
宁 夏 Ningxia	1946666.79	821484.92	516902.49	171093.61	48237.08	45891.96	8173.44	31186.34	187737.44	103846.79
新 疆 Xinjiang	7902651.63	3656281.57	2423901.12	598211.38	185234.75	170119.07	32458.00	246357.25	736383.49	411944.25

条件(一)(镇区)

Secondary Schools (1)(Counties & Towns Area)

单位:平方米
unit: m²

生活用房 Residential and Welfare							其他用房 Rooms for Other Purposes	校舍面积中 of the Floor Space	
合计 Total	教工宿舍 Apartments for Single		学生宿舍 Students' Dormitories	食堂 Dining Halls	厕所 Toilet	其他 Others		危房面积 Floor Space of Dilapidated Buildings	当年新增校舍 New Floor Space Added in Current Year
	小计 Subtotal	其中:教师周转宿舍 of Which: Accommodation for Circulation of Teachers							
159185281.19	**35385922.53**	**12956114.65**	**72955248.64**	**29684844.68**	**10510411.45**	**10648853.88**	**26429243.34**	**886985.13**	**16034691.68**
256783.63	37768.36	1158.95	44664.12	53915.04	40168.35	80267.76	194471.97	0.00	72246.61
156898.24	22979.14	6836.40	18030.20	33501.43	31620.77	50766.70	88636.19	0.00	34115.26
8791440.19	951614.14	347700.62	4877667.75	1801574.47	519527.30	641056.53	1275080.38	0.00	1694457.57
3543929.63	556898.08	120027.96	1773538.50	668759.55	275041.41	269692.09	950490.09	2364.00	229037.20
2563431.09	202795.52	129093.27	1323484.98	545776.40	228554.98	262819.21	465965.81	0.00	270618.31
1909382.64	100973.91	46048.78	759518.88	569302.76	193581.90	286005.19	666906.60	7976.22	85387.58
1274311.15	70548.85	52622.35	425990.46	340494.40	142483.20	294794.24	683314.92	0.00	279494.55
1489210.20	65566.46	42989.52	587875.44	313529.18	184529.62	337709.50	784639.07	1907.00	24292.44
298193.32	12923.59	1778.43	38898.49	109452.40	61160.54	75758.30	188813.98	0.00	0.00
7311581.80	1096707.58	297722.32	2733218.75	1982365.44	604200.98	895089.05	1542084.44	0.00	1091066.81
4831739.51	854166.87	227705.00	1962881.30	1190693.60	383362.21	440635.53	1081758.46	0.00	385835.16
7489906.79	1861721.60	708728.55	3243419.72	1397315.64	512736.30	474713.53	1459688.70	26756.40	1005115.72
2483124.47	904469.10	259472.99	871588.77	379523.13	160664.02	166879.45	651233.45	1523.00	200542.90
5561880.79	1439266.59	408655.77	2525922.52	1017780.83	388727.08	190183.77	933486.15	26164.30	1126463.59
12693732.23	1628655.47	707170.91	5852615.52	2888928.40	1156412.32	1167120.52	3483772.14	5573.00	1046402.45
17350004.30	2878906.31	818461.27	9035886.74	3482501.57	1096936.93	855772.75	2124017.46	30129.10	2061376.74
8019809.58	3144559.18	745874.21	3022974.06	1221719.77	318506.77	312049.80	774244.41	10549.00	466365.64
10307262.52	3403058.41	1370052.57	3798050.33	1820142.94	574606.24	711404.60	1395043.88	71658.89	750084.92
9653740.38	3545940.30	628825.15	3759622.84	1170147.74	544930.87	633098.63	1958884.68	800.00	710122.73
10192920.26	2767531.36	1036207.45	5482173.21	1445350.16	339598.22	158267.31	385202.20	129670.20	781236.50
1284076.39	484719.30	227655.70	525669.06	175055.58	62758.22	35874.23	149667.95	0.00	47728.60
3449865.90	864314.35	303431.39	1753469.03	572748.99	149623.40	109710.13	396477.70	5984.00	87067.79
9642710.76	2574950.73	1331446.03	4398911.77	1682631.65	589022.58	397194.03	1019125.58	43286.00	1080570.13
8903460.06	1743707.27	1174242.54	4993635.30	1326427.71	521832.59	317857.19	1028100.77	0.00	833719.77
6629918.17	1368764.76	589963.62	3415749.78	1134233.25	347155.57	364014.81	517503.20	246263.50	225049.30
850034.08	303490.08	284213.88	384763.83	109280.40	17633.10	34866.67	39663.81	0.00	82973.04
4361624.84	1251841.08	375184.04	1769012.58	760677.08	323363.25	256730.85	826079.42	0.00	493311.93
3086783.16	669534.28	307167.10	1149146.92	560334.72	265623.98	442143.26	743036.88	276380.52	373332.67
840704.41	158980.81	91670.31	365854.52	160585.11	84027.71	71256.25	131242.75	0.00	66725.91
754393.24	81483.15	52879.18	397010.38	149584.57	77972.69	48342.45	183051.19	0.00	55229.16
3202427.46	337085.90	261128.39	1664002.89	620510.77	314048.35	266779.55	307559.11	0.00	374720.70

初中办学

Condition of School Buildings in Junior

地 区 Region	校舍建筑面积 Floor Space	教学及辅助用房 Buildings for Instruction and Ancillary Uses							行政办公用房 Administrative	
		合计 Total	其中：of Which：						合计 Total	其中：教师办公室 of Which：for Teachers
			教室 Classroom	实验室 Laboratory	图书室 Library	微机室 PC-room	语音室 Linguistic	体育馆 Gymnasium		
总 计 Total	**122812801.07**	**45773631.01**	**31568982.85**	**7455689.66**	**2808524.14**	**2209236.91**	**697662.40**	**1033535.05**	**8776028.45**	**5434788.36**
北 京 Beijing	626294.32	221123.33	134910.95	48104.98	12490.71	11094.61	1599.78	12922.30	88015.35	43290.55
天 津 Tianjin	313789.79	176454.85	123612.80	30056.23	9303.81	7238.01	3902.00	2342.00	43822.32	31014.76
河 北 Hebei	6400929.00	2546659.41	1725556.82	475156.10	161928.87	115094.43	32218.68	36704.51	407208.77	271679.15
山 西 Shanxi	3739080.40	1099853.37	773652.48	156673.64	73720.13	61726.25	17857.22	16223.65	334823.55	228353.05
内蒙古 Inner Mongolia	1036361.80	411385.17	245572.74	58228.60	18625.52	21523.27	9400.96	58034.08	82152.09	54138.99
辽 宁 Liaoning	1935627.14	828987.35	553547.44	141492.12	44580.76	49727.76	18707.68	20931.59	209308.79	132810.54
吉 林 Jilin	2238565.62	875680.75	561822.35	169767.95	61220.19	53156.22	22514.18	7199.86	233241.29	163344.96
黑龙江 Heilongjiang	2004724.43	854672.95	601633.33	150392.59	39998.96	37063.36	14657.41	10927.30	194996.83	140488.31
上 海 Shanghai	311987.93	174663.97	99108.47	33424.04	10976.19	5805.01	1483.82	23866.44	38842.69	17472.51
江 苏 Jiangsu	2194739.08	1014520.45	664753.43	168759.39	75688.17	58239.99	20011.46	27068.01	181894.11	102124.69
浙 江 Zhejiang	3461823.09	1365374.23	914890.54	183722.03	87480.49	54918.87	17425.87	106936.43	274364.15	147457.50
安 徽 Anhui	8433559.32	3377350.07	2420651.15	484456.28	209859.67	180518.12	43928.78	37936.07	565802.97	346460.84
福 建 Fujian	3689387.71	1270153.62	770802.20	287258.30	94691.60	56914.23	13795.21	46692.08	289221.47	134349.06
江 西 Jiangxi	6039098.23	2187962.57	1535252.33	348261.31	143651.62	106143.27	40042.26	14611.78	417048.92	236857.05
山 东 Shandong	5741034.55	2107624.12	1343032.01	418852.92	140166.53	98966.13	39767.52	66839.01	425066.23	271229.69
河 南 Henan	13507956.22	4521021.80	3361118.93	622244.29	251325.54	195698.33	57304.29	33330.42	1091868.75	718280.45
湖 北 Hubei	4898708.42	1560404.93	1074175.85	254887.69	94399.21	78664.62	29471.36	28806.20	301071.31	173577.53
湖 南 Hunan	9368787.42	3270983.68	2281653.25	491000.15	203140.82	142097.43	73023.68	80068.35	651237.76	421834.44
广 东 Guangdong	6514037.39	2772910.79	1928442.33	373104.59	151683.43	114705.62	51137.06	153837.76	456492.31	279467.47
广 西 Guangxi	4027626.07	1492614.20	1039028.79	252963.51	96816.07	60695.76	15754.81	27355.26	138105.21	97318.38
海 南 Hainan	1026652.06	417334.65	287868.12	66563.57	25594.79	17361.27	5349.90	14597.00	58465.52	37019.38
重 庆 Chongqing	1716786.77	539335.91	390740.71	80233.46	26636.38	22135.14	5824.18	13766.04	114663.71	55986.06
四 川 Sichuan	9019217.54	3758871.36	2711556.16	600528.54	210020.44	162937.33	45727.46	28101.43	463600.98	294677.23
贵 州 Guizhou	3992136.47	1293672.54	956828.85	183871.77	67306.83	65118.42	12185.43	8361.24	203002.70	126269.81
云 南 Yunnan	7713136.19	2612361.73	1784384.58	449042.55	168542.64	159263.32	35806.26	15322.38	389999.96	231132.75
西 藏 Tibet	584301.91	175620.51	123814.54	19248.56	12484.67	5268.04	1364.10	13440.60	20147.79	17255.29
陕 西 Shaanxi	2160955.99	674730.57	418213.07	121026.11	51337.57	42122.77	26945.18	15085.87	234254.65	137230.42
甘 肃 Gansu	3329776.89	1240613.28	834658.93	225198.95	83234.01	76806.31	12481.02	8234.06	309303.23	210468.11
青 海 Qinghai	1201638.59	525345.14	341701.22	91163.45	35508.82	22107.18	8732.56	26131.91	99229.17	56200.12
宁 夏 Ningxia	725205.42	330688.69	205739.25	75747.74	19233.78	20216.67	3472.25	6279.00	50605.18	30243.77
新 疆 Xinjiang	4858875.31	2074655.02	1360259.23	394258.25	126875.92	105909.17	15770.03	71582.42	408170.69	226755.50

条件(一)(乡村)
Secondary Schools (1)(Rural Area)

单位:平方米
unit: m^2

生活用房 Residential and Welfare							其他用房 Rooms for Other Purposes	校舍面积中 of the Floor Space	
合计 Total	教工宿舍 Apartments for Single		学生宿舍 Students' Dormitories	食堂 Dining Halls	厕所 Toilet	其他 Others		危房面积 Floor Space of Dilapidated Buildings	当年新增校舍 New Floor Space Added in Current Year
	小计 Subtotal	其中:教师周转宿舍 of Which: Accommodation for Circulation of Teachers							
58662794.20	**15047266.72**	**6297620.09**	**25571218.27**	**10694891.20**	**3739582.77**	**3609835.25**	**9600347.40**	**416695.44**	**5616545.54**
182562.08	35105.58	3997.00	46285.47	44518.39	25453.33	31199.31	134593.56	0.00	26619.58
48948.45	9799.00	2228.00	0.00	10144.70	13427.52	15577.23	44564.17	0.00	10528.28
2922927.94	437892.30	191236.14	1559447.07	558473.17	172647.56	194467.84	524132.88	0.00	479586.41
1805469.26	350452.28	73911.00	828754.06	362782.47	120871.95	142608.50	498934.22	10099.18	86963.12
441082.69	67484.68	46959.12	209300.42	80606.65	35140.55	48550.39	101741.85	0.00	71878.31
552262.27	38314.55	20143.50	152661.37	190479.82	68473.02	102333.51	345068.73	5308.00	17137.57
730300.17	50451.19	42141.89	278837.79	203042.33	78706.03	119262.83	399343.41	0.00	225381.72
673770.39	53013.02	38823.19	248114.92	145255.42	71654.14	155732.89	281284.26	5977.00	6159.30
75589.93	2756.14	0.00	5840.01	30292.46	16168.59	20532.73	22891.34	0.00	0.00
805617.11	166077.47	52930.69	298462.51	200725.72	62770.55	77580.86	192707.41	0.00	119835.97
1400745.79	306335.15	38926.61	562394.95	310142.79	113412.56	108460.34	421338.92	0.00	228277.26
3803044.00	1069849.60	517389.51	1564639.43	768938.62	238188.73	161427.62	687362.28	10437.00	292307.17
1625725.43	631793.50	191652.19	521554.07	267670.07	95784.45	108923.34	504287.19	3.00	195907.88
3084479.44	872099.26	298048.36	1406864.09	535633.21	159670.08	110212.80	349607.30	4489.00	518994.30
2610214.07	349994.20	139396.60	1216960.76	591746.11	222680.89	228832.11	598130.13	0.00	238723.45
7070272.64	1425214.45	485295.83	3442552.15	1462695.88	440790.04	299020.12	824793.03	20844.05	559236.11
2763409.77	1047875.47	354307.60	1013788.75	431099.86	109890.62	160755.07	273822.41	3525.00	309365.97
4730737.53	1767650.76	730054.93	1649379.33	776505.40	243124.87	294077.17	715828.45	66671.56	321143.42
2607611.54	955007.57	171455.95	936009.31	328493.46	196232.47	191868.73	677022.75	6202.00	129491.43
2297993.49	634384.25	292527.30	1210519.27	328519.69	79376.86	45193.42	98913.17	4016.00	184977.59
511177.42	167219.55	80515.01	213855.15	74482.94	31342.99	24276.79	39674.47	4908.00	33775.81
940792.92	288486.84	135771.49	450442.65	141266.79	40274.84	20321.80	121994.23	4595.11	18127.27
4262187.51	1475250.54	837600.85	1627308.98	709951.19	257665.61	192011.19	534557.69	18594.92	517665.11
2346209.05	582525.97	436557.88	1250615.35	325167.29	120322.18	67578.26	149252.18	0.00	131133.97
4437733.52	1037166.58	478223.76	2244090.28	751521.40	220106.57	184848.69	273040.98	164712.47	231733.34
362656.38	105600.11	98649.38	174917.27	56756.17	8729.06	16653.77	25877.23	0.00	6513.05
1031753.50	310653.72	69887.10	350048.78	186634.85	75336.07	109080.08	220217.27	0.00	123905.13
1430508.09	392145.91	173978.21	521390.51	261676.34	119125.59	136169.74	349352.29	86313.15	180317.86
532685.18	102810.76	54215.09	214192.86	108039.60	59374.27	48267.69	44379.09	0.00	54499.60
292498.67	71482.34	46301.40	111384.86	52525.03	24265.21	32841.23	51412.88	0.00	28325.23
2281827.97	242373.98	194494.51	1260605.84	399103.38	218575.57	161169.20	94221.63	0.00	268034.33

地区 Region	占地面积(平方米) Areas of School Sites(m^2) 合计 Total	其中: of Which: 绿化用地面积 Green Areas	运动场地面积 Sports Areas	图书(册) Books & Magazines in Libraries (volume)	计算机数(台) PC (set) 合计 Total	其中:教学用计算机 of Which: No. of Computers Used for Instruction 小计 Subtotal	其中:平板电脑 of Which: Tablet PC
总计 Total	**1711920865.57**	**356602891.25**	**504046726.84**	**1816745715**	**9567735**	**7993928**	**758190**
北京 Beijing	9905778.06	1951625.01	3494852.62	10689395	119503	102194	16921
天津 Tianjin	9237291.33	1293864.98	3704853.57	11378891	61454	55387	5582
河北 Hebei	84801625.18	10821592.28	27022213.55	117363871	433921	418475	22091
山西 Shanxi	38892556.60	5352000.36	9901924.31	33762684	224708	176760	5751
内蒙古 Inner Mongolia	34537426.55	6029974.78	9105359.24	20887764	142468	109436	7682
辽宁 Liaoning	45737331.26	6572404.25	18064185.23	53585426	320967	241296	14419
吉林 Jilin	32560309.15	7011716.69	9500319.93	28489668	132108	99487	3586
黑龙江 Heilongjiang	41610309.17	5289376.52	11574550.75	28304842	185452	140269	6261
上海 Shanghai	15444561.50	4796933.44	5091261.36	27409918	214443	173131	28903
江苏 Jiangsu	101891775.30	28972151.35	31415503.60	110937518	657206	564201	46755
浙江 Zhejiang	67719618.55	18766931.26	21553179.04	91246524	573493	497966	66352
安徽 Anhui	92785890.37	16120540.23	23985399.46	75695427	587300	486704	146953
福建 Fujian	34126390.37	8759976.51	9067673.17	35075894	187908	144412	8757
江西 Jiangxi	66187737.24	13242571.14	21529180.44	61818418	250198	197515	14003
山东 Shandong	153330584.31	34908508.93	47058752.56	161966525	847028	737083	37924
河南 Henan	138475790.38	20754667.63	34783215.18	147302025	630958	531353	42727
湖北 Hubei	69636970.00	22379732.02	16525735.71	68749187	279587	236093	31149
湖南 Hunan	96177314.15	17927083.35	21422973.03	86925690	327620	283835	10235
广东 Guangdong	131227318.22	33596528.31	42295260.35	157215534	1095190	905360	146179
广西 Guangxi	57438536.44	10120800.76	18400178.56	89759380	273016	200367	9167
海南 Hainan	16868716.79	3777228.54	3356724.54	10654830	53303	45274	2331
重庆 Chongqing	22830676.14	4910248.62	6967305.04	20935892	131009	105970	10540
四川 Sichuan	79534180.86	14549251.89	30709731.58	87559772	462727	378980	15165
贵州 Guizhou	60273897.50	13324143.08	19625973.24	71521185	298722	264212	17109
云南 Yunnan	58357765.76	12866691.54	16333243.17	59452455	273550	225804	4323
西藏 Tibet	7074185.92	1199159.51	1254542.48	3733129	23116	15641	407
陕西 Shaanxi	39389179.36	6397660.89	10326490.19	53408215	252255	233522	11783
甘肃 Gansu	33037890.53	6222529.80	9419060.08	31999446	183391	156072	7642
青海 Qinghai	9226951.64	1715017.58	2477582.75	10987621	55770	41608	3408
宁夏 Ningxia	11597605.87	2514131.97	3688331.54	9542047	69883	59594	7492
新疆 Xinjiang	52004701.07	14457848.02	14391170.57	38386542	219481	165927	6593

条件(二)(总计)
Junior Secondary Schools (2) (Total)

教室(间) Classroom(room)		教室中:普通教室(间) of Which: General Classroom(room)		固定资产总值(万元) Total Value of Fixed Asset (10,000 yuan)		
					其中:教学仪器设备资产值 of Which: Total Value of Equip & Instru.	
合计 Total	其中:网络多媒体教室 of Which: Network Multimedia Classroom	合计 Total	其中:网络多媒体教室 of Which: Network Multimedia Classroom	合计 Total	小计 Subtotal	其中:实验设备 of Which: for Experiment
2068343	**1479812**	**1518432**	**1275915**	**113017580. 14**	**13930825. 50**	**3721966. 78**
15692	13256	9264	8763	1256100. 46	369439. 18	54983. 82
11451	8954	7929	7360	554983. 88	94180. 16	18835. 23
103062	74368	83281	70581	4391606. 27	499002. 29	172402. 10
47243	31720	35866	28895	2506114. 30	235259. 16	72657. 59
27767	21636	17983	17034	2031960. 24	243975. 95	60060. 03
56862	39903	42820	34525	2152447. 15	402778. 02	114589. 45
40970	19775	29677	17483	1539328. 23	222422. 25	64251. 97
50669	30968	30271	25383	1851290. 94	297975. 88	77807. 27
29815	26382	19117	18203	2727092. 86	478061. 98	90285. 84
125102	99614	83368	77463	9347739. 62	973352. 27	266221. 19
84827	71123	55753	54364	6507443. 97	915779. 80	158906. 71
100078	70118	77934	63918	4929974. 45	566373. 88	157530. 80
39040	29174	25450	23857	2045992. 97	304610. 90	80437. 75
80906	57129	60310	52337	2921122. 88	443204. 05	117236. 73
185615	141267	123700	113625	10382998. 16	1103354. 35	239361. 18
178134	116417	151761	109834	7716444. 55	705623. 03	232235. 54
72414	47516	55621	44016	4045210. 63	426821. 23	145791. 77
111230	62791	87201	59154	5735790. 25	689704. 92	213805. 48
177335	149398	132373	126877	9661908. 93	1526019. 18	409922. 35
63021	47039	49828	44025	3264568. 82	429985. 56	135312. 70
12552	7871	9360	7162	691238. 54	98988. 30	29403. 21
31997	27041	21858	20466	2005874. 22	191244. 11	42243. 10
119754	74165	94748	66787	6214683. 56	862078. 80	248444. 85
69413	50986	51663	45206	3605713. 13	365784. 21	93004. 16
64155	40388	48188	36628	4152595. 56	328923. 85	92276. 08
4632	2936	3276	2618	554125. 08	29701. 39	8879. 73
48112	36404	37409	32235	2774623. 31	337699. 95	121424. 62
41491	28917	24940	23966	2401332. 19	244839. 85	72979. 68
11513	6687	7956	5912	913776. 71	64994. 08	19294. 75
11151	8831	7387	6967	764817. 97	121137. 07	35726. 70
52340	37038	32140	30271	3368680. 31	357509. 85	75654. 41

地 区 Region	占地面积(平方米) Areas of School Sites(m^2)			图书(册) Books & Magazines in Libraries (volume)	计算机数(台) PC (set)		
	合计 Total	其中:of Which: 绿化用地面积 Green Areas	运动场地面积 Sports Areas		合计 Total	其中:教学用计算机 of Which: No. of Computers Used for Instruction 小计 Subtotal	其中:平板电脑 of Which: Tablet PC
总 计 Total	**472433651.25**	**107549580.82**	**161607929.15**	**663943679**	**3932538**	**3307564**	**430122**
北 京 Beijing	5689915.45	979395.41	2231316.89	8018290	91140	78945	15283
天 津 Tianjin	4750843.08	731189.67	1864316.17	6969231	41111	36154	4671
河 北 Hebei	17593771.22	2755230.68	6023918.24	31023568	132633	127499	11033
山 西 Shanxi	9474346.13	1310114.72	2917751.16	10838977	67780	55422	1559
内蒙古 Inner Mongolia	7779515.56	1270460.45	2672557.69	7784405	51507	39724	3712
辽 宁 Liaoning	18014306.17	2620070.00	7737104.73	27367554	169402	128879	7868
吉 林 Jilin	6789997.49	1129419.20	2798271.69	11832579	51842	40291	2028
黑龙江 Heilongjiang	10253831.15	1294090.82	3875626.18	11626563	79492	61301	3212
上 海 Shanghai	11452672.10	3385273.43	3955914.33	22714557	179690	146618	24217
江 苏 Jiangsu	41806601.28	12448978.98	14385778.70	51941367	333545	288665	30458
浙 江 Zhejiang	34685303.36	9935163.55	11707323.41	51042778	323322	284626	41942
安 徽 Anhui	15974057.50	3018349.43	5164920.37	18308091	146185	122035	36308
福 建 Fujian	8382768.90	2005834.46	2767141.69	13388531	75483	58387	5963
江 西 Jiangxi	13605754.78	2795730.22	4831687.45	17397837	74048	57665	3894
山 东 Shandong	54248731.16	12579232.83	18341716.58	69834789	390508	339324	27135
河 南 Henan	28034566.49	4963261.01	8075492.40	38241185	185849	154179	19424
湖 北 Hubei	19824658.08	6007938.05	5678866.75	27500239	125342	108868	23422
湖 南 Hunan	16583859.12	3829652.51	4575403.22	19416433	82038	69925	3960
广 东 Guangdong	58347781.73	14499018.15	21444615.88	91881393	666588	553704	111451
广 西 Guangxi	11909379.48	2429350.07	4162178.74	21917369	78427	56179	4187
海 南 Hainan	2141267.18	418631.48	606423.34	3266136	15883	13337	862
重 庆 Chongqing	7506164.28	1736654.25	2372285.49	7737769	53001	42124	7193
四 川 Sichuan	17135953.60	3767415.36	7088765.06	23677715	137884	117774	10899
贵 州 Guizhou	11112786.06	2715633.44	3963829.10	15887330	80811	71148	12186
云 南 Yunnan	7458101.35	2100236.71	2341051.79	9501405	49640	41666	1956
西 藏 Tibet	1696835.83	363676.13	340835.21	932817	6436	4539	55
陕 西 Shaanxi	10165957.62	1791515.55	3003549.34	19090484	93366	85950	5896
甘 肃 Gansu	5002558.85	893769.16	1867510.03	7680763	44947	39864	2689
青 海 Qinghai	1749490.97	376631.28	471479.49	2892388	16156	10844	995
宁 夏 Ningxia	3470845.07	866598.49	1130689.96	3405360	25834	23066	3816
新 疆 Xinjiang	9791030.21	2531065.33	3209608.07	10825776	62648	48862	1848

条件(二)(城区)
Secondary Schools (2)(Urban Area)

教室(间) Classroom(room)		教室中:普通教室(间) of Which: General Classroom(room)		固定资产总值(万元) Total Value of Fixed Asset (10,000 yuan)		
合计 Total	其中:网络多媒体教室 of Which: Network Multimedia Classroom	合计 Total	其中:网络多媒体教室 of Which: Network Multimedia Classroom	合计 Total	其中:教学仪器设备资产值 of Which: Total Value of Equip & Instru.	
					小计 Subtotal	其中:实验设备 of Which: for Experiment
747168	**585133**	**541127**	**486760**	**45724175. 60**	**6278800. 73**	**1420304. 39**
11329	10010	7006	6754	919428. 24	281405. 76	41064. 89
6988	5814	4928	4645	410812. 95	69868. 66	11141. 69
26379	20452	21465	19067	1208280. 90	144424. 09	42718. 37
14624	10209	11218	9244	742531. 63	85418. 99	21771. 63
9948	7846	6595	6278	634380. 87	85298. 08	20973. 28
27328	21149	20564	18003	1115683. 69	227227. 94	55231. 81
14605	8569	11039	7795	575859. 05	96010. 82	21982. 82
18602	12533	11933	10427	623347. 32	125364. 19	23017. 40
24746	22171	15932	15334	2239259. 39	396714. 44	72290. 87
60225	49620	37698	36153	5252507. 48	524612. 07	129020. 85
48178	41058	32161	31269	4011289. 04	519131. 67	85469. 36
23356	17770	17359	15519	1256444. 37	156426. 16	39183. 79
14263	11575	10123	9465	881606. 65	131916. 93	27509. 56
22565	16856	17397	15346	929824. 25	132160. 61	29296. 85
80663	62584	52914	49844	4634600. 25	547773. 49	101941. 04
45248	33005	37678	30554	2145497. 73	227746. 87	66522. 75
27741	20265	21685	18492	1560907. 40	206761. 00	63936. 94
25128	16456	19869	15134	1794262. 61	181384. 81	54686. 43
106389	93788	81019	78599	6148037. 21	1075782. 78	251415. 35
17456	13274	13967	12243	886080. 65	122788. 78	34922. 54
3721	2445	3090	2267	150115. 28	33866. 21	7036. 03
11562	9681	8476	7872	962050. 84	83621. 04	16708. 14
29620	21119	23144	18641	1744467. 48	274584. 35	66315. 45
17189	12617	12939	10744	896544. 05	102989. 47	23391. 68
11250	7595	8333	6803	746476. 80	65215. 08	17086. 73
1192	827	833	713	114615. 77	7838. 46	2825. 13
16726	13649	12550	11586	1141727. 89	133107. 17	41656. 15
8868	6900	5682	5558	581133. 66	64339. 68	14873. 93
2619	1630	1930	1479	252479. 01	18804. 41	5842. 05
3661	3066	2588	2490	287598. 68	44124. 85	12980. 94
14999	10600	9012	8442	876324. 48	112091. 86	17489. 94

初中办学条

Condition of School Buildings in Junior

地　区 Region	占地面积(平方米) Areas of School Sites(m^2)			图书(册) Books & Magazines in Libraries (volume)	计算机数(台) PC (set)		
	合计 Total	其中: of Which: 绿化用地面积 Green Areas	运动场地面积 Sports Areas		合计 Total	其中:教学用计算机 of Which: No. of Computers Used for Instruction 小计 Subtotal	其中:平板电脑 of Which: Tablet PC
总　计 Total	**875712769.61**	**178861880.18**	**248598212.05**	**866688808**	**4177459**	**3499747**	**247783**
北　京 Beijing	2134753.36	494437.52	672016.18	1464066	16019	13148	1247
天　津 Tianjin	2850888.90	360377.01	1170672.20	3044911	13555	12843	751
河　北 Hebei	46918055.88	5688450.63	14764574.65	64530243	223190	215445	8932
山　西 Shanxi	18408322.48	2512107.86	4874614.99	17382962	113041	90389	3565
内蒙古 Inner Mongolia	21692776.12	3681498.39	5359218.46	11495422	77993	60141	3387
辽　宁 Liaoning	19887819.89	2849511.77	7413971.61	19675270	111462	82994	4567
吉　林 Jilin	14234148.84	3014112.34	4126138.54	11035277	50543	38603	1168
黑龙江 Heilongjiang	21184104.58	2851951.14	5743419.91	12584754	77371	58121	2637
上　海 Shanghai	3227954.80	1118946.01	905134.22	3856813	28569	21670	3983
江　苏 Jiangsu	52688533.96	14487264.98	15090664.40	52916659	290717	247238	14573
浙　江 Zhejiang	25076317.80	6752498.63	7673210.43	31498066	196042	169114	19163
安　徽 Anhui	48185421.11	8444022.52	12701601.61	40131804	298061	252243	75718
福　建 Fujian	15504971.81	4005035.67	3924195.10	14428243	71073	55418	1955
江　西 Jiangxi	34075558.59	6964738.15	11177287.26	31588105	122201	98408	8173
山　东 Shandong	80417741.89	17961228.54	23735919.80	77074690	382319	333631	9332
河　南 Henan	73310830.29	10700894.74	18225858.52	78293147	317347	270149	18145
湖　北 Hubei	36527609.01	12078938.62	8044409.20	31252957	113217	92820	5687
湖　南 Hunan	53642803.66	9761906.76	11664406.63	47172154	167004	144346	4961
广　东 Guangdong	54217119.15	14459392.54	15782050.26	49585222	324565	266701	25362
广　西 Guangxi	36178772.32	5990316.72	11162716.59	55812120	158177	116363	3686
海　南 Hainan	9739457.39	2331175.86	1825087.78	5078738	25479	21983	989
重　庆 Chongqing	12226397.85	2590145.73	3683447.51	10886671	62745	51700	3011
四　川 Sichuan	43277579.58	7818063.48	16366990.47	46319203	230161	186395	3430
贵　州 Guizhou	38567536.76	8559237.00	12203542.08	44396532	176159	155942	4103
云　南 Yunnan	29344264.95	6378124.24	8238931.54	29611206	131612	108154	1429
西　藏 Tibet	3976447.09	569299.72	647839.74	2031798	12127	8500	200
陕　西 Shaanxi	23545064.98	3691189.63	6039699.44	29629529	134765	127017	5279
甘　肃 Gansu	17719529.68	3210866.71	5087814.76	17115824	94902	80279	3473
青　海 Qinghai	4692344.10	854478.20	1298910.56	5091202	24773	19431	1810
宁　夏 Ningxia	5691807.44	1207107.95	1730075.41	4331884	31318	26161	3020
新　疆 Xinjiang	26567835.35	7474561.12	7263792.20	17373336	100952	74400	4047

件(二)(镇区)
Secondary Schools (2)(Counties & Towns Area)

教室(间) Classroom(room)		教室中:普通教室(间) of Which: General Classroom(room)		固定资产总值(万元) Total Value of Fixed Asset (10,000 yuan)		
合计 Total	其中:网络多媒体教室 of Which: Network Multimedia Classroom	合计 Total	其中:网络多媒体教室 of Which: Network Multimedia Classroom	合计 Total	其中:教学仪器设备资产值 of Which: Total Value of Equip & Instru. 小计 Subtotal	其中:实验设备 of Which: for Experiment
959129	**665275**	**713695**	**587132**	**50430964.81**	**5735914.62**	**1689619.87**
2416	1813	1273	1126	190888.74	49667.68	8185.14
2960	2107	1947	1798	95545.87	15799.36	5047.05
56266	40620	45997	38818	2432419.10	267255.90	95238.58
22230	15092	17095	13913	1142221.63	109681.61	36750.62
14875	11613	9546	9133	1202707.32	135170.18	32456.13
21877	13994	16591	12439	794766.28	128754.16	42583.42
16597	7521	11958	6538	609016.28	87923.66	28243.29
22669	13275	12931	10835	921037.04	130435.32	39637.35
4013	3402	2499	2290	387212.56	66109.60	15148.67
57891	44851	40925	37268	3718234.30	405553.62	122929.45
28014	23230	18059	17759	1971842.48	314762.36	56935.05
51783	35281	41160	32692	2557908.35	289469.30	80604.37
15470	11241	9828	9354	742674.84	111380.48	34397.11
39762	28178	29932	26064	1414760.04	220094.23	59100.36
87830	66181	59398	53732	4831829.81	465917.92	113739.75
94095	61285	81869	58551	4193275.73	350636.31	115819.27
32655	20085	25038	18790	1871328.07	164767.65	60440.86
58827	32892	46485	31215	2888161.88	363392.01	111985.46
53029	41448	38386	36004	2686796.21	342094.02	119386.73
36715	27569	29221	26096	1886948.64	249044.25	81833.60
6012	3709	4191	3314	389959.99	44709.80	14637.47
16071	13828	10558	10041	820553.46	88051.78	20780.30
60702	36725	48473	33521	3229872.73	418602.88	124701.32
40922	30390	30343	27268	2267607.86	206737.86	54773.65
31098	19520	23363	17725	2007915.87	154181.82	43731.69
2398	1449	1716	1314	297596.07	16032.06	4427.37
26145	19166	20957	17560	1369686.15	174267.73	68131.15
21793	14876	12766	12413	1260608.79	123330.43	37391.89
5308	3313	3644	2863	400471.63	29241.82	8822.38
5105	3977	3232	3062	353294.22	55903.58	15505.97
23601	16644	14314	13636	1493822.88	156945.23	36254.41

地区 Region	占地面积(平方米) Areas of School Sites(m^2) 合计 Total	其中: of Which: 绿化用地面积 Green Areas	运动场地面积 Sports Areas	图书(册) Books & Magazines in Libraries (volume)	计算机数(台) PC (set) 合计 Total	其中:教学用计算机 of Which: No. of Computers Used for Instruction 小计 Subtotal	其中:平板电脑 of Which: Tablet PC
总 计 Total	**363774444.71**	**70191430.25**	**93840585.64**	**286113228**	**1457738**	**1186617**	**80285**
北 京 Beijing	2081109.25	477792.08	591519.55	1207039	12344	10101	391
天 津 Tianjin	1635559.35	202298.30	669865.20	1364749	6788	6390	160
河 北 Hebei	20289798.08	2377910.97	6233720.66	21810060	78098	75531	2126
山 西 Shanxi	11009887.99	1529777.78	2109558.16	5540745	43887	30949	627
内蒙古 Inner Mongolia	5065134.87	1078015.94	1073583.09	1607937	12968	9571	583
辽 宁 Liaoning	7835205.20	1102822.48	2913108.89	6542602	40103	29423	1984
吉 林 Jilin	11536162.82	2868185.15	2575909.70	5621812	29723	20593	390
黑龙江 Heilongjiang	10172373.44	1143334.56	1955504.66	4093525	28589	20847	412
上 海 Shanghai	763934.60	292714.00	230212.81	838548	6184	4843	703
江 苏 Jiangsu	7396640.06	2035907.39	1939060.50	6079492	32944	28298	1724
浙 江 Zhejiang	7957997.39	2079269.08	2172645.20	8705680	54129	44226	5247
安 徽 Anhui	28626411.76	4658168.28	6118877.48	17255532	143054	112426	34927
福 建 Fujian	10238649.66	2749106.38	2376336.38	7259120	41352	30607	839
江 西 Jiangxi	18506423.87	3482102.77	5520205.73	12832476	53949	41442	1936
山 东 Shandong	18664111.26	4368047.56	4981116.18	15057046	74201	64128	1457
河 南 Henan	37130393.60	5090511.88	8481864.26	30767693	127762	107025	5158
湖 北 Hubei	13284702.91	4292855.35	2802459.76	9995991	41028	34405	2040
湖 南 Hunan	25950651.37	4335524.08	5183163.18	20337103	78578	69564	1314
广 东 Guangdong	18662417.34	4638117.62	5068594.21	15748919	104037	84955	9366
广 西 Guangxi	9350384.64	1701133.97	3075283.23	12029891	36412	27825	1294
海 南 Hainan	4987992.22	1027421.20	925213.42	2309956	11941	9954	480
重 庆 Chongqing	3098114.01	583448.64	911572.04	2311452	15263	12146	336
四 川 Sichuan	19120647.68	2963773.05	7253976.05	17562854	94682	74811	836
贵 州 Guizhou	10593574.68	2049272.64	3458602.06	11237323	41752	37122	820
云 南 Yunnan	21555399.46	4388330.59	5753259.84	20339844	92298	75984	938
西 藏 Tibet	1400903.00	266183.66	265867.53	768514	4553	2602	152
陕 西 Shaanxi	5678156.76	914955.72	1283241.41	4688202	24124	20555	608
甘 肃 Gansu	10315802.00	2117893.93	2463735.29	7202859	43542	35929	1480
青 海 Qinghai	2785116.57	483908.10	707192.70	3004031	14841	11333	603
宁 夏 Ningxia	2434953.36	440425.53	827566.17	1804803	12731	10367	656
新 疆 Xinjiang	15645835.51	4452221.57	3917770.30	10187430	55881	42665	698

条件(二)(乡村)

Secondary Schools (2)(Rural Area)

教室(间) Classroom(room)		教室中:普通教室(间) of Which: General Classroom(room)		固定资产总值(万元) Total Value of Fixed Asset (10,000 yuan)		
合计 Total	其中:网络多媒体教室 of Which: Network Multimedia Classroom	合计 Total	其中:网络多媒体教室 of Which: Network Multimedia Classroom	合计 Total	其中:教学仪器设备资产值 of Which: Total Value of Equip & Instru.	
					小计 Subtotal	其中:实验设备 of Which: for Experiment
362046	**229404**	**263610**	**202023**	**16862439. 72**	**1916110. 14**	**612042. 52**
1947	1433	985	883	145783. 49	38365. 74	5733. 79
1503	1033	1054	917	48625. 06	8512. 14	2646. 49
20417	13296	15819	12696	750906. 27	87322. 30	34445. 15
10389	6419	7553	5738	621361. 04	40158. 56	14135. 34
2944	2177	1842	1623	194872. 05	23507. 69	6630. 62
7657	4760	5665	4083	241997. 18	46795. 92	16774. 21
9768	3685	6680	3150	354452. 90	38487. 77	14025. 86
9398	5160	5407	4121	306906. 59	42176. 36	15152. 52
1056	809	686	579	100620. 91	15237. 94	2846. 29
6986	5143	4745	4042	376997. 83	43186. 58	14270. 89
8635	6835	5533	5336	524312. 45	81885. 78	16502. 31
24939	17067	19415	15707	1115621. 73	120478. 42	37742. 64
9307	6358	5499	5038	421711. 48	61313. 49	18531. 08
18579	12095	12981	10927	576538. 59	90949. 21	28839. 52
17122	12502	11388	10049	916568. 10	89662. 94	23680. 40
38791	22127	32214	20729	1377671. 10	127239. 85	49893. 52
12018	7166	8898	6734	612975. 16	55292. 57	21413. 97
27275	13443	20847	12805	1053365. 76	144928. 09	47133. 60
17917	14162	12968	12274	827075. 51	108142. 38	39120. 27
8850	6196	6640	5686	491539. 53	58152. 53	18556. 57
2819	1717	2079	1581	151163. 26	20412. 30	7729. 71
4364	3532	2824	2553	223269. 93	19571. 29	4754. 66
29432	16321	23131	14625	1240343. 35	168891. 56	57428. 08
11302	7979	8381	7194	441561. 22	56056. 88	14838. 83
21807	13273	16492	12100	1398202. 89	109526. 96	31457. 65
1042	660	727	591	141913. 25	5830. 87	1627. 22
5241	3589	3902	3089	263209. 27	30325. 05	11637. 33
10830	7141	6492	5995	559589. 73	57169. 73	20713. 86
3586	1744	2382	1570	260826. 07	16947. 85	4630. 31
2385	1788	1567	1415	123925. 07	21108. 63	7239. 78
13740	9794	8814	8193	998532. 95	88472. 76	21910. 05

小学校数、教学点

Number of Schools, External Teaching

地　区 Region	学校数(所) Schools	教学点数(个) External Teaching Sites	合计 Total	一年级 Grade 1
总　计 Total	**157979**	**90295**	**2860471**	**511033**
北　京 Beijing	934	0	29085	5564
天　津 Tianjin	885	0	19574	3598
河　北 Hebei	11625	6712	182478	33038
山　西 Shanxi	5153	2199	73403	12809
内蒙古 Inner Mongolia	1652	661	36928	6575
辽　宁 Liaoning	2827	698	54075	9518
吉　林 Jilin	3464	857	38960	6342
黑龙江 Heilongjiang	1407	730	36666	6111
上　海 Shanghai	684	0	23329	4997
江　苏 Jiangsu	4144	333	137391	23381
浙　江 Zhejiang	3308	67	96742	16867
安　徽 Anhui	7464	3208	131503	23011
福　建 Fujian	5129	1613	84589	15529
江　西 Jiangxi	7199	8027	119411	22352
山　东 Shandong	9619	1600	188715	33628
河　南 Henan	17687	13307	286260	51228
湖　北 Hubei	5386	3523	93743	16660
湖　南 Hunan	7245	7178	138225	25007
广　东 Guangdong	10600	5701	271300	47836
广　西 Guangxi	8000	10252	136116	25266
海　南 Hainan	1379	1042	23059	4154
重　庆 Chongqing	2754	1208	52613	8830
四　川 Sichuan	5679	6735	140386	23913
贵　州 Guizhou	6855	2778	101608	17831
云　南 Yunnan	10688	3044	111405	19689
西　藏 Tibet	827	54	9408	1713
陕　西 Shaanxi	4610	1869	74111	13444
甘　肃 Gansu	5252	5155	71391	12907
青　海 Qinghai	733	695	13152	2489
宁　夏 Ningxia	1149	484	15554	2865
新　疆 Xinjiang	3641	565	69291	13881

数及班数(总计)
Sites & Classes in Primary Schools (Total)

班数(个) Classes					
二年级 Grade 2	三年级 Grade 3	四年级 Grade 4	五年级 Grade 5	六年级 Grade 6	复式班 Multiple-grade Classes
512620	**494720**	**464453**	**449996**	**421292**	**6357**
5202	5173	4584	4315	4247	0
3456	3418	3206	3137	2759	0
32986	30976	29296	28184	27601	397
12552	12388	11857	11744	11533	520
6631	6213	5777	5996	5719	17
9350	9250	8511	8641	8805	0
6449	6594	6333	6638	6604	0
6377	6560	6525	6901	4192	0
4879	4781	4406	4266	0	0
23722	23949	22534	22098	21707	0
16872	16861	15805	15258	15077	2
22822	22773	21632	20731	20256	278
15255	14635	13195	12957	12928	90
21877	20332	18761	17840	16884	1365
33443	33280	32180	31031	25149	4
51601	49470	47082	45089	41702	88
16448	16175	15163	14638	14457	202
24810	23818	22089	21446	20525	530
50362	48274	43725	42072	39014	17
25692	22881	21723	20324	19115	1115
4186	4066	3678	3527	3448	0
8997	8948	8547	8648	8632	11
24545	24056	22820	22520	22414	118
18201	17316	16459	16164	15549	88
19803	19183	18122	17551	16991	66
1661	1616	1551	1479	1388	0
13163	12911	12132	11471	10574	416
12737	12093	11527	10982	10157	988
2459	2244	2095	1996	1843	26
2822	2638	2511	2399	2300	19
13260	11848	10627	9953	9722	0

小学校数、教学点
Number of Schools, External Teaching Sites &

地 区 Region	学校数(所) Schools	教学点数(个) External Teaching Sites	合计 Total	一年级 Grade 1
总 计 Total	**29207**	**1601**	**952590**	**174826**
北 京 Beijing	592	0	24507	4732
天 津 Tianjin	457	0	14297	2714
河 北 Hebei	1650	172	42083	7798
山 西 Shanxi	948	60	25093	4757
内蒙古 Inner Mongolia	474	3	13579	2445
辽 宁 Liaoning	1078	14	30564	5802
吉 林 Jilin	482	19	14234	2504
黑龙江 Heilongjiang	547	11	16500	3083
上 海 Shanghai	589	0	20266	4347
江 苏 Jiangsu	1604	22	66009	12219
浙 江 Zhejiang	1347	1	53758	9672
安 徽 Anhui	824	41	28265	5240
福 建 Fujian	1126	30	30862	5681
江 西 Jiangxi	862	199	28688	5089
山 东 Shandong	2138	28	71476	13879
河 南 Henan	1901	236	57043	9930
湖 北 Hubei	1200	80	35237	6218
湖 南 Hunan	1230	130	36657	6593
广 东 Guangdong	3609	204	142380	24823
广 西 Guangxi	972	88	28533	5259
海 南 Hainan	207	14	7430	1305
重 庆 Chongqing	692	5	23456	4280
四 川 Sichuan	976	88	40455	7500
贵 州 Guizhou	820	38	21112	3737
云 南 Yunnan	751	40	18171	3373
西 藏 Tibet	51	0	1535	277
陕 西 Shaanxi	1073	63	28309	5524
甘 肃 Gansu	403	8	11019	2027
青 海 Qinghai	95	4	2653	481
宁 夏 Ningxia	187	1	4919	937
新 疆 Xinjiang	322	2	13500	2600

数及班数(城区)
Classes in Primary Schools (Urban Area)

班数(个)
Classes

二年级 Grade 2	三年级 Grade 3	四年级 Grade 4	五年级 Grade 5	六年级 Grade 6	复式班 Multiple-grade Classes
172673	**167807**	**154149**	**148258**	**134845**	**32**
4402	4363	3851	3611	3548	0
2536	2477	2278	2217	2075	0
7505	7343	6736	6431	6270	0
4468	4273	3982	3874	3737	2
2490	2333	2110	2178	2023	0
5444	5348	4687	4596	4687	0
2476	2481	2246	2292	2235	0
3065	3087	2887	2948	1430	0
4226	4155	3829	3709	0	0
11879	11678	10582	10024	9627	0
9524	9460	8755	8310	8037	0
5042	4953	4557	4276	4197	0
5609	5402	4803	4683	4683	1
5037	4922	4630	4552	4445	13
13292	12872	12062	11351	8020	0
10020	9688	9408	9275	8721	1
6246	6143	5731	5479	5418	2
6586	6511	5866	5713	5382	6
26149	25303	23010	22083	21012	0
5477	4921	4537	4299	4035	5
1286	1308	1214	1166	1151	0
4230	4088	3743	3622	3493	0
7354	7158	6417	6088	5938	0
3759	3691	3450	3313	3162	0
3324	3183	2853	2743	2694	1
260	251	263	256	228	0
5176	5053	4521	4216	3818	1
1957	1864	1803	1744	1624	0
470	445	432	419	406	0
890	840	776	749	727	0
2494	2213	2130	2041	2022	0

小学校数、教学点
Number of Schools, External Teaching Sites &

地　区 Region	学校数(所) Schools	教学点数(个) External Teaching Sites		
			合计 Total	一年级 Grade 1
总　计 Total	**42687**	**9501**	**986760**	**164949**
北　京 Beijing	104	0	2022	391
天　津 Tianjin	136	0	2223	374
河　北 Hebei	3467	954	67997	11518
山　西 Shanxi	1424	123	25234	4347
内蒙古 Inner Mongolia	681	46	16882	2881
辽　宁 Liaoning	577	30	13378	2146
吉　林 Jilin	550	27	12346	2057
黑龙江 Heilongjiang	591	64	14225	2157
上　海 Shanghai	72	0	2380	502
江　苏 Jiangsu	1524	62	57121	9096
浙　江 Zhejiang	989	7	29069	4885
安　徽 Anhui	2043	365	54571	9266
福　建 Fujian	1607	85	31631	5662
江　西 Jiangxi	1875	911	44963	7613
山　东 Shandong	2690	230	67943	11573
河　南 Henan	4855	1757	104957	17281
湖　北 Hubei	1551	366	33197	5481
湖　南 Hunan	2478	910	58696	9723
广　东 Guangdong	2453	570	67936	11229
广　西 Guangxi	1932	1212	42814	7406
海　南 Hainan	354	97	7394	1248
重　庆 Chongqing	782	47	17053	2652
四　川 Sichuan	2216	500	58368	9305
贵　州 Guizhou	1973	227	41743	6909
云　南 Yunnan	1641	202	27848	4592
西　藏 Tibet	138	0	2219	389
陕　西 Shaanxi	1783	364	30150	5127
甘　肃 Gansu	1193	265	23194	4047
青　海 Qinghai	194	28	4787	766
宁　夏 Ningxia	223	26	4694	802
新　疆 Xinjiang	591	26	19725	3524

数及班数(镇区)
Classes in Primary Schools (Counties & Towns Area)

班数(个)
Classes

二年级 Grade 2	三年级 Grade 3	四年级 Grade 4	五年级 Grade 5	六年级 Grade 6	复式班 Multiple-grade Classes
168813	**167885**	**162994**	**162725**	**158958**	**436**
350	358	318	306	299	0
389	390	382	381	307	0
11656	11700	11249	11004	10860	10
4282	4308	4127	4115	4031	24
2939	2827	2692	2812	2722	9
2252	2215	2140	2278	2347	0
2061	2088	1998	2072	2070	0
2339	2444	2552	2775	1958	0
506	484	450	438	0	0
9567	9872	9509	9561	9516	0
4975	5026	4774	4688	4721	0
9280	9403	9050	8743	8820	9
5651	5510	4962	4917	4929	0
7812	7459	7193	7207	7529	150
11585	11820	11699	11488	9778	0
17727	17680	17402	17494	17369	4
5604	5754	5484	5397	5467	10
9888	10081	9648	9688	9630	38
12080	11458	11090	11138	10940	1
7656	7007	6978	6922	6800	45
1267	1275	1218	1203	1183	0
2775	2842	2802	2939	3043	0
9775	9807	9685	9839	9957	0
7184	7091	6924	6906	6718	11
4658	4641	4495	4680	4777	5
367	366	378	368	351	0
5175	5240	5059	4898	4556	95
3963	3891	3852	3742	3675	24
821	838	819	801	742	0
814	775	764	776	762	1
3415	3235	3301	3149	3101	0

小学校数、教学点

Number of Schools, External Teaching Sites &

地区 Region	学校数(所) Schools	教学点数(个) External Teaching Sites		
			合计 Total	一年级 Grade 1
总计 Total	**86085**	**79193**	**921121**	**171258**
北京 Beijing	238	0	2556	441
天津 Tianjin	292	0	3054	510
河北 Hebei	6508	5586	72398	13722
山西 Shanxi	2781	2016	23076	3705
内蒙古 Inner Mongolia	497	612	6467	1249
辽宁 Liaoning	1172	654	10133	1570
吉林 Jilin	2432	811	12380	1781
黑龙江 Heilongjiang	269	655	5941	871
上海 Shanghai	23	0	683	148
江苏 Jiangsu	1016	249	14261	2066
浙江 Zhejiang	972	59	13915	2310
安徽 Anhui	4597	2802	48667	8505
福建 Fujian	2396	1498	22096	4186
江西 Jiangxi	4462	6917	45760	9650
山东 Shandong	4791	1342	49296	8176
河南 Henan	10931	11314	124260	24017
湖北 Hubei	2635	3077	25309	4961
湖南 Hunan	3537	6138	42872	8691
广东 Guangdong	4538	4927	60984	11784
广西 Guangxi	5096	8952	64769	12601
海南 Hainan	818	931	8235	1601
重庆 Chongqing	1280	1156	12104	1898
四川 Sichuan	2487	6147	41563	7108
贵州 Guizhou	4062	2513	38753	7185
云南 Yunnan	8296	2802	65386	11724
西藏 Tibet	638	54	5654	1047
陕西 Shaanxi	1754	1442	15652	2793
甘肃 Gansu	3656	4882	37178	6833
青海 Qinghai	444	663	5712	1242
宁夏 Ningxia	739	457	5941	1126
新疆 Xinjiang	2728	537	36066	7757

数及班数(乡村)
Classes in Primary Schools (Rural Area)

班数(个) Classes					
二年级 Grade 2	三年级 Grade 3	四年级 Grade 4	五年级 Grade 5	六年级 Grade 6	复式班 Multiple-grade Classes
171134	**159028**	**147310**	**139013**	**127489**	**5889**
450	452	415	398	400	0
531	551	546	539	377	0
13825	11933	11311	10749	10471	387
3802	3807	3748	3755	3765	494
1202	1053	975	1006	974	8
1654	1687	1684	1767	1771	0
1912	2025	2089	2274	2299	0
973	1029	1086	1178	804	0
147	142	127	119	0	0
2276	2399	2443	2513	2564	0
2373	2375	2276	2260	2319	2
8500	8417	8025	7712	7239	269
3995	3723	3430	3357	3316	89
9028	7951	6938	6081	4910	1202
8566	8588	8419	8192	7351	4
23854	22102	20272	18320	15612	83
4598	4278	3948	3762	3572	190
8336	7226	6575	6045	5513	486
12133	11513	9625	8851	7062	16
12559	10953	10208	9103	8280	1065
1633	1483	1246	1158	1114	0
1992	2018	2002	2087	2096	11
7416	7091	6718	6593	6519	118
7258	6534	6085	5945	5669	77
11821	11359	10774	10128	9520	60
1034	999	910	855	809	0
2812	2618	2552	2357	2200	320
6817	6338	5872	5496	4858	964
1168	961	844	776	695	26
1118	1023	971	874	811	18
7351	6400	5196	4763	4599	0

小学学生

Number of Students in

地　区 Region	毕业生数 Graduates	招生数 Entrants		在校生数 Enrolment	
		合计 Total	其中:受过学前教育 of Which: Those Received the Pre-school Education	合计 Total	其中:女 of Which: Female
总　计 Total	**16403201**	**18080902**	**17986907**	**107253532**	**50037520**
北　京 Beijing	136671	202157	202072	995046	477303
天　津 Tianjin	110370	133843	133029	730143	343582
河　北 Hebei	1005247	1163298	1163125	6959229	3247093
山　西 Shanxi	347823	410415	407868	2352802	1133770
内蒙古 Inner Mongolia	220333	239951	239654	1381519	661613
辽　宁 Liaoning	328314	347196	346914	1967439	940144
吉　林 Jilin	189659	190858	189761	1187540	570234
黑龙江 Heilongjiang	235017	200964	198488	1244214	600653
上　海 Shanghai	142333	187712	187638	860960	407897
江　苏 Jiangsu	886680	970944	968924	5808208	2690116
浙　江 Zhejiang	569009	645931	645809	3727273	1722441
安　徽 Anhui	740148	781418	780991	4682378	2150054
福　建 Fujian	520960	616956	616297	3436133	1568777
江　西 Jiangxi	682445	617763	603245	4063050	1846645
山　东 Shandong	1251619	1296317	1295539	7432850	3371079
河　南 Henan	1541747	1659936	1658979	10215856	4749740
湖　北 Hubei	579311	627097	625530	3808514	1737192
湖　南 Hunan	812917	848870	848863	5342513	2484176
广　东 Guangdong	1469516	1770662	1758130	10571118	4864582
广　西 Guangxi	746774	859087	851973	5071781	2363976
海　南 Hainan	132452	143363	141926	862133	388289
重　庆 Chongqing	371555	323449	320569	2024671	964816
四　川 Sichuan	922320	881239	878828	5529052	2660856
贵　州 Guizhou	581395	648934	643836	3972666	1851653
云　南 Yunnan	607950	649064	629948	3892241	1859951
西　藏 Tibet	51570	63087	56344	352875	173170
陕　西 Shaanxi	398105	514146	513160	2892019	1367646
甘　肃 Gansu	279871	350883	348604	2009079	958427
青　海 Qinghai	74568	84241	80972	507745	247187
宁　夏 Ningxia	93604	100918	100606	592434	283824
新　疆 Xinjiang	372918	550203	549285	2780051	1350634

数(总计)
Primary Schools(Total)

单位:人
unit: person

一年级 Grade 1	二年级 Grade 2	三年级 Grade 3	四年级 Grade 4	五年级 Grade 5	六年级 Grade 6	预计毕业生数 Estimated Graduates for Next Year
18083414	**18692983**	**18673509**	**17670304**	**17466624**	**16666698**	**17163713**
202226	182893	183316	154061	138302	134248	135681
133891	128582	128846	118959	116867	102998	112376
1163306	1195543	1219611	1150684	1122421	1107664	1107735
410438	398904	402665	380617	384499	375679	375679
239984	245850	235452	215164	226042	219027	220749
347220	340201	342765	301315	312608	323330	323330
190858	197400	201758	189323	203675	204526	204526
200964	214791	221685	219647	242818	144309	244493
187834	184278	180908	158799	149141	0	149141
970944	1004248	1023200	955248	936077	918491	918491
645936	653560	660109	607906	585403	574359	576691
781461	798698	818706	777362	748628	757523	757523
617181	623140	608318	532444	526343	528707	528707
618609	662145	705602	682611	688460	705623	705623
1296319	1280114	1302687	1276878	1246298	1030554	1257163
1659942	1736839	1744617	1712649	1708735	1653074	1657567
627168	651398	665860	626215	617355	620518	621373
848870	894703	928810	885334	897856	886940	886940
1770664	1934407	1872622	1722322	1678971	1592132	1592929
859060	933180	858757	835792	812944	772048	772048
143369	151139	151570	141337	138060	136658	136658
323553	341157	343664	330454	341190	344653	344653
881239	934363	948647	912080	924566	928157	928157
648962	689694	681292	661426	657492	633800	633800
649111	670175	665038	633513	642755	631649	631649
63101	61829	60473	59063	56230	52179	52179
514400	510346	514150	480366	458549	414208	414208
350890	352096	343506	333484	322022	307081	307081
84602	90461	90504	85503	80759	75916	75916
101011	102689	100378	97116	96607	94633	94633
550301	528160	467993	432632	404951	396014	396014

小学学生
Number of Students in Primary

地 区 Region	毕业生数 Graduates	招生数 Entrants 合计 Total	其中:受过学前教育 of Which: Those Received the Pre-school Education	在校生数 Enrolment 合计 Total	其中:女 of Which: Female
总 计 Total	**6050430**	**7589185**	**7559501**	**42030976**	**19459518**
北 京 Beijing	118644	176874	176799	868148	416406
天 津 Tianjin	79275	107581	106770	564286	265493
河 北 Hebei	264989	359218	359139	1950560	910258
山 西 Shanxi	143336	198351	196478	1050285	503858
内蒙古 Inner Mongolia	91702	109565	109379	598670	287772
辽 宁 Liaoning	192557	247628	247498	1289724	616246
吉 林 Jilin	82095	99972	99842	572721	273239
黑龙江 Heilongjiang	112122	120235	118890	652227	314348
上 海 Shanghai	124187	163762	163712	750481	356820
江 苏 Jiangsu	399414	521601	520373	2865374	1322631
浙 江 Zhejiang	312527	386450	386354	2152409	991583
安 徽 Anhui	179639	225492	225349	1237408	560383
福 建 Fujian	215361	264125	263685	1454659	663442
江 西 Jiangxi	197504	205921	198932	1282931	574098
山 东 Shandong	476187	599447	599046	3085477	1412872
河 南 Henan	390984	454933	454608	2672101	1221943
湖 北 Hubei	239918	286807	286247	1659866	748885
湖 南 Hunan	237544	296533	296527	1717499	788012
广 东 Guangdong	863923	1055419	1047262	6220187	2818982
广 西 Guangxi	186901	247854	247488	1383686	630947
海 南 Hainan	51992	60418	60095	353128	153795
重 庆 Chongqing	159633	184923	183092	1037567	497299
四 川 Sichuan	270489	333199	333155	1857888	889997
贵 州 Guizhou	134237	167923	166886	971299	446515
云 南 Yunnan	121574	156886	155416	843655	401785
西 藏 Tibet	10328	13499	13388	72622	35223
陕 西 Shaanxi	172637	259494	259086	1341195	630987
甘 肃 Gansu	73619	96797	96691	525825	246726
青 海 Qinghai	19671	23975	23765	133218	63812
宁 夏 Ningxia	36469	44735	44563	242283	114841
新 疆 Xinjiang	90972	119568	118986	623597	300320

数(城区)
Schools (Urban Area)

单位:人
unit: person

						预计毕业生数 Estimated Graduates for Next Year
一年级 Grade 1	二年级 Grade 2	三年级 Grade 3	四年级 Grade 4	五年级 Grade 5	六年级 Grade 6	
7589689	**7609640**	**7465423**	**6799917**	**6560010**	**6006297**	**6333690**
176931	159833	160194	134071	120282	116837	118270
107626	100066	98956	89716	87245	80677	82390
359218	345449	345381	311828	297823	290861	290861
198353	186202	180969	165141	163715	155905	155905
109582	110362	103136	91355	93884	90351	92047
247639	229248	230181	194398	191584	196674	196674
99972	99830	100071	89794	92629	90425	90425
120235	121109	121685	113274	118795	57129	119036
163853	159921	157778	138466	130463	0	130463
521601	517185	512466	460139	436565	417418	417418
386455	384835	384961	350401	330015	315742	318074
225494	220226	219906	198458	186843	186481	186481
264202	267162	259384	225032	219078	219801	219801
206045	213330	227047	211870	212311	212328	212328
599449	564694	552339	520658	494705	353632	480684
454934	468740	456935	442869	438145	410478	410478
286820	294566	291244	268970	260925	257341	257341
296533	302357	303369	279059	274228	261953	261953
1055401	1145824	1115832	1010724	969493	922913	923710
247797	268155	239748	220116	210081	197789	197789
60418	62028	62592	57559	55584	54947	54947
184960	187539	181505	166294	161399	155870	155870
333199	334832	332388	297410	285152	274907	274907
167936	173590	170319	159349	153989	146116	146116
156891	155822	148967	131569	126959	123447	123447
13499	12525	11859	12240	12022	10477	10477
259502	246821	240557	214439	200386	179490	179490
96798	93513	89134	85766	83076	77538	77538
23993	24106	22591	21885	20794	19849	19849
44748	43078	41655	38795	37537	36470	36470
119605	116692	102274	98272	94303	92451	92451

小学学生

Number of Students in Primary

地 区 Region	毕业生数 Graduates	招生数 Entrants		在校生数 Enrolment	
		合计 Total	其中:受过学前教育 of Which: Those Received the Pre-school Education	合计 Total	其中:女 of Which: Female
总 计 Total	**6490671**	**6531160**	**6508180**	**40717741**	**18903254**
北 京 Beijing	8563	13051	13051	62397	30047
天 津 Tianjin	13790	12307	12305	75995	35610
河 北 Hebei	416896	460300	460282	2844686	1316031
山 西 Shanxi	136525	160008	159552	937213	451695
内蒙古 Inner Mongolia	103135	106793	106737	636732	305293
辽 宁 Liaoning	87971	70060	70010	458553	218426
吉 林 Jilin	68411	69109	68258	432127	207980
黑龙江 Heilongjiang	94925	66668	65769	479367	231564
上 海 Shanghai	14304	18524	18513	85505	39554
江 苏 Jiangsu	389249	382931	382347	2439369	1130438
浙 江 Zhejiang	180219	185795	185781	1123227	522619
安 徽 Anhui	347458	361306	361117	2194738	996989
福 建 Fujian	210581	246342	246276	1378516	624911
江 西 Jiangxi	331422	275532	270723	1867631	839488
山 东 Shandong	485637	470097	469801	2813076	1256729
河 南 Henan	679604	670338	670107	4299095	1971679
湖 北 Hubei	224180	224580	224151	1428636	655730
湖 南 Hunan	401972	387922	387921	2543134	1179725
广 东 Guangdong	405541	429257	427717	2693896	1254439
广 西 Guangxi	296582	311985	310215	1894956	871897
海 南 Hainan	50633	50942	50533	315951	143622
重 庆 Chongqing	143650	103912	103147	707812	335861
四 川 Sichuan	441206	388765	387809	2553924	1228998
贵 州 Guizhou	276718	299676	297893	1884237	873035
云 南 Yunnan	187645	184714	182253	1149907	548641
西 藏 Tibet	13396	15568	14348	88505	43402
陕 西 Shaanxi	176262	202137	201600	1224201	579367
甘 肃 Gansu	121505	154417	153625	890302	421272
青 海 Qinghai	32936	32430	30943	209547	102499
宁 夏 Ningxia	32728	33808	33731	204629	97794
新 疆 Xinjiang	117027	141886	141665	799877	387919

数(镇区)
Schools (Counties & Towns Area)

单位:人
unit: person

一年级 Grade 1	二年级 Grade 2	三年级 Grade 3	四年级 Grade 4	五年级 Grade 5	六年级 Grade 6	预计毕业生数 Estimated Graduates for Next Year
6532253	**6846219**	**6957934**	**6773911**	**6849212**	**6758212**	**6883102**
13055	11212	11374	9710	8758	8288	8288
12307	13197	13375	13109	13361	10646	13171
460305	475328	496050	476441	470528	466034	466105
160020	157823	161251	153186	154385	150548	150548
106803	111345	108114	100538	106387	103545	103571
70065	76666	76090	71195	80438	84099	84099
69109	71399	73262	69050	74701	74606	74606
66668	76936	81742	85701	98551	69769	98708
18542	18882	17697	15795	14589	0	14589
382931	409620	425598	407290	407686	406244	406244
185795	191621	197000	184473	181790	182548	182548
361338	370157	381108	364218	354200	363717	363717
246449	248357	243100	213737	213074	213799	213799
275888	297905	317771	311470	319647	344950	344950
470097	467468	485782	485766	481891	422072	496343
670338	705262	720874	719500	736597	746524	750138
224608	237439	250061	238384	236713	241431	242286
387922	413502	435911	424435	439085	442279	442279
429265	474256	454083	441448	448695	446149	446149
311997	334775	310746	312864	315495	309079	309079
50942	53897	54598	52922	51883	51709	51709
103946	113050	117598	117245	125332	130641	130641
388765	419548	430323	425558	440639	449091	449091
299683	321865	320941	317146	317187	307415	307415
184722	189844	191162	184953	197854	201372	201372
15577	14678	14617	15229	14521	13883	13883
202362	208541	215658	209530	203514	184596	184596
154418	152138	150495	148319	144559	140373	140373
32556	35822	37102	36321	34928	32818	32818
33859	35240	34128	33590	34101	33711	33711
141921	138446	130323	134788	128123	126276	126276

小学学生
Number of Students in Primary

地区 Region	毕业生数 Graduates	招生数 Entrants		在校生数 Enrolment	
		合计 Total	其中:受过学前教育 of Which: Those Received the Pre-school Education	合计 Total	其中:女 of Which: Female
总 计 Total	**3862100**	**3960557**	**3919226**	**24504815**	**11674748**
北 京 Beijing	9464	12232	12222	64501	30850
天 津 Tianjin	17305	13955	13954	89862	42479
河 北 Hebei	323362	343780	343704	2163983	1020804
山 西 Shanxi	67962	52056	51838	365304	178217
内蒙古 Inner Mongolia	25496	23593	23538	146117	68548
辽 宁 Liaoning	47786	29508	29406	219162	105472
吉 林 Jilin	39153	21777	21661	182692	89015
黑龙江 Heilongjiang	27970	14061	13829	112620	54741
上 海 Shanghai	3842	5426	5413	24974	11523
江 苏 Jiangsu	98017	66412	66204	503465	237047
浙 江 Zhejiang	76263	73686	73674	451637	208239
安 徽 Anhui	213051	194620	194525	1250232	592682
福 建 Fujian	95018	106489	106336	602958	280424
江 西 Jiangxi	153519	136310	133590	912488	433059
山 东 Shandong	289795	226773	226692	1534297	701478
河 南 Henan	471159	534665	534264	3244660	1556118
湖 北 Hubei	115213	115710	115132	720012	332577
湖 南 Hunan	173401	164415	164415	1081880	516439
广 东 Guangdong	200052	285986	283151	1657035	791161
广 西 Guangxi	263291	299248	294270	1793139	861132
海 南 Hainan	29827	32003	31298	193054	90872
重 庆 Chongqing	68272	34614	34330	279292	131656
四 川 Sichuan	210625	159275	157864	1117240	541861
贵 州 Guizhou	170440	181335	179057	1117130	532103
云 南 Yunnan	298731	307464	292279	1898679	909525
西 藏 Tibet	27846	34020	28608	191748	94545
陕 西 Shaanxi	49206	52515	52474	326623	157292
甘 肃 Gansu	84747	99669	98288	592952	290429
青 海 Qinghai	21961	27836	26264	164980	80876
宁 夏 Ningxia	24407	22375	22312	145522	71189
新 疆 Xinjiang	164919	288749	288634	1356577	662395

数(乡村)
Schools (Rural Area)

单位:人
unit: person

一年级 Grade 1	二年级 Grade 2	三年级 Grade 3	四年级 Grade 4	五年级 Grade 5	六年级 Grade 6	预计毕业生数 Estimated Graduates for Next Year
3961472	**4237124**	**4250152**	**4096476**	**4057402**	**3902189**	**3946921**
12240	11848	11748	10280	9262	9123	9123
13958	15319	16515	16134	16261	11675	16815
343783	374766	378180	362415	354070	350769	350769
52065	54879	60445	62290	66399	69226	69226
23599	24143	24202	23271	25771	25131	25131
29516	34287	36494	35722	40586	42557	42557
21777	26171	28425	30479	36345	39495	39495
14061	16746	18258	20672	25472	17411	26749
5439	5475	5433	4538	4089	0	4089
66412	77443	85136	87819	91826	94829	94829
73686	77104	78148	73032	73598	76069	76069
194629	208315	217692	214686	207585	207325	207325
106530	107621	105834	93675	94191	95107	95107
136676	150910	160784	159271	156502	148345	148345
226773	247952	264566	270454	269702	254850	280136
534670	562837	566808	550280	533993	496072	496951
115740	119393	124555	118861	119717	121746	121746
164415	178844	189530	181840	184543	182708	182708
285998	314327	302707	270150	260783	223070	223070
299266	330250	308263	302812	287368	265180	265180
32009	35214	34380	30856	30593	30002	30002
34647	40568	44561	46915	54459	58142	58142
159275	179983	185936	189112	198775	204159	204159
181343	194239	190032	184931	186316	180269	180269
307498	324509	324909	316991	317942	306830	306830
34025	34626	33997	31594	29687	27819	27819
52536	54984	57935	56397	54649	50122	50122
99674	106445	103877	99399	94387	89170	89170
28053	30533	30811	27297	25037	23249	23249
22404	24371	24595	24731	24969	24452	24452
288775	273022	235396	199572	182525	177287	177287

五年制小学
Number of Students in

地　区 Region	招生数 Entrants		在校生数 Enrolment	
	合计 Total	其中：受过学前教育 of Which: Received The Pre-school Education	合计 Total	其中：女 of Which: Female
总　计 Total	**568149**	**566439**	**2680352**	**1273934**
北　京 Beijing	1980	1980	8770	4291
天　津 Tianjin	8187	8187	45375	21737
河　北 Hebei	446	446	1298	638
山　西 Shanxi	0	0	0	0
内蒙古 Inner Mongolia	1885	1885	9048	4371
辽　宁 Liaoning	0	0	0	0
吉　林 Jilin	0	0	0	0
黑龙江 Heilongjiang	92097	90590	473703	228410
上　海 Shanghai	187712	187638	860960	407897
江　苏 Jiangsu	0	0	0	0
浙　江 Zhejiang	2861	2861	12908	6150
安　徽 Anhui	0	0	0	0
福　建 Fujian	0	0	0	0
江　西 Jiangxi	0	0	0	0
山　东 Shandong	266798	266669	1236693	585357
河　南 Henan	4572	4572	23180	11093
湖　北 Hubei	737	737	4121	2016
湖　南 Hunan	0	0	0	0
广　东 Guangdong	874	874	4296	1974
广　西 Guangxi	0	0	0	0
海　南 Hainan	0	0	0	0
重　庆 Chongqing	0	0	0	0
四　川 Sichuan	0	0	0	0
贵　州 Guizhou	0	0	0	0
云　南 Yunnan	0	0	0	0
西　藏 Tibet	0	0	0	0
陕　西 Shaanxi	0	0	0	0
甘　肃 Gansu	0	0	0	0
青　海 Qinghai	0	0	0	0
宁　夏 Ningxia	0	0	0	0
新　疆 Xinjiang	0	0	0	0

学生数
5-year Primary Schools

单位：人
unit: person

一年级 Grade 1	二年级 Grade 2	三年级 Grade 3	四年级 Grade 4	五年级 Grade 5
568272	**554145**	**549795**	**511125**	**497015**
1981	1851	1908	1597	1433
8187	8918	9754	9138	9378
446	333	312	136	71
0	0	0	0	0
1885	1825	1826	1790	1722
0	0	0	0	0
0	0	0	0	0
92097	94761	95327	91334	100184
187834	184278	180908	158799	149141
0	0	0	0	0
2861	2493	2620	2602	2332
0	0	0	0	0
0	0	0	0	0
0	0	0	0	0
266798	253265	250543	239478	226609
4572	4774	4786	4555	4493
737	764	918	847	855
0	0	0	0	0
874	883	893	849	797
0	0	0	0	0
0	0	0	0	0
0	0	0	0	0
0	0	0	0	0
0	0	0	0	0
0	0	0	0	0
0	0	0	0	0
0	0	0	0	0
0	0	0	0	0
0	0	0	0	0
0	0	0	0	0
0	0	0	0	0

小学女
Number of Female Students

地　区 Region	毕业生数 Graduates	招生数 Entrants 合计 Total	其中:受过学前教育 of Which: Those Received the Pre-school Education	在校生数 Enrolment 合计 Total	一年级 Grade 1
总　计 Total	**7594836**	**8485436**	**8443870**	**50037520**	**8486318**
北　京 Beijing	64767	97339	97295	477303	97354
天　津 Tianjin	51244	63703	63339	343582	63717
河　北 Hebei	468148	547698	547648	3247093	547703
山　西 Shanxi	166067	198808	197785	1133770	198815
内蒙古 Inner Mongolia	105505	115770	115626	661613	115782
辽　宁 Liaoning	154670	167743	167660	940144	167750
吉　林 Jilin	88676	92008	91534	570234	92008
黑龙江 Heilongjiang	112135	96945	95789	600653	96945
上　海 Shanghai	67373	89155	89132	407897	89197
江　苏 Jiangsu	405885	454666	454117	2690116	454666
浙　江 Zhejiang	263035	301426	301395	1722441	301427
安　徽 Anhui	339910	361068	360956	2150054	361080
福　建 Fujian	238427	280341	280099	1568777	280401
江　西 Jiangxi	306578	282765	275979	1846645	283082
山　东 Shandong	568347	590569	590277	3371079	590570
河　南 Henan	700997	783436	783191	4749740	783436
湖　北 Hubei	263797	288322	287734	1737192	288345
湖　南 Hunan	376310	397168	397164	2484176	397168
广　东 Guangdong	668896	817944	812804	4864582	817930
广　西 Guangxi	347201	400023	396921	2363976	400010
海　南 Hainan	59849	65210	64685	388289	65212
重　庆 Chongqing	175530	154747	153567	964816	154785
四　川 Sichuan	440427	424816	423685	2660856	424816
贵　州 Guizhou	271732	301108	298853	1851653	301118
云　南 Yunnan	287578	310585	301434	1859951	310606
西　藏 Tibet	25211	30933	27678	173170	30937
陕　西 Shaanxi	186531	244876	244411	1367646	244974
甘　肃 Gansu	130550	168375	167487	958427	168377
青　海 Qinghai	36007	41100	39374	247187	41247
宁　夏 Ningxia	44134	48432	48236	283824	48468
新　疆 Xinjiang	179319	268357	268015	1350634	268392

学生数
in Primary Schools

单位：人
unit: person

二年级 Grade 2	三年级 Grade 3	四年级 Grade 4	五年级 Grade 5	六年级 Grade 6	预计毕业生数 Estimated Graduates for Next Year
8723560	**8728281**	**8234775**	**8120569**	**7744017**	**7980199**
88112	88150	73939	65843	63905	64572
60762	60496	55927	54751	47929	52378
558574	568678	534517	521804	515817	515860
192643	193768	182737	184742	181065	181065
117259	113441	102979	107482	104670	105492
161303	164817	144434	147305	154535	154535
94774	97010	90878	97898	97666	97666
103514	107144	106204	116857	69989	118175
87494	85419	75049	70738	0	70738
467233	474552	440573	431271	421821	421821
303118	304894	280017	267749	265236	266344
366240	376203	357533	342034	346964	346964
285420	277868	242845	240411	241832	241832
301005	322445	309897	310875	319341	319341
581639	592400	579924	563889	462657	569833
809739	812971	794069	789231	760294	762475
297202	303778	285156	279540	283171	283599
416194	432741	410506	416815	410752	410752
891425	865389	791867	768005	729966	730350
433019	402665	390211	379038	359033	359033
68428	68266	63554	61760	61069	61069
162374	164674	158139	162112	162732	162732
446757	457692	439329	445646	446616	446616
319148	317022	309918	307902	296545	296545
320477	318887	302636	307214	300131	300131
30368	29778	28982	27653	25452	25452
241856	243351	226773	216617	194075	194075
167998	163966	159273	153001	145812	145812
43943	44121	41492	39404	36980	36980
48837	48121	46679	46306	45413	45413
256705	227574	208738	196676	192549	192549

小学教职工数(总计)

Number of Educational Personnel in Primary Schools(Total)

单位:人
unit: person

地区 Region	教职工数 Educational Personnel						代课教师 Substitute Teachers	兼任教师 Part-time Teachers
	合计 Total	专任教师 Full-time Teachers	行政人员 Adm. Personnel	教辅人员 Supporting Staff	工勤人员 Workers	校办企业职工 Employees in School-run Factories &Farms		
总　计 Total	**5966300**	**5592104**	**124110**	**107630**	**142075**	**381**	**163129**	**27084**
北　京 Beijing	62495	56412	2962	2292	827	2	0	1666
天　津 Tianjin	48637	43909	3148	1068	512	0	505	129
河　北 Hebei	400701	374589	12678	5220	8214	0	11439	683
山　西 Shanxi	166931	148748	3344	8927	5905	7	9527	453
内蒙古 Inner Mongolia	115789	94059	4629	11037	6063	1	1248	38
辽　宁 Liaoning	127138	111891	11707	2826	709	5	308	39
吉　林 Jilin	104290	88281	7097	7787	1122	3	700	13
黑龙江 Heilongjiang	98420	84969	4498	6583	2353	17	2426	170
上　海 Shanghai	54218	47609	2572	2202	1834	1	495	46
江　苏 Jiangsu	314009	299112	3380	5422	6014	81	11019	790
浙　江 Zhejiang	196564	188669	2825	2127	2943	0	0	197
安　徽 Anhui	228649	220690	2735	1646	3578	0	7488	985
福　建 Fujian	177135	170479	2678	1666	2312	0	16950	448
江　西 Jiangxi	212596	209618	528	981	1463	6	1884	478
山　东 Shandong	400114	390014	3222	3575	3303	0	7284	137
河　南 Henan	553975	523856	9723	4492	15881	23	28220	2051
湖　北 Hubei	198871	183885	4842	4978	5131	35	13196	1218
湖　南 Hunan	257148	251167	2470	1059	2398	54	13982	571
广　东 Guangdong	490985	454869	13445	5523	17102	46	979	1181
广　西 Guangxi	285338	270105	2718	2423	10080	12	836	6535
海　南 Hainan	48554	45120	589	421	2402	22	2038	370
重　庆 Chongqing	128610	123261	2127	1018	2186	18	3808	434
四　川 Sichuan	285519	272716	4351	2349	6103	0	13064	3014
贵　州 Guizhou	216022	199984	3203	1259	11568	8	327	1145
云　南 Yunnan	235654	225616	2292	1257	6450	39	87	2889
西　藏 Tibet	24334	24135	50	87	62	0	132	0
陕　西 Shaanxi	173278	157708	6160	3416	5994	0	3133	409
甘　肃 Gansu	136828	133458	926	1263	1181	0	2289	867
青　海 Qinghai	26311	23673	96	103	2438	1	1487	6
宁　夏 Ningxia	32286	31621	102	93	470	0	2619	58
新　疆 Xinjiang	164901	141881	3013	14530	5477	0	5659	64

小学教职工数(城区)
Number of Educational Personnel in Primary Schools (Urban Area)

单位:人
unit: person

地 区 Region	教职工数 Educational Personnel						代课教师 Substitute Teachers	兼任教师 Part-time Teachers
	合计 Total	专任教师 Full-time Teachers	行政人员 Adm. Personnel	教辅人员 Supporting Staff	工勤人员 Workers	校办企业职工 Employees in School-run Factories &Farms		
总　计 Total	**2041520**	**1917335**	**44059**	**32076**	**47929**	**121**	**57141**	**6471**
北　京 Beijing	51019	46814	2083	1616	506	0	0	1537
天　津 Tianjin	36033	32276	2387	961	409	0	467	126
河　北 Hebei	96875	90906	2386	1443	2140	0	1998	71
山　西 Shanxi	57022	51122	1393	2058	2446	3	3809	120
内蒙古 Inner Mongolia	35854	32964	1382	1042	465	1	658	19
辽　宁 Liaoning	70850	62908	6241	1290	411	0	36	7
吉　林 Jilin	37171	32901	1776	2135	359	0	261	1
黑龙江 Heilongjiang	41389	37527	1957	1258	646	1	717	128
上　海 Shanghai	47024	41622	2112	1845	1444	1	425	39
江　苏 Jiangsu	156777	149518	1678	2241	3334	6	5184	139
浙　江 Zhejiang	106108	101583	1438	1152	1935	0	0	105
安　徽 Anhui	54525	53449	387	137	552	0	3213	78
福　建 Fujian	67473	64509	903	633	1428	0	6431	53
江　西 Jiangxi	54842	54228	120	114	374	6	193	68
山　东 Shandong	149826	145083	1515	1649	1579	0	2478	60
河　南 Henan	119772	113518	1829	1193	3232	0	8397	830
湖　北 Hubei	74601	69958	1905	1132	1574	32	5527	403
湖　南 Hunan	78130	76646	613	324	547	0	4304	309
广　东 Guangdong	256776	235151	4947	4110	12526	42	324	658
广　西 Guangxi	67416	63109	571	932	2804	0	283	574
海　南 Hainan	15251	14188	182	151	712	18	1372	173
重　庆 Chongqing	55133	53133	772	584	639	5	2710	284
四　川 Sichuan	83932	79469	1142	887	2434	0	3398	160
贵　州 Guizhou	44471	42136	521	286	1522	6	105	20
云　南 Yunnan	40919	39659	373	192	695	0	0	183
西　藏 Tibet	4598	4481	29	45	43	0	0	0
陕　西 Shaanxi	67705	61458	2770	1091	2386	0	711	314
甘　肃 Gansu	25294	24881	169	82	162	0	31	10
青　海 Qinghai	6062	5987	11	7	57	0	240	2
宁　夏 Ningxia	11635	11504	21	12	98	0	1138	0
新　疆 Xinjiang	27037	24647	446	1474	470	0	2731	0

小学教职工数(镇区)
Number of Educational Personnel in Primary Schools (Counties & Towns Area)

单位:人
unit: person

地 区 Region	教职工数 Educational Personnel						代课教师 Substitute Teachers	兼任教师 Part-time Teachers
	合计 Total	专任教师 Full-time Teachers	行政人员 Adm. Personnel	教辅人员 Supporting Staff	工勤人员 Workers	校办企业职工 Employees in School-run Factories &Farms		
总 计 Total	**2168447**	**2036065**	**40483**	**39521**	**52197**	**181**	**48933**	**7078**
北 京 Beijing	4848	4014	398	302	134	0	0	47
天 津 Tianjin	5197	4825	257	58	57	0	25	0
河 北 Hebei	152216	141765	4411	2121	3919	0	2988	347
山 西 Shanxi	62019	56583	979	2571	1882	4	2526	85
内蒙古 Inner Mongolia	57131	44619	2172	6850	3490	0	332	15
辽 宁 Liaoning	33169	28817	3188	953	206	5	75	11
吉 林 Jilin	35177	29767	2172	2791	444	3	206	4
黑龙江 Heilongjiang	40764	34526	1730	3225	1267	16	1030	10
上 海 Shanghai	5502	4671	350	239	242	0	39	7
江 苏 Jiangsu	126577	120352	1277	2719	2192	37	4371	418
浙 江 Zhejiang	63288	60972	937	632	747	0	0	51
安 徽 Anhui	96037	92459	1200	606	1772	0	1609	362
福 建 Fujian	71426	68807	1329	649	641	0	5426	249
江 西 Jiangxi	89887	88494	283	517	593	0	418	141
山 东 Shandong	145106	141791	944	1205	1166	0	2839	15
河 南 Henan	206625	194049	3518	1716	7319	23	9285	717
湖 北 Hubei	72265	67718	1257	1397	1890	3	3564	637
湖 南 Hunan	114466	111341	1205	557	1309	54	4582	94
广 东 Guangdong	127982	120726	3893	958	2404	1	400	412
广 西 Guangxi	103624	97762	1001	1035	3815	11	131	1434
海 南 Hainan	17588	16257	199	205	927	0	263	104
重 庆 Chongqing	45120	43188	790	199	938	5	594	61
四 川 Sichuan	131441	126625	1704	847	2265	0	4375	768
贵 州 Guizhou	95525	88818	1334	562	4811	0	132	370
云 南 Yunnan	66675	63430	738	504	1984	19	20	380
西 藏 Tibet	6257	6228	4	17	8	0	24	0
陕 西 Shaanxi	73648	67851	1999	1555	2243	0	1602	49
甘 肃 Gansu	52713	51217	442	595	459	0	495	259
青 海 Qinghai	10532	9226	54	60	1192	0	396	0
宁 夏 Ningxia	10748	10470	51	48	179	0	781	3
新 疆 Xinjiang	44894	38697	667	3828	1702	0	405	28

小学教职工数(乡村)

Number of Educational Personnel in Primary Schools (Rural Area)

单位:人

unit: person

地区 Region	教职工数 Educational Personnel						代课教师 Substitute Teachers	兼任教师 Part-time Teachers
	合计 Total	专任教师 Full-time Teachers	行政人员 Adm. Personnel	教辅人员 Supporting Staff	工勤人员 Workers	校办企业职工 Employees in School-run Factories &Farms		
总　计 Total	**1756333**	**1638704**	**39568**	**36033**	**41949**	**79**	**57055**	**13535**
北　京 Beijing	6628	5584	481	374	187	2	0	82
天　津 Tianjin	7407	6808	504	49	46	0	13	3
河　北 Hebei	151610	141918	5881	1656	2155	0	6453	265
山　西 Shanxi	47890	41043	972	4298	1577	0	3192	248
内蒙古 Inner Mongolia	22804	16476	1075	3145	2108	0	258	4
辽　宁 Liaoning	23119	20166	2278	583	92	0	197	21
吉　林 Jilin	31942	25613	3149	2861	319	0	233	8
黑龙江 Heilongjiang	16267	12916	811	2100	440	0	679	32
上　海 Shanghai	1692	1316	110	118	148	0	31	0
江　苏 Jiangsu	30655	29242	425	462	488	38	1464	233
浙　江 Zhejiang	27168	26114	450	343	261	0	0	41
安　徽 Anhui	78087	74782	1148	903	1254	0	2666	545
福　建 Fujian	38236	37163	446	384	243	0	5093	146
江　西 Jiangxi	67867	66896	125	350	496	0	1273	269
山　东 Shandong	105182	103140	763	721	558	0	1967	62
河　南 Henan	227578	216289	4376	1583	5330	0	10538	504
湖　北 Hubei	52005	46209	1680	2449	1667	0	4105	178
湖　南 Hunan	64552	63180	652	178	542	0	5096	168
广　东 Guangdong	106227	98992	4605	455	2172	3	255	111
广　西 Guangxi	114298	109234	1146	456	3461	1	422	4527
海　南 Hainan	15715	14675	208	65	763	4	403	93
重　庆 Chongqing	28357	26940	565	235	609	8	504	89
四　川 Sichuan	70146	66622	1505	615	1404	0	5291	2086
贵　州 Guizhou	76026	69030	1348	411	5235	2	90	755
云　南 Yunnan	128060	122527	1181	561	3771	20	67	2326
西　藏 Tibet	13479	13426	17	25	11	0	108	0
陕　西 Shaanxi	31925	28399	1391	770	1365	0	820	46
甘　肃 Gansu	58821	57360	315	586	560	0	1763	598
青　海 Qinghai	9717	8460	31	36	1189	1	851	4
宁　夏 Ningxia	9903	9647	30	33	193	0	700	55
新　疆 Xinjiang	92970	78537	1900	9228	3305	0	2523	36

小学教职工总数中民办教职工数
Number of Educational Personnel in Non-Government Primary Schools

单位：人
unit: person

地 区 Region	教职工数 Educational Personnel						代课教师 Substitute Teachers	兼任教师 Part-time Teachers
	合计 Total	专任教师 Full-time Teachers	行政人员 Adm. Personnel	教辅人员 Supporting Staff	工勤人员 Workers	校办企业职工 Employees in School-run Factories &Farms		
总 计 Total	**312144**	**236314**	**13009**	**11904**	**50701**	**216**	**0**	**1384**
北 京 Beijing	1737	1162	227	95	251	2	0	0
天 津 Tianjin	1508	1215	131	51	111	0	0	40
河 北 Hebei	39378	29576	2052	1630	6120	0	0	27
山 西 Shanxi	14239	9403	700	828	3301	7	0	186
内蒙古 Inner Mongolia	1113	750	110	25	228	0	0	21
辽 宁 Liaoning	1273	1041	116	73	38	5	0	0
吉 林 Jilin	1919	1559	115	68	174	3	0	1
黑龙江 Heilongjiang	392	275	28	23	66	0	0	0
上 海 Shanghai	4678	3783	203	240	452	0	0	7
江 苏 Jiangsu	13415	10659	484	487	1745	40	0	29
浙 江 Zhejiang	13210	10883	366	536	1425	0	0	7
安 徽 Anhui	12747	9550	462	252	2483	0	0	48
福 建 Fujian	4908	3730	201	79	898	0	0	0
江 西 Jiangxi	2127	1804	74	104	139	6	0	75
山 东 Shandong	18151	15074	545	700	1832	0	0	6
河 南 Henan	73978	54921	3019	2725	13290	23	0	873
湖 北 Hubei	5621	3915	230	198	1257	21	0	25
湖 南 Hunan	7647	6130	298	335	830	54	0	0
广 东 Guangdong	50281	38389	1386	1751	8709	46	0	8
广 西 Guangxi	6465	4582	315	247	1321	0	0	3
海 南 Hainan	3034	1969	152	84	829	0	0	0
重 庆 Chongqing	3724	2965	157	241	358	3	0	4
四 川 Sichuan	8968	6188	342	421	2017	0	0	13
贵 州 Guizhou	4907	3565	256	230	850	6	0	2
云 南 Yunnan	3021	2644	136	17	224	0	0	1
西 藏 Tibet	153	137	8	0	8	0	0	0
陕 西 Shaanxi	12627	9747	855	420	1605	0	0	7
甘 肃 Gansu	127	106	10	2	9	0	0	0
青 海 Qinghai	72	59	1	0	12	0	0	0
宁 夏 Ningxia	394	271	18	37	68	0	0	0
新 疆 Xinjiang	330	262	12	5	51	0	0	1

小学女教职工数

Number of Female Educational Personnel in Primary Schools

单位:人
unit: person

地区 Region	教职工数 Educational Personnel						代课教师 Substitute Teachers	兼任教师 Part-time Teachers
	合计 Total	专任教师 Full-time Teachers	行政人员 Adm. Personnel	教辅人员 Supporting Staff	工勤人员 Workers	校办企业职工 Employees in School-run Factories &Farms		
总 计 Total	**4122227**	**3947558**	**40848**	**59388**	**74202**	**231**	**134794**	**19417**
北 京 Beijing	49483	45977	1665	1555	285	1	0	1344
天 津 Tianjin	37007	34466	1717	706	118	0	435	94
河 北 Hebei	314974	303456	3814	3016	4688	0	10317	481
山 西 Shanxi	129921	120329	1250	4816	3524	2	8573	341
内蒙古 Inner Mongolia	79763	71928	1613	4488	1734	0	981	27
辽 宁 Liaoning	96098	87803	6159	1994	139	3	290	37
吉 林 Jilin	73381	66883	2424	3788	284	2	557	8
黑龙江 Heilongjiang	67404	61810	2064	2991	532	7	1978	111
上 海 Shanghai	44321	40015	1729	1644	932	1	393	30
江 苏 Jiangsu	225551	218570	978	2563	3416	24	9430	439
浙 江 Zhejiang	147453	143677	794	1263	1719	0	0	151
安 徽 Anhui	141610	138507	442	618	2043	0	5410	472
福 建 Fujian	125692	123059	690	892	1051	0	14702	317
江 西 Jiangxi	148441	146932	157	688	659	5	1505	339
山 东 Shandong	265031	260871	914	1759	1487	0	6264	60
河 南 Henan	408015	392594	2877	3053	9471	20	24725	1702
湖 北 Hubei	126455	119414	1176	3080	2768	17	10423	1002
湖 南 Hunan	184268	181884	708	673	949	54	11469	443
广 东 Guangdong	349635	333542	2784	4179	9098	32	795	997
广 西 Guangxi	197214	189067	745	1465	5926	11	656	5069
海 南 Hainan	27940	26459	132	225	1116	8	1746	299
重 庆 Chongqing	81401	79372	468	611	940	10	3143	325
四 川 Sichuan	185249	180082	937	1326	2904	0	10237	1593
贵 州 Guizhou	120219	110975	531	682	8029	2	225	833
云 南 Yunnan	135897	131086	459	531	3789	32	64	1887
西 藏 Tibet	13853	13775	12	42	24	0	55	0
陕 西 Shaanxi	123896	117819	2103	1759	2215	0	2212	347
甘 肃 Gansu	74735	73870	155	454	256	0	1400	603
青 海 Qinghai	16169	14475	22	41	1631	0	845	3
宁 夏 Ningxia	22249	21879	22	58	290	0	2255	27
新 疆 Xinjiang	108902	96982	1307	8428	2185	0	3709	36

小学专任教师学历、专业
Number of Full-time Teacher in Primary Schools by

地 区 Region	合计 Total	其中:女 of Which: Female	按学历分 By Academic Qualifications			
			研究生毕业 Graduate	本科毕业 Under-graduate	专科毕业 Associate Bachelor	高中阶段毕业 High School Graduate
总 计 Total	**6434178**	**4578915**	**102583**	**4143762**	**2051722**	**134811**
北 京 Beijing	71035	58175	7320	59969	3649	93
天 津 Tianjin	47480	37447	3514	36903	6585	463
河 北 Hebei	407710	331297	3644	245800	153760	4495
山 西 Shanxi	168284	136730	1768	108562	54583	3349
内蒙古 Inner Mongolia	105222	80314	1807	76744	25809	858
辽 宁 Liaoning	137743	107186	4092	87502	44351	1749
吉 林 Jilin	105300	79929	2404	74791	26464	1624
黑龙江 Heilongjiang	103715	75034	1011	60806	39182	2695
上 海 Shanghai	61466	51340	5338	48391	7531	206
江 苏 Jiangsu	345877	253293	10557	306494	27973	843
浙 江 Zhejiang	221938	169304	5935	185741	29443	818
安 徽 Anhui	260425	165216	2235	161121	93113	3956
福 建 Fujian	182617	132296	1514	112229	61749	7091
江 西 Jiangxi	242233	172208	727	131118	102215	8092
山 东 Shandong	454285	309600	10913	327242	104838	11233
河 南 Henan	586578	445184	4612	347324	219805	14837
湖 北 Hubei	209808	137894	3629	119074	79902	7139
湖 南 Hunan	300033	217594	2852	175044	115864	6266
广 东 Guangdong	573428	426497	12076	407676	147348	6286
广 西 Guangxi	281724	198317	1213	144605	124757	10912
海 南 Hainan	54328	33095	298	22445	27933	3643
重 庆 Chongqing	130610	84043	2694	80936	45302	1654
四 川 Sichuan	344855	227676	4170	184594	149057	7034
贵 州 Guizhou	215012	120764	483	125120	81999	7228
云 南 Yunnan	237317	138996	1253	138493	88225	9005
西 藏 Tibet	24486	14003	66	13873	10305	235
陕 西 Shaanxi	177084	132105	4381	131456	40237	1009
甘 肃 Gansu	150870	83774	1065	102008	41567	6208
青 海 Qinghai	28798	17605	262	18179	9640	691
宁 夏 Ningxia	33823	23261	260	22250	10749	562
新 疆 Xinjiang	170094	118738	490	87272	77787	4537

技术职务情况(总计)
Academic Qualifications and Professional Rank (Total)

单位:人
unit: person

	按专业技术职务分 By Professional Rank					
高中阶段毕业以下 Below High School Graduate	正高级 Senior	副高级 Sub-senior	中级 Middle	助理级 Associate	员级 Junior	未定职级 No-ranking
1300	**1506**	**547254**	**2743979**	**1914042**	**185521**	**1041876**
4	16	6435	31482	24785	676	7641
15	12	4731	27071	10949	311	4406
11	63	29825	160702	126885	13380	76855
22	17	3256	63551	70272	3364	27824
4	26	21536	45103	22596	1970	13991
49	27	36699	69710	15005	4250	12052
17	25	21168	48821	23867	1064	10355
21	40	17578	50053	29399	1048	5597
0	11	2060	27785	25216	797	5597
10	129	25242	165213	94472	4504	56317
1	104	13274	109445	75613	1857	21645
0	61	21978	114884	71850	11473	40179
34	59	5517	90317	54773	5504	26447
81	40	10914	96504	70160	15827	48788
59	150	28529	159624	178962	10665	76355
0	29	30733	225255	193839	14913	121809
64	51	10410	111933	55133	8424	23857
7	41	22762	124094	80915	15906	56315
42	205	20481	282578	108529	17201	144434
237	27	17922	136261	68400	10690	48424
9	23	2573	21023	19667	1428	9614
24	47	10159	57886	51704	1162	9652
0	101	43420	128664	121466	11702	39502
182	38	11780	112577	58994	4548	27075
341	18	77480	84756	49907	3713	21443
7	6	2831	9037	7343	2643	2626
1	20	6988	66603	66272	4196	33005
22	85	17728	53917	63152	1314	14674
26	7	5082	12572	6498	639	4000
2	10	5306	13971	11828	492	2216
8	18	12857	42587	55591	9860	49181

小学专任教师学历、专业

Number of Full-time Teacher in Primary Schools by

地 区 Region	合计 Total	其中:女 of Which: Female	按学历分 By Academic Qualifications			
			研究生毕业 Graduate	本科毕业 Under-graduate	专科毕业 Associate Bachelor	高中阶段毕业 High School Graduate
总 计 Total	**2299358**	**1855662**	**79916**	**1735538**	**468756**	**15041**
北 京 Beijing	59338	49730	6209	50249	2812	66
天 津 Tianjin	35434	29525	3325	27273	4510	313
河 北 Hebei	101852	88642	2004	74001	25438	409
山 西 Shanxi	58487	50928	1030	41749	15198	509
内蒙古 Inner Mongolia	36153	29943	1204	29020	5791	137
辽 宁 Liaoning	72538	60655	3520	50878	17575	553
吉 林 Jilin	37785	32180	1269	29648	6630	237
黑龙江 Heilongjiang	43115	34893	873	29073	12450	715
上 海 Shanghai	52953	45271	4705	42113	5991	144
江 苏 Jiangsu	170853	136396	7685	149392	13412	364
浙 江 Zhejiang	124347	98876	4956	104933	14192	266
安 徽 Anhui	63705	47795	1186	45608	16407	504
福 建 Fujian	71245	58924	1259	53442	15632	900
江 西 Jiangxi	67359	53819	520	45392	20877	565
山 东 Shandong	176348	136769	7291	144652	23227	1174
河 南 Henan	132780	112272	2630	94254	34559	1337
湖 北 Hubei	83007	64154	3115	55784	23041	1065
湖 南 Hunan	88911	72535	2064	63649	22663	535
广 东 Guangdong	325999	260776	11334	247331	66064	1267
广 西 Guangxi	70373	58966	968	48812	19738	845
海 南 Hainan	18365	14164	183	10262	7627	293
重 庆 Chongqing	56004	41584	2476	41063	12219	244
四 川 Sichuan	101905	79692	3543	71918	25936	508
贵 州 Guizhou	48308	36797	343	32471	14736	744
云 南 Yunnan	44994	34379	988	33585	9892	519
西 藏 Tibet	4771	3270	41	3085	1571	70
陕 西 Shaanxi	70118	57847	3843	55383	10769	122
甘 肃 Gansu	29573	21941	731	21838	6769	235
青 海 Qinghai	7109	5566	127	5302	1598	77
宁 夏 Ningxia	11740	9492	186	8805	2679	69
新 疆 Xinjiang	33889	27881	308	24573	8753	255

技术职务情况(城区)
Academic Qualifications and Professional Rank (Urban Area)

单位:人
unit: person

	按专业技术职务分 By Professional Rank					
高中阶段毕业以下 Below High School Graduate	正高级 Senior	副高级 Sub-senior	中级 Middle	助理级 Associate	员级 Junior	未定职级 No-ranking
107	**978**	**157789**	**984483**	**688215**	**45609**	**422284**
2	14	5499	26182	20703	623	6317
13	11	3340	20323	8316	237	3207
0	33	5317	43379	31964	2369	18790
1	10	968	22614	21936	922	12037
1	19	7674	14788	8262	536	4874
12	16	11882	43803	7429	1574	7834
1	19	6841	18601	8843	293	3188
4	25	7590	21617	10857	298	2728
0	10	1851	24032	21717	621	4722
0	98	12040	78598	48563	1741	29813
0	78	8188	59957	41178	1069	13877
0	38	3913	28234	19701	1806	10013
12	44	2468	30194	22945	1393	14201
5	25	3506	30579	20308	2704	10237
4	78	10425	61308	69324	3055	32158
0	22	6703	52530	47490	2779	23256
2	28	4047	42983	22120	2542	11287
0	31	5286	37697	24391	2652	18854
3	150	12302	133154	65043	9682	105668
10	18	2374	30110	20044	1995	15832
0	7	778	5706	6135	764	4975
2	41	3985	23809	22648	283	5238
0	67	8471	37115	39085	1803	15364
14	18	1785	21148	13611	801	10945
10	7	9357	17395	9695	382	8158
4	4	786	2148	1207	300	326
1	19	2180	23853	25057	1392	17617
0	38	3233	12402	11183	84	2633
5	3	669	3091	2038	85	1223
1	4	1185	5347	3994	254	956
0	3	3146	11786	12428	570	5956

小学专任教师学历、专业
Number of Full-time Teacher in Primary Schools by Academic

地 区 Region	合计 Total	其中:女 of Which: Female	按学历分 By Academic Qualifications			
			研究生毕业 Graduate	本科毕业 Under-graduate	专科毕业 Associate Bachelor	高中阶段毕业 High School Graduate
总 计 Total	**2347348**	**1677762**	**15674**	**1461714**	**823759**	**45950**
北 京 Beijing	5118	3757	647	4194	260	15
天 津 Tianjin	5082	3521	113	4068	836	65
河 北 Hebei	158808	132658	1031	94709	61517	1548
山 西 Shanxi	63536	53277	351	40919	21236	1024
内蒙古 Inner Mongolia	50331	38269	439	35477	13988	425
辽 宁 Liaoning	40322	29561	334	23122	16190	665
吉 林 Jilin	36558	27664	954	25730	9308	563
黑龙江 Heilongjiang	42106	29544	109	23163	17660	1167
上 海 Shanghai	6673	4717	386	4963	1272	52
江 苏 Jiangsu	142509	98006	2578	128490	11090	342
浙 江 Zhejiang	67232	49312	676	55800	10449	307
安 徽 Anhui	111554	73319	779	69741	39706	1328
福 建 Fujian	71322	50604	154	39180	29007	2979
江 西 Jiangxi	102003	75157	140	55221	43777	2844
山 东 Shandong	169226	116102	2619	116405	45932	4243
河 南 Henan	226885	182739	1097	134049	86652	5087
湖 北 Hubei	76438	48850	343	40887	32423	2770
湖 南 Hunan	135149	98705	611	74733	57264	2537
广 东 Guangdong	139196	100120	486	93914	42821	1964
广 西 Guangxi	100820	74946	161	52849	45117	2660
海 南 Hainan	18933	11112	67	7397	10056	1410
重 庆 Chongqing	46089	28301	148	24885	20358	691
四 川 Sichuan	155504	101652	483	76304	75574	3143
贵 州 Guizhou	94549	55241	88	54604	36985	2837
云 南 Yunnan	65947	42004	94	36026	27712	2076
西 藏 Tibet	6228	3715	8	3571	2580	67
陕 西 Shaanxi	76336	55856	391	56109	19330	506
甘 肃 Gansu	58367	35685	180	42009	14708	1470
青 海 Qinghai	11370	7403	76	7262	3848	178
宁 夏 Ningxia	11236	8155	38	7267	3766	165
新 疆 Xinjiang	51921	37810	93	28666	22337	822

技术职务情况(镇区)

Qualifications and Professional Rank (County & Town Area)

单位:人
unit: person

	按专业技术职务分 By Professional Rank					
高中阶段毕业以下 Below High School Graduate	正高级 Senior	副高级 Sub-senior	中级 Middle	助理级 Associate	员级 Junior	未定职级 No-ranking
251	**358**	**220280**	**1024666**	**699960**	**65587**	**336497**
2	1	446	2180	1824	38	629
0	0	604	2798	1065	20	595
3	22	10916	60654	50960	4542	31714
6	6	1461	24276	28582	1175	8036
2	7	10481	23033	10058	963	5789
11	8	15788	16594	4380	1422	2130
3	6	6808	16523	8914	303	4004
7	12	6809	20380	12820	389	1696
0	1	169	3072	2742	127	562
9	31	11542	70038	37186	2139	21573
0	18	4052	35152	22438	507	5065
0	16	10318	49721	28890	4761	17848
2	13	2163	39214	20301	2192	7439
21	12	4870	41504	30599	6381	18637
27	48	11147	57163	66121	4157	30590
0	4	11761	83168	74096	4928	52928
15	14	3962	42381	19767	3347	6967
4	7	10941	56477	37110	7931	22683
11	30	5671	83173	23923	3476	22923
33	4	7862	50150	23174	3614	16016
3	10	1188	8068	6817	342	2508
7	5	3981	21411	18163	374	2155
0	29	22991	59900	53852	5149	13583
35	10	6046	52879	25601	1456	8557
39	3	26615	26251	10372	464	2242
2	0	809	2558	1856	497	508
0	1	3798	30681	30002	1830	10024
0	32	7261	21129	26178	382	3385
6	1	2080	5382	2556	264	1087
0	2	1852	4817	3921	93	551
3	5	5888	13939	15692	2324	14073

小学专任教师学历、专业
Number of Full-time Teacher in Primary Schools by

地 区 Region	合计 Total	其中:女 of Which: Female	按学历分 By Academic Qualifications			
			研究生毕业 Graduate	本科毕业 Under-graduate	专科毕业 Associate Bachelor	高中阶段毕业 High School Graduate
总 计 Total	**1787472**	**1045491**	**6993**	**946510**	**759207**	**73820**
北 京 Beijing	6579	4688	464	5526	577	12
天 津 Tianjin	6964	4401	76	5562	1239	85
河 北 Hebei	147050	109997	609	77090	66805	2538
山 西 Shanxi	46261	32525	387	25894	18149	1816
内蒙古 Inner Mongolia	18738	12102	164	12247	6030	296
辽 宁 Liaoning	24883	16970	238	13502	10586	531
吉 林 Jilin	30957	20085	181	19413	10526	824
黑龙江 Heilongjiang	18494	10597	29	8570	9072	813
上 海 Shanghai	1840	1352	247	1315	268	10
江 苏 Jiangsu	32515	18891	294	28612	3471	137
浙 江 Zhejiang	30359	21116	303	25008	4802	245
安 徽 Anhui	85166	44102	270	45772	37000	2124
福 建 Fujian	40050	22768	101	19607	17110	3212
江 西 Jiangxi	72871	43232	67	30505	37561	4683
山 东 Shandong	108711	56729	1003	66185	35679	5816
河 南 Henan	226913	150173	885	119021	98594	8413
湖 北 Hubei	50363	24890	171	22403	24438	3304
湖 南 Hunan	75973	46354	177	36662	35937	3194
广 东 Guangdong	108233	65601	256	66431	38463	3055
广 西 Guangxi	110531	64405	84	42944	59902	7407
海 南 Hainan	17030	7819	48	4786	10250	1940
重 庆 Chongqing	28517	14158	70	14988	12725	719
四 川 Sichuan	87446	46332	144	36372	47547	3383
贵 州 Guizhou	72155	28726	52	38045	30278	3647
云 南 Yunnan	126376	62613	171	68882	50621	6410
西 藏 Tibet	13487	7018	17	7217	6154	98
陕 西 Shaanxi	30630	18402	147	19964	10138	381
甘 肃 Gansu	62930	26148	154	38161	20090	4503
青 海 Qinghai	10319	4636	59	5615	4194	436
宁 夏 Ningxia	10847	5614	36	6178	4304	328
新 疆 Xinjiang	84284	53047	89	34033	46697	3460

技术职务情况(乡村)

Academic Qualifications and Professional Rank (Rural Area)

单位:人
unit: person

	按专业技术职务分 By Professional Rank					
高中阶段毕业以下 Below High School Graduate	正高级 Senior	副高级 Sub-senior	中级 Middle	助理级 Associate	员级 Junior	未定职级 No-ranking
942	**170**	**169185**	**734830**	**525867**	**74325**	**283095**
0	1	490	3120	2258	15	695
2	1	787	3950	1568	54	604
8	8	13592	56669	43961	6469	26351
15	1	827	16661	19754	1267	7751
1	0	3381	7282	4276	471	3328
26	3	9029	9313	3196	1254	2088
13	0	7519	13697	6110	468	3163
10	3	3179	8056	5722	361	1173
0	0	40	681	757	49	313
1	0	1660	16577	8723	624	4931
1	8	1034	14336	11997	281	2703
0	7	7747	36929	23259	4906	12318
20	2	886	20909	11527	1919	4807
55	3	2538	24421	19253	6742	19914
28	24	6957	41153	43517	3453	13607
0	3	12269	89557	72253	7206	45625
47	9	2401	26569	13246	2535	5603
3	3	6535	29920	19414	5323	14778
28	25	2508	66251	19563	4043	15843
194	5	7686	56001	25182	5081	16576
6	6	607	7249	6715	322	2131
15	1	2193	12666	10893	505	2259
0	5	11958	31649	28529	4750	10555
133	10	3949	38550	19782	2291	7573
292	8	41508	41110	29840	2867	11043
1	2	1236	4331	4280	1846	1792
0	0	1010	12069	11213	974	5364
22	15	7234	20386	25791	848	8656
15	3	2333	4099	1904	290	1690
1	4	2269	3807	3913	145	709
5	10	3823	16862	27471	6966	29152

地 区 Region	校舍建筑面积 Floor Space	教学及辅助用房 Buildings for Instruction and Ancillary Uses							行政办公用房 Administrative	
		合计 Total	其中：of Which：						合计 Total	其中：教师办公室 of Which: for Teachers
			教室 Classroom	实验室 Laboratory	图书室 Library	微机室 PC-room	语音室 Linguistic	体育馆 Gymnasium		
总 计 Total	**845772450.23**	**449653312.47**	**354251702.94**	**29272774.71**	**25086442.95**	**19200954.46**	**5623012.17**	**16218425.24**	**70927821.85**	**46075856.62**
北 京 Beijing	7674382.18	3534012.41	2742947.23	205355.19	186762.35	142429.44	15673.47	240844.73	900862.79	475826.36
天 津 Tianjin	5263267.56	2923052.56	2339489.12	117097.32	141834.68	106195.66	41327.53	177108.25	660834.56	421176.03
河 北 Hebei	47695282.99	27817836.13	22525765.48	1837805.30	1604172.41	1264163.30	295792.32	290137.32	3677656.02	2554711.06
山 西 Shanxi	19850708.67	9343345.15	7583673.92	550726.78	531821.41	430804.80	119282.36	127035.88	2102974.60	1526225.90
内蒙古 Inner Mongolia	13618183.10	6986139.32	5447045.43	324700.05	315510.70	265195.77	83342.24	550345.13	1327684.00	897720.44
辽 宁 Liaoning	13003706.03	6811371.03	5341165.02	376126.15	359897.22	324126.28	102550.81	307505.55	1231744.14	793543.71
吉 林 Jilin	9697473.84	5165174.55	4072289.15	354354.58	313323.90	251515.21	78478.27	95213.44	978206.07	658279.76
黑龙江 Heilongjiang	8715905.38	4726596.56	3770950.25	306901.85	177813.58	184952.80	85505.62	200472.46	904717.16	603860.24
上 海 Shanghai	6559559.98	4008968.92	2563468.00	552626.47	259020.79	144032.11	36942.87	452878.68	845345.54	417315.06
江 苏 Jiangsu	48650271.16	28910975.15	20584065.92	2257597.05	1880816.71	1303097.12	388866.53	2496531.82	4594443.97	2433377.17
浙 江 Zhejiang	37915730.45	19782178.55	14383293.79	1329134.13	1067724.65	701481.75	219384.94	2081159.29	3191022.47	1778696.45
安 徽 Anhui	34242320.38	21176475.82	16782724.15	1385237.30	1217912.30	1049687.53	237290.31	503624.23	2889663.26	1915271.93
福 建 Fujian	27314548.27	13860725.40	10885070.31	861284.39	834857.50	555801.33	122691.58	601020.29	1930441.67	1131091.48
江 西 Jiangxi	31579877.58	17557960.83	14374999.11	919486.02	1051397.16	646312.61	224999.85	340766.08	2814649.32	1805358.26
山 东 Shandong	55540218.62	29133190.32	21786624.83	2579774.81	1904124.67	1418125.03	434786.62	1009754.36	5104771.75	3277061.62
河 南 Henan	74605947.00	40106332.41	33427560.92	2205730.17	2108387.81	1635304.39	447870.24	281478.88	7970852.61	5723868.23
湖 北 Hubei	31639999.88	15556180.77	12185235.10	1187237.56	855452.41	718969.01	257580.84	351705.85	2330171.86	1494320.61
湖 南 Hunan	42093715.24	21338087.47	16488468.45	1544899.28	1113367.17	705772.90	372109.73	1113469.94	3264367.99	2290761.21
广 东 Guangdong	75400724.66	40975226.32	32331761.68	2062335.68	2070618.13	1576268.18	564963.58	2369279.07	5256749.60	3546946.26
广 西 Guangxi	42830250.59	25546836.95	21863364.07	1197380.63	1136055.62	787436.85	158966.03	403633.75	2146255.82	1652595.70
海 南 Hainan	6622243.35	3373974.48	2836023.00	177555.16	169410.47	119569.48	43700.05	27716.32	437665.99	286420.27
重 庆 Chongqing	20833040.40	10240474.89	8333643.02	575433.10	420663.05	338671.82	84301.45	487762.45	1729635.98	1027240.98
四 川 Sichuan	41559757.86	22851832.53	18678056.37	1455432.19	1186609.25	896024.56	258408.83	377301.33	2753864.63	1861688.49
贵 州 Guizhou	30787258.13	13431257.81	10920373.04	834737.03	753615.23	605674.57	123568.64	193289.30	2316563.57	1344422.00
云 南 Yunnan	37185246.62	17149321.85	13358842.31	1244596.70	1116028.93	1027840.58	209832.26	192181.07	2079774.57	1382416.15
西 藏 Tibet	5402577.34	1800226.50	1402852.49	80637.07	71788.98	77078.06	20811.88	147058.02	326493.09	259411.41
陕 西 Shaanxi	23009469.43	10773129.21	8048596.22	763441.40	752364.76	625199.67	372774.51	210752.65	2445536.02	1622629.21
甘 肃 Gansu	16010358.76	8380165.21	6658220.61	556454.67	557834.71	443033.51	76734.37	87887.34	1744494.21	1243853.39
青 海 Qinghai	4954118.75	2240995.53	1637715.19	122414.09	146058.60	108977.18	34220.12	191610.35	385271.26	230484.59
宁 夏 Ningxia	4902873.76	2787633.22	2166318.17	222800.23	148441.90	147006.07	28131.80	74935.05	463023.83	295107.25
新 疆 Xinjiang	20613432.27	11363634.62	8731100.59	1083482.36	632755.90	600206.89	82122.52	233966.36	2122083.50	1124175.40

条件(一)(总计)
in Primary Schools(1)(Total)

单位:平方米
unit: m^2

生活用房 Residential and Welfare							其他用房 Rooms for Other Purposes	校舍面积中 of the Floor Space	
合计 Total	教工宿舍 Apartments for Single		学生宿舍 Students' Dormitories	食堂 Dining Halls	厕所 Toilet	其他 Others		危房面积 Floor Space of Dilapidated Buildings	当年新增校舍 New Floor Space Added in Current Year
	小计 Subtotal	其中:教师周转宿舍 of Which: Accommodation for Circulation of Teachers							
220307067.24	**59234834.90**	**23298888.01**	**43840162.74**	**48853172.11**	**36212726.81**	**32166170.68**	**104884248.67**	**2237960.19**	**39642987.28**
1361072.35	112013.43	12155.25	76519.49	357603.88	353093.15	461842.40	1878434.63	2630.74	154449.26
798203.70	39039.81	7292.89	4531.00	141706.23	286119.27	326807.39	881176.74	0.00	348657.64
10257683.28	1330605.23	405113.26	3021492.68	1783633.01	2043464.50	2078487.86	5942107.56	2500.00	2959632.56
4998961.17	959213.70	195068.01	1385753.13	881777.90	854413.96	917802.48	3405427.75	29585.90	629559.42
3993025.04	423166.90	289877.30	1522015.92	764593.61	647194.70	636053.91	1311334.74	662.00	387769.52
2256677.40	92100.35	44359.53	179223.83	770381.08	566528.61	648443.53	2703913.46	8065.11	529525.91
1703633.86	76745.28	47581.71	152730.92	409827.95	449262.09	615067.62	1850459.36	8839.60	309943.69
1562819.88	74257.59	46633.73	241248.06	252781.81	384238.53	610293.89	1521771.78	13227.90	132687.85
1120711.81	10583.52	1405.00	2190.77	433779.27	311503.04	362655.21	584533.71	0.00	107896.86
8881530.62	932333.78	364726.69	379185.47	3681173.10	1871414.02	2017424.25	6263321.42	0.00	3592203.52
8752842.15	1724054.07	397307.10	648186.55	3398749.44	1438621.75	1543230.34	6189687.28	0.00	2027639.26
6450785.65	1659722.63	769815.79	675237.76	1866879.40	1428002.08	820943.78	3725395.65	30468.50	1708249.22
5877628.89	2417740.68	812227.71	567455.51	678824.34	1208356.00	1005252.36	5645752.31	976.00	1151409.85
7860083.68	2929548.22	975691.34	948058.88	1824699.33	1410698.85	747078.40	3347183.75	70254.46	2724053.28
10642974.20	1189457.32	495622.48	1047258.62	2771178.96	2969047.52	2666031.78	10659282.35	6183.92	2085204.69
19354254.78	3630124.67	1065440.59	5005756.73	4355522.04	3848764.11	2514087.23	7174507.20	117332.27	3700253.43
10519805.84	4159724.67	1276264.81	1911613.07	2211462.43	1093327.47	1143678.20	3233841.41	48413.00	998233.36
12876269.50	4399430.57	1654482.91	1840826.44	3236414.37	1606830.94	1792767.18	4614990.28	199120.42	1403236.97
17439311.64	7437461.20	1064933.33	2084909.24	1948609.32	2913978.55	3054353.33	11729437.10	26504.00	2281069.62
12430517.55	4643989.49	2146982.77	2905921.71	2191401.56	1648540.65	1040664.14	2706640.27	208818.06	1857669.86
2264978.55	1274622.48	580749.17	432598.02	194702.25	236610.59	126445.21	545624.33	4496.00	109094.87
5694623.63	2027844.69	905877.39	704135.27	1457655.01	750366.51	754622.15	3168305.90	24679.85	461519.00
13102100.66	4328360.46	2542960.84	3090186.03	3016267.58	1639859.13	1027427.46	2851960.04	62549.00	2813255.20
11640528.26	3446038.01	2509328.35	3618773.98	2216666.42	1361057.26	997992.59	3398908.49	2015.50	1731937.62
15649852.06	3960755.83	1603358.64	5553338.82	3358412.22	1428495.69	1348849.50	2306298.14	760615.49	1003818.11
3110218.13	1191290.22	1052511.83	1081171.14	546853.59	105371.33	185531.85	165639.62	74.00	267164.51
6318827.71	1700978.99	417041.58	1112723.68	1380049.67	1064790.37	1060285.00	3471976.49	0.00	1930816.51
4068081.83	1277679.04	343189.72	436308.93	755591.78	912129.53	686372.55	1817617.51	609948.47	775442.92
1866680.43	427149.98	269905.17	684219.01	332136.16	229010.33	194164.95	461171.53	0.00	269605.40
1004241.61	254812.08	152488.90	71581.30	235840.16	282914.58	159093.49	647975.10	0.00	219209.84
6448141.38	1103990.01	848494.22	2455010.78	1397998.24	868721.70	622420.65	679572.77	0.00	971777.53

地 区 Region	校舍建筑面积 Floor Space	教学及辅助用房 Buildings for Instruction and Ancillary Uses							行政办公用房 Administrative	
		合计 Total	其中: of Which:						合计 Total	其中:教师办公室 of Which: for Teachers
			教室 Classroom	实验室 Laboratory	图书室 Library	微机室 PC-room	语音室 Linguistic	体育馆 Gymnasium		
总 计 Total	**269053253.11**	**148786395.69**	**113856918.46**	**8931833.28**	**7560807.83**	**5476112.72**	**1807046.27**	**11153677.13**	**25318137.03**	**15434701.09**
北 京 Beijing	6040093.38	2815627.68	2214723.13	133534.86	144286.54	106426.34	11497.20	205159.61	714680.75	387749.23
天 津 Tianjin	3755028.92	1996033.73	1563784.02	72911.15	97035.52	67447.90	23451.26	171403.88	487517.77	308011.43
河 北 Hebei	9862438.04	5925318.34	4892427.27	324261.40	291384.88	221076.90	56490.85	139677.04	893169.65	626437.53
山 西 Shanxi	6410006.62	3196233.79	2647050.24	152414.75	159852.99	118596.80	39316.52	79002.49	703348.72	471616.06
内蒙古 Inner Mongolia	4226141.64	2625900.80	2106256.28	98664.89	103978.18	85804.37	26710.66	204486.42	441100.90	291663.71
辽 宁 Liaoning	7314220.06	3841419.36	3003621.28	173066.28	192386.65	157669.94	50021.05	264654.16	695510.29	421757.96
吉 林 Jilin	3325801.52	1965355.24	1568550.21	113991.36	105500.11	83030.77	29657.98	64624.81	331458.76	211612.64
黑龙江 Heilongjiang	3747087.13	2146366.27	1684450.66	118067.99	73140.25	76492.41	40468.31	153746.65	416580.48	254690.35
上 海 Shanghai	5573673.29	3467178.49	2224759.15	476696.61	216700.94	120677.16	32716.42	395628.21	714152.97	356259.88
江 苏 Jiangsu	26527136.52	15230417.42	10403372.53	1194589.48	1011657.73	601627.63	166983.41	1852186.64	2595588.51	1327460.81
浙 江 Zhejiang	20836295.02	10961433.84	7740145.45	716567.72	597405.35	364434.78	122748.95	1420131.59	1770274.10	960377.60
安 徽 Anhui	7851543.38	4980245.28	3896899.02	250392.84	244875.99	203438.97	53921.89	330716.57	782466.35	484065.26
福 建 Fujian	9237420.94	4639585.17	3501310.10	292781.23	286387.97	168896.97	45714.19	344494.71	679673.62	382750.04
江 西 Jiangxi	7005053.44	4025378.34	3247847.47	188915.86	204437.63	140151.15	51976.71	192049.52	679023.77	408892.23
山 东 Shandong	20627770.87	10726444.33	7912630.16	881045.26	638826.58	419229.55	170274.39	704438.39	2014384.84	1215719.00
河 南 Henan	13435770.66	7288686.12	6215964.40	306819.69	298302.66	235325.68	71937.12	160336.57	1660917.11	1089370.70
湖 北 Hubei	9214282.02	5177424.13	4026110.20	373307.37	252599.51	217745.40	85462.44	222199.21	866960.52	552629.65
湖 南 Hunan	10998886.86	6010990.17	4342136.62	338120.93	246513.46	171947.97	92415.22	819855.97	899026.99	604438.58
广 东 Guangdong	36521502.52	19972137.17	15360075.74	1029543.50	910042.21	684811.32	231455.20	1756209.20	2486235.35	1633450.73
广 西 Guangxi	7776473.60	4903432.95	4084533.39	177858.92	198568.11	147892.55	34942.82	259637.16	567598.71	405709.37
海 南 Hainan	1651797.42	959504.06	816830.64	43017.44	37989.68	30635.70	12785.90	18244.70	137706.51	80540.02
重 庆 Chongqing	8987728.04	4799524.96	3718049.29	253617.10	183615.70	146885.39	47226.83	450130.65	847360.13	508339.00
四 川 Sichuan	10630681.12	6695586.46	5322634.65	416866.33	316317.27	258654.63	95865.84	285247.74	894477.16	570350.08
贵 州 Guizhou	5424758.84	2601875.21	2066742.25	145254.15	131537.30	110503.95	37753.57	110083.99	583541.19	336445.97
云 南 Yunnan	4903756.85	2727843.65	2142453.95	154897.56	134801.56	131684.04	43566.63	120439.91	438052.11	293706.25
西 藏 Tibet	698734.02	298818.34	267004.37	6644.34	8098.11	10255.51	2738.41	4077.60	68988.13	56197.15
陕 西 Shaanxi	8409182.01	3885138.76	2990439.19	229336.66	233589.78	178782.75	88869.79	164120.59	896158.04	587332.04
甘 肃 Gansu	2461457.16	1380088.17	1123089.57	69995.73	69146.33	59113.49	12509.85	46233.20	307177.22	205268.36
青 海 Qinghai	830215.41	494151.20	375859.45	28616.65	27398.85	25474.96	6238.47	30562.82	111865.90	52602.92
宁 夏 Ningxia	1548498.45	945984.60	736322.28	60461.16	44816.11	42637.32	9339.03	52408.70	176983.36	113331.32
新 疆 Xinjiang	3219817.36	2102271.66	1660845.50	109574.07	99613.88	88760.42	11989.36	131488.43	456157.12	235925.22

条件(一)(城区)
in Primary Schools (1)(Urban Area)

单位:平方米
unit: m^2

生活用房 Residential and Welfare							其他用房 Rooms for Other Purposes	校舍面积中 of the Floor Space	
合计 Total	教工宿舍 Apartments for Single		学生宿舍 Students' Dormitories	食堂 Dining Halls	厕所 Toilet	其他 Others		危房面积 Floor Space of Dilapidated Buildings	当年新增校舍 New Floor Space Added in Current Year
	小计 Subtotal	其中:教师周转宿舍 of Which: Accommodation for Circulation of Teachers							
48887717.24	**7393362.93**	**1912347.19**	**4959692.88**	**12427562.45**	**11707839.25**	**12399259.74**	**46061003.15**	**545812.05**	**15763523.28**
951960.72	52414.84	7407.15	35852.48	271532.53	272630.68	319530.19	1557824.23	2630.74	149645.40
562027.59	13224.70	1047.70	4531.00	117743.06	205391.37	221137.46	709449.83	0.00	300927.54
1507600.59	96782.64	18205.74	297964.16	187289.24	397220.39	528344.16	1536349.46	0.00	847755.15
1206171.59	144530.58	14161.80	318425.08	158973.80	279062.92	305179.21	1304252.52	14342.75	250661.46
623575.80	43201.18	15212.10	113173.10	72529.36	194537.81	200134.35	535564.14	0.00	120145.63
1049268.55	4555.29	1043.62	34720.35	352159.32	312755.67	345077.92	1728021.86	3557.72	359983.48
420569.20	992.62	484.12	9329.11	114593.99	139308.76	156344.72	608418.32	8839.60	103761.72
473587.58	8512.99	5333.87	13593.00	37978.56	159331.92	254171.11	710552.80	4751.14	79218.48
941588.14	6891.04	716.00	2190.77	353959.90	259243.09	319303.34	450753.69	0.00	92600.86
4606105.12	159631.19	57335.69	129792.42	2033959.12	1024013.23	1258709.16	4095025.47	0.00	2307819.84
4267849.38	483943.58	125820.85	312349.40	1820419.01	769174.35	881963.04	3836737.70	0.00	1144275.30
923013.12	99131.54	24838.38	77898.45	207584.33	335638.61	202740.19	1165818.63	3942.00	532410.76
1362238.06	329535.97	126751.93	80963.05	170035.81	417764.85	363938.38	2555924.09	0.00	480503.59
1110197.69	232808.31	79589.11	23377.19	271311.59	332994.27	249706.33	1190453.64	12638.00	809655.66
3808742.29	224612.42	78370.80	372070.40	968999.16	1027723.87	1215336.44	4078199.41	4545.92	1182944.26
2463527.66	347777.44	67330.43	516485.07	438343.90	624470.01	536451.24	2022639.77	77564.26	677570.67
1883532.31	567535.98	106478.26	170016.50	448376.28	344179.13	353424.42	1286365.06	17206.00	400113.80
2432980.44	518962.63	175178.46	256466.03	690789.61	441641.08	525121.09	1655889.26	9527.00	547742.53
7394159.40	2252760.24	303748.55	881857.11	1109400.78	1538210.17	1611931.10	6668970.60	22397.00	1465443.74
1537008.34	349380.32	113654.64	231421.85	295792.23	392059.59	268354.35	768433.60	14961.88	496434.00
411793.95	203808.22	86476.56	60546.58	33388.44	68948.59	45102.12	142792.90	646.00	26323.92
1624056.38	189526.51	68332.71	114123.67	602293.86	354851.32	363261.02	1716786.57	13481.89	188380.90
2020965.56	280303.07	113204.48	314774.51	632593.23	458445.78	334848.97	1019651.94	5197.00	931515.94
1127540.42	162245.97	81435.41	180356.19	281865.06	281628.09	221445.11	1111802.02	0.00	371736.89
1130278.21	168540.42	56140.31	119615.21	196155.00	229833.91	416133.67	607582.88	142120.95	298882.30
300621.27	150929.50	144903.11	59956.89	59915.76	14112.28	15706.84	30306.28	0.00	63708.74
1748437.31	240436.57	25509.04	180635.83	364050.81	403697.19	559616.91	1879447.90	0.00	1133929.60
305643.43	18399.79	3184.70	4677.20	25670.24	137183.20	119713.00	468548.34	187462.20	125366.86
124630.31	6366.10	50.00	7271.84	10723.28	57760.63	42508.47	99568.00	0.00	49672.91
142056.64	6154.60	924.61	0.00	9147.16	89911.41	36843.47	283473.85	0.00	127811.30
425990.19	29446.68	9477.06	35258.44	89988.03	144115.08	127181.96	235398.39	0.00	96580.05

小学办学

Condition of School Buildings in

地区 Region	校舍建筑面积 Floor Space	教学及辅助用房 Buildings for Instruction and Ancillary Uses							行政办公用房 Administrative	
		合计 Total	其中：of Which：						合计 Total	其中：教师办公室 of Which: for Teachers
			教室 Classroom	实验室 Laboratory	图书室 Library	微机室 PC-room	语音室 Linguistic	体育馆 Gymnasium		
总　计 Total	**290148792.05**	**154453382.26**	**123973639.02**	**9804621.52**	**8035734.16**	**6420253.78**	**2254565.38**	**3964568.39**	**23848105.77**	**15433938.47**
北　京 Beijing	727848.08	288587.05	215163.27	20910.23	16662.40	14039.72	2151.25	19660.18	71623.14	37777.09
天　津 Tianjin	602359.83	368785.93	310674.63	15098.76	17417.21	14219.49	7089.10	4286.74	68212.49	46321.34
河　北 Hebei	17626971.69	10004613.82	8139702.62	638443.02	540411.38	438358.62	125410.63	122287.55	1329384.15	913616.34
山　西 Shanxi	6755532.66	3514626.98	2895253.33	195399.66	182321.69	147549.36	54296.86	39806.08	692843.67	511666.87
内蒙古 Inner Mongolia	6675809.30	3331385.48	2541476.06	160372.56	148312.66	130743.11	45154.46	305326.63	642642.78	429070.42
辽　宁 Liaoning	3096392.94	1624809.48	1316639.20	94298.60	75439.79	80560.87	28815.44	29055.58	294691.35	197397.21
吉　林 Jilin	3008987.16	1641700.24	1329775.81	98497.77	90551.75	70984.00	29838.05	22052.86	286177.72	187942.43
黑龙江 Heilongjiang	3472755.52	1888212.38	1540540.39	129832.98	67959.16	71470.47	34248.48	44160.90	344802.23	245584.54
上　海 Shanghai	772088.81	408918.97	255354.70	59586.48	30573.14	16310.11	3857.73	43236.81	99528.15	46207.53
江　苏 Jiangsu	17772409.04	10807783.51	7956567.68	853649.06	679448.96	528499.61	179857.69	609760.51	1642852.44	889119.82
浙　江 Zhejiang	11460545.48	6199487.15	4619458.80	447459.23	328769.37	228164.84	61660.00	513974.91	988823.24	559338.09
安　徽 Anhui	13834778.59	8776054.63	7109341.75	549270.37	445533.77	398016.77	111508.27	162383.70	1128764.85	729845.29
福　建 Fujian	10176921.39	5482699.53	4407471.07	299777.34	310814.04	203594.08	49127.65	211915.35	753344.87	425446.79
江　西 Jiangxi	12322197.54	6858457.51	5710459.28	331808.06	333540.66	239762.47	103168.55	139718.49	1127812.17	678526.02
山　东 Shandong	19130454.16	10005016.34	7552529.78	906947.84	645410.63	473326.04	166518.64	260283.41	1783152.51	1148661.51
河　南 Henan	26138925.10	13703074.08	11576423.51	698497.97	640528.84	520563.50	175629.06	91431.20	2706245.00	1902253.85
湖　北 Hubei	11290196.38	5529860.33	4401336.95	419464.44	273856.51	239903.31	100973.66	94325.46	754360.72	494137.66
湖　南 Hunan	17240260.93	8551344.76	6675700.84	693500.59	460056.17	298260.21	167009.74	256817.21	1254221.41	857916.34
广　东 Guangdong	19001850.95	10450189.63	8536174.64	470482.91	488665.81	400599.24	185466.65	368800.38	1318472.05	897095.74
广　西 Guangxi	14137587.30	8272564.63	7186465.71	387541.14	316694.22	236552.35	56908.26	88402.95	649789.38	499203.20
海　南 Hainan	2300268.01	1113092.45	935091.40	61462.22	52824.37	41517.32	16000.52	6196.62	138156.37	93875.89
重　庆 Chongqing	6778455.44	3271185.10	2797627.07	171120.44	130064.17	110827.14	28218.37	33327.91	508136.27	303384.44
四　川 Sichuan	17450341.42	9684763.21	8117936.41	569831.17	438584.57	366027.41	107931.52	84452.13	1078531.97	723392.73
贵　州 Guizhou	13382033.17	5573699.85	4599761.73	315012.99	287139.24	237571.91	59298.52	74915.46	1013811.01	576651.88
云　南 Yunnan	9323654.42	4313174.95	3443965.12	281661.27	246513.75	232263.99	57106.56	51664.26	644993.28	415714.14
西　藏 Tibet	1418405.55	458365.75	346860.76	21893.35	15623.63	17196.52	5486.00	51305.49	82864.06	65320.65
陕　西 Shaanxi	9327460.94	4613991.34	3459370.06	332379.92	319617.44	270355.12	192810.04	39458.76	949398.13	642253.44
甘　肃 Gansu	5990973.08	3098981.97	2427706.55	216610.92	204777.19	166355.92	47558.83	35972.56	611539.53	420762.54
青　海 Qinghai	1904085.92	805498.77	576936.01	42016.16	56320.47	38990.65	15928.85	75306.62	140667.66	87897.81
宁　夏 Ningxia	1538427.74	893059.61	701799.44	71385.34	42928.87	46129.81	10816.80	19999.35	158368.49	99911.80
新　疆 Xinjiang	5489813.51	2919396.83	2290074.45	250408.73	148372.30	141539.82	24719.20	64282.33	583894.68	307645.07

条件(一)(镇区)
Primary Schools (1)(Counties & Towns Area)

单位:平方米
unit: m^2

生活用房 Residential and Welfare 合计 Total	教工宿舍 Apartments for Single 小计 Subtotal	其中:教师周转宿舍 of Which: Accommodation for Circulation of Teachers	学生宿舍 Students' Dormitories	食堂 Dining Halls	厕所 Toilet	其他 Others	其他用房 Rooms for Other Purposes	校舍面积中 of the Floor Space 危房面积 Floor Space of Dilapidated Buildings	当年新增校舍 New Floor Space Added in Current Year
81289309.09	**22777437.11**	**9467218.50**	**18948363.34**	**17948052.63**	**11692605.02**	**9922851.00**	**30557994.93**	**584283.15**	**14766452.00**
206631.65	26033.72	1311.00	15832.05	40688.45	36519.60	87557.83	161006.24	0.00	1042.86
92155.54	8173.43	1547.19	0.00	11492.81	32665.75	39823.55	73205.87	0.00	11017.58
4256446.41	497687.83	143640.64	1485076.75	800222.66	729152.36	744306.81	2036527.31	2500.00	1168414.17
1666150.10	323386.13	80952.70	506821.33	308695.50	273596.07	253651.07	881911.91	1671.00	284779.04
2206345.18	198815.42	141019.26	952065.56	461665.50	313641.70	280157.00	495435.86	270.00	213901.47
693036.39	41328.56	24143.46	104157.04	266257.31	119348.34	161945.14	483855.72	1715.88	117940.86
629319.84	41959.29	27197.03	88997.57	181168.50	122004.70	195189.78	451789.36	0.00	119454.41
704962.50	34137.80	22719.61	166996.12	134228.67	153436.89	216163.02	534778.41	4156.76	38928.02
139337.08	1940.99	479.00	0.00	59153.56	40200.06	38042.47	124304.61	0.00	15296.00
3508973.77	593978.09	236297.37	210715.39	1408183.65	668346.75	627749.89	1812799.32	0.00	1107537.78
2859890.50	693800.50	155365.93	213997.75	1053769.76	454984.53	443337.96	1412344.59	0.00	641117.13
2611762.47	703097.43	341373.14	343890.88	723683.47	525601.26	315489.43	1318196.64	14972.50	877530.53
2299156.31	959053.98	340176.75	299388.02	265775.76	439112.41	335826.14	1641720.68	976.00	462032.23
3093356.78	1136384.20	392746.42	559433.99	661042.43	503786.31	232709.85	1242571.08	20881.66	1247506.27
3895732.55	545705.36	223163.79	442938.72	1082288.02	1015216.02	809584.43	3446552.76	1638.00	647669.02
7396680.72	1311399.28	364991.45	2324241.92	1637502.12	1259413.86	864123.54	2332925.30	15342.20	1645276.83
4191913.75	1828457.53	526882.62	803095.74	850576.03	336709.12	373075.33	814061.58	12453.00	307773.83
5769342.70	2109711.08	842488.57	992840.58	1423297.25	587729.56	655764.23	1665352.06	59629.00	640748.70
4849354.21	2195798.62	404704.96	878465.30	487569.42	637146.71	650374.16	2383835.06	0.00	575724.39
4573774.54	1720808.44	778747.59	1285244.83	817025.79	474049.40	276646.08	641458.75	75063.00	642036.07
893558.48	478166.41	220443.35	224703.42	83531.20	72067.22	35090.23	155460.71	712.00	39466.01
2106177.45	875279.46	411326.79	275439.64	492158.17	219333.90	243966.28	892956.62	3519.02	240164.29
5643373.45	1988251.45	1179800.75	1347348.50	1303500.93	632483.27	371789.30	1043672.79	31778.00	1029686.84
5303626.83	1454779.28	1055572.96	1858070.88	943380.36	577626.64	469769.67	1490895.48	2015.50	991570.81
3628173.84	890670.21	434836.95	1277229.84	797581.22	351708.75	310983.82	737312.35	162872.97	301752.41
839170.47	313434.50	270064.10	307744.36	148823.13	22385.36	46783.12	38005.27	0.00	62721.14
2769191.10	849074.57	265581.91	653454.97	600624.94	381655.93	284380.69	994880.37	0.00	583067.51
1608953.34	455584.68	192253.34	245421.05	325776.34	304520.50	277650.77	671498.24	172116.66	353110.53
777570.51	165616.62	133836.01	330131.24	140824.32	77148.15	63850.19	180348.98	0.00	89784.31
300419.92	67841.68	48448.94	33793.40	73132.47	89575.67	36076.70	186579.72	0.00	66243.59
1774770.71	267080.57	205104.92	720826.50	364432.89	241438.23	180992.52	211751.29	0.00	243157.37

小学办学
Condition of School Buildings in

地　区 Region	校舍建筑面积 Floor Space	教学及辅助用房 Buildings for Instruction and Ancillary Uses 合计 Total	其中: of Which: 教室 Classroom	实验室 Laboratory	图书室 Library	微机室 PC-room	语音室 Linguistic	体育馆 Gymnasium	行政办公用房 Administrative 合计 Total	其中:教师办公室 of Which: for Teachers
总　计 Total	**286570405.07**	**146413534.53**	**116421145.47**	**10536319.91**	**9489900.97**	**7304587.95**	**1561400.53**	**1100179.71**	**21761579.05**	**15207217.06**
北　京 Beijing	906440.72	429797.68	313060.83	50910.10	25813.41	21963.38	2025.02	16024.94	114558.90	50300.04
天　津 Tianjin	905878.81	558232.90	465030.47	29087.41	27381.95	24528.27	10787.17	1417.63	105104.30	66843.26
河　北 Hebei	20205873.26	11887903.97	9493635.59	875100.88	772376.15	604727.78	113890.84	28172.73	1455102.22	1014657.19
山　西 Shanxi	6685169.39	2632484.38	2041370.35	202912.37	189646.73	164658.64	25668.98	8227.31	706782.21	542942.97
内蒙古 Inner Mongolia	2716232.16	1028853.04	799313.09	65662.60	63219.86	48648.29	11477.12	40532.08	243940.32	176986.31
辽　宁 Liaoning	2593093.03	1345142.19	1020904.54	108761.27	92070.78	85895.47	23714.32	13795.81	241542.50	174388.54
吉　林 Jilin	3362685.16	1558119.07	1173963.13	141865.45	117272.04	97500.44	18982.24	8535.77	360569.59	258724.69
黑龙江 Heilongjiang	1496062.73	692017.91	545959.20	59000.88	36714.17	36989.92	10788.83	2564.91	143334.45	103585.35
上　海 Shanghai	213797.88	132871.46	83354.15	16343.38	11746.71	7044.84	368.72	14013.66	31664.42	14847.65
江　苏 Jiangsu	4350725.60	2872774.22	2224125.71	209358.51	189710.02	172969.88	42025.43	34584.67	356003.02	216796.54
浙　江 Zhejiang	5618889.95	2621257.56	2023689.54	165107.18	141549.93	108882.13	34975.99	147052.79	431925.13	258980.76
安　徽 Anhui	12555998.41	7420175.91	5776483.38	585574.09	527502.54	448231.79	71860.15	10523.96	978432.06	701361.38
福　建 Fujian	7900205.94	3738440.70	2976289.14	268725.82	237655.49	183310.28	27849.74	44610.23	497423.18	322894.65
江　西 Jiangxi	12252626.60	6674124.98	5416692.36	398762.10	513418.87	266398.99	69854.59	8998.07	1007813.38	717940.01
山　东 Shandong	15781993.59	8401729.65	6321464.89	791781.71	619887.46	525569.44	97993.59	45032.56	1307234.40	912681.11
河　南 Henan	35031251.24	19114572.21	15635173.01	1200412.51	1169556.31	879415.21	200304.06	29711.11	3603690.50	2732243.68
湖　北 Hubei	11135521.48	4848896.31	3757787.95	394465.75	328996.39	261320.30	71144.74	35181.18	708850.62	447553.30
湖　南 Hunan	13854567.45	6775752.54	5470630.99	513277.76	406797.54	235564.72	112684.77	36796.76	1111119.59	828406.29
广　东 Guangdong	19877371.19	10552899.52	8435511.30	562309.27	671910.11	490857.62	148041.73	244269.49	1452042.20	1016399.79
广　西 Guangxi	20916189.69	12370839.37	10592364.97	631980.57	620793.29	402991.95	67114.95	55593.64	928867.73	747683.13
海　南 Hainan	2670177.92	1301377.97	1084100.96	73075.50	78596.42	47416.46	14913.63	3275.00	161803.11	112004.36
重　庆 Chongqing	5066856.92	2169764.83	1817966.66	150695.56	106983.18	80959.29	8856.25	4303.89	374139.58	215517.54
四　川 Sichuan	13478735.32	6471482.86	5237485.31	468734.69	431707.41	271342.52	54611.47	7601.46	780855.50	567945.68
贵　州 Guizhou	11980466.12	5255682.75	4253869.06	374469.89	334938.69	257598.71	26516.55	8289.85	719211.37	431324.15
云　南 Yunnan	22957835.35	10108303.25	7772423.24	808037.87	734713.62	663892.55	109159.07	20076.90	996729.18	672995.76
西　藏 Tibet	3285437.77	1043042.41	788987.36	52099.38	48067.24	49626.03	12587.47	91674.93	174640.90	137893.61
陕　西 Shaanxi	5272826.48	2273999.11	1598786.97	201724.82	199157.54	176061.80	91094.68	7173.30	599979.85	393043.73
甘　肃 Gansu	7557928.52	3901095.07	3107424.49	269848.02	283911.19	217564.10	16665.69	5681.58	825777.46	617822.49
青　海 Qinghai	2219817.42	941345.57	684919.74	51781.28	62339.29	44511.56	12052.81	85740.90	132737.70	89983.86
宁　夏 Ningxia	1815947.57	948589.01	728196.45	90953.73	60696.92	58238.94	7975.97	2527.00	127671.98	81864.13
新　疆 Xinjiang	11903801.40	6341966.13	4780180.64	723499.56	384769.72	369906.65	45413.96	38195.60	1082031.70	580605.11

条件(一)(乡村)
Primary Schools (1)(Rural Area)

单位:平方米
unit: m^2

生活用房 Residential and Welfare							其他用房 Rooms for Other Purposes	校舍面积中 of the Floor Space	
合计 Total	教工宿舍 Apartments for Single		学生宿舍 Students' Dormitories	食堂 Dining Halls	厕所 Toilet	其他 Others		危房面积 Floor Space of Dilapidated Buildings	当年新增校舍 New Floor Space Added in Current Year
	小计 Subtotal	其中:教师周转宿舍 of Which: Accommodation for Circulation of Teachers							
90130040.91	**29064034.87**	**11919322.32**	**19932106.52**	**18477557.04**	**12812282.54**	**9844059.93**	**28265250.59**	**1107864.99**	**9113012.00**
202479.98	33564.87	3437.10	24834.96	45382.90	43942.87	54754.38	159604.16	0.00	3761.00
144020.57	17641.68	4698.00	0.00	12470.36	48062.15	65846.38	98521.04	0.00	36712.52
4493636.28	736134.76	243266.88	1238451.77	796121.11	917091.75	805836.89	2369230.79	0.00	943463.24
2126639.48	491296.99	99953.51	560506.72	414108.60	301754.97	358972.20	1219263.32	13572.15	94118.92
1163104.06	181150.30	133645.94	456777.26	230398.75	139015.19	155762.56	280334.74	392.00	53722.42
514372.46	46216.50	19172.45	40346.44	151964.45	134424.60	141420.47	492035.88	2791.51	51601.57
653744.82	33793.37	19900.56	54404.24	114065.46	187948.63	263533.12	790251.68	0.00	86727.56
384269.80	31606.80	18580.25	60658.94	80574.58	71469.72	139959.76	276440.57	4320.00	14541.35
39786.59	1751.49	210.00	0.00	20665.81	12059.89	5309.40	9475.41	0.00	0.00
766451.73	178724.50	71093.63	38677.66	239030.33	179054.04	130965.20	355496.63	0.00	176845.90
1625102.27	546309.99	116120.32	121839.40	524560.67	214462.87	217929.34	940604.99	0.00	242246.83
2916010.06	857473.66	403604.27	253448.43	935611.60	566762.21	302714.16	1241380.38	11554.00	298307.93
2216234.52	1129150.73	345299.03	187104.44	243012.77	351478.74	305487.84	1448107.54	0.00	208874.03
3656529.21	1560355.71	503355.81	365247.70	892345.31	573918.27	264662.22	914159.03	36734.80	666891.35
2938499.36	419139.54	194087.89	232249.50	719891.78	926107.63	641110.91	3134530.18	0.00	254591.41
9494046.40	1970947.95	633118.71	2165029.74	2279676.02	1964880.24	1113512.45	2818942.13	24425.81	1377405.93
4444359.78	1763731.16	642903.93	938500.83	912510.12	412439.22	417178.45	1133414.77	18754.00	290345.73
4673946.36	1770756.86	636815.88	591519.83	1122327.51	577460.30	611881.86	1293748.96	129964.42	214745.74
5195798.03	2988902.34	356479.82	324586.83	351639.12	738621.67	792048.07	2676631.44	4107.00	239901.49
6319734.67	2573800.73	1254580.54	1389255.03	1078583.54	782431.66	495663.71	1296747.92	118793.18	719199.79
959626.12	592647.85	273829.26	147348.02	77782.61	95594.78	46252.86	247370.72	3138.00	43304.94
1964389.80	963038.72	426217.89	314571.96	363202.98	176181.29	147394.85	558562.71	7678.94	32973.81
5437761.65	2059805.94	1249955.61	1428063.02	1080173.42	548930.08	320789.19	788635.31	25574.00	852052.42
5209361.01	1829012.76	1372319.98	1580346.91	991421.00	501802.53	306777.81	796210.99	0.00	368629.92
10891400.01	2901545.20	1112381.38	4156493.77	2364676.00	846953.03	621732.01	961402.91	455621.57	403183.40
1970426.39	726926.22	637544.62	713469.89	338114.70	68873.69	123041.89	97328.07	74.00	140734.63
1801199.30	611467.85	125950.63	278632.88	415373.92	279437.25	216287.40	597648.22	0.00	213819.40
2153485.06	803694.57	147751.68	186210.68	404145.20	470425.83	289008.78	677570.93	250369.61	296965.53
964479.61	255167.27	136019.16	346815.93	180588.57	94101.55	87806.28	181254.55	0.00	130148.18
561765.05	180815.80	103115.35	37787.90	153560.53	103427.50	86173.32	177921.53	0.00	25154.95
4247380.48	807462.76	633912.24	1698925.84	943577.32	483168.39	314246.17	232423.09	0.00	632040.11

地区 Region	占地面积(平方米) Areas of School Sites(m^2) 合计 Total	其中: of Which: 绿化用地面积 Green Areas	运动场地面积 Sports Areas	图书(册) Books & Magazines in Libraries (Volume)	计算机数(台) PC (set) 合计 Total	其中:教学用计算机 No. of Computers Used for Instruction 小计 Subtotal	其中:平板电脑 of Which: Tablet PC
总 计 Total	**2380474351.98**	**427987331.96**	**765929839.60**	**2579218082**	**14905551**	**12597690**	**1131434**
北 京 Beijing	14306884.89	2375101.83	5531774.38	28042267	258351	218692	37352
天 津 Tianjin	13321210.27	1659299.82	5370854.53	23686223	128230	114803	9274
河 北 Hebei	164689730.94	16664150.50	56270114.61	193813555	937593	910024	28266
山 西 Shanxi	54559616.99	7155246.32	14510513.83	48605307	377515	292895	8904
内蒙古 Inner Mongolia	53856499.63	8443924.59	13357659.02	28714794	219706	176120	8587
辽 宁 Liaoning	42682312.15	5207906.39	18036186.38	57563537	354349	286945	19557
吉 林 Jilin	52862054.57	10697037.14	12148444.35	33995324	154335	120346	7005
黑龙江 Heilongjiang	31495513.07	3827822.78	10649601.40	22709163	181669	139958	8575
上 海 Shanghai	10825455.08	3033938.53	4164125.62	27080353	200083	163236	27189
江 苏 Jiangsu	114973122.95	31464901.94	39552955.40	159019984	889680	767932	64381
浙 江 Zhejiang	74553940.41	17929237.49	26691143.49	125289971	804693	704158	95567
安 徽 Anhui	105226981.55	16211892.53	30941031.78	94320018	945883	804088	273286
福 建 Fujian	56954788.27	11533205.27	19754390.87	90140752	474949	381822	19174
江 西 Jiangxi	87299042.36	13737743.77	31297505.78	73046959	328494	243202	16269
山 东 Shandong	179684588.82	36751016.03	65080590.97	205506646	1147150	997344	34172
河 南 Henan	221564469.64	29000841.56	60198924.15	208825638	995116	843559	51174
湖 北 Hubei	95292476.96	29406351.85	24314157.57	98921119	436538	380543	37277
湖 南 Hunan	109256688.49	16081198.50	26885974.42	120577871	440737	383551	12789
广 东 Guangdong	184734033.45	40293408.52	66300159.89	228085499	1721173	1432749	217544
广 西 Guangxi	111418771.39	15715256.33	47870233.00	159196863	581347	440206	17104
海 南 Hainan	30449053.50	6058773.16	5796294.52	16164297	97630	82439	3156
重 庆 Chongqing	42259679.43	7353727.41	13456370.49	35885041	302721	244969	19053
四 川 Sichuan	89673339.06	12772942.83	38050784.75	93162698	633367	519286	28609
贵 州 Guizhou	77381527.70	15634108.81	28441775.55	93449203	423833	370655	27972
云 南 Yunnan	100566823.92	18195649.80	29548917.74	98549067	522865	423661	4596
西 藏 Tibet	17391260.09	2058884.66	3273828.84	6458504	60474	43083	813
陕 西 Shaanxi	57247928.06	8701485.51	16854215.88	90514645	481810	451306	22370
甘 肃 Gansu	59913142.84	10175523.15	16405648.96	42512692	284894	244395	9061
青 海 Qinghai	15912117.76	2817941.30	3593708.04	12705174	77859	61322	4950
宁 夏 Ningxia	20093030.56	3797355.33	6371740.52	13061620	115455	97886	12907
新 疆 Xinjiang	90028267.18	23231458.32	25210212.87	49613298	327052	256515	4501

条件(二)(总计)
in Primary Schools (2)(Total)

教室(间) Classroom(room)		教室中:普通教室(间) of Which: General Classroom(room)		固定资产总值(万元) Total Value of Fixed Asset (10,000 yuan)		
合计 Total	其中:网络多媒体教室 of Which: Network Multimedia Classroom	合计 Total	其中:网络多媒体教室 of Which: Network Multimedia Classroom	合计 Total	其中:教学仪器设备资产值 of Which: Total Value of Equip & Instru.	
					小计 Subtotal	其中:实验设备 of Which: For Experiment
4112699	**2762762**	**3164558**	**2448203**	**134139191.82**	**19402600.39**	**3486687.03**
35938	32172	25080	24159	2390923.44	837200.31	85592.65
26770	22210	19973	18824	935377.33	189490.57	17650.15
288169	190221	235427	181219	5809166.03	813340.96	223506.64
102387	64998	82390	60617	2721674.02	345231.54	66216.83
53646	41411	37437	34212	2721599.60	360075.44	42857.63
73911	52261	56549	45692	1718972.64	403761.16	59756.19
62935	27522	49182	25289	1552527.12	251675.94	47246.20
53271	34471	34538	28998	1351186.40	254048.24	39675.49
28887	26565	19542	19175	2163814.53	455408.24	60525.90
198479	160652	138542	128237	10594124.31	1319569.67	239239.99
132148	117283	89417	87998	7111420.03	1240702.42	152065.40
176439	125830	145188	118020	5255888.47	794898.15	148575.74
131906	94635	92466	82383	4414308.52	736900.97	108626.35
180202	115711	132680	106223	3690883.22	616605.26	103671.45
285401	222746	195666	181272	10281325.79	1251290.90	193774.36
420351	206778	361226	195946	8169380.72	913504.89	218875.29
138666	86409	112052	80715	4193620.32	565703.28	149991.45
196957	95472	159130	89589	5586839.77	703139.03	163944.32
322182	265254	249051	234529	10606493.00	1934161.50	407994.00
213778	127579	168437	120234	5800065.34	887969.84	165817.14
29449	15837	22659	14805	1125181.71	138915.75	26659.11
83386	69028	58878	53905	3152870.16	357312.98	40919.57
193512	108526	162112	98358	6922677.90	1084100.92	211894.58
142473	105520	112391	98358	4502921.27	523461.52	85397.45
181305	108630	144730	101856	7124168.95	674112.98	111272.40
15574	7191	10664	6454	1605640.55	63962.86	11904.93
102646	77342	82950	69882	3961180.19	584574.43	136592.99
97357	64868	71232	59136	2817142.47	363548.70	66344.02
20398	10720	15412	9360	1064535.33	68877.79	9051.99
25182	18780	17524	15494	1101273.16	182810.37	35455.50
98994	66140	62033	57264	3692009.55	486243.78	55591.34

小学办学
Condition of School Buildings in

地区 Region	占地面积(平方米) Areas of School Sites(m^2)			图书(册) Books & Magazines in Libraries (volume)	计算机数(台) PC (set)		
	合计 Total	其中：of Which：			合计 Total	其中：教学用计算机 No. of Computers Used for Instruction	
		绿化用地面积 Green Areas	运动场地面积 Sports Areas			小计 Subtotal	其中：平板电脑 of Which：Tablet PC
总　计 Total	**506567498.15**	**101918653.89**	**197078962.60**	**949166676**	**5647792**	**4822187**	**622984**
北　京 Beijing	9054932.02	1414286.61	3627468.98	23098518	215331	183248	34709
天　津 Tianjin	7300706.53	1010783.55	2903244.08	17222566	93498	82154	8475
河　北 Hebei	23789358.73	2636320.99	8746686.15	48772378	222498	216689	10235
山　西 Shanxi	12187668.74	1738308.42	4172726.52	18949646	123300	103282	4382
内蒙古 Inner Mongolia	9457538.58	1379207.80	3669061.33	11729310	79529	66176	2853
辽　宁 Liaoning	15863723.69	1866028.47	7940283.45	36082922	214529	179752	12622
吉　林 Jilin	7144413.05	884469.21	3297566.02	15379375	66789	55331	4643
黑龙江 Heilongjiang	7780873.53	822395.07	3666376.17	11233451	90617	71764	5407
上　海 Shanghai	8694947.33	2335870.14	3471663.78	23566436	173506	143739	23702
江　苏 Jiangsu	48115063.63	13647866.37	18686920.29	78769513	470428	410824	45240
浙　江 Zhejiang	35492981.03	8942275.11	13619472.71	67379690	423420	373009	53087
安　徽 Anhui	15126410.61	2626988.60	6218789.25	24053427	225469	189644	65173
福　建 Fujian	14325276.67	2949081.52	5561416.85	36921728	184444	151167	12147
江　西 Jiangxi	14249206.03	2521177.88	5714380.36	19705874	95274	70762	5637
山　东 Shandong	45578305.33	9507356.53	18224728.89	76094318	407657	354600	27943
河　南 Henan	25531481.74	3609266.78	8463512.24	47977008	229254	193650	19035
湖　北 Hubei	20081506.80	6045153.33	6432005.34	38961310	178689	161420	29446
湖　南 Hunan	20230277.92	3698572.23	6408488.99	37295112	139726	116974	8284
广　东 Guangdong	62542874.19	14311536.14	24755564.29	119173360	881335	735682	148861
广　西 Guangxi	13867373.78	2516153.79	6085285.04	38538436	129094	91722	7215
海　南 Hainan	2986492.75	606542.27	881067.74	6033092	30593	26201	1168
重　庆 Chongqing	15449318.01	2969010.39	5291743.69	17404074	145491	117422	14453
四　川 Sichuan	17825778.64	3121060.63	8854702.50	29419315	224071	198201	24272
贵　州 Guizhou	10611507.58	2092040.98	4656027.01	20061222	109771	97711	22626
云　南 Yunnan	9980745.59	2490814.37	3672918.24	17661274	92912	76822	1993
西　藏 Tibet	1404418.90	263458.90	400158.68	1344000	10499	7070	213
陕　西 Shaanxi	14198509.48	2347496.75	4765533.22	38076453	201370	187327	13449
甘　肃 Gansu	4532380.84	640048.72	1925628.94	9447833	60060	53928	3394
青　海 Qinghai	1713149.52	385115.36	562839.67	3728880	22326	16626	2463
宁　夏 Ningxia	4370765.71	1012130.24	1766251.30	5062121	40959	36318	8363
新　疆 Xinjiang	7079511.20	1527836.74	2636450.88	10024034	65353	52972	1494

条件(二)(城区)
Primary Schools (2)(Urban Area)

教室(间) Classroom(room)		教室中:普通教室(间) of Which: General Classroom(room)		固定资产总值(万元) Total Value of Fixed Asset (10,000 yuan)		
					其中:教学仪器设备资产值 of Which: Total Value of Equip & Instru.	
合计 Total	其中:网络多媒体教室 of Which: Network Multimedia Classroom	合计 Total	其中:网络多媒体教室 of Which: Network Multimedia Classroom	合计 Total	小计 Subtotal	其中:实验设备 of Which: For Experiment
1177095	**959359**	**888483**	**812992**	**51171105. 44**	**8630706. 22**	**1247515. 40**
28466	26122	20413	19902	2001937. 15	709929. 31	74030. 21
18021	16229	13971	13578	677104. 63	153568. 05	10328. 33
54336	42491	44668	39574	1249825. 95	230522. 08	51694. 14
29988	22926	24557	21454	1047827. 37	140120. 87	21335. 20
18219	15255	13110	12674	803359. 38	130921. 82	14193. 95
38254	32027	30043	27549	1027145. 52	270638. 71	33046. 46
19699	12709	16116	11809	672232. 98	118929. 41	17675. 75
22427	16540	15450	14128	545697. 41	129440. 75	13862. 11
25092	23219	17042	16782	1888195. 39	399411. 85	51303. 06
97633	83164	65451	62957	6386895. 63	749747. 15	112149. 72
69651	63047	47348	46632	4194971. 26	684733. 74	80615. 03
34248	27848	27397	25039	1326976. 02	223548. 01	28430. 61
41389	33817	30208	28659	1647473. 49	315871. 35	35316. 86
35061	26888	26458	23933	1050025. 47	167479. 50	21613. 73
95711	77375	65598	63249	4467633. 54	566642. 70	73624. 79
65173	47887	55041	44523	1792117. 53	232197. 14	40622. 89
42709	33578	34594	30361	1605691. 59	274448. 56	61261. 87
46334	32175	36861	29036	2058597. 79	245929. 79	51264. 99
141811	125822	109947	107290	5744614. 22	1181219. 59	208216. 28
35891	27263	28380	25039	1316573. 75	211753. 53	30365. 23
7393	5197	6345	4996	311221. 56	50747. 65	7792. 59
32927	28733	24461	23326	1762758. 39	194750. 46	19625. 84
46347	36307	37377	31562	1868177. 74	416304. 55	69305. 23
25915	20913	20425	18749	964158. 18	129113. 45	15664. 11
25254	18762	19836	16795	898349. 91	138123. 82	17640. 62
2112	1566	1585	1353	184348. 79	9987. 57	1486. 89
36216	30113	27903	25725	1843422. 56	275030. 63	51902. 72
13259	10302	9299	9107	563336. 92	89684. 78	10592. 94
3757	2594	2650	2145	225550. 56	20331. 61	2006. 87
7562	6318	5456	5139	355654. 33	65496. 22	12897. 40
16240	12172	10493	9927	689230. 44	104081. 57	7648. 93

小学办学
Condition of School Buildings in Primary

地 区 Region	占地面积(平方米) Areas of School Sites(m^2)			图书(册) Books & Magazines in Libraries (volume)	计算机数(台) PC (set)		
	合计 Total	其中: of Which: 绿化用地面积 Green Areas	运动场地面积 Sports Areas		合计 Total	其中:教学用计算机 No. of Computers Used for Instruction 小计 Subtotal	其中:平板电脑 of Which: Tablet PC
总 计 Total	**772278768.55**	**135827373.77**	**261372208.12**	**933357062**	**4925856**	**4189192**	**301632**
北 京 Beijing	1744921.03	378061.22	638034.69	2012184	18191	14983	1663
天 津 Tianjin	2247480.45	236103.64	942215.35	2786912	13669	12749	398
河 北 Hebei	54992961.42	5639924.08	18677181.60	74439431	335246	325385	8495
山 西 Shanxi	17049561.75	2087102.93	5342814.34	19578545	138496	113454	3070
内蒙古 Inner Mongolia	23335135.55	3630024.93	6319210.02	13607268	105428	84629	4452
辽 宁 Liaoning	10678503.90	1118069.67	4460881.21	12895521	78825	59686	4478
吉 林 Jilin	10524061.56	1864643.42	3848068.54	12118062	50309	39971	2032
黑龙江 Heilongjiang	12103333.16	1421849.83	4175395.64	9169764	68218	52657	3005
上 海 Shanghai	1566424.07	486713.39	521816.84	2752878	20561	15176	2764
江 苏 Jiangsu	48506393.15	13253378.52	15725460.39	63563832	331024	281129	15848
浙 江 Zhejiang	24661666.69	5676520.61	8822302.29	40199998	261693	230218	35079
安 徽 Anhui	37355929.43	5717966.40	12930187.22	42000345	379295	333562	100546
福 建 Fujian	20680353.26	4156774.73	7602230.49	35255836	174726	139121	5429
江 西 Jiangxi	32847790.62	5133832.62	12384645.32	32161601	137719	101691	7039
山 东 Shandong	60508142.59	12391144.23	22242581.62	73498797	367774	320784	4954
河 南 Henan	67200991.22	8536965.65	19256265.04	78196268	350890	302733	15286
湖 北 Hubei	32486656.40	9997153.32	8891109.82	36699194	140670	120551	3610
湖 南 Hunan	44761568.02	6356060.73	11182311.58	53884851	175179	155318	3324
广 东 Guangdong	49309385.97	9897828.74	18765558.50	60328501	443819	373525	46017
广 西 Guangxi	30560767.36	4179901.21	13102766.38	58312988	177969	132871	4223
海 南 Hainan	8218895.85	1518799.45	2034158.02	5709253	34317	29324	935
重 庆 Chongqing	14384801.34	2367280.57	4701342.11	12211440	95478	80596	3544
四 川 Sichuan	36027520.47	5051138.93	16190939.82	42024492	255571	204155	3644
贵 州 Guizhou	32209883.19	6203418.45	11777386.26	41642868	170783	149861	3622
云 南 Yunnan	23292176.26	4688266.42	7808905.99	27013176	126676	98404	1380
西 藏 Tibet	4310323.77	527083.09	797511.67	1598079	13948	10069	256
陕 西 Shaanxi	23291246.78	3305061.23	7577145.16	39230694	200609	193119	6922
甘 肃 Gansu	17007920.87	2738239.25	5688439.93	17754327	111022	97116	3023
青 海 Qinghai	5138296.22	1062276.32	1336081.55	4956139	26419	21312	1313
宁 夏 Ningxia	5258012.15	901468.66	1905676.42	4306121	36600	31080	3852
新 疆 Xinjiang	20017664.05	5304321.53	5723584.31	13447697	84732	63963	1429

条件(二)(镇区)
Schools (2)(Counties & Towns Area)

教室(间) Classroom(room)		教室中:普通教室(间) of Which: General Classroom(room)		固定资产总值(万元) Total Value of Fixed Asset (10,000 yuan)		
					其中:教学仪器设备资产值 of Which: Total Value of Equip & Instru.	
合计 Total	其中:网络多媒体教室 of Which: Network Multimedia Classroom	合计 Total	其中:网络多媒体教室 of Which: Network Multimedia Classroom	合计 Total	小计 Subtotal	其中:实验设备 of Which: For Experiment
1336836	**934212**	**1046993**	**846088**	**45176102.56**	**6178498.40**	**1179995.21**
2967	2299	1920	1722	156910.87	56071.72	4937.83
3389	2438	2418	2185	103585.05	15572.45	2710.19
98657	68113	81040	65081	2330904.17	294792.97	82589.51
34299	23601	27436	21935	900927.47	128677.32	24217.39
23952	19129	16627	15813	1406924.89	172198.53	20645.63
17544	11468	13030	10245	411053.24	78523.19	15013.62
18260	8496	14703	7785	483651.54	85440.01	15393.18
21083	13611	13176	11361	600607.83	98496.97	19055.88
2989	2584	1952	1851	200893.13	44651.32	6548.00
76478	61424	55693	51590	3556030.10	468794.39	98003.05
41452	36760	28573	28214	2090542.64	393408.84	48147.51
66810	48884	55900	46200	2178436.01	338913.84	62946.90
47583	35645	34010	31559	1770964.94	274372.09	43940.66
61886	44130	46739	40725	1467485.35	264508.62	41484.18
97308	76668	68799	64000	3403245.14	402419.05	64751.75
133423	74747	117228	71779	2973798.98	316019.08	77037.84
46613	29399	37683	28031	1358966.97	171150.52	50466.84
75627	39664	62369	38134	2232907.12	302228.46	71523.12
82815	67907	66182	62666	2644045.32	411601.20	99678.68
61972	42324	49671	40162	1965452.89	288614.68	51928.87
9154	5519	6891	5103	412050.36	47080.89	8723.81
26474	22572	18650	17636	868744.79	103432.45	11918.86
77309	45618	64666	42564	2975468.12	439384.76	86561.25
54339	42897	44020	40498	2160936.74	215150.05	31280.14
42549	27557	34266	26016	1831496.17	166670.60	24978.33
4107	1783	2509	1637	391528.76	18162.92	3226.73
40535	30876	34190	29158	1478128.94	234536.32	61996.25
29476	21403	21188	19415	1104976.59	141682.36	22642.69
6830	4177	4971	3630	378392.57	25542.40	3904.33
7183	5568	4930	4608	354418.15	60468.49	11528.66
23773	16951	15563	14785	982627.72	119931.91	12213.55

小学办学

Condition of School Buildings in

地区 Region	占地面积(平方米) Areas of School Sites(m^2) 合计 Total	其中：of Which：绿化用地面积 Green Areas	运动场地面积 Sports Areas	图书(册) Books & Magazines in Libraries (volume)	计算机数(台) PC (set) 合计 Total	其中：教学用计算机 No. of Computers Used for Instruction 小计 Subtotal	其中：平板电脑 of Which：Tablet PC
总　计 Total	**1101628085.28**	**190241304.31**	**307478668.88**	**696694344**	**4331903**	**3586311**	**206818**
北　京 Beijing	3507031.84	582754.00	1266270.71	2931565	24829	20461	980
天　津 Tianjin	3773023.29	412412.63	1525395.10	3676745	21063	19900	401
河　北 Hebei	85907410.79	8387905.43	28846246.86	70601746	379849	367950	9536
山　西 Shanxi	25322386.50	3329834.97	4994972.97	10077116	115719	76159	1452
内蒙古 Inner Mongolia	21063825.50	3434691.86	3369387.67	3378216	34749	25315	1282
辽　宁 Liaoning	16140084.56	2223808.25	5635021.72	8585094	60995	47507	2457
吉　林 Jilin	35193579.96	7947924.51	5002809.79	6497887	37237	25044	330
黑龙江 Heilongjiang	11611306.38	1583577.88	2807829.59	2305948	22834	15537	163
上　海 Shanghai	564083.68	211355.00	170645.00	761039	6016	4321	723
江　苏 Jiangsu	18351666.17	4563657.05	5140574.72	16686639	88228	75979	3293
浙　江 Zhejiang	14399292.69	3310441.77	4249368.49	17710283	119580	100931	7401
安　徽 Anhui	52744641.51	7866937.53	11792055.31	28266246	341119	280882	107567
福　建 Fujian	21949158.34	4427349.02	6590743.53	17963188	115779	91534	1598
江　西 Jiangxi	40202045.71	6082733.27	13198480.10	21179484	95501	70749	3593
山　东 Shandong	73598140.90	14852515.27	24613280.46	55913531	371719	321960	1275
河　南 Henan	128831996.68	16854609.13	32479146.87	82652362	414972	347176	16853
湖　北 Hubei	42724313.76	13364045.20	8991042.41	23260615	117179	98572	4221
湖　南 Hunan	44264842.55	6026565.54	9295173.85	29397908	125832	111259	1181
广　东 Guangdong	72881773.29	16084043.64	22779037.10	48583638	396019	323542	22666
广　西 Guangxi	66990630.25	9019201.33	28682181.58	62345439	274284	215613	5666
海　南 Hainan	19243664.90	3933431.44	2881068.76	4421952	32720	26914	1053
重　庆 Chongqing	12425560.08	2017436.45	3463284.69	6269527	61752	46951	1056
四　川 Sichuan	35820039.95	4600743.27	13005142.43	21718891	153725	116930	693
贵　州 Guizhou	34560136.93	7338649.38	12008362.28	31745113	143279	123083	1724
云　南 Yunnan	67293902.07	11016569.01	18067093.51	53874617	303277	248435	1223
西　藏 Tibet	11676517.42	1268342.67	2076158.49	3516425	36027	25944	344
陕　西 Shaanxi	19758171.80	3048927.53	4511537.50	13207498	79831	70860	1999
甘　肃 Gansu	38372841.13	6797235.18	8791580.09	15310532	113812	93351	2644
青　海 Qinghai	9060672.02	1370549.62	1694786.82	4020155	29114	23384	1174
宁　夏 Ningxia	10464252.70	1883756.43	2699812.80	3693378	37896	30488	692
新　疆 Xinjiang	62931091.93	16399300.05	16850177.68	26141567	176967	139580	1578

条件(二)(乡村)
Primary Schools (2)(Rural Area)

教室(间) Classroom(room)		教室中:普通教室(间) of Which: General Classroom(room)		固定资产总值(万元) Total Value of Fixed Asset (10,000 yuan)		
					其中:教学仪器设备资产值 of Which: Total Value of Equip & Instru.	
合计 Total	其中:网络多媒体教室 of Which: Network Multimedia Classroom	合计 Total	其中:网络多媒体教室 of Which: Network Multimedia Classroom	合计 Total	小计 Subtotal	其中:实验设备 of Which: For Experiment
1598768	**869191**	**1229082**	**789123**	**37791983.82**	**4593395.77**	**1059176.42**
4505	3751	2747	2535	232075.41	71199.28	6624.61
5360	3543	3584	3061	154687.65	20350.07	4611.63
135176	79617	109719	76564	2228435.91	288025.91	89222.99
38100	18471	30397	17228	772919.19	76433.36	20664.24
11475	7027	7700	5725	511315.33	56955.09	8018.04
18113	8766	13476	7898	280773.88	54599.26	11696.10
24976	6317	18363	5695	396642.61	47306.52	14177.27
9761	4320	5912	3509	204881.16	26110.52	6757.50
806	762	548	542	74726.01	11345.07	2674.83
24368	16064	17398	13690	651198.58	101028.12	29087.22
21045	17476	13496	13152	825906.13	162559.84	23302.86
75381	49098	61891	46781	1750476.44	232436.30	57198.22
42934	25173	28248	22165	995870.09	146657.52	29368.84
83255	44693	59483	41565	1173372.40	184617.14	40573.54
92382	68703	61269	54023	2410447.11	282229.15	55397.81
221755	84144	188957	79644	3403464.21	365288.67	101214.56
49344	23432	39775	22323	1228961.76	120104.20	38262.74
74996	23633	59900	22419	1295334.86	154980.78	41156.20
97556	71525	72922	64573	2217833.46	341340.71	100099.04
115915	57992	90386	55033	2518038.70	387601.63	83523.04
12902	5121	9423	4706	401909.78	41087.21	10142.71
23985	17723	15767	12943	521366.99	59130.07	9374.87
69856	26601	60069	24232	2079032.04	228411.61	56028.11
62219	41710	47946	39111	1377826.35	179198.03	38453.20
113502	62311	90628	59045	4394322.88	369318.56	68653.45
9355	3842	6570	3464	1029763.00	35812.36	7191.31
25895	16353	20857	14999	639628.69	75007.48	22694.02
54622	33163	40745	30614	1148828.97	132181.56	33108.39
9811	3949	7791	3585	460592.20	23003.78	3140.80
10437	6894	7138	5747	391200.68	56845.66	11029.43
58981	37017	35977	32552	2020151.39	262230.30	35728.85

工读学校

Basic Statistics of Correctional

地　区 Region	学校数 （所） Schools	班数 （个） Classes	离校人数 Schools Leavers
总　计 Total	**95**	**319**	**4031**
北　京 Beijing	6	27	218
天　津 Tianjin	2	0	0
河　北 Hebei	0	0	0
山　西 Shanxi	1	13	131
内蒙古 Inner Mongolia	0	0	0
辽　宁 Liaoning	10	10	121
吉　林 Jilin	3	5	25
黑龙江 Heilongjiang	1	1	10
上　海 Shanghai	12	63	362
江　苏 Jiangsu	1	12	116
浙　江 Zhejiang	1	16	254
安　徽 Anhui	3	0	0
福　建 Fujian	0	0	0
江　西 Jiangxi	1	12	199
山　东 Shandong	0	0	0
河　南 Henan	3	13	63
湖　北 Hubei	2	7	28
湖　南 Hunan	3	19	25
广　东 Guangdong	3	20	265
广　西 Guangxi	3	2	6
海　南 Hainan	0	0	0
重　庆 Chongqing	1	3	20
四　川 Sichuan	10	25	244
贵　州 Guizhou	21	53	1428
云　南 Yunnan	2	12	207
西　藏 Tibet	0	0	0
陕　西 Shaanxi	1	3	4
甘　肃 Gansu	0	0	0
青　海 Qinghai	0	0	0
宁　夏 Ningxia	0	0	0
新　疆 Xinjiang	5	3	305

基本情况
Work-study Schools

单位：人
unit: person

入校人数 No. of Persons Enrolled	在校生数 Enrolment	教职工数 Educational Personnel 合计 Total	教职工数 Educational Personnel 其中：专任教师 of Which: Full-time Teachers
3036	**6012**	**2901**	**2139**
198	452	270	217
0	0	28	17
0	0	0	0
185	509	76	66
0	0	0	0
59	169	253	182
14	35	41	31
0	10	18	10
255	688	391	307
150	225	57	45
296	443	78	65
0	0	48	30
0	0	0	0
177	280	45	42
0	0	0	0
65	218	63	57
9	19	43	38
81	558	85	56
158	326	196	131
14	14	44	40
0	0	0	0
18	36	25	23
201	472	245	186
989	1283	422	318
157	256	68	60
0	0	0	0
10	16	43	33
0	0	0	0
0	0	0	0
0	0	0	0
0	3	362	185

地　区 Region	学校数（所）Schools	班数（个）Classes	毕业生数 Graduates	招生数 Entrants	在校生数 合计 Total	其中：女 of Which: Female	学前教育阶段 Pre-primary Education	小学阶段 一年级 Grade 1	二年级 Grade 2	三年级 Grade 3
总　计 Total	**2244**	**31220**	**121411**	**149046**	**880800**	**324217**	**4620**	**78076**	**98041**	**108595**
北　京 Beijing	20	344	1507	1218	7308	2477	5	592	635	749
天　津 Tianjin	20	330	634	595	4961	1727	95	346	631	543
河　北 Hebei	163	2037	4595	5956	37728	14250	197	3667	4622	5004
山　西 Shanxi	85	1029	2939	3667	20126	7882	186	1839	2469	2147
内蒙古 Inner Mongolia	53	712	2009	2170	13867	5406	241	1098	1457	1718
辽　宁 Liaoning	86	986	2119	2638	15310	5273	111	1843	1669	1576
吉　林 Jilin	51	687	1554	2153	12442	4358	22	1024	1320	1506
黑龙江 Heilongjiang	72	1150	1954	2355	16358	5896	10	1094	1524	1916
上　海 Shanghai	31	567	1429	1323	8397	2942	295	396	481	627
江　苏 Jiangsu	106	1570	5031	6389	37269	12956	611	3162	4375	3996
浙　江 Zhejiang	86	1141	3415	3450	21455	7544	175	1692	2061	2128
安　徽 Anhui	77	1248	3719	6048	40674	14638	241	3239	4137	5084
福　建 Fujian	74	1155	4366	5067	28130	9466	139	2641	3256	3303
江　西 Jiangxi	95	1506	7825	6743	40167	14509	202	3181	3969	4752
山　东 Shandong	152	2585	6210	7701	47976	17239	683	4030	5108	7111
河　南 Henan	149	1841	4297	10078	62990	23325	180	6932	8701	9678
湖　北 Hubei	88	895	2889	4444	28871	9894	6	2603	3634	3966
湖　南 Hunan	95	1357	7332	8040	54119	19821	373	5124	5963	6998
广　东 Guangdong	143	2286	6084	12550	63802	20763	267	7179	7852	8610
广　西 Guangxi	83	1125	5140	7469	41627	14811	84	3718	4678	5434
海　南 Hainan	14	186	574	1102	5534	1797	0	603	680	799
重　庆 Chongqing	39	444	4107	4675	27006	10373	68	1743	2476	2905
四　川 Sichuan	132	1561	13123	11867	64979	25197	51	4979	6577	7183
贵　州 Guizhou	77	1251	6135	6948	42053	16082	28	3311	5008	5045
云　南 Yunnan	70	1029	8759	7808	45984	18458	81	3408	4687	5042
西　藏 Tibet	7	89	939	1279	7096	3319	0	595	838	818
陕　西 Shaanxi	70	739	3156	3185	19361	7422	122	1876	1940	2371
甘　肃 Gansu	44	559	2233	3676	21468	8325	24	1753	2198	2580
青　海 Qinghai	15	152	1197	1393	7848	3301	2	718	857	965
宁　夏 Ningxia	15	186	1125	1319	7473	2992	33	583	686	687
新　疆 Xinjiang	32	473	5015	5740	28421	11774	88	3107	3552	3354

基本情况(总计)
Special Education(Total)

单位:人
unit: person

Enrolment

Primary Education			初中阶段 Junior Secondary Education				高中阶段 Senior Secondary Education		
四年级 Grade 4	五年级 Grade 5	六年级 Grade 6	一年级 Grade 1	二年级 Grade 2	三年级 Grade 3	四年级 Grade 4	一年级 Grade 1	二年级 Grade 2	三年级及以上 Over Grade 3
114111	**104850**	**100571**	**84837**	**88932**	**83777**	**2653**	**4366**	**3546**	**3825**
811	775	883	714	923	1061	2	39	52	67
583	495	462	480	445	475	15	153	110	128
4634	3902	4313	3655	3813	3646	12	72	112	79
2388	2375	2350	2008	2063	1854	0	151	179	117
1971	1731	1753	1283	1236	1136	9	97	61	76
1648	1631	1605	1517	1461	1514	0	252	232	251
1391	1499	1528	1247	1388	1292	0	85	52	88
2730	2246	1216	1650	1546	1797	495	42	57	35
766	792	0	898	1067	1108	1037	274	232	424
5012	4480	4723	3252	3439	3170	12	392	363	282
2359	2320	2442	2268	2289	2758	10	405	275	273
5905	5196	5739	3702	3481	3532	0	115	131	172
3484	3398	3760	2441	2579	2396	75	309	155	194
5434	5174	4651	3944	4593	3822	0	176	144	125
6446	5190	4264	4482	4727	4216	855	353	237	274
8734	7527	6404	4708	5200	4586	75	143	66	56
3410	3456	3215	2584	2838	2907	14	93	52	93
7069	6353	5768	5028	5946	5375	0	38	51	33
8140	7209	7188	5371	5370	5195	0	583	355	483
5214	4994	4836	4247	4354	3853	3	82	72	58
679	596	521	567	476	478	0	47	53	35
3384	3256	3518	3187	3526	2772	0	54	58	59
8485	8865	7922	6997	7013	6560	0	131	133	83
5448	5395	5276	4047	4123	4130	0	62	88	92
6105	5343	5410	5056	5581	5241	30	0	0	0
894	755	883	721	809	732	0	0	0	51
2536	2403	2141	1994	1975	1913	0	21	30	39
2693	2658	2597	2160	2402	2223	0	60	94	26
1241	990	856	696	713	755	0	14	15	26
949	728	1054	939	870	776	9	67	31	61
3568	3118	3293	2994	2686	2504	0	56	56	45

特殊教育基本
Basic Statistics of Special

地区 Region	学校数(所) Schools	班数(个) Classes	毕业生数 Graduates	招生数 Entrants	在校生数					
					合计 Total	其中:女 of Which: Female	学前教育阶段 Pre-primary Education	小学阶段		
								一年级 Grade 1	二年级 Grade 2	三年级 Grade 3
总　计 Total	**1115**	**16765**	**41041**	**49265**	**288214**	**102739**	**3582**	**26904**	**32356**	**33082**
北　京 Beijing	16	297	1251	941	5967	2008	5	466	522	570
天　津 Tianjin	20	330	585	525	4442	1537	95	308	585	478
河　北 Hebei	58	765	1527	1810	11529	4353	185	1159	1561	1453
山　西 Shanxi	39	526	1199	1466	7369	2894	173	730	1041	708
内蒙古 Inner Mongolia	20	346	681	821	4921	1848	195	393	483	543
辽　宁 Liaoning	62	744	1338	1714	9647	3322	111	1321	1042	934
吉　林 Jilin	36	500	814	995	6097	2082	22	511	703	720
黑龙江 Heilongjiang	37	577	842	1095	7500	2630	2	522	679	965
上　海 Shanghai	28	491	1153	1116	7072	2440	248	351	431	540
江　苏 Jiangsu	83	1175	3090	3888	21245	7474	429	1825	2455	2262
浙　江 Zhejiang	49	699	1796	1718	10863	3783	115	891	1062	1079
安　徽 Anhui	26	531	998	1276	9229	3198	165	722	949	1080
福　建 Fujian	37	605	1691	1939	10931	3724	77	1018	1308	1150
江　西 Jiangxi	36	536	1847	1774	10130	3520	148	873	1074	1310
山　东 Shandong	87	1523	3003	3626	21552	7729	544	1897	2140	2993
河　南 Henan	64	748	1418	2313	13392	4978	115	1600	1728	1733
湖　北 Hubei	46	512	1364	1737	10835	3598	0	1046	1264	1379
湖　南 Hunan	36	615	1564	1850	12845	4489	260	1472	1568	1604
广　东 Guangdong	91	1696	3351	6188	30591	9890	229	3497	3871	3770
广　西 Guangxi	31	474	1193	1523	8720	2927	63	863	1074	1034
海　南 Hainan	5	112	325	398	1856	580	0	203	191	216
重　庆 Chongqing	25	289	1461	1635	9635	3660	64	715	981	1027
四　川 Sichuan	55	764	2741	2780	14521	5405	19	1316	1610	1560
贵　州 Guizhou	27	467	1308	1392	8186	3082	25	717	825	882
云　南 Yunnan	26	411	1532	1363	8256	3312	70	647	881	854
西　藏 Tibet	5	75	173	232	1594	694	0	128	208	140
陕　西 Shaanxi	26	285	853	972	6156	2408	122	649	653	735
甘　肃 Gansu	15	273	576	623	4464	1700	18	328	439	533
青　海 Qinghai	5	62	274	253	1585	622	0	106	178	141
宁　夏 Ningxia	7	97	382	463	2434	975	33	204	299	187
新　疆 Xinjiang	17	240	711	839	4650	1877	50	426	551	502

情况(城区)
Education (Urban Area)

单位:人
unit: person

Enrolment									
Primary Education			初中阶段 Junior Secondary Education				高中阶段 Senior Secondary Education		
四年级 Grade 4	五年级 Grade 5	六年级 Grade 6	一年级 Grade 1	二年级 Grade 2	三年级 Grade 3	四年级 Grade 4	一年级 Grade 1	二年级 Grade 2	三年级及以上 Over Grade 3
34979	**32384**	**30310**	**27293**	**27993**	**26853**	**1790**	**3919**	**3238**	**3531**
662	639	727	591	755	870	2	39	52	67
519	432	401	448	373	411	1	153	110	128
1353	1075	1197	1150	1017	1132	0	72	104	71
833	790	756	776	604	605	0	112	140	101
629	647	562	485	366	408	9	84	53	64
923	978	984	972	858	846	0	234	219	225
604	761	729	569	634	625	0	85	52	82
1088	1064	500	804	728	823	271	22	19	13
636	659	0	742	887	884	850	251	215	378
2642	2359	2386	1982	1965	1923	1	387	355	274
1143	1179	1199	1076	1110	1373	10	216	194	216
1293	1041	1288	805	734	734	0	115	131	172
1305	1192	1396	933	1064	929	10	255	132	162
1183	1287	1115	906	981	823	0	172	140	118
2679	2195	1540	2126	2043	1995	577	344	220	259
1791	1444	1343	1119	1166	1029	59	143	66	56
1269	1331	1259	907	1062	1116	0	68	50	84
1624	1519	1248	1082	1172	1174	0	38	51	33
3571	3496	3337	2478	2551	2405	0	562	348	476
1123	1061	963	840	817	683	0	80	72	47
193	189	157	192	181	199	0	47	53	35
1174	1064	1226	1050	1230	933	0	54	58	59
1755	1843	1684	1541	1576	1349	0	106	90	72
1130	968	975	753	873	796	0	62	88	92
1151	884	1025	882	1036	826	0	0	0	0
240	135	152	141	268	131	0	0	0	51
770	733	650	584	598	573	0	21	30	38
516	539	559	424	468	460	0	60	94	26
325	207	149	145	147	132	0	14	15	26
308	186	261	304	258	235	0	67	31	61
547	487	542	486	471	431	0	56	56	45

特殊教育
Basic Statistics of Special

地 区 Region	学校数（所） Schools	班数（个） Classes	毕业生数 Graduates	招生数 Entrants	在校生数 合计 Total	其中：女 of Which: Female	学前教育阶段 Pre-primary Education	小学阶段 一年级 Grade 1	二年级 Grade 2	三年级 Grade 3
总　计 Total	**952**	**12357**	**53869**	**64841**	**375377**	**140125**	**887**	**29267**	**37031**	**43280**
北　京 Beijing	1	5	92	88	454	149	0	43	40	73
天　津 Tianjin	0	0	31	35	273	101	0	14	26	33
河　北 Hebei	92	1132	1996	2650	17053	6409	12	1496	1752	2186
山　西 Shanxi	27	263	951	1261	6859	2720	5	580	724	764
内蒙古 Inner Mongolia	31	346	1079	1167	7500	2985	46	596	825	969
辽　宁 Liaoning	20	221	544	690	4201	1431	0	387	440	457
吉　林 Jilin	15	187	543	813	4195	1521	0	363	394	546
黑龙江 Heilongjiang	33	543	916	1073	7613	2798	8	483	712	831
上　海 Shanghai	2	38	202	163	904	355	38	35	32	59
江　苏 Jiangsu	21	370	1683	2167	13333	4630	182	1076	1567	1382
浙　江 Zhejiang	22	272	1132	1210	6922	2439	25	518	634	679
安　徽 Anhui	45	629	1759	2881	18565	6665	42	1315	1696	2158
福　建 Fujian	30	449	1970	2306	12005	3987	46	1142	1342	1477
江　西 Jiangxi	57	936	3849	3229	18604	6738	54	1321	1613	1960
山　东 Shandong	61	1015	2454	3100	19650	7034	139	1419	2118	2832
河　南 Henan	80	1029	1877	4206	28173	10486	65	2789	3648	4313
湖　北 Hubei	37	332	1114	1865	12360	4291	6	1066	1434	1781
湖　南 Hunan	54	710	3929	4130	29302	11056	113	2699	2835	3578
广　东 Guangdong	32	370	1899	3703	18918	6315	0	1703	1870	2253
广　西 Guangxi	48	567	2671	3776	18987	6796	18	1202	1572	1929
海　南 Hainan	5	37	175	472	2165	716	0	225	209	299
重　庆 Chongqing	12	136	1991	2356	12151	4696	4	681	944	1177
四　川 Sichuan	57	621	7166	6422	33031	13003	32	2269	2976	3307
贵　州 Guizhou	48	731	3696	4071	23614	9167	3	1624	2683	2597
云　南 Yunnan	36	488	3622	3386	18646	7552	5	1144	1492	1633
西　藏 Tibet	0	0	416	559	2385	1154	0	126	156	172
陕　西 Shaanxi	34	350	1788	1668	10015	3803	0	807	928	1180
甘　肃 Gansu	25	240	1156	1919	9898	3831	6	676	818	1010
青　海 Qinghai	9	83	647	765	4002	1694	0	368	363	442
宁　夏 Ningxia	7	85	496	540	3053	1235	0	195	195	251
新　疆 Xinjiang	11	172	2025	2170	10546	4368	38	905	993	952

基本情况(镇区)
Education (Counties & Towns Area)

单位:人
unit: person

Enrolment									
Primary Education			初中阶段 Junior Secondary Education				高中阶段 Senior Secondary Education		
四年级 Grade 4	五年级 Grade 5	六年级 Grade 6	一年级 Grade 1	二年级 Grade 2	三年级 Grade 3	四年级 Grade 4	一年级 Grade 1	二年级 Grade 2	三年级及以上 Over Grade 3
46080	**42890**	**42324**	**43611**	**46006**	**42731**	**694**	**243**	**164**	**169**
43	31	50	41	58	75	0	0	0	0
30	26	28	21	48	38	9	0	0	0
2074	1681	1810	1912	2144	1960	10	0	8	8
718	791	804	776	927	770	0	0	0	0
1072	864	940	732	796	655	0	5	0	0
532	462	439	443	443	541	0	18	13	26
514	421	474	483	532	462	0	0	0	6
1407	1017	601	752	675	862	186	19	38	22
84	88	0	117	136	167	125	8	5	10
1889	1694	1916	1144	1341	1110	11	5	8	8
753	694	760	899	851	1009	0	79	14	7
2575	2237	2610	2140	1907	1885	0	0	0	0
1407	1459	1573	1162	1146	1099	65	44	15	28
2345	2332	2189	2249	2477	2052	0	4	1	7
2571	2004	1948	2045	2359	1924	250	9	17	15
3695	3100	2688	2543	2774	2546	12	0	0	0
1319	1369	1241	1313	1391	1390	14	25	2	9
3679	3426	3242	2932	3628	3170	0	0	0	0
2371	2039	2337	2111	2130	2104	0	0	0	0
1874	1929	2073	2823	2918	2633	3	2	0	11
223	252	209	270	246	232	0	0	0	0
1340	1387	1406	1776	1909	1527	0	0	0	0
3972	4255	3901	4148	4180	3912	0	25	43	11
2771	2850	2811	2766	2756	2753	0	0	0	0
2105	1946	1797	2694	2989	2841	0	0	0	0
230	170	236	433	402	460	0	0	0	0
1316	1232	1097	1166	1148	1140	0	0	0	1
1062	1172	1078	1339	1443	1294	0	0	0	0
523	523	458	409	437	479	0	0	0	0
323	299	393	480	492	416	9	0	0	0
1263	1140	1215	1492	1323	1225	0	0	0	0

特殊教育
Basic Statistics of Special

地 区 Region	学校数(所) Schools	班数(个) Classes	毕业生数 Graduates	招生数 Entrants	在校生数					
					合计 Total	其中:女 of Which: Female	学前教育阶段 Pre-primary Education	小学阶段		
								一年级 Grade 1	二年级 Grade 2	三年级 Grade 3
总 计 Total	**177**	**2098**	**26501**	**34940**	**217209**	**81353**	**151**	**21905**	**28654**	**32233**
北 京 Beijing	3	42	164	189	887	320	0	83	73	106
天 津 Tianjin	0	0	18	35	246	89	0	24	20	32
河 北 Hebei	13	140	1072	1496	9146	3488	0	1012	1309	1365
山 西 Shanxi	19	240	789	940	5898	2268	8	529	704	675
内蒙古 Inner Mongolia	2	20	249	182	1446	573	0	109	149	206
辽 宁 Liaoning	4	21	237	234	1462	520	0	135	187	185
吉 林 Jilin	0	0	197	345	2150	755	0	150	223	240
黑龙江 Heilongjiang	2	30	196	187	1245	468	0	89	133	120
上 海 Shanghai	1	38	74	44	421	147	9	10	18	28
江 苏 Jiangsu	2	25	258	334	2691	852	0	261	353	352
浙 江 Zhejiang	15	170	487	522	3670	1322	35	283	365	370
安 徽 Anhui	6	88	962	1891	12880	4775	34	1202	1492	1846
福 建 Fujian	7	101	705	822	5194	1755	16	481	606	676
江 西 Jiangxi	2	34	2129	1740	11433	4251	0	987	1282	1482
山 东 Shandong	4	47	753	975	6774	2476	0	714	850	1286
河 南 Henan	5	64	1002	3559	21425	7861	0	2543	3325	3632
湖 北 Hubei	5	51	411	842	5676	2005	0	491	936	806
湖 南 Hunan	5	32	1839	2060	11972	4276	0	953	1560	1816
广 东 Guangdong	20	220	834	2659	14293	4558	38	1979	2111	2587
广 西 Guangxi	4	84	1276	2170	13920	5088	3	1653	2032	2471
海 南 Hainan	4	37	74	232	1513	501	0	175	280	284
重 庆 Chongqing	2	19	655	684	5220	2017	0	347	551	701
四 川 Sichuan	20	176	3216	2665	17427	6789	0	1394	1991	2316
贵 州 Guizhou	2	53	1131	1485	10253	3833	0	970	1500	1566
云 南 Yunnan	8	130	3605	3059	19082	7594	6	1617	2314	2555
西 藏 Tibet	2	14	350	488	3117	1471	0	341	474	506
陕 西 Shaanxi	10	104	515	545	3190	1211	0	420	359	456
甘 肃 Gansu	4	46	501	1134	7106	2794	0	749	941	1037
青 海 Qinghai	1	7	276	375	2261	985	2	244	316	382
宁 夏 Ningxia	1	4	247	316	1986	782	0	184	192	249
新 疆 Xinjiang	4	61	2279	2731	13225	5529	0	1776	2008	1900

基本情况(乡村)
Education (Rural Area)

单位:人
unit: person

Enrolment									
Primary Education			初中阶段 Junior Secondary Education				高中阶段 Senior Secondary Education		
四年级 Grade 4	五年级 Grade 5	六年级 Grade 6	一年级 Grade 1	二年级 Grade 2	三年级 Grade 3	四年级 Grade 4	一年级 Grade 1	二年级 Grade 2	三年级及以上 Over Grade 3
33052	**29576**	**27937**	**13933**	**14933**	**14193**	**169**	**204**	**144**	**125**
106	105	106	82	110	116	0	0	0	0
34	37	33	11	24	26	5	0	0	0
1207	1146	1306	593	652	554	2	0	0	0
837	794	790	456	532	479	0	39	39	16
270	220	251	66	74	73	0	8	8	12
193	191	182	102	160	127	0	0	0	0
273	317	325	195	222	205	0	0	0	0
235	165	115	94	143	112	38	1	0	0
46	45	0	39	44	57	62	15	12	36
481	427	421	126	133	137	0	0	0	0
463	447	483	293	328	376	0	110	67	50
2037	1918	1841	757	840	913	0	0	0	0
772	747	791	346	369	368	0	10	8	4
1906	1555	1347	789	1135	947	0	0	3	0
1196	991	776	311	325	297	28	0	0	0
3248	2983	2373	1046	1260	1011	4	0	0	0
822	756	715	364	385	401	0	0	0	0
1766	1408	1278	1014	1146	1031	0	0	0	0
2198	1674	1514	782	689	686	0	21	7	7
2217	2004	1800	584	619	537	0	0	0	0
263	155	155	105	49	47	0	0	0	0
870	805	886	361	387	312	0	0	0	0
2758	2767	2337	1308	1257	1299	0	0	0	0
1547	1577	1490	528	494	581	0	0	0	0
2849	2513	2588	1480	1556	1574	30	0	0	0
424	450	495	147	139	141	0	0	0	0
450	438	394	244	229	200	0	0	0	0
1115	947	960	397	491	469	0	0	0	0
393	260	249	142	129	144	0	0	0	0
318	243	400	155	120	125	0	0	0	0
1758	1491	1536	1016	892	848	0	0	0	0

地 区 Region	毕业生数 Graduates	招生数 Intakes	在校生数					
			合计 Total	学前教育阶段 Pre-primary Education	小学阶段 Primary Education			
					一年级 Grade 1	二年级 Grade 2	三年级 Grade 3	四年级 Grade 4
总 计 Total	**44470**	**56190**	**324217**	**1624**	**28681**	**35560**	**39165**	**41806**
北 京 Beijing	536	399	2477	1	195	198	229	286
天 津 Tianjin	219	204	1727	27	119	218	208	196
河 北 Hebei	1683	2336	14250	69	1432	1756	1865	1724
山 西 Shanxi	1145	1472	7882	94	694	926	834	932
内蒙古 Inner Mongolia	796	879	5406	64	444	559	658	791
辽 宁 Liaoning	728	973	5273	42	664	580	535	567
吉 林 Jilin	556	807	4358	6	353	465	511	482
黑龙江 Heilongjiang	678	859	5896	4	384	536	691	984
上 海 Shanghai	491	482	2942	109	137	162	216	253
江 苏 Jiangsu	1741	2307	12956	239	1104	1438	1352	1694
浙 江 Zhejiang	1211	1236	7544	61	544	719	698	845
安 徽 Anhui	1234	2270	14638	90	1201	1414	1823	2133
福 建 Fujian	1387	1728	9466	38	895	1058	1076	1122
江 西 Jiangxi	2872	2453	14509	40	1112	1422	1662	1988
山 东 Shandong	2260	2822	17239	219	1407	1745	2587	2338
河 南 Henan	1513	3856	23325	69	2648	3184	3484	3251
湖 北 Hubei	990	1549	9894	3	897	1286	1332	1138
湖 南 Hunan	2739	3094	19821	120	1850	2109	2474	2529
广 东 Guangdong	1903	4255	20763	96	2352	2470	2735	2619
广 西 Guangxi	1768	2791	14811	35	1351	1661	1886	1788
海 南 Hainan	189	371	1797	0	186	208	252	204
重 庆 Chongqing	1470	1831	10373	29	673	904	1106	1297
四 川 Sichuan	5082	4626	25197	16	1915	2568	2691	3326
贵 州 Guizhou	2278	2645	16082	10	1270	1971	1924	2101
云 南 Yunnan	3549	3101	18458	32	1385	1865	2045	2429
西 藏 Tibet	466	626	3319	0	284	421	376	405
陕 西 Shaanxi	1187	1244	7422	47	677	711	877	955
甘 肃 Gansu	810	1490	8325	10	713	871	982	1078
青 海 Qinghai	494	600	3301	1	289	361	406	480
宁 夏 Ningxia	466	532	2992	18	224	261	263	382
新 疆 Xinjiang	2029	2352	11774	35	1282	1513	1387	1489

女学生数
in Special Education

单位:人
Unit:person

Total In-school Students

		初中阶段 Junior Secondary Education				高中阶段 Senior Secondary Education		
五年级 Grade 5	六年级 Grade 6	一年级 Grade 1	二年级 Grade 2	三年级 Grade 3	四年级 Grade 4	一年级 Grade 1	二年级 Grade 2	三年级及以上 Over Grade 3
37964	**36901**	**32100**	**33442**	**31263**	**946**	**1744**	**1492**	**1529**
236	309	251	338	373	0	15	22	24
182	147	169	170	157	6	45	41	42
1437	1554	1423	1459	1425	1	18	50	37
916	906	802	831	744	0	72	80	51
662	634	516	503	464	5	35	37	34
526	545	526	520	504	0	83	81	100
486	503	466	508	471	0	43	21	43
800	408	606	609	655	161	17	25	16
264	0	314	377	398	375	111	75	151
1567	1691	1140	1199	1095	6	167	159	105
795	850	816	843	1007	5	152	120	89
1783	2100	1383	1298	1249	0	46	48	70
1125	1343	814	914	801	24	119	70	67
1869	1686	1467	1676	1419	0	64	52	52
1794	1528	1625	1715	1598	311	152	97	123
2649	2334	1774	2044	1738	30	63	31	26
1120	1087	938	976	1013	5	40	27	32
2332	2142	1996	2213	2007	0	7	29	13
2244	2335	1830	1829	1735	0	219	125	174
1711	1722	1592	1577	1382	1	38	35	32
173	172	202	158	180	0	20	21	21
1296	1304	1251	1380	1037	0	30	37	29
3472	3047	2735	2733	2547	0	52	50	45
2040	2008	1512	1556	1580	0	28	43	39
2153	2188	1995	2260	2097	9	0	0	0
366	409	357	352	328	0	0	0	21
954	848	837	728	747	0	8	15	18
1024	928	851	925	856	0	23	49	15
439	364	318	300	314	0	9	9	11
254	434	394	360	305	7	39	18	33
1295	1375	1200	1091	1037	0	29	25	16

特殊教育学校教职工数
Number of Educational Personnel in Special Education Schools

单位:人
unit: person

地　区 Region	教职工数 Educational Personnel 合计 Total	专任教师 Full-time Teachers	行政人员 Adm. Personnel	教辅人员 Supporting Staff	工勤人员 Workers	代课教师 Substitute Teachers	兼任教师 Part-time Teachers
总　计 Total	**76415**	**66169**	**3491**	**2895**	**3860**	**1767**	**566**
北　京 Beijing	1278	1044	107	83	44	0	2
天　津 Tianjin	817	673	88	33	23	9	4
河　北 Hebei	4126	3625	199	116	186	27	4
山　西 Shanxi	2402	2043	101	120	138	211	31
内蒙古 Inner Mongolia	2062	1746	118	122	76	3	0
辽　宁 Liaoning	3022	2285	547	95	95	0	0
吉　林 Jilin	1907	1648	153	65	41	4	2
黑龙江 Heilongjiang	2425	2128	141	69	87	117	57
上　海 Shanghai	1768	1415	150	103	100	4	2
江　苏 Jiangsu	4305	3749	156	200	200	65	2
浙　江 Zhejiang	3175	2933	70	58	114	4	5
安　徽 Anhui	2167	1979	52	48	88	95	16
福　建 Fujian	2586	2312	83	53	138	208	4
江　西 Jiangxi	2136	1922	47	89	78	62	10
山　东 Shandong	6496	5784	186	219	307	159	2
河　南 Henan	4679	4287	123	101	168	211	193
湖　北 Hubei	2216	1950	80	53	133	98	8
湖　南 Hunan	2911	2624	145	64	78	131	0
广　东 Guangdong	7461	5841	325	694	601	18	124
广　西 Guangxi	2407	2031	38	105	233	7	37
海　南 Hainan	614	441	17	17	139	5	0
重　庆 Chongqing	1195	1072	49	14	60	51	0
四　川 Sichuan	3538	3220	107	81	130	137	29
贵　州 Guizhou	2236	1981	86	25	144	10	17
云　南 Yunnan	2720	2483	63	42	132	12	16
西　藏 Tibet	325	297	12	7	9	0	0
陕　西 Shaanxi	1912	1614	127	48	123	22	0
甘　肃 Gansu	1273	1092	49	68	64	0	0
青　海 Qinghai	276	215	11	1	49	19	0
宁　夏 Ningxia	518	458	10	37	13	56	0
新　疆 Xinjiang	1462	1277	51	65	69	22	1

特殊教育学校女教职工数
Number of Female Educational Personnel in Special Education Schools

单位:人
unit: person

地 区 Region	教职工数 Educational Personnel					代课教师 Substitute Teachers	兼任教师 Part-time Teachers
	合计 Total	专任教师 Full-time Teachers	行政人员 Adm. Personnel	教辅人员 Supporting Staff	工勤人员 Workers		
总 计 Total	**54866**	**49373**	**1665**	**2009**	**1819**	**1388**	**293**
北 京 Beijing	959	832	59	58	10	0	0
天 津 Tianjin	603	517	57	24	5	5	2
河 北 Hebei	3137	2909	86	72	70	21	3
山 西 Shanxi	1762	1573	49	85	55	163	18
内蒙古 Inner Mongolia	1376	1269	40	53	14	3	0
辽 宁 Liaoning	2258	1832	349	59	18	0	0
吉 林 Jilin	1401	1280	80	38	3	2	2
黑龙江 Heilongjiang	1613	1506	75	27	5	83	41
上 海 Shanghai	1417	1180	108	80	49	3	1
江 苏 Jiangsu	3068	2798	63	146	61	56	2
浙 江 Zhejiang	2385	2249	29	34	73	4	5
安 徽 Anhui	1510	1408	15	38	49	90	12
福 建 Fujian	1984	1825	34	42	83	135	3
江 西 Jiangxi	1633	1477	28	75	53	59	9
山 东 Shandong	4140	3819	75	143	103	107	2
河 南 Henan	3385	3216	44	59	66	188	46
湖 北 Hubei	1461	1335	32	23	71	83	3
湖 南 Hunan	2098	1960	65	47	26	107	0
广 东 Guangdong	5413	4373	138	506	396	14	76
广 西 Guangxi	1915	1650	16	93	156	5	24
海 南 Hainan	439	331	8	12	88	4	0
重 庆 Chongqing	872	807	22	10	33	45	0
四 川 Sichuan	2541	2395	40	63	43	117	15
贵 州 Guizhou	1551	1413	35	21	82	6	13
云 南 Yunnan	1936	1819	26	25	66	1	15
西 藏 Tibet	208	199	4	3	2	0	0
陕 西 Shaanxi	1305	1182	43	28	52	1	0
甘 肃 Gansu	849	760	12	56	21	0	0
青 海 Qinghai	173	136	2	1	34	16	0
宁 夏 Ningxia	400	357	4	36	3	54	0
新 疆 Xinjiang	1074	966	27	52	29	16	1

特殊教育学校专任教师
Number of Full-time Teachers in Special Education

地　区 Region	合计 Total	其中:女 of Which: Female	按学历分 By Academic Qualifications			
			研究生毕业 Graduate	本科毕业 Under-graduate	专科毕业 Associate Bachelor	高中阶段毕业 High School Graduate
总　计 Total	**66169**	**49373**	**1872**	**47790**	**15679**	**796**
北　京 Beijing	1044	832	76	925	43	0
天　津 Tianjin	673	517	41	540	90	2
河　北 Hebei	3625	2909	48	2511	1020	46
山　西 Shanxi	2043	1573	25	1451	524	40
内蒙古 Inner Mongolia	1746	1269	51	1267	397	31
辽　宁 Liaoning	2285	1832	61	1680	529	14
吉　林 Jilin	1648	1280	28	1312	291	17
黑龙江 Heilongjiang	2128	1506	16	1260	808	44
上　海 Shanghai	1415	1180	180	1125	109	1
江　苏 Jiangsu	3749	2798	136	3187	406	19
浙　江 Zhejiang	2933	2249	147	2361	410	14
安　徽 Anhui	1979	1408	30	1403	514	32
福　建 Fujian	2312	1825	30	1646	612	24
江　西 Jiangxi	1922	1477	17	1049	836	20
山　东 Shandong	5784	3819	212	4436	997	139
河　南 henan	4287	3216	40	2646	1533	68
湖　北 Hubei	1950	1335	32	1230	658	28
湖　南 Hunan	2624	1960	62	1605	905	43
广　东 Guangdong	5841	4373	337	4484	918	99
广　西 Guangxi	2031	1650	33	1291	678	26
海　南 Hainan	441	331	3	292	143	3
重　庆 Chongqing	1072	807	29	809	222	8
四　川 Sichuan	3220	2395	72	2250	883	15
贵　州 Guizhou	1981	1413	15	1480	472	11
云　南 Yunnan	2483	1819	36	1968	462	17
西　藏 Tibet	297	199	3	228	57	9
陕　西 Shaanxi	1614	1182	57	1096	450	11
甘　肃 Gansu	1092	760	26	852	210	4
青　海 Qinghai	215	136	8	152	52	3
宁　夏 Ningxia	458	357	7	326	123	2
新　疆 Xinjiang	1277	966	14	928	327	6

学历、专业技术职务情况
Schools by Academic Qualifications and Professional Rank

单位：人
unit：person

	按专业技术职务分 By Professional Rank					
高中阶段以下毕业 Below High School Graduate	正高级 Senior	副高级 Sub-senior	中级 Middle	助理级 Associate	员级 Junior	未定职级 No-ranking
32	**70**	**10616**	**27805**	**17293**	**2119**	**8266**
0	1	159	473	355	24	32
0	0	112	388	146	1	26
0	1	848	1719	768	22	267
3	1	109	743	755	56	379
0	0	437	668	356	50	235
1	1	544	1296	205	66	173
0	1	460	758	354	8	67
0	3	621	1021	377	36	70
0	1	84	801	461	9	59
1	2	622	1867	867	55	336
1	1	410	1189	925	90	318
0	3	335	765	475	137	264
0	2	179	1125	719	103	184
0	1	296	564	446	201	414
0	18	1036	2420	1423	109	778
0	2	771	1968	1203	73	270
2	2	336	1027	411	47	127
9	5	422	952	610	161	474
3	6	562	2105	1677	296	1195
3	1	107	932	502	90	399
0	0	40	121	138	84	58
4	1	141	492	359	5	74
0	5	655	1042	1043	74	401
3	1	174	920	676	73	137
0	5	546	757	334	47	794
0	1	39	78	87	37	55
0	0	150	626	506	46	286
0	3	168	454	411	11	45
0	0	61	75	39	7	33
0	0	67	188	135	6	62
2	2	125	271	530	95	254

特殊教育学校
Condition of School Buildings in

地　区 Region	校舍建筑面积 Floor Space	教学及辅助用房 By Academic Qualifications				
		合计 Total	其中：of Which：			
			普通教室 General Classroom	专用教室 Special Classroom	实验室 Laboratory	微机室 PC-room
总　计 Total	**11419105.69**	**5113899.56**	**2689690.37**	**1888257.86**	**173469.39**	**163516.17**
北　京 Beijing	162317.66	66337.90	28715.10	31253.00	879.00	3140.50
天　津 Tianjin	104768.70	48630.38	26133.79	17608.40	571.00	1465.86
河　北 Hebei	563539.79	260643.59	113934.73	114759.69	8607.75	10128.58
山　西 Shanxi	258042.15	105790.93	53743.46	38899.26	3196.52	4245.44
内蒙古 Inner Mongolia	256963.48	113002.78	58288.99	43514.51	3861.44	3972.44
辽　宁 Liaoning	291520.44	134418.07	47093.72	74120.57	3069.55	4448.47
吉　林 Jilin	222265.74	106306.24	51882.66	44264.98	2532.94	3360.38
黑龙江 Heilongjiang	258615.45	122880.84	44193.25	68931.72	2583.80	3703.82
上　海 Shanghai	206889.63	100616.59	41767.97	39193.14	8151.64	3576.82
江　苏 Jiangsu	697756.69	320155.17	151219.86	127215.83	18800.53	9939.48
浙　江 Zhejiang	638282.46	232371.94	119642.69	96041.19	4414.52	5394.31
安　徽 Anhui	451415.24	226712.84	131652.90	70577.00	5512.02	10373.24
福　建 Fujian	435080.84	188757.07	94294.98	77894.81	4806.92	4382.72
江　西 Jiangxi	418050.41	183669.24	102581.23	66018.06	3480.05	4763.83
山　东 Shandong	954850.54	414490.62	212953.28	154511.20	18163.70	12442.19
河　南 Henan	635098.31	288246.31	148594.18	102370.19	12828.84	11066.74
湖　北 Hubei	367596.32	166626.19	103193.75	47448.60	4308.61	5488.79
湖　南 Hunan	489756.08	209177.25	131249.00	56878.23	5803.43	7801.17
广　东 Guangdong	1160967.07	497676.04	282578.55	160381.50	24179.66	13680.11
广　西 Guangxi	367633.70	179184.64	98416.83	65819.07	4096.00	4499.02
海　南 Hainan	92039.14	34032.99	16815.40	14140.22	719.62	842.69
重　庆 Chongqing	203665.64	90202.17	59156.33	23211.48	2107.00	3254.88
四　川 Sichuan	540824.13	261086.58	152167.46	84718.44	7025.53	7735.25
贵　州 Guizhou	308998.42	145507.70	82370.25	51094.56	3075.30	4435.33
云　南 Yunnan	394556.72	200697.24	130460.04	49918.52	8922.57	5400.11
西　藏 Tibet	74192.33	23961.61	19832.52	3415.12	104.00	267.42
陕　西 Shaanxi	247890.23	110772.39	56167.67	41323.82	4651.75	3926.97
甘　肃 Gansu	202594.67	84804.40	39179.86	35162.22	2641.38	3824.04
青　海 Qinghai	95286.01	42281.51	14851.47	23097.27	1135.78	1501.86
宁　夏 Ningxia	101673.81	53968.28	33365.54	17306.15	877.52	1290.07
新　疆 Xinjiang	215973.89	100890.06	43192.91	47169.11	2361.02	3163.64

办学条件(一)
Special Education Schools (1)

单位:平方米
unit: m^2

图书室 Library	行政办公用房 Administrative 合计 Total	行政办公用房 Administrative 其中:教师办公室 of Which: for Teachers	生活用房 Residential and Welfare	其他用房 Rooms for Other Purposes	校舍面积中 of the Floor Space 危房面积 Floor Space of Dilapidated Buildings	校舍面积中 of the Floor Space 当年新增校舍 New Added in Current Year
198965.77	**1065095.44**	**577300.64**	**3311064.38**	**1929046.31**	**49508.90**	**607920.54**
2350.30	17475.75	7311.50	29041.32	49462.69	0.00	0.00
2851.33	10195.19	5812.41	20370.43	25572.70	0.00	4863.24
13212.84	51719.22	30134.62	152525.21	98651.77	0.00	31084.93
5706.25	28173.94	16523.62	75393.52	48683.76	4018.00	6705.80
3365.40	23058.19	13642.87	79142.81	41759.70	0.00	23934.12
5685.76	28084.63	15811.71	59390.52	69627.22	0.00	9924.86
4265.28	22156.42	14890.72	51929.47	41873.61	0.00	1315.96
3468.25	23509.55	15056.72	65691.96	46533.10	6398.00	15780.25
7927.02	27817.47	11068.69	53380.36	25075.21	0.00	0.00
12979.47	66140.63	30401.15	162026.92	149433.97	0.00	13731.35
6879.23	46606.05	25280.17	183910.84	175393.63	0.00	75428.49
8597.68	44129.71	24038.26	139004.88	41567.81	20475.00	54618.35
7377.64	38841.35	21100.79	125037.86	82444.56	0.00	21766.36
6826.07	39023.02	16424.32	131026.34	64331.81	0.00	29849.23
16420.25	111999.99	53735.35	282732.46	145627.47	0.00	54603.81
13386.36	72098.36	46286.15	181263.75	93489.89	2219.90	4973.00
6186.44	34214.70	17178.37	115874.97	50880.46	1955.00	2847.00
7445.42	45833.72	26020.58	163553.04	71192.07	5384.00	1307.36
16856.22	90058.46	57692.38	312446.63	260785.94	0.00	78897.23
6353.72	28498.51	15910.36	116729.20	43221.35	0.00	3292.00
1515.06	5164.75	3834.63	39117.22	13724.18	0.00	129.00
2472.48	19101.52	10991.13	65002.33	29359.62	0.00	4000.00
9439.90	42787.15	22682.07	180818.63	56131.77	1177.00	36514.47
4532.26	27527.90	15494.16	105341.12	30621.70	0.00	14157.85
5996.00	32037.06	15049.90	120162.60	41659.82	7882.00	58407.16
342.55	7322.46	2425.85	36050.15	6858.11	0.00	5736.64
4702.18	32212.55	14964.06	77859.28	27046.01	0.00	9385.20
3996.90	17283.59	11393.25	60975.60	39531.08	0.00	93.00
1695.13	10923.92	4931.74	32300.92	9779.66	0.00	12432.78
1129.00	6480.91	2611.58	30939.20	10285.42	0.00	4277.00
5003.38	14618.77	8601.53	62024.84	38440.22	0.00	27864.10

特殊教育学校办学条件(二)
Condition of School Buildings in Special Education Schools (2)

地 区 Region	占地面积(平方米) Areas of School Sites(m^2)			图书(册) Books & Magazines in Libraries (Volume)
	合计 Total	其中:of Which:		
		绿化用地面积 Green Areas	运动场地面积 Sports Areas	
总 计 Total	**23528246.01**	**5080504.74**	**5781008.79**	**11177572**
北 京 Beijing	252726.64	29332.28	68140.52	304867
天 津 Tianjin	205331.07	20111.59	63051.70	109429
河 北 Hebei	1293653.80	222437.44	339103.83	632466
山 西 Shanxi	527742.05	71425.36	119325.40	262702
内蒙古 Inner Mongolia	673232.97	124412.47	185680.22	187196
辽 宁 Liaoning	696872.21	102339.14	231346.27	566646
吉 林 Jilin	567652.50	104110.28	171475.49	203283
黑龙江 Heilongjiang	615275.25	87628.30	214724.77	303134
上 海 Shanghai	331832.26	124074.30	68910.00	402531
江 苏 Jiangsu	1404792.98	423333.12	325280.98	855204
浙 江 Zhejiang	1090925.37	327814.42	241322.35	450001
安 徽 Anhui	1003857.83	247652.21	220759.15	368678
福 建 Fujian	836769.41	220540.79	228178.40	419114
江 西 Jiangxi	818419.40	193279.36	249753.34	289314
山 东 Shandong	2323584.66	484872.39	580061.23	975876
河 南 Henan	1271601.55	214354.33	276233.56	549727
湖 北 Hubei	751369.78	185806.86	182284.55	269304
湖 南 Hunan	1226164.28	379948.75	206091.00	457080
广 东 Guangdong	1755031.65	386357.84	418370.74	874583
广 西 Guangxi	639175.88	111514.75	161572.04	453308
海 南 Hainan	231568.74	51215.42	40213.35	96460
重 庆 Chongqing	305533.41	61452.43	69215.42	131841
四 川 Sichuan	844984.21	171247.88	249417.16	482447
贵 州 Guizhou	762384.40	138202.13	227038.81	279999
云 南 Yunnan	905661.38	205803.86	183972.04	484700
西 藏 Tibet	142604.01	31818.23	12947.34	35312
陕 西 Shaanxi	568066.14	83747.12	114021.48	291355
甘肃 Gansu	393653.94	80490.64	117062.97	145293
青 海 Qinghai	194261.50	39269.50	45783.72	73892
宁 夏 Ningxia	220906.47	39765.84	52517.51	123298
新 疆 Xinjiang	672610.27	116145.71	117153.45	98532

学前教育基本情况(总计)
Basic Statistics of Pre-primary Education(Total)

地　区 Region	园数(所) Kindergartens		班数(个) Classes	入园(班)人数(人) Entrants	在园(班)人数(人) Enrolment	离园(班)人数(人) Leavers
	合计 Total	其中:少数民族幼儿园 of Which: Minorities				
总　计 Total	**291715**	**7088**	**1772314**	**17914049**	**48182634**	**17794338**
北　京 Beijing	1899	9	18770	221767	525878	132884
天　津 Tianjin	2575	3	12615	124365	298628	92812
河　北 Hebei	18057	43	104418	991472	2453149	940609
山　西 Shanxi	7165	0	43777	353263	997800	378281
内蒙古 Inner Mongolia	4428	463	26481	201774	610972	221352
辽　宁 Liaoning	9470	54	42075	275215	860086	325931
吉　林 Jilin	3848	63	20785	132911	406327	162074
黑龙江 Heilongjiang	5763	44	24558	216668	480119	202326
上　海 Shanghai	1678	2	20573	199906	571499	192965
江　苏 Jiangsu	7903	1	79656	815536	2540686	887608
浙　江 Zhejiang	8009	2	69364	685764	1985620	651859
安　徽 Anhui	10876	10	75216	854121	2168103	803449
福　建 Fujian	8756	12	59371	673855	1698963	607595
江　西 Jiangxi	16330	14	69266	685861	1700285	601883
山　东 Shandong	24701	43	139307	1460959	3808029	1190485
河　南 Henan	24274	37	166760	1265795	4255848	1622537
湖　北 Hubei	9265	9	63627	608799	1784314	678368
湖　南 Hunan	16285	192	84019	813618	2313877	1000295
广　东 Guangdong	20747	4	163927	1825885	4801766	1814323
广　西 Guangxi	13662	15	83193	1015024	2266184	893096
海　南 Hainan	2699	31	14638	178375	398310	150685
重　庆 Chongqing	5704	0	34031	374319	1007833	351785
四　川 Sichuan	13752	655	91353	874843	2652303	937873
贵　州 Guizhou	11017	35	52240	699124	1588464	637090
云　南 Yunnan	13385	28	57056	832045	1672689	636509
西　藏 Tibet	2199	51	6765	69058	150934	58060
陕　西 Shaanxi	8204	5	51788	501347	1413426	508626
甘肃 Gansu	8089	151	36549	373547	958299	364905
青　海 Qinghai	1824	893	8557	97562	227074	84168
宁　夏 Ningxia	1464	18	8476	130730	256213	115587
新　疆 Xinjiang	7687	4201	43103	360541	1328956	548318

学前教育基本情况(城区)
Basic Statistics of Pre-primary Education (Urban Area)

地 区 Region	园数(所) Kindergartens		班数(个) Classes	入园(班)人数(人) Entrants	在园(班)人数(人) Enrolment	离园(班)人数(人) Leavers
	合计 Total	其中:少数民族幼儿园 of Which: Minorities				
总 计 Total	**95030**	**338**	**709541**	**7314634**	**19969625**	**6663793**
北 京 Beijing	1480	8	15495	179600	437237	111419
天 津 Tianjin	1651	3	9628	99288	237205	67818
河 北 Hebei	3736	18	25163	263264	639665	233646
山 西 Shanxi	2177	0	15720	142028	392385	142871
内蒙古 Inner Mongolia	1385	38	10168	83645	256724	88270
辽 宁 Liaoning	5824	26	28763	183888	579419	202437
吉 林 Jilin	1960	38	11002	64263	221091	81989
黑龙江 Heilongjiang	2904	8	13346	113110	258903	105254
上 海 Shanghai	1419	2	17604	169985	487883	165116
江 苏 Jiangsu	3905	1	43023	463441	1385877	444381
浙 江 Zhejiang	4208	0	41124	409960	1179643	378941
安 徽 Anhui	2368	3	19152	234580	579979	189929
福 建 Fujian	3354	1	24924	307023	736224	246123
江 西 Jiangxi	3443	0	20958	217015	539498	167330
山 东 Shandong	7846	18	57285	652052	1675561	486009
河 南 Henan	5144	14	41202	334082	1102029	362604
湖 北 Hubei	3943	0	29214	286895	827362	297330
湖 南 Hunan	5120	4	29802	290778	824319	306233
广 东 Guangdong	11576	0	98397	1048407	2940679	1009607
广 西 Guangxi	3133	2	22211	255475	608543	215039
海 南 Hainan	1074	0	6146	76143	161551	64329
重 庆 Chongqing	2846	0	19511	219321	589560	187799
四 川 Sichuan	4532	4	34898	315046	1013927	315070
贵 州 Guizhou	2260	0	13858	178604	404317	146190
云 南 Yunnan	1968	3	15145	192568	468061	151046
西 藏 Tibet	117	1	1131	14732	41270	14295
陕 西 Shaanxi	2528	5	21315	231993	620048	205686
甘肃 Gansu	1356	20	9143	109588	281638	98474
青 海 Qinghai	248	39	1960	26607	64952	23289
宁 夏 Ningxia	454	5	3619	53727	115864	43966
新 疆 Xinjiang	1071	77	8634	97526	298211	111303

学前教育基本情况(镇区)
Basic Statistics of Pre-primary Education (Counties & Towns Area)

地　区 Region	园数(所) Kindergartens		班数(个) Classes	入园(班)人数(人) Entrants	在园(班)人数(人) Enrolment	离园(班)人数(人) Leavers
	合计 Total	其中:少数民族幼儿园 of Which: Minorities				
总　计 Total	**95238**	**1271**	**622033**	**6576766**	**17938099**	**6750538**
北　京 Beijing	169	1	1840	24226	51221	11921
天　津 Tianjin	323	0	1299	11990	29576	11430
河　北 Hebei	6483	13	38505	384416	946554	372900
山　西 Shanxi	2181	0	15577	146217	416030	161057
内蒙古 Inner Mongolia	1863	215	11772	92291	282254	103988
辽　宁 Liaoning	2158	22	9234	66258	202925	84901
吉　林 Jilin	1370	14	7328	52119	147354	61466
黑龙江 Heilongjiang	1949	9	8532	80135	174786	76015
上　海 Shanghai	207	0	2479	24948	70070	23394
江　苏 Jiangsu	2842	0	29852	295926	960516	359166
浙　江 Zhejiang	2276	1	20271	203659	593407	197241
安　徽 Anhui	4308	3	33481	387098	1003803	366217
福　建 Fujian	3431	1	22408	255337	675365	243879
江　西 Jiangxi	5876	0	30338	316506	795024	274456
山　东 Shandong	7167	10	46416	514859	1340675	424846
河　南 Henan	8693	14	61645	489850	1685079	628272
湖　北 Hubei	3172	4	22617	224871	669017	258166
湖　南 Hunan	6790	132	36034	355576	1043118	465560
广　东 Guangdong	5623	0	41802	490577	1245111	509964
广　西 Guangxi	5384	5	34012	425552	1003838	385922
海　南 Hainan	967	14	5136	61123	149315	55653
重　庆 Chongqing	1790	0	10314	119521	322072	120319
四　川 Sichuan	5575	128	38550	389816	1203353	432709
贵　州 Guizhou	3945	11	23830	333683	776477	297128
云　南 Yunnan	2737	3	17084	264498	567865	204763
西　藏 Tibet	177	9	861	12673	28111	11341
陕　西 Shaanxi	3378	0	20778	198629	590695	226906
甘肃 Gansu	2198	29	13988	170571	435291	161567
青　海 Qinghai	380	176	2511	33301	79913	29763
宁　夏 Ningxia	414	3	2796	48395	89848	44132
新　疆 Xinjiang	1412	454	10743	102145	359436	145496

学前教育基本情况(乡村)
Basic Statistics of Pre-primary Education (Rural Area)

地　区 Region	园数(所) Kindergartens		班数(个) Classes	入园(班)人数(人) Entrants	在园(班)人数(人) Enrolment	离园(班)人数(人) Leavers
	合计 Total	其中:少数民族幼儿园 of Which:Minorities				
总　计 Total	**101447**	**5479**	**440740**	**4022649**	**10274910**	**4380007**
北　京 Beijing	250	0	1435	17941	37420	9544
天　津 Tianjin	601	0	1688	13087	31847	13564
河　北 Hebei	7838	12	40750	343792	866930	334063
山　西 Shanxi	2807	0	12480	65018	189385	74353
内蒙古 Inner Mongolia	1180	210	4541	25838	71994	29094
辽　宁 Liaoning	1488	6	4078	25069	77742	38593
吉　林 Jilin	518	11	2455	16529	37882	18619
黑龙江 Heilongjiang	910	27	2680	23423	46430	21057
上　海 Shanghai	52	0	490	4973	13546	4455
江　苏 Jiangsu	1156	0	6781	56169	194293	84061
浙　江 Zhejiang	1525	1	7969	72145	212570	75677
安　徽 Anhui	4200	4	22583	232443	584321	247303
福　建 Fujian	1971	10	12039	111495	287374	117593
江　西 Jiangxi	7011	14	17970	152340	365763	160097
山　东 Shandong	9688	15	35606	294048	791793	279630
河　南 Henan	10437	9	63913	441863	1468740	631661
湖　北 Hubei	2150	5	11796	97033	287935	122872
湖　南 Hunan	4375	56	18183	167264	446440	228502
广　东 Guangdong	3548	4	23728	286901	615976	294752
广　西 Guangxi	5145	8	26970	333997	653803	292135
海　南 Hainan	658	17	3356	41109	87444	30703
重　庆 Chongqing	1068	0	4206	35477	96201	43667
四　川 Sichuan	3645	523	17905	169981	435023	190094
贵　州 Guizhou	4812	24	14552	186837	407670	193772
云　南 Yunnan	8680	22	24827	374979	636763	280700
西　藏 Tibet	1905	41	4773	41653	81553	32424
陕　西 Shaanxi	2298	0	9695	70725	202683	76034
甘肃 Gansu	4535	102	13418	93388	241370	104864
青　海 Qinghai	1196	678	4086	37654	82209	31116
宁　夏 Ningxia	596	10	2061	28608	50501	27489
新　疆 Xinjiang	5204	3670	23726	160870	671309	291519

学前教育中女幼儿数

Number of Female Children in Pre-primary Education

单位：人
unit: person

地 区 Region	入园(班)人数 Entrants	在园(班)人数 Enrolment	离园(班)人数 Leavers
总 计 Total	8504841	22721028	8364028
北 京 Beijing	107111	254599	64741
天 津 Tianjin	59970	143328	44295
河 北 Hebei	474455	1168088	444531
山 西 Shanxi	171560	483986	183333
内蒙古 Inner Mongolia	96965	291681	104891
辽 宁 Liaoning	132333	409126	154249
吉 林 Jilin	63978	195049	78493
黑龙江 Heilongjiang	104530	231430	97101
上 海 Shanghai	96214	273646	91746
江 苏 Jiangsu	391316	1207121	419132
浙 江 Zhejiang	326011	936055	305358
安 徽 Anhui	404192	1022261	375707
福 建 Fujian	312452	780325	278388
江 西 Jiangxi	315863	782274	275170
山 东 Shandong	687551	1769094	543921
河 南 Henan	606762	2029820	770559
湖 北 Hubei	284252	829105	313326
湖 南 Hunan	383685	1089581	470219
广 东 Guangdong	857129	2219992	839997
广 西 Guangxi	475602	1048406	415124
海 南 Hainan	82353	181547	68384
重 庆 Chongqing	180691	482128	169831
四 川 Sichuan	424676	1275970	451238
贵 州 Guizhou	327168	735270	294644
云 南 Yunnan	397996	798696	303916
西 藏 Tibet	33771	73710	28267
陕 西 Shaanxi	241583	676948	241079
甘肃 Gansu	179406	456968	174486
青 海 Qinghai	47476	109168	40743
宁 夏 Ningxia	63151	122657	54851
新 疆 Xinjiang	174639	642999	266308

幼儿园教职工数(总计)
Number of Educational Personnel in Kindergarten (Total)

单位:人
unit:person

地 区 Region	教职工数 Educational Personnel						代课教师 Substitute Teachers	兼任教师 Part-time Teachers
	合计 Total	园长 Kindergarten Principals	专任教师 Full-time Teachers	卫生保健人员 Health Care Workers	保育员 Caretakers	其他 Others		
总　计 Total	**5198165**	**308380**	**2913426**	**159998**	**1085397**	**730964**	**154180**	**43458**
北　京 Beijing	88467	3245	44740	4392	14867	21223	0	1891
天　津 Tianjin	43895	2695	23661	1689	7854	7996	1628	72
河　北 Hebei	234949	18366	143120	8603	38278	26582	16781	179
山　西 Shanxi	106798	7253	65339	3185	16998	14023	11255	868
内蒙古 Inner Mongolia	81738	4332	48066	2586	12575	14179	3000	179
辽　宁 Liaoning	129559	10566	75919	2824	22727	17523	226	998
吉　林 Jilin	57717	4465	29215	2593	13264	8180	201	136
黑龙江 Heilongjiang	72756	6414	35711	3696	15164	11771	5023	1774
上　海 Shanghai	80785	2040	44048	3303	18510	12884	1651	125
江　苏 Jiangsu	297530	10742	167829	10459	72010	36490	5893	365
浙　江 Zhejiang	264601	7993	142698	9091	60063	44756	0	190
安　徽 Anhui	189584	12058	112106	6561	39922	18937	6881	2330
福　建 Fujian	180830	9891	99453	4721	39654	27111	12338	328
江　西 Jiangxi	181262	12627	111150	2864	41219	13402	3707	3239
山　东 Shandong	370027	26116	240294	7657	57188	38772	23206	1479
河　南 Henan	407690	27751	234130	13291	86158	46360	14404	1263
湖　北 Hubei	209145	13003	102725	8444	50233	34740	8114	991
湖　南 Hunan	258805	15681	122109	9420	70714	40881	5240	439
广　东 Guangdong	611347	29750	321477	19000	136894	104226	331	686
广　西 Guangxi	199406	15259	102591	5155	46958	29443	1035	4402
海　南 Hainan	54025	3093	26415	1893	12291	10333	107	155
重　庆 Chongqing	104131	6423	52482	3224	25054	16948	3357	281
四　川 Sichuan	242126	15781	132068	7310	50432	36535	11865	7634
贵　州 Guizhou	164152	9355	94064	4225	38005	18503	1788	2839
云　南 Yunnan	135035	9382	79349	3175	22093	21036	412	7298
西　藏 Tibet	9159	419	7886	29	364	461	781	1
陕　西 Shaanxi	178817	9894	98276	6795	34538	29314	3990	443
甘　肃 Gansu	77466	5815	53466	1625	8890	7670	906	1667
青　海 Qinghai	21675	1206	12256	195	4810	3208	356	36
宁　夏 Ningxia	25760	1663	13857	774	4045	5421	3772	207
新　疆 Xinjiang	118928	5102	76926	1219	23625	12056	5932	963

幼儿园教职工数(城区)

Number of Educational Personnel in Kindergarten (Urban Area)

单位:人
unit:person

地 区 Region	教职工数 Educational Personnel						代课教师 Substitute Teachers	兼任教师 Part-time Teachers
	合计 Total	园长 Kindergarten Principals	专任教师 Full-time Teachers	卫生保健人员 Health Care Workers	保育员 Caretakers	其他 Others		
总 计 Total	**2667325**	**128650**	**1430802**	**89166**	**572610**	**446097**	**39335**	**7912**
北 京 Beijing	75879	2635	38285	3811	12779	18369	0	914
天 津 Tianjin	37500	2036	19641	1475	7017	7331	1008	64
河 北 Hebei	86217	4992	48907	2920	15777	13621	3620	26
山 西 Shanxi	56151	3020	32518	1755	9655	9203	2202	553
内蒙古 Inner Mongolia	38002	1442	21208	1265	6546	7541	1463	63
辽 宁 Liaoning	98962	7080	55644	2465	18863	14910	53	227
吉 林 Jilin	35085	2408	17335	1544	8529	5269	60	36
黑龙江 Heilongjiang	43827	3490	20718	2305	9323	7991	2019	713
上 海 Shanghai	69885	1739	38022	2864	15887	11373	1449	102
江 苏 Jiangsu	171324	5940	93632	6294	41590	23868	1595	154
浙 江 Zhejiang	161909	4424	87093	5618	37010	27764	0	38
安 徽 Anhui	66464	3379	36837	2351	15037	8860	1891	69
福 建 Fujian	91553	4388	49006	2737	21084	14338	3962	84
江 西 Jiangxi	66125	3900	39244	1376	15589	6016	854	738
山 东 Shandong	193859	10295	120334	4537	32739	25954	5185	474
河 南 Henan	143517	7042	80594	4646	30109	21126	3870	387
湖 北 Hubei	114825	6493	55994	4234	26776	21328	2539	169
湖 南 Hunan	112777	5613	53377	4405	29981	19401	954	155
广 东 Guangdong	414849	18544	210618	13755	93121	78811	144	232
广 西 Guangxi	74366	4435	38516	2108	17390	11917	85	1054
海 南 Hainan	24535	1278	12210	1009	5448	4590	39	79
重 庆 Chongqing	71385	3904	35762	2426	17179	12114	1120	147
四 川 Sichuan	135314	6908	69965	4424	30057	23960	2182	116
贵 州 Guizhou	52814	2725	28459	1628	12791	7211	187	340
云 南 Yunnan	55438	2305	30858	1692	10277	10306	63	551
西 藏 Tibet	3593	228	2560	28	341	436	6	0
陕 西 Shaanxi	86433	3722	44908	3336	17335	17132	1101	214
甘 肃 Gansu	30718	1884	18263	894	4948	4729	224	101
青 海 Qinghai	7897	376	3936	116	1951	1518	29	2
宁 夏 Ningxia	14862	757	8222	407	2233	3243	409	3
新 疆 Xinjiang	31260	1268	18136	741	5248	5867	1022	107

幼儿园教职工数(镇区)
Number of Educational Personnel in Kindergarten (Counties & Towns Area)

单位:人
unit:person

地 区 Region	教职工数 Educational Personnel						代课教师 Substitute Teachers	兼任教师 Part-time Teachers
	合计 Total	园长 Kindergarten Principals	专任教师 Full-time Teachers	卫生保健人员 Health Care Workers	保育员 Caretakers	其他 Others		
总 计 Total	**1740875**	**104814**	**1021174**	**48402**	**360791**	**205694**	**71475**	**17241**
北 京 Beijing	7132	303	3718	349	1172	1590	0	696
天 津 Tianjin	3037	284	1823	123	460	347	292	4
河 北 Hebei	95343	7056	59377	3531	15937	9442	5859	47
山 西 Shanxi	36896	2284	24603	984	5493	3532	6122	170
内蒙古 Inner Mongolia	35738	1945	22192	1052	4995	5554	896	63
辽 宁 Liaoning	22293	2295	14852	258	2975	1913	77	525
吉 林 Jilin	18995	1568	9997	864	4025	2541	117	80
黑龙江 Heilongjiang	23487	2063	12244	1133	4852	3195	1850	816
上 海 Shanghai	9109	240	5050	362	2241	1216	188	22
江 苏 Jiangsu	104137	3730	61262	3349	25274	10522	3316	147
浙 江 Zhejiang	74397	2288	40695	2435	16986	11993	0	97
安 徽 Anhui	85388	5041	52221	2789	17821	7516	3292	1667
福 建 Fujian	67071	3819	38200	1520	14037	9495	6422	212
江 西 Jiangxi	81067	5413	50650	1095	18272	5637	1615	1344
山 东 Shandong	115959	7854	79309	2165	17302	9329	9429	713
河 南 Henan	155315	10163	92339	4866	32589	15358	6941	608
湖 北 Hubei	68192	4320	34321	2747	17017	9787	4067	445
湖 南 Hunan	107082	6416	51643	3523	29927	15573	3094	217
广 东 Guangdong	141982	7538	79863	3746	31780	19055	134	186
广 西 Guangxi	87176	6231	45053	2114	21255	12523	701	2405
海 南 Hainan	18349	1110	8920	520	4228	3571	32	56
重 庆 Chongqing	26105	1826	13545	638	6272	3824	1914	91
四 川 Sichuan	85787	6189	50884	2149	16551	10014	7037	1824
贵 州 Guizhou	76259	3984	44449	1750	17362	8714	946	1514
云 南 Yunnan	45151	2614	27802	877	7223	6635	139	1908
西 藏 Tibet	1878	85	1780	0	6	7	80	0
陕 西 Shaanxi	67170	3968	40049	2317	11904	8932	2307	95
甘 肃 Gansu	32173	2139	24343	563	3152	1976	324	988
青 海 Qinghai	7611	356	4596	60	1558	1041	154	22
宁 夏 Ningxia	7504	505	3895	251	1285	1568	2243	35
新 疆 Xinjiang	33092	1187	21499	272	6840	3294	1887	244

幼儿园教职工数(乡村)
Number of Educational Personnel in Kindergarten (Rural Area)

单位:人
unit:person

地区 Region	教职工数 Educational Personnel						代课教师 Substitute Teachers	兼任教师 Part-time Teachers
	合计 Total	园长 Kindergarten Principals	专任教师 Full-time Teachers	卫生保健人员 Health Care Workers	保育员 Caretakers	其他 Others		
总　计 Total	**789965**	**74916**	**461450**	**22430**	**151996**	**79173**	**43370**	**18305**
北　京 Beijing	5456	307	2737	232	916	1264	0	281
天　津 Tianjin	3358	375	2197	91	377	318	328	4
河　北 Hebei	53389	6318	34836	2152	6564	3519	7302	106
山　西 Shanxi	13751	1949	8218	446	1850	1288	2931	145
内蒙古 Inner Mongolia	7998	945	4666	269	1034	1084	641	53
辽　宁 Liaoning	8304	1191	5423	101	889	700	96	246
吉　林 Jilin	3637	489	1883	185	710	370	24	20
黑龙江 Heilongjiang	5442	861	2749	258	989	585	1154	245
上　海 Shanghai	1791	61	976	77	382	295	14	1
江　苏 Jiangsu	22069	1072	12935	816	5146	2100	982	64
浙　江 Zhejiang	28295	1281	14910	1038	6067	4999	0	55
安　徽 Anhui	37732	3638	23048	1421	7064	2561	1698	594
福　建 Fujian	22206	1684	12247	464	4533	3278	1954	32
江　西 Jiangxi	34070	3314	21256	393	7358	1749	1238	1157
山　东 Shandong	60209	7967	40651	955	7147	3489	8592	292
河　南 Henan	108858	10546	61197	3779	23460	9876	3593	268
湖　北 Hubei	26128	2190	12410	1463	6440	3625	1508	377
湖　南 Hunan	38946	3652	17089	1492	10806	5907	1192	67
广　东 Guangdong	54516	3668	30996	1499	11993	6360	53	268
广　西 Guangxi	37864	4593	19022	933	8313	5003	249	943
海　南 Hainan	11141	705	5285	364	2615	2172	36	20
重　庆 Chongqing	6641	693	3175	160	1603	1010	323	43
四　川 Sichuan	21025	2684	11219	737	3824	2561	2646	5694
贵　州 Guizhou	35079	2646	21156	847	7852	2578	655	985
云　南 Yunnan	34446	4463	20689	606	4593	4095	210	4839
西　藏 Tibet	3688	106	3546	1	17	18	695	1
陕　西 Shaanxi	25214	2204	13319	1142	5299	3250	582	134
甘　肃 Gansu	14575	1792	10860	168	790	965	358	578
青　海 Qinghai	6167	474	3724	19	1301	649	173	12
宁　夏 Ningxia	3394	401	1740	116	527	610	1120	169
新　疆 Xinjiang	54576	2647	37291	206	11537	2895	3023	612

地 区 Region	教职工数		
	合计 Total	园长 Kindergarten Principals	专任教师 Full-time Teachers
总 计 Total	**4802529**	**277690**	**2848609**
北 京 Beijing	79616	3108	43762
天 津 Tianjin	40218	2466	23196
河 北 Hebei	218104	15371	140463
山 西 Shanxi	99489	6329	64444
内蒙古 Inner Mongolia	73701	3852	45911
辽 宁 Liaoning	121684	9749	75044
吉 林 Jilin	53685	4159	28713
黑龙江 Heilongjiang	66897	5917	34935
上 海 Shanghai	75515	2003	43195
江 苏 Jiangsu	278643	10323	163044
浙 江 Zhejiang	244846	7738	140698
安 徽 Anhui	177894	10389	110673
福 建 Fujian	169125	9738	98563
江 西 Jiangxi	171996	11426	109072
山 东 Shandong	343422	22572	235363
河 南 Henan	378599	24094	231797
湖 北 Hubei	190933	11557	101421
湖 南 Hunan	236875	14570	120825
广 东 Guangdong	564529	28322	317321
广 西 Guangxi	186530	14399	101298
海 南 Hainan	49123	2977	26021
重 庆 Chongqing	96966	5940	51840
四 川 Sichuan	225073	14891	130475
贵 州 Guizhou	153162	8079	91086
云 南 Yunnan	121581	7878	75126
西 藏 Tibet	7720	323	6743
陕 西 Shaanxi	161358	8058	95548
甘 肃 Gansu	69163	4819	48985
青 海 Qinghai	19022	920	11319
宁 夏 Ningxia	23526	1356	13544
新 疆 Xinjiang	103534	4367	68184

教职工数
Personnel in Kindergarten

单位：人
unit：person

Educational Personnel				
卫生保健人员 Health Care Workers	保育员 Caretakers	其他 Others	代课教师 Substitute Teachers	兼任教师 Part-time Teachers
148464	**1067980**	**459786**	**146417**	**37209**
4330	14768	13648	0	1806
1634	7708	5214	1581	49
7491	37337	17442	16211	135
2843	16678	9195	10944	820
2279	12236	9423	2858	134
2699	22646	11546	222	871
2430	13064	5319	183	104
3435	14694	7916	4788	1603
3274	18430	8613	1588	98
10278	71514	23484	5517	311
8917	59879	27614	0	185
5915	39106	11811	6601	2166
4432	39236	17156	11911	265
2481	40522	8495	3583	2921
6977	55704	22806	22803	1314
11824	84328	26556	13504	1054
8047	49523	20385	7662	849
8405	69278	23797	4913	277
17901	135592	65393	297	500
4705	46163	19965	954	4067
1741	12067	6317	104	95
3062	24782	11342	3212	195
6833	49857	23017	10722	5750
3865	37118	13014	1700	2712
2957	21525	14095	351	6211
26	359	269	583	1
6129	33686	17937	3755	408
1474	8574	5311	820	1481
173	4573	2037	262	24
739	4009	3878	3649	154
1168	23024	6791	5139	649

幼儿园园长、专任教师学历、

Number of Kindergarten Principals, Full-time Teachers by

地　区 Region	合计 Total	按学历分 By Academic Qualifications			
		研究生毕业 Graduate	本科毕业 Under-graduate	专科毕业 Associate Bachelor	高中阶段毕业 High School Graduate
总　计 Total	**3221806**	**9678**	**893003**	**1859982**	**415266**
北　京 Beijing	47985	801	23750	21334	2095
天　津 Tianjin	26356	451	13360	9683	2550
河　北 Hebei	161486	360	33552	94411	32195
山　西 Shanxi	72592	187	19393	40986	11299
内蒙古 Inner Mongolia	52398	291	22670	25794	3555
辽　宁 Liaoning	86485	448	18942	51684	12990
吉　林 Jilin	33680	224	10984	18468	3616
黑龙江 Heilongjiang	42125	128	12836	24839	3790
上　海 Shanghai	46088	756	36240	8437	653
江　苏 Jiangsu	178571	620	99640	75121	2998
浙　江 Zhejiang	150691	718	74944	72283	2729
安　徽 Anhui	124164	155	30618	82322	10363
福　建 Fujian	109344	125	30084	58279	19167
江　西 Jiangxi	123777	83	15226	75206	26644
山　东 Shandong	266410	686	65831	158246	34836
河　南 Henan	261881	448	40941	164326	50772
湖　北 Hubei	115728	273	21443	65532	26426
湖　南 Hunan	137790	177	19937	92611	23811
广　东 Guangdong	351227	897	70836	227904	48404
广　西 Guangxi	117850	122	22247	69448	19941
海　南 Hainan	29508	80	6402	18266	4141
重　庆 Chongqing	58905	205	13067	39429	5809
四　川 Sichuan	147849	320	33080	100573	13868
贵　州 Guizhou	103419	63	31978	55408	15232
云　南 Yunnan	88731	192	26427	49656	10730
西　藏 Tibet	8305	16	3950	4115	193
陕　西 Shaanxi	108170	509	36046	61414	9892
甘　肃 Gansu	59281	174	25809	28889	4215
青　海 Qinghai	13462	21	3719	7679	1858
宁　夏 Ningxia	15520	83	3351	10783	1236
新　疆 Xinjiang	82028	65	25700	46856	9258

专业技术职务情况(总计)

Academic Qualifications and Professional Rank(Total)

单位:人
unit: person

	按专业技术职务分 By Professional Rank					
高中阶段以下毕业 Below High School Graduate	正高级 Senior	副高级 Sub-senior	中级 Middle	助理级 Associate	员级 Junior	未定职级 No-ranking
43877	**736**	**49679**	**264813**	**397832**	**125499**	**2383247**
5	23	1622	6899	10785	3966	24690
312	9	1164	4795	3195	415	16778
968	21	3390	19525	15925	3938	118687
727	24	469	7104	9443	1880	53672
88	11	2284	6022	9443	1620	33018
2421	25	2115	5488	3033	2159	73665
388	35	1663	3748	2305	444	25485
532	12	1862	4822	4710	880	29839
2	16	1149	13102	17008	1915	12898
192	38	3065	22968	46051	5929	100520
17	37	1822	21502	54396	13291	59643
706	24	1350	9369	12311	6786	94324
1689	27	792	10012	14415	5009	79089
6618	12	881	5240	6797	4848	105999
6811	22	3157	14101	22162	6541	220427
5394	19	2339	13481	17953	5373	222716
2054	34	1234	8352	8876	3877	93355
1254	7	960	5923	8308	3242	119350
3186	144	1480	18454	20877	17017	293255
6092	20	567	6381	7592	3192	100098
619	15	90	1175	2950	1150	24128
395	36	754	3038	4533	1229	49315
8	28	2888	9176	15706	5756	114295
738	10	1063	8838	17975	5199	70334
1726	18	6031	10316	8848	2881	60637
31	2	207	1031	2358	1848	2859
309	15	1022	8809	16011	3950	78363
194	14	2572	8386	15830	859	31620
185	10	144	657	715	771	11165
67	17	485	1280	860	134	12744
149	11	1058	4819	16461	9400	50279

幼儿园园长、专任教师学历、
Breakdown of Kindergarten Principals, Full-time Teachers by

地　区 Region	合计 Total	按学历分 By Academic Qualifications			
		研究生毕业 Graduate	本科毕业 Under-graduate	专科毕业 Associate Bachelor	高中阶段毕业 High School Graduate
总　计 Total	**1559452**	**8070**	**499547**	**907737**	**135014**
北　京 Beijing	40920	752	20003	18496	1666
天　津 Tianjin	21677	439	11834	7876	1424
河　北 Hebei	53899	228	14156	33357	6083
山　西 Shanxi	35538	157	9497	21138	4529
内蒙古 Inner Mongolia	22650	206	9504	11983	948
辽　宁 Liaoning	62724	410	15257	38876	7316
吉　林 Jilin	19743	151	6417	11098	1860
黑龙江 Heilongjiang	24208	107	7210	15244	1538
上　海 Shanghai	39761	694	31351	7217	498
江　苏 Jiangsu	99572	500	62138	36248	656
浙　江 Zhejiang	91517	662	48949	40615	1288
安　徽 Anhui	40216	103	11903	26371	1766
福　建 Fujian	53394	110	15820	29365	7715
江　西 Jiangxi	43144	61	6484	29057	6443
山　东 Shandong	130629	533	38251	80287	10002
河　南 Henan	87636	285	18963	56578	11114
湖　北 Hubei	62487	236	14448	37810	9468
湖　南 Hunan	58990	148	9648	41383	7521
广　东 Guangdong	229162	833	54259	146347	26416
广　西 Guangxi	42951	103	10687	26857	4614
海　南 Hainan	13488	49	2538	9253	1487
重　庆 Chongqing	39666	175	8926	27655	2829
四　川 Sichuan	76873	269	18592	53653	4357
贵　州 Guizhou	31184	44	8877	17874	4228
云　南 Yunnan	33163	154	10616	19996	2274
西　藏 Tibet	2788	10	1459	1142	147
陕　西 Shaanxi	48630	436	15888	29495	2691
甘　肃 Gansu	20147	105	6282	12494	1231
青　海 Qinghai	4312	11	1159	2582	534
宁　夏 Ningxia	8979	65	2071	6309	516
新　疆 Xinjiang	19404	34	6360	11081	1855

专业技术职务情况(城区)
Academic Qualifications and Professional Rank (Urban Area)

单位:人
unit: person

	按专业技术职务分 By Professional Rank					
高中阶段以下毕业 Below High School Graduate	正高级 Senior	副高级 Sub-senior	中级 Middle	助理级 Associate	员级 Junior	未定职级 No-ranking
9084	**543**	**22075**	**132183**	**195351**	**58835**	**1150465**
3	23	1407	5869	8993	3604	21024
104	9	991	4146	2839	295	13397
75	18	733	5526	5253	930	41439
217	15	239	2971	3566	830	27917
9	10	858	2155	3541	404	15682
865	22	1023	3866	2262	1722	53829
217	25	677	1735	1272	253	15781
109	6	869	2422	1697	382	18832
1	16	1016	11275	14557	1800	11097
30	33	2012	14801	28542	3301	50883
3	32	1278	13993	33827	7513	34874
73	16	426	3125	3949	2353	30347
384	25	498	4770	6442	1787	39872
1099	5	392	2088	2545	1554	36560
1556	15	1501	6556	11332	2878	108347
696	15	951	5523	7421	2493	71233
525	24	742	4348	4821	2060	50492
290	5	343	2258	2473	1325	52586
1307	106	1039	11905	16117	12784	187211
690	15	188	2836	3543	1215	35154
161	10	59	539	884	303	11693
81	30	424	1645	2214	604	34749
2	18	1155	4302	7204	3074	61120
161	6	267	2074	3364	611	24862
123	5	1375	3662	3423	1285	23413
30	2	111	417	827	553	878
120	13	394	2851	5880	1360	38132
35	9	482	2124	2593	262	14677
26	6	34	247	276	309	3440
18	3	171	587	545	73	7600
74	6	420	1567	3149	918	13344

幼儿园园长、专任教师学历、

Breakdown of Kindergarten Principals, Full-time Teachers by Academic

地 区 Region	合计 Total	按学历分 By Academic Qualifications			
		研究生毕业 Graduate	本科毕业 Under-graduate	专科毕业 Associate Bachelor	高中阶段毕业 High School Graduate
总 计 Total	**1125988**	**1215**	**287264**	**653280**	**166156**
北 京 Beijing	4021	33	2142	1669	177
天 津 Tianjin	2107	7	640	889	495
河 北 Hebei	66433	106	12630	39193	14031
山 西 Shanxi	26887	20	7814	14780	4046
内蒙古 Inner Mongolia	24137	72	10950	11226	1846
辽 宁 Liaoning	17147	28	2779	9537	3846
吉 林 Jilin	11565	66	3781	6238	1360
黑龙江 Heilongjiang	14307	18	4676	7662	1654
上 海 Shanghai	5290	51	4161	963	115
江 苏 Jiangsu	64992	104	32339	30896	1552
浙 江 Zhejiang	42983	39	19128	22836	968
安 徽 Anhui	57262	43	13842	38256	4761
福 建 Fujian	42019	10	11440	21955	7815
江 西 Jiangxi	56063	15	6375	33587	13157
山 东 Shandong	87163	121	20387	51239	12806
河 南 Henan	102502	114	14645	65654	20094
湖 北 Hubei	38641	25	5492	20500	11672
湖 南 Hunan	58059	27	7992	38163	11304
广 东 Guangdong	87401	52	12400	58801	14844
广 西 Guangxi	51284	16	8923	30300	9304
海 南 Hainan	10030	14	2546	5550	1669
重 庆 Chongqing	15371	29	3491	9446	2201
四 川 Sichuan	57073	43	12515	37767	6746
贵 州 Guizhou	48433	14	16251	25379	6523
云 南 Yunnan	30416	24	9760	16693	3472
西 藏 Tibet	1865	1	987	854	23
陕 西 Shaanxi	44017	55	15930	23245	4676
甘 肃 Gansu	26482	49	13258	11297	1801
青 海 Qinghai	4952	7	1524	2794	563
宁 夏 Ningxia	4400	4	875	3069	430
新 疆 Xinjiang	22686	8	7591	12842	2205

专业技术职务情况(镇区)

Qualifications and Professional Rank (Counties & Towns Area)

单位:人
unit: person

高中阶段以下毕业 Below High School Graduate	按专业技术职务分 By Professional Rank 正高级 Senior	副高级 Sub-senior	中级 Middle	助理级 Associate	员级 Junior	未定职级 No-ranking
18073	**126**	**18646**	**94691**	**143307**	**42104**	**827114**
0	0	115	545	999	206	2156
76	0	73	257	165	60	1552
473	3	1263	7208	6110	1684	50165
227	6	149	3027	4443	801	18461
43	0	1095	3152	4771	929	14190
957	3	704	1239	534	269	14398
120	5	603	1564	857	156	8380
297	5	721	1816	2464	423	8878
0	0	109	1612	2052	100	1417
101	4	928	7090	14974	2180	39816
12	4	474	5774	15106	4140	17485
360	6	659	4290	5723	3075	43509
799	1	272	4490	6270	2262	28724
2929	4	381	2172	3052	2258	48196
2610	6	1147	4626	7557	2448	71379
1995	4	922	5181	7098	1889	87408
952	8	398	3015	3042	1305	30873
573	2	456	2895	4260	1412	49034
1304	28	329	4377	3555	2796	76316
2741	4	261	2902	3305	1400	43412
251	3	26	469	1500	569	7463
204	5	286	1174	1891	458	11557
2	9	1585	4407	7354	2157	41561
266	2	612	4799	10095	2684	30241
467	2	2472	4617	3126	850	19349
0	0	41	338	605	451	430
111	2	518	4711	7872	1944	28970
77	5	1318	4193	8690	313	11963
64	3	71	318	321	207	4032
22	0	172	488	198	17	3525
40	2	486	1945	5318	2661	12274

幼儿园园长、专任教师学历、
Breakdown of Kindergarten Principals, Full-time Teachers by

地　区 Region	合计 Total	按学历分 By Academic Qualifications			
		研究生毕业 Graduate	本科毕业 Under-graduate	专科毕业 Associate Bachelor	高中阶段毕业 High School Graduate
总　计 Total	**536366**	**393**	**106192**	**298965**	**114096**
北　京 Beijing	3044	16	1605	1169	252
天　津 Tianjin	2572	5	886	918	631
河　北 Hebei	41154	26	6766	21861	12081
山　西 Shanxi	10167	10	2082	5068	2724
内蒙古 Inner Mongolia	5611	13	2216	2585	761
辽　宁 Liaoning	6614	10	906	3271	1828
吉　林 Jilin	2372	7	786	1132	396
黑龙江 Heilongjiang	3610	3	950	1933	598
上　海 Shanghai	1037	11	728	257	40
江　苏 Jiangsu	14007	16	5163	7977	790
浙　江 Zhejiang	16191	17	6867	8832	473
安　徽 Anhui	26686	9	4873	17695	3836
福　建 Fujian	13931	5	2824	6959	3637
江　西 Jiangxi	24570	7	2367	12562	7044
山　东 Shandong	48618	32	7193	26720	12028
河　南 Henan	71743	49	7333	42094	19564
湖　北 Hubei	14600	12	1503	7222	5286
湖　南 Hunan	20741	2	2297	13065	4986
广　东 Guangdong	34664	12	4177	22756	7144
广　西 Guangxi	23615	3	2637	12291	6023
海　南 Hainan	5990	17	1318	3463	985
重　庆 Chongqing	3868	1	650	2328	779
四　川 Sichuan	13903	8	1973	9153	2765
贵　州 Guizhou	23802	5	6850	12155	4481
云　南 Yunnan	25152	14	6051	12967	4984
西　藏 Tibet	3652	5	1504	2119	23
陕　西 Shaanxi	15523	18	4228	8674	2525
甘　肃 Gansu	12652	20	6269	5098	1183
青　海 Qinghai	4198	3	1036	2303	761
宁　夏 Ningxia	2141	14	405	1405	290
新　疆 Xinjiang	39938	23	11749	22933	5198

专业技术职务情况(乡村)
Academic Qualifications and Professional Rank (Rural Area)

单位:人
unit: person

高中阶段以下毕业 Below High School Graduate	按专业技术职务分 By Professional Rank 正高级 Senior	副高级 Sub-senior	中级 Middle	助理级 Associate	员级 Junior	未定职级 No-ranking
16720	**67**	**8958**	**37939**	**59174**	**24560**	**405668**
2	0	100	485	793	156	1510
132	0	100	392	191	60	1829
420	0	1394	6791	4562	1324	27083
283	3	81	1106	1434	249	7294
36	1	331	715	1131	287	3146
599	0	388	383	237	168	5438
51	5	383	449	176	35	1324
126	1	272	584	549	75	2129
1	0	24	215	399	15	384
61	1	125	1077	2535	448	9821
2	1	70	1735	5463	1638	7284
273	2	265	1954	2639	1358	20468
506	1	22	752	1703	960	10493
2590	3	108	980	1200	1036	21243
2645	1	509	2919	3273	1215	40701
2703	0	466	2777	3434	991	64075
577	2	94	989	1013	512	11990
391	0	161	770	1575	505	17730
575	10	112	2172	1205	1437	29728
2661	1	118	643	744	577	21532
207	2	5	167	566	278	4972
110	1	44	219	428	167	3009
4	1	148	467	1148	525	11614
311	2	184	1965	4516	1904	15231
1136	11	2184	2037	2299	746	17875
1	0	55	276	926	844	1551
78	0	110	1247	2259	646	11261
82	0	772	2069	4547	284	4980
95	1	39	92	118	255	3693
27	14	142	205	117	44	1619
35	3	152	1307	7994	5821	24661

幼儿园校舍及其他
Statistics of Kindergarten

地 区 Region	校舍建筑面积 Floor Space	教学及辅助用房 Buildings for Instruction and Ancillary Uses				
		合计 Total	其中：of Which：			
			活动室 Recreational	洗手间 Toilet	睡眠室 Bed Room	保健室 Health Care
总　计 Total	**424604973.19**	**295121188.48**	**173889179.66**	**29553911.21**	**71469098.15**	**8115774.66**
北　京 Beijing	5672077.98	3382920.32	1831605.47	403177.42	969090.13	72335.11
天　津 Tianjin	3096812.00	1975462.57	1208555.13	233022.03	419676.94	49766.60
河　北 Hebei	18116613.02	13085772.30	7883029.91	1251593.06	2851833.51	414663.81
山　西 Shanxi	8262102.50	5596467.11	3479256.42	590721.68	1136297.10	153728.91
内蒙古 Inner Mongolia	7274987.10	4758941.83	2811244.79	477811.05	1174428.20	116707.52
辽　宁 Liaoning	8876703.15	6086624.38	3525678.43	614999.89	1484307.59	191046.28
吉　林 Jilin	3730550.78	2563900.46	1502643.39	241585.89	629956.46	86152.18
黑龙江 Heilongjiang	5359765.52	3568803.73	2011493.51	352998.86	910828.37	138987.22
上　海 Shanghai	7173426.15	4680689.03	3185372.93	439600.66	855235.05	91719.44
江　苏 Jiangsu	28796318.98	19576792.45	11951443.09	1983990.16	4502130.66	405221.79
浙　江 Zhejiang	21455794.12	13703710.64	8223207.29	1409874.75	3420793.42	239815.83
安　徽 Anhui	15673673.13	11385064.55	6869366.17	1169022.76	2444736.76	375455.73
福　建 Fujian	15438601.91	10237980.04	6178117.87	1134058.43	2411301.35	202172.69
江　西 Jiangxi	17282292.14	12555665.11	7051840.77	1179141.26	3257556.09	356354.39
山　东 Shandong	32280064.29	22049842.57	13732968.91	2282684.02	4386936.96	649891.11
河　南 henan	30500235.25	22497656.70	13460896.60	2299215.59	4971133.22	741468.98
湖　北 Hubei	15582630.42	11236523.25	6362725.13	1148770.43	2876348.87	345175.19
湖　南 Hunan	21141614.36	15409403.50	8260845.84	1570284.15	4340074.05	545755.01
广　东 Guangdong	44817814.85	30175024.36	18773324.23	2747566.03	6847535.97	624207.85
广　西 Guangxi	16359067.75	12113560.52	6644928.64	1232855.65	3484785.75	321391.58
海　南 Hainan	4265402.21	2931185.77	1676037.21	308471.21	743200.35	87404.15
重　庆 Chongqing	7906001.66	5807993.58	3391378.54	541813.70	1509034.45	150538.00
四　川 Sichuan	19941856.08	14576442.38	8803691.10	1364623.57	3439138.87	344059.12
贵　州 guizhou	13553740.70	9430486.54	4978753.11	984699.65	2780585.73	300862.07
云　南 Yunnan	13632161.36	9607128.10	5221679.94	955328.37	2740384.51	295283.37
西　藏 Tibet	1791061.71	1054453.50	614311.13	92636.71	283453.56	38960.10
陕　西 Shaanxi	13461954.89	9041715.54	5289362.51	940169.73	2150894.00	260979.68
甘　肃 Gansu	6453709.74	4113605.42	2350000.81	444067.31	914919.01	169757.20
青　海 Qinghai	2019254.83	1351599.67	899393.64	117119.33	261375.76	32415.32
宁　夏 Ningxia	2637551.49	1788414.48	1036902.21	203949.58	439765.69	45590.80
新　疆 Xinjiang	12051133.12	8777358.08	4679124.94	838058.28	2831359.77	267907.64

情况(总计)(一)
Buildings and Others (Total) (1)

单位:平方米
unit: m^2

	行政办公用房 Administrative		生活用房 Residential and Welfare		其他用房 for Other Purposes	校舍面积中 of Floor Space	
图书室 Reading Room	合计 Total	其中:教师办公室 of Which: for Teachers	合计 Total	其中:厨房 of Which: Kitchen		危房面积 Floor Space of Dilapidated Buildings	当年新增校舍 New Added in Current Year
12093224.80	**27961434.13**	**15685087.21**	**42759360.41**	**20957838.39**	**58762990.17**	**677842.13**	**27073154.99**
106712.19	451676.90	194873.18	681058.15	323915.87	1156422.61	838.00	155577.20
64441.87	232811.52	104833.18	322250.56	179653.39	566287.35	0.00	569057.70
684652.01	1198035.00	678708.38	1653004.96	799862.01	2179800.76	1197.88	2369959.93
236463.00	691264.11	430076.99	750460.89	370335.46	1223910.39	20395.39	360728.12
178750.27	496185.29	262165.78	878483.27	400692.83	1141376.71	325.00	769220.82
270592.19	601788.45	299804.89	884556.96	537965.92	1303733.36	6044.00	189857.30
103562.54	233652.17	137452.43	352105.57	201072.56	580892.58	3022.00	238066.83
154495.77	358484.40	196204.49	602982.60	314192.33	829494.79	40798.14	110664.63
108760.95	536236.34	195370.56	859407.77	355996.92	1097093.01	0.00	152406.80
734006.75	1765699.05	838941.79	2701124.80	1250030.80	4752702.68	0.00	1141818.02
410019.35	1339497.33	631754.44	2031768.45	1019385.60	4380817.70	0.00	1908787.39
526483.13	1094257.14	668962.94	1358268.08	717075.74	1836083.36	20177.00	1833725.17
312329.70	923846.18	516834.15	1375403.16	690055.93	2901372.53	16446.91	670895.91
710772.60	1365370.37	763274.89	1964170.44	746472.79	1397086.22	18410.00	2016569.04
997361.57	2160980.22	1297136.94	2882547.31	1578627.69	5186694.19	1892.00	1493885.71
1024942.31	2267240.06	1386769.80	2665072.35	1485117.58	3070266.14	190970.11	529650.50
503503.63	972205.39	548377.49	1588604.95	833786.18	1785296.83	18019.00	1040404.88
692444.45	1321145.37	825066.90	2075935.37	1031805.75	2335130.12	41964.70	573250.50
1182390.28	2323769.58	1224662.12	5239754.93	2119459.48	7079265.98	27019.48	1472741.20
429598.90	826869.49	527275.66	1662019.97	968688.91	1756617.77	28119.00	970999.92
116072.85	239977.38	132443.73	510792.52	241762.95	583446.54	5949.00	157571.60
215228.89	436500.64	253369.42	718343.15	384958.98	943164.29	92257.90	132276.63
624929.72	1199308.77	707352.28	1844257.83	983119.26	2321847.10	5509.73	2428405.46
385585.98	918487.69	530508.53	1423792.13	718759.21	1780974.34	3209.00	1983926.59
394451.91	882399.59	525810.01	1538092.66	780287.46	1604541.01	107847.06	765592.60
25092.00	138342.03	101203.81	379824.70	120260.17	218441.48	3035.45	166635.91
400309.62	1228294.26	687090.52	1325045.30	616061.99	1866899.79	750.00	1445717.51
234861.09	624461.73	409552.57	606258.07	276639.62	1109384.52	21403.80	371451.03
41295.63	146187.91	73914.01	284320.68	114586.23	237146.57	0.00	92808.99
62206.20	192789.07	98427.44	253108.95	140185.43	403238.99	0.00	519428.56
160907.45	793670.70	436867.89	1346543.88	657023.35	1133560.46	2241.58	441072.54

幼儿园校舍及
Statistics of Kindergarten Buildings

地　区 Region	校舍建筑面　积 Floor Space	教学及辅助用房 Buildings for Instruction and Ancillary Uses				
		合计 Total	其中：of Which:			
			活动室 Recreational	洗手间 Toilet	睡眠室 Bed Room	保健室 Health Care
总　计 Total	**191544684.41**	**131363478.89**	**78613223.58**	**13022002.77**	**32322251.31**	**2768255.52**
北　京 Beijing	4697319.55	2832024.53	1532217.04	337112.39	817919.00	57044.12
天　津 Tianjin	2436983.24	1524284.48	919626.88	176744.12	344955.88	34590.01
河　北 Hebei	5573041.72	3976169.31	2315593.14	394851.82	1014092.35	93562.89
山　西 Shanxi	3642947.80	2507908.07	1492602.50	255789.24	611976.24	57173.64
内蒙古 Inner Mongolia	2989878.94	2022371.10	1214837.14	197387.13	499090.66	42368.78
辽　宁 Liaoning	6344727.98	4319354.09	2524177.74	437146.72	1059259.91	122146.13
吉　林 Jilin	2014201.07	1415722.28	853500.62	130887.16	338424.15	40274.30
黑龙江 Heilongjiang	2895098.85	1932177.84	1090383.50	190506.35	501532.63	68880.87
上　海 Shanghai	6001854.49	3938014.90	2696900.19	370545.62	701582.70	76306.24
江　苏 Jiangsu	15675220.01	10390191.36	6377822.89	1038828.38	2468895.02	170081.88
浙　江 Zhejiang	12923987.36	8260609.84	5003506.05	838835.60	2049923.82	130252.35
安　徽 Anhui	4571888.17	3262104.89	1892581.28	334770.07	832243.08	80405.73
福　建 Fujian	6961019.87	4672822.61	2860897.06	503849.44	1097123.99	80015.37
江　西 Jiangxi	5343178.89	3928332.74	2288273.66	344262.25	1040667.39	83269.52
山　东 Shandong	14442517.46	9747306.08	5940150.89	1026158.78	2167743.84	230090.09
河　南 henan	9117361.75	6669852.75	3924044.44	660829.29	1682700.96	156646.55
湖　北 Hubei	7406573.56	5339153.06	3118890.68	528768.60	1366743.93	123683.53
湖　南 Hunan	8059055.69	5966843.48	3234487.05	612875.04	1726498.10	158094.40
广　东 Guangdong	29367016.18	19477110.41	12496364.48	1788541.90	4182472.51	339736.62
广　西 Guangxi	5262600.76	3948926.87	2245480.33	394075.94	1099646.68	79171.56
海　南 Hainan	1742165.64	1234789.98	721592.74	128452.24	297505.42	36358.69
重　庆 Chongqing	4680542.57	3519452.59	2052198.69	326004.63	948307.36	73275.92
四　川 Sichuan	9083834.30	6547997.22	3878482.79	622652.13	1676245.98	125773.09
贵　州 guizhou	3721261.86	2647031.38	1443070.47	261570.39	779655.59	64241.12
云　南 Yunnan	4368220.58	3075608.91	1732225.42	280378.32	887423.93	65756.40
西　藏 Tibet	404648.41	231400.19	139379.07	21736.03	62094.30	4124.05
陕　西 Shaanxi	5554895.83	3779503.85	2267410.45	386342.93	905268.43	80464.90
甘　肃 Gansu	2052570.61	1317004.12	701954.34	127883.04	384105.07	38676.94
青　海 Qinghai	505198.16	358250.93	238766.47	33626.19	68941.07	6098.10
宁　夏 Ningxia	1076432.72	729364.06	417658.44	80884.17	191879.17	13844.86
新　疆 Xinjiang	2628440.39	1791794.97	998147.14	189706.86	517332.15	35846.87

其他情况(城区)(一)
and Others (Urban Area) (1)

单位:平方米
unit: m²

	行政办公用房 Administrative		生活用房 Residential and Welfare		其他用房 for Other Purposes	校舍面积中 of Floor Space	
图书室 Reading Room	合计 Total	其中:教师办公室 of Which: Office	合计 Total	其中:厨房 of Which: Kitchen		危房面积 Floor Space of Dilapidated Buildings	当年新增校舍 New Added in Current Year
4637745.70	**11678115.86**	**5720686.84**	**18732568.04**	**9425637.47**	**29770521.62**	**324152.50**	**11220770.07**
87731.98	364304.10	155864.45	557280.19	263327.72	943710.73	838.00	113513.32
48367.59	188002.30	79765.17	251744.09	144626.79	472952.37	0.00	439575.55
158069.11	351383.74	180343.38	515700.15	278775.35	729788.52	638.00	792896.82
90366.45	276449.50	140630.54	339221.51	177263.38	519368.72	13979.00	141339.15
68687.39	192786.09	87984.68	349239.96	161219.39	425481.79	0.00	352581.37
176623.59	418994.87	190105.43	637812.73	392310.17	968566.29	5173.00	100372.99
52636.05	116739.04	65131.69	189566.78	110526.20	292172.97	3022.00	138758.94
80874.49	190844.20	92132.35	331258.48	170834.85	440818.33	18233.99	58772.97
92680.15	442600.55	164628.96	715240.99	296349.03	905998.05	0.00	116762.80
334563.19	900729.05	393446.34	1491567.34	673215.57	2892732.26	0.00	582976.53
238092.02	781228.02	352856.66	1153723.46	589137.55	2728426.04	0.00	1085598.38
122104.73	296286.63	158340.05	385271.73	218593.22	628224.92	3577.00	474105.09
130936.75	395309.06	204325.13	568976.96	303730.55	1323911.24	3118.00	338395.41
171859.92	359836.86	177510.29	544449.77	217573.52	510559.52	6576.00	540409.09
383162.48	908982.03	496360.88	1319337.02	771852.65	2466892.33	1892.00	765339.46
245631.51	618852.00	311804.72	782971.13	443638.19	1045685.87	98532.66	150215.36
201066.32	427287.18	223314.56	669849.48	378646.41	970283.84	3760.00	570198.04
234888.89	433285.61	242319.71	691793.96	374800.23	967132.64	18762.00	202813.36
669994.90	1496488.69	721192.86	3422096.59	1395956.27	4971320.49	16944.48	815514.81
130552.36	267079.32	145000.47	487151.55	281978.06	559443.02	12210.00	252318.86
50880.89	99368.36	51873.68	205521.54	96209.56	202485.76	2000.00	45208.95
119665.99	228146.91	123937.23	375935.15	217340.59	557007.92	57086.26	70695.47
244843.23	527243.57	265089.26	796883.90	452676.46	1211709.61	260.00	1096092.55
98493.81	221909.00	118043.77	336706.00	189951.90	515615.48	2031.00	564918.44
109824.84	274319.24	148175.81	426898.68	218427.25	591393.75	49773.11	225860.68
4066.74	36567.24	18895.62	77676.92	19405.43	59004.06	0.00	22122.68
140017.14	418513.38	202317.68	487644.91	254412.05	869233.69	750.00	674820.37
64384.73	137153.56	80872.42	183015.37	107736.54	415397.56	4996.00	115329.29
10819.09	43130.87	12530.84	59328.83	30501.31	44487.53	0.00	6397.31
25097.42	78755.01	37905.29	98387.25	59934.29	169926.40	0.00	200378.10
50761.95	185539.88	77986.92	280315.62	134686.99	370789.92	0.00	166487.93

幼儿园校舍及

Statistics of Kindergarten Buildings

地区 Region	校舍建筑面积 Floor Space	教学及辅助用房 Buildings for Instruction and Ancillary Uses				
		合计 Total	其中：of Which：			
			活动室 Recreational	洗手间 Toilet	睡眠室 Bed Room	保健室 Health Care
总　计 Total	**152879766.85**	**107401357.05**	**62719399.11**	**10740792.76**	**26325856.02**	**3092063.54**
北　京 Beijing	560465.09	317394.11	170837.33	38080.85	88722.90	8372.56
天　津 Tianjin	305197.59	208775.89	124768.62	25005.69	45267.60	6353.20
河　北 Hebei	7460385.93	5419411.55	3244727.23	510875.42	1220502.58	169815.18
山　西 Shanxi	3106359.56	2093974.66	1344131.69	222071.82	384648.80	58372.54
内蒙古 Inner Mongolia	3413594.89	2191043.71	1285662.94	221723.16	546331.46	54218.40
辽　宁 Liaoning	1779143.85	1251909.27	709223.03	122101.96	309407.45	47196.89
吉　林 Jilin	1373863.88	921830.03	527846.83	89522.26	231970.49	33517.34
黑龙江 Heilongjiang	1906060.99	1267144.09	714541.78	123002.79	325587.74	50560.14
上　海 Shanghai	965844.74	603227.15	398892.57	56035.79	122362.32	13051.85
江　苏 Jiangsu	10745473.37	7495110.16	4588020.28	769479.41	1659411.21	172967.45
浙　江 Zhejiang	6153194.29	3921166.38	2333648.99	410591.92	988534.42	71350.41
安　徽 Anhui	7249623.93	5304061.70	3257974.44	541714.31	1101284.59	168670.31
福　建 Fujian	6312444.05	4158144.97	2491054.65	466622.39	986565.75	84043.36
江　西 Jiangxi	7862909.62	5756439.95	3227651.62	530495.84	1541988.18	157470.80
山　东 Shandong	11000975.34	7475912.55	4673458.09	755923.56	1486759.99	220553.60
河　南 henan	11909659.19	8846306.74	5333789.84	910798.97	1916410.15	287878.98
湖　北 Hubei	5713205.98	4150348.02	2310013.95	431597.91	1065971.96	143368.72
湖　南 Hunan	9295681.72	6799429.02	3656146.57	675063.60	1907403.83	253234.25
广　东 Guangdong	11168560.54	7735684.82	4551957.59	696574.69	1966581.72	183463.77
广　西 Guangxi	7409745.65	5499765.67	2990621.33	560740.80	1609517.59	146969.64
海　南 Hainan	1535135.08	1046115.33	602466.71	110635.76	262944.45	30157.00
重　庆 Chongqing	2486813.19	1774891.87	1047268.75	162200.61	438136.42	56960.37
四　川 Sichuan	8114119.16	6035104.20	3698090.09	535085.60	1374106.96	158487.70
贵　州 guizhou	6616664.32	4598365.29	2410601.71	480018.58	1390295.28	141554.26
云　南 Yunnan	4582184.07	3207557.39	1724630.80	307708.30	968157.43	87391.97
西　藏 Tibet	293910.68	179041.77	107774.48	14990.73	46882.39	4997.23
陕　西 Shaanxi	5661515.56	3788132.11	2183731.92	394594.22	918321.53	119835.59
甘　肃 Gansu	2804226.36	1749140.46	1002686.98	192053.42	381818.37	76715.17
青　海 Qinghai	725871.74	483368.79	317399.75	44093.68	98776.74	9946.92
宁　夏 Ningxia	947095.36	648528.79	385707.15	75379.71	152315.18	14366.65
新　疆 Xinjiang	3419841.13	2474030.61	1304071.40	266009.01	788870.54	60221.29

其他情况(镇区)(一)
and Others (Counties & Towns Area) (1)

单位:平方米
unit: m^2

	行政办公用房 Administrative		生活用房 Residential and Welfare		其他用房 for Other Purposes	校舍面积中 of Floor Space	
图书室 Reading Room	合计 Total	其中:教师办公室 of Which: Office	合计 Total	其中:厨房 of Which: Kitchen		危房面积 Floor Space of Dilapidated Buildings	当年新增校舍 New Added in Current Year
4523245.62	**10300169.75**	**6038255.46**	**15171896.55**	**7219050.61**	**20006343.50**	**229930.22**	**10466032.69**
11380.47	49319.46	21720.69	68650.80	33831.68	125100.72	0.00	33423.90
7380.78	20064.53	10815.22	35382.02	18170.64	40975.15	0.00	48688.84
273491.14	475721.26	269869.61	693905.35	325743.52	871347.77	0.00	1014645.89
84749.81	258274.67	172738.26	266681.62	126591.22	487428.61	1730.25	159698.58
83107.75	236140.81	133196.46	406248.94	183738.88	580161.43	0.00	314858.95
63979.94	120341.43	72401.12	168279.22	98861.50	238613.93	491.00	64666.26
38973.11	92174.99	54285.55	132548.84	72824.29	227310.02	0.00	83032.66
53451.64	124877.45	76387.42	204695.44	110149.30	309344.01	19244.15	39493.44
12884.62	77655.92	25806.03	120867.66	48793.79	164094.01	0.00	22384.10
305231.81	699742.11	355629.14	973435.15	455854.03	1577185.95	0.00	478654.88
117040.64	401245.93	198691.97	630976.85	298391.07	1199805.13	0.00	609317.97
234418.05	504420.25	306399.97	604175.58	315317.86	836966.40	14880.00	759358.81
129858.82	391361.43	226683.32	575030.70	281947.30	1187906.95	11356.00	257907.14
298833.51	593552.59	321960.59	890936.37	323754.60	621980.71	6363.00	955541.47
339217.31	736988.25	450333.46	996115.23	516780.83	1791959.31	0.00	436477.93
397428.80	883501.82	547858.65	1013234.47	552979.32	1166616.16	43847.37	215514.18
199395.48	370609.19	216566.12	635950.82	305299.64	556297.95	12054.00	334124.78
307580.77	606247.48	387710.77	932843.03	441638.49	957162.19	18016.70	259873.29
337107.05	570194.05	334916.06	1282086.98	506849.93	1580594.69	10075.00	450072.87
191916.31	361089.12	236296.25	723235.50	414120.89	825655.36	9943.00	512956.27
39911.41	87985.97	49639.34	192096.01	88324.08	208937.77	2903.00	48066.04
70325.72	157296.65	94911.48	246994.25	121818.35	307630.42	26820.64	43767.43
269333.85	480751.70	302212.50	750285.64	379004.97	847977.62	4824.73	847753.34
175895.46	444782.00	254681.46	684983.76	329242.73	888533.27	378.00	1043488.79
119668.89	323328.90	181752.85	483438.99	238578.02	567858.79	32081.00	275833.63
4396.94	22083.41	16392.57	55242.30	14820.22	37543.20	615.00	40330.93
171648.85	570696.07	344490.96	589288.42	246831.03	713398.96	0.00	568979.46
95866.52	282180.90	181527.55	273551.37	114910.84	499353.63	12065.80	186815.82
13151.70	46369.26	25406.28	94994.23	35066.39	101139.46	0.00	37093.16
20760.10	66827.17	33844.86	84276.91	46933.34	147462.49	0.00	174828.61
54858.37	244344.98	133128.95	361464.10	171881.86	340001.44	2241.58	148383.27

幼儿园校舍及
Statistics of Kindergarten Buildings

地区 Region	校舍建筑面积 Floor Space	教学及辅助用房 Buildings for Instruction and Ancillary Uses				
		合计 Total	其中：of Which：			
			活动室 Recreational	洗手间 Toilet	睡眠室 Bed Room	保健室 Health Care
总　计 Total	**80180521.93**	**56356352.54**	**32556556.97**	**5791115.67**	**12820990.82**	**2255455.61**
北　京 Beijing	414293.34	233501.68	128551.10	27984.18	62448.23	6918.43
天　津 Tianjin	354631.17	242402.20	164159.63	31272.22	29453.46	8823.39
河　北 Hebei	5083185.37	3690191.44	2322709.54	345865.82	617238.58	151285.74
山　西 Shanxi	1512795.14	994584.38	642522.23	112860.62	139672.06	38182.73
内蒙古 Inner Mongolia	871513.27	545527.02	310744.71	58700.76	129006.08	20120.34
辽　宁 Liaoning	752831.32	515361.02	292277.66	55751.21	115640.23	21703.26
吉　林 Jilin	342485.83	226348.15	121295.94	21176.47	59561.82	12360.54
黑龙江 Heilongjiang	558605.68	369481.80	206568.23	39489.72	83708.00	19546.21
上　海 Shanghai	205726.92	139446.98	89580.17	13019.25	31290.03	2361.35
江　苏 Jiangsu	2375625.60	1691490.93	985599.92	175682.37	373824.43	62172.46
浙　江 Zhejiang	2378612.47	1521934.42	886052.25	160447.23	382335.18	38213.07
安　徽 Anhui	3852161.03	2818897.96	1718810.45	292538.38	511209.09	126379.69
福　建 Fujian	2165137.99	1407012.46	826166.16	163586.60	327611.61	38113.96
江　西 Jiangxi	4076203.63	2870892.42	1535915.49	304383.17	674900.52	115614.07
山　东 Shandong	6836571.49	4826623.94	3119359.93	500601.68	732433.13	199247.42
河　南 henan	9473214.31	6981497.21	4203062.32	727587.33	1372022.11	296943.45
湖　北 Hubei	2462850.88	1747022.17	933820.50	188403.92	443632.98	78122.94
湖　南 Hunan	3786876.95	2643131.00	1370212.22	282345.51	706172.12	134426.36
广　东 Guangdong	4282238.13	2962229.13	1725002.16	262449.44	698481.74	101007.46
广　西 Guangxi	3686721.34	2664867.98	1408826.98	278038.91	775621.48	95250.38
海　南 Hainan	988101.49	650280.46	351977.76	69383.21	182750.48	20888.46
重　庆 Chongqing	738645.90	513649.12	291911.10	53608.46	122590.67	20301.71
四　川 Sichuan	2743902.62	1993340.96	1227118.22	206885.84	388785.93	59798.33
贵　州 guizhou	3215814.52	2185089.87	1125080.93	243110.68	610634.86	95066.69
云　南 Yunnan	4681756.71	3323961.80	1764823.72	367241.75	884803.15	142135.00
西　藏 Tibet	1092502.62	644011.54	367157.58	55909.95	174476.87	29838.82
陕　西 Shaanxi	2245543.50	1474079.58	838220.14	159232.58	327304.04	60679.19
甘　肃 Gansu	1596912.77	1047460.84	645359.49	124130.85	148995.57	54365.09
青　海 Qinghai	788184.93	509979.95	343227.42	39399.45	93657.95	16370.30
宁　夏 Ningxia	614023.41	410521.63	233536.62	47685.70	95571.34	17379.29
新　疆 Xinjiang	6002851.60	4511532.50	2376906.40	382342.41	1525157.08	171839.48

其他情况(乡村)(一)
and Others (Rural Area) (1)

单位:平方米
unit: m^2

	行政办公用房 Administrative		生活用房 Residential and Welfare		其他用房 for Other Purposes	校舍面积中 of the Floor Space	
图书室 Reading Room	合计 Total	其中:教师办公室 of Which: Office	合计 Total	其中:厨房 of Which: Kitchen		危房面积 Floor Space of Dilapidated Buildings	当年新增校舍 New Added in Current Year
2932233.47	**5983148.52**	**3926144.91**	**8854895.82**	**4313150.31**	**8986125.05**	**123759.41**	**5386352.23**
7599.74	38053.34	17288.04	55127.16	26756.47	87611.16	0.00	8639.98
8693.50	24744.69	14252.79	35124.45	16855.96	52359.83	0.00	80793.31
253091.76	370930.00	228495.39	443399.46	195343.14	578664.47	559.88	562417.22
61346.74	156539.94	116708.19	144557.76	66480.86	217113.06	4686.14	59690.39
26955.13	67258.39	40984.64	122994.37	55734.56	135733.49	325.00	101780.50
29988.66	62452.15	37298.34	78465.01	46794.25	96553.14	380.00	24818.05
11953.38	24738.14	18035.19	29989.95	17722.07	61409.59	0.00	16275.23
20169.64	42762.75	27684.72	67028.68	33208.18	79332.45	3320.00	12398.22
3196.18	15979.87	4935.57	23299.12	10854.10	27000.95	0.00	13259.90
94211.75	165227.89	89866.31	236122.31	120961.20	282784.47	0.00	80186.61
54886.69	157023.38	80205.81	247068.14	131856.98	452586.53	0.00	213871.04
169960.35	293550.26	204222.92	368820.77	183164.66	370892.04	1720.00	600261.27
51534.13	137175.69	85825.70	231395.50	104378.08	389554.34	1972.91	74593.36
240079.17	411980.92	263804.01	528784.30	205144.67	264545.99	5471.00	520618.48
274981.78	515009.94	350442.60	567095.06	289994.21	927842.55	0.00	292068.32
381882.00	764886.24	527106.43	868866.75	488500.07	857964.11	48590.08	163920.96
103041.83	174309.02	108496.81	282804.65	149840.13	258715.04	2205.00	136082.06
149974.79	281612.28	195036.42	451298.38	215367.03	410835.29	5186.00	110563.85
175288.33	257086.84	168553.20	535571.36	216653.28	527350.80	0.00	207153.52
107130.23	198701.05	145978.94	451632.92	272589.96	371519.39	5966.00	205724.79
25280.55	52623.05	30930.71	113174.97	57229.31	172023.01	1046.00	64296.61
25237.18	51057.08	34520.71	95413.75	45800.04	78525.95	8351.00	17813.73
110752.64	191313.50	140050.52	297088.29	151437.83	262159.87	425.00	484559.57
111196.71	251796.69	157783.30	402102.37	199564.58	376825.59	800.00	375519.36
164958.18	284751.45	195881.35	627754.99	323282.19	445288.47	25992.95	263898.29
16628.32	79691.38	65915.62	246905.48	86034.52	121894.22	2420.45	104182.30
88643.63	239084.81	140281.88	248111.97	114818.91	284267.14	0.00	201917.68
74609.84	205127.27	147152.60	149691.33	53992.24	194633.33	4342.00	69305.92
17324.83	56687.78	35976.89	129997.62	49018.53	91519.58	0.00	49318.52
16348.68	47206.89	26677.29	70444.79	33317.80	85850.10	0.00	144221.85
55287.13	363785.84	225752.02	704764.16	350454.50	422769.10	0.00	126201.34

幼儿园办学条件(总计)(二)
Statistics of Kindergarten Buildings and Others(Total)(2)

地　区 Region	占地面积(平方米) Areas of School Sites(m^2)			图书(册) Books & Magazines in Libraries (Volume)
	合计 Total	其中:of Which: 绿化用地面积 Green Areas	运动场地面积 Sports Areas	
总　计 Total	**724013787.04**	**126775812.06**	**244450192.76**	**468762292**
北　京 Beijing	8464752.28	1434902.40	2909837.30	7836688
天　津 Tianjin	5194011.76	769323.58	1816543.63	3656187
河　北 Hebei	39149867.07	4699138.32	13532295.51	24634161
山　西 Shanxi	15194693.96	1963264.58	5196625.02	9294701
内蒙古 Inner Mongolia	16786646.31	2721646.99	5245536.85	6823423
辽　宁 Liaoning	15515991.02	2207502.71	5835150.42	8794839
吉　林 Jilin	6653613.37	967228.68	2281937.12	4033595
黑龙江 Heilongjiang	9806016.16	1054748.52	3427764.09	3799908
上　海 Shanghai	10093040.89	2890573.57	2491885.37	6451664
江　苏 Jiangsu	48307063.38	10938829.23	18672386.19	44466145
浙　江 Zhejiang	29749791.57	6538083.16	10568992.98	25220482
安　徽 Anhui	28724236.74	4744707.63	8951724.76	15976194
福　建 Fujian	18843572.24	3151832.28	7199626.62	10995483
江　西 Jiangxi	28560591.09	4601313.74	9749646.36	12629782
山　东 Shandong	65192535.60	11980680.19	23303581.70	35830317
河　南 henan	57928018.35	8843411.54	18931115.10	30283767
湖　北 Hubei	25700803.03	5304767.45	7630070.28	16952786
湖　南 Hunan	32190920.73	4980409.31	9109106.47	26014353
广　东 Guangdong	55767603.59	10698656.33	21421453.31	54776249
广　西 Guangxi	21357424.01	3310626.13	7577713.09	13907655
海　南 Hainan	6359133.70	1180266.04	2058931.37	4172521
重　庆 Chongqing	10545078.83	1598823.68	3799040.81	8979614
四　川 Sichuan	28730247.34	4433634.91	9516153.98	22168508
贵　州 guizhou	23975084.08	3867890.34	8604345.21	17082555
云　南 Yunnan	24544910.04	4351205.46	7357908.30	14590233
西　藏 Tibet	4824579.64	699372.91	915332.58	834118
陕　西 Shaanxi	23966627.01	3547462.37	7664516.38	20915073
甘　肃 Gansu	14015859.30	2021000.49	4828024.62	8844935
青　海 Qinghai	5322808.61	826332.34	1423317.82	1665663
宁　夏 Ningxia	5338642.83	872381.10	1826290.41	2208536
新　疆 Xinjiang	37209622.51	9575796.08	10603339.11	4922157

幼儿园办学条件(城区)(二)

Statistics of Kindergarten Buildings and Others (Urban Area)(2)

地 区 Region	占地面积(平方米) Areas of School Sites(m^2)			图书(册) Books & Magazines in Libraries (Volume)
	合计 Total	其中:of Which: 绿化用地面积 Green Areas	运动场地面积 Sports Areas	
总 计 Total	**261624904.45**	**46800721.84**	**92250013.24**	**215358086**
北 京 Beijing	6602739.16	1086467.73	2294630.91	6474026
天 津 Tianjin	3523493.47	543079.16	1210729.61	2902161
河 北 Hebei	8686178.22	1022425.33	3071262.99	6745743
山 西 Shanxi	5208095.76	664133.09	1817287.15	4158701
内蒙古 Inner Mongolia	4689952.74	691954.71	1654466.90	2698977
辽 宁 Liaoning	9550385.91	1374162.67	3462481.60	6101486
吉 林 Jilin	2962955.59	381473.78	1052655.55	2267567
黑龙江 Heilongjiang	4316081.40	460202.54	1425162.52	2053324
上 海 Shanghai	8359481.95	2377279.09	2047606.20	5567732
江 苏 Jiangsu	23542080.60	5494984.12	9467399.71	23117673
浙 江 Zhejiang	16862912.32	3727698.49	5964586.12	15300100
安 徽 Anhui	6496734.80	1137922.25	2147198.46	4314294
福 建 Fujian	7717101.10	1257387.96	2992927.24	5147192
江 西 Jiangxi	7273580.32	1227511.49	2398414.48	3903023
山 东 Shandong	23558150.92	4154502.95	8545702.59	17414062
河 南 henan	13436790.68	2105100.03	4753254.57	8970981
湖 北 Hubei	10241783.71	1923420.22	3199418.15	7559210
湖 南 Hunan	10299807.71	1653662.99	3052955.92	10029627
广 东 Guangdong	33377573.60	6384365.75	13057153.84	33593018
广 西 Guangxi	6287313.60	1039444.51	2260434.25	4748987
海 南 Hainan	2101349.99	358320.16	720843.73	1721015
重 庆 Chongqing	5632067.88	865850.06	2025564.75	5367100
四 川 Sichuan	12247358.03	2043720.67	3890841.91	9635724
贵 州 guizhou	5084263.65	731251.53	1840836.12	5633833
云 南 Yunnan	5470490.08	1089960.66	1785745.11	4571045
西 藏 Tibet	705794.87	132061.06	156184.54	409089
陕 西 Shaanxi	7530979.80	1131937.70	2587929.71	8166298
甘 肃 Gansu	2829171.87	376429.69	978345.03	3276962
青 海 Qinghai	778987.25	112154.20	235950.91	645560
宁 夏 Ningxia	1762366.72	299063.55	647586.86	1025013
新 疆 Xinjiang	4488880.75	952793.70	1504455.81	1838563

幼儿园办学条件(镇区)(二)
Statistics of Kindergarten Buildings and Others (Counties & Towns Area) (2)

地　区 Region	占地面积(平方米) Areas of School Sites(m^2)			图书(册) Books & Magazines in Libraries (Volume)
	合计 Total	其中:of Which:		
		绿化用地面积 Green Areas	运动场地面积 Sports Areas	
总　计 Total	**259773586.17**	**44638061.79**	**86986090.47**	**170947009**
北　京 Beijing	971045.33	176826.60	332903.23	866870
天　津 Tianjin	680487.33	90485.05	252781.66	380340
河　北 Hebei	14647800.00	1786302.36	4898381.23	9615907
山　西 Shanxi	5408375.75	709029.29	1838347.39	3467764
内蒙古 Inner Mongolia	7482252.47	1296058.80	2391331.82	3271146
辽　宁 Liaoning	3764734.91	546026.51	1456901.15	1886594
吉　林 Jilin	2650293.37	387709.13	860831.53	1413423
黑龙江 Heilongjiang	3714423.60	387603.91	1379048.13	1398754
上　海 Shanghai	1445013.41	431990.94	369015.43	749202
江　苏 Jiangsu	19583944.02	4347059.34	7330497.23	17420613
浙　江 Zhejiang	8889237.44	1962939.70	3202939.52	7250493
安　徽 Anhui	12749495.90	2136723.23	3955913.89	7462389
福　建 Fujian	7764459.50	1307856.86	3006848.00	4540276
江　西 Jiangxi	12006369.46	1886762.86	4083387.31	5720070
山　东 Shandong	22128264.01	4170105.50	7687501.42	11904641
河　南 henan	21769479.45	3279239.36	6930475.71	11450822
湖　北 Hubei	10147686.40	2212842.92	2889973.36	6693543
湖　南 Hunan	14188671.34	2126921.39	3997735.87	11383310
广　东 Guangdong	14768931.85	2769546.67	5546337.77	15190892
广　西 Guangxi	9297506.45	1439891.19	3269929.79	6469434
海　南 Hainan	2490415.62	469732.04	793790.37	1658382
重　庆 Chongqing	3592847.45	536562.81	1283005.35	2843549
四　川 Sichuan	12001545.29	1778842.29	4071684.10	9589100
贵　州 guizhou	11211618.08	1768944.96	3944541.43	7770890
云　南 Yunnan	7217611.07	1299490.38	2234507.07	4965969
西　藏 Tibet	729935.89	106350.92	118698.37	123784
陕　西 Shaanxi	10480648.37	1492310.29	3331642.02	9045587
甘　肃 Gansu	5399159.20	788916.05	1845563.57	3553780
青　海 Qinghai	1508236.77	207901.85	417326.74	517814
宁　夏 Ningxia	1871873.00	310190.87	629006.41	816328
新　疆 Xinjiang	9211223.44	2426897.72	2635243.60	1525343

幼儿园办学条件(乡村)(二)
Statistics of Kindergarten Buildings and Others (Rural Area)(2)

地 区 Region	占地面积(平方米) Areas of School Sites(m^2)			图书(册) Books & Magazines in Libraries (Volume)
	合计 Total	其中:of Which:		
		绿化用地面积 Green Areas	运动场地面积 Sports Areas	
总 计 Total	**202615296.42**	**35337028.43**	**65214089.05**	**82457197**
北 京 Beijing	890967.79	171608.07	282303.16	495792
天 津 Tianjin	990030.96	135759.37	353032.36	373686
河 北 Hebei	15815888.85	1890410.63	5562651.29	8272511
山 西 Shanxi	4578222.45	590102.20	1540990.48	1668236
内蒙古 Inner Mongolia	4614441.10	733633.48	1199738.13	853300
辽 宁 Liaoning	2200870.20	287313.53	915767.67	806759
吉 林 Jilin	1040364.41	198045.77	368450.04	352605
黑龙江 Heilongjiang	1775511.16	206942.07	623553.44	347830
上 海 Shanghai	288545.53	81303.54	75263.74	134730
江 苏 Jiangsu	5181038.76	1096785.77	1874489.25	3927859
浙 江 Zhejiang	3997641.81	847444.97	1401467.34	2669889
安 徽 Anhui	9478006.04	1470062.15	2848612.41	4199511
福 建 Fujian	3362011.64	586587.46	1199851.38	1308015
江 西 Jiangxi	9280641.31	1487039.39	3267844.57	3006689
山 东 Shandong	19506120.67	3656071.74	7070377.69	6511614
河 南 henan	22721748.22	3459072.15	7247384.82	9861964
湖 北 Hubei	5311332.92	1168504.31	1540678.77	2700033
湖 南 Hunan	7702441.68	1199824.93	2058414.68	4601416
广 东 Guangdong	7621098.14	1544743.91	2817961.70	5992339
广 西 Guangxi	5772603.96	831290.43	2047349.05	2689234
海 南 Hainan	1767368.09	352213.84	544297.27	793124
重 庆 Chongqing	1320163.50	196410.81	490470.71	768965
四 川 Sichuan	4481344.02	611071.95	1553627.97	2943684
贵 州 guizhou	7679202.35	1367693.85	2818967.66	3677832
云 南 Yunnan	11856808.89	1961754.42	3337656.12	5053219
西 藏 Tibet	3388848.88	460960.93	640449.67	301245
陕 西 Shaanxi	5954998.84	923214.38	1744944.65	3703188
甘 肃 Gansu	5787528.23	855654.75	2004116.02	2014193
青 海 Qinghai	3035584.59	506276.29	770040.17	502289
宁 夏 Ningxia	1704403.11	263126.68	549697.14	367195
新 疆 Xinjiang	23509518.32	6196104.66	6463639.70	1558251

第二部分
Part Ⅱ

办 学 条 件
PHYSICAL FACILITIES

一、教育经费
Public Expenditure on Education

各类学校教育经费来源
Sources of Educational Fund and Expenditure

学校类别 Type of Schools	合　计 Total	国家财政性教育经费 Government Appropriation for Education	#一般公共预算教育经费 Public Expenditure on Education
全国总计 National Total	**501781166.2**	**400465452.5**	**346485685.2**
按学校类别分组 Grouped by Type of Schools			
高等学校 HEIs	134621019.8	85171458.2	67399949.2
普通高等学校 Regular HEIs	132961821.4	84272033.6	66634094.9
成人高等学校 Adult HEIs	1659198.4	899424.6	765854.4
中等职业学校 Secondary Vocational Schools	26112060.1	23021081.5	20282228.9
普通中专 Regular Specialized Secondary Schools	12256448.5	10870642.9	9539475.8
成人中专 Adult Specialized Secondary Schools	1021786.2	873307.3	753298.0
职业高中 Vocational High Schools	9149494.4	8331978.5	7407564.2
技工学校 Skilled Workers Schools	3684331.0	2945152.9	2581890.9
中学 Secondary Schools	139297617.4	122340454.4	108655148.6
普通中学 Regular Secondary Schools	139223774.2	122275510.4	108595176.6
普通高中 Regular Senior Secondary Schools	51107960.1	42094426.5	37109887.9
普通初中 Regular Junior Secondary Schools	88115814.1	80181083.8	71485288.6
#农村 Rural	48105148.3	45307413.1	40769146.1
成人中学 Adult Secondary Schools	73843.2	64944.0	59972.0
小学 Primary Schools	138029389.5	129155237.0	115173769.9
普通小学 Regular Primary Schools	138028249.0	129154096.6	115172635.4
#农村 Rural	80153642.9	77312468.7	69056238.1
成人小学 Adult Primary Schools	1140.4	1140.4	1134.4
特殊教育 Special Education	1875987.0	1849872.3	1622140.3
幼儿园 Kindergartens	41042461.1	20079481.3	18334537.6
教育行政单位 Education Administrative Department	4141260.5	3983521.2	3413888.2
教育事业单位 Education Public Institutions	8736334.0	7347266.8	6379764.1
其它 Others	7925036.8	7517079.8	5224258.5

和支出情况（2019 年）
for Education in Various Schools（2019）

单位：万元
unit:（10,000 yuan）

民办学校中举办者投入 School Funding for Private Schools	社会捐赠经费 Donor Funding for the Community	事业收入 Income from Teaching Research and Other Auxiliary Activity	学费 Tuition	其他教育经费 Other Educational Funds
2201303.9	**1013752.3**	**87235020.8**	**66863023.6**	**10865636.8**
266290.4	559524.9	41711539.1	27057867.7	6912207.2
266290.4	559508.6	41010077.9	26552394.8	6853910.9
0.0	16.3	701461.2	505472.9	58296.3
104363.0	12638.6	2443347.6	1453576.7	530629.3
37421.7	6488.8	1097921.0	629868.9	243974.1
4517.6	613.4	125511.4	74634.8	17836.6
57755.6	4457.8	640213.6	395383.8	115089.0
4668.1	1078.7	579701.6	353689.1	153729.7
797356.9	182330.1	14571598.5	12215025.1	1405877.6
797356.9	182329.6	14566829.5	12213762.7	1401747.8
334307.6	86524.2	7936952.3	6356903.7	655749.5
463049.3	95805.4	6629877.2	5856859.0	745998.3
300834.3	32918.8	2189118.0	1865532.1	274864.1
0.0	0.5	4769.0	1262.4	4129.8
397867.0	136437.0	7311186.5	6635796.7	1028662.0
397867.0	136437.0	7311186.5	6635796.7	1028662.0
205255.8	59749.7	2160414.6	1869054.8	415754.1
0.0	0.0	0.0	0.0	0.0
806.3	2243.7	8477.1	4755.1	14587.6
634620.4	35921.9	19860677.8	19449966.4	431759.8
——	15819.9	17963.2	——	123956.2
——	68306.7	1008726.8	——	312033.6
——	529.4	301504.3	46035.9	105923.3

各地区教育经费来源
Sources of Educational Fund and Expenditure

地　区 Region	合　计 Total	国家财政性教育经费 Government Appropriation for Education	#一般公共预算教育经费 Public Expenditure on Education
中　央 Central Government	41674034.7	28213047.5	17927052.6
地　方 Local Government	460107131.5	372252405.0	328558632.6
北　京 Beijing	14794779.7	12791459.7	11253649.5
天　津 Tianjin	6270838.5	5188454.0	4668088.7
河　北 Hebei	19921190.6	16403526.9	15157178.0
山　西 Shanxi	9857998.6	8090895.9	6918945.2
内蒙古 Inner Mongolia	8105720.3	7229144.4	6034342.8
辽　宁 Liaoning	10593957.4	8432160.7	7042779.7
吉　林 Jilin	6777422.4	5572791.9	4971589.8
黑龙江 Heilongjiang	8115855.6	6978840.6	6125525.0
上　海 Shanghai	14125407.8	11482218.6	9593762.6
江　苏 Jiangsu	31093312.6	24805723.6	22005797.5
浙　江 Zhejiang	27343769.9	20353657.9	17580779.6
安　徽 Anhui	16375812.4	13480220.4	12193661.0
福　建 Fujian	13429130.6	10758496.6	9658628.5
江　西 Jiangxi	14535470.3	12100058.3	11331706.2
山　东 Shandong	29001760.3	23369670.4	21549555.3
河　南 Henan	26685217.1	20678149.9	17733938.7
湖　北 Hubei	16067052.0	12692681.2	11412517.7
湖　南 Hunan	17753671.6	13508117.9	12739837.8
广　东 Guangdong	49187550.8	37155827.8	32177725.6
广　西 Guangxi	14367736.5	11840508.4	10088764.9
海　南 Hainan	4243935.3	3492149.7	2734933.9
重　庆 Chongqing	11442967.4	9139028.8	7302843.2
四　川 Sichuan	22547121.0	18246512.8	15939970.3
贵　州 Guizhou	13622935.3	11585068.6	10615704.7
云　南 Yunnan	14833632.2	12681213.5	10673103.8
西　藏 Tibet	2881230.3	2836103.1	2615757.9
陕　西 Shaanxi	12490354.7	9960349.1	9446260.2
甘　肃 Gansu	7998740.7	7211952.9	6360525.6
青　海 Qinghai	2894894.5	2662423.2	2198771.5
宁　夏 Ningxia	2532753.9	2151732.5	1793636.3
新　疆 Xinjiang	10214911.2	9373265.7	8638351.1

和支出情况(2019年)
for Education by Region (2019)

单位：万元
unit:10,000 yuan

民办学校中举办者投入 School Funding for Private Schools	社会捐赠经费 Donor Funding for the Community	事业收入 Income from Teaching Research and Other Auxiliary Activity	学费 Tuition	其他教育经费 Other Educational Funds
0.0	379377.0	10397144.9	3420969.8	2684465.3
2201303.9	634375.3	76837875.9	63442053.8	8181171.5
8905.5	5504.5	1876697.6	1536289.0	112212.4
41780.7	3945.5	900306.5	775476.3	136351.8
110687.2	6353.0	3291596.1	2803667.8	109027.5
24534.7	3279.4	1643263.1	1353802.6	96025.6
25592.1	5901.2	756329.7	636066.0	88752.8
18849.8	11623.6	2076462.7	1664115.9	54860.6
10800.6	6368.9	1097142.4	954264.4	90318.6
7173.4	968.1	1057584.2	913657.8	71289.4
8685.8	9940.0	2360115.1	1970919.5	264448.4
85864.6	87042.6	5123965.4	4101335.3	990716.5
300811.2	78447.8	5260001.6	4225142.0	1350851.5
71893.9	9982.0	2547294.7	2041429.5	266421.4
54173.1	35208.3	2284509.8	1884844.8	296742.8
41780.8	16023.6	2212939.5	1722182.4	164668.1
140280.5	18044.8	5036750.0	4219935.7	437014.5
305184.1	13402.6	5349331.9	4538394.3	339148.6
62530.6	9646.7	3079461.0	2581407.3	222732.6
240772.3	22749.9	3717673.0	2966046.5	264358.4
243584.4	97301.4	11262186.8	9811047.8	428650.4
77272.6	13634.0	2250610.2	1801781.0	185711.3
36153.8	873.2	662795.9	548255.9	51962.8
35188.9	26519.2	1906709.2	1456461.8	335521.3
94773.4	54798.5	3875935.0	3184378.3	275101.2
33188.7	15236.9	1557872.8	1242613.6	431568.3
69213.4	31497.8	1835590.9	1544340.4	216116.6
100.0	7830.7	29281.3	17514.3	7915.2
24687.2	11242.7	2259056.0	1763080.9	235019.7
12981.7	7986.4	680401.2	538878.5	85418.5
1873.3	9240.9	136597.1	95714.0	84759.9
6499.9	5950.3	274713.4	223604.6	93857.8
5486.0	7830.3	434702.1	325405.6	393627.1

二、教育基本建设投资
Capital Construction Investment in the Educational Sector

教育基本建设
Data on the Completion of Capital Construction

学校类别 Type of School	投资合计 Total Investment Completed in the Current Year (10 thousand yuan)	本年完成投资按 Investment by Source of			
		国家预算内 Budgetary Allocation			
		小计 Subtotal	中央 Central	省级 Local	小计 Subtotal
总　计 Total	**65496846**	**50929581**	**8141070**	**42788511**	**11933901**
高等教育学校 Higher Education Schools	14206579	7541006	765647	6775360	5671716
中等职业学校 Secondary Vocational Schools	2355249	1857775	459733	1398042	244653
普通中学 Regular Secondary Schools	26138075	21558380	2835849	18722531	3961455
职业初中 Vocational Junior Secondary Schools	53931	52408	8547	43862	23
小学 Primary Schools	16097070	14439418	2908544	11530874	1278616
特殊教育学校 Special Education Schools	231385	184962	20666	164296	44429
幼儿园 Kindergartens	5528917	4549786	1069385	3480400	640041
其他 Other	885641	745846	72699	673147	92970

投资完成情况(总计)

Investment in the Educational Sector(Regional Aggregates)

资金来源分(万元) Fund (10 thousand yuan)			本年竣工建筑面积(平方米) Building Floor Area Completed (m^2)			
自筹资金 Self-raised Fund		其他 Other Sources				
其中 of Which:			合计 Total	教学及辅助用房 Teaching and Administrative	行政办公用房 Adm. Building Rooms for Other Purpose	其他用房 Others
学校自筹 Raised by School	个人捐资 Individual Donations					
11767901	**166000**	**2633365**	**165475327**	**106310014**	**5433344**	**53731969**
5614242	57473	993857	25443352	13221813	890601	11330938
239190	5463	252822	6609014	4312676	185095	2111243
3871808	89647	618241	67096357	41276650	2252432	23567275
23	0	1500	169061	103931	50	65080
1277399	1217	379036	47292669	32275967	1512308	13504394
44429	0	1994	902842	574662	39801	288379
627842	12199	339090	15657495	12932995	470341	2254159
92970	0	46825	2304537	1611320	82716	610501

学校类别 Type of School	投资合计 Total Investment Completed in the Current Year (10 thousand yuan)	本年完成投资按 Investment by Source of			
		国家预算内 Budgetary Allocation			
		小计 Subtotal	中央 Central	省级 Local	小计 Subtotal
合计 Total	**65496846**	**50929581**	**8141070**	**42788511**	**11933901**
北京 Beijing	604977	588337	15868	572469	16640
天津 Tianjin	368999	187839	24526	163313	41796
河北 Hebei	1802174	1417928	300439	1117490	61373
山西 Shanxi	459779	377945	86649	291296	79145
内蒙古 Inner Mongolia	573408	419234	113718	305516	117728
辽宁 Liaoning	470742	289457	71836	217621	169661
大连 Dalian	92423	92355	880	91475	0
吉林 Jilin	441220	393842	85641	308201	27490
黑龙江 Heilongjiang	167572	147422	55057	92365	20126
上海 Shanghai	838178	573862	0	573862	136480
江苏 Jiangsu	5414944	4382079	9139	4372940	967400
浙江 Zhejiang	3023086	2252984	87766	2165218	670834
宁波 Ningbo	550624	488381	35115	453266	49303
安徽 Anhui	2204605	1926606	352685	1573921	269935
福建 Fujian	1413880	1066466	68535	997931	199494
厦门 Xiamen	417500	406296	0	406296	11204
江西 Jiangxi	1253300	1074076	271906	802170	168317
山东 Shandong	4658265	2677655	222611	2455044	1504267
青岛 Qingdao	864345	362470	0	362470	487890
河南 henan	3254450	2518045	487139	2030906	649132
湖北 Hubei	1646465	1251074	332816	918258	377232
湖南 Hunan	3075877	2495559	443661	2051898	519026
广东 Guangdong	9768062	7177187	124831	7052355	2438637
深圳 Shenzhen	2185669	2160787	0	2160787	24882
广西 Guangxi	3895061	3268656	615422	2653234	504923
海南 Hainan	464822	448171	133907	314263	16651
重庆 Chongqing	1446580	1063992	259295	804696	348342
四川 Sichuan	3374592	2341780	511663	1830117	909373
贵州 guizhou	1253885	1175979	591109	584870	53300
云南 Yunnan	2653037	2215584	733509	1482075	231414
西藏 Tibet	310837	310837	240716	70121	0
陕西 Shaanxi	2832992	2184517	339292	1845224	621888
甘肃 Gansu	1159488	957913	427150	530763	147723
青海 Qinghai	348417	343258	266205	77053	5159
宁夏 Ningxia	543482	524106	173323	350784	19376
新疆 Xinjiang	1365560	1073200	463376	609823	65460
新疆生产建设兵团 The Xinjiang Production and Construction Corps	297551	293705	195287	98418	2300

投资完成情况
Investment in the Educational Sector

资金来源分(万元) Fund (10 thousand yuan)			本年竣工建筑面积(平方米) Building Floor Area Completed (m^2)			
自筹资金 Self-raised Fund		其他 Other Sources				
其中 of Which:						
学校自筹 Raised by School	个人捐资 Individual Donations		合计 Total	教学及辅助用房 Teaching and Administrative	行政办公用房 Adm. Building Rooms for Other Purpose	其他用房 Others
11767901	**166000**	**2633365**	**165475327**	**106310014**	**5433344**	**53731969**
16640	0	0	682992	426765	57896	198331
41796	0	139364	452374	343126	25066	84182
60993	380	322873	7057299	4910979	168506	1977814
79145	0	2689	1235151	820322	25696	389133
112728	5000	36446	1333062	1023587	30422	279053
169661	0	11624	1894621	1259648	56913	578060
0	0	68	335902	232250	29715	73937
27490	0	19888	2256994	1470310	73252	713432
20126	0	24	609512	416454	15392	177666
136480	0	127836	1402073	1182950	160192	58931
960000	7400	65465	10748749	6626573	607253	3514923
670834	0	99268	5233985	3215727	315820	1702438
49303	0	12940	803114	534251	40431	228432
268683	1252	8064	8074246	5735047	274755	2064444
198994	500	147920	3587405	2726190	97812	763403
11204	0	0	1202292	848057	25618	328617
168317	0	10907	5781050	4372719	213763	1194568
1503614	653	476343	11073556	7272643	470347	3330566
487890	0	13985	1049472	674816	37360	337296
636879	12254	87273	10137587	5753946	386433	3997208
377232	0	18160	5949708	3666916	183285	2099507
473668	45358	61292	10327034	6396380	178818	3751836
2398446	40191	152238	16287959	9286873	605696	6395390
24882	0	0	1020862	626996	45637	348229
504623	300	121483	8807393	5641146	170501	2995746
6873	9778	0	1078920	739751	12274	326895
345571	2771	34247	3011397	2085693	162746	762958
909373	0	123439	10473934	6791398	252189	3430347
53300	0	24606	6837151	4812201	83048	1941902
231357	57	206039	7590230	4257758	104049	3228423
0	0	0	941430	482905	27274	431251
588028	33859	26588	7851097	5243533	201883	2405681
141476	6247	53852	3152014	2401387	60754	689873
5159	0	0	640343	313572	42293	284478
19376	0	0	1604816	1091273	73693	439850
65460	0	226900	4367936	2322602	116562	1928772
2300	0	1546	581667	303270	0	278397

第三部分
Part Ⅲ
科学研究活动及其他
SCIENTIFIC RESEARCH ACTIVITIES & OTHER
一、自然科学与技术
Natural Science and Technology

	教学与科研人员 Personnel Engaged in S&T Activities		研究与发展人员 R&D Personnel	
	合计 Total	其中:科学家和工程师 of Which: Scientists & Engineers	合计 Total	其中:科学家和工程师 of Which: Scientists & Engineers
合计 Total	**1268970**	**1222762**	**516101**	**504781**
按学校规格分 Breakdown by category of HEIs				
本科院校 Regular HEIs	1081860	1039801	486021	475025
高职(专科)院校 Higher Vocatingal Colleges	187110	182961	30080	29756
按学校隶属分 Breakdown by Control				
部委院校 HEIs under Other Central Ministries	42811	38307	24013	23664
教育部直属院校 HEIs Under Ministry of Education	256381	243843	140532	136039
地方院校 HEIs Under Local Govermments	969778	940612	351556	345078
按学校类型分 Breakdown by Type of HEIs				
综合大学 Comprehensive Universities	376470	359559	164252	159133
工科院校 Engineering	409738	397429	174009	171937
农林院校 Agriculture	62302	60210	27685	26857
医药院校 Medicine & Pharmacy	308453	295913	101505	98931
师范院校 Teachers Training	77104	75343	37264	36646
其他院校 Others	34903	34308	11386	11277

科技人力情况
Manpower in Regular HEIs

单位:人
unit: person

研究与发展全时人员 R&D FTEs (Full-time Equivalents)		R&D 成果应用及科技服务人员 R&D Personnel		R&D 成果应用及科技服务全时人员 R&D FTEs(Full-time Equivalents)	
合计 Total	其中:科学家和工程师 of Which: Scientists & Engineers	合计 Total	其中:科学家和工程师 of Which: Scientists & Engineers	合计 Total	其中:科学家和工程师 of Which: Scientists & Engineers
309617	**302838**	**67038**	**65331**	**40191**	**39169**
291578	284988	61435	59815	36846	35880
18039	17850	5603	5516	3345	3289
14405	14198	2101	2092	1262	1255
84318	81621	17391	16601	10433	9960
210894	207019	47546	46638	28496	27954
98538	95475	23148	22233	13879	13333
104396	103154	30557	30080	18317	18031
16605	16109	5676	5514	3409	3311
60894	59351	2773	2712	1662	1626
22353	21981	3736	3652	2239	2190
6831	6768	1148	1140	685	678

	拨入 Revenues			
	合计 Total	政府资金 Government Funds	企事业单位委托 Contract Research Fund	其他 Others
合计 Total	**257317243**	**165746354**	**68109745**	**23461144**
按学校规格分 Breakdown by category of HEIs				
本科院校 Regular HEIs	252892325	163858183	66893993	22140149
高职(专科)院校 Higher Vocatingal Colleges	4424918	1888171	1215752	1320995
按学校隶属分 Breakdown by Control				
部委院校 HEIs under Other Central Ministries	30216296	20620406	8546195	1049695
教育部直属院校 HEIs Under Ministry of Education	114448287	76969683	33193725	4284879
地方院校 HEIs Under Local Govermments	112652660	68156265	26369825	18126570
按学校类型分 Breakdown by Type of HEIs				
综合大学 Comprehensive Universities	93013072	63990126	20617608	8405338
工科院校 Engineering	119186500	69789405	41412810	7984285
农林院校 Agriculture	12745790	10107367	1902577	735846
医药院校 Medicine & Pharmacy	17352162	12698077	1423036	3231049
师范院校 Teachers Training	12659576	7783201	2319071	2557304
其他院校 Others	2360143	1378178	434643	547322

科技经费情况
in Regular HEIs

单位：千元
unit: thousand yuan

支出 Expenditures				
合计 Total	劳务费 Personnel Costs	业务费 Non-Personnel Expenses	转拨外单位经费 Expenses on Extramural Services	其他 Others
237509173	**48603482**	**112274741**	**21949097**	**54681853**
233263915	47427084	110823558	21814424	53198849
4245258	1176398	1451183	134673	1483004
27756118	3936810	13520747	3928233	6370328
102961351	20874990	50607552	12387934	19090875
106791704	23791682	48146442	5632930	29220650
83721090	17960967	37749481	8342322	19668320
110150198	20627527	54687215	9856614	24978842
12741475	2243429	6479157	1791713	2227176
16487119	4032451	7257406	1299577	3897685
12251209	3200061	5070437	559348	3421363
2158082	539047	1031045	99523	488467

	科技课题 R&D Projects			出版科技专著(部) No. of Monographs Published
	课题数(项) No. of Projects	投入人数 No. of Input of R&D Manpower	实际支出(千元) Actual Exp. (1,000 yuan)	
合计 Total	**806712**	**388645**	**138557717**	**6150**
按学校规格分 Breakdown by category of HEIs				
本科院校 Regular HEIs	767959	364899	136820260	5696
高职(专科)院校 Higher Vocatingal Colleges	38753	23746	1737457	454
按学校隶属分 Breakdown by Control				
部委院校 HEIs under Other Central Ministries	47352	17407	21137410	270
教育部直属院校 HEIs Under Ministry of Education	278997	105277	67403530	1503
地方院校 HEIs Under Local Govermments	480363	265961	50016777	4377
按学校类型分 Breakdown by Type of HEIs				
综合大学 Comprehensive Universities	264476	124930	45072628	1595
工科院校 Engineering	321693	136187	72818582	2535
农林院校 Agriculture	54156	22235	7861074	358
医药院校 Medicine & Pharmacy	91904	69629	6614931	961
师范院校 Teachers Training	57989	27320	5298460	482
其他院校 Others	16494	8344	892042	219

发展课题、成果情况
Achievements in Regular HEIs

发表学士论文（篇）No. of Papers Published	成果获奖 Achievement Awards		技术转让 Technological Transfer		知识产权授权数 No. of Awarded	专利出售 Income from License Arrangements	
	合计 Total	其中：国家奖 of Which: National Awards	合同数 No. of Contracts	收入（千元）Actual Revenues (1,000 yuan)		项数 No. of Items	实现金额（千元）Income (1,000 yuan)
1129917	**4547**	**9**	**19936**	**4161746**	**268450**	**15169**	**8108857**
1064006	4467	9	18078	4104662	227488	13759	8081030
65911	80	0	1858	57084	40962	1410	27827
86095	302	0	1009	343065	12229	879	664875
393536	1395	3	3935	1644877	70431	3435	5199653
650286	2850	6	14992	2173804	185790	10855	2244329
358644	1267	2	4829	1295251	79707	4122	4331693
449767	1952	3	12182	2302921	129396	9089	3045356
63056	401	2	913	157012	17568	538	78944
174703	646	2	414	228359	17029	325	567630
66565	214	0	1293	139447	17278	899	65678
17182	67	0	305	38756	7472	196	19556

二、社会科学
Social Science

普通高等学校人文、
Professional Manpower in Regular HEIs in the

		学校数（所）No. of HEIs	社科活动人员（人）Personnel Engaged in Social Science Research (person)				
			合 计 Total	高 级 Senior	中 级 Middle	初级 Junior	其他人员 Others
合计 Total		**2444**	**842462**	**305202**	**497343**	**39553**	**364**
按学校隶属关系分 Breakdown by Control	教育部直属院校 HEIs under Ministry of Education	73	68800	39752	28793	239	16
	其他部委院校 HEIs under Other Central Ministries	41	19893	8956	10635	300	2
	地方院校 HEIs under Local Govermments	2330	753769	256494	457915	39014	346
按学校规格分 Breakdown by Category of HEIs	本科院校 Regular HEIs	1208	627647	244968	360218	22340	121
	专科院校 Short-cycle HEIs	1239	214815	60234	137125	17213	243
按学校类型分 Breakdown by Type of HEIs	综合大学 Comprehensive Universities	587	240095	88986	139199	11852	58
	理工农医院校 HEIs Science and Technology, Agriculture and Medicine	1129	277346	94904	169007	13223	212
	师范院校 Teachers Training	232	128701	51260	73413	4022	6
	语文院校 Language & Literature	51	22991	8305	13610	1070	6
	财经院校 Finance and Economics	250	105415	35580	63353	6443	39
	政法院校 Political Science & Law	62	18312	7916	10022	364	10
	体育院校 Physical Culture	31	8678	3215	5075	375	13
	艺术院校 Art	88	29569	10096	17597	1861	15
	民族院校 Ethnic Nationality	17	11355	4940	6067	343	5

社会科学人力情况
Fields of the Humanities and Social Science

研究与发展人员(人) R&D Personnel (person)						研究与发展人员(人年) R&D Personnel (man/year)					
合计 Total	高级 Senior	中级 Middle	初级 Junior	其他人员 Others	研究生 Postgraduates	合计 Total	高级 Senior	中级 Middle	初级 Junior	其他人员 Others	研究生 Postgraduates
618048	**256919**	**276779**	**14977**	**4324**	**65049**	**131089.4**	**60208.9**	**57003.4**	**2704.3**	**647.5**	**10525.3**
97258	43666	23576	332	896	28788	21786.8	11714.0	5383.1	66.2	144.9	4478.6
20431	9170	7927	201	141	2992	4465.1	2245.4	1679.9	39.8	16.9	483.1
500359	204083	245276	14444	3287	33269	104837.5	46249.5	49940.4	2598.3	485.7	5563.6
522670	223523	220488	9861	3796	65002	113406.6	53709.6	46774.3	1832.8	571.3	10518.6
95378	33396	56291	5116	528	47	17682.8	6499.3	10229.1	871.5	76.2	6.7
184775	78041	78993	4352	1557	21832	39716.8	18855.6	16388.0	798.5	223.9	3450.8
183341	72153	88000	4355	891	17942	38918.4	16664.4	18085.8	826.7	165.6	3175.9
105488	47035	45912	2108	514	9919	23058.3	11027.3	9894.6	379.5	70.1	1686.8
19265	8649	8403	447	54	1712	3974.9	2003.1	1689.1	70.1	7.5	205.1
77510	30735	35287	2432	983	8073	15474.2	6826.3	6821.6	385.7	137.2	1303.4
14956	6800	5755	202	146	2053	3062.8	1648.1	1116.6	32.3	18.8	247.0
6254	2296	2457	164	46	1291	1505.7	678.7	602.4	37.3	7.1	180.2
13747	5576	6725	602	56	788	3068.9	1377.4	1458.2	124.5	8.2	100.6
12712	5634	5247	315	77	1439	2309.4	1128.0	947.1	49.7	9.1	175.5

		学校数(所) No. of HEIs	拨入 Revenues						
			合计 Total	科研活动经费 Funds for R&D	科技活动人员工资 Personnel Costs	科研基建费 Capital Construction Funds for R&D	企事业单位委托项目经费 Contract Research Funds Provided by Ent. & Inst.	金融机构贷款 Loans Provided by Financial Inst.	自筹经费 Self-raised Funds
合计 Total		**2444**	**27133155.19**	**10106469.69**	**4879125.13**	**32745.33**	**7056660.79**	**1760.74**	**4724450.12**
按学校隶属关系分 Breakdown by Control	教育部直属院校 HEIs under Ministry of Education	73	7328320.51	3566084.82	720103.84	4000.00	2427477.27	0.00	411706.88
	其他部委院校 HEIs under Other Central Ministries	41	1021182.19	489189.89	161164.84	1380.00	181902.22	0.00	181883.37
	地方院校 HEIs under Local Govermments	2330	18783652.49	6051194.98	3997856.45	27365.33	4447281.30	1760.74	4130859.87
按学校规格分 Breakdown by Category of HEIs	本科院校 Regular HEIs	1208	25504429.98	9754058.67	4235419.57	29504.28	6827094.23	1000.00	4345533.64
	专科院校 Short-cycle HEIs	1239	1628725.21	352411.02	643705.56	3241.05	229566.56	760.74	378916.48
按学校类型分 Breakdown by Type of HEIs	综合大学 Comprehensive Universities	587	9807100.07	3665597.96	1491076.44	2223.69	2868223.31	1108.00	1611417.54
	理工农医院校 HEIs Science and Technology, Agriculture and Medicine	1129	6096236.17	1940238.91	1382488.72	768.00	1907097.84	585.00	790072.02
	师范院校 Teachers Training	232	4929689.16	1694162.93	897697.84	645.35	1172764.85	0.00	1131488.67
	语文院校 Language & Literature	51	1094741.84	460719.22	172030.86	960.00	197059.80	0.00	242767.76
	财经院校 Finance and Economics	250	2935650.82	1206715.89	592371.33	12463.59	512604.75	0.00	593150.33
	政法院校 Political Science & Law	62	598405.73	279260.22	106378.08	503.10	89161.30	67.74	114454.60
	体育院校 Physical Culture	31	321185.89	186276.62	47540.95	7178.90	55289.50	0.00	22209.92
	艺术院校 Art	88	894480.06	453030.76	115752.18	6622.70	190623.56	0.00	122913.17
	民族院校 Ethnic Nationality	17	455665.45	220467.18	73788.73	1380.00	63835.88	0.00	95976.11

研究与发展经费情况
R&D Expenditure in Regular HEIs

单位：千元
unit：1000 yuan

		支出 Expenditures									
			内部支出 Intramural Expenditures								
国外资金 Foreign Funds	其他收入 Others Revenues	合计 Total	小计 Subtotal	科研人员费 Personnel Costs	业务费 Non-Personnel Expenses	科研基建费 Capital Construction Funds for R&D	仪器设备费 Instruments and Equipment	图书资料费 Books and Information	管理费 Management	其他 Others	转拨给外单位经费 Extra-mural Exp.
125983.97	**205959.42**	**25450570.17**	**25150285.41**	**7263511.78**	**12296763.55**	**70791.05**	**1212379.08**	**2000003.30**	**1692413.33**	**614423.32**	**300284.76**
107535.52	91412.18	6728873.35	6634301.02	1117091.31	3795152.56	5500.00	264399.62	553122.24	692499.64	206535.65	94572.33
1393.77	4268.10	952853.75	941319.95	214314.48	528792.10	2232.00	39831.88	64625.26	66615.43	24908.80	11533.80
17054.68	110279.14	17768843.07	17574664.44	5932105.99	7972818.89	63059.05	908147.58	1382255.80	933298.26	382978.87	194178.63
125085.57	186734.02	23910343.21	23625085.53	6476419.68	11821415.17	62113.70	1131704.37	1911595.40	1640820.62	581016.59	285257.68
898.40	19225.40	1540226.96	1525199.88	787092.10	475348.38	8677.35	80674.71	88407.90	51592.71	33406.73	15027.08
57493.83	109959.30	9270353.82	9204663.23	2298255.23	4862673.12	5951.39	426438.93	747507.52	656178.02	207659.02	65690.59
47337.66	27648.02	5757167.21	5683524.91	1858359.11	2600415.82	5420.47	208840.08	483049.61	381316.03	146123.79	73642.30
6217.25	26712.27	4658401.06	4594463.91	1428789.07	2041192.46	16526.35	271961.35	403289.64	316920.74	115784.30	63937.15
2145.00	19059.20	982318.86	930292.46	259260.86	455153.43	5301.00	49068.56	68474.70	64583.60	28450.31	52026.40
6352.55	11992.38	2731141.54	2710584.22	875015.12	1227325.18	20147.64	131830.55	189471.75	180921.60	85872.38	20557.32
6155.88	2424.81	498589.92	494368.24	146683.48	257242.28	2003.10	19867.02	29937.36	29102.44	9532.56	4221.68
200.00	2490.00	280359.35	263984.03	73821.33	122791.50	7178.90	30058.48	5314.87	22067.32	2751.63	16375.32
39.25	5498.44	824152.48	821434.54	185465.82	517776.05	6882.20	51196.21	30859.92	20504.07	8750.27	2717.94
42.55	175.00	448085.93	446969.87	137861.76	212193.71	1380.00	23117.90	42097.93	20819.51	9499.06	1116.06

		课题数（项）No. of Projects	当年投入人数（人年）Input of Man-year (man/year)	其中：研究生 of Which: Graduate Students	当年拨入经费（千元）Revenues (1000 yuan)	当年支出经费（千元）Expenditures (1000 yuan)
合 计 Total		**591919**	**130944.5**	**10525.3**	**13887595.10**	**11960104.92**
按学校隶属关系分 Breakdown by Control	教育部直属院校 HEIs under Ministry of Education	119902	21728.6	4478.6	5081743.63	4189199.10
	其他部委院校 HEIs under Other Central Ministries	18231	4463.7	483.1	574991.05	497242.34
	地方院校 HEIs under Local Govermments	453786	104752.2	5563.6	8230860.42	7273663.48
按学校规格分 Breakdown by Category of HEIs	本科院校 Regular HEIs	515402	113259.3	10518.6	13402489.81	11550574.47
	专科院校 Short-cycle HEIs	76517	17685.2	6.7	485105.29	409530.45
按学校类型分 Breakdown by Type of HEIs	综合大学 Comprehensive Universities	193779	39647.9	3450.8	5396677.01	4656028.72
	理工农医院校 HEIs Science and Technology, Agriculture and Medicine	171903	38903.3	3175.9	3559278.88	3050107.94
	师范院校 Teachers Training	96984	23035.8	1686.8	2277306.08	2085188.07
	语文院校 Language & Literature	20504	3959.7	205.1	420775.35	330368.01
	财经院校 Finance and Economics	67796	15457.1	1303.4	1296138.76	1130952.41
	政法院校 Political Science & Law	15537	3061.9	247.0	277658.07	180830.71
	体育院校 Physical Culture	4728	1506	180.2	152676.49	104563.59
	艺术院校 Art	13001	3068.9	100.6	336968.10	256932.31
	民族院校 Ethnic Nationality	7687	2303.9	175.5	170116.36	165133.16

研究与发展课题、成果情况
R&D and Achievements in Regular HEIs

出版专著(部) Monographs Published (titles)	发表论文(篇) No. of Papers Published				研究与咨询报告 Research and Consulting Report	
	合计 Total	国内学术刊物 In Domestic Journals	国外学术刊物 In Foreign Journals	港澳台刊物 In Hong Kong and Macao Journals	合计 Total	其中：被采纳数 of Which: Accepted Number
17361	**373614**	**349806**	**23384**	**424**	**33689**	**15559**
4100	68677	58359	10074	244	9236	5624
461	10664	9716	930	18	1312	895
12800	294273	281731	12380	162	23141	9040
16142	295103	272043	22647	413	29451	14306
1219	78511	77763	737	11	4238	1253
5892	117607	108928	8468	211	10913	5865
4280	106009	100157	5819	33	10409	4033
3238	61542	58107	3356	79	4776	2119
606	12155	10801	1325	29	1562	968
1903	47910	44344	3524	42	4459	2007
416	9532	9234	277	21	814	327
97	3378	3070	305	3	274	52
614	10824	10650	173	1	211	56
315	4657	4515	137	5	271	132

附　　表

Appendixes

（摘自国家统计局《中国统计年鉴 2020》）

Data from "China Statistical Yearbook 2020"

国内生产总值
Gross Domestic Product

本表按当年价格计算。 单位:亿元

Data in this table are calculated at current prices. unit: in 100 million yuan

年份 Year	国民总收入 Gross National Income	国内生产总值 Gross Domestic Product	第一产业 Primary Industry	第二产业 Secondary Industry	第三产业 Tertiary Industry	工业 Industry	建筑业 Construction	人均国内生产总值(元) Per Capita GDP (yuan)
1978	3678.7	3678.7	1018.5	1755.2	905.1	1621.5	138.9	385
1979	4100.5	4100.5	1259.0	1925.4	916.1	1786.5	144.6	423
1980	4587.6	4587.6	1359.5	2204.7	1023.4	2014.9	196.3	468
1981	4933.7	4935.8	1545.7	2269.1	1121.1	2067.7	208.0	497
1982	5380.5	5373.4	1761.7	2397.7	1214.0	2183.0	221.6	533
1983	6043.8	6020.9	1960.9	2663.0	1397.0	2399.1	271.7	588
1984	7314.2	7278.5	2295.6	3124.8	1858.1	2815.9	317.9	702
1985	9123.6	9098.9	2541.7	3886.5	2670.7	3478.3	419.3	866
1986	10375.4	10376.2	2764.1	4515.2	3096.9	4000.8	527.3	973
1987	12166.6	12174.6	3204.5	5274.0	3696.2	4621.3	667.5	1123
1988	15174.4	15180.4	3831.2	6607.4	4741.8	5814.1	811.8	1378
1989	17188.4	17179.7	4228.2	7300.9	5650.6	6525.7	796.1	1536
1990	18923.3	18872.9	5017.2	7744.3	6111.4	6904.7	861.7	1663
1991	22050.3	22005.6	5288.8	9129.8	7587.0	8138.2	1017.7	1912
1992	27208.2	27194.5	5800.3	11725.3	9668.9	10340.5	1417.9	2334
1993	35599.2	35673.2	6887.6	16473.1	12312.6	14248.8	2269.9	3027
1994	48548.2	48637.5	9471.8	22453.1	16712.5	19546.9	2968.8	4081
1995	60356.6	61339.9	12020.5	28677.5	20641.9	25023.9	3733.7	5091
1996	70779.6	71813.6	13878.3	33828.1	24107.2	29529.8	4393.0	5898
1997	78802.9	79715.0	14265.2	37546.0	27903.8	33023.5	4628.3	6481
1998	83817.6	85195.5	14618.7	39018.5	31558.3	34134.9	4993.0	6860
1999	89366.5	90564.4	14549.0	41080.9	34934.5	36015.4	5180.9	7229
2000	99066.1	100280.1	14717.4	45664.8	39897.9	40259.7	5534.0	7942
2001	109276.2	110863.1	15502.5	49660.7	45700.0	43855.6	5945.5	8717
2002	120480.4	121717.4	16190.2	54105.5	51421.7	47776.3	6482.1	9506
2003	136576.3	137422.0	16970.2	62697.4	57754.4	55363.8	7510.8	10666
2004	161415.4	161840.2	20904.3	74286.9	66648.9	65776.8	8720.5	12487
2005	185998.9	187318.9	21806.7	88084.4	77427.8	77960.5	10400.5	14368
2006	219028.5	219438.5	23317.0	104361.8	91759.7	92238.4	12450.1	16738
2007	270704.0	270092.3	27674.1	126633.6	115784.6	111693.9	15348.0	20494
2008	321229.5	319244.6	32464.1	149956.6	136823.9	131727.6	18807.6	24100
2009	347934.9	348517.7	33583.8	160171.7	154762.2	138095.5	22681.5	26180
2010	410354.1	412119.3	38430.8	191629.8	182058.6	165126.4	27259.3	30808
2011	483392.8	487940.2	44781.4	227038.8	216120.0	195142.8	32926.5	36302
2012	537329.0	538580.0	49084.5	244643.3	244852.2	208905.6	36896.1	39874
2013	588141.2	592963.2	53028.1	261956.1	277979.1	222337.6	40896.8	43684
2014	642097.6	641280.6	55626.3	277571.8	308082.5	233856.4	44880.5	47005
2015	683390.5	685992.9	57774.6	282040.3	346178.0	236506.3	46626.7	50028
2016	737074.0	740060.8	60139.2	296547.7	383373.9	247877.7	49702.9	53680
2017	820099.5	820754.3	62099.5	332742.7	425912.1	278328.2	55313.8	59201
2018	896915.6	900309.5	64734.0	366000.9	469574.6	305160.2	61808.0	64644
2019	988528.9	990865.1	70466.7	386165.3	534233.1	317108.7	70904.3	70892

注:1. 数据来源:摘自国家统计局《2020 中国统计年鉴》。

2. 1980 年以后国民总收入(原称国民生产总值)与国内生产总值的差额为国外净要素收入。

Note: 1. Data sources: National Bureau of Statistics《2020 China Statistical Yearbook》.

2. Since 1980, the difference between the Gross Domestic Product and the Gross National Income (formerly, the Gross National Product) is the net factor income from the rest of the world.

分地区国内生产总值(2019年)

Gross Domestic Product by Region (2019)

本表绝对数按当年价格计算,指数按可比价格计算。 单位:亿元

Absolute figures in this table are calculated at current prices while indices are calculated at comparable prices. unit: 100 million yuan

地　区 Region	地区生产总值 Gross Regional Product	三次产业增加值 Value-Added by Three Strata of Industry			人均地区生产总值(元) Per Capita Gross Regional Product (yuan)
		第一产业 Primary Industry	第二产业 Secondary Industry	第三产业 Tertiary Industry	
北京 Beijing	35371.28	113.69	5715.06	29542.53	164220
天津 Tianjin	14104.28	185.23	4969.18	8949.87	90371
河北 Hebei	35104.52	3518.44	13597.26	17988.82	46348
山西 Shanxi	17026.68	824.72	7453.09	8748.87	45724
内蒙古 Inner Mongolia	17212.53	1863.19	6818.88	8530.46	67852
辽宁 Liaoning	24909.45	2177.77	9531.24	13200.44	57191
吉林 Jilin	11726.82	1287.32	4134.82	6304.68	43475
黑龙江 Heilongjiang	13612.68	3182.45	3615.21	6815.03	36183
上海 Shanghai	38155.32	103.88	10299.16	27752.28	157279
江苏 Jiangsu	99631.52	4296.28	44270.51	51064.73	123607
浙江 Zhejiang	62351.74	2097.38	26566.60	33687.76	107624
安徽 Anhui	37113.98	2915.70	15337.90	18860.38	58496
福建 Fujian	42395.00	2596.23	20581.74	19217.03	107139
江西 Jiangxi	24757.50	2057.56	10939.83	11760.11	53164
山东 Shandong	71067.53	5116.44	28310.92	37640.17	70653
河南 Henan	54259.20	4635.40	23605.79	26018.01	56388
湖北 Hubei	45828.31	3809.09	19098.62	22920.60	77387
湖南 Hunan	39752.12	3646.95	14946.98	21158.19	57540
广东 Guangdong	107671.07	4351.26	43546.43	59773.38	94172
广西 Guangxi	21237.14	3387.74	7077.43	10771.97	42964
海南 Hainan	5308.93	1080.36	1099.03	3129.54	56507
重庆 Chongqing	23605.77	1551.42	9496.84	12557.51	75828
四川 Sichuan	46615.82	4807.24	17365.33	24443.25	55774
贵州 Guizhou	16769.34	2280.56	6058.45	8430.33	46433
云南 Yunnan	23223.75	3037.62	7961.58	12224.55	47944
西藏 Tibet	1697.82	138.19	635.62	924.01	48902
陕西 Shaanxi	25793.17	1990.93	11980.75	11821.49	66649
甘肃 Gansu	8718.30	1050.48	2862.42	4805.40	32995
青海 Qinghai	2965.95	301.90	1159.75	1504.30	48981
宁夏 Ningxia	3748.48	279.93	1584.72	1883.83	54217
新疆 Xinjiang	13597.11	1781.75	4795.50	7019.86	54280

数据来源:摘自国家统计局《2020中国统计年鉴》。

Data sources: National Bureau of Statistics《2020 China Statistical Yearbook》.

一般公共预算收支总额及增长速度

General Public Budget Revenue and Expenditures and Their Increase Rate

年份 Year	一般公共预算收入 (亿元) General Public Budget Revenue (100 million yuan)	一般公共预算支出 (亿元) General Public Budget Expenditures (100 million yuan)	增长速度(%) Increase Rate (%)	
			一般公共预算收入 General Public Budget Revenue	一般公共预算支出 General Public Budget Expenditures
1978	1132.26	1122.09	29.50	33.00
1980	1159.93	1228.83	1.18	-4.13
1985	2004.82	2004.25	22.03	17.83
1990	2937.10	3083.59	10.21	9.20
1991	3149.48	3386.62	7.23	9.83
1992	3483.37	3742.20	10.60	10.50
1993	4348.95	4642.30	24.85	24.05
1994	5218.10	5792.62	19.99	24.78
1995	6242.20	6823.72	19.63	17.80
1996	7407.99	7937.55	18.68	16.32
1997	8651.14	9233.56	16.78	16.33
1998	9875.95	10798.18	14.16	16.94
1999	11444.08	13187.67	15.88	22.13
2000	13395.23	15886.50	17.05	20.46
2001	16386.04	18902.58	22.33	18.99
2002	18903.64	22053.15	15.36	16.67
2003	21715.25	24649.95	14.87	11.78
2004	26396.47	28486.89	21.60	15.60
2005	31649.29	33930.28	19.90	19.11
2006	38760.20	40422.73	22.47	19.13
2007	51321.78	49781.35	32.40	23.20
2008	61330.35	62592.66	19.50	25.70
2009	68518.30	76299.93	11.72	21.90
2010	83101.51	89874.16	21.30	17.80
2011	103874.43	109247.79	25.00	21.60
2012	117253.52	125952.97	12.90	15.30
2013	129209.64	140212.10	10.20	11.30
2014	140370.03	151785.56	8.60	8.30
2015	152269.23	175877.77	5.80	13.20
2016	159604.97	187755.21	4.50	6.30
2017	172592.77	203085.49	7.40	7.60
2018	183359.84	220904.13	6.20	8.70
2019	190390.08	238858.37	3.80	8.10

数据来源：摘自国家统计局《2020 中国统计年鉴》。
Data sources: National Bureau of Statistics《2020 China Statistical Yearbook》.

一般公共预算收支总额

General Public Budget Revenue and Expenditure of Central and Local Governments

单位:亿元
unit: 100 million yuan

年份 Year	一般公共预算收入 General Public Budget Revenue			一般公共预算支出 General Public Budget Expenditures		
	合计 Total	中央 Central Government	地方 Local Government	合计 Total	中央 Central Government	地方 Local Government
1978	1132.26	175.77	956.49	1122.09	532.12	589.97
1980	1159.93	284.45	875.48	1228.83	666.81	562.02
1985	2004.82	769.63	1235.19	2004.25	795.25	1209.00
1990	2937.10	992.42	1944.68	3083.59	1004.47	2079.12
1991	3149.48	938.25	2211.23	3386.62	1090.81	2295.81
1992	3483.37	979.51	2503.86	3742.20	1170.44	2571.76
1993	4348.95	957.51	3391.44	4642.30	1312.06	3330.24
1994	5218.10	2906.50	2311.60	5792.62	1754.43	4038.19
1995	6242.20	3256.62	2985.58	6823.72	1995.39	4828.33
1996	7407.99	3661.07	3746.92	7937.55	2151.27	5786.28
1997	8651.14	4226.92	4424.22	9233.56	2532.50	6701.06
1998	9875.95	4892.00	4983.95	10798.18	3125.60	7672.58
1999	11444.08	5849.21	5594.87	13187.67	4152.33	9035.34
2000	13395.23	6989.17	6406.06	15886.50	5519.85	10366.65
2001	16386.04	8582.74	7803.30	18902.58	5768.02	13134.56
2002	18903.64	10388.64	8515.00	22053.15	6771.70	15281.45
2003	21715.25	11865.27	9849.98	24649.95	7420.10	17229.85
2004	26396.47	14503.10	11893.37	28486.89	7894.08	20592.81
2005	31649.29	16548.53	15100.76	33930.28	8775.97	25154.31
2006	38760.20	20456.62	18303.58	40422.73	9991.40	30431.33
2007	51321.78	27749.16	23572.62	49781.35	11442.06	38339.29
2008	61330.35	32680.56	28649.79	62592.66	13344.17	49248.49
2009	68518.30	35915.71	32602.59	76299.93	15255.79	61044.14
2010	83101.51	42488.47	40613.04	89874.16	15989.73	73884.43
2011	103874.43	51327.32	52547.11	109247.79	16514.11	92733.68
2012	117253.52	56175.23	61078.29	125952.97	18764.63	107188.34
2013	129209.64	60198.48	69011.16	140212.10	20471.76	119740.34
2014	140370.03	64493.45	75876.58	151785.56	22570.07	129215.49
2015	152269.23	69267.19	83002.04	175877.77	25542.15	150335.62
2016	159604.97	72365.62	87239.35	187755.21	27403.85	160351.36
2017	172592.77	81123.36	91469.41	203085.49	29857.15	173228.34
2018	183359.84	85456.46	97903.38	220904.13	32707.81	188196.32
2019	190390.08	89309.47	101080.61	238858.37	35115.15	203743.22

数据来源:摘自国家统计局《2020 中国统计年鉴》。
Data sources: National Bureau of Statistics《2020 China Statistical Yearbook》.

人口数及构成
Population and Its Composition

单位：万人
unit: 10 thousand persons

年份 Year	年底总人口 Total Population (year-end)	按性别分 By Sex 男 Male 人口数 Population	比重(%) Proportion	女 Female 人口数 Population	比重(%) Proportion	按城乡分 By Residence 城镇 Urban 人口数 Population	比重(%) Proportion	乡村 Rural 人口数 Population	比重(%) Proportion
1978	96259	49567	51.49	46692	48.51	17245	17.92	79014	82.08
1979	97542	50192	51.46	47350	48.54	18495	18.96	79047	81.04
1980	98705	50785	51.45	47920	48.55	19140	19.39	79565	80.61
1981	100072	51519	51.48	48553	48.52	20171	20.16	79901	79.84
1982	101654	52352	51.50	49302	48.50	21480	21.13	80174	78.87
1983	103008	53152	51.60	49856	48.40	22274	21.62	80734	78.38
1984	104357	53848	51.60	50509	48.40	24017	23.01	80340	76.99
1985	105851	54725	51.70	51126	48.30	25094	23.71	80757	76.29
1986	107507	55581	51.70	51926	48.30	26366	24.52	81141	75.48
1987	109300	56290	51.50	53010	48.50	27674	25.32	81626	74.68
1988	111026	57201	51.52	53825	48.48	28661	25.81	82365	74.19
1989	112704	58099	51.55	54605	48.45	29540	26.21	83164	73.79
1990	114333	58904	51.52	55429	48.48	30195	26.41	84138	73.59
1991	115823	59466	51.34	56357	48.66	31203	26.94	84620	73.06
1992	117171	59811	51.05	57360	48.95	32175	27.46	84996	72.54
1993	118517	60472	51.02	58045	48.98	33173	27.99	85344	72.01
1994	119850	61246	51.10	58604	48.90	34169	28.51	85681	71.49
1995	121121	61808	51.03	59313	48.97	35174	29.04	85947	70.96
1996	122389	62200	50.82	60189	49.18	37304	30.48	85085	69.52
1997	123626	63131	51.07	60495	48.93	39449	31.91	84177	68.09
1998	124761	63940	51.25	60821	48.75	41608	33.35	83153	66.65
1999	125786	64692	51.43	61094	48.57	43748	34.78	82038	65.22
2000	126743	65437	51.63	61306	48.37	45906	36.22	80837	63.78
2001	127627	65672	51.46	61955	48.54	48064	37.66	79563	62.34
2002	128453	66115	51.47	62338	48.53	50212	39.09	78241	60.91
2003	129227	66556	51.50	62671	48.50	52376	40.53	76851	59.47
2004	129988	66976	51.52	63012	48.48	54283	41.76	75705	58.24
2005	130756	67375	51.53	63381	48.47	56212	42.99	74544	57.01
2006	131448	67728	51.52	63720	48.48	58288	44.34	73160	55.66
2007	132129	68048	51.50	64081	48.50	60633	45.89	71496	54.11
2008	132802	68357	51.47	64445	48.53	62403	46.99	70399	53.01
2009	133450	68647	51.44	64803	48.56	64512	48.34	68938	51.66
2010	134091	68748	51.27	65343	48.73	66978	49.95	67113	50.05
2011	134735	69068	51.26	65667	48.74	69079	51.27	65656	48.73
2012	135404	69395	51.25	66009	48.75	71182	52.57	64222	47.43
2013	136072	69728	51.24	66344	48.76	73111	53.73	62961	46.27
2014	136782	70079	51.23	66703	48.77	74916	54.77	61866	45.23
2015	137462	70414	51.22	67048	48.78	77116	56.10	60346	43.90
2016	138271	70815	51.21	67456	48.79	79298	57.35	58973	42.65
2017	139008	71137	51.17	67871	48.83	81347	58.52	57661	41.48
2018	139538	71351	51.13	68187	48.87	83137	59.58	56401	40.42
2019	140005	71527	51.09	68478	48.91	84843	60.60	55162	39.40

注：总人口和城镇人口中包括中国人民解放军现役军人，按城乡分人口中现役军人计入城镇人口。
Note: Urban Population include the military personnel of Chinese People's Liberation Army.

分地区按性别分的15岁及以上文盲人口(2019)

Illterate Population Aged 15 and Over by Sex and Region(2019)

本表是2019年全国人口变动情况抽样调查样本数据,抽样比为0.780‰。

Data in this table are obtained from the 2019 National Sample Survey on Population Changes,The sampling fraction is 0.780‰.

地 区 Region	15岁及以上人口(人) Population Aged 15 & Over			文盲人口(人) Illiterate			文盲人口占15岁及以上人口比重 Percentage to Total Population Aged 15 & Over (%)		
	合计 Total	男 Male	女 Female	合计 Total	男 Male	女 Female	合计 Total	男 Male	女 Female
合计 Total	**908609**	**459235**	**449374**	**41696**	**10185**	**31511**	**4.59**	**2.22**	**7.01**
北京 Beijing	14929	7500	7429	258	90	168	1.73	1.19	2.26
天津 Tianjin	10852	6006	4846	187	53	134	1.72	0.89	2.76
河北 Hebei	47963	24166	23797	1217	284	932	2.54	1.18	3.92
山西 Shanxi	24553	12379	12173	491	137	353	2.00	1.11	2.90
内蒙古 Inner Mongolia	17171	8832	8339	713	214	499	4.15	2.43	5.98
辽宁 Liaoning	30354	15166	15189	393	105	288	1.29	0.69	1.90
吉林 Jilin	18474	9234	9240	415	118	297	2.25	1.28	3.21
黑龙江 Heilongjiang	26267	13256	13011	678	210	468	2.58	1.58	3.60
上海 Shanghai	16900	8752	8149	420	93	327	2.49	1.07	4.01
江苏 Jiangsu	54014	27195	26819	2565	536	2029	4.75	1.97	7.57
浙江 Zhejiang	39490	20328	19162	1787	399	1387	4.52	1.96	7.24
安徽 Anhui	40320	20014	20305	2592	585	2007	6.43	2.92	9.89
福建 Fujian	25661	13132	12529	1748	370	1378	6.81	2.82	11.00
江西 Jiangxi	28980	14471	14509	854	168	686	2.95	1.16	4.73
山东 Shandong	64477	31997	32480	4729	1050	3680	7.33	3.28	11.33
河南 Henan	59273	29292	29981	2640	642	1998	4.45	2.19	6.67
湖北 Hubei	38921	19328	19593	1883	464	1420	4.84	2.40	7.25
湖南 Hunan	43087	21597	21491	1169	279	890	2.71	1.29	4.14
广东 Guangdong	75151	40566	34585	2247	430	1817	2.99	1.06	5.25
广西 Guangxi	30215	15462	14753	826	156	670	2.73	1.01	4.54
海南 Hainan	5917	2994	2923	227	60	167	3.84	2.01	5.72
重庆 Chongqing	20201	9989	10212	636	170	466	3.15	1.71	4.56
四川 Sichuan	54523	26488	28035	3710	981	2729	6.81	3.70	9.73
贵州 Guizhou	21960	11202	10759	2237	534	1703	10.19	4.77	15.83
云南 Yunnan	31042	15749	15293	2268	668	1600	7.31	4.24	10.46
西藏 Tibet	2028	1001	1027	671	234	437	33.11	23.41	42.56
陕西 Shaanxi	25770	12961	12809	1024	263	761	3.97	2.03	5.94
甘肃 Gansu	17111	8586	8525	1794	457	1337	10.48	5.32	15.68
青海 Qinghai	3809	1966	1843	404	112	292	10.60	5.69	15.84
宁夏 Ningxia	4284	2187	2097	359	103	256	8.39	4.72	12.21
新疆 Xinjiang	14914	7439	7474	553	219	334	3.71	2.94	4.47

注:本表"文盲人口"指15岁及15岁以上不识字及识字很少人口。

Note:Illiterate population in this table refers to the population aged 15 and over, who are unable or have difficulty in reading.

分地区按性别和受
Population by Sex, Educational

本表是 2019 年全国人口变动情况抽样调查样本数据，抽样比为 0.780‰。

Data in this table are obtained from the 2019 National Sample Survey on Population Changes, The sampling fraction is 0.780‰.

地 区 Region	6岁及6岁以上人口 Population Aged 6 and Over			未上过学 Illiterate			小 学 Primary School			初 中 Junior Secondary School		
	合计 Total	男 Male	女 Female	合计 Total	男 Male	女 Female	合计 Total	男 Male	女 Female	合计 Total	男 Male	女 Female
全国 National Total	**1016417**	**517653**	**498764**	**51892**	**14714**	**37178**	**257030**	**121439**	**135591**	**379039**	**203850**	**175189**
北京 Beijing	15743	7915	7827	311	111	200	1344	600	744	3087	1611	1476
天津 Tianjin	11563	6384	5179	247	86	161	1582	772	810	3763	2191	1572
河北 Hebei	54846	27945	26902	1950	634	1316	13418	6280	7139	23716	12528	11188
山西 Shanxi	27220	13744	13476	650	205	445	5252	2396	2856	11903	6149	5754
内蒙古 Inner Mongolia	18679	9609	9069	885	290	596	4101	1949	2152	6669	3670	3000
辽宁 Liaoning	32513	16273	16241	611	202	409	6310	2844	3465	14465	7476	6990
吉林 Jilin	20081	10120	9961	558	178	380	4797	2295	2502	8681	4541	4140
黑龙江 Heilongjiang	28312	14333	13978	868	291	578	6354	3003	3351	12213	6397	5816
上海 Shanghai	17882	9270	8612	536	135	400	2397	1115	1282	5499	3003	2496
江苏 Jiangsu	59066	30049	29017	3156	833	2324	13540	6096	7444	20855	11270	9585
浙江 Zhejiang	42727	22085	20642	2320	600	1720	11655	5580	6075	14586	8199	6387
安徽 Anhui	45814	23052	22763	3254	855	2400	12452	5684	6767	17813	9424	8389
福建 Fujian	28469	14671	13799	1984	460	1525	8136	3774	4362	10657	6138	4519
江西 Jiangxi	33644	17109	16535	1161	304	857	9674	4401	5273	12580	6700	5880
山东 Shandong	71976	36085	35891	5373	1349	4025	18229	8392	9837	26721	14427	12294
河南 Henan	69188	34792	34396	3542	1088	2454	16578	7983	8596	28920	15039	13881
湖北 Hubei	43076	21582	21494	2263	614	1649	10248	4850	5398	15029	7834	7195
湖南 Hunan	49591	25140	24451	1461	415	1047	13129	6211	6918	17321	8990	8331
广东 Guangdong	82975	44958	38017	3047	828	2219	17238	8216	9022	32489	18142	14347
广西 Guangxi	35151	18078	17074	1317	392	925	9442	4445	4997	15250	8379	6870
海南 Hainan	6768	3461	3307	284	85	199	1365	654	711	2946	1586	1361
重庆 Chongqing	22700	11303	11397	919	287	633	6895	3276	3619	7301	3767	3534
四川 Sichuan	60887	29815	31071	4266	1167	3099	19831	9557	10274	19207	10107	9100
贵州 Guizhou	25671	13224	12447	2624	704	1921	9041	4617	4424	8967	5167	3800
云南 Yunnan	34999	17795	17204	2534	771	1763	12974	6365	6608	11359	6483	4876
西藏 Tibet	2448	1217	1230	803	306	497	811	450	361	464	274	190
陕西 Shaanxi	28220	14257	13963	1211	345	865	6048	2716	3331	11713	6256	5457
甘肃 Gansu	19090	9627	9463	2005	538	1468	5948	2888	3060	5638	3100	2538
青海 Qinghai	4348	2250	2098	512	163	348	1508	772	736	1216	710	506
宁夏 Ningxia	4937	2532	2405	429	128	301	1336	656	680	1695	959	736
新疆 Xinjiang	17833	8977	8856	810	349	461	5399	2602	2797	6316	3333	2983

注：本表数据摘自《2020 中国统计年鉴》

Note: Data sources: National Bureau of Statistics《2020 China Statistical Yearbook》.

教育程度分的人口(2019)

Level and Region(2019)

单位:人

unit: person

高中 Senior Secondary School			中职 Secondary Vocational School			大学专科 College Students			大学本科 Undergraduates			研究生 Postgraduates		
合计 Total	男 Male	女 Female	合计 Total	男 Male	女 Female	合计 Total	男 Male	女 Female	合计 Total	男 Male	女 Female	合计 Total	男 Male	女 Female
132219	**73884**	**58336**	**48066**	**26581**	**21485**	**77946**	**41395**	**36551**	**63739**	**32450**	**31289**	**6485**	**3341**	**3144**
2112	1056	1055	940	486	454	2390	1187	1203	4232	2142	2091	1326	723	604
1534	869	664	1099	645	455	1503	879	624	1659	854	805	176	87	89
7350	4056	3294	2207	1185	1022	3822	2046	1776	2242	1159	1084	142	59	83
3915	2151	1765	1376	739	636	2339	1198	1141	1654	833	821	131	73	58
2459	1335	1124	725	439	286	2016	1143	874	1740	753	987	83	32	51
3993	2053	1939	1559	822	737	2877	1469	1408	2472	1303	1169	227	103	123
2734	1409	1325	714	390	324	1205	630	575	1216	582	634	178	96	81
3928	2074	1853	882	466	416	2151	1126	1024	1808	924	884	109	52	57
2715	1483	1232	1240	696	543	2202	1143	1060	2794	1423	1371	500	272	228
7734	4443	3290	3410	1873	1538	5307	2925	2382	4623	2370	2253	441	239	201
5731	3324	2407	1409	778	631	3620	1847	1773	3108	1601	1507	300	155	144
5203	3153	2050	1504	843	661	3157	1730	1427	2269	1276	993	163	87	76
3127	1892	1235	1374	750	625	1730	886	844	1390	728	662	71	43	28
4894	2833	2061	1249	647	601	2087	1188	899	1928	996	932	70	40	30
7993	4585	3408	4016	2161	1855	5320	2904	2416	4000	2109	1890	324	158	166
10523	5500	5023	2193	1116	1077	4251	2175	2075	2994	1797	1196	188	94	94
6343	3436	2907	2859	1698	1161	3289	1826	1463	2464	1074	1390	581	249	332
8858	4911	3948	2269	1116	1153	3854	2029	1825	2493	1348	1145	206	120	86
12349	7543	4806	5912	3796	2117	6950	3947	3004	4687	2323	2364	303	164	139
3883	2123	1759	1937	1044	893	1979	1020	959	1274	636	638	71	38	33
747	475	272	430	240	190	575	240	335	415	179	236	5	3	2
3115	1684	1430	971	514	456	2034	1039	995	1355	673	682	111	63	48
6518	3490	3028	2459	1281	1177	4625	2314	2312	3661	1749	1912	321	151	170
2115	1175	940	788	417	371	1148	640	508	965	489	476	23	15	8
2601	1441	1160	1584	876	708	1958	1000	958	1913	822	1092	76	37	39
134	72	62	28	14	14	101	53	49	105	48	57	2	1	1
4250	2294	1957	1130	566	564	2068	1085	983	1603	885	718	197	108	89
2580	1538	1043	641	358	283	1142	602	540	1066	569	498	69	36	34
366	196	170	148	78	70	294	166	128	291	160	131	13	5	8
593	327	266	185	98	87	380	200	180	304	158	146	14	7	8
1824	963	862	830	451	379	1572	760	813	1015	487	528	66	32	34